AF251247

GRANDE-BRETAGNE
PAYS-BAS
LA MANCHE
Calais
Lille
BELGIQUE
NORD-PAS-DE-CALAIS
Amiens
LUXEMBOURG
Le Havre
HAUTE-
Charleville-
Mézières
ALLEMAGNE
Rouen
PICARDIE
Caen
NORMANDIE
Metz
Marne
BASSE-
NORMANDIE
LORRAINE
ALSACE
Brest
Paris
Seine
Strasbourg
BRETAGNE
ÎLE-DE-
Rhin
Rennes
FRANCE
CHAMPAGNE-
ARDENNE
VOSGES
Le Mans
Belfort
PAYS-DE-LA-LOIRE
(TOURAINE)
Loire
CENTRE
BOURGOGNE
Dijon
Montbéliard
Tours
FRANCHE-
COMTÉ
Bourges
SUISSE
Saône
POITOU-
CHARENTES
FRANCE
La Rochelle
LIMOUSIN
Lyon
(SAVOIE)
ATLANTIQUE
MASSIF
CENTRAL
Chambéry
RHÔNE-ALPES
ALPES
Périgueux
Grenoble
Bordeaux
Dordogne
AUVERGNE
Rhône
ITALIE
AQUITAINE
LANGUEDOC-
ROUSSILLON
PROVENCE-ALPES-CÔTE D'AZUR
MIDI-PYRÉNÉES
Nice
Biarritz
Toulouse
Montpellier
Cannes
Pau
Tarbes
Marseille
PYRÉNÉES
Perpignan
ESPAGNE
MER MÉDITERRANÉE
MER
ITALIE
CORSE
Ajaccio

Entrée en scène

Entrée en scène

Myrna Bell Rochester

Claudine Convert-Chalmers
College of Marin

Pedagogical consultant to the project:
John Barson
Stanford University

RANDOM HOUSE  NEW YORK

This book was developed for Random House by Eirik Børve, Inc.

First Edition

9 8 7 6 5 4 3 2 1

Library of Congress Cataloging in Publication Data

Rochester, Myrna Bell.
    Entrée en scène.

    Pref. in English.
    "This book was developed for Random House by
Eirik Børve, Inc."
    Includes index.
    1. French language—Text-books for foreign speakers—
English.   2. French language—Grammar—1950–   .
I. Convert-Chalmers, Claudine.   II. Title.
PC2129.E5R6   1985   448.2'421   84-22872
ISBN 0-394-33690-9

Manufactured in the United States of America

Text design by Janet Wood
Cover design by Marie Carluccio
Cover art: Édouard Manet, *Le bal de l'Opéra*
Illustrations by Sally Richardson
Maps by Drake Jordan

Grateful acknowledgment is made for use of the following:

Photographs   *page 3* © Palmer and Brilliant; *10* © Helena Kolda/Photo Researchers; *14* © Helena Kolda; *18* © Mark Antman/The Image Works; *23* © Peter Menzel; *24 (top)* © Peter Menzel; *24 (bottom)* © Helena Kolda/Photo Researchers; *25* © Mark Antman/The Image Works; *44* © Peter Menzel; *45* © Henri Cartier-Bresson/Magnum; *46 (top)* © Gabrielle Keller/The Picture Cube; *46 (bottom)* © Yan, Rapho/Photo Researchers; *47* © Spirale, Rapho/Photo Researchers; *49* © Peter Menzel; *59* © Anne Sager/Photo Researchers; *66* © Peter Menzel; *70* © Mark Antman/The Image Works; *72 (left)* © Helena Kolda/Photo Researchers; *72 (right)* © Beryl Goldberg; *79* © Mark Antman/The Image Works; *91* © Chris Brown/Picture Group; *115* © Mark Antman/The Image Works; *118* © Gabor Demjen/Stock, Boston; *121* © Ulrike Welsch/Picture Group; *128* © Palmer and Brilliant; *131* © Peter Menzel, Stock, Boston; *148* © Palmer and Brilliant; *152* © Sybil Shelton/Monkmeyer; *161* © Mario Rossi/Photo Researchers; *169* © Beryl Goldberg; *171 (top)* © AP/Wide World Photos; *171 (bottom)* © Bernard Pierre Wolff/Photo Researchers; *178* © Mark Antman/The Image Works; *182* © Mark Antman/The Image Works; *190* © Mark Antman/The Image Works; *194 (left)* © Rogers/Monkmeyer; *194 (right)* © AP/Wide World Photos; *208* © Owen Franken/Stock, Boston; *217* © Mark Antman/The Image Works; *230* © Rogers/Monkmeyer; *250* © Owen Franken/Stock, Boston; *253* © Helena Kolda; *258* © Helena Kolda/Photo Researchers; *261* © L. Jaulmes, Rapho/Photo Researchers; *263* © Richard Wood/The Picture Cube; *264* © Palmer and Brilliant; *270* © Forbes Magazine; *275* © Cary Wolinsky/Stock, Boston; *288* © Serge Bois-Prevost, VIVA/Woodfin Camp & Associates; *291* © Rogers/Monkmeyer; *294* © Peter Menzel/Stock, Boston; *297* © Palmer and Brilliant; *300* © UPI/Bettmann Archive; *308* © Peter Menzel; *310* © Gerard Rancinan/Sygma; *318* © Rogers/Monkmeyer; *320* © Gabor Demjen/Stock, Boston; *322* © Mark Antman; *342* © Russell A. Thompson/Taurus Photos; *344* © Robert Capa/Magnum; *345* © Fritz Henle/Photo Researchers; *346* © AP/Wide World Photos; *348* © Mark Antman/The Image Works; *361* © Doisneau, Rapho/Photo Researchers; *368* © Henri Cartier-Bresson/Magnum; *374* © Beryl Goldberg; *377* © Peter Menzel; *386* © Mark Antman/The Image Works; *405* © Palmer and Brilliant; *407* © Beryl Goldberg; *410 (top left)* © Mark Antman/The Image Works; *410 (middle left)* © Peter Menzel; *410 (bottom left)* © Richard Kalvar/Magnum; *410 (right)* © Nogues/Sygma; *412* © Helena Kolda/Photo Researchers; *424* © Peter Menzel; *426* © Mary Evans Picture Library/Photo Researchers; *432* © Mark Antman/The Image Works; *433* © Rogers/Monkmeyer; *439* © Mark Antman/The Image Works; *440* © Rogers/Monkmeyer; *462* © Mark Antman/The Image Works; *466* © H. Gloaguen, VIVA/Woodfin Camp & Associates; *468* © Peter Menzel; *482* © Helena Kolda; *487* © Mark Antman/The Image Works; *498 (left)* © Delia Flynn/Stock, Boston; *515* © Zimbel/Monkmeyer; *524* © UPI/Bettmann Archive; *530* © Carl Frank/Photo Researchers; *535* © Marc & Evelyn Bernheim/Woodfin Camp & Associates; *536* © Peter Menzel; *538* © Nathaniel Lieberman; *540* © Harvey Stein; *541* Collection, Louvre Museum, Paris; *542* © Helena Kolda/Photo Researchers; *543 (top)* © UPI/Bettmann Archive; *543 (bottom)* © Gerry Goodstein; *544 (top)* © Christopher W. Morrow/Stock, Boston; *544 (bottom)* © UPI/Bettmann Archive; *550* © A. F. Kersting; *554* © Gianfranco Gorgoni/Contact; *555* © UPI/Bettmann Archive; *556* © Serge Bois-Prevost, VIVA/Woodfin Camp & Associates; *559* © AP/Wide World Photos

(Continued on page 619)

P_{reface}

Entrée en scène is a complete first-year college and university French program designed for the all-French or "direct-method" classroom. Both instructors and students will, we hope, find it particularly accessible and easy to adapt to their teaching and learning patterns.

French instruction by the direct method has already had a long and successful history in the United States. We believe that it is suitable for all students, not just for specialized groups. Instruction solely in the target language is, in fact, the way to ensure that students take full advantage of what only the instructor can offer: immersion—even if only for an hour at a time—into a French language and cultural milieu where students must actively try to understand each other and to express themselves.

Our goals are naturally quite similar to those of other direct-method instructors. Conversational interchange between instructor and students and among students is the basis of all instruction. Grammar and vocabulary are presented in a controlled, step-by-step fashion. We present grammar by means of numerous examples in context, followed by a summary of the forms and uses of the grammatical principle. We teach vocabulary in context, through cognates, and with explanations in simple French.

In addition, *Entrée en scène* presents course material in a very practical way that reflects the type of "learning" communication that will occur in the classroom. A separate section treats vocabulary in both a cultural and a personalized context. There is an abundance of examples of spoken language. In this setting, students will soon see that grammatical structures are simply the tools they need for comprehension and personal expression.

Chapter Sequence

Entrée en scène is divided into 23 chapters, with an additional **Chapitre préliminaire** for use during the first week of class. With the exception of the **Chapitre préliminaire**, each chapter is divided into three main sections: an opener and vocabulary presentation (**Entrée en scène**) based on a general cultural theme; a grammar and verb study section (**Jeu de structures**) that stems from short dialogues; and finally a general recombination section (**Animation**) containing a dialogue that offers communication strategies, a short cultural reading, and a series of suggested activities.

Here is a more detailed description of the chapter sequence that will help instructors and students to plan their work.

***Chapter Opener.** Each lesson begins with a simple, intriguing piece of realia, a photo, or a drawing whose content and caption establish the chapter's cultural theme. A brief follow-up activity helps students to make immediate parallels with their own experience, and ensures that the lesson starts off with a general student-based discussion. No new grammar appears in this section or in the vocabulary presentation that follows.

***Entrée en scène.** This part of the lesson presents the chapter theme vocabulary by means of detailed, witty, and culturally authentic drawings. Students may thus absorb much of the chapter's new vocabulary before focusing on new grammatical detail. Each vocabulary presentation is followed by several reinforcement exercises or activities.

***Jeu de structures.** Chapters contain two or three single-emphasis grammar sections, each of which is organized as follows:

1. A brief dialogue, vignette, or encounter highlights the grammar point being studied in an authentic cultural and conversational context.
2. The dialogue is followed by **Pour préciser.** This is a short series of instructor/student interchanges providing models for the use of new structures, and a basis for in-class expansion. In this way the instructor may involve students in activating the grammar before the class returns its attention to the more realistic dialogue.
3. The comprehension and discussion questions in the following **Pour apprécier** section serve to refocus the attention of the students on the content of the dialogue, and to engage them personally in the issues or problems faced by the characters.
4. Grammar is then explained briefly in French, with ample charts, diagrams, drawings where necessary, and additional examples.
5. Two separate groups of exercises conclude each grammar section. The first **(A la lettre)** is a series of reinforcement drills and controlled and single-answer exercises on the grammar point. The second **(A votre tour)** consists of a few open-ended, personalized, interview, and small-group exercises that activate the grammar point. For interactive exercises involving two speakers, capital letters A and B have been used throughout to designate participants. Instructors may use these exercise sets in whatever way best suits their classroom style and students.

***Animation.** **Animation**, divided into three subsections (**Dialogue, Lecture,** and **Activités**), combines the chapter theme, vocabulary, and grammar.

1. **Dialogue.** An authentic dialogue provides students with a variety of communication strategies: how to express oneself in different situations, how to show various reactions and emotions, how to ask for directions, talk on the telephone, and so on. The follow-up exercises **(Réagissez!)** require active use of the communication strategies introduced.
2. **Lecture.** A short prose sketch, often adapted from original sources, provides glimpses into current French culture—the concerns and lifestyle of French youth, social issues, environmental problems, the use of French in the world—as well as insights into topics of historical interest. **Comprenez-vous?** tests comprehension of the **Lecture,** while **Et vous?** asks students to bring their own opinions and experiences to bear on the subject of the reading.
3. **Activités.** A final group of activities asks for creative use of the chapter material, giving students further opportunity to review what they have learned, and to develop oral and written proficiency by performing in less structured formats.

***Mots à retenir** is the all-French list of chapter vocabulary and expressions.

Entrée en scène has several other useful features.

Chapitre préliminaire. The preliminary chapter of *Entrée en scène* contains the first week's introductory material. It is divided into five sections and contains, as a whole: greetings, basic social interactions, numbers from 0 to 49, the symbols and use of the International Phonetic Alphabet (IPA), the French alphabet, several classroom expressions and vocabulary terms, some prepositions, the days of the week, and a few interrogative structures. This material is put to use functionally, by example, illustration, and activities, without any grammar explanation. The instructor may, of course, divide up the instruction of these five minichapters in several ways, keeping in mind that the IPA list and the French alphabet table are reference lists available for use throughout the course.

Étude de verbes. Each of the important irregular verbs **être, avoir, faire,** and **aller,** and the initial presentation of **-er** verbs, has its own numbered grammar section. All other verb forms, and some questions of usage, are studied under the head **Étude de verbes**; this section includes convenient charts, drills, and personalized questions.

Reprises. Following every fifth chapter of *Entrée en scène* we have included a **Reprise.** It contains a set of review and recombination exercises and activities, as well as a literary selection (**Aperçu littéraire**) chosen for its mature but easily understandable content and its linguistic accessibility. These poems and prose selections have not been linguistically adapted. Except for one short story that can itself be divided up, selections are brief enough so that any language difficulties can be worked out in class. Each **Aperçu littéraire** is followed by a vocabulary exercise, a set of content questions, and a set of discussion questions on the issues raised.

Appendices. These include the forms of the passive voice, the **futur antérieur,** and the **passé simple**; a list of verb-verb constructions; complete charts of verb conjugations; a complete French-English glossary; and a subject index.

Pronunciation

We believe that first-year students should learn pronunciation through imitation and example. To that end the *Entrée en scène* program contains several types of pronunciation aids.

1. The **Chapitre préliminaire** provides a reference list of the International Phonetic Alphabet and a key to its use. We have always found its one-symbol-for-one-sound system extremely useful. It helps explain features such as liaison, nasal vowels, and syllabication, and quickly settles most pronunciation questions.
2. Numerous short **Prononcez bien!** sections have been placed throughout *Entrée en scène* to focus students' attention on pronunciation problems exactly where they may arise. Each explains the point in question and provides a brief exercise to reinforce its use.
3. The accompanying language laboratory program begins with **Éléments de prononciation française,** a series of thirteen brief pronunciation topics for the first-year student. Practice precedes explanation in each case. This lesson should be considered as a reference section to be used as needed by instructor and students.
4. In addition, each lesson of the language laboratory program contains some listening comprehension or pronunciation exercises that focus on a single pronunciation problem. The emphasis throughout is on developing habits through understanding and imitation. Theoretical explanation is minimized.

Reading and Writing

Entrée en scène is based on conversational interchanges. Reading, spelling, and writing are, however, vital components of the program. Nearly every exercise provided in *Entrée en scène* can be assigned for in-class use or at-home writing practice. In the first half of the book we have indicated certain exercises that are particularly suitable as writing assignments. Later on we rely on the instructor to choose composition and short-answer written assignments from among the discussion questions and activities provided.

We know that most American students who study a second language are naturally eager readers—or rather, eager translators! Reading is a concrete skill that can be practiced alone and usually with satisfying results. All of *Entrée en scène* was written to be read. However, we hope that our students can be taught from the start not to decode when they read, but to consider their reading as they consider their classroom work—a direct experience of the target language. In both, understanding is the result of inductive thinking and use of context.

Culture

French culture is woven into the *Entrée en scène* program as the basis of vocabulary study, dialogues, readings, and discussion topics. Themes were chosen for their functionality, current interest, and relevance to students' concerns. We cannot claim to have presented a complete view of French culture. This is an impossibility and unnecessary at the first-year level. We have, however, raised selected issues and presented them in a way that allows students to see the continuing reflection of their own preoccupations. Our primary goal was to present an up-to-date and balanced view of the topics chosen. With this in mind, we made extensive use of materials from current periodicals. We specified drawings and selected photos and realia that would complement each topic.

Learning Guidelines for the Student

Here are a few points of "etiquette" for those of you who are taking your first direct-method course. These suggestions will enable you to gain the most from your classroom experience and help you acquire permanent skills in French.

The classroom is a place for personal interaction with your instructor and other students. Your textbook, workbook, and laboratory manual are for use primarily outside class. In class, plan on keeping them closed, except during lessons where everyone must consult the same drawing or diagram, when you need to read out loud, or during certain student-to-student activities where suggested exercise items or questions are printed in the book. In this case, if you are the person answering the question, keep your book closed. Those students who are asking questions may glance at their books while preparing their questions but should quickly return to personal conversation with their partner or group members. The written material is just a springboard for your interaction.

Use the written grammar explanations, workbook, and laboratory tape program only after the corresponding material has been presented in class. Use the French-English vocabulary at the back of the book only outside class. Work on your assignments with a classmate whenever possible. Try your best not to fall behind in your class preparation, for new material will be presented during each session that is based on previously introduced material. Students who find themselves out of step with classroom activities on a given day will experience even more serious difficulties in the future, because language learning is a cumulative process.

Finally, pay close attention to everything that goes on during the class hour. Don't take written notes—except perhaps when you are preparing an oral presentation, such as interviewing a classmate. Participate in all classroom conversation and activities. Try not to be shy. To maximize your learning you will need to use all your faculties, to "play the game" wholeheartedly, and to relax and enjoy your new skills.

Supplements

In addition to the main text, the *Entrée en scène* progam includes the following ancillary materials.

1. The workbook, by Kathleen Ensz, contains both controlled and open-ended written exercises that parallel each chapter and reinforce chapter material.

2. The laboratory manual and tape program, by Myrna Bell Rochester, expands the classroom experience with listening, speaking, and short-answer exercises for each chapter. A tapescript is available for the instructor's reference.
3. The instructor's manual contains detailed guidelines for lesson planning and chapter presentation, a French-English lexicon of grammar and phonetics terms, as well as an answer key to the **A la lettre** (controlled or single-answer) exercises and suggested responses to many of the short-answer questions found in the textbook.
4. The set of transparency masters for use with an overhead projector contains important visual material from each chapter, such as the opener realia and the vocabulary presentation drawings (unlabeled). They will allow students to work as a large group, books closed, using the visuals as a basis for conversation.

Reviewers

Thanks go to the following instructors and professors who, at several stages, made valuable pedagogical criticism of parts of the *Entrée en scène* manuscript. The appearance of their names does not constitute an endorsement of this text or its methodology.

Michael Bassman, East Carolina University; Glenda Brown, University of Northern Colorado; Dan M. Church, Vanderbilt University; Sharon Fairchild, Texas Christian University; Alvin E. Ford, California State University, Northridge; Carol Herron, Emory University: Sonja Heugh, Suffolk County Community College; Roberta Holtzman, Schoolcraft College; John J. Janc, Mankato State University; John Joseph, Oklahoma State University; James Kaplan, Moorhead State University; Kurt Kraetschmer, University of Nebraska; Margaret Lacy, North Dakota State University; Arlene Malinowski, North Carolina State University; John Manley, University of Texas; Bridget C. Mann, Tyler Junior College; Don Mitchell, Richland College; Ginny Nelson, Lane Community College; Martha Perrigaud, Luther College; Sharlane Poliner, Harvard University; David J. Quinn, University of Hawaii; Alain D. Ranwez, Metropolitan State College; Elizabeth Rubino, Northwestern State University; Sarah Russell, Gainesville Junior College; Barbara Rusterholz, University of Wisconsin; Hélène Sanko, John Carroll University; David P. Schenck, University of South Florida; Antoinette Shewmake, University of Wisconsin; David M. Uber, Baylor University; John H. Williams, Abilene Christian University; and W. Victor Wortley, University of Washington.

Acknowledgments

Myrna Bell Rochester is deeply grateful to Oreste Pucciani and Jacqueline Hamel, and to other colleagues then at the University of California at Los Angeles, for the pedagogical training and experience she received from 1964 to 1969. It was during those years at UCLA that the direct method was fully developed and discovered to be the extraordinary tool that it is. The excitement and enthusiasm of those days that staff and students brought to the method remains unequaled.

Claudine Convert-Chalmers wishes to thank MM. Heidet and Cerrito for their dynamic, intensive direct method training during her **CAPES** and **agrégation** training in France in the 1970s. The French direct method—as it was developed in France in the 1950s—was then blossoming into what is now known as **l'apprentissage communicatif**. This approach is characterized by the authenticity of language and realia presented to the students and by the acquisition of communicative competence through activities and dialogues based on practical situations.

The inspiration, format, and activity-centered methodology of *Entrée en scène* owe a great deal to our previous first-year French programs, *Rendez-vous* (Random House, 1982) and *Bonjour, ça va?* (Random House, 1983), and most especially to our coauthors on those projects, Judith A. Muyskens and Alice C. Omaggio. We hope that they will enjoy seeing the recasting of some of their original methodological ideas in this all-French program.

During its development and production, the manuscript of *Entrée en scène* was in the hands—and in the minds—of a number of highly skilled people. They made excellent editorial, artistic, and technical contributions to its successful completion. We wish to thank Eirik Børve for his first ideas for *Entrée en scène* and close attention to its progress, Karen Judd and her production staff for their realization of the book, Marie Carluccio for her beautifully designed cover, and Janet Wood for the fine overall text design. Mary Lawrence Test and François Lagarde unearthed many useful pieces of realia for us. Leon Rochester gave us many hours of valuable programming assistance. Sally Richardson's drawings have provided the text with a very special spirit.

The work of our EBI and Random House editors was indispensable. Warm thanks go to Marcia Schonzeit, Christine Bennett, and François Lagarde for their close reading and always intelligent suggestions for change. Finally, we are grateful to Thalia Dorwick, our coordinating editor, for her organizing abilities, for her sensible solutions, and for always being there.

To our pedagogical consultant and collaborator John Barson, we owe more than thank yous. His care and concern shaped this project from its very beginnings. His long experience as a classroom teacher and author provided us with a remarkable and very realistic view of what was needed during the development of every chapter of the book.

M.B.R.
Palo Alto, California
September 1984

Aperçus sur la France

Paris: la bibliothèque de la Sorbonne.
(© Peter Menzel)

Visages contemporains

Rouen: une lycéenne en cours de chimie.
(© Peter Menzel)

Paris: deux touristes devant l'Arc de Triomphe, place Charles de Gaulle-Étoile.
(© Peter Menzel)

Paris: le Centre national d'Art et de
Culture Georges Pompidou (Centre Beaubourg).
(© Peter Menzel)

Paris: La Défense, un immense quartier
d'affaires et d'habitation.
(© Peter Menzel)

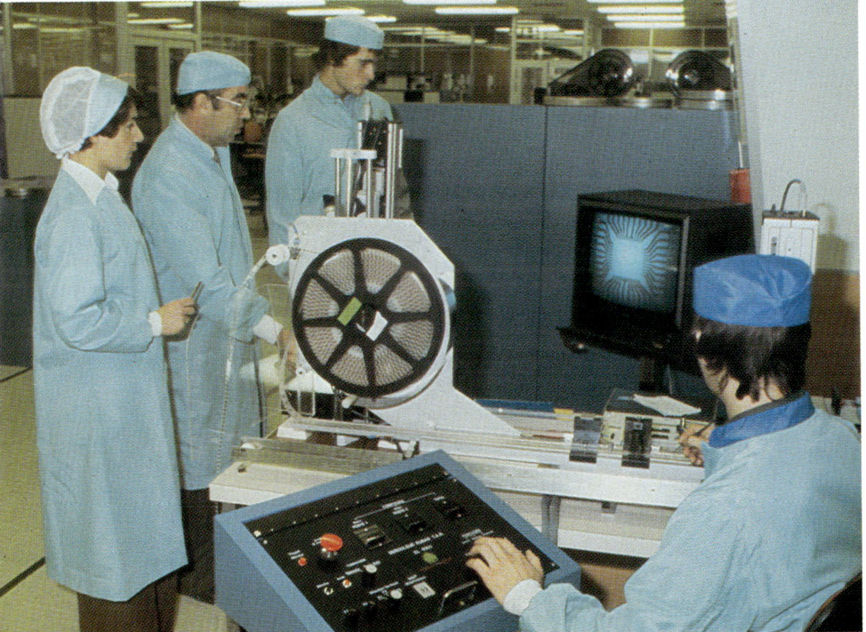

Le développement d'un circuit intégré
dans un environnement propre.
(© Pierre Vauthey/Sygma)

Villes de province

Rouen (Normandie): la rue du Gros-Horloge.
(© *Leon Rochester*)

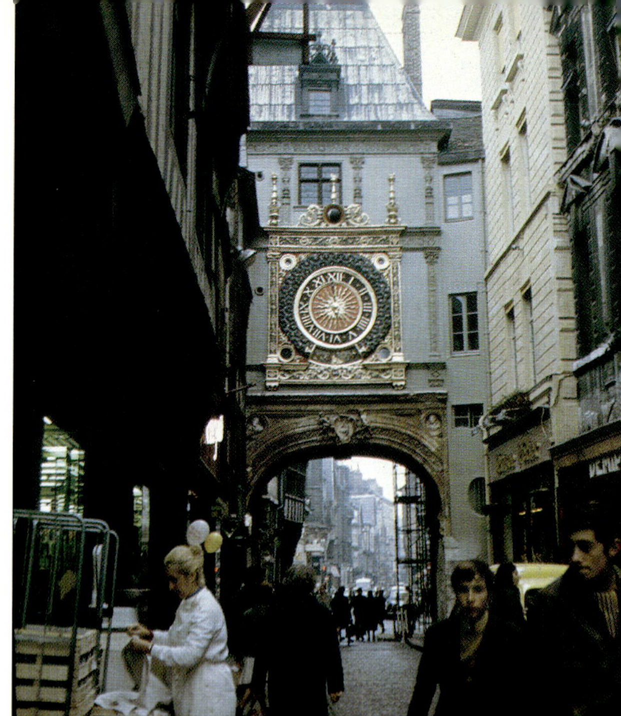

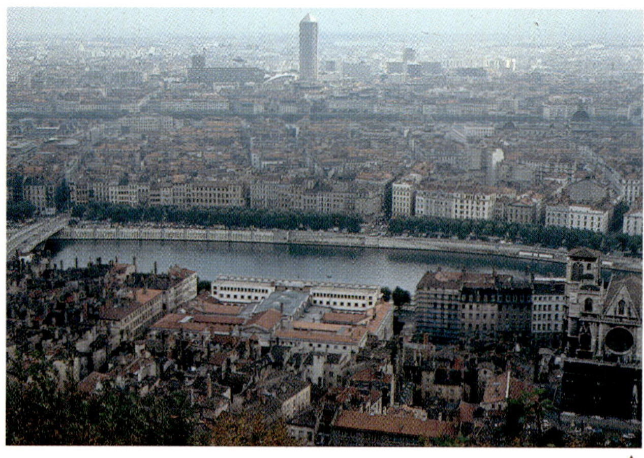

Lyon: La ville se situe au confluent de deux grands fleuves français, le Rhône et la Saône.
(© *Peter Menzel*)

Marseille, sur la mer Méditerranée.
C'est le plus grand port français. (© *Peter Menzel*)

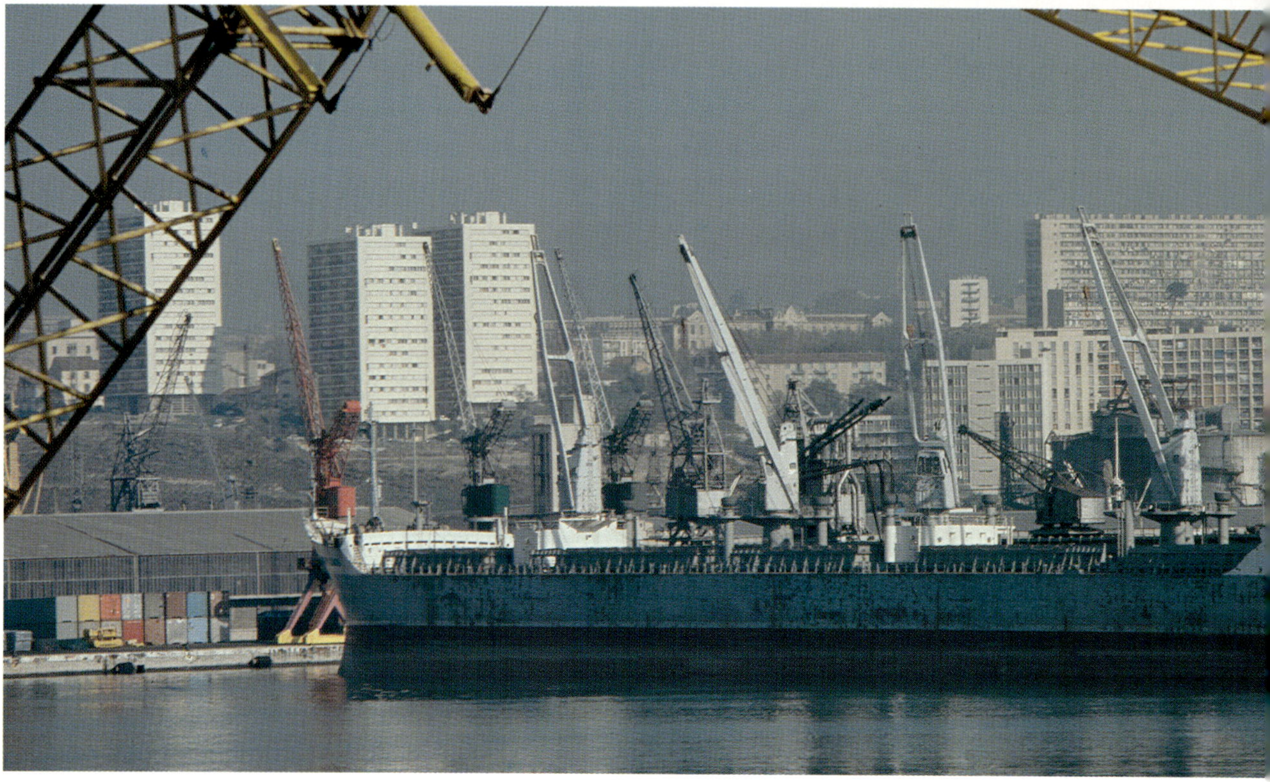

Gorges du Tarn: un berger et son troupeau.
(© Sabine Weiss/Rapho/Photo Researchers, Inc.)

Activités traditionnelles

Un marché en plein air. (© Peter Menzel)

Concarneau (Bretagne): une fête de village.
(© William Carter/Photo Researchers, Inc.)

▲
Sénégal: une jeune danseuse.
(© L.L.T. Rhodes/Taurus Photos)

Scènes de la francophonie

▲
La Nouvelle-Orléans: un orchestre de jazz.
(© Chuck Fishman/Contact Press/Woodfin Camp & Assoc.)

▶
Vietnam: la pêche traditionnelle.
(© Woodfin Camp & Assoc.)

Bordeaux (Gironde): une des régions
vinicoles les plus célèbres du monde.
(© Adam Woolfitt/Woodfin Camp & Assoc.)

Annecy (Haute-Savoie): une ville pittoresque
des Alpes françaises. (© Myrna Bell Rochester)

France: d'autres régions

Strasbourg (Alsace), sur la frontière allemande.
La ville est le siège du Parlement européen.
(© Adam Woolfitt/Woodfin Camp & Assoc.)

Antibes (Côte d'Azur): le musée Picasso.
(© *Hugh Rogers/Monkmeyer Press*)

Art et technologie

Aix-en-Provence: la fondation Vasarely.
(© *Peter Menzel*)

Un nouveau moyen d'organiser une activité ancienne.
(© *G. Rancinan/Sygma*)

Entrée en scène

Les débuts de la communication

—Bonjour, ça va?
—Oui, ça va bien.
Et toi?
—Ça va bien,
merci.

I. Salutations: Premiers contacts

1. —Bonjour,
Mademoiselle.[1]
—Bonjour, Madame.

2. —Bonsoir, Monsieur.
—Bonsoir, Madame.

3. —Je m'appelle Marcel
Martin. Comment
vous appelez-vous?
—Je m'appelle Marie
Dupont.
—Bonjour,
Mademoiselle.
—Non! Madame, s'il
vous plaît!

---

[1]Abréviations: *Mademoiselle* = **Mlle**, *Monsieur* = **M.**, *Madame* = **Mme**

4. —Comment allez-vous?
   —Très bien, merci. Et vous?
   —Pas mal, merci.

5. —Salut, ça va?
   —Oui, ça va bien.
   (Comme ci, comme
   ça.) Et toi?

6. —Mlle Robert?
   —Présente!
   —M. Wilson?
   —Présent!

7. —Comment? Je ne
   comprends pas.
   Répétez, s'il vous
   plaît.

8. —Pardon! Excusez-moi!

9. —Merci.
   —De rien.

10. —Au revoir!
    —A bientôt!

Exercices

A. Et vous? Répondez d'une manière logique.

1. Je m'appelle Maurice Lenôtre. Comment vous appelez-vous?
2. Bonsoir!   3. Comment allez-vous?   4. Merci.   5. Ça va?
6. Au revoir!   7. Bonjour.   8. Mlle Raymond?… M. Martini?

B. Scènes familières. Jouez° les scènes avec des camarades.

°*jouez* = représentez

1.   2.   3.

4.   5.   6.   7.

C. Inventez des scènes originales avec les membres de la classe et avec le professeur. Utilisez les «salutations» comme modèles.

Mots à retenir

Salutations

A bientôt.
Au revoir.
Bonjour.
Bonsoir.
Ça va?
Ça va bien.
Comme ci, comme ça.
Comment?
Comment allez-vous?
Comment vous appelez-vous?
De rien.
Et vous?
Excusez-moi.
Je m'appelle…
Je ne comprends pas.

Madame (Mme)
Mademoiselle (Mlle)
Merci.
Monsieur (M.)
Non.
Oui.
Pardon.
Pas mal.
Présent./Présente.
   (Absent./Absente.)
Répétez.
Salut!
S'il vous plaît.
Très bien.

Mots divers

des camarades	avec	et	Répondez…
la classe	comme	Inventez…	Utilisez…
(de français)	de	Jouez…	
le professeur			

II. Comptez, prononcez, écrivez!

Les nombres de 0 à 49

Comptez!

zéro, un, deux, trois, quatre, cinq, six, sept, huit, neuf, dix,

onze, douze, treize, quatorze, quinze, seize, dix-sept, dix-huit, dix-neuf, vingt,

vingt et un, vingt-deux, vingt-trois, vingt-quatre, vingt-cinq, vingt-six, vingt-sept, vingt-huit, vingt-neuf, trente,

trente et un, trente-deux, trente-trois, trente-quatre, trente-cinq, trente-six, trente-sept, trente-huit, trente-neuf, quarante,

quarante et un, quarante-deux, quarante-trois, quarante-quatre, quarante-cinq, quarante-six, quarante-sept, quarante-huit, quarante-neuf.

Exercices

A. Comptez de 1 à 10, de 11 à 20, de 25 à 35, de 35 à 49. Comptez les étudiants de votre classe.

B. Deux nombres. Écoutez les deux nombres et répétez le plus grand nombre. Suivez le modèle.

MODÈLES: deux, dix → dix
huit, un → huit

1. six, seize
2. dix, douze
3. treize, trois
4. neuf, onze
5. dix-huit, dix-neuf
6. quinze, sept
7. dix-sept, seize
8. vingt, quatorze
9. quarante et un, trente et un

C. **Problèmes de mathématiques.** Votre camarade présente le problème. Donnez la réponse correcte.

+	et (plus)	×	fois
−	moins	=	font

MODÈLES: $4 + 3 = ? \rightarrow$ Quatre et trois font sept.
$4 - 3 = ? \rightarrow$ Quatre moins trois font un.

1. $2 + 5 = ?$
2. $6 + 8 = ?$
3. $5 + 3 = ?$
4. $10 + 1 = ?$
5. $9 + 8 = ?$
6. $5 - 4 = ?$
7. $15 - 9 = ?$
8. $13 - 12 = ?$
9. $20 - 18 = ?$
10. $19 - 15 = ?$
11. $10 \times 2 = ?$
12. $11 \times 3 = ?$
13. $8 \times 5 = ?$
14. $6 \times 6 = ?$
15. $2 \times 21 = ?$
16. $21 + 15 = ?$
17. $9 \times 5 = ?$
18. $43 - 7 = ?$
19. $29 + 12 = ?$
20. $16 + 17 = ?$

D. **Combien font…?** Préparez des problèmes pour les étudiants de votre classe. Utilisez l'expression **Combien font...?**

MODÈLE: Combien font quatre fois deux? $\rightarrow$
Quatre fois deux font huit.

Les sons du français et l'Alphabet Phonétique International

Prononcez![2] Voici un alphabet spécial pour représenter les différents sons du français: c'est la notation de l'Association Phonétique Internationale. Les dictionnaires français utilisent la notation phonétique pour présenter la prononciation des mots.

Prononcez les sons et les exemples avec votre professeur.

Voyelles			
VOYELLES ORALES			
[a] madame	[madam]	[o] **au**	[o]
[i] dix	[dis]	[ɔ] Robert	[rɔbɛr]
[e] répétez	[repete]	[ø] deux	[dø]
[ɛ] merci	[mɛrsi]	[œ] neuf	[nœf]
[u] jour	[ʒur]	[ə] de	[də]
[y] salut	[saly]		

---

[2]Pour étudier la prononciation, utilisez les sections *Prononcez bien!* Il y a aussi des «Éléments de prononciation française» dans le *Manuel de laboratoire.*.

VOYELLES NASALES			SEMI-VOYELLES		
[ɑ̃]	en, comment	[ɑ̃], [kɔmɑ̃]	[ɥ]	huit	[ɥit]
[ɛ̃]	bien, vingt	[bjɛ̃], [vɛ̃]	[j]	rien	[rjɛ̃]
[ɔ̃]	bon, pardon	[bɔ̃], [pardɔ̃]	[w]	moi, oui	[mwa], [wi]

Consonnes

[b]	bon	[bɔ̃]	[p]	plaît	[plɛ]
[ʃ]	chalet	[ʃalɛ]	[r]	revoir	[rəvwar]
[d]	des	[de]	[k]	comme	[kɔm]
[f]	photo	[foto]	[s]	ça, si	[sa], [si]
[g]	Guy	[gi]	[z]	mademoiselle	[madmwazɛl]
[ʒ]	je	[ʒə]	[t]	Martin	[martɛ̃]
[ɲ]	champagne	[ʃɑ̃paɲ]	[v]	va	[va]
[l]	appelle	[apɛl]	[gz]	examen	[egzamɛ̃]
[m]	mal	[mal]	[ks]	excusez	[ekskyze]
[n]	non	[nɔ̃]			

ATTENTION: La consonne finale est généralement muette: **Et vous?** [evu].

Exercices

A. Prononcez les transcriptions suivantes avec votre professeur. ATTENTION: Une syllabe française commence par une consonne: **français** [frɑ̃-sɛ].

1. [bɔ̃-ʒur]
2. [sa-va]
3. [mə-sjø]
4. [par-dɔ̃]
5. [trɛ-bjɛ̃-mɛr-si]
6. [kɔ-mɑ̃-ta-le-vu]
7. [ka-tɔrz]
8. [vɛ̃t-trwa]

B. Indiquez la transcription correcte. Prononcez l'expression avec votre professeur.

_____ 1. un	a. [duz]
_____ 2. bonsoir	b. [pre-zɑ̃]
_____ 3. présente	c. [sil-vu-plɛ]
_____ 4. seize	d. [ɛ̃]
_____ 5. s'il vous plaît	e. [dø]
_____ 6. comment	f. [sɛz]
_____ 7. présent	g. [pre-zɑ̃t]
_____ 8. douze	h. [bɔ̃-swar]
_____ 9. deux	i. [kɔ-ma]

L'alphabet français   Écrivez! Voici l'alphabet français. Prononcez les lettres et les noms avec votre professeur.

a	a	[a]	Anatole	n	enne	[ɛn]	Nicole
b	bé	[be]	Béatrice	o	o	[o]	Odile
c	cé	[se]	Claude	p	pé	[pe]	Pascal
d	dé	[de]	Denise	q	ku	[ky]	Quentin
e	e	[ə]	Étienne	r	erre	[ɛr]	Roland
f	effe	[ɛf]	Françoise	s	esse	[ɛs]	Suzanne
g	gé	[ʒe]	Georges	t	té	[te]	Thérèse
h	hache	[aʃ]	Hélène	u	u	[y]	Ulysse
i	i	[i]	Isabelle	v	vé	[ve]	Véronique
j	ji	[ʒi]	Jacqueline	w	double vé	[dublə ve]	Wilfried
k	ka	[ka]	Kévin	x	iks	[iks]	Xavier
l	elle	[ɛl]	Lucien	y	i grec	[igrɛk]	Yvette
m	emme	[ɛm]	Marguerite	z	zède	[zɛd]	Zoë

Les accents grammaticaux en français

Voici les lettres avec les accents habituels. Prononcez les lettres et les exemples avec votre professeur.

ACCENT	NOM	EXEMPLE	PRONONCIATION
é	accent aigu	**répondez**	é = [e]: [repɔ̃de]
è à, ù	accent grave	**très** **là, où**	è = [ɛ]: [trɛ] Pour distinguer certains mots: *cf.* **la, ou**
ê ô â, û	accent circonflexe	**fête** **hôpital** **âge, flûte**	ê = [ɛ]: [fɛt] ô = [o]: [opital] Raisons étymologiques
ë, ï	tréma	**Noël, naïf**	Prononcez les deux voyelles séparément: [no-ɛl], [na-if].
ç	cédille	**français**	c = [s]

Exercices

A. Écoutez le professeur. Épelez et écrivez les syllabes suivantes.

1. sa, se, si
2. ne, me, se
3. te, ta, tu
4. la, lu, le
5. de, du, bu
6. ni, ne, nu
7. ma, me, mu

B. Avec le professeur, épelez et écrivez les expressions suivantes.
   ATTENTION: Pour les lettres accentuées, prononcez: *e accent aigu,
   cé cédille,* etc.

   MODÈLE: Hélène → H, E accent aigu, L, E accent grave, N, E

   1. bon, son, nom
   2. mot, pot, tôt
   3. bonjour
   4. répétez
   5. naïve
   6. à bientôt
   7. Yves Montand
   8. Françoise Hardy
   9. Jean-Paul Belmondo
   10. Héloïse et Abélard

C. Comment vous appelez-vous? Épelez votre nom. Épelez le nom de
   certains camarades, de certains membres de la classe et du professeur.

Mots à retenir

Expressions de communication	Combien font…?	Donnez…	Écrivez…	Prononcez…
	Comptez…	Écoutez…	Épelez…	

Noms	une consonne	un nombre	une réponse	une syllabe
	un mot	un problème	un son	une voyelle
	un nom			

Mots divers	à	font	par	suivant
	fois	moins	plus	votre

III. Identification: Dans la salle de classe

A. Qu'est-ce que c'est?
  —C'est une classe de français.

Avec un(e) camarade, identifiez les personnes et les objets dans le dessin.° Suivez° le modèle.

MODÈLE: A: L'objet numéro 1, qu'est-ce que c'est?
       B: C'est un bureau.

B. Qui est-ce?
  —C'est un professeur. C'est M. Lenoir.
Qui est-ce?
  —C'est une étudiante. C'est Linda.

Posez la question **Qui est-ce?** à des camarades. Indiquez des personnes dans le dessin et dans la classe de français.

°*le dessin* = l'image
suivez = imitez, continuez selon

C. Est-ce que c'est une salle de classe?
    —Oui, c'est une salle de classe.
    Est-ce que c'est un professeur?
    —Non, c'est une étudiante.

Posez des questions selon le modèle. Indiquez des objets ou des personnes dans le dessin ou dans la salle de classe. Répondez avec **oui** ou **non.**

MODÈLE: A: Est-ce que c'est un cahier?
         B: Non, c'est un livre!

D. Montrez-moi un cahier.
    —Voici un cahier.
    Montrez-moi un crayon.
    —Voici un crayon.
    Montrez-moi un livre.
    —Voilà un livre.
    Montrez-moi un dictionnaire.
    —Voilà un dictionnaire.
    Montrez-moi un autre livre.
    —Voilà un autre livre.
    Est-ce que c'est un autre dictionnaire?
    —Non, c'est un livre.

Regardez la classe de français. Suivez les modèles.

MODÈLES: A: Montrez-moi un tableau noir.
          B: Voici un tableau noir.
          A: Montrez-moi un autre tableau noir.
          B: Voilà un autre tableau noir.

Mots à retenir

Noms	un bureau	un dictionnaire	un livre	une salle de classe
	un cahier	un étudiant/	un objet	une table
	une chaise	une étudiante	une porte	un tableau noir
	un crayon	une fenêtre		

Expressions de communication	Qu'est-ce que c'est? Qui est-ce? C'est un…/C'est une… Est-ce que c'est un(e)…?	Montrez-moi… Suivez… Voici… Voilà…
Mots divers	autre dans	ou selon

IV. Situation: **Où est…?**

Ernestine, Michel et la voiture

1. Ernestine est à côté de la voiture.[3]

2. Michel est sur la voiture.

3. Michel est devant la voiture.

4. Ernestine est dans la voiture.

5. Michel est derrière la voiture.

6. Ernestine est sous la voiture.

Exercices

A. Où est Michel? Où est Ernestine? Regardez les images. Répétez les affirmations correctes. Corrigez les affirmations incorrectes.

1. Michel est à côté de la voiture.
2. Ernestine est sur la voiture.
3. Ernestine est devant la voiture.
4. Ernestine est dans la voiture.
5. Michel est devant la voiture.
6. Ernestine est sous la voiture.

---

[3] *A côté **de la** voiture (f.), mais à côté **du** bureau (m.).* Voir le Chapitre 4, Structure 8.

B. Qui est-ce? Posez des questions sur la situation° des autres étudiants. Suivez les modèles. Utilisez **devant, derrière** et **à côté de.**

MODÈLES: A: A côté de Linda? Qui est-ce?
B: C'est Henri.
A: Où est Henri?
B: Henri est à côté de Linda.

Paris: une salle de classe au lycée La Fontaine.

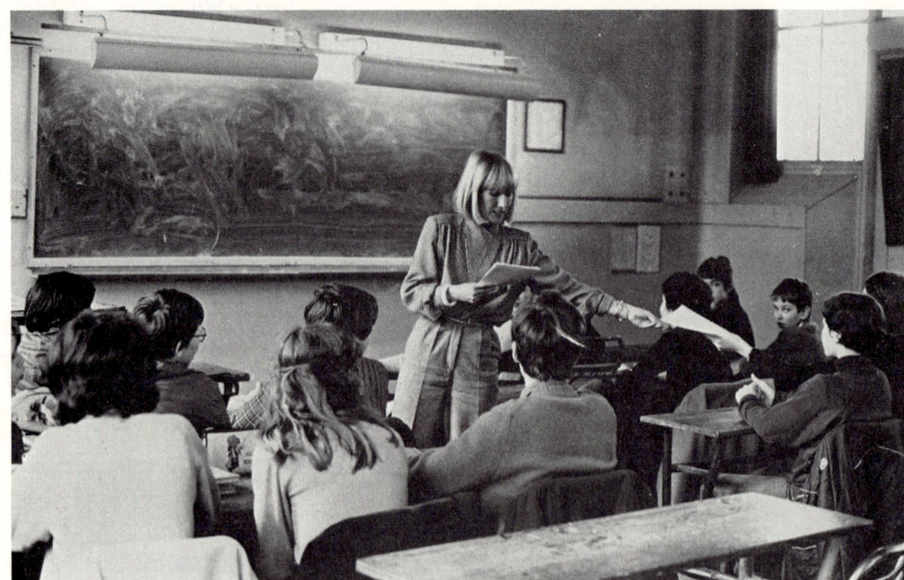

Une salle de classe en France

A. Sur la photo, est-ce qu'il y a une table?
—Oui, il y a une table sur la photo.
Et un bureau?
—Il y a aussi un bureau.

Regardez la photo. Posez des questions sur les objets de la photo, selon le modèle. Répondez à la forme *affirmative.*

MODÈLE: A: Dans la salle, est-ce qu'il y a une fenêtre?
B: Oui, il y a une fenêtre.

Maintenant, regardez la classe de français. Posez des questions sur les objets de la classe, selon le modèle. Répondez à la forme affirmative.

MODÈLE: A: Est-ce qu'il y a un bureau? Est-ce qu'il y a une table?
B: Oui, il y a un bureau ici. Il y a aussi une table.

°*la situation* = la place

Prononcez bien!

Avec votre professeur, prononcez les expressions suivantes. Faites attention à la prononciation des nombres!

deux [dø]	deux / livres [dø]	deux étudiants [dø-ze-ty-djã]
cinq [sɛ̃k]	cinq / livres [sɛ̃]	cinq étudiants [sɛ̃-ke-ty-djã]
six [sis]	six / livres [si]	six étudiants [si-ze-ty-djã]
dix [dis]	dix / livres [di]	dix étudiants [di-ze-ty-djã]
vingt [vɛ̃]	vingt / livres [vɛ̃]	vingt étudiants [vɛ̃-te-ty-djã]

Devant une autre consonne, la consonne finale de **cinq, six** et **dix** est *muette*. Devant une voyelle, la consonne finale de **deux, cinq, six, dix** ou **vingt** est *prononcée* au début de la syllabe suivante. ATTENTION: x [s] → [z], six images.

B.   Combien d'étudiants est-ce qu'il y a ici?
　　　—Il y a six étudiants: quatre étudiantes et deux étudiants.

ATTENTION: **Il y a une table** et **Il y a deux** (trois, quatre...) **tables.**

Comptez les objets et les personnes dans la salle de classe. Suivez le modèle.

MODÈLE:　A: Combien d'étudiantes est-ce qu'il y a ici?
　　　　　　B: Il y a quatre étudiantes.

Suggestions: fenêtres / portes / professeurs / tableaux noirs / cahiers / livres / crayons / chaises / étudiants / étudiantes / tables / bureaux...

C.   Quel jour est-ce aujourd'hui?
　　　—Aujourd'hui, c'est lundi (mardi, mercredi, jeudi, vendredi, samedi, dimanche).

1. Donnez les jours de la semaine.
2. Donnez les jours du cours de français.
3. Donnez les jours du week-end.
4. Quel jour est-ce aujourd'hui?

Mots à retenir

Noms	un jour	une semaine	
	une personne	une voiture	

Expressions de communication

Est-ce qu'il y a…?
Combien de (d') (…) est-ce qu'il y a?
Corrigez…
Il y a…
Où est…?

Quel jour est-ce aujourd'hui?
  Aujourd'hui, c'est lundi / mardi / mercredi / jeudi / vendredi / samedi / dimanche.
Regardez…

Mots divers

à côté de
derrière
devant

ici
sous
sur

V. Entre professeur et étudiants

Que dit le professeur?

Répondez.

En français, s'il vous plaît.

Oui, c'est exact.

Non, ce n'est pas exact.

Est-ce que c'est clair?

Est-ce que vous comprenez?

Bravo!

Excellent!

Écoutez bien!

Répétez, tout le monde!

Attention!

Il y a un examen
aujourd'hui.

L'examen est annulé.

Que dit l'étudiant(e)?

Non, je ne comprends pas.

Je ne sais pas.

J'ai une question à poser.

Comment dit-on «Cheers!»
en français?
   («A votre santé!»)

A bas les examens!

Vive le professeur!

Exercices

A. En classe. Indiquez par une lettre, de **a → j,** la réaction logique du
   professeur ou de l'étudiant(e).

_____ 1. Deux fois deux font
quatre.

_____ 2. Comment dit-on
«Cheers!» en français?

_____ 3. Est-ce que c'est clair?

_____ 4. *I don't understand.*

_____ 5. L'examen est annulé.

_____ 6. L'examen est difficile.

_____ 7. Deux fois trois font
huit.

_____ 8. Écoutez et répétez: un,
deux, trois, quatre,
cinq.

_____ 9. Qui est-ce?

_____10. Quel jour est-ce
aujourd'hui?

a. Vive le professeur!
b. Non, ce n'est pas exact.
c. Non, je ne comprends pas.
d. A votre santé!
e. Un, deux, trois, quatre, cinq.
f. Oui, c'est exact.
g. En français, s'il vous plaît.
h. A bas les examens!
i. C'est mercredi.
j. Je ne sais pas.

B. Situations. Donnez la réaction de l'étudiant.

Exercices de récapitulation

A. Exercice de logique. Complétez les séries suivantes.

1. deux : trois, quinze : seize
   onze : _____, vingt : _____
2. dix-sept : quatorze, quatre : un
   vingt-huit : _____, trente : _____
3. trois : six, huit : seize
   cinq : _____, douze : _____
4. quatre : neuf, seize : vingt et un
   treize : _____, vingt-cinq : _____

Bonjour, Madame. —Bonjour, Mademoiselle. Comment allez-vous?

B. L'importance des nombres. Donnez le nombre associé avec...

  1. la superstition
  2. l'âge minimum d'un adulte (= _____ ans)
  3. l'alphabet français
  4. le nombre d'heures dans un jour
  5. l'âge minimum du président des États-Unis (= _____ ans)
  6. le mois de février (= _____ jours)
  7. le nombre de personnes dans un match de football américain
  8. le déluge de Noé (dans la Bible) (= _____ jours)

C. Réagissez! Donnez une réaction ou une réponse personnelle... et logique.

  1. Bonjour, Monsieur (Madame, Mademoiselle).
  2. Comment allez-vous?
  3. Salut! Ça va?
  4. Comment vous appelez-vous?
  5. Quel jour est-ce aujourd'hui?
  6. Merci.
  7. Il y a un examen aujourd'hui.
  8. Combien d'étudiants est-ce qu'il y a dans la salle de classe? Combien d'étudiantes? de professeurs?
  9. Combien de tables est-ce qu'il y a dans la salle? Combien de chaises? de fenêtres? de portes? de tableaux noirs? de livres de français?
  10. Qu'est-ce qu'il y a sur la table du professeur? Qu'est-ce qu'il y a à côté de la table? derrière la table? devant la table?
  11. Comment dit-on «notebook» en français?
  12. Combien font trente-six et neuf?
  13. L'examen d'aujourd'hui est annulé.
  14. Où est le professeur? Où est le livre du professeur? le cahier? le crayon?

D. Créez un dialogue. Donnez des réactions logiques... et continuez le dialogue à la page 20.

ARTHUR: Bonjour, Reynaud, ça va?
REYNAUD: _______________
ARTHUR: Quel jour est-ce aujourd'hui?
REYNAUD: _______________
ARTHUR: L'examen? C'est aujourd'hui?
REYNAUD: _______________
ARTHUR: Reynaud, voici un message du professeur!
REYNAUD: _______________
ARTHUR: L'examen d'aujourd'hui est annulé!
REYNAUD: _______________
ARTHUR: Qui est-ce? Ah! Voilà Michelle. (*Michelle entre.*) Salut, Michelle!
MICHELLE: _______________
ARTHUR: _______?_______
MICHELLE: _______?_______

Chapitre 1

La vie universitaire

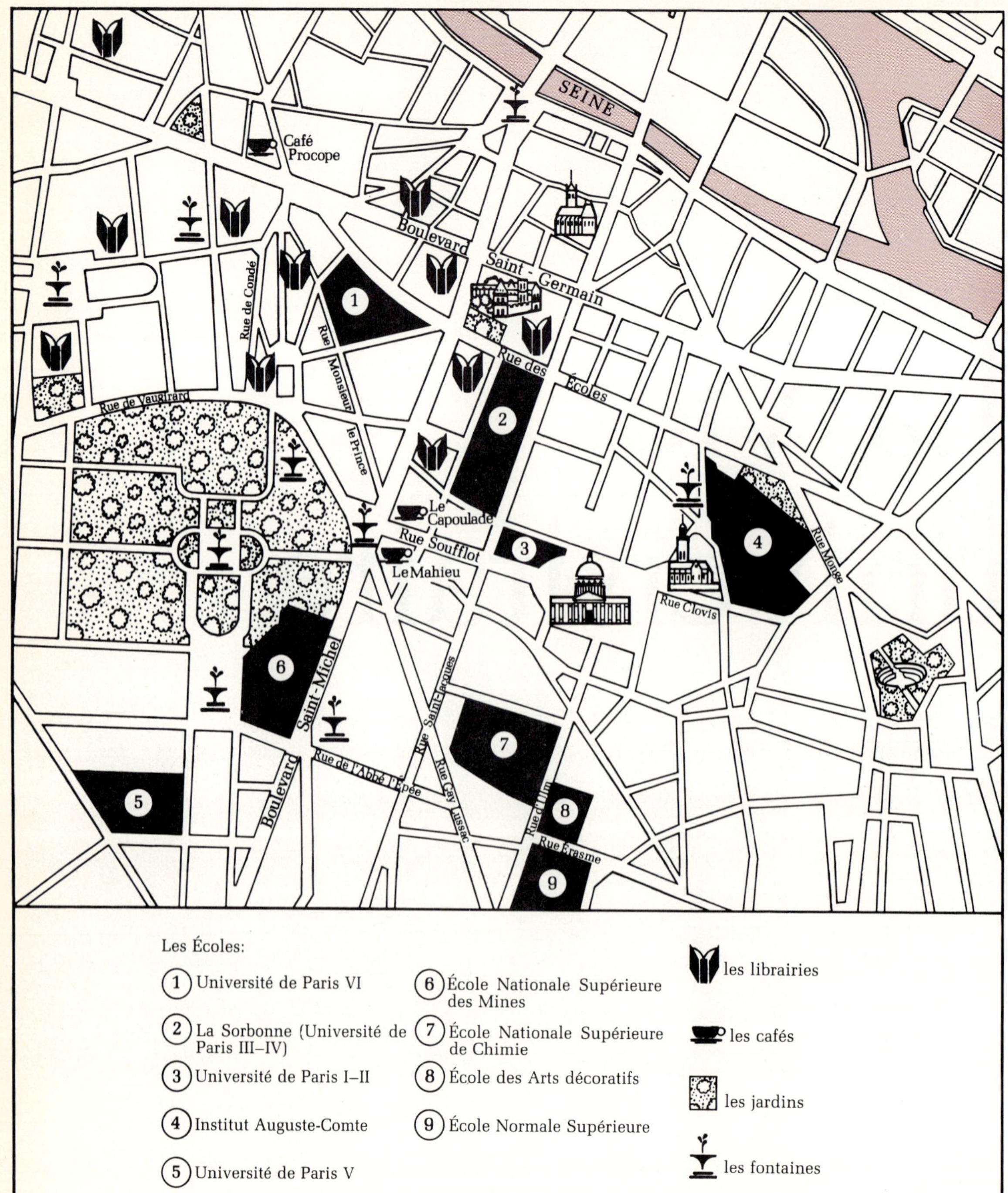

Les Écoles:

1) Université de Paris VI

2) La Sorbonne (Université de Paris III–IV)

3) Université de Paris I–II

4) Institut Auguste-Comte

5) Université de Paris V

6) École Nationale Supérieure des Mines

7) École Nationale Supérieure de Chimie

8) École des Arts décoratifs

9) École Normale Supérieure

les librairies

les cafés

les jardins

les fontaines

Le Quartier Latin. C'est un quartier très ancien de Paris. Dante, Descartes, Pascal, Rousseau, Diderot, Balzac et Victor Hugo sont d'anciens résidents du Quartier Latin. C'est le centre intellectuel de la capitale.

D'après° le texte...

1. Le Quartier Latin, qu'est-ce que c'est?
2. Qui sont les anciens résidents du Quartier Latin?

D'après le plan...

Il y a neuf écoles secondaires dans le Quartier Latin. Sur le plan, combien est-ce qu'il y a de (d')...

Écoles supérieures? librairies°? monuments historiques? cafés réputés? jardins publics? fontaines?

Entrée en scène

L'université

Voici l'amphithéâtre.

°*d'après* = selon
une librairie = un commerce de livres

Réponses: 9 Écoles supérieures, 11 librairies, 5 monuments historiques, 3 cafés réputés, 6 jardins publics, 9 fontaines

Voici le restaurant universitaire.

Voici la cité universitaire.

Voici la bibliothèque.

A. Montrez-moi… D'après les images des pages 23–25, et votre salle de classe…

   MODÈLE: A: Montrez-moi un amphithéâtre.
               B: Voici un amphithéâtre.

1. le restaurant universitaire
2. la cité universitaire
3. la bibliothèque
4. un professeur
5. une étudiante
6. un étudiant
7. un bureau
8. une fenêtre
9. une table
10. une chaise
11. un sandwich
12. une lampe
13. une porte
14. un livre
15. un cahier
16. un crayon

B. A l'université. Où est…? Suivez le modèle.

   MODÈLE: A: Où est l'examen de français?
               B: Dans l'amphithéâtre.

Choix: Dans le _____.
          Dans la _____.
          Dans l' _____.

1. le sandwich de l'étudiant?   2. le dictionnaire de français?   3. la radio de l'étudiante?   4. la lampe de l'étudiant?   5. le livre d'histoire?   6. la télévision de la résidence?   7. le bureau du professeur?   8. le cours de français?

C. Bizarre ou normal? Donnez une réaction personnelle.

MODÈLE: A: Un dictionnaire dans le restaurant universitaire...
B: Un dictionnaire dans le restaurant universitaire! C'est
bizarre... (C'est normal...)

1. Un cours de français dans l'amphithéâtre...
2. Une radio dans la bibliothèque...
3. Un examen dans la cité universitaire...
4. Un café dans l'amphithéâtre...
5. Quinze tables dans la salle de classe... ·
6. Un tableau noir dans la cité universitaire...
7. Un dictionnaire dans la bibliothèque...

Inventez d'autres situations normales ou bizarres.

Quelle est la date d'aujourd'hui?

Quel mois sommes-nous?

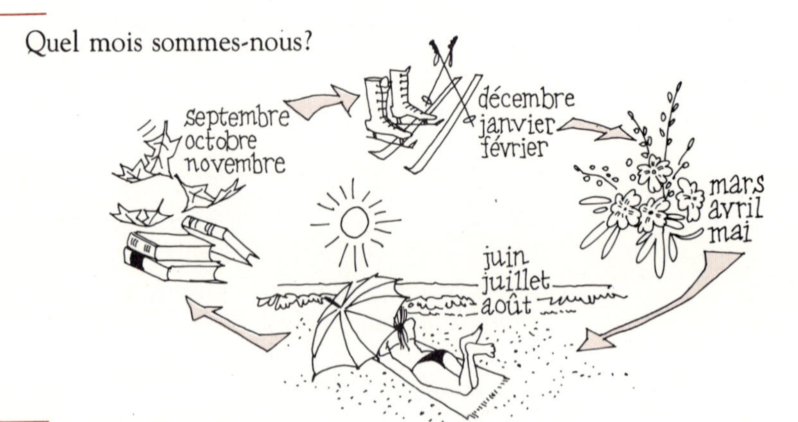

MODÈLE: A: Quel mois sommes-nous?
B: Nous sommes en janvier 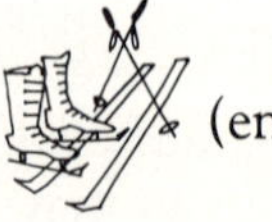 (en décembre, en février).

Quel jour sommes-nous?

Aujourd'hui, c'est le 20 septembre.
Hier, c'est le 19 septembre.
Demain, c'est le 21 septembre.

Donnez les dates d'«hier» et de «demain» pour les jours indiqués.

Aujourd'hui, c'est le 14 février.
Hier, c'est…
Demain, c'est…

Aujourd'hui, c'est le premier (1er) janvier.[1]
Hier, c'est…
Demain, c'est…

Avec le jour de la semaine:

> Aujourd'hui, nous sommes le mardi 20 avril.
ou Aujourd'hui, c'est mardi (le) 20 avril.

Quelle est la date d'aujourd'hui? d'hier? de demain?

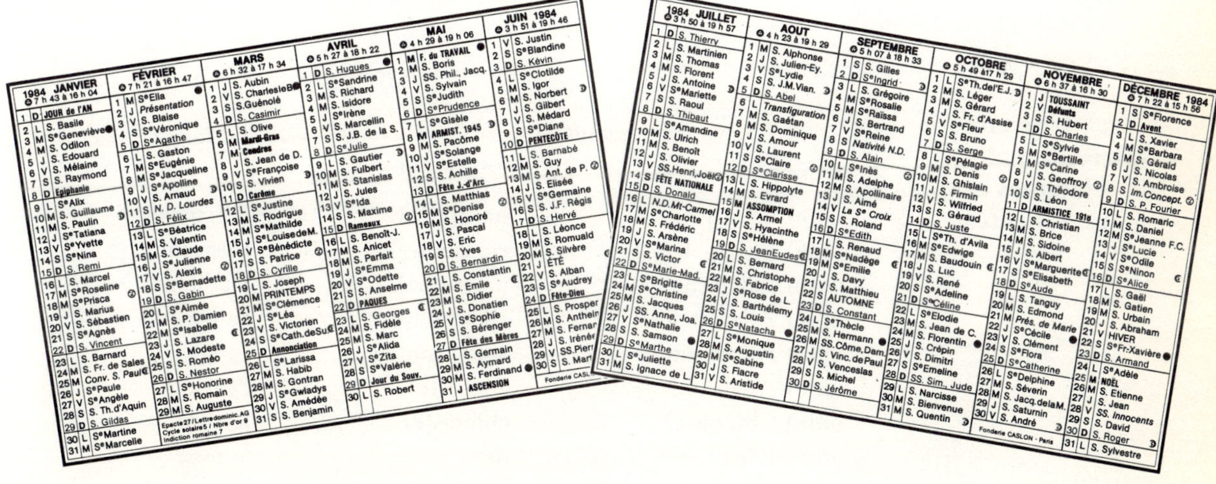

---

[1]Le nombre ordinal (**premier**) est utilisé uniquement le premier jour du mois: **le premier (1er) avril, le premier (1er) novembre.**

> Notez l'abréviation: le vingt septembre → 20-9
> le quatorze février → 14-2
> le premier janvier → 1-1

Quelle est la date d'aujourd'hui? Suivez le modèle.

MODÈLE: 8-7 → C'est le huit juillet.[2]

1. 2-8	4. 10-11	7. 15-2	10. Demain, c'est…
2. 7-4	5. 31-5	8. 11-3	11. Hier, c'est…
3. 20-12	6. 1-6	9. 8-1	

Une cité internationale: langues et nationalités

	La nationalité		La langue
	NOM	ADJECTIF	
	un(e) Français(e)	français(e)	le français
	un(e) Espagnol(e)	espagnol(e)	l'espagnol
	un(e) Italien(ne)	italien(ne)	l'italien
	un(e) Allemand(e)	allemand(e)	l'allemand
	un(e) Américain(e)	américain(e)	l'anglais
	un(e) Anglais(e)	anglais(e)	l'anglais
	un(e) Chinois(e)	chinois(e)	le chinois
	un(e) Russe	russe	le russe
	un(e) Japonais(e)	japonais(e)	le japonais

---

[2]Prononcez bien l'article avec les nombres **huit** et **onze**: **le** huit juillet, **le** onze mars.

A. **Personnalités.** Quelle est la nationalité des personnes suivantes? Suivez le modèle en utilisant **C'est** + *le nom de la nationalité.*

MODÈLE: Betsy Ross? → C'est une Américaine.

1. Pablo Picasso?
2. W. Shakespeare?
3. Marie de Médicis?
4. Maurice Chevalier?
5. J. S. Bach?
6. Madame Mao?
7. la Grande Catherine?
8. Léonard de Vinci?
9. l'empereur Hirohito?

B. **Et vous?** Est-ce que vous êtes français(e)?

1. Est-ce que vous êtes français(e)? Est-ce que vous êtes d'origine française? (*Oui, je suis…; Non, je suis…*)
2. Quelle est la nationalité (Quelles sont les nationalités) de votre famille?
3. Quelle est la langue (Quelles sont les langues) de votre famille?

Jeu de structures

1. L'article indéfini et l'article défini: masculin, féminin

Promenade à bicyclette

Mike, *un* étudiant américain, visite *le* quartier universitaire de Strasbourg avec Marguerite, *une* étudiante française.

MIKE: Dis-moi,° Marguerite, est-ce qu'il y a *une* bibliothèque ici?
MARGUERITE: Mais oui, voici *la* bibliothèque.
MIKE: Et *une* librairie?
MARGUERITE: Voilà *la* librairie favorite des étudiants, rue de Rome.
MIKE: Est-ce qu'il y a *un* restaurant universitaire?
MARGUERITE: *Le* Restau-U est là-bas, dans *la* Cité universitaire.
MIKE: Et *un* café?
MARGUERITE: Voici *le* café des étudiants. Entrons.
MIKE: *Le* quartier universitaire est très calme aujourd'hui, mais *le* café est plein[3] d'étudiants! Je ne comprends pas.
MARGUERITE: Mais naturellement! *Le* café, c'est *le* centre de *la* vie universitaire!

---

[3]Il y a 20 chaises dans la classe et 20 étudiants: la classe est *pleine!*
°*dis-moi* = une expression familière pour introduire une question

Pour préciser

Ici, sur la table, il y a un livre. C'est le livre de français. Là-bas, sur la table, est-ce qu'il y a un cahier?

—Oui, c'est le cahier de Robert.

Et ça, c'est un manuel?

—Mais oui, c'est le manuel de laboratoire.

Judy, dites-moi, est-ce que c'est un cours d'histoire?

—Mais non, c'est un cours de français. C'est le cours de Mme Renaud.

Et Alice, c'est une étudiante?

—Oui, c'est l'étudiante de Mme Renaud.

Et Judy, c'est la camarade d'Alice?

—Oui, c'est l'amie d'Alice et de Robert.

Pour apprécier

1. Dans votre université, est-ce qu'il y a une bibliothèque? une librairie? une résidence universitaire? un restaurant universitaire? un café?
2. Combien d'étudiants est-ce qu'il y a dans la salle de classe aujourd'hui? Est-ce que la classe est pleine?
3. Quel est le centre de la vie universitaire française? de la vie universitaire américaine?

Un nom représente une personne, un objet, un lieu° ou une idée. En français, le nom est *masculin* ou *féminin*. L'article indéfini et l'article défini précèdent toujours le nom.

A.   L'article indéfini: *un, une*

En français, l'article indéfini est toujours masculin ou féminin. L'article indéfini est une indication générale, non spécifique.

MASCULIN	FÉMININ
un ami	une amie
un bureau	une chaise
un homme	une histoire

Qu'est-ce que c'est? —C'est **une** résidence universitaire.

Est-ce qu'il y a **un** restaurant ici? —Oui, bien sûr, il y a **un** restaurant et aussi **un** café.

Un et **une** sont aussi des nombres.

A midi, il y a **un** étudiant à la bibliothèque et vingt dans le café.

°*un lieu* = la réponse à la question «où?» (*à l'université, à New York, dans la salle de classe, etc.*)

B. L'article défini: *le, la, l'*

L'article défini est aussi masculin ou féminin. L'article défini indique une personne ou un objet spécifique.

MASCULIN	FÉMININ	MASCULIN OU FÉMININ COMMENÇANT PAR UNE VOYELLE OU UN **h** MUET	
le livre	la femme[4]	l'ami (*m.*) l'homme (*m.*)[4]	l'amie (*f.*) l'histoire (*f.*)

L'apostrophe indique l'*élision* de la voyelle (**e** ou **a**) devant une voyelle ou un **h** muet: **l'ami** (*m.*), **l'idée** (*f.*), **l'histoire** (*f.*), **l'hôpital** (*m.*).

—Montrez-moi **le** livre de français.
—Voici **le** livre de français.
—Et montrez-moi **la** salle de classe.
—Voilà **la** salle de classe.

Où est l'ami de Ginette? —Voici Paul, l'ami de Ginette.

Qui est-ce? —C'est Arielle, l'amie de Jean.

L'article défini précède aussi un nom utilisé dans un sens général.

La vie d'étudiant est difficile. —Mais **le** sport est nécessaire.

Avec les jours de la semaine, utilisez l'article défini (**le**) si l'action est *habituelle* ou *régulière*.

Jeanne est en cours **le lundi** et **le jeudi**. **Le samedi,** elle est au cinéma!
mais: Aujourd'hui, c'est **mercredi**.

Prononcez bien!

Il y a deux **h** en français.

*l'***h** *muet:* **l'homme, l'histoire, l'hôpital**
*l'***h** *aspiré:*[5] **le *hors-d'œuvre, la *harpe, le *héros**

La lettre **h** est muette dans les deux cas. Mais faites très attention à la prononciation des articles!

h *muet: l'homme* [lɔm]   un homme [ɛ̃-nɔm][6]

h *aspiré:* le /*héros [lə-e-ro]   un /*héros [ɛ̃-e-ro]

---

[4]Madame Dupont est *une femme*. Monsieur Dupont est *un homme*.
[5]L'**h** aspiré est rare; il est indiqué par un astérisque (*) dans les *Mots à retenir* de chaque chapitre, et dans le *Lexique* à la fin du texte.
[6]Notez que le son [n] est prononcé ici.

C. **Masculin ou féminin?**

Le genre du nom—masculin ou féminin—est rarement logique. Étudiez chaque nom français avec l'article indéfini: **un** livre, **une** chaise, **une** histoire.

1. Le genre du nom est logique dans certains cas: **une femme, un homme.** Notez les exceptions.

    Mme Brunot, **le professeur** (*nom toujours masculin*)

    Richard Dutourd? Voilà **une personne** sensationnelle! (*nom toujours féminin*)

2. Pour certains noms de personnes, l'article change pour un homme ou une femme: **le** camarade / **la** camarade, **le** touriste / **la** touriste, **le** secrétaire / **la** secrétaire.

3. Pour certains groupes de noms, la terminaison indique le genre.

MASCULIN		FÉMININ	
-eau	le bureau	**-ence**	la différence
-isme	le tourisme	**-tion**	la nation
-ment	l'appartement	**-sion**	la télévision
		-ie	la tragédie
		-ure	la littérature
		-té	l'université

4. La présence ou l'absence de la lettre **e** indique le genre de certains noms.

MASCULIN		FÉMININ
l'ami	→	l'amie
l'étudiant	→	l'étudiante
un Américain	→	une Américaine
un Anglais	→	une Anglaise
un Allemand	→	une Allemande

Prononcez bien!

La consonne finale (**t, d, s** ou **n**) est *muette* au masculin (*sans* **e**).

   un Français [ɛ̃-frã-sɛ]   l'étudiant [le-ty-djã]

La consonne finale est *prononcée* au féminin (*avec* **e**).

   une Française [yn-frã-sɛz]   l'étudiante [le-ty-djãt]

5. Un nom emprunté° à l'anglais, ou à une autre langue, est généralement masculin: **le jogging, le tennis, le wagon, le kiosque.**

A la lettre

A. Qu'est-ce que c'est? Répondez selon les images.

MODÈLE: A: Qu'est-ce que c'est?
B: C'est une table.

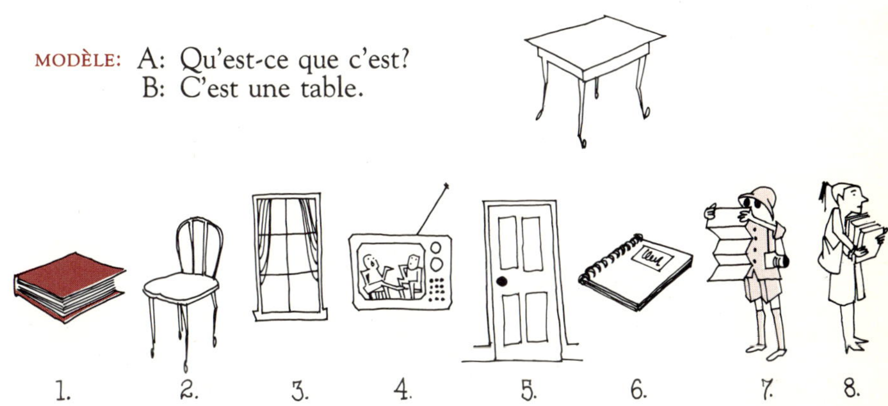

1.   2.   3.   4.   5.   6.   7.   8.

B. Visite du quartier universitaire. Répondez aux questions de l'étudiant américain avec **oui.** Suivez le modèle.

MODÈLE: un amphithéâtre →
A: Est-ce qu'il y a un amphithéâtre ici?
B: Oui, voilà l'amphithéâtre.

1. une bibliothèque   2. un café   3. un restaurant   4. un professeur de français   5. une librairie   6. un cinéma

C. Masculin ou féminin? Suivez le modèle.

MODÈLE: cours → un cours

1. préférence   2. cité   3. Anglais   4. question   5. aventure
6. appartement   7. bureau   8. histoire   9. tableau   10. café
11. quartier   12. librairie

D. Des amis arrivent. Donnez la forme féminine selon le modèle.

MODÈLE: A: Est-ce que c'est un Américain?
B: Non, c'est une Américaine.

1. un Français?   2. le camarade de Paulette?   3. un Anglais?
4. l'étudiant de M. Vernier?   5. un Allemand?   6. un touriste?
7. un homme?   8. un secrétaire?

°*emprunté* = adopté

A votre tour —————————————————————————————————

A. Qu'est-ce qu'il y a dans la salle de classe? Posez des questions avec
Qu'est-ce qu'il y a...? et **sur, sous, devant, derrière, à côté de** et **dans.**

MODÈLES: A: Qu'est-ce qu'il y a sur la table?
  B: Il y a deux livres sur la table.

  A: Qu'est-ce qu'il y a sous la chaise?
  B: Il y a un sac sous la chaise.

Suggestions: Qu'est-ce qu'il y a sur la table? Qu'est-ce qu'il y a devant le
tableau noir? Qu'est-ce qu'il y a à côté de la porte? sous la chaise?
derrière le bureau? dans la salle de classe?

B. Jeu d'associations. Un(e) étudiant(e) nomme un individu, un objet ou
un lieu. Les autres membres du groupe donnent une catégorie ou une
description selon les modèles suivants. ATTENTION: Limitez-vous au
vocabulaire du Chapitre préliminaire et du Chapitre 1.

MODÈLES: A: Jack
  B: C'est l'ami de Jill.

  A: Margaret Thatcher
  B: C'est une Anglaise.

  A: Maxim's
  B: C'est un restaurant.

  A: la Sorbonne
  B: C'est une université.

2. Le pluriel des articles et des noms

Un cours difficile

C'est la rentrée.° Matthieu, un nouvel étudiant, pose *des questions* à
Mlle Breton, assistante dans le cours de français.

MATTHIEU: Pardon, Mademoiselle, où est le livre de classe, s'il vous
  plaît?
MLLE BRETON: Ici, voici *les livres* de classe.
MATTHIEU: Et ça, c'est le manuel de laboratoire?
MLLE BRETON: Oui. Voici *les manuels* de laboratoire.
MATTHIEU: Quel est l'exercice pour aujourd'hui?
MLLE BRETON: C'est ici, à la première page: voici *les exercices.*
MATTHIEU: Dans le cours, est-ce qu'il y a un examen et aussi une
  interrogation orale?

—————————————

°*la rentrée* = les premiers jours des cours en automne

MLLE BRETON: Mais oui… il y a *des examens* et *des interrogations* orales au mois de juin.

MATTHIEU: Oh là, là!

MLLE BRETON: Je comprends, Matthieu. *Les travaux* pratiques,° ce sont *des problèmes* pour *les étudiants*… et pour *les professeurs*.

Pour préciser

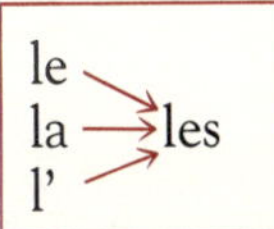

Dans le cours de Matthieu, est-ce qu'il y a un livre et une interrogation?
    —Oui, en fait, il y a des livres et des interrogations.
Voici le cahier d'Andrée. Et ça, est-ce que c'est l'autre cahier d'Andrée?
    —Oui, ce sont les cahiers d'Andrée.
Voilà l'amie de Marc, et voici l'autre amie de Marc. Qui est-ce?
    —Ce sont les amies de Marc.
Dans le livre de français, est-ce qu'il y a une photo de New York?
    —Non, il y a des photos de Paris.
Est-ce qu'il y a un animal dans le laboratoire de biologie?
    —Bien sûr! Il y a des animaux: deux hamsters et un serpent.

Pour apprécier

1. Dans le cours de français, est-ce qu'il y a un livre de classe? un manuel de laboratoire? des exercices? un examen? une interrogation orale? des travaux pratiques? des activités? des discussions?
2. Est-ce que les travaux pratiques sont des problèmes pour les étudiants ou pour le professeur?
3. Selon le dialogue, est-ce que l'assistante comprend les problèmes de Matthieu? Dans le cours de français, est-ce que le professeur comprend les problèmes des étudiants?

A. Le pluriel des articles indéfinis et définis

1. L'article indéfini

un ami	→	**des** amis
une amie	→	**des** amies
une question	→	**des** questions

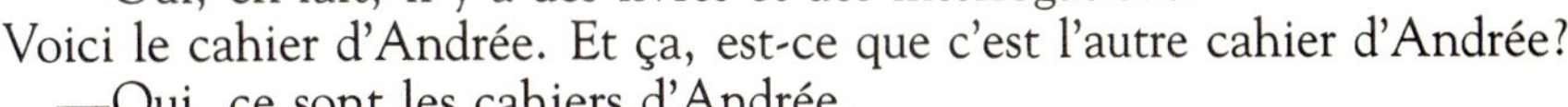

Le pluriel de **un/une** est **des** (*m.* et *f.*).

2. L'article défini

le livre	→	**les** livres
la femme	→	**les** femmes
l'examen	→	**les** examens
l'histoire	→	**les** histoires

Le pluriel de **le, la** ou **l'** est **les** (*m.* et *f.*).

°*les travaux pratiques* (*cf.*, le travail) = exercices, leçons, devoirs, etc.

Prononcez bien!

En français, le **s** final est généralement *muet.*

> les touristes [le-tu-rist]

La prononciation de l'article pluriel défini ou indéfini (**les, des**) est très importante pour indiquer la forme plurielle du nom.

> **le** touriste [lə-tu-rist]   **les** touristes [le-tu-rist]

ATTENTION: Le **s** final de l'article pluriel est prononcé [z] au début d'un nom qui commence par une voyelle ou un **h** muet. C'est la *liaison.*

> les‿exercices [le-zɛ-gzɛr-sis]

> des‿hommes [de-zɔm]

Notez l'absence de liaison devant un **h** aspiré: **les** /*héros [le-e-ro].
Prononcez avec le professeur:

des artistes	les femmes	des étudiants
les cafés	des *hors-d'œuvre	les examens

B. Le pluriel du nom

1. En général, pour former le pluriel du nom, ajoutez la lettre **s** à la forme singulière: le **nom** → les **noms**; une **idée** → des **idées.**

2. Des formes plurielles irrégulières

TERMINAISON DU NOM	SINGULIER	PLURIEL
-eau → **-eaux**	le tableau →	les tableaux
-ieu → **-ieux**	le lieu →	les lieux
-al → **-aux**	un hôpital →	des hôpitaux
-ail → **-aux**	le travail →	les travaux

Montrez-moi un **tableau** moderne. —Voilà des **tableaux** cubistes.
Il y a trois **hôpitaux** à l'université.

3. Notez que les noms qui se terminent en **-s, -x** ou **-z** sont *invariables.*

le cours →	les **cours**	le choix →	les **choix**
le nez° →	les **nez**	le Français →	les **Français**

°*le nez =*

4. Le français utilise le masculin pluriel pour désigner les membres d'un groupe mixte.

un étudiant et quatre étudiantes → des **étudiants**
un Français et une Française → des **Français**

A la lettre

A. Visite de l'université. Prononcez bien la forme plurielle des noms suivants.

MODÈLE: la salle de classe → **les** salles de classe

1. la bibliothèque 2. l'amphithéâtre 3. le professeur de français
4. l'étudiant 5. le cours d'anglais 6. la librairie 7. l'étudiante

B. Au pluriel. Avec un(e) camarade de classe, donnez la forme plurielle selon le modèle.

MODÈLE: A: C'est un Français.
     B: Ce sont des Français.

1. C'est un hôpital. 2. C'est un bureau. 3. C'est un Anglais.
4. C'est une fenêtre. 5. C'est un ami. 6. C'est un tableau.
7. C'est un appartement. 8. C'est une touriste. 9. C'est un examen. 10. C'est une chaise.

A votre tour

A. Description. Décrivez la salle de classe suivante.

MODÈLE: Dans la salle de classe, il y a des chaises. Il y a aussi des... (Il y a un..., une...)

B. **La classe de français.** Maintenant, décrivez votre salle de classe selon le modèle de l'Exercice A. (*Écrit ou oral*)

3. Le verbe **être**; le pronom sujet

Un groupe international

C'*est* le premier jour du cours de littérature. Les étudiants de M. Vernier *sont* devant la porte de la salle de classe. Micheline *est* très curieuse...

MICHELINE: (*à Marc*) Est-ce que *tu es* français?

MARC: Mais non! *Je suis* américain, de Milwaukee.

MICHELINE: (*à Yin et Cheng*) Et vous?

YIN: *Nous sommes* de Pékin... *nous sommes* chinois.

MICHELINE: Dis-moi, est-ce que Giorgio *est* espagnol?

MARC: Non, *il est* italien, mais Elena *est* espagnole.

MICHELINE: Et Anna? Et Lerissa?

MARC: *Elles sont* russes.

MICHELINE: Pardon, Monsieur, est-ce que *vous êtes* le professeur?

M. VERNIER: Mais oui, *je suis* M. Vernier. *On est* prêt° à commencer?

(*Après le premier cours, Micheline discute avec une autre amie, Jeanne.*)

JEANNE: Est-ce qu'*on est* toujours d'accord° dans le cours de M. Vernier?

MICHELINE: Oui et non... le groupe *est* très varié. *Il est* international.

JEANNE: Comment *sont* les discussions en classe?

MICHELINE: *Elles sont* toujours très animées!

Pour préciser   M. Vernier est français. Moi, je suis canadienne. Et vous, Ron?
   —Je suis américain.
Et vous, Melissa et Ann?
   —Nous sommes américaines.
Mamiko, est-ce que vous êtes américaine?
   —Oui, je suis américaine, mais d'origine japonaise.

°*prêt* = préparé
être d'accord = être en harmonie

Melissa, demandez à Ron s'il est prêt à discuter.
    —Est-ce que tu es prêt à discuter?
    —Oui, je suis toujours prêt à discuter!
Ici, est-ce que les discussions sont animées?
    —Oui, elles sont toujours animées!

Pour apprécier   1. Répondez selon le dialogue avec l'adjectif de nationalité: Est-ce que Marc est français? et Yin et Cheng? et Giorgio et Elena? et Anna et Lerissa? et le professeur Vernier? et vous?
2. Dans le cours de français,…

est-ce que le groupe est très varié? (Oui, il…)
est-ce qu'on est toujours prêt à discuter? (Oui, on…)
est-ce que vous êtes toujours d'accord? (Oui, nous…)
comment sont les discussions? (Elles…)

A.   Les formes du verbe *être*

être (*temps présent*)		
Première personne:	je suis	nous sommes
Deuxième personne:	tu es	vous êtes
Troisième personne:	il/elle/on est	ils/elles sont

Est-ce que vous **êtes** française? —Non, je **suis** russe.

Où **est** le professeur? —Il **est** devant la porte de la salle de classe.

B.   Les emplois du verbe *être*

Utilisez le verbe **être** devant un *adjectif*, devant un *nom*, devant une *préposition* et dans des *expressions idiomatiques*.

Il est **italien.**
Vous êtes **prêts?**
Je suis **professeur (étudiant[e], protestant[e]).**
C'est **une Italienne.**
Tu es **de** Marseille?
Les étudiants sont **dans** l'amphithéâtre.
Nous sommes toujours **d'accord!**

C.   **Le pronom sujet:** *je, tu, il, elle, on, nous, vous, ils, elles*

1. **Tu** et **vous**. Utilisez la forme **tu** avec des personnes (ami[e]s ou camarades) de votre âge, avec les enfants, avec les membres de votre famille… et avec les animaux.

   > **Tu es** là, **Marie-Jo**? **Tu es** prête? —Oui, je suis ici et je suis prête.

   Le pluriel de **tu** est **vous.**

   > Est-ce que **vous êtes** d'accord, **les enfants**? —Oui, nous sommes d'accord.

   Utilisez la forme **vous** au singulier dans une situation où vous désirez être poli(e): par exemple, avec un professeur, avec une personne âgée ou avec des adultes inconnus.°

   > Pardon, **Madame,** est-ce que **vous êtes** anglaise? —Non, Monsieur, je suis américaine.

   Au pluriel, la forme est toujours **vous.**

   > Est-ce que **vous êtes** professeurs ici? —Non, nous sommes assistants.

2. **Il** et **elle, ils** et **elles.** Les pronoms de la troisième personne (**il/elle, ils/elles**) désignent des personnes ou des objets. Le pronom correspond au genre et au nombre du nom. Notez que le pronom **ils** désigne les membres d'un groupe mixte.

   > Voici **M. et Mme Chardonnier. Ils** sont de Paris.
   > Voilà **le professeur. Il** est de Grenoble.
   > **Les examens? Ils** sont difficiles.
   > C'est **Monique. Elle** est étudiante.[7]
   > **Le café? Il** est dans le quartier universitaire.
   > **Les tragédies** de Racine? **Elles** sont classiques.
   > **Roland et Michelle? Ils** sont canadiens.

3. **On.** Dans la conversation, le pronom indéfini **on** est très utilisé à la place des pronoms **nous, ils, elles** ou **vous. On** se réfère aux membres d'un groupe ou à une personne indéterminée. Le verbe avec **on** est toujours conjugué à la troisième personne du singulier.

   > **On est** prêt à commencer? —Oui, **on est** prêt. (Oui, nous sommes prêts.)
   > D'accord? —Oui, **on est** d'accord.

---

[7]La distinction entre *ce (c')* et *il(s)/elle(s)* est traitée dans le Chapitre 2.

°*inconnus* = nouveaux

Dans le cours de littérature, **on est** travailleur°! —Et si **on est** fatigué…?

A la lettre ──

A. Substitutions. Répondez à la question avec le pronom sujet indiqué.

MODÈLE: Qui est ici? (je) → Je suis ici.

1. Qui est en cours? (je, nous, le professeur)
2. Qui est français? (ils, on, Pierre et Renée)
3. Qui est au café? (tu, je, la touriste)
4. Qui est à la bibliothèque? (les étudiants, nous, l'étudiante)

B. Qui est à la porte? Répondez au pluriel selon le modèle.

MODÈLE: A: C'est un ami?
           B: Non, ce sont des amis.

1. C'est une étudiante?   2. C'est un touriste?   3. C'est un professeur?
4. C'est une Américaine?   5. C'est un Anglais?   6. C'est une
Chinoise?   7. C'est un camarade?   8. C'est un assistant?   9. C'est
une femme?

C. Transformations. Changez du singulier au pluriel ou du pluriel au singulier.

MODÈLE: Nous sommes à la bibliothèque. → Je suis à la bibliothèque.

1. Est-ce que vous êtes étudiants?   2. Il est de Montpellier.   3. Elles
sont à Grenoble.   4. Est-ce que tu es le camarade de Gérard?   5. Ils
sont ici.   6. Vous êtes d'accord?

A votre tour ──

A. Autoportrait. Complétez les phrases suivantes. (*Écrit ou oral*)

1. Je m'appelle _____.
2. Je suis _____. (étudiant[e], professeur)
3. Je suis _____. (*Indiquez une nationalité.*)
4. Je suis de _____. (Paris, New York, *une autre ville*)
5. Je suis l'ami(e) de _____ et de _____.
6. Maintenant,° je suis _____. (*Indiquez un lieu:* en cours, à la résidence, à la bibliothèque, sur le campus…)

────────────────

°*travailleur (adj.)* = diligent, occupé
maintenant = au moment présent

B. Portrait. Maintenant, utilisez les détails de l'autoportrait pour poser des questions à un(e) camarade. Ensuite, faites la description de votre camarade. (*Oral, écrit*)

Questions suggérées
Comment t'appelles-tu?
Est-ce que tu es étudiant(e)?
Est-ce que tu es français(e)? américain(e)? (*autre nationalité?*)
Est-ce que tu es de (*ville*)? (*Oui,…; Non, je suis de…*)
Est-ce que tu es l'ami(e) de ____ ou de ____? (*Oui,…; Non, je suis l'ami[e] de…*)
Est-ce que tu es dans l'amphithéâtre maintenant? (*Oui,…; Non, je suis à [dans]…*)

Animation

• Dialogue

Un étudiant populaire
Dans un immeuble[8] du quartier universitaire.

UNE ÉTUDIANTE: *Excusez-moi*, où est l'appartement de Patrick Legrand?

LE CONCIERGE: Il n'y a pas de Patrick Legrand ici.

UNE AUTRE ÉTUDIANTE: *Pardon*, je suis bien chez Patrick Legrand?

LE CONCIERGE: Non, il n'y a pas de Patrick Legrand ici.

UN ÉTUDIANT: *S'il vous plaît*, Patrick Legrand, c'est ici?

LE CONCIERGE: Mais non, il n'y a pas de Patrick Legrand ici!

UN AUTRE ÉTUDIANT: *Bonjour, Monsieur*, je m'appelle Patrick Legrand. Est-ce qu'il y a des messages pour moi?

Comment attirer l'attention

Pour attirer l'attention d'une autre personne, utilisez des expressions de politesse, comme

Excusez-moi.   S'il vous plaît. (S'il te plaît.)
Pardon.   Bonjour, Monsieur (Madame, Mademoiselle).

---

[8]Il y a beaucoup d'appartements dans un *immeuble*.

Excusez-moi, c'est bien le cours d'histoire ici?

Pardon, Monsieur, où est la Tour Eiffel?

S'il vous plaît, est-ce que vous comprenez l'anglais?

Réagissez!

A. Jouez le dialogue en groupe.

B. Voici les réponses à certaines questions. Attirez l'attention d'un(e) camarade avec une expression de politesse, et posez la question correspondant à une des réponses suggérées. Votre camarade répond à la question.

MODÈLE: Nous sommes vendredi. →
      A: Pardon, quel jour sommes-nous?
      B: Nous sommes vendredi.

Réponses suggérées

1. Non, c'est le cours de français.
2. Oui, il y a un cours de français aujourd'hui.
3. Non, je suis américain.
4. C'est le 4 septembre aujourd'hui.
5. C'est le prof de français.
6. Oui, il y a un café ici (là-bas, à côté de..., etc.).
7. L'amphithéâtre est ici (là-bas, derrière..., etc.).
8. Les étudiants de français sont dans la salle de classe.
9. C'est un examen très important.

Maintenant, inventez des questions et des réponses à votre tour.

• Lecture

Les universités de province° favorites des étudiants

Voici quatre villes françaises historiques où sont situées quatre universités célèbres: Strasbourg en Alsace, Grenoble dans les Alpes, Aix-en-Provence, à proximité de la mer Méditerranée, et Toulouse, plus à l'ouest, à la porte des Pyrénées.

°*de province* = régionales; ≠ parisiennes

Strasbourg: un pont traversant un des canaux de la ville.

Strasbourg. C'est une ville pleine de charme et une université prestigieuse avec une excellente ambiance, une formation scolaire de qualité et une orientation très internationale.

Grenoble. Voici un modèle de ville universitaire: un excellent équipement,° des professeurs réputés et une formation adaptée à l'insertion des étudiants dans la vie professionnelle. Et, bien sûr, il y a la proximité des stations de ski!

°*un équipement* = une installation matérielle

Grenoble: un
quartier moderne.

A **Aix-en-Provence,** il y a une université dynamique spécialisée dans la formation linguistique, une Cité universitaire et deux restaurants universitaires très populaires. Il existe beaucoup de distractions[9] pour les étudiants. La ville d'Aix, à proximité de la Méditerranée, est pleine de trésors archéologiques incomparables.

---

[9]Le cinéma, le sport, le théâtre sont des *distractions*.

**Aix-en-Provence:
une rue tranquille.**

Toulouse est une ville active et agréable avec une longue tradition universitaire. Il y a ici une excellente section de physique nucléaire et spatiale et des activités culturelles remarquables.

**Toulouse: la ville,
avec une vue de
l'université.**

Comprenez-vous?

Répétez et commentez les phrases suivantes. Utilisez les expressions «C'est vrai!» ou «C'est faux!» et corrigez les phrases incorrectes.

1. A l'Université de Strasbourg, il y a des cours de relations internationales.
2. A Aix, il y a la proximité des stations de ski.
3. La section de physique nucléaire et spatiale de l'Université de Toulouse est célèbre.
4. La ville de Grenoble est à proximité de la Méditerranée.
5. Aix, Grenoble, Strasbourg et Toulouse sont les universités de province favorites des étudiants français.

Versailles: le site du célèbre château de Louis XIV... et aussi d'une université internationale d'été.

• Activités

A. Une inscription. Vous êtes administrateur/administratrice à l'Université Internationale d'Été à Versailles, dans la région parisienne. Interviewez un(e) candidat(e). Aidez l'étudiant(e) à compléter le Bulletin d'inscription.

Bulletin d'inscription

Versailles - Université Internationale d'Eté
2 au 30 juillet

à retourner, le plus rapidement possible, au Secrétariat de l'Université Internationale d'Eté de Versailles
10, rue de la Chancellerie, 78000 VERSAILLES (FRANCE)

(PRIERE D'ECRIRE EN CAPITALES D'IMPRIMERIE) _______________

Nom de famille (M., Mme, Mlle) .... Prénom ....

Date de naissance .... Nationalité ....

Adresse permanente ....

.... Numéro de téléphone ....

Nom, adresse et numéro de téléphone de la personne qui peut être contactée en cas d'urgence ....

....

Université ou collège fréquenté ....

Dates et titres des diplômes obtenus ....

Profession ou études ....

L'acompte de 400 FF pour les cours n'est pas remboursable. Le solde sera réglé à l'arrivée.
Pièce jointe : une photo d'identité récente.

Lu et approuvé,   Date :   Signature :

MODÈLE: Nom de famille? _____   Numéro de téléphone? _____
         Prénom? _____   Nationalité? _____
         Adresse permanente? _____   etc.

B. Fêtes américaines. Donnez les dates indiquées.

1.   2.   3.   4.   5.   6.

C. Fêtes françaises. Donnez la date correcte.

_____ 1. le Jour de l'an   a. le 14 juillet
_____ 2. Noël   b. le 1er novembre
_____ 3. la Fête nationale française   c. le 1er janvier
_____ 4. la Toussaint°   d. le 11 novembre
_____ 5. l'Armistice de 1918   e. le 25 décembre

D. Rencontre. Jouez le dialogue suivant avec un(e) camarade.

Dans *un café* du quartier universitaire. Didier, l'air nerveux, rencontre une camarade, Isabelle.

°*la Toussaint* = une fête catholique, le jour de tous les saints

ISABELLE: Salut, Didier! Ça va?

DIDIER: Ça va, comme ci, comme ça... Dis-moi, Isabelle, est-ce qu'il y a *une librairie* par ici?

ISABELLE: *Une librairie?*

DIDIER: Oui, oui. *Une librairie.* Aujourd'hui, c'est le jour de *l'examen de chinois!*

ISABELLE: Oui, à *trois* heures...

DIDIER: ...et pour *la révision,*° il y a *le dictionnaire du professeur Shum...*

ISABELLE: Oh là là! Des *dictionnaires de chinois* maintenant pour *un examen* à *trois heures!* Didier, c'est catastrophique!

Maintenant, créez un dialogue. Choisissez dans les listes suivantes des expressions logiques pour remplacer les expressions en italique. Changez le lieu, l'heure, le sujet, etc. Jouez votre dialogue pour la classe.

Lieux: la bibliothèque / le quartier universitaire / le cinéma / l'hôpital (*m.*) / le restaurant / l'université / la cité universitaire...

Matières: un cours (un examen, un professeur...) d'histoire / de littérature / d'espagnol / de russe / d'anglais / d'allemand / de français / d'italien...

Dans une rue parisienne: une discussion sérieuse entre deux étudiants africains.

———————

°*la révision* = la préparation d'un examen

Autres noms: un film / un cinéma / une radio / une salle de classe / un cours / un livre / un choix / une question / un travail / un problème / une préférence…

E. Maintenant, avec un(e) camarade, inventez une nouvelle rencontre. Utilisez les expressions du Chapitre préliminaire et du Chapitre 1.

Mots à retenir

Verbes

être
être d'accord (avec)

être d'origine + *nationalité*
être prêt(e) (à + *inf.*)

Noms

l'ami(e)	le cours	l'homme (*m.*)	la radio
l'amphithéâtre (*m.*)	la différence	l'hôpital (*m.*)	le restaurant
l'appartement (*m.*)	l'école (*f.*)	l'idée (*f.*)	la rue
la bibliothèque	l'enfant (*m.*)	le jardin	le tourisme
le café	l'examen (*m.*)	la lampe	le/la touriste
le centre	l'exercice (*m.*)	la langue	le travail
le choix	la femme	la librairie	l'université (*f.*)
la cité universitaire	la fête	le lieu	la vie
	la fontaine	le mois	la ville
	le groupe	la nationalité	
	l'histoire (*f.*)	le quartier	

Adjectifs

chaque
plein(e)

le premier (1er) + *un mois* universitaire

Adverbes

alors	généralement	là	maintenant
aujourd'hui	hier	là-bas	toujours
demain			

Conjonction

mais

Prépositions

d'après

en

Langues et nationalités			
l'allemand	l'Allemand(e)	le français	le/la Français(e)
l'anglais	l'Américain(e)	l'italien	l'Italien(ne)
l'anglais	l'Anglais(e)	le japonais	le/la Japonais(e)
le chinois	le/la Chinois(e)	le russe	le/la Russe
l'espagnol	l'Espagnol(e)		

Expressions de communication

ça (= cela) C'est vrai. Dis-moi…
C'est faux. Choisissez… Étudiez
C'est bien (*le cours de français*) ici?
Quel jour sommes-nous? (Quel jour est-ce?)
   Nous sommes… (C'est…)
Quel mois sommes-nous?
   Nous sommes en…
      janvier / février / mars / avril / mai / juin / juillet / août / septembre /
      octobre / novembre / décembre
Quelle est la date d'aujourd'hui? (d'hier? de demain?)
Qu'est-ce qu'il y a sur (sous, etc.)…?

Différences de caractère

D'après le dessin...

1. Où sont les étudiants?
2. Dans quelle section est l'étudiante? et l'étudiant?

Portraits.

Quelle est la personnalité des deux étudiants? Utilisez les adjectifs suivants:
calme, dynamique, excentrique, conformiste, timide, sociable.
   Elle est... Il est...

Et vous?

Faites votre portrait. Utilisez les mêmes° adjectifs.
   Je suis... (Je ne suis pas...)

Entrée en scène

Personnalités

Claude est un jeune homme enthousiaste.
                              idéaliste.
                              sincère.

Solange est une jeune fille calme.
                             réaliste.
                             raisonnable.

Michèle est une jeune fille sociable.
                            sympathique.
                            dynamique.

Jean est un jeune homme individualiste.
                          optimiste.
                          drôle.

°*mêmes* = identiques

A. Qualités. Donnez la qualité correspondante selon le modèle.

MODÈLE: Michèle est très active. → C'est une jeune fille dynamique.

1. Jean est indépendant. 2. Claude est honnête. 3. Michèle est gentille. 4. Les actions de Solange sont mesurées. 5. Jean est amusant. 6. Solange est pratique.

B. Contraires. Donnez la qualité contraire selon le modèle.

MODÈLE: Claude n'est pas indifférent. →
C'est un jeune homme enthousiaste. (Il est enthousiaste.)

1. Michèle n'est pas solitaire. 2. Claude n'est pas hypocrite.
3. Solange n'est pas nerveuse. 4. Jean n'est pas pessimiste.
5. Solange n'est pas idéaliste. 6. Jean n'est pas sérieux. 7. Jean n'est pas conformiste.

C. Descriptions. Nommez une personne célèbre ou un membre de la classe.

MODÈLE: drôle → Charlie Chaplin est drôle.

1. dynamique 2. sociable 3. idéaliste 4. optimiste 5. excentrique
6. sympathique

Couleurs

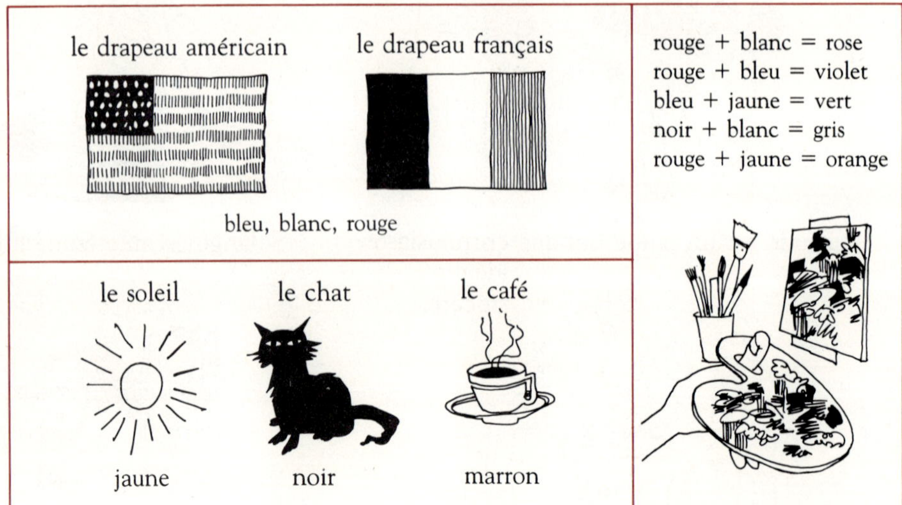

A. Exercice d'imagination. Imaginez la (les) couleur(s) des choses suivantes.

MODÈLE: un chat → Il est gris, blanc et noir.

1. un bureau 2. un crayon 3. un livre de français 4. un tableau
(en classe) 5. un drapeau canadien 6. un téléphone

B. **Association.** Quelles couleurs associez-vous avec…?

MODÈLE: Halloween? → le noir et l'orange

1. le ski?
2. l'écologie?
3. le pessimisme?
4. l'amour°?

5. le jour de la Saint-Valentin?
6. Noël?
7. la religion?
8. la musique disco?

La mode étudiante Les vêtements des étudiants. Étudiez le dessin. Avec des camarades, répondez aux questions suivantes.

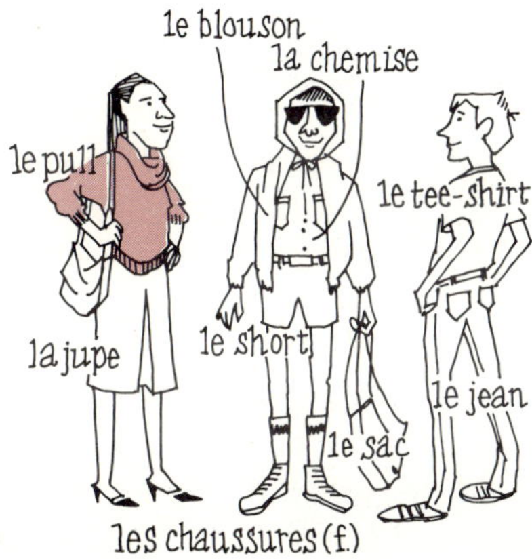

Le jean et le tee-shirt de **Thomas** sont *en coton.*

La jupe et le pull d'**Arlette** sont *en laine.*

Les chaussures et le sac d'**Étienne** sont *en cuir.*

1. Quels sont les vêtements de Thomas? (*un jean, un tee-shirt…*) Quels sont les vêtements d'Arlette? Quels sont les vêtements d'Étienne?
2. En quoi est le tee-shirt de Thomas? (*Il est en…*) En quoi est le jean de Thomas?
3. En quoi est le pull d'Arlette? la jupe d'Arlette?
4. En quoi est le sac d'Étienne? En quoi sont les chaussures d'Étienne?
5. Imaginez… En quoi est la chemise d'Étienne? le blouson d'Étienne? le short d'Étienne? En quoi sont les chaussures d'Arlette? En quoi est le sac d'Arlette?
6. Regardez vos camarades de classe et décidez… Quelle couleur est associée avec un jean, un tee-shirt, un sac, des chaussures, une chemise, un blouson, un pull, un short, une jupe…?

°*l'amour* = l'affection

*J*eu de structures

4. La négation du verbe avec **ne... pas**

Au téléphone

MIREILLE: Marc? C'est toi? Quoi? Tu es où maintenant?

MARC: Je répète. Je suis en ville; je *ne* suis *pas* à l'université!

MIREILLE: Tu *n'*es *pas* en cours? Mais il est déjà dix heures! Tu es très en retard!

MARC: Il y a un problème, Mireille, avec la voiture. Heu... Le professeur Rolland est avec nous.

MIREILLE: Vous *n'*êtes *pas* en danger?

MARC: Mais non, Mireille. Ça, ce *n'*est *pas* le problème. Enfin... Jean-Luc *n'*est *pas* un conducteur très prudent.

MIREILLE: Voilà, je comprends. Et toi, tu *n'*es *pas* très bon mécanicien!

Pour préciser   Marc est en ville; il n'est pas à l'université... Et nous? Est-ce que nous sommes en ville?

—Non, nous ne sommes pas en ville.

Est-ce que je suis en cours le dimanche?

—Non, vous n'êtes pas en cours le dimanche.

Et vous, Suzanne? Est-ce que vous êtes en cours le samedi soir?

—Ah non! Je ne suis pas en cours le samedi soir. Je suis au café.

En général, mes étudiants arrivent à huit heures (à neuf heures...). Ils sont à l'heure.° Mais quelquefois° ils sont en retard. Est-ce qu'ils sont toujours à l'heure?

—Non, ils ne sont pas toujours à l'heure.

Pour apprécier   1. Est-ce que Marc est en cours? Où sont Marc et Jean-Luc?
2. Est-ce que vous êtes généralement à l'heure? en retard? en avance?
3. Est-ce que le professeur est mécontent° si les étudiants ne sont pas à l'heure (si les étudiants sont en retard)?
4. Est-ce que vous êtes un conducteur prudent (une conductrice prudente)? Est-ce que vous êtes bon mécanicien (bonne mécanicienne)?

°*à l'heure* = à l'heure exacte

quelquefois = pas toujours, de temps en temps

mécontent ≠ content

A la forme négative, au temps présent, **ne** est placé devant le verbe conjugué et **pas** est placé directement après° le verbe.

<table>
<tr><td colspan="2" align="center">être (forme négative)</td></tr>
<tr><td align="center">je ne suis pas</td><td align="center">nous ne sommes pas</td></tr>
<tr><td align="center">tu n'es pas</td><td align="center">vous n'êtes pas</td></tr>
<tr><td align="center">il/elle/on/ce n'est pas</td><td align="center">ils/elles/ce ne sont pas</td></tr>
</table>

Elle **n'**est **pas** française. Elle est belge.
Nous **ne** sommes **pas** suisses. Nous sommes français.
Ce **n'**est **pas** un Français. C'est un Espagnol.
Ce **ne** sont **pas** les amis de Jacques.

Notez que **ne** → **n'** devant une voyelle.

Tu **n'**es pas en cours?
Richard **n'**est pas au café avec vous?

Prononcez bien!

Il y a souvent une *liaison* entre **pas** et une *voyelle* ou un **h** muet. Le **s** est prononcé [z] au début de la syllabe suivante.

Je ne suis **pas en** retard. [pa-zɑ̃] Il n'est **pas honnête.** [pa-zɔ]

Georgette n'est **pas étudiante.** [pa-ze] Tu n'es **pas idéaliste.** [pa-zi]

Il est aussi possible d'omettre la liaison.

Tu n'es **pas** / à l'heure. [pa-a]

A la lettre

A. Une classe variée. Répondez avec la nationalité logique, selon le modèle. Choisissez l'adjectif ou le nom de nationalité.

MODÈLE: Quelle est la nationalité de Carlos? (italien?) →
Carlos est espagnol; il n'est pas italien. (C'est un Espagnol; ce n'est pas un Italien.)

1. Quelle est la nationalité de Cheng? (français?)
2. et de Heinrich? (anglais?)
3. et de Marie-Rose? (chinois?)

°*après* = suivant, à la suite

4. et de Vladimir? (américain?)
5. et de Luigi et Maria? (espagnol?)
6. et de Judy et Barbara (japonais?)

B. Mais non! Posez les questions suivantes à un(e) camarade. Il/Elle répond à la forme négative.

MODÈLE: A: Est-ce que le professeur est à la cité universitaire?
B: Non, il n'est pas à la cité universitaire.

1. Est-ce que tu es français(e)?   2. Est-ce que le professeur est au cinéma?   3. Est-ce que les étudiants de français sont au café?   4. Vous êtes à la librairie?   5. Le restaurant universitaire est élégant?   6. Est-ce que les amis du professeur sont riches?   7. Est-ce que nous sommes dimanche aujourd'hui?   8. Est-ce qu'on est en Belgique?   9. Tu es professeur?   10. Sylvie Vartan est américaine?

C. Inattention. Aidez votre camarade inattentif (-ve). Répondez aux questions avec des corrections.

MODÈLE: A: Nous sommes lundi?
B: Non, nous ne sommes pas lundi, nous sommes jeudi.

1. Nous sommes en cours d'histoire?   2. Nous sommes dans la classe de M. Vernier?   3. Est-ce que ce sont des étudiants d'anglais?   4. Est-ce que ce sont les amies de Frédérique?   5. Là-bas, c'est la librairie de l'université?   6. Est-ce que nous sommes dans le quartier industriel?

A *votre tour*

A. Analyses et auto-analyses. Un(e) camarade répond aux questions.

MODÈLE: sociable ou timide? →
A: Est-ce que Marc (Éliane, etc.) est sociable ou timide?
B: Il/Elle est sociable, bien sûr! (*ou* Il/Elle est généralement sociable *ou* Il/Elle n'est pas sociable, il/elle est plutôt° timide.)

Suggestions: sincère ou hypocrite? / excentrique ou conformiste? / individualiste ou altruiste? / sympathique ou désagréable? / apathique ou dynamique? / réaliste ou idéaliste? / raisonnable ou absurde? / optimiste ou pessimiste? / sociable ou farouche°?

°*plutôt* = au contraire, suffisamment
farouche = insociable

Maintenant, posez les mêmes questions avec **tu**; votre camarade répond avec **je**.

B. Et dans votre classe? Posez les questions suivantes à un(e) camarade. Répondez affirmativement ou négativement. Corrigez les réponses négatives.

MODÈLE: Demandez si le professeur est devant le tableau noir. →
   A: Est-ce que le professeur est devant le tableau noir?
   B: Non, il n'est pas devant le tableau noir; il est à côté de la fenêtre.

1. Demandez si les étudiants sont à côté de la fenêtre.   2. Demandez si les livres sont sur la table.   3. Demandez à votre camarade s'il/si elle est derrière le bureau du professeur.   4. Demandez si tous les membres de la classe sont ici.   5. Demandez si c'est le jour de l'examen. 6. Demandez si nous sommes déjà vendredi.

Maintenant, inventez des questions à votre tour.

A la terrasse d'un café. A Paris, il y a toutes sortes de personnes élégantes.

5. L'adjectif descriptif; **il(s)/elle(s)** ou **ce**?

Une amie indispensable

Après les cours, Robert et Michel sont au café des étudiants. Robert pose une question à Michel.

ROBERT: Et l'amie de Renée, l'étudiante *américaine?*
MICHEL: Eh bien… *elle* est *charmante, sérieuse, sportive.*
ROBERT: C'est une jeune fille *sympathique,* alors?
MICHEL: Et comment. Et même° *extraordinaire!*
ROBERT: Et en cours, comment est-elle?[1]
MICHEL: Fantastique! Dans le cours d'informatique,° *elle* est vraiment très *forte.*°
ROBERT: Ah, bon…
MICHEL: Tu sais, je suis généralement *assis*° à côté d'elle… et *c'est* un avantage *énorme.*

Pour préciser L'amie de Renée est extraordinaire! Votre ami Jacques, est-ce qu'il est sympathique?

   —Oui, il est très sympathique.
Et Maud, c'est une jeune fille sérieuse?
   —Oui, elle est sérieuse.
Votre camarade, il est sportif?
   —Non, ce n'est pas une personne sportive.
Martine, est-ce que tu es forte en français?
   —Oui, je suis très forte en français.
Et la vie à l'université, ça va?
   —Mais oui, c'est fantastique!

Pour apprécier
1. Est-ce que vous êtes américain(e)? français(e)? sympathique? sérieux (sérieuse)? sportif (sportive)? extraordinaire? fort (forte) en français (en informatique…)?
2. Et la vie à l'université, ça va? Est-ce que c'est fantastique? difficile? intéressant?

---

[1]C'est la question pour demander une description de la personne.
°(adv.) *même* = de plus
l'informatique = le traitement de l'information
fort(e) = compétent(e)
assis, être assis(e) ≠ *être debout (inv.)*

A.　L'adjectif descriptif

1. En général, l'adjectif descriptif est placé après le nom ou après le verbe **être**.

   > Mme Levallois? C'est un **prof** très **intéressant**.

   > Comment sont les **étudiantes canadiennes?** —Pauline et Marie-Laure? Elles **sont gentilles** et **dynamiques**.

   ATTENTION: Les *adjectifs* d'origine ou de nationalité commencent toujours par une lettre minuscule: C'est un ami **parisien**.

2. L'adjectif s'accorde en genre et en nombre avec le nom qualifié. Au féminin les adjectifs se terminent généralement par la lettre **-e**. Pour la majorité des adjectifs descriptifs, ajoutez la lettre **-s** pour former le pluriel.

   > —Alain est **persévérant**.
   > —Et Sylvie?
   > —Sylvie aussi est **persévérante**.
   > —Et les autres?
   > —**Persévérants** aussi, comme le professeur!

	MASCULIN	FÉMININ
SINGULIER	un étudiant intelligent	une étudiante intelligente
PLURIEL	des étudiants intelligents	des étudiantes intelligentes

Prononcez bien!

Notez la différence de prononciation entre le masculin et le féminin.

au masculin: intelligent, intelligents [ɛ̃-tɛ-li-ʒɑ̃]
au féminin: intelligente, intelligentes [ɛ̃-tɛ-li-ʒɑ̃t]

- Certains adjectifs sont identiques au masculin et au féminin singuliers. Ils se terminent généralement par la lettre **-e**.

  > Paul est **optimiste**; Claire est plutôt **pessimiste**.
  > C'est un jeune homme **extraordinaire**!

- Si l'adjectif au masculin singulier se termine en **-s** ou en **-x**, le pluriel est *invariable*.[2]

---

[2]Quelques adjectifs sont invariables en genre et souvent en nombre: des jeunes filles *chic(s)*; des individus *snob(s)*.

Mes amis sont **français**. Ce sont des garçons° **sérieux**.

- S'il y a au moins un individu masculin dans un groupe, l'adjectif descriptif pluriel est au masculin.

  Suzanne et **François** sont **français**. —Est-ce qu'**Anne** et **Laure** sont **françaises**, aussi?

3. Quelques formes irrégulières de l'adjectif

Terminaisons		Singulier		Pluriel	
MASC.	FÉM.	MASC.	FÉM.	MASC.	FÉM.
-eux	-euse	courageux	courageuse	courageux	courageuses
-eur	-euse	travailleur	travailleuse	travailleurs	travailleuses
-er	-ère	fier°	fière	fiers	fières
-if	-ive	sportif	sportive	sportifs	sportives
-il	-ille	gentil	gentille	gentils	gentilles
-el	-elle	naturel	naturelle	naturels	naturelles
-ien	-ienne	parisien	parisienne	parisiens	parisiennes

Comme **courageux: paresseux (paresseuse),°** **sérieux (sérieuse)**; comme **sportif: naïf (naïve)**; comme **fier: cher (chère)°**

Renée est **parisienne**; l'ami de Renée est **canadien**.
Mme Robert n'est pas **prétentieuse**; Mme Sorel est plutôt **fière**.

4. En général, les adjectifs de couleur s'accordent en genre et en nombre avec le nom: une chemise **bleue**, des cahiers **gris**, des chaussures **noires**, une jupe **verte**.

- Deux adjectifs de couleur sont irréguliers.

  un (des) crayon(s) **blanc(s)**　　　une (des) chemises **blanche(s)**
  　　　　　　　violet(s)　　　　　　　　　　**violette(s)**

- Certains adjectifs de couleur sont identiques au masculin et au féminin: un cahier **jaune**, une chaise **rouge**, des livres **rouges**, des pulls **roses**, une chemise **marron**, un blouson **orange**.

- Deux adjectifs de couleur sont *invariables* au pluriel: des chaussures **marron**, des sacs **orange**.

°*un garçon* = un jeune homme
fier (fière) ≠ modeste, humble
paresseux (-euse) ≠ travailleur (-euse)
cher (chère) = précieux (-euse)

5. Notez les adjectifs possessifs pour désigner vos possessions (vos vêtements, etc.) et les possessions d'un(e) ami(e). L'adjectif possessif s'accorde en genre et en nombre avec le nom de l'objet que vous possédez.[3]

	JE	TU
MASC. SING.	mon	ton
FÉM. SING.	ma	ta
MASC. + FÉM. PLURIEL	mes	tes

Ma chemise est blanche, **mon** sac est marron.

De quelle couleur est **ton** jean? De quelle couleur sont **tes** chaussures?
—**Mon** jean est bleu, et **mes** chaussures sont bleues aussi.

B. *Il(s), elle(s)* **ou** *ce?*

1. Les emplois d'**il(s)** et d'**elle(s)**

il/elle est **ils/elles sont**	+ un *nom* +	un *adjectif* un *adverbe* + un *adjectif* une *préposition* + un *nom*

La candidate, est-ce qu'**elle** est **intelligente** et **travailleuse**? —Ah oui! Et **elle** est **très consciencieuse**.

Où est la bibliothèque? **Elle** est **ouverte°** le soir? —**Elle** est **à côté de** la Cité universitaire. **Elle** est **ouverte** le soir, en semaine, mais **elle** est **fermée°** le dimanche.

Notez qu'en français une *profession*, une *religion*, une *nationalité* ou une *qualité* (sans article et sans adjectif) sont considérées comme des *adjectifs* et sont utilisées avec **il(s)/elle(s)**.

Mme Savin? **Elle** est **professeur**.

Simone est **étudiante**? —Non, elle n'est pas **étudiante**.

Est-ce qu'**ils** sont **protestants**? —Non, **ils** sont **catholiques**.

---

[3]*L'adjectif possessif* est traité en détail dans le Chapitre 5.

°*ouvert(e)* =    °*fermé(e)* =

2. Les emplois de **ce (c')**. En général, on utilise **c'est/ce sont** si le nom est précédé d'un article.

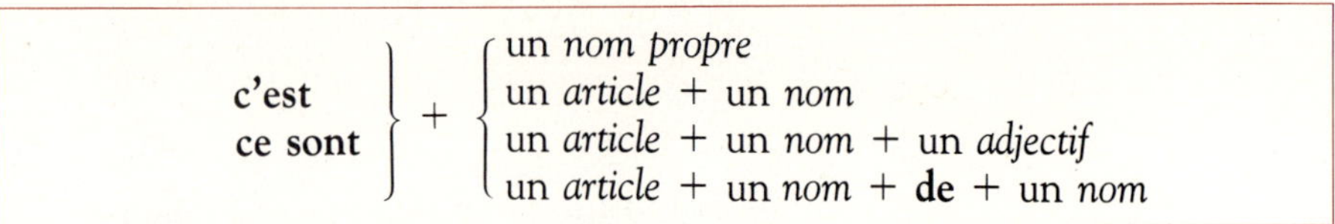

$$\left.\begin{array}{c}\textbf{c'est}\\\textbf{ce sont}\end{array}\right\}\;+\;\left\{\begin{array}{l}\text{un } \textit{nom propre}\\\text{un } \textit{article} + \text{un } \textit{nom}\\\text{un } \textit{article} + \text{un } \textit{nom} + \text{un } \textit{adjectif}\\\text{un } \textit{article} + \text{un } \textit{nom} + \textbf{de} + \text{un } \textit{nom}\end{array}\right.$$

—Qui est à la porte?
—C'est **Georges.**
  —C'est **un professeur.**
  —Ce sont **des Français.**
  —C'est **une amie japonaise.**
  —Ce sont **les amis d'Élisabeth.**
  —Ce n'est pas **le professeur de Georges.**

L'emploi de **ce (c')** est possible devant un adjectif désignant une situation générale.

Mon travail à l'université? **C'est difficile,** tu sais. (Ici, **ce [c']** désigne *toute une situation.*)

Utilisez **il(s)/elle(s)** + *être* + *adjectif* pour désigner une personne ou un objet particulier.

Et avec l'enfant de Raymond, ça va? —Non, pas très bien. **Il est difficile.** (Ici, **il** représente *une personne spécifique.*)

A la lettre

A. **Jour de visite.** Maryse et Jean parlent de certaines personnes et des véhicules qui sont sur le campus aujourd'hui. Suivez le modèle.

MODÈLE: A: C'est un étudiant de français. Et les autres?
           B: Ce sont aussi des étudiants de français.

1. C'est une touriste anglaise. Et les autres?   2. C'est un individu dynamique. Et les autres?   3. C'est une amie de Paul. Et les autres?
4. C'est un garçon naïf. Et les autres?   5. C'est une Américaine sérieuse. Et les autres?   6. C'est un étudiant fantastique. Et les autres?
7. La Jaguar, là-bas, c'est une voiture chère. Et les autres?   8. Ça, c'est un autocar allemand. Et les autres?

B. **Amis communs.** Deux étudiants parlent des amis. Voici les questions. Donnez les réponses selon le modèle.

MODÈLE: A: Et Marguerite, est-ce qu'elle est sportive? (femme)
           B: Oui, c'est une femme sportive.

1. Et Jules, est-ce qu'il est sympathique? (homme)   2. Et Margot, est-ce qu'elle est intéressante? (jeune fille)   3. Et Mme Lenoir, est-ce qu'elle est dynamique? (femme)   4. Et M. Béranger, est-ce qu'il est paresseux? (jeune homme)   5. Et Mlle Duval, est-ce qu'elle est travailleuse? (personne)   6. Et Claude, est-ce qu'il est très sérieux? (garçon)   7. Et Renée, est-ce qu'elle est naïve? (jeune fille)

C. Similarités. Paulette est comme Paul. Suivez le modèle.

> MODÈLE: A: Paul est français. Et Paulette?
>   B: Paulette aussi est française.

1. optimiste	5. sérieux	9. sportif
2. intelligent	6. parisien	10. courageux
3. charmant	7. naïf	11. travailleur
4. fier	8. gentil	12. raisonnable

D. Origines. Répondez selon le modèle.

> MODÈLE: Frank est ingénieur. Il est de Chicago. →
>   C'est un ingénieur américain.

1. Marc est étudiant. Il est de Paris.   2. Marie est étudiante. Elle est de Montréal.   3. Gina et Maria sont professeurs. Elles sont de Rome.
4. Mlle Chang et Mme Wah sont diplomates. Elles sont de Pékin.
5. Winston et Charles sont des garçons. Ils sont de Londres.

E. Couleurs. Donnez la (les) couleur(s) selon le modèle.

> MODÈLE: le drapeau américain →
>   Le drapeau américain est rouge, blanc et bleu.

1. une banane	7. une violette
2. votre livre de français	8. le drapeau allemand
3. une rose	9. un tigre
4. le drapeau français	10. un zèbre
5. un éléphant	11. les plantes (*f.*)
6. un lion	

À votre tour

A. Une bonne réputation. Posez des questions à un(e) camarade selon le modèle.

> MODÈLE: A: Est-ce que Georges (Marie) est hypocrite?
>   B: Mais non, pas du tout! Il/Elle n'est pas hypocrite. Au contraire, il/elle est sincère.

Utilisez les adjectifs suivants dans la *question*: idéaliste / farouche / paresseux (-euse) / désagréable / déraisonnable / fier (fière)...

B. **Des vêtements typiques.** Posez des questions sur les vêtements d'un(e) camarade. Il/Elle répond selon le modèle.

MODÈLE: A: De quelle couleur est ton jean?
B: Mon jean est bleu. (Il est bleu.)

Voici des questions possibles:

1. De quelle couleur est ton pull? (ton short, ton tee-shirt, ton sac, ta chemise, ta jupe…)   2. De quelle couleur sont tes chaussures?   3. Est-ce que ta jupe est bleue ou marron?   4. Est-ce que ta chemise est blanche ou rose?   5. Est-ce que ton blouson est gris ou vert?   6. Est-ce que ton sac est en cuir ou en nylon? et tes chaussures? et ton blouson?   7. Est-ce que ton tee-shirt est en coton? et ton jean? et ta chemise?   8. Est-ce que ton pull est en laine ou en fibres synthétiques? et ta jupe?

C. **Un(e) étudiant(e) typique.** Décrivez vos vêtements d'aujourd'hui selon le modèle. (*Écrit ou oral*)

MODÈLE: Aujourd'hui, mon pull est gris, mon short est bleu et mes chaussures sont marron. Mon pull est en laine, mon short en coton et mes chaussures sont en cuir.

D. **Des personnes idéales.** Complétez les phrases avec des adjectifs. (*Écrit ou oral*)

1. L'homme idéal est ______.
2. La femme idéale est ______.
3. L'ami(e) idéal(e) est ______.
4. Le/La camarade de classe idéal(e) est ______.
5. Le professeur idéal est ______.
6. L'étudiant(e) idéal(e) est ______.
7. Le/La touriste idéal(e) est ______.
8. Le chauffeur de taxi idéal est ______.

Des amis sur une place à Marseille. Qui est sceptique? Qui est enthousiaste? Qui est raisonnable?

Animation

• Dialogue

**Une
conversation
impossible**

MICHELLE: Allô, Monique?
MONIQUE: *Pardon?*
MICHELLE: Monique, c'est Michelle!
MONIQUE: *Comment?*
MICHELLE: C'est Michelle, tu comprends?
MONIQUE: *Quoi?*
MICHELLE: Mais qu'est-ce qu'il y a?[4]
MONIQUE: Je regrette, je ne comprends absolument pas. Au revoir.

(Michelle appelle la standardiste.°)

MICHELLE: Allô, excusez-moi, Mademoiselle, mais mon téléphone ne fonctionne pas!
LA STANDARDISTE: *Comment?*

**Comment
exprimer
l'incompré-
hension**

Utilisez une des expressions suivantes s'il est difficile de comprendre une autre personne:

—Pardon?   *Très poli.*
—Comment?   *Assez° poli.*
—Quoi?   *Très familier.*

Comment? Je ne comprends pas.

---

[4]Quel est le problème?
°*la standardiste* = la téléphoniste
assez = suffisamment, relativement

Quoi? Tu es à Paris, en France?

Pardon? Répétez, s'il vous plaît.

Réagissez!

A. Avec deux camarades, jouez la conversation entre Michelle, Monique et la standardiste.

B. Imaginez que vous êtes dans un café. Il y a beaucoup de conversations et vous ne comprenez pas bien. Posez des questions à un(e) camarade. Votre camarade répond avec les expressions **Pardon? Comment?** et **Quoi?** selon le modèle.

MODÈLE: A: Est-ce qu'il y a un cours d'anglais aujourd'hui?
         B: Comment? Un cours de français?

Questions suggérées
1. Quel jour sommes-nous?
2. Où est la discothèque «Le Psychédélique»?
3. C'est un prof intéressant, Mme Lapérouse?
4. Est-ce que tu es fatigué?
5. Ton sac, il est en cuir?
6. ?

• Lecture

L'esprit critique français

Les Français sont rarement d'accord... C'est un trait national! Voici deux définitions humoristiques de l'esprit critique en France:

Un Français, c'est un homme intelligent.
Deux Français, c'est une conversation intéressante.
Trois Français, c'est une révolution!

«La France est divisée en cinquante-quatre (54) millions de Français. C'est le seul[5] pays° du monde où, si vous ajoutez[6] dix citoyens à dix autres, ce n'est pas une addition mais vingt divisions.»—Pierre Daninos

---

[5]Il n'existe pas 20 Tours Eiffel, il y a une *seule* Tour Eiffel en France.
[6]Une *addition*, c'est l'action d'*ajouter*.

°*le pays* = la nation

L'esprit critique est un des aspects de l'individualisme français: c'est une source de conflits constants, mais aussi une source d'originalité, de créativité et d'enthousiasme.

Comprenez-vous?

Répondez aux questions suivantes avec une phrase complète.

1. Est-ce que les Français sont souvent d'accord?
2. Nommez un trait national caractéristique des Français.
3. Combien de Français est-ce qu'il y a en France? (approximativement)
4. Comment est une discussion entre trois Français?
5. Quels sont les aspects positifs de l'individualisme français?

Et vous?

1. Avec vos amis, est-ce que vous êtes souvent d'accord? Est-ce que vous n'êtes pas souvent d'accord?
2. Quels sont les sujets de discussion où vous êtes d'accord? Quels sont les sujets où vous n'êtes pas souvent d'accord?

• Activités

A. Portraits. Décrivez les personnes suivantes avec des adjectifs.

1. un(e) ami(e)
2. le professeur de français
3. un(e) camarade de classe
4. le président des États-Unis
5. une personne admirable
6. une personne désagréable ou peu agréable

B. Opinions: la personnalité américaine. Divisez la classe en groupes de quatre ou cinq personnes. Chaque personne choisit un adjectif ou une expression pour décrire le caractère des Américains. Réagissez à l'opinion de votre camarade selon le modèle suivant.

MODÈLE: Les Américains sont très différents des Français. →
    A: Oui, les Américains sont très différents des Français: les Français sont sceptiques, les Américains sont enthousiastes.
    B: Non, je ne suis pas d'accord. Les Américains sont plutôt comme les Français. Ils (Les deux) sont optimistes et dynamiques.

Suggestions: très différents des Français / comme les Français / sympathiques / individualistes / critiques / sociables / travailleurs / sportifs / sceptiques / enthousiastes / cultivés / arrogants / simples / compliqués / optimistes / dynamiques…

**Deux Français,
c'est une
conversation
intéressante!**

C. **A mon avis.** Écrivez un paragraphe sur la personnalité américaine. Est-ce
que votre caractère est typique de la personnalité américaine? Est-ce que
la nationalité détermine la personnalité? Utilisez des idées de l'exercice
précédent. (*Écrit*)

Mots à retenir

**Expressions
verbales**

être assis(e)
être debout (*invariable*)

Noms

le blouson
le chat/la chatte
les chaussures (*f. pl.*)
la chemise
le conducteur/la conductrice
le drapeau
le garçon
l'informatique (*f.*)

le jean
la jeune fille
le jeune homme
la jupe
le pull
le short
le soleil
les vêtements (*m. pl.*)

Adjectifs

actif (-ve)	intéressant(e)
canadien(ne)	mécontent(e)
cher/chère	même
courageux (-euse)	naïf (-ve)
déraisonnable	ouvert(e)
difficile	paresseux (-euse)
drôle	parisien(ne)
enthousiaste	quelques
farouche	raisonnable
fermé(e)	sérieux (-euse)
fier/fière	sportif (-ve)
fort(e)	sympathique
gentil(le)	travailleur (-euse)

Couleurs

bleu(e)	orange (*inv.*)
blanc/blanche	rose
gris(e)	rouge
jaune	vert(e)
marron (*inv.*)	violet(te)
noir(e)	

Adverbes

assez	ensuite	pas du tout	rarement
déjà	même	plutôt	si
enfin	ne… pas	quelquefois	souvent

Prépositions

après
sans

Conjonction

donc

Expressions diverses

à l'heure	en retard	en coton (cuir, laine, plastique, nylon, etc.)
en avance		

Expressions de communication

Allô? (*au téléphone*)	Faites…
Au contraire!	Je regrette.
Comment est…? (Comment sont…?)	Qu'est-ce qu'il y a?
De quelle couleur est…?	Quoi?
Et comment!	Tu sais…

Chapitre 3

Travail ou détente?

D'après les photos...

La concentration
dans le travail...
Où est Sophie?

La concentration
dans la détente°...
Où sont Gérard et
Hélène?

Le travail de
Sophie, c'est une
dissertation° de
français.

La détente de
Gérard et Hélène,
qu'est-ce que c'est?

Votre avis sur... le travail et la détente.

Complétez les phrases pour indiquer votre avis.

Le travail,
La détente,
Le sport,
La télévision,   c'est...
Les dissertations,
La littérature,
La science,

formidable (fantastique),
nécessaire, indispensable,
ennuyeux (inintéressant),
abominable, passionnant,
sérieux.

Entrée en scène

**Une question
de goût°**

LA MUSIQUE

la musique classique
la musique folklorique
le rock
le jazz
la musique disco

LE SPORT

le tennis
le jogging
le ski
le basket-ball (le basket)
le base-ball
le football (le foot)[1]
l'alpinisme

LE CINÉMA

les films d'amour
les films d'aventure
les films comiques
les films de science-fiction
les films d'épouvante[2]

A. Préférences. Regardez le dessin et suivez le modèle.

---

[1]*Le football (le foot)* n'est pas le football américain; le ballon est noir et blanc... et rond!
[2]*Frankenstein,* par exemple

°*une dissertation* = un devoir écrit en littérature ou en philosophie
 la détente = la récréation
 un goût = une préférence

MODÈLE: Rémi? → Rémi aime le rock.

1. Et Geneviève?
2. Et Odile?
3. Et Paulette?
4. Et François?

5. Et Charles?
6. Et Marc?
7. Et Claudette?

B. Vive…! ou A bas…! Avec un(e) camarade de classe, posez la question et répondez selon le modèle.

MODÈLE: café → A: Est-ce que tu aimes le café?
B: Oui, j'aime le café. Vive le café! (Non, je n'aime pas le café. A bas le café!)

1. rock
2. jogging
3. restaurant universitaire
4. télévision
5. ordinateurs°

6. cours de français
7. dissertations
8. musique classique
9. football

C. Les goûts des étudiants. Déterminez les goûts de votre camarade selon le modèle.

°*ordinateurs* = machines pour traiter l'information

MODÈLE: A: Est-ce que tu aimes skier?
         B: Oui, j'aime skier! (Non, je n'aime pas skier. Non, en fait, je déteste skier.)

1. Est-ce que tu aimes étudier?   2. Est-ce que tu aimes danser?
3. Est-ce que tu aimes écouter la radio?   4. Est-ce que tu aimes parler en classe? au café? à la résidence des étudiants?   5. Est-ce que tu aimes regarder la télévision?

Maintenant, rapportez les résultats en classe selon le modèle suivant.

MODÈLE: Alain n'aime pas étudier, mais il aime parler en classe. Il aime écouter la radio, etc. Lisa… Georges et Pauline…

Quelle heure est-il?

—Excusez-moi, quelle heure est-il, s'il vous plaît?
—Il est neuf heures, Mademoiselle.

—A quelle heure est-ce que le train arrive?
—Il arrive à neuf heures vingt.

Il est une heure.

Il est deux heures.

Il est midi.

Il est minuit.

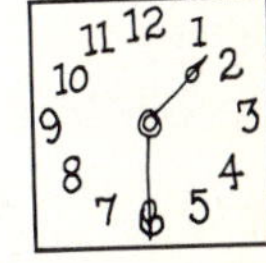

Il est une heure et demie.

Il est deux heures et demie.

Il est midi et demi.

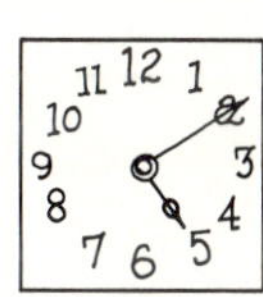

Il est cinq heures dix.

Il est minuit et demi.

Il est une heure et quart.

Il est huit heures moins le quart.

Il est dix heures vingt-cinq.

Il est onze heures moins vingt.

Il est midi moins dix.

Le matin, l'après-midi et le soir

1. Il est huit heures du matin.
2. Il est deux heures de l'après-midi.
3. Il est huit heures du soir.

A. Quelle heure est-il? Faites les substitutions indiquées et répétez l'heure.

MODÈLE: Quelle heure est-il? (2h) → Il est deux heures.

1. Quelle heure est-il? (8h, 1h, 7h, 6h, 11h)
2. Quelle heure est-il? (4h30, 4h15, 3h45, 4h10, 3h40, 4h20)

B. Jour et nuit. Quelle heure est-il? Utilisez **du matin, de l'après-midi** ou **du soir.**

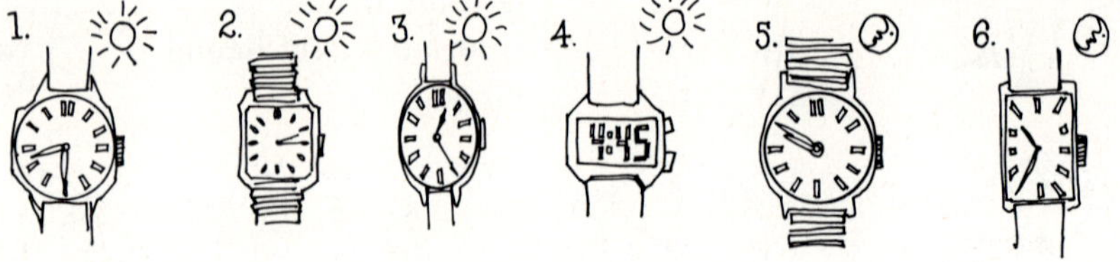

Le programme de trois étudiants

Camille étudie à la Faculté° des Lettres.

Voici des matières typiques:[3]

l'histoire
la linguistique
les langues modernes
et classiques

la littérature
l'archéologie

la philosophie
(la «philo»)

---

[3]Toutes les matières ou sujets d'étude sont des noms *féminins.*

°*la Faculté (la «Fac»)* = une section de l'université

Les cours de Roger sont dans les Facultés des Sciences sociales, politiques et humaines.

Voici des matières typiques:

la sociologie	la psychologie	l'économie politique
la statistique	les relations internationales	l'anthropologie

Gabrielle est étudiante dans les Facultés des Sciences naturelles et physiques.

Voici des matières typiques:

la biologie	la chimie	l'informatique
la zoologie	l'astronomie	la mécanique
la géographie	la technique[4]	la botanique
les mathématiques (les «maths»)	la physique	la géologie

A. Choix d'études. Donnez votre programme d'études (quatre ou cinq cours) pour le trimestre ou le semestre présent, ou bien inventez un programme intéressant. Dans quelle faculté est-ce que vous étudiez?

MODÈLE: A présent, j'étudie la géologie, l'informatique, la chimie, l'anglais et le français. Je suis étudiant en sciences, mais les langues modernes sont aussi importantes!

B. Cours obligatoires. Voici quelques professions. Imaginez les cours nécessaires, selon le modèle, pour les professions suivantes.

MODÈLE: Pour être diplomate? →
On étudie l'histoire, les langues modernes, la sociologie, l'économie politique, la statistique, les relations internationales...

1. Pour être professeur de langues modernes?
2. Pour être psychologue?
3. Pour être historien(ne)?
4. Pour être biologiste?
5. Pour être économiste?
6. Pour être théologien(ne)?
7. Pour être archéologue?
8. Pour être ingénieur?

---

[4]Les futurs ingénieurs étudient *la technique*.

C. Discussion. Parlez avec vos camarades des études et du programme idéal. Donnez une explication si possible.

1. Qu'est-ce que tu étudies? Est-ce que c'est un programme intéressant?
2. Quel(s) cours est-ce que tu aimes beaucoup°? Quel(s) cours est-ce que tu n'aimes pas tellement°?

   MODÈLE: Naturellement, j'aime beaucoup le cours de français! Mais je n'aime pas tellement le cours de chimie; le travail est très difficile.

3. Quel est le programme d'études idéal?
4. Est-ce que tu préfères le travail ou la détente? Quelle sorte de travail préfères-tu? Quelles distractions aimes-tu?

*J*eu de structures

6. Les verbes du premier groupe (-er): parler

Styles de vie

Pierre, qui *habite* un studio en ville, *parle* avec Philippe, qui *préfère* la vie dans une résidence universitaire.

PIERRE: Moi, j'*adore* le cinéma! Pas toi?
PHILIPPE: Oui et non... à la résidence on *aime mieux*° la télé.
PIERRE: Moi, le soir, j'*écoute* plutôt la stéréo.
PHILIPPE: Nous, le soir, nous *parlons*, nous *chantons*, nous *dansons* et quelquefois nous *étudions*... en général devant le poste de télé.
PIERRE: Vous *travaillez* devant la télé? C'est possible?
PHILIPPE: Mais bien sûr! Chez° nous, on *déteste* le silence et la solitude!

°*beaucoup* = fortement, énormément
pas tellement = pas énormément, pas beaucoup
on aime mieux = on préfère
chez = dans l'habitation (la famille) de; ici, entre amis

Pour préciser

Pierre aime beaucoup le cinéma… Et vous, Madeleine? Est-ce que vous aimez le cinéma?

—Ah oui! J'aime le cinéma!

Alain, demandez à Gaby si elle aime le cinéma.

—Gaby, est-ce que tu aimes le cinéma?

—Non, je n'aime pas beaucoup le cinéma.

Chez vous, est-ce qu'on aime mieux la télé?

—Non, on aime mieux les disques de rock.

Vos camarades et vous, est-ce que vous écoutez la radio?

—Non, nous écoutons plutôt la stéréo.

A la résidence, est-ce que les étudiants travaillent devant la télé?

—Non, ils ne travaillent pas devant la télé.

Vous aimez étudier à la bibliothèque?

—Non, je n'aime pas travailler à la bibliothèque, parce que j'aime beaucoup parler!

Pour apprécier

1. Est-ce que vous regardez la télévision le soir? et Pierre? et Philippe? et vos amis?
2. Selon vous, est-ce qu'il est possible d'étudier devant la télé?
3. Où est-ce que vous aimez étudier?

Ce sont les étudiants qui continuent la tradition du café comme lieu de rendez-vous intellectuel.

A.   La conjugaison des verbes du premier groupe (*-er*)

L'infinitif de beaucoup de verbes français se termine en **-er**: **parler**, **aimer**.
La conjugaison des verbes en **-er** est régulière. Pour conjuguer les verbes en
-er, ajoutez la terminaison correcte (**-e**, **-es**, **-e**, **-ons**, **-ez**, **-ent**) au radical
de l'infinitif. (*Le radical* = l'infinitif moins la terminaison **-er**.)

INFINITIF	RADICAL
parler	parl-
aimer	aim-

parler (*temps présent*)	
AFFIRMATIF	NÉGATIF
je parle	je ne parle pas
tu parles	tu ne parles pas
il/elle/on parle	il/elle/on ne parle pas
nous parl**ons**	nous ne parlons pas
vous parl**ez**	vous ne parlez pas
ils/elles parl**ent**	ils/elles ne parlent pas

ATTENTION: **Ne** → **n'** devant une voyelle ou un **h** muet.

Elle **ne** parle pas.   *mais:*   Elle **n'**aime pas le ski.
Elle **n'**habite pas ici.

Voici quelques verbes réguliers en **-er**:

aimer	écouter	habiter	regarder
danser	étudier	parler	travailler

—Je **parle** avec un camarade.
—Vous **ne parlez pas** avec Roberte?
—Non, pas avec Roberte, avec Arnaud. Nous **parlons** politique.

Prononcez bien!

1. En général, les consonnes finales des verbes en **-er** ne sont pas
   prononcées. Par conséquent, la prononciation de

   je parle
   tu parles
   il/elle/on parle
   ils/elles parlent

est identique = [parl]. **Nous parlons** et **vous parlez** sont prononcés [par-lɔ̃], [par-le].

2. Le **s** final du pronom sujet n'est pas prononcé devant une consonne initiale.

nous / parlons [nu-par-lɔ̃]
ils / parlent [il-parl]
vous / parlez [vu-par-le]

Si le **s** de **nous** / **vous** / **ils** / **elles** est devant une voyelle ou un **h** muet, le **s** est prononcé [z] au début de la syllabe suivante (*liaison*).

Prononcez avec votre professeur:

ils aiment [il-zɛm]   vous aimez [vu-zɛ-me]

nous habitons [nu-za-bi-tɔ̃]   elles étudient [ɛl-ze-ty-di]

B. Verbe conjugué + *infinitif*

Beaucoup de verbes français demandent une préposition entre le verbe conjugué et l'infinitif: Je **continue à parler.** Nous **décidons de quitter** la ville.[5]

Mais certains verbes très courants demandent l'infinitif sans préposition: **aimer, préférer, désirer, espérer.**[°]

> Tu **aimes écouter** les disques? —Pas tellement. Mais j'**adore écouter** la radio!

> Comment? Chantal **aime** tellement **danser?** —Mais non, c'est qu'elle **déteste travailler!**

> La télé, c'est insupportable. Moi, j'**aime mieux travailler.** —Nous, nous **préférons skier.** En fait, nous **espérons habiter** dans les Alpes.

A la forme négative, **ne** est placé devant le verbe conjugué et **pas** est placé entre le verbe conjugué et le verbe à l'infinitif.

> Lucette aime étudier. —Mais Louis **n'**aime **pas** étudier.

C. Les langues et le verbe *parler*

En général, l'article défini est utilisé avec les noms des langues.

> Arthur aime beaucoup **l'italien.** —Mais il étudie **l'espagnol.**

---

[5]Voir l'Appendice D, p. 565, «Résumé des constructions *verbe + verbe.*»

[°]espérer = compter (sur)

Mais l'article défini n'est pas utilisé immédiatement après le verbe **parler.**

Est-ce qu'il **parle italien?** —Non, il **parle français et russe.**

ATTENTION: Si un adverbe modifie le verbe **parler,** on préserve l'article devant le nom de langue: Martine parle **bien le** français.

A la lettre

A. Substitutions. Suivez le modèle.

> MODÈLE: *Claire* aime beaucoup la musique classique! (nous) →
> Nous aimons beaucoup la musique classique!

1. *J'*aime skier. (vous, nous, tu)
2. *Je* travaille à la banque. (Paul, vous, Simone et Geneviève)
3. *Philippe* n'aime pas étudier. (vous, je, nous)
4. *Je* ne téléphone pas après minuit. (on, mes camarades, nous)
5. *Nous* aimons mieux le tennis. (je, tu, vous)
6. *Ils* étudient au café. (elle, nous, on)
7. *Tu* parles espagnol. (le professeur, les étudiants, vous)
8. *Il* écoute le programme. (ils, je, nous)

B. Transformation. Changez les phrases du singulier au pluriel et vice versa.

> MODÈLES: Elles adorent le rock! → Elle adore le rock!
> J'écoute un disque. → Nous écoutons un disque.

1. Ils habitent en France.
2. Je travaille dans l'amphithéâtre.
3. Est-ce que vous visitez l'université?
4. Elles regardent le professeur.
5. Est-ce que tu aimes le cours?
6. Elle n'aime pas le restaurant universitaire.
7. Ils aiment les films comiques.

C. Tu ou vous? Complétez les phrases.

1. Madame, est-ce que _____ habit_____ ici?
2. Papa, est-ce que _____ écout_____?
3. Paul, est-ce que Jacqueline et vous _____ visit_____ Paris?
4. Salut, Jean, est-ce que _____ étudi_____ le français?
5. Pardon, Monsieur, est-ce que _____ parl_____ anglais?

D. Esprit négatif. Suivez le modèle.

> MODÈLE: A: Est-ce que tu travailles?
> B: Non, je ne travaille pas.

1. Est-ce que tu étudies la littérature?   2. Est-ce que tu aimes le sport?
3. Est-ce que tu habites à la cité universitaire?   4. Est-ce que tu parles
anglais?   5. Est-ce que tu aimes le basket-ball?   6. Est-ce que tu danses?

A *votre tour*

A. Question de goût. Répondez aux questions posées par votre camarade.

1. Est-ce que tu aimes le cinéma? les films de science-fiction?
   d'épouvante? d'amour? les films comiques?
2. Est-ce que tu aimes écouter la stéréo? la radio?
3. Est-ce que tu travailles devant la télé? Est-ce que tu étudies devant la
   télé? Est-ce que tu regardes la télé le soir?
4. Est-ce que tu aimes travailler au café? à la bibliothèque? à la
   résidence universitaire?
5. Est-ce que tu détestes le silence et la solitude?

Maintenant, inventez d'autres questions à votre tour.

Verbes suggérés: aimer / parler / habiter / travailler / étudier / regarder /
écouter…

B. Entretien. Posez des questions (avec **est-ce que**) au professeur et à vos
camarades. Utilisez **vous** ou **tu** selon la personne. Trouvez la réponse
aux questions suivantes. Est-ce qu'il/qu'elle…

1. parle italien… russe… chinois… espagnol?
2. habite Paris?
3. étudie la littérature? les maths? la science?
4. aime les examens?
5. aime le restaurant universitaire?
6. étudie à la librairie?
7. danse à la bibliothèque?
8. skie à la cité universitaire?

Inventez d'autres questions à votre tour.
   Maintenant, présentez les réponses à la classe ou à un groupe
d'étudiants.

C. Préférences. Complétez les phrases. (*Oral ou écrit*)

1. J'aime _____, mais je n'aime pas _____.
2. J'adore _____, mais je n'aime pas beaucoup _____.
3. J'écoute _____, mais je n'écoute pas _____.
4. J'aime _____, mais j'aime mieux _____.
5. Je parle _____, mais je ne parle pas _____.
6. J'étudie _____, mais je n'étudie pas _____.
7. Je déteste _____!

• Étude de verbes: les groupes **acheter,°** **espérer, jeter°** et **appeler°**

Certains groupes de verbes en **-er** ont des changements orthographiques au temps présent à toutes les personnes, excepté **nous** et **vous.**

Verbes à changements orthographiques			
	acheter	espérer	jeter	appeler
je (j')	achète	espère	jette	appelle
tu	achètes	espères	jettes	appelles
il/elle/on	achète	espère	jette	appelle
ils/elles	achètent	espèrent	jettent	appellent
mais:				
nous	achetons	espérons	jetons	appelons
vous	achetez	espérez	jetez	appelez

Comme **espérer: préférer, suggérer, répéter, révéler…**
Comme **jeter: projeter**

Thierry **espère** voyager; Mimi **préfère** le sport.
Elle **jette** le ballon.
Tu **appelles** ton ami?
Les étudiants **achètent** des livres chaque année.

Prononcez bien!

Les changements orthographiques affectent la prononciation des verbes. Comparez et prononcez correctement avec votre professeur:

j'achète	[a-ʃɛt]	nous achetons	[a-ʃ(ə)-tɔ̃]
j'espère	[ɛs-pɛr]	nous espérons	[ɛs-pe-rɔ̃]
je jette	[jɛt]	nous jetons	[j(ə)-tɔ̃]
j'appelle	[a-pɛl]	nous appelons	[a-p(ə)-lɔ̃]

Notez que dans la conversation rapide, **nous achetons, vous achetez** sont prononcés «nous achto(n)», «vous achté». **Nous appelons, vous appelez** sont prononcés «nous applo(n)», «vous applé».

°*acheter* = obtenir contre paiement
jeter = lancer, projeter, déposer
appeler = prononcer le nom de, téléphoner à

Exercices

A. Répondez à chaque question avec les sujets donnés. Utilisez les verbes des questions dans la réponse.

1. Qui achète les livres? (nous, ils, vous)
2. Qui projette un voyage en Europe? (je, Bernard, ils)
3. Qui répète la leçon de maths? (nous, on, les étudiants)
4. Qui préfère les sciences naturelles? (Thierry et Marie, tu, on)

B. Posez les questions suivantes à un(e) camarade.

1. Est-ce que tu achètes des livres et des cahiers à la librairie universitaire?   2. Est-ce que tu jettes les livres et les cahiers de l'année passée? Est-ce que tu donnes certaines choses à des amis?   3. Est-ce que tu projettes un voyage? Est-ce que tu espères beaucoup voyager?   4. Dans tes études, est-ce que tu préfères les lettres, les sciences sociales ou les sciences naturelles?   5. Est-ce que tu téléphones souvent à des amis? Est-ce que tu appelles un(e) ami(e) aujourd'hui?

7. Les questions à réponse affirmative ou négative

Dans un café d'étudiants: discussion entre amis

Nancy, une étudiante américaine en visite à Paris, parle avec Gérard, un étudiant parisien. Ils observent deux personnes dans un café.

NANCY: *Est-ce* un match de boxe?
GÉRARD: Non, je ne pense pas.
NANCY: *Est-ce que* c'est une manifestation°?
GÉRARD: Non, ce n'est pas une manifestation.
NANCY: Alors, c'est une dispute, *n'est-ce pas?*
GÉRARD: Mais non, Nancy, pas du tout! On discute. C'est simplement une discussion animée entre amis.

Pour préciser

Nancy et Gérard sont dans un café parisien... Et vous? Êtes-vous à Paris?
—Non, je suis à Wichita (à...).
Sommes-nous au café?
—Non... nous sommes en cours.
Le cours de français, est-ce un cours intéressant?
—Oui, il est très intéressant.

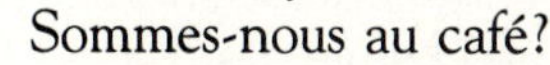

°*une manifestation* = ici, une démonstration collective politique

Jean, demandez à votre camarade s'il aime le cours de français.
—Kévin, est-ce que tu aimes le cours de français?
—Ah oui... c'est mon cours favori.
Ici, les discussions sont animées, n'est-ce pas?
—Oui, oui, bien sûr!
Vous êtes toujours d'accord avec le professeur, n'est-ce pas?
—Non, mais nous sommes souvent d'accord avec le prof...

Pour apprécier   1. Jouez la scène. Substituez les éléments suivants.

un match de boxe → le tournage d'un film
une manifestation → un crime passionnel
une dispute → un psychodrame

2. Dans votre classe les discussions sont-elles animées? Et à la résidence, discute-t-on avec beaucoup d'animation?

A.   Questions à réponse affirmative ou négative: ordre normal

Il y a plusieurs° sortes de questions, affirmatives ou négatives, avec l'ordre normal sujet-verbe.

1. Intonation ascendante. Le ton de la voix monte à la fin de la phrase. L'ordre sujet-verbe ne change pas.
   Prononcez les exemples suivants avec votre professeur.

Charles, tu aimes discuter? —Non... pas beaucoup.

Ici, c'est un cours de chimie? —Oui, il commence à huit heures.

Vous n'écoutez pas la discussion? —Non, elle n'est pas intéressante. (—Mais si, elle est passionnante!)

ATTENTION: Notez bien l'emploi de **si** (ou de **Mais si!**) pour introduire la réponse affirmative (contradictoire) à une question négative.

Elsa n'arrive pas? —**Mais si,** elle est déjà là!

2. **N'est-ce pas?** La réponse à une question avec **n'est-ce pas?** est généralement affirmative. On pose la question pour confirmer un fait ou un détail. L'ordre sujet-verbe ne change pas. On ajoute l'expression invariable **n'est-ce pas?** à la fin de la phrase.

Il aime la musique, **n'est-ce pas?** —Oui, il écoute tout le temps des disques.

°*plusieurs* = plus de deux, quelques

Elles étudient à Paris, **n'est-ce pas**? —Oui, à l'Université de Paris I.[6]

3. **Est-ce que...** L'expression invariable **est-ce que** précède le verbe. L'ordre sujet-verbe ne change pas.

> **Est-ce que** le prof travaille tout le temps? —Mais non! Le samedi soir il est au cinéma.
>
> **Est-ce que** tu discutes avec Bernard? —Oui, mais aujourd'hui nous ne parlons pas de politique.

Prononcez bien!

L'expression **est-ce que** est prononcée en un mot: [ɛskə]. Devant une voyelle, **est-ce que** → **est-ce qu'**.

est-ce qu'il(s)   [ɛs-kil]
est-ce qu'elle(s)   [ɛs-kɛl]

B. Questions à réponse affirmative ou négative: inversion verbe-sujet

L'inversion du sujet et du verbe indique une question.

1. Inversion avec un pronom sujet. Le pronom sujet (**ce, on, il,** etc.) est placé après le verbe et rattaché au verbe par un trait d'union (-).

> **Est-ce** la stéréo de Gérard? —Oui, mais les disques sont à Josée.
> **Aimez-vous** discuter? —Oui, beaucoup.

A la forme négative, **pas** est placé directement après le pronom sujet.

> **N'aiment-ils pas** danser? —Non, ils n'aiment **pas** danser. (—Mais si, ils aiment beaucoup danser!)

Prononcez bien!

La consonne finale **-t** devant **ils** ou **elles** est prononcée dans une question avec inversion.

Parlent-elles? [parl-tɛl]   Discutent-ils? [dis-ky-t(ə)-til]

Si le verbe conjugué se termine en **-e**, la lettre **-t-** est ajoutée entre le verbe et le pronom.

Parle-t-il? [par-l(ə)-til]   Discute-t-elle? [dis-ky-tŋ(ə)-tɛl]

ATTENTION: L'inversion du pronom sujet **je** est rare dans la langue parlée.

---

[6]Il y a dix universités à Paris (Paris I, Paris II, etc.).

Utilisez **est-ce que: Est-ce que j'arrive** à huit heures?[7] Notez aussi l'expression **il y a** à la forme interrogative: **Y a-t-il** un téléphone ici?

2. Inversion avec un nom sujet. Le nom sujet reste au début de la question. Un pronom correspondant au nom sujet est rattaché au verbe par un trait d'union (-).

> **L'étudiante est-elle** sympathique? —Oui, très sympathique.

> **Roger habite-t-il** à la Cité? —Oui, mais le dimanche il est chez Sophie.

> **Anne et Marie n'aiment-elles pas** le Restau-U°? —Non, elles préfèrent dîner «Chez Jules».

3. **Pourquoi/parce que.** Pour demander des explications, utilisez l'expression interrogative **pourquoi** avec inversion verbe-sujet ou avec **est-ce que** et l'ordre normal.

> **Pourquoi préférez-vous** le cinéma? —Parce que le théâtre est très cher.

> **Pourquoi est-ce que tu quittes** l'université? —Parce que c'est vendredi!

	PRONOM SUJET	NOM SUJET
AFFIRMATION	Il est étudiant.	Marc est étudiant.
QUESTION AFFIRMATIVE	Est-il étudiant?	Marc est-il étudiant?
QUESTION NÉGATIVE	N'est-il pas étudiant?	Marc n'est-il pas étudiant?

A la lettre

A. Votre ami(e) est surpris(e). Posez les questions avec l'intonation ascendante, puis, avec **est-ce que...?** selon le modèle.

> MODÈLE: A: Solange achète une Rolls-Royce.
> B: Solange achète une Rolls-Royce? Est-ce que Solange achète une Rolls-Royce?

1. Pascal appelle Solange.   2. Solange et Pascal espèrent quitter la ville.   3. Ils projettent un voyage.   4. Robert arrive à minuit. 5. Vous jetez le livre d'histoire.   6. C'est un examen difficile.   7. Tu n'étudies pas le soir.   8. Tu répètes le cours de physique.

---

[7]Mais la forme **suis-je...** s'emploie de temps en temps: **Suis-je** en retard?
°*Restau-U* = restaurant universitaire

B. Un groupe extraordinaire. Suivez le modèle.

MODÈLE:　je (= Jean-Louis) / intelligent
Je suis intelligent, n'est-ce pas?

1. Élise / sympathique
2. Jean-Paul et Élise / intéressant
3. les étudiants de la classe / travailleur
4. Iris / dynamique
5. nous / parfait
6. Iris et Anne / courageux
7. tu (= Pierre) / drôle
8. le prof / gentil
9. vous (= Yvonne) / charmant
10. le groupe / extraordinaire

Maintenant, substituez les noms des étudiants du cours de français aux sujets de l'Exercice B. Quelle est la réaction de vos camarades?

C. Quelle est la question? Faites des questions selon le modèle.

MODÈLE:　aimer les films d'aventure (il) →
Aime-t-il les films d'aventure?

1. aimer la musique folklorique (elle)
2. parler chinois (on)
3. être très snob (il)
4. achetez des chaussures (vous)
5. être à Dijon (nous)
6. étudier plusieurs langues (elle)
7. projeter un mariage somptueux (ils)
8. préférer regarder un match de tennis (elles)

Maintenant, posez les questions de l'Exercice C à la forme négative selon le modèle. Votre camarade répond positivement avec **Mais si.**

MODÈLE:　Aime-t-il les films d'aventure? →
A: N'aime-t-il pas les films d'aventure?
B: Mais si, il aime les films d'aventure!

D. La curiosité. Posez les questions selon le modèle.

MODÈLE:　Georges / à Paris → Georges est-il à Paris?

1. Jeanne / à la librairie
2. Claire et Simonne / à la bibliothèque
3. M. Martin / avec Mlle Dupont
4. Philippe et Annick / à la discothèque
5. Henri / à l'université
6. les Duchamp / à Tours

E. **L'insistance.** Votre ami(e) n'écoute pas. Répétez les questions selon le modèle.

MODÈLE: A: Claude étudie à la Sorbonne? →
                B: Comment?
                A: Claude étudie-t-il à la Sorbonne?

1. Michèle est avec vous?   2. Tu travailles le soir?   3. Claude et Josette ne sont pas sérieux?   4. Tes parents projettent des voyages?   5. Tu habites aussi à Paris?   6. Josette n'arrive pas aujourd'hui?   7. Richard habite à Montréal?   8. Vous préférez la géologie?   9. Jacques travaille avec Laurence?   10. Nous parlons anglais en classe?

Maintenant, posez les questions de l'Exercice E avec l'expression **pourquoi**, selon le modèle.

MODÈLE: Claude étudie-t-il à la Sorbonne? →
          Pourquoi Claude étudie-t-il à la Sorbonne?

À *votre tour*

Interview. Posez des questions à vos camarades selon les catégories suggérées. Utilisez l'inversion verbe-sujet dans vos questions. Là où c'est possible, demandez des explications avec **pourquoi**. Votre camarade répond avec **parce que**.

Les goûts
1. Demandez s'il/si elle aime les films d'aventure, d'amour, de science-fiction ou les films comiques...
2. Demandez s'il/si elle aime le sport... s'il/si elle pratique certains sports.
3. Demandez s'il/si elle aime la musique classique (folklorique, disco), le jazz ou le rock...

Les activités
1. Demandez s'il/si elle préfère danser ou skier, étudier ou discuter avec des amis.
2. Demandez s'il/si elle aime écouter la radio, des disques ou les discussions des camarades...
3. Demandez s'il/si elle discute avec des amis au café, à la résidence, ou au téléphone...
4. Demandez s'il/si elle aime ou n'aime pas les livres d'histoire, les cours de physique, les livres d'économie, le prof de français...

Les projets
1. Demandez s'il/si elle espère étudier l'archéologie, danser dans une comédie musicale, quitter l'université, habiter en France ou être professeur (biologiste, diplomate...)
2. Demandez s'il/si elle projette un voyage, un mariage ou une carrière très intéressante.

Animation

• Dialogue

Une interview avec une vedette°   Voici des questions posées par plusieurs adolescents français à un jeune chanteur[8] parisien.

MARYSE: Aimes-tu le cinéma américain?
LE CHANTEUR: *Oui,* j'aime beaucoup les films de Dustin Hoffman.
ALAIN: Aimes-tu danser dans une discothèque?
LE CHANTEUR: *Mais oui,* j'adore la vie nocturne.
ODILE: Es-tu prêt pour le mariage?
LE CHANTEUR: *Bien sûr que non,* le mariage, c'est très difficile!
MARYSE: Tu n'es pas romantique, alors?
LE CHANTEUR: *Mais si,*[9] je suis très romantique!
ÉRIC: Est-ce que tu es content d'être chanteur?
LE CHANTEUR: *Tout à fait.* C'est une vie fantastique.

---

[8]Frank Sinatra est un *chanteur.*
[9]N'oubliez pas: (*Mais*) *si!* est la contradiction affirmative d'une question posée à la forme négative.
°*une vedette* = une célébrité

Comment insister

En français, c'est souvent l'ordre des mots qui exprime l'insistance: le mot ou l'expression d'insistance est en général au début de la phrase. Par exemple:

Mais oui,… (mais si!…) ≠ Mais non,…
Bien sûr que oui,… (Bien sûr que si!…) ≠ Bien sûr que non,…
Tout à fait,… ≠ Pas du tout,…

—Est-il patient?
—Mais non, il est impatient!

—Sont-ils en Italie?
—Bien sûr que non! (Pas du tout!) C'est la France!

—Est-ce une fête?
—Mais oui, c'est une fête!

—Elle n'aime pas le champagne?
—Mais si, elle adore le champagne!

Réagissez!

A. Jouez la scène avec des camarades.

B. Jouez la scène encore une fois. Changez les réponses de la vedette de la forme affirmative à la forme négative ou de la forme négative à la forme affirmative. Faites les autres changements nécessaires.

MODÈLE: A: Aimes-tu le cinéma américain?
B: Non, je n'aime pas beaucoup le cinéma américain.

C. Posez les questions suivantes à un(e) camarade. Il/Elle répond avec des expressions d'insistance.

Tu es canadien(ne)?   Tu n'aimes pas danser?
Tu n'étudies pas le français?   Tu es prêt(e) pour le mariage?
Tu aimes les voyages?

D. Préparez d'autres questions sur le travail ou les distractions d'un(e) camarade. Il/Elle répond en utilisant une (ou des) expressions d'insistance.

• Lecture

**Les cafés
d'étudiants**   Le café est une véritable institution parisienne: le premier café, le Procope,
ouvert au dix-septième siècle° par un Italien, existe encore sous forme de
restaurant, dans la rue de l'Ancienne Comédie. Mais le café, c'est une
institution qui change avec l'époque; à l'époque de Voltaire,[10] c'est un
rendez-vous d'intellectuels; durant la Révolution française, c'est un club
politique; aujourd'hui, c'est un lieu de passage et de détente rapide. En fait,
chaque année,° dans les quartiers où les passants° sont rares, beaucoup de
petits cafés ferment définitivement.

Au contraire, dans le Quartier Latin, les cafés sont toujours ouverts! Les
bibliothèques de Paris sont généralement pleines, c'est pourquoi les
étudiants travaillent souvent au café. Ils apportent un livre, commandent
un café, regardent les passants, discutent avec un ami: au café on est
souvent seul,[11] mais il est impossible d'être solitaire!

Plusieurs cafés du Quartier Latin sont le rendez-vous d'un groupe en
particulier. Par exemple, les étudiants en Lettres et en Sciences de la
Sorbonne° aiment le Mahieu ou l'Escholier; la plupart° des étudiants en
droit° sont au Soufflot. Les cafetiers° aiment bien la présence des étudiants
parce qu'ils continuent la tradition sympathique du café de Paris, lieu de
réunion et de détente déjà à l'époque de Voltaire.

Comprenez-vous?

Les affirmations suivantes sont-elles vraies ou fausses, selon le texte?
Rectifiez les phrases incorrectes.

1. Le premier café parisien est maintenant fermé.
2. A l'époque de Voltaire, le café est un lieu de passage et de détente
   rapide.
3. Chaque année beaucoup de cafés du Quartier Latin ferment
   définitivement.
4. A Paris, les étudiants travaillent souvent au café.
5. Ce sont les étudiants qui continuent la tradition du café comme rendez-
   vous intellectuel.

---

[10]Voltaire (1694–1778): philosophe français célèbre, auteur de *Candide*.
[11]Tous les étudiants sont absents, excepté un! Il y a un étudiant en classe: il est *seul*
aujourd'hui.

°*un siècle* = 100 ans
une année = un an (considéré comme une *durée*)
les passants = les personnes qui passent dans la rue
la Sorbonne = l'Université de Paris III–IV, la plus ancienne de Paris
la plupart = la majorité
le droit = l'étude du système légal
les cafetiers = les propriétaires de café

• Activités

A. Routine. Quelle heure est-il pour vous? Pour moi, il est ______.

B. Interview. Posez les questions suivantes à un membre de la classe.
Utilisez **tu.**

Questions suggérées
1. Comment t'appelles-tu? Étudies-tu aussi à l'université? Aimes-tu
   étudier? Aimes-tu les étudiants? Parles-tu français? anglais? espagnol?
   russe?
2. Si tu es professeur ou étudiant(e), prépares-tu les cours à la
   bibliothèque? Habites-tu sur le campus? dans un appartement? dans
   une maison°? Aimes-tu la vie de professeur? d'étudiant? Pourquoi?
3. Aimes-tu le sport? Préfères-tu le football ou le jogging? Regardes-tu la
   télévision? Aimes-tu mieux regarder un film de Bogart ou un match
   de base-ball? Aimes-tu le cinéma? Préfères-tu les films d'aventure,
   d'amour ou de science-fiction? Aimes-tu la radio? Préfères-tu la
   musique moderne, la musique classique, le jazz ou le rock?

Ensuite, interviewez le professeur ou une personne qui *n'est pas* dans
votre cours de français. Utilisez **vous.** Le jour suivant, présentez vos
résultats en cours, oralement ou par écrit.

____

°*une maison* = une habitation privée ou particulière

C. **Réagissez!** Discutez des sujets suivants avec les autres membres de la classe. Expliquez vos réponses si possible. Ensuite, écrivez un paragraphe qui présente votre point de vue. (*Oral, écrit*)

MODÈLE: J'aime les cours parce que j'aime étudier.
Je n'aime pas habiter à la résidence universitaire parce que je n'aime pas les discussions.

J'aime…
Je n'aime pas…
Je préfère… (J'aime mieux…)

Suggestions: la vie d'étudiant / la vie de professeur / l'indépendance (*f.*) / les cours / les études (*f.*) / les discussions / les professeurs / les activités intellectuelles / les activités sociales / les amis / les clubs (*m.*) / les distractions / le conformisme / l'excentricité (*f.*) / l'université ou le «college»[12] / l'université publique ou l'université privée / habiter dans une résidence universitaire / habiter un appartement / habiter à la maison° / parler avec des amis au Restau-U ou au café.

Mots à retenir

Verbes	acheter	donner	projeter
	adorer	écouter	quitter
	aimer	espérer	regarder
	aimer mieux	étudier	téléphoner (à)
	appeler	habiter	travailler
	danser	jeter	visiter (un lieu)
	détester	parler (à)	
	discuter	préférer	
Noms	l'an (*m.*)	la distraction	l'ordinateur (*m.*)
	l'année (*f.*)	le goût	la plupart (de)
	la détente	l'heure (*f.*)	
	le disque	la nuit	

---

[12]En France, *le collège* est une école secondaire.

°*habiter à la maison* = habiter chez les parents

Activités	le cinéma
	le film d'amour
	    (d'aventure,
	    d'épouvante,
	    de science-fiction)
		le football, le
		    «foot»
		le match (de boxe, etc.)
		la manifestation
		la musique
			le poste de télévision,
			    la «télé»
			le ski
			le sport
			la stéréo
			le voyage

Études	la chimie
	l'économie politique (*f.*)
	la Faculté des Lettres
	la Faculté des Sciences
	    sociales
	    (politiques,
	    humaines, naturelles),
	    la «Fac»
		la leçon
		la littérature
		les mathématiques;
		    les «maths» (*f. pl.*)
		la philosophie, la «philo»
		la physique
		le programme d'études
		la psychologie	

Adjectifs	ennuyeux (-euse) passionnant(e)	plusieurs seul(e)	
Adverbes	à la maison beaucoup	(pas) tellement puis	tout à fait tout le temps
Prépositions	avant chez (vous, nous, moi)	entre	pour

Expressions de communication	Bien sûr que non
	    (que oui)!
	Bon, d'accord!
	en fait
	Mais si! (Bien sûr
	    que si!)
	par exemple
	n'est-ce pas?
		pas toi? (pas vous?)
		pourquoi / parce que
		Quelle heure est-il?
		Il est (deux) heures.
		    et demi(e)
		    et quart
		    moins le quart
			du matin
			de l'après-midi
			du soir
			A quelle heure
			    est-ce que…?
			à midi
			à minuit

Copains, copines

1 mercredi sur 2   5F60
salut!

EXCLUSIF
MICHAEL
JACKSON
CHEZ LUI

NOAH EN PRIVE

salut! L'ALBUM DES STARS

← UN MINI JOURNAL BOWIE EN CONCERT

DAVID BOWIE

DEUX COPAINS
GOLDMAN ET
BLANCHARD

HERBERT ET JULIE
IL Y A DE L'AMOUR
DANS L'AIR

EN AVANT PREMIERE
L'AFFICHE
DU PROCHAIN FILM DE
BELMONDO

Salut! est une publication française pour les jeunes.° Les sujets préférés des articles de *Salut!* sont l'amitié, les copains° et les vedettes—les «idoles» des jeunes Français.

D'après l'image...

1. Quel est le nom du magazine?
2. Où est l'interview de Michael Jackson?
3. Qui sont Goldman et Blanchard?

Devinez...

Sur la couverture de *Salut!* on mentionne un champion de tennis français, un chanteur anglais, un chanteur américain, et un acteur français.

Qui est...? C'est un...

Votre avis sur... les stars.

Quelles sont les idoles de votre classe? Trouvez le chanteur/la chanteuse, le champion/la championne et l'acteur/l'actrice favoris des membres de votre classe.

Pourquoi les «idoles» sont-elles des idoles? Est-ce qu'il y a une forte identification entre les jeunes et les stars qu'ils aiment?

Entrée en scène

Une surprise-partie:°
les nombres
de 50 à 100

1. La voisine° est-elle indiscrète ou polie?
2. Les hôtes° sont-ils contents ou surpris?
3. Est-ce que le total des invités est soixante? soixante-dix?
4. Combien y a-t-il d'invités?

50	cinquante		60	soixante
51	cinquante et un		61	soixante et un
52	cinquante-deux		62	soixante-deux
53	cinquante-trois, etc.		63	soixante-trois, etc.

°*les jeunes* = les jeunes personnes, les jeunes gens
les copains (*fam.*) = les amis
une surprise-partie = une soirée d'étudiants
la voisine (*le voisin*) = la personne qui habite à côté
les hôtes = les personnes qui invitent

70	soixante-dix	90	quatre-vingt-dix
71	soixante et onze	91	quatre-vingt-onze
72	soixante-douze	92	quatre-vingt-douze
73	soixante-treize, etc.	93	quatre-vingt-treize, etc.
80	quatre-vingts	100	cent
81	quatre-vingt-un		
82	quatre-vingt-deux		
83	quatre-vingt-trois, etc.		

Faites attention à la différence entre les nombres suivants:

61	soixante **et** un	→	*mais:*	81	quatre-vingt-un
71	soixante **et** onze	→	*mais:*	91	quatre-vingt-onze
80	quatre-vingts	→	*mais:*	81	quatre-vingt-un
				82	quatre-vingt-deux, etc.

Prononcez bien!

Notez que le **t** de **vingt** n'est pas prononcé dans la série 80.

81	quatre-vingt-un	[ka-tr(ə)-vẽ-ẽ]
88	quatre-vingt-huit	[ka-tr(ə)-vẽ-ɥit]
91	quatre-vingt-onze	[ka-tr(ə)-vẽ-ɔ̃z]

N'oubliez pas que le **t** est prononcé dans la série 20.

28	vingt-huit	[vẽ-tɥit]

A. Allô…? Téléphonez à des amis, selon le modèle.

MODÈLE: 61.71.80 (Jean) →
          Allô, c'est bien le 61.71.80? Est-ce que Jean est là?[1]

1. 54.72.98 (Pierre)	7. 75.89.67 (Madeleine)
2. 85.81.63 (Marie)	8. 90.71.76 (Henri)
3. 77.94.59 (Claudette)	9. 79.97.95 (Jacques)
4. 83.70.68 (Philippe)	10. 84.74.88 (Jean-Louis)
5. 73.87.91 (Claudine)	11. 93.55.86 (Éliane)
6. 82.78.92 (Jeannine)	12. 61.80.96 (Paul)

B. Le troisième âge.[2] Quel âge a votre grand-oncle? Quel âge a votre grand-tante? Énoncez les âges des personnes suivantes selon le modèle.

MODÈLE: Oncle Albert / 63 → A: Quel âge a-t-il?
                                B: Il a soixante-trois ans.

---

[1]Les numéros de téléphone français ont souvent six chiffres, en groupes de deux; Paris est une exception: 375.41.68.

[2]*Le troisième âge* désigne les personnes âgées.

1. Tante Gertrude / 75
2. Oncle Guillaume / 81
3. Tante Mathilde / 70
4. Oncle Maurice / 61
5. Oncle Alphonse / 84
6. Tante Brigitte / 92
7. Tante Émilie / 90
8. Oncle Gabriel / 86

C. Problèmes. Aidez votre petite cousine de huit ans. Donnez la solution correcte.

+	et	×	fois
−	moins	=	font

1. $37 + 42 = ?$
2. $55 + 30 = ?$
3. $56 + 31 = ?$
4. $71 - 3 = ?$
5. $99 - 28 = ?$
6. $96 - 3 = ?$
7. $9 \times 9 = ?$
8. $8 \times 9 = ?$
9. $13 \times 7 = ?$

**Copines dévouées:°
les nombres
de 100 à 9 999**

Comptez avec Sylvie (et avec votre professeur).

...501, 502, 503, _____, _____, _____, _____, _____.

...1 225, 1 226, _____, _____, _____, _____, _____.

Voici les nombres de 100 à 999:

100	cent	200	deux cents	300	trois cents
101	cent un	201	deux cent un	301	trois cent un

Cent est exprimé *sans article*: 120   **cent vingt**

ATTENTION: 300   trois cents   *mais:*   310   trois cent dix

Devant un autre nombre, il n'y a pas de **s.**

Voici les nombres de 1 000 à 9 999:

1 000	**mille**	1 003	**mille trois**	7 003	**sept mille trois**[3]

Mille est exprimé sans article: 1 500 **mille cinq cents. Mille** est invariable:
3 000 **trois mille.**

---

[3]Notez l'emploi d'un blanc dans les nombres français: deux mille deux cent cinquante **2 250.** L'emploi d'un point («.») est aussi possible (2.250). La *virgule* («,») est utilisée dans les nombres décimaux: trois *virgule* vingt-cinq **3,25.**

°*dévoué(e)s* = sincères

A. Calculs. Le trésorier/La trésorière calcule le revenu annuel de votre club ou société.

MODÈLE: 100 + 50 = cent cinquante francs

1. 500 + 50 + 10 = ?
2. 500 + 100 + 100 + 50 = ?
3. 100 + 100 + 50 + 50 + 10 = ?
4. 500 + 500 + 50 + 10 + 10 = ?
5. 500 + 500 + 10 = ?
6. 500 + 500 + 100 + 100 + 50 = ?

B. Des prix extravagants. Marianne et Chantal ont besoin d'une voiture pour deux semaines. Elles sont à l'agence Hertz à Paris. Énoncez avec elles les prix qu'elles trouvent.

MODÈLES: une Chevrolet 2 000 F → deux mille francs
une MG 725 F → sept cent vingt-cinq francs

1. une Fiat: 3 000 F
2. une Toyota: 4 265 F
3. une Ford: 7 546 F
4. une Volkswagen: 1 690 F
5. une Citroën: 6 207 F
6. une Renault: 1 110 F
7. une Cadillac: 9 999 F
8. une Deux Chevaux: 785 F
9. une Simca: 2 375 F

**Un peu°
d'histoire:
l'année
en français**

JEAN-LUC: Le couronnement de Charlemagne?
MARIE-JOSÉE: 800! (*huit cents*)
JEAN-LUC: La guerre° de 100 ans?
MARIE-JOSÉE: 1337 à 1453! (*treize cent trente-sept à quatorze cent cinquante-trois*)
JEAN-LUC: Jeanne d'Arc à Orléans?
MARIE-JOSÉE: 1429!
JEAN-LUC: La Révolution française?
MARIE-JOSÉE: 1789!
JEAN-LUC: Le débarquement des Alliés?
MARIE-JOSÉE: 1944!
JEAN-LUC: L'année de ma naissance? et mon anniversaire°?
MARIE-JOSÉE: 1967! le 3 mai!

1. Posez les questions de Jean-Luc à un(e) camarade. (Quelle est la date de/du/de la...?)
2. Quelle est l'année de votre naissance? l'année de naissance d'un(e) ami(e)?

°*un peu* = pas beaucoup
la guerre = le combat entre nations
mon anniversaire = le jour de ma naissance

3. Bon anniversaire! Quelle est la date de votre anniversaire? de l'anniversaire d'un(e) ami(e)?

Faites attention aux deux possibilités pour exprimer l'année:

> 1985: **dix-neuf cent quatre-vingt-cinq** *ou*
> **mille neuf cent quatre-vingt-cinq**
>
> 1603: **seize cent trois** *ou* **mille six cent trois**

Voici la date complète. Notez la place du jour et du mois:

> 2.12.1985 *ou* 2.12.85   le 2 décembre 1985

Dans une phrase complète, utilisez **en** devant l'année.

> La Révolution française? C'est **en** 1789.
> Le débarquement des Alliés? C'est **en** 1944.

A. **L'histoire américaine.** Prononcez les dates suivantes avec votre professeur. Ensuite, mettez l'année avec l'événement qui correspond.

MODÈLE: 1620 → seize cent vingt (L'arrivée des Pèlerins à Plymouth)

1. 1492   La guerre hispano-américaine
2. 1776   Le début de la guerre civile américaine
3. 1898   La fin de la deuxième guerre mondiale
4. 1861   La découverte du Nouveau Monde
5. 1918   La Révolution américaine
6. 1945   L'Armistice (fin de la première guerre mondiale)

B. **L'histoire contemporaine.** Prononcez les dates suivantes avec le jour, le mois et l'année. Mettez la date avec l'événement qui correspond. (Vérifiez vos réponses en bas de la page.)

MODÈLE: 28.6.19 →

> le vingt-huit juin dix-neuf cent dix-neuf (le Traité de Versailles)[4]

1. 7.12.41   a. La Révolution hongroise
2. 28.6.14   b. Le tremblement de terre à San Francisco
3. 6.6.44   c. L'éruption du Mont Sainte-Hélène (état de Washington)
4. 22.11.63   d. Le lancement de la bombe atomique sur le Japon
5. 6.8.45   e. L'attaque de Pearl Harbor
6. 18.4.06   f. L'assassinat de J. F. Kennedy
7. 18.5.80   g. Le débarquement des Alliés en France
8. 23.10.56   h. Le début de la première guerre mondiale (assassinat de l'archiduc François-Ferdinand)
9. ?   i. Aujourd'hui

---

[4]*Le Traité de Versailles* marque la fin de la première guerre mondiale.

Réponses à l'Exercice B: 1e, 2h, 3g, 4f, 5d, 6b, 7c, 8a

C. **Des jours importants.** Posez les questions suivantes à plusieurs camarades. Ils/Elles donnent la réponse correcte ou devinent° la réponse.

1. Quelle est ta date de naissance? Devine ma date de naissance.
2. Quelle est la date de naissance du Président?   3. Devine la date de naissance d'un(e) autre étudiant(e).   4. Quelle est la date de la Constitution des États-Unis?   5. Quelle est la date de la fondation de la Première République française?[5] de la Cinquième République française?[6]

Maintenant, inventez d'autres questions sur le même modèle.

*J*eu de structures

8. Les prépositions **à** et **de**; **à** et **de** + *l'article défini*

Une vie de rêve

Pierre et Francine, étudiants à l'Université de Nice, parlent *de* deux camarades.

PIERRE: Monique et Louis, habitent-ils *à la* Cité universitaire?
FRANCINE: Ah non! Ils habitent dans une maison particulière.
PIERRE: Mangent-ils *au* restaurant universitaire?
FRANCINE: Ah non, ils mangent presque° toujours à l'«Ane rouge».
PIERRE: Jouent-ils *au* volley-ball dans la salle *de* sport?
FRANCINE: Non, ils jouent plutôt *au* golf.
PIERRE: L'après-midi, *à la* cafétéria, jouent-ils *aux* cartes avec toi?
FRANCINE: Non, ils préfèrent jouer *à la* roulette à Monte Carlo...
PIERRE: Comme nous, parlent-ils *des* cours *de* philo, *de* l'examen d'anglais, *du* prof *de* littérature française et *de la* vie *à* l'université?
FRANCINE: Non, Monique et Louis parlent *de* soirées élégantes et *de* yachts![7]

---

[5] 1792
[6] 1958
[7] Prononcez [jɔt].

°*devinent* = donnent une réponse approximative
presque = pas tout à fait

Pour préciser

Monique et Louis habitent dans une maison particulière... (*Répondez aux questions de votre professeur.*)

Et vous? Habitez-vous à l'université? au dortoir°? dans une autre résidence?

Mangez-vous au restaurant universitaire? au café? à la cafétéria?

Jouez-vous au volley-ball? au foot?

A la résidence, jouez-vous aux cartes? aux Donjons et dragons?

Avec vos camarades, parlez-vous du cours de français? de l'examen final? de la vie d'étudiant? des difficultés de grammaire? du professeur?

Pour apprécier

1. Est-ce que la vie de Monique et de Louis est idéale? Pourquoi?
2. Êtes-vous content(e) de votre vie? Pourquoi? Pourquoi pas?
3. Quels sont vos sujets de discussion favoris? (*On parle de...; Nous parlons de...*)

A. L'emploi des prépositions *à* et *de*

1. La préposition **à** est utilisée

   - dans des expressions de *lieu* ou de *destination:*

     Pierre est-il **à** la Cité?
     Elle arrive **à** Paris.

   - devant l'*objet indirect* d'un verbe:

     Pierre téléphone **à** un ami.

	OBJET DIRECT	OBJET INDIRECT
Donnes-tu	le livre	**à** Jacques?
Vous demandez	le numéro	**à** Chantal?

La préposition **à** est nécessaire entre le verbe et l'*objet indirect* (un nom, en général). Notez en particulier les verbes **parler à, téléphoner à, donner à** et **demander à** + *une personne.*

2. La préposition **de** est utilisée

   - dans les expressions d'*origine:*

     Paule est-elle **de** Lyon? —Non, elle est originaire **de** Paris.

°*dortoir* = résidence étudiante dans le style américain

- pour exprimer la *possession:*

  Est-ce le bureau **de** Mme Fournier?

- avec le verbe **parler** + *sujet:*

  Nous parlons **de** l'histoire anglaise.

- dans des prépositions (**à côté de, près de** ≠ **loin de,** etc.):

  J'habite loin **de** l'aéroport.

- devant un nom utilisé comme *adjectif:*

  le professeur **d'**histoire
  la vie **d'**étudiant

B.   Les contractions: *à* et *de* + *l'article défini*[8]

à + le = **au**   *mais:* **à la, à l'**
à + les = **aux**

de + le = **du**   *mais:* **de la, de l'**
de + les = **des**

Roland arrive **au** café.
Roland arrive **à la** classe.
Roland arrive **aux** courts de tennis.
Roland arrive **à l'**université.

Roland arrive **du** cinéma.
Roland arrive **des** courts de tennis.
Roland arrive **de la** classe.
Roland arrive **de l'**université.

Prononcez bien!

Faites attention à la prononciation des contractions.

	DEVANT UNE CONSONNE		DEVANT UNE VOYELLE OU UN **h** MUET
au cinéma	[o-si-ne-ma]	aux amis	[o-za-mi]
aux courts	[o-cur]	aux hommes	[o-zɔm]
des professeurs	[de-prɔ-fɛs-sœr]	des amis	[de-za-mi]

Notez bien la *liaison* devant une voyelle ou un **h** muet.

---

[8]L'emploi de **de** dans l'*article partitif* est traité dans le Chapitre 8.

C. Jouer à; jouer de

Jouer à + un *sport*, un *jeu*   **Jouer de** + un *instrument de musique*

Martine **joue au** tennis.   Philippe **joue du** piano.   Roger **joue aux** cartes.   Lise **joue de la** guitare.

A la lettre

A. Substitution. Répondez avec les mots entre parenthèses.

1. Mireille parle-t-elle à Mme Laroche? Non, elle parle *à l'amie de Guy.* (touristes italiens, Marianne, professeur de chimie, garçon de café)
2. Vous parlez de votre voyage? Oui, nous parlons *du Café de Flore à Paris.* (cours de français, match de football, musique de Ravel, sports américains, Français, Dominique, travail des étudiants)
3. La jeune fille arrive-t-elle de Nanterre? Non, elle arrive *de Neuilly.* (bibliothèque, cours d'anglais, librairie, Marseille, restaurant universitaire, salle de sport)
4. Madeleine joue-t-elle au Monopoly? Non, elle joue *au volley-ball.* (basket-ball, cartes, tennis, football)
5. Jouez-vous du violon? Non, mais je joue *de la guitare.* (le piano, la clarinette, l'accordéon, la flûte)

B. Où est-ce? Formez huit phrases selon le modèle. Choisissez un nom dans chaque colonne, et utilisez une des prépositions suivantes: **à côté de, près de** ou **loin de.** Faites attention à **de** + *l'article défini.*

MODÈLE: librairie / hôpital → La librairie est à côté de l'hôpital.

A	B
salle de sport	courts de tennis
cahier	téléphone
tables	porte
discothèque	cinéma
bibliothèque	salles de classe
jeune fille	garçon
voiture	restaurant
café	cité universitaire

C. A qui est-ce? Formez des phrases logiques avec l'article et la préposition correcte. Choisissez un élément dans la colonne A et un élément dans la colonne B. Suivez le modèle.

MODÈLE: voiture / Charles → C'est la voiture de Charles.

A	B
cahier	salle de classe
livre	étudiantes
restaurant	jeune homme
fenêtre	Shakespeare
porte	université
choix	professeur
appartement	cinéma
langue	Canadiens

A votre tour

A. Où sommes-nous? Donnez le lieu ou la ville logiques. Utilisez la préposition **à.**

MODÈLE: A: Nous visitons la statue de la Liberté.
B: Nous sommes **à** New York.

1. Nous parlons à des amis.   2. Nous jouons aux cartes.   3. Nous dînons.   4. Nous regardons un film de François Truffaut.   5. Nous cherchons[9] la Sorbonne.   6. Nous trouvons enfin l'homme idéal ou la femme idéale.   7. Nous visitons la Maison-Blanche.   8. Nous sommes en haut de° la Tour Eiffel.   9. Nous cherchons un livre.   10. Nous dansons.   11. Nous jouons au basket-ball.

B. Entretiens. Répondez aux questions d'un(e) camarade selon le modèle. Trouvez une réponse personnelle ou utilisez les mots entre parenthèses.

MODÈLE: jouer au tennis → A: Aimes-tu jouer au tennis?
B: Non, j'aime mieux jouer aux cartes.

1. jouer de l'accordéon (la guitare, le piano)
2. étudier à la maison (bibliothèque, cité universitaire)
3. parler du cours de français (professeurs, examen de français)
4. écouter une symphonie au concert (radio, télé, stéréo)
5. être au cinéma (match de football, café)
6. dîner au restaurant universitaire (restaurant, café, maison)

---

[9]Mon copain *cherche* un job; enfin, il *trouve* un poste d'ingénieur.
°*en *haut de* = au sommet de

9. L'adjectif interrogatif **quel**

Un début difficile

Quel cours préfères-tu?
Quelle matière préfères-tu?
Quels professeurs préfères-tu?
Quel sport préfères-tu?

Pour préciser

Imaginez que c'est le premier jour de classe. Répondez aux questions d'un étudiant inattentif/une étudiante inattentive.

Quelle heure est-il? Quel jour sommes-nous?
Quel est le numéro[10] de la salle de classe?
Quelle langue étudions-nous?
Quel est le nom du professeur?
Quel livre utilisons-nous?
Quels jours sommes-nous en cours?
Quels sont les étudiants du cours?

Pour apprécier

1. Avec des camarades de classe, jouez les rôles des étudiants du dialogue et répondez aux questions.
2. Maintenant, inventez d'autres questions avec **quel** à poser à vos camarades.

A. Les formes de *quel*

L'adjectif interrogatif **quel** (**quelle, quels, quelles**) précède le nom et s'accorde avec le nom.

Quel livre
Quelle vedette
Quels films
Quelles langues
} aimes-tu?

Prononcez bien!

Toutes les formes de **quel** sont prononcées de la même manière.

quel livre / **quelle** classe / **quels** films / **quelles** langues   [kɛl]

Quels/Quelles au pluriel devant une voyelle ou un **h** muet est prononcé avec *liaison*.

quels étudiants   [kɛl-ze-ty-djɑ̃]   quelles heures   [kɛl-zœr]

quelles étudiantes   [kɛl-ze-ty-djɑ̃t]   quels hommes   [kɛl-zɔm]

---

[10]On dit un *numéro* de téléphone, le *numéro* d'une maison—mais 647, par exemple, est un *nombre*.

B.   *Quel* avec *être*

Notez l'accord de **quel** avec le nom placé après le verbe **être**.

Quel	}		le livre	}	
Quelle	}	est	la salle	}	**que** tu préfères?
Quels	}		les films	}	**que** vous préférez?
Quelles	}	sont	les langues	}	

C.   *Quel* avec des prépositions

Si une préposition est nécessaire à l'expression verbale, elle précède **quel** dans une question.

A quelle copine pense-t-il?
De quel instrument joues-tu?
De quels voisins parlez-vous?
Dans quelle disco le guitariste joue-t-il?

A la lettre ─────────────────────────────────

A. Questions d'un étudiant. Formez des questions complètes avec la forme correcte de **quel.**

MODÈLE: quel / livres / chercher / tu → Quels livres cherches-tu?

1. quel / chapitre / préparer / tu
2. quel / questions / préférer / tu
3. quel / tragédie / étudier / tu
4. quel / examens / passer / tu
5. quel / librairies / visiter / tu
6. quel / amies / inviter / tu

B. Préférences. Posez des questions en utilisant les mots entre parenthèses. (Utilisez **tu** ou **vous.**) Vos camarades et le professeur répondent en donnant une préférence personnelle.

1. Quels *professeurs* aimes-tu? (matière, sport, livres, littérature, langues)
2. Quel est *l'hôtel* que vous aimez? (quartier, universités, amphithéâtre, librairie, appartements)

A votre tour ─────────────────────────────────

A. Lieux et activités favoris. Imaginez que vous êtes dans le lieu indiqué; posez une question avec le verbe donné. Faites attention à l'emploi de **à** ou **de.**

MODÈLES: au cinéma / regarder → Quel film regardes-tu?
          Paris / arriver de → De quelle ville arrives-tu?

   1. à l'université / préférer
   2. à la salle de sport / jouer à
   3. à la librairie / regarder
   4. au café / jouer à
   5. au Restau-U / parler à
   6. à la surprise-partie / inviter
   7. au concert / jouer de
   8. à l'amphithéâtre / parler de
   9. à la maison / étudier

B. **Mes copains s'amusent.** Après une discussion avec deux ou trois camarades, décrivez une soirée typique passée entre copains. Utilisez le vocabulaire du chapitre et des expressions tirées des listes données. (*Oral, écrit*)

1. Est-ce une soirée de jeux, une soirée musicale, une soirée de discussions?   2. Avec quels copains aimez-vous passer la soirée?   3. A quels jeux jouez-vous souvent?   4. De quel instrument de musique jouez-vous?   5. Quelle sorte de musique aimez-vous écouter?   6. De quels sujets aimez-vous parler?

Jeux et sports: les échecs / les jeux électroniques / le Scrabble / le Monopoly / le bridge / le poker / les Donjons et dragons / le billard / le ping-pong / le golf / le croquet...

Instruments: le violoncelle / la batterie° / la trompette / le trombone / le piccolo / l'orgue / la harpe / le clavecin...

• Étude de verbes: les groupes **manger,**° **commencer** et **payer**

Voici d'autres groupes de verbes avec des changements orthographiques. Au temps présent:

	manger	commencer	payer
je	mange	commence	**paie**
tu	manges	commences	**paies**
il/elle/on	mange	commence	**paie**
nous	**mangeons**	**commençons**	payons
vous	mangez	commencez	payez
ils/elles	mangent	commencent	**paient**

°*la batterie* = les instruments de percussion
manger = dîner, par exemple

Remarques:

1. Les changements **-g-** → **-ge-** et **-c-** → **-ç-** existent uniquement à la forme **nous** des verbes en **-ger** et en **-cer**. C'est pour conserver le son [ʒ] de la lettre **g** et le son [s] de la lettre **c**.

> Le soir, nous **mangeons**.
> Après le dîner, nous **commençons** à discuter.

Comme **manger: corriger, encourager, protéger, voyager**…
Comme **commencer: prononcer, remplacer**…

2. Remarquez que le changement **-y-** → **-i-** des verbes en **-yer** n'existe pas aux formes **nous** et **vous**.

> Combien **paies**-tu ton appartement?
> *mais:* Nous **payons** le chauffeur de taxi.

Comme **payer: essayer (de),**° **employer, envoyer**°

> Roger **essaie de** travailler chaque soir.
> Nous **employons** rarement le dictionnaire.
> Elles **envoient** des paquets par avion.

Exercices

A. Complétez les phrases avec la forme correcte d'un des verbes suivants: **manger, commencer, voyager, protéger, prononcer, encourager** ou **corriger**.

1. En général, nous _______ au mois d'août.
2. Le match de tennis _______ à huit heures.
3. Je (J') _______ mon copain à étudier l'anglais.
4. Avant le film, nous _______ rapidement un sandwich.
5. Nous _______ avec difficulté les noms de certaines villes canadiennes.
6. Le gouvernement _______ la liberté de tous les citoyens.
7. Nous _______ attentivement toutes les fautes d'orthographe.

B. Posez les questions suivantes à un(e) camarade. Utilisez **vous** dans les questions. Votre camarade utilise **on** ou **nous** pour expliquer les activités d'un groupe.

Toi et les autres étudiants, est-ce que vous…

1. commencez la journée par le cours de français, ou par un autre cours?
2. mangez avant, après—ou pendant°—le cours de français?
3. corrigez les fautes de prononciation au laboratoire, en classe ou à la maison?

°*essayer de* = chercher à, faire un effort pour
envoyer = transmettre, par exemple, par la poste
pendant = durant

4. prononcez les nouveaux mots avec le professeur, seuls ou en groupe?
5. encouragez tous les étudiants à parler beaucoup?
6. voyagez bientôt en Europe? en France? au Canada?

C. **Une journée occupée.** Complétez chaque phrase avec la forme correcte de **payer, essayer, employer** ou **envoyer.**

1. M. Bruneau _______ des invitations à des amis.
2. Nous _______ d'étudier.
3. Ta radio ne marche pas, tu _______ la stéréo de Michel.
4. Je (J') _______ de trouver mon amie, mais sans succès.
5. Michèle et Christiane _______ l'addition° au restaurant.
6. Vous _______ ces paquets à vos parents?
7. Pour communiquer avec mes amis, je (j') _______ toujours le téléphone.

10. Le verbe **avoir**; l'article indéfini après le verbe à la forme négative: **ne... pas de**

Camarades de chambre

Deux étudiants français, Jean-Pierre et Marie-Claude, étudient dans une université américaine. Jean-Pierre visite la résidence universitaire où habite Marie-Claude.

JEAN-PIERRE: Vous *avez* une chambre agréable.
MARIE-CLAUDE: Oui, tu *as* raison. La chambre est idéale.
JEAN-PIERRE: En fait, toute[11] la résidence *a* l'air tranquille.
MARIE-CLAUDE: Oui, c'est une chance. Nous *avons* besoin de calme pour étudier.
JEAN-PIERRE: Et tu *as* une camarade de chambre sympa°?
MARIE-CLAUDE: Oui, Karen est très sympa.
JEAN-PIERRE: *Avez*-vous des intérêts communs?
MARIE-CLAUDE: Ah oui, nous *avons* de la chance: nous aimons toutes les deux le tennis, le calme... et le désordre!

Pour préciser

Marie-Claude a une chambre agréable... Et vous? Avez-vous une chambre agréable?
—Oui, j'ai une chambre très agréable.
Jenny, posez la question à Claudette.
—Claudette, as-tu une chambre agréable?

---

[11]Faites attention aux formes de l'adjectif *tout: tout (tous)/toute (toutes)* et à l'expression *tous (toutes) les deux.*

°*l'addition* = le total (au restaurant)
sympa (fam.) = sympathique

—Non, j'ai une chambre d'étudiant typique!
Votre résidence a-t-elle l'air tranquille?
—Oui, elle a l'air tranquille, excepté le soir!
Moi, j'ai faim. J'ai envie de dîner en ville. Et les étudiants?
—Oui, bien sûr, mais ils ont besoin d'étudier…
En France, a-t-on généralement un camarade de chambre?
—Non, en général, on n'a pas de camarade de chambre.
Avons-nous des examens aujourd'hui?
—Non, nous n'avons pas d'examens. Vive le professeur!

Pour apprécier
1. Avez-vous une chambre agréable? Quel air a-t-elle? Quel air a votre résidence (votre appartement)?
2. Avez-vous besoin de calme pour étudier?
3. Avez-vous un(e) camarade de chambre? Comment est-il/elle? Avez-vous des intérêts communs? Qu'est-ce que vous aimez tous (toutes) les deux?

A.   Les formes du verbe *avoir*

La conjugaison du verbe **avoir** est irrégulière.

avoir (*temps présent*)	
j'ai	nous avons
tu as	vous avez
il/elle/on a	ils/elles ont

Quelle sorte de chambre **as-tu?** —**J'ai** une chambre agréable.
Ont-elles des camarades de chambre sympa?

B.   Expressions avec *avoir*

On utilise **avoir** dans de nombreuses expressions idiomatiques.

Il y a plusieurs invités devant la porte.

Isabelle a quatre ans.

Elle a chaud; il a froid.

Elles ont faim; ils ont soif.

Jean a sommeil.

Paul, tu as tort. Martine, tu as raison.

Claudette a besoin d'une lampe.

Claude a l'air content. Il a de la chance.

Avez-vous envie de danser?

Voici des expressions idiomatiques avec **avoir.** Remarquez l'absence ou l'emploi idiomatique de *l'article* dans chaque expression.

avoir (quatre) ans	avoir tort ≠ avoir raison
avoir chaud ≠ avoir froid	avoir besoin de (+ *nom* ou + *inf.*)
avoir faim	avoir envie de (+ *nom* ou + *inf.*)
avoir soif	avoir l'air (+ *adj.* ou + **de** + *inf.*)
avoir sommeil	avoir de la chance

Dis-moi, Michèle, de quoi as-tu vraiment besoin? —Eh bien, j'ai besoin d'amis, d'argent et de vacances, bien sûr.

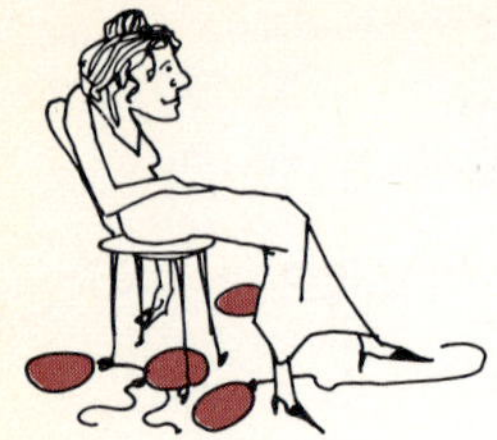

—Qu'est-ce que tu as?[12] Tu as l'air déprimé.°

—Ce que j'ai? Eh bien, j'ai faim, j'ai soif, j'ai froid, j'ai sommeil… Mais tu as tort. Je ne suis pas déprimée. J'ai quand même° de la chance: j'ai 21 ans aujourd'hui!

C. *Ne... pas de*: l'article indéfini après le verbe à la forme négative

1. Après le verbe à la forme négative, l'article indéfini **un, une** ou **des →
de.**

Il a une copine.

Il n'a pas de copine.

Ils ont un ballon.

Ils n'ont pas de ballon.

Il y a des invités à la maison.

Il n'y a pas d'invités à la maison.

Y a-t-il[13] **un** examen demain? —Non, il n'y a pas **d'**examen demain.

As-tu **une** guitare? —Non, je n'ai pas **de** guitare.

Achetez-vous **des** disques? —Non, nous n'achetons pas **de** disque(s).

ATTENTION: L'article indéfini ne change pas après le verbe **être** à la forme négative.

Est-ce **une** stéréo? —Non, ce n'est **pas une** stéréo.

Ce sont **des** jeux intéressants? —Non, ce ne sont **pas des** jeux intéressants; ils sont ennuyeux.

A la lettre

A. Vive la musique! Suivez le modèle.

MODÈLE: une stéréo? (Marie) → Marie a une stéréo.

---

[12]Est-ce qu'il y a un problème? Qu'est-ce qu'il y a?

[13]Notez encore l'expression *il y a* aux formes interrogative (*y a-t-il*) et négative (*il n'y a pas* [*de*]).

°*déprimé(e)* = découragé(e)

J'ai *quand même…* = Mais j'ai…

1. des disques? (Monique et Marc)   4. des cassettes? (je)
2. une guitare? (vous)   5. un piano? (nous)
3. une clarinette? (tu)   6. une flûte? (Isabelle)

B. C'est la vie… Répondez par des phrases complètes. Commencez chaque phrase par un pronom sujet.

MODÈLE: Qui a faim? Émilie? → Oui, elle a faim.

1. Qui a sommeil? Frère Jacques?
2. Qui a soif? Paul et Henri?
3. Qui a chaud? Toi?
4. Qui a froid? Nous?
5. Qui a l'air optimiste? Moi?
6. Qui a tort? Vous?
7. Qui a raison? Le professeur?
8. Qui a dix-sept ans? Patricia et Nicole?
9. Qui a de la chance? Les Irlandais°?

C. Orientation. Vous arrivez dans un nouveau quartier. Posez les questions à un(e) camarade selon le modèle.

MODÈLE: un hôtel → A: Y a-t-il un hôtel dans le quartier?
                    B: Non, il n'y a pas d'hôtel dans le quartier.

1. un restaurant chinois?   2. une ligne d'autobus?   3. des cinémas?
4. un café?   5. une discothèque?   6. un hôpital?   7. des courts de tennis?   8. des librairies?   9. une salle de sport?   10. un professeur de violon?

A votre tour

A. Désirs et réalités. Utilisez les expressions **avoir envie de** et **avoir besoin de.** Suivez le modèle.

MODÈLE: étudier / inviter des amis (je) →
        J'ai envie d'inviter des amis, mais j'ai besoin d'étudier.

1. danser / travailler (Pierrette)
2. chaussures / bottes en cuir (nous)
3. voyager / étudier (mes amis)
4. jouer au foot / rentrer à la maison (tu)
5. préparer le dîner / manger (vous)
6. organiser une soirée / demander la permission (Maryse et moi)
7. passer un examen / discuter au café (je)
8. un poste de télé en couleurs / livres de classe (les étudiants)

°*des Irlandais* = des personnes de nationalité irlandaise

B. **Cadeaux d'anniversaire.** Votre copain/copine est curieux (-euse). Posez les questions suivantes et répondez aux questions selon le modèle.

MODÈLE: A: Est-ce un disque de Georges Moustaki?
           B: Non, ce n'est pas un disque de Georges Moustaki. Je n'ai pas de disques de Moustaki. C'est un disque de Georges Brassens.

1. Est-ce que c'est un ballon de foot?   2. Est-ce que c'est un livre italien?   3. Ce sont des chemises françaises, n'est-ce pas?   4. C'est un dictionnaire d'anglais, n'est-ce pas?   5. Est-ce une voiture anglaise?   6. Est-ce une stéréo?

C. **Enquête.°** Posez les questions suivantes en groupes de trois ou quatre personnes.

1. Dans la salle de classe aujourd'hui, qui a l'air content? l'air calme? patient? dynamique? etc.
2. As-tu besoin (ou envie) d'un poste de télé? d'une stéréo? d'une guitare? d'un téléphone? d'argent? d'amis? de repos? de changer de chambre? de travailler tous les soirs?
3. Aujourd'hui, as-tu envie d'étudier? de danser? de skier? de regarder la télé? de jouer au volley? de jouer à un autre sport?
4. Quel âge as-tu (avez-vous)? Quel âge a le président de l'université? En général, quel âge ont tes amis?
5. As-tu des copains/copines intéressant(e)s? sportifs (-ives)? idéalistes? politisé(e)s? extraordinaires?
6. As-tu une chambre (appartement, maison, voiture de sport, yacht, château en Espagne, etc.)?
7. Quelles langues parles-tu? Quelles langues as-tu envie d'étudier?

Maintenant, inventez d'autres questions avec le verbe **avoir** et les expressions idiomatiques avec **avoir.**

Laurent et toi, avez-vous des intérêts communs? —Ah oui, nous avons de la chance: nous aimons tous les deux le cinéma, la lecture et le volley-ball!

____

°*enquête* = questionnaire oral

Animation

• Dialogue

Une interview avec un jeune acteur

Une journaliste parle avec Christian Vadim, une jeune vedette du cinéma français.

LA JOURNALISTE: Christian Vadim, à 20 ans, tourner un film en famille, c'est difficile?

VADIM: Pour moi, *le cinéma, c'est une histoire de famille.*[14]

LA JOURNALISTE: Dans «Surprise-Party», *ton rôle,* qu'est-ce que c'est?

VADIM: Je joue le rôle d'un adolescent.

LA JOURNALISTE: Et maintenant, quels sont tes projets?

VADIM: Mes projets? Tourner un autre film, peut-être°…

LA JOURNALISTE: *Qu'est-ce que tu aimes, comme distractions?*

VADIM: *Le cinéma, c'est une chose que j'adore, bien sûr. Et puis les motos,° la science-fiction et les boîtes.°

LA JOURNALISTE: Et les vacances?[15]

VADIM: *Les vraies vacances,* pour moi, c'est surtout° les États-Unis et principalement Los Angeles. Tout est fantastique à L.A.!

Comment répéter une idée: La segmentation

La segmentation, c'est la *répétition* d'un mot ou d'une idée sous deux formes différentes dans la même phrase. Par exemple:

Le cinéma est une histoire de famille. →
Le cinéma, c'est une histoire de famille.

Est-il difficile de tourner un film en famille? →
Tourner un film en famille, c'est difficile?

Quel est ton rôle? →
Ton rôle, qu'est-ce que c'est?

Quelles distractions aimes-tu? →
Qu'est-ce que tu aimes, **comme** distractions?

Dans la langue courante, on utilise très souvent la segmentation: elle permet d'insister sur un mot ou une idée importante.

Pour moi, le cinéma, c'est une passion.

---

[14]Christian Vadim est le fils (l'enfant) du cinéaste célèbre Roger Vadim.
[15]Au mois d'août, je ne travaille pas, je suis en *vacances!*

°*peut-être* = C'est une possibilité.
 les motos = les motocyclettes
 boîtes de nuit = discothèques, dancings
 surtout = spécialement

Réagissez! ——————————————————————————

A. Jouez la scène avec un(e) camarade.

B. Trouvez dans le dialogue la forme segmentée correspondant à chacune des phrases suivantes.

> —Est-ce que tourner un film en famille est difficile?
> —Pour moi, le cinéma est une histoire de famille.
> —Dans «Surprise-Party», quel est ton rôle?
> —Quelles distractions aimes-tu?
> —Le cinéma est une chose que j'adore.

C. Interviewez un(e) camarade. Basez votre interview sur les questions suivantes. Imitez les formes segmentées du dialogue dans vos questions et dans vos réponses.

> MODÈLE: Est-ce que le français est une langue facile? →
> A: Le français, c'est une langue facile?
> B: Pour moi, le français, c'est une langue plutôt difficile.

Questions de base: Est-ce que le restaurant universitaire est un lieu agréable pour toi? Est-ce que, pour toi, étudier est un plaisir? Quelle est ta matière préférée? Quelles distractions aimes-tu? Est-ce que le cinéma est une chose que tu aimes?

• Lecture

Qu'est-ce que c'est qu'un copain?[16]

En France, il n'y a généralement pas de clubs à l'université. La vie sociale est une affaire personnelle où les copains jouent un rôle très important.

Qu'est-ce que c'est qu'un copain ou une copine? Au moyen âge,[17] c'est une personne avec qui on partage[18] le pain,[19] à table. Aujourd'hui, c'est un ami avec qui on partage des intérêts et des goûts communs: les concerts de jazz, les études, les surprise-parties et les discothèques, les sorties° au cinéma et les longues conversations au café. Et puis les modes aussi, qui sont aujourd'hui souvent américaines, comme le jogging, la planche à voile, la musique électronique ou le style western ou punk!

Les jeunes Français, contrairement aux jeunes Américains, préfèrent les sorties en groupe—«en bande» de copains—aux sorties en couple. Chaque bande a des habitudes et des lieux de rendez-vous favoris. Aujourd'hui, l'individualisme et l'esprit critique—avec les conditions sociales et économiques plus généralisées—causent une insécurité psychologique

————————————

[16]*Qu'est-ce que c'est qu'un(e)…?* est une forme interrogative pour demander une définition précise.

[17]*Le moyen âge* est une période historique de 400 à 1450, approximativement.

[18]Je donne une portion de quiche à chaque personne; nous *partageons* la quiche.

[19]Une baguette est un type de *pain.*

°*sorties* = ici, soirées passées en ville, au cinéma, dans un restaurant…

Les jeunes Français préfèrent les sorties en groupe—«en bande» de copains—aux sorties en couple.

particulièrement importante chez les adolescents et les jeunes adultes. L'unité de la «bande» et l'amitié entre copains jouent donc un rôle critique: ce sont des sources d'équilibre et de confort moral.

Comprenez-vous?

Complétez les phrases suivantes selon le sens du texte.

1. En France, la vie sociale des jeunes est _______.
2. Au moyen âge, un copain, c'est une personne avec qui _______.
3. Les jeunes Français préfèrent les sorties _______.
4. L'individualisme, l'esprit critique et les problèmes sociaux plus généralisés causent _______ chez les adolescents.
5. L'amitié des copains est une source de _______.

Et vous?

Discutez des problèmes suivants en cours, ou écrivez quelques paragraphes en réponse aux questions.

1. Avez-vous un groupe d'amis—une bande de copains—dans le sens français du terme?
2. Qu'est-ce que vous partagez avec vos copains?
3. La vie sociale des jeunes Américains est-elle très différente de la vie sociale des jeunes Français? Pensez à la vie des jeunes dans votre école secondaire, dans votre université et dans votre communauté.

• Activités

A. **Dîner à Paris.** Quatre copains comparent les additions dans quatre restaurants parisiens. Ajoutez au total le service de quinze pour cent (15%), selon le modèle.

MODÈLE: Chez Gustave, l'addition est de cinquante francs (50 F), le service est de sept francs cinquante centimes (7,50 F) et le total est de cinquante-sept francs cinquante centimes (57,50 F).

	Jean-Louis	*Martine*	*Joffrey*	*Madeleine*
Restaurant	CHEZ GUSTAVE	AU COQ D'OR	CHEZ LA MÈRE RICHARD	L'AUBERGE D'AUVERGNE
Prix	50 F	60 F	70 F	80 F
Service	7,50 F	_______	_______	_______
Total	57,50 F	_______	_______	_______

B. **Portrait d'une classe.** Divisez la classe en groupes de trois ou quatre personnes. Posez les questions suivantes aux membres de votre groupe. Un(e) étudiant(e) note les détails essentiels sur une feuille de papier.

1. Quelle matière préfères-tu? (littérature, sciences, langues, musique, beaux-arts, sciences politiques, _______)
2. En quelle année es-tu? (première, deuxième, troisième, _______)
3. Quel(s) cours préfères-tu?
4. Aimes-tu le cours de français? (J'aime/Je n'aime pas le cours parce que…)
5. Étudies-tu une autre langue?
6. Parles-tu une autre langue à la maison? à l'université?
7. Où habites-tu?
8. Où aimes-tu passer le week-end?
9. Quelles sont les distractions que tu préfères?
10. Pratiques-tu un sport? A quels sports joues-tu?
11. Joues-tu d'un instrument de musique? De quel instrument joues-tu?
12. Aimes-tu les jeux de société? Joues-tu au bridge, par exemple? au Monopoly? aux échecs? aux Donjons et dragons?

Ensuite, présentez les réponses du groupe à la classe. Finalement, faites une comparaison d'après le modèle suivant.

MODÈLE: Dans la classe de français,
… il y a trois étudiants de première année, cinq étudiants de deuxième année, etc.
… il y a deux étudiants qui étudient aussi l'allemand.

C. **Qui est-ce?** Décrivez un(e) camarade de classe selon le modèle. Le reste de la classe trouve l'identité de la personne. (*Écrit ou oral*)

MODÈLE: Il aime la musique et le tennis, il étudie l'allemand et le français. Il n'aime pas danser, mais il joue du saxophone. Il est de Détroit; il habite une résidence universitaire. Il est très intelligent, sympathique et sportif. Comment s'appelle-t-il?

Mots à retenir

Verbes	arriver	deviner	essayer (de)	payer
	avoir	dîner	inviter	penser
	chercher	employer	jouer	protéger
	commencer	encourager	manger	trouver
	demander	envoyer	passer	voyager

Expressions avec *avoir*	avoir (20) ans	avoir envie de	avoir froid	avoir sommeil
	avoir besoin de	avoir de la chance	avoir l'air (de)	avoir tort
	avoir chaud	avoir faim	avoir soif	
			avoir raison	

Noms	l'addition (*f.*)	le centime	l'hôte/l'hôtesse	le piano
	l'amitié (*f.*)	la chambre	l'instrument de musique (*m.*)	le prix
	l'anniversaire (*m.*)	la chose	l'invité(e)	la soirée
	l'argent (*m.*)	le copain/ la copine	le jeu	la sortie
	l'arrivée (*f.*)	la discothèque	les jeunes (*m. pl.*)	la surprise-partie
	le cadeau	le franc	la naissance	le violon
	les cartes (*f. pl.*)	la guitare		le voisin/ la voisine

Adjectifs	déprimé(e)	indiscret (-ète)	poli(e)	tout (tous)/toute (toutes)
	favori(te)	particulier (-ière)	surpris(e)	

Adverbes	(un) peu	peut-être	presque	quand même

Prépositions	en *haut (de)	loin de	près de	

Expressions de communication	A qui est-ce?	Quelle sorte de…?	tous les deux/ toutes les deux
	C'est bien…?	Qu'est-ce que c'est que…?	
	Eh bien…		
	Quel âge as-tu (avez-vous, etc.)?	Qu'est-ce que tu as (vous avez)?	

Exercices de récapitulation

A. Un groupe international. Suivez les modèles en utilisant **Il est** ou **Elle est** + *l'adjectif de nationalité.*

MODÈLE: Mme Wou est de Shanghai. → Elle est chinoise.

1. M. Jones est de Washington.   2. Mme Garcia est de Madrid.
3. Mlle von Braun est de Bonn.   4. M. Chang est de Pékin.   5. Mme Fournier est de Paris.   6. M. Nabokov est de Moscou.   7. M. Holmes est de Londres.   8. Mme Imamura est de Tokyo.

B. Dans un aéroport suisse. Voici des fragments de conversation. Formez des phrases avec une des possibilités suivantes: **Il est, Elle est, Ils sont, Elles sont, C'est** ou **Ce sont.**

MODÈLES: …un étudiant → C'est un étudiant.
…américain → Il est américain.

1. …une Française
2. …des professeurs
3. …étudiante
4. …intéressantes
5. …chinois
6. …des touristes italiens
7. …espagnoles
8. …amis
9. …les skis de Sylvain
10. …Sylvain

C. Où sont les personnes et les objets suivants? Répondez aux questions de votre camarade. Utilisez **Il(s)** ou **Elle(s)** selon le modèle. (Mettez le nom d'un[e] autre camarade quand c'est nécessaire.)

MODÈLE: A: Où est le professeur?
B: Il est devant le tableau noir. (Il est derrière le bureau. Il est à côté de la porte.)

1. Où sont les étudiants maintenant?
2. Où est la voiture de _______?
3. Où sont les livres de français?
4. Où est le crayon de _______?
5. Où est la porte de la salle de classe?
6. Où est le bureau du professeur?
7. Où est la salle de sport?
8. Où est le cahier d'exercices de _______?
9. Où est la fenêtre?
10. Où est la chaise de _______?
11. Où sont les étudiants à midi?

Maintenant, inventez des questions à votre tour.

D. **Reconstitution.** Voici une interview avec Pierre-Henri, un étudiant français. Trouvez dans la colonne de droite° une (ou deux?) réponse(s) logique(s) à chaque question. ATTENTION: Une colonne est plus longue que l'autre!

QUESTIONS	RÉPONSES
_____Étudies-tu à l'Université de Toulouse?	a. J'adore le sport—à la télé!
_____Aimes-tu les études?	b. Oui, c'est ma deuxième année ici.
_____Quel âge as-tu?	c. Non, mais j'aime les films de science-fiction: *Les extraterrestres*, par exemple.
_____Étudies-tu une langue moderne?	d. Dix-neuf ans.
_____Cherches-tu aussi un job?	e. Oui, beaucoup. Vive la vie universitaire!
_____Aimes-tu travailler?	f. J'étudie l'allemand.
_____Aimes-tu les films d'amour? les films policiers?	g. Bof°! Oui et non… j'aime mieux vagabonder—j'aime l'évasion, par exemple, les voyages, le cinéma…
_____Y a-t-il des courts de tennis à côté de l'université?	h. J'ai envie de parler avec ma copine Ariane.
_____De quoi as-tu envie maintenant?	i. Non, je travaille déjà après les cours à la Librairie La Plume.
	j. Oui, et il y a aussi des cafés—le sport préféré des Français.

E. **Le/La camarade de chambre idéal(e).** Vous cherchez un(e) camarade de chambre. Interviewez une autre personne de la classe. Posez les questions suivantes. Inventez d'autres questions là où c'est possible. (*Oral, écrit*)

1. Demandez-lui s'il/si elle étudie beaucoup / travaille beaucoup / regarde beaucoup la télé / aime parler politique / parle beaucoup au téléphone…

°*droite* ≠ gauche
Bof! = ici, une expression d'indifférence, de scepticisme

2. Demandez-lui s'il/si elle invite souvent des amis / aime organiser des
   soirées / des surprise-parties / des excursions…
3. Demandez-lui s'il/si elle est patient(e) / aime l'ordre / aime les
   animaux / parle français / fume[1] / joue au foot (au tennis, aux cartes)
   / joue de la guitare…
4. Demandez-lui quel âge il/elle a / à quelles heures il/elle a envie de
   manger, en général / à quelle heure il/elle a sommeil, en général…
5. Demandez s'il/si elle est généralement à l'heure / est souvent en
   retard / a parfois faim à minuit / est somnambule°…

A la suite de l'interview, écrivez une description (1 ou 2 paragraphes) de
la personne interviewée. Est-ce le/la camarade idéal(e) pour vous?
Pourquoi? Pourquoi pas?

Aperçu littéraire

Il y a un garçon très spécial ici. Il n'aime pas travailler, il n'écoute pas le
professeur. Les élèves du cours ridiculisent le cancre… et pourtant il
comprend certaines choses… Quelle est la vérité que le cancre révèle à la
classe? et au professeur?

Le cancre°   *garçon paresseux*

   JACQUES PRÉVERT (1900–1977)

Il dit non avec la tête°
mais il dit oui avec le cœur°
il dit oui à ce qu'il° aime   *à… aux choses qu'il*
il dit non au professeur
il est debout
on le° questionne   *i.e., le cancre*
et tous les problèmes sont posés
soudain le fou rire le prend°   *le fou… il a l'air tout joyeux*
et il efface° tout   Le prof *efface* le tableau noir à la fin de la leçon.

---

[1]On *fume* des cigarettes, des cigares ou une pipe.
°*est somnambule* = marche pendant le sommeil

les chiffres° et les mots   nombres
les dates et les noms
les phrases et les pièges°   difficultés secrètes
et malgré les° menaces du maître°   *malgré…* en dépit des / professeur (primaire)
sous les huées° des enfants prodiges°   cris de dérision / très intelligents
avec des craies° de toutes les couleurs   On écrit au tableau avec une *craie.*
sur le tableau noir du malheur°   désastre, catastrophe
il dessine le visage du bonheur°   bonne chance, joie

Comprenez-vous?

A. Mots nouveaux. Complétez chaque phrase avec un mot nouveau du poème.

Possibilités: le bonheur / le chiffre / le cœur / la craie / effacer / le maître / malgré / le malheur / le piège / la tête

1. Nous _______ le tableau noir au début de l'heure.
2. Le symbole de la Saint-Valentin, c'est un _______.
3. J'aime les maths… j'aime donc les _______.
4. Marc n'a pas de chance, il a beaucoup de _______.
5. J'ai de la chance; je suis content de mon _______.
6. C'est bizarre… Le problème de maths semble très facile, est-ce qu'il y a peut-être un _______?

B. Idées. Trouvez dans le poème les réponses aux questions suivantes.

1. Qu'est-ce que c'est qu'un cancre?   2. Où est-il?   3. Est-ce qu'il parle au professeur?   4. Est-ce qu'il aime la classe? les études? Travaille-t-il bien?   5. Qui questionne le cancre? Qui pose des problèmes?   6. Pourquoi le cancre est-il soudain content?   7. Est-ce que le maître aime le cancre? et les autres enfants?   8. A la fin de l'histoire, qu'est-ce qu'il y a au tableau noir?   9. Comment le cancre parle-t-il?

C. Réaction personnelle. Répondez personnellement aux questions posées par votre professeur.

1. Travaillez-vous toujours bien? Vos cours sont-ils parfois ennuyeux? faciles? difficiles? Expliquez.
2. Avez-vous quelquefois envie d'«effacer» votre travail? vos problèmes? le malheur? l'ennui?
3. En général, parlez-vous avec la tête ou avec le cœur?
4. Dans votre vie, où est-ce que vous trouvez le bonheur?

Chapitre 5

Le logement

Mon amie Mathilde étudie l'architecture.
Elle habite à Paris sur une péniche, sur la Seine.
Elle a une vue magnifique de Notre-Dame.

Et vous? Posez une question à un(e) camarade.

1. Qu'est-ce que tu étudies, toi? 2. Quels cours préfères-tu à la Fac?
3. Où habites-tu? 4. As-tu besoin de calme pour étudier? 5. Aimes-tu
le logement de Mathilde? Pourquoi? 6. Dans quel quartier Mathilde
habite-t-elle? 7. As-tu envie d'étudier à Paris?

Votre avis sur… le logement.

Quels sont les éléments essentiels dans le choix d'un logement? Organisez
les éléments suivants dans l'ordre que vous préférez. Donnez des détails si
possible.

> un prix modéré, une terrasse, l'accès à une cuisine, le quartier, les
> voisins, la vue, l'espace, une entrée privée, la possibilité d'avoir un
> chat ou un chien, un poste de télé, un(e) propriétaire discret (-ète)
> et sympathique

Entrée en scène

**Chambres
d'étudiants**

La chambre de Marie-France est
très en ordre.

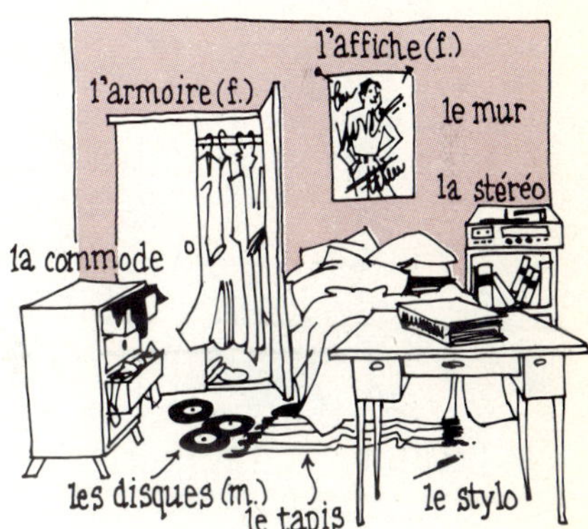

La chambre d'Antoinette est très
en désordre.

A. Des meubles et d'autres affaires. Décrivez les deux chambres. Qu'est-ce
   qu'il y a…?

   1. sur le bureau de Marie-France?
   2. sur le lit de Marie-France? d'Antoinette?

3. sur l'étagère de Marie-France? d'Antoinette?
4. au mur de Marie-France? d'Antoinette?
5. sur la table d'Antoinette?
6. sur le plancher d'Antoinette? par terre dans la chambre de Marie-France?
7. à la fenêtre de Marie-France?

B. **Associations.** Quels objets sur les dessins associez-vous avec les personnes et les choses suivantes?

1. Jacques Brel et Édith Piaf   2. Paris-Match   3. la fenêtre
4. Webster et Larousse   5. la violette et la marguerite   6. les murs
7. Degas et Renoir

C. **La chambre et la personnalité.** Une chambre révèle la personnalité de l'occupant. Décrivez votre chambre en utilisant le modèle suivant comme guide. (*Écrit ou oral*)

MODÈLE: J'ai une chambre tranquille et confortable. Dans la chambre, il y a deux fenêtres avec des rideaux bleus, une commode, deux chaises… Aux murs, il y a… Par terre, il y a…, et parfois…

Adjectifs: typique / simple / en ordre / en désordre / confortable / tranquille / agréable / original(e) / intéressant(e) / sympathique / bizarre / minable° / fantastique…

Tous les jours   A. Qu'est-ce qu'il fait? Qu'est-ce qu'elle fait? Regardez les dessins et indiquez le nom de la personne.

1. _______ promène le chien.
2. _______ achète des timbres au Bureau de poste.
3. _______ rencontre Mlle Gervais.
4. _______ achète des provisions.

—————

°*minable* = misérable

5. _______ passe l'aspirateur.
6. _______ lave la vaisselle.
7. _______ étudie une leçon.
8. _______ prépare le dîner.
9. _______ quitte la ville aujourd'hui.

Maintenant, répondez aux questions suivantes: Que fait M. Delatour? Que fait Marguerite? et Éric? et Geneviève? et Mme Delorge? et Mlle Gervais? et M. Duval? et Marie-Rose? et Robert?

B. Routines. Qu'est-ce que vous aimez faire? Qu'est-ce que vous êtes obligé(e) de faire? Discutez avec vos amis en complétant les phrases suivantes.

1. J'aime…
2. Je n'aime pas…
3. J'ai envie de…
4. Je n'ai pas envie de…
5. J'ai besoin de… (Je suis obligé[e] de…)
6. Je n'ai pas besoin de… (Je ne suis pas obligé[e] de…)
7. Je préfère… (J'aime mieux…)

Possibilités

Le travail: travailler / ranger l'appartement / passer l'aspirateur / acheter des provisions / préparer le dîner / laver la vaisselle / étudier / acheter des timbres / acheter d'autres choses…

Les distractions: promener mon chien / jouer au Frisbee / jouer aux cartes / jouer aux jeux électroniques / regarder un film à la télé / écouter des disques / partir pour le (en) week-end / rencontrer des amis…

Une jeune Française dans sa chambre. Qu'est-ce qu'il y a dans la chambre? Qu'est-ce qu'il y a aux murs? Qui sont les vedettes préférées de l'étudiante?

*J*eu de structures

11. Les adjectifs possessifs: **mon, ma, mes...**

Installation

Aujourd'hui, Jean-Charles fête son installation dans un nouveau logement. Cécile passe chez Jean-Charles. Elle examine sa chambre— mais sans beaucoup de tact...

JEAN-CHARLES: Bon! Voilà *mes* disques, *mon* affiche, *ma* guitare...
CÉCILE: Mais enfin, Jean-Charles... regarde un peu *tes* autres affaires! Quel désordre!
JEAN-CHARLES: Écoute, c'est *ma* chambre, n'est-ce pas? Pour moi, l'essentiel est en ordre.
CÉCILE: Et qu'est-ce que *tes* amis pensent de tout ça? *Ton* ami Richard, par exemple, *sa* chambre est toujours plus ou moins rangée.
JEAN-CHARLES: Ça m'est égal,° tu sais. *Mes* amis... enfin... ce n'est pas *leur* affaire!
CÉCILE: Ah bon...?

Pour préciser

Les affaires de Jean-Charles sont en désordre... Et vos affaires?
—Mes affaires sont généralement en ordre.
Est-ce que notre classe est en ordre?
—Oui, elle est en ordre; nos affaires sont bien rangées.
Mes affaires sont sur le bureau. Où sont les affaires de Stéphanie?
—Son sac est par terre; ses livres sont aussi sous sa chaise.
Et le livre (la chaise) de Jacques, où est-il (elle)?
—Son livre est sur la table. (Sa chaise est près de la porte.)
Jacques, demandez à Carine où habitent ses parents.
—Carine, où habitent tes parents?
—Mes parents sont à Paris; mais leur appartement est à New York.
Mathilde, à votre avis, les opinions de vos professeurs sont-elles valables?
—Oui, leurs opinions sont toujours valables!

Pour apprécier

1. Êtes-vous comme Cécile ou comme Jean-Charles? Aimez-vous l'ordre ou le désordre? En général, où rangez-vous vos livres, vos disques, vos vêtements, votre instrument de musique, votre collection de _________?
2. Les opinions de vos amis (de votre propriétaire, de vos voisins) sont-elles importantes? Êtes-vous d'accord avec Jean-Charles?

°*Ça m'est égal.* = Pour moi, ça n'a pas d'importance.

A.   Les formes de l'adjectif possessif

PRONOM SUJET	Singulier MASCULIN	Singulier FÉMININ	Pluriel MASCULIN OU FÉMININ
je	**mon**	**ma**	**mes**
tu	**ton**	**ta**	**tes**
il/elle/on	**son**	**sa**	**ses**
nous	**notre**	**notre**	**nos**
vous	**votre**	**votre**	**vos**
ils/elles	**leur**	**leur**	**leurs**

(masculin: bureau) (féminin: chaise) (pluriel: bureaux *(ou)* chaises)

ATTENTION: Les adjectifs possessifs singuliers **ma, ta** et **sa** → **mon, ton** et **son** devant un nom ou un adjectif féminin qui commence par une voyelle ou un **h** muet.

ma → **mon** idée favorite   ta → **ton** autre amie

sa → **son** armoire ancienne   sa → **son** histoire amusante

Prononcez bien!

N'oubliez pas la *liaison* de l'article ou de l'adjectif devant une voyelle ou un **h** muet.

mon / livre	[mɔ̃-livr]	mon histoire	[mɔ̃-nis-twar]
un / disque	[ɛ̃-disk]	un enfant	[ɛ̃-nɑ̃-fɑ̃]
son / bureau	[sɔ̃-by-ro]	son ami	[sɔ̃-na-mi]
vos / cahiers	[vo-ka-je]	vos idées	[vo-zi-de]

B.   L'emploi de l'adjectif possessif

Comme les adjectifs descriptifs, l'adjectif possessif s'accorde en genre et en nombre avec le nom qualifié.

Ton amie Monique aime-t-elle **sa chambre**? —Oui, elle aime **sa chambre** et **son quartier**.

Sur la photo, est-ce que c'est l'appartement des Dupont?[1] —Non, c'est **leur maison** à Neuilly.

Vous déménagez°? —Non, nous habitons toujours chez **nos parents**, mais nous gardons **notre indépendance**.

---

[1]En général, le nom propre au pluriel reste invariable: *les Dupont* = le couple, la famille Dupont.

°*déménager* = quitter sa maison pour une autre

Il aime sa maison!

ATTENTION: L'adjectif possessif n'indique pas si le possesseur est masculin ou féminin. Sa forme dépend du nom qualifié.

son appartement = l'appartement de Sophie *ou* de David
ses fleurs = les fleurs de Sophie *ou* de David
leurs fleurs = les fleurs de Sophie *et* de David

Il
Elle } aime sa maison.

Il
Elle } aime son logement.

Il
Elle } aime ses amis.

Ils
Elles } aiment { leurs disques.
leur stéréo.

En cas d'ambiguïté (**Ils** aiment **leurs** disques), le contexte désigne souvent le possesseur.

Mes amis apprécient la musique des Beatles.

Ils aiment **leurs** premières chansons.

A la lettre

A. Pluriels. Mettez rapidement les expressions suivantes au pluriel.

MODÈLE: ma revue → mes revues

1. mon affiche
2. ta réponse
3. notre opinion
4. leur tableau
5. mon disque
6. son idée
7. notre stylo
8. leur habitude
9. ton livre
10. sa commode
11. votre ami
12. mon affaire
13. ton étagère
14. son calendrier
15. votre voisine
16. notre appartement

B. Substitutions. Substituez les mots entre parenthèses et faites les changements nécessaires.

1. Je parle de mon *voisin.* (meubles, affaires, amie, maison)
2. Vincent apporte sa *revue.* (affiches, tableau, disques, guitare)
3. Claire parle avec votre *ami.* (parents, oncle, copines, propriétaire)
4. Les étudiants rangent leurs *meubles.* (bureau, disques, vêtements, affaires)

C. Déménagement. Jacques change de maison. Parce qu'il est généreux, il offre ses affaires à ses amis selon leurs préférences. Avec un(e) camarade de classe, jouez les rôles de Jacques et de son ami(e) selon le modèle.

MODÈLE: poste de télé / chaises →
         Jacques: Préfères-tu mon poste de télé ou mes chaises?
      Son ami(e): Je préfère tes chaises.

1. bureau / lampe
2. livres / étagère
3. miroir / affiches
4. piano / commode
5. table / lit
6. dictionnaire / revues
7. ?

D. Quel désordre! Deux camarades trouvent dans leur studio beaucoup
   d'objets qui sont à leurs amis. Jouez les rôles selon le modèle.

MODÈLE: A: Est-ce le stylo d'Annette?
       B: Oui, c'est son stylo.

1. Est-ce la revue de Gilbert?   2. Est-ce la guitare des copains de
Gilbert?   3. Est-ce l'affiche de Charlotte?   4. Est-ce que ce sont les
affaires de Roger?   5. Est-ce la cassette de tes amis?   6. Est-ce que ce
sont les vêtements de Thomas?   7. Est-ce le livre de Marie-France?
8. Caroline, est-ce que c'est ta flûte?   9. Est-ce que ce sont les devoirs
d'Annick et de Camille?

A votre tour

A. L'importance des objets matériels. Nous aimons tous certains meubles ou
   objets familiers. Qu'est-ce que vous avez dans votre chambre (ou dans
   votre appartement) que vous aimez particulièrement? Donnez, si
   possible, les raisons de votre attachement aux objets mentionnés. (*Écrit
   ou oral*)

MODÈLE: J'aime beaucoup ma guitare parce que je joue de la guitare avec
      mes amis. J'aime aussi mon lit parce que c'est un lit de la
      maison de mes grands-parents. J'aime…

B. Reportage. Formez des groupes de trois ou quatre étudiants et posez la
   question de l'Exercice A à vos camarades. Ensuite, rapportez les résultats
   à la classe. Parlez de certains étudiants ou faites des généralisations sur
   les étudiants.

MODÈLE: Jacques aime beaucoup ses instruments de musique et ses livres.
      Maud a un stylo favori: c'est un cadeau de son ami. Les
      étudiants aiment leurs disques et leur stéréo, etc.

12. Les adjectifs qui précèdent le nom

Deux voisines

Antoinette, une *jeune* étudiante parisienne, parle avec sa voisine, Mme Michel, une dame d'un *certain* âge,[2] qui habite seule. Mme Michel a l'air triste.

ANTOINETTE: A mon avis, Mme Michel, c'est une *mauvaise* idée. Un si *bel* appartement, pourquoi changer?

MME MICHEL: Parce que je n'ai pas le choix. Le *nouveau* propriétaire...

ANTOINETTE: Ah, il y a un *nouveau* propriétaire?

MME MICHEL: Oui, il dit qu'il n'y a pas de place pour Igor, mon *pauvre* chien, sans parler de mes trois chats. C'est une *vieille* histoire...

ANTOINETTE: Mais alors, ce n'est pas la *première* fois que vous déménagez?

MME MICHEL: Eh non, malheureusement.° C'est le *grand* dilemme de ma vie... trouver un logement convenable pour ma *petite* famille.

Pour préciser   Moi, j'ai un nouvel appartement... Suzanne, avez-vous une nouvelle chambre à la résidence?
—Non, j'ai ma vieille chambre de l'année passée.
Comment est votre chambre?
—C'est une petite chambre, mais elle est jolie.
Mme Michel a plusieurs animaux... Avoir un chien ou un chat, est-ce que c'est une bonne idée?
—A la résidence universitaire, c'est une mauvaise idée!
Votre famille a-t-elle des animaux?
—Oui, nous avons un vieux chien et deux gros chats.
Et vos voisins? Ont-ils un chien? Est-ce un petit chien ou un gros chien?
—Ils ont deux gros chiens... et une belle maison avec un beau jardin.

Pour apprécier   1. Trouvez une solution au problème de Mme Michel. Qu'est-ce qu'elle a besoin de faire?
2. Est-ce que vous changez de logement? Pourquoi? (*Le logement est petit...,* *C'est la fin de l'année..., Le propriétaire n'est pas sympathique...,* etc.)
3. Faites une petite description du chien de Mme Michel. Commencez par **C'est un....** Utilisez plusieurs adjectifs.

---

[2]Elle a entre 50 et 80 ans...

°*malheureusement* = Je n'ai pas de chance.

A. Adjectifs qui précèdent le nom

Rappel

Dans la majorité des cas, l'adjectif descriptif français est *après* le nom qualifié: C'est une chambre **tranquille.**

1. Certains adjectifs précèdent généralement le nom.

autre	jeune ≠ vieux
beau	joli(e)
bon(ne) ≠ mauvais(e)	même
grand(e) ≠ petit(e)	nouveau

Comment est le studio d'Arlette? —C'est un **vieux** studio dans un **mauvais** quartier, mais il y a un **grand** balcon et une **jolie** vue.

Et comment est le **nouvel** appartement des Leroy? —C'est un **vieil** appartement avec une **belle** terrasse et un **petit** solarium.

2. Les adjectifs **beau, nouveau** et **vieux** ont des formes irrégulières.

	Singulier	*Pluriel*
Masc.	un **beau/nouveau/vieux** livre	de **beaux/nouveaux/vieux** livres
Masc.	*devant une voyelle ou un* **h** *muet*	
	un **bel/nouvel/vieil** objet	de **beaux/nouveaux/vieux** objets
Fém.	une **belle/nouvelle/vieille** auto	de **belles/nouvelles/vieilles** autos

Notez que les formes du masculin singulier (**beau, nouveau, vieux**) → **bel, nouvel, vieil** devant une voyelle ou un **h** muet.

B. Détails de construction

1. Notez la position de *deux* adjectifs qui qualifient le même nom.

   un **jeune** étudiant **sympathique**
   une **belle** chambre **spacieuse**
   une **petite** surprise **désagréable**[3]

2. Si l'adjectif est *devant* le nom pluriel, l'article indéfini pluriel **des** → **de.**

   On achète **de nouveaux livres.**
   Ce sont **de jolies fleurs.**[4]

---

[3]Notez aussi: un ami **fidèle et patient,** et un **joli petit** chat.
[4]Pour certains noms composés, utilisez toujours **des:** *des jeunes filles, des jeunes gens, des petits pains…*

Mais dans le français *parlé,* les Français gardent souvent **des** devant l'adjectif pluriel.

> Nous achetons **des beaux fruits.**
> J'ai **des petites chambres** d'étudiant.

Notez que le pluriel de **un(e) autre** est toujours **d'autres,** dans le français écrit *et* parlé.

> J'ai **d'autres amis** à Grenoble.

3. Quelques adjectifs sont placés ou *avant* ou *après* le nom. Le sens de certains adjectifs change selon leur position.

ancien(ne)	gros(se)
certain(e)	long(ue)
cher (chère)	pauvre
dernier (dernière)	premier (première)
gentil(le)	propre

l'**ancien** président	A présent, ce n'est pas le président.[5]
une armoire **ancienne**	une très vieille armoire, une antiquité
un **pauvre** garçon	qui inspire la compassion des autres
un garçon **pauvre**	qui n'est pas riche
une **chère** amie	une bonne amie, une amie précieuse
un logement **cher**	qui coûte beaucoup
ma **propre** chambre	C'est ma chambre personnelle.
une chambre **propre**	La chambre est rangée, en ordre.

A la lettre

A. Objets divers. Faites les substitutions et les changements nécessaires.

   1. C'est un beau *studio.* (quartier, chambre, villa [*f.*], appartement, maison)
   2. C'est un nouveau *disque.* (tapis, revue, lampe, café, ami)
   3. C'est un vieux *tableau.* (voiture, homme, cinéma, bureau, hôtel)

B. Caractéristiques. Formez des phrases au singulier ou au pluriel selon le modèle.

MODÈLE: J'achète des affiches (joli) →
         J'achète de(s) jolies affiches.

   1. J'achète des plantes. (jeune)
   2. Marc a envie d'un stylo. (bon)
   3. Ce sont des livres. (mauvais)

---

[5]M. Carter est un **ancien** président des États-Unis; M. Giscard d'Estaing est un **ancien** président de la France.

4. Voilà une étagère. (nouveau)
5. Elle cherche des tableaux. (beau)
6. Il a besoin d'un bureau. (grand)
7. Élise a des idées. (bon)
8. Voilà une maison. (vieux)
9. J'ai un chat adorable. (gros)
10. Je téléphone à un ami. (nouveau)

C. Descriptions. Faites des phrases selon les modèles.

MODÈLES: garçon / grand → C'est un grand garçon.
maisons / nouveau → Ce sont de(s) nouvelles maisons.

1. maison / nouveau
2. disques / vieux
3. chats / noir
4. dictionnaire / gros
5. professeur d'anglais / ancien
6. amies / autre
7. film / intéressant
8. président / grand
9. restaurants / bon
10. ville / beau

A votre tour

A. Tableau parisien. Regardez et décrivez les gens qui passent: la femme, le garçon, l'homme, le jeune homme, l'agent de police, la vieille dame, etc. Utilisez **C'est un(e)...** ou **Il y a...**

Adjectifs possibles: grand / petit / jeune / vieux / élégant / sympathique / timide / sportif / chic / parisien / américain / pauvre / beau / joli / gentil / content / blond / brun...

B. **Votre logement.** Formez des groupes de trois ou quatre étudiants. Posez les questions suivantes aux autres membres de votre groupe et discutez de leurs réponses. Utilisez des adjectifs là où c'est possible.

1. Quels meubles y a-t-il dans ta chambre? dans ton appartement? Achètes-tu parfois des meubles? Utilises-tu les meubles de l'université?
2. Préfères-tu un décor traditionnel ou moderne? et ta famille? et tes camarades? L'étudiant(e) typique, qu'est-ce qu'il/elle préfère?
3. As-tu envie de modifier le décor de ton logement? De quelle façon? De quels nouveaux meubles ou autres articles as-tu besoin? Pourquoi?

• Étude de verbes: les verbes **dire, lire** et **écrire**

Que fait Reine? Elle **lit** un journal.

Que fait Denis? Il **écrit** une lettre.

Que fait Aimée? Elle **dit** bonjour à ses amis.

Au temps présent:

	dire	**lire**	**écrire**
je	dis	lis	écris
tu	dis	lis	écris
il/elle/on	dit	lit	écrit
nous	disons	lisons	**écrivons**
vous	**dites**	lisez	**écrivez**
ils/elles	disent	lisent	**écrivent**

Comme **écrire: décrire**
Comme **lire: relire**

Qu'est-ce qu'elle **décrit?** —Elle **décrit** son nouvel appartement.

Écris-tu souvent à tes copains? —Non, pas souvent. Nous préférons téléphoner.

Qu'est-ce que vous **dites?** —Nous **disons** à Renaud de fermer la porte.

Qu'est-ce qu'on **lit** le dimanche? —Les journaux... et une thèse° sur l'entomologie!

Faites attention aux prépositions utilisées avec le verbe **dire** (à devant l'objet indirect et **de** devant l'infinitif).

Je dis **à** Louise **de** répéter sa question.
Vous dites **à** vos amis **de** téléphoner avant dix heures.

Exercices

A. Changez les verbes du singulier au pluriel ou vice versa.

1. Ils disent au revoir à Mathilde.   2. Nous lisons des lettres de notre famille.   3. Tu lis un télégramme adressé au président.   4. Il écrit une lettre à sa bonne amie.   5. Vous écrivez dans votre agenda.   6. Elles décrivent leur vie à l'université.   7. Je dis toujours la vérité, n'est-ce pas?   8. Tu décris ton nouvel ami.   9. Elle écrit l'adresse de son ami. 10. Ils lisent la carte postale de Micheline.

B. Donnez une réponse personnelle. Ensuite, posez les mêmes questions au professeur.

1. Écrivez-vous souvent des lettres? des cartes postales? A qui?
2. Écrivez-vous parfois des histoires? des poèmes?
3. Qu'est-ce que vous lisez régulièrement? des journaux? des revues? Quelles revues lisez-vous souvent? Pourquoi?
4. Lisez-vous un roman° à présent? Quel roman? Quels romans aimez-vous beaucoup? Relisez-vous parfois des romans favoris? Quels auteurs préférez-vous? Avez-vous envie d'écrire un roman un jour?
5. A qui dites-vous bonjour tous les matins? A qui dites-vous au revoir le soir?
6. Avez-vous des amis qui ne répondent pas à vos lettres? Dites-vous à vos amis d'écrire plus souvent?

°*une thèse* = le travail présenté pour le doctorat
un roman = un livre de fiction

13. Le verbe **faire**; expressions avec **faire**

Une vie en commun

Diane est une jeune Française qui *fait ses études* dans une université américaine. Elle a besoin d'une chambre. Elle visite une résidence coopérative où elle *fait la connaissance°* de Sophie, une étudiante qui habite déjà dans la maison.

DIANE: Tu dis qu'ici on *fait le ménage°* ensemble?
SOPHIE: Oui, et aussi *la cuisine* et *la vaisselle*, mais ça, à tour de rôle.°
DIANE: Et le week-end, qu'est-ce que vous *faites?*
SOPHIE: Tous ensemble, nous *faisons les courses°* et aussi *des promenades, des excursions…*
DIANE: C'est vrai…?
SOPHIE: Mais oui! Alors, qu'est-ce que tu penses de la maison? Tu as envie d'habiter ici?
DIANE: Eh bien… tu sais, j'ai besoin de réfléchir un peu… toute seule.

Pour préciser   Dans la résidence de Sophie, les étudiants font le ménage ensemble…
Martin, vous et vos camarades, faites-vous le ménage ensemble?
   —Chez moi, je fais le ménage seul.
Le week-end, chez vous, qu'est-ce qu'on fait?
   —On fait les courses, et quelquefois on fait une longue promenade.
Qu'est-ce que vous faites le soir en semaine?
   —Nous faisons nos devoirs.°
Vos amis font-ils souvent des voyages?
   —Ils font des voyages en août en général.

Pour apprécier   1. Posez les questions suivantes à un(e) camarade: Chez toi, qui fait le ménage? les courses? la cuisine? la vaisselle? le marché°? Qu'est-ce que vous faites ensemble? Qu'est-ce que vous faites seul(e)?
   2. Le jour suivant, Diane retourne à la résidence pour parler encore une fois avec Sophie. Jouez le rôle de Diane. Expliquez pourquoi vous avez envie (ou

---

°*faire la connaissance* = rencontrer (pour la première fois)
faire le ménage = passer l'aspirateur, par exemple
à tour de rôle = une personne après l'autre
faire les courses = acheter des choses nécessaires
faire ses devoirs = étudier une leçon, écrire une dissertation…
faire le marché = acheter des provisions

pourquoi vous n'avez pas envie) d'habiter dans la maison. Commencez par:
«J'ai envie (Je n'ai pas envie) d'habiter ici parce que... J'aime (Je n'aime
pas)...»

<table>
<tr><td colspan="2" align="center">faire (temps présent)</td></tr>
<tr><td align="center">je fais</td><td align="center">nous faisons</td></tr>
<tr><td align="center">tu fais</td><td align="center">vous faites</td></tr>
<tr><td align="center">il/elle/on fait</td><td align="center">ils/elles font</td></tr>
</table>

Qui **fait** le ménage chez vous? —Nous **faisons** le ménage ensemble.

Je suis très heureuse de **faire** votre connaissance, Madame. —Mais
c'est moi qui suis enchantée!

Prononcez bien!

Notez la différence de prononciation entre

fais/fait [fɛ] et **faites** [fɛt]

Faites attention à la prononciation exceptionnelle de la première
personne du pluriel:

faisons [fə-sɔ̃]

Ici, le groupe -**ai**- est prononcé [ə].
Prononcez avec votre professeur:

Je fais mon lit. Nous faisons un beau voyage.
Tu fais du sport. Faites-vous la cuisine le soir?

Voici quelques expressions idiomatiques avec le verbe **faire:**

faire la connaissance de
faire les courses
faire la cuisine
faire ses (mes, etc.) devoirs
faire le lit

faire le marché
faire le ménage
faire une promenade
faire la vaisselle
faire un voyage

A la lettre

A. A la résidence des étudiants. Faites des phrases et des questions avec
inversion (quand c'est possible) ou avec **est-ce que.**

MODÈLE: faire le ménage (vous) →
Vous faites le ménage. (Faites-vous le ménage?)

    1. faire la vaisselle (les étudiants)
    2. faire mon lit (je)
    3. faire le ménage (nous)
    4. faire la cuisine (Sophie)
    5. faire les courses (nous)
    6. faire des promenades (on)
    7. faire de petits voyages (tu)
    8. avoir besoin de faire une promenade (Diane)
    9. faire la connaissance d'une nouvelle camarade (Diane et Sophie)

B. **Voisins.** Tournez encore une fois à la page 130. Regardez le dessin, et posez les questions suivantes à un(e) camarade. Il/Elle répond selon les dessins en utilisant une expression avec **faire.**

MODÈLE: A: Marguerite fait-elle la vaisselle?
         B: Non, Marguerite ne fait pas la vaisselle. Elle fait la cuisine.

1. Mme Delorge fait-elle le ménage?   2. M. Duval fait-il ses devoirs?
3. M. Henri fait-il la connaissance de Marguerite?   4. Robert fait-il la cuisine?   5. Mlle Gervais fait-elle le marché?   6. Geneviève fait-elle la cuisine?   7. Marie-Rose fait-elle la connaissance de Robert?
8. Marguerite fait-elle les courses?   9. M. Delatour fait-il un voyage?

À votre tour

A. Une solution simple. Créez des phrases avec le verbe **faire** au temps présent.

MODÈLE: J'ai envie de visiter la France. Alors... → Alors je fais un voyage.

    1. J'ai faim. Alors...
    2. Grégoire a besoin d'exercice. Alors...
    3. Ma camarade a envie d'une chambre bien rangée. Alors...
    4. Nous avons besoin de café et de fruits. Alors...
    5. J'ai besoin de timbres et de shampooing. Alors...
    6. Les étudiants ont besoin d'étudier. Alors...

B. La vie commune. Vous avez besoin d'une chambre. Vous demandez à partager un appartement avec d'autres étudiants. Les étudiants qui habitent dans l'appartement expliquent leurs habitudes. Réagissez selon le modèle.

MODÈLE: A: Je ne fais pas souvent mon lit.
         B: Ça m'est égal; je ne suis pas souvent dans la chambre.

Réactions possibles: Ça m'est égal. / C'est très important. / C'est affreux (terrible, abominable)! / C'est agréable. (Ce n'est pas très agréable.) etc.

1. Nous faisons de la gymnastique à 5 heures du matin.
2. On ne fait pas très bien la cuisine ici. On préfère manger au restaurant.
3. Nous avons besoin de faire toutes les courses pour notre camarade Gérard—et c'est nous qui payons!
4. Ici, on fait la vaisselle seulement une ou deux fois par semaine.
5. Nous faisons souvent des voyages. Aimes-tu rester seul(e) dans l'appartement?
6. Nous faisons le ménage ensemble tous les jours.

Maintenant, jouez le rôle des étudiants qui habitent dans l'appartement. Inventez d'autres situations à présenter au nouvel étudiant.

Animation

• Dialogue

Liberté ou sécurité?   Une journaliste fait une enquête sur la vie étudiante pour le magazine *20 ans.*

LA JOURNALISTE: Vous habitez encore chez vos parents?

KARINE: *Bien sûr que non!* Coexister avec ses parents, à vingt ans, à mon avis, *c'est impossible!*

FRANÇOIS: Tu sais, je suis un peu paresseux… La cuisine, le ménage, *je n'aime pas ça.* Alors, la famille, pour moi, *c'est idéal.*

KARINE: A mon avis, François, *tu as tort.* L'indépendance, *c'est* vraiment *essentiel!*

CAROLINE: *Mais au contraire,* pour moi, habiter chez mes parents, c'est l'indépendance économique: je n'ai pas besoin de payer pour ma chambre ou pour manger. Et puis, mes parents sont comme des copains.

KARINE: Franchement, *je ne suis pas d'accord avec vous…* J'ai le goût de l'aventure, de l'indépendance totale, et les difficultés matérielles, ça fait partie de° tout ça.

°*faire partie de* = jouer un rôle dans

Comment exprimer l'accord et le désaccord

On utilise des expressions d'insistance, affirmatives ou négatives, pour exprimer l'accord ou le désaccord. Par exemple:

Bien sûr que oui! ≠ Bien sûr que non!
Tu as raison. ≠ Tu as tort.
Je suis d'accord avec… ≠ Je ne suis pas d'accord avec…
Au contraire!

Réagissez!

A. Jouez la scène avec trois autres étudiants.

B. Voici des expressions d'accord. Donnez leur contraire: Bien sur que oui! / C'est possible… / J'aime ça. / Tu as raison. / Je suis d'accord avec vous (avec toi).

C. Donnez votre opinion sur les affirmations suivantes. Ensuite, demandez l'opinion d'un(e) camarade. Utilisez des expressions d'accord et de désaccord.

MODÈLE: A: A mon avis, la vie en famille, c'est formidable. Et à ton avis, Marie?
B: Tu as raison, la vie en famille, c'est formidable.

Affirmations:

habiter chez ses parents		formidable
habiter sur le campus		difficile (facile)
avoir son propre appartement		important
l'indépendance		essentiel
la vie en famille	c'est	(im)possible
les difficultés matérielles		préférable
partager une chambre		cher
trouver un logement		idéal
?		normal
		?

D. Relisez le dialogue. Avec qui êtes-vous d'accord? Avec Karine, Caroline ou François? Pourquoi?

• Lecture

Les problèmes du logement

Il y a 76 universités en France, la majorité d'entre elles sont situées dans des villes. Le loyer[6] d'un appartement en ville est généralement trop[7] cher

---

[6]Le *loyer* est une somme payée chaque mois au propriétaire d'un logement.
[7]Il y a 20 chaises dans la classe et 50 étudiants: il y a *trop* d'étudiants!

pour un budget d'étudiant. Les chambres des Cités universitaires sont réservées en priorité aux étudiants qui ont besoin d'aide sociale... et les listes d'attente° sont longues! De plus, un étudiant français accepte rarement de partager sa chambre avec un camarade—pour des raisons d'individualisme et pour avoir de bonnes conditions de travail.

En conséquence, trouver un logement est souvent un problème pour les étudiants français. Patrick, étudiant à Nice, offre quelques solutions personnelles au problème:

> Voici quelques exemples: mon ami Jean-Luc a une chambre à la Cité universitaire, une chambre individuelle, bien sûr. Mon cousin Jean-Pierre habite «chez l'habitant», il loue[8] une chambre dans l'appartement d'un vieux monsieur très sympathique. Son amie Juliette a un budget limité: elle est obligée de sacrifier son indépendance et de garder sa chambre chez ses parents. Environ° cinquante pour cent des étudiants français habitent chez leurs parents... Moi, je partage un appartement de trois chambres, près de l'Université, avec deux autres étudiants. C'est l'idéal, mais c'est rare!

Comprenez-vous?

Les affirmations suivantes sont-elles vraies ou fausses selon le texte? Rectifiez les phrases incorrectes.

1. La majorité des universités françaises sont situées loin des villes.
2. En général, le nombre de chambres dans les Cités universitaires est insuffisant.
3. Les étudiants français préfèrent partager une chambre avec un(e) camarade.
4. Selon Patrick, un étudiant qui habite chez ses parents est obligé de sacrifier son indépendance.
5. Certains étudiants louent une chambre chez des gens qui habitent en ville à proximité d'une faculté.
6. Dans l'appartement que Patrick partage avec ses amis, il est obligé de partager aussi sa chambre.

Et vous?

Y a-t-il des problèmes du logement dans votre université? Quelles solutions les étudiants trouvent-ils à leurs problèmes du logement?

---

[8]On *loue* des autos chez Hertz et chez Avis.

°*listes d'attente* = listes des personnes désirant une chambre
environ = approximativement

• Activités

A. Avez-vous une chambre à louer? Préparez un dialogue avec un(e) autre
   étudiant(e). Jouez les rôles du (de la) propriétaire et de l'étudiant(e) qui
   cherche une chambre.

L'ÉTUDIANT(E)

Demandez au/à la propriétaire
   s'il y a encore une chambre à louer
   s'il y a un téléphone ou un poste de télé
   s'il y a un lavabo dans la chambre
   si la chambre est meublée
   quels meubles il y a dans la chambre

**Ce Parisien
cherche un
logement. Mais il
est étudiant, et les
appartements
affichés ici sont
beaucoup trop
chers!**

s'il est nécessaire de payer un mois d'avance
si le gaz et l'électricité sont compris° dans le loyer
s'il est permis d'avoir des visiteurs le soir
combien d'autres locataires° il y a

LE/LA PROPRIÉTAIRE

Demandez à l'étudiant(e)
   où il/elle est étudiant(e)
   s'il/si elle étudie beaucoup
   s'il/si elle travaille aussi
   s'il/si elle a un chien, un chat ou un perroquet
   s'il/si elle fume
   s'il/si elle invite des amis le soir
   s'il/si elle a un poste de télévision, une radio, une stéréo
   s'il/si elle écoute du rock
   s'il/si elle joue d'un instrument de musique
   s'il/si elle fait le ménage régulièrement

Inventez d'autres questions. Après l'interview, décidez. Si vous êtes
l'étudiant(e), louez-vous la chambre? Si vous êtes le/la propriétaire,
acceptez-vous l'étudiant(e) comme locataire?

B. **Votre vie.** Complétez les débuts de phrase avec imagination. (*Écrit ou
oral*)

J'habite ______. Le quartier est ______. J'ai une chambre ______.
Dans ma chambre, il y a ______, mais il n'y a pas ______. Le soir,
j'aime ______. Parfois, j'ai ______. Je regarde ______, et j'écoute
______.

Mots à retenir

Verbes		
changer de	être obligé(e) de	passer l'aspirateur
déménager	faire	promener
décrire	garder	ranger
dire	lire	rencontrer
écrire	louer	
être en ordre (en désordre)	partager	

°*compris* = inclus
locataires = personnes qui louent

Expressions avec *faire*	faire la con-
	    naissance de
	faire les courses
	faire la cuisine
		faire ses (mes,
		    etc.) devoirs
		faire le (mon, etc.) lit
		faire le marché
			faire le ménage
			faire une promenade
			faire (laver) la vaisselle
			faire un voyage

Noms	les affaires (*f. pl.*) l'affiche (*f.*) l'armoire (*f.*) le chien/la chienne la commode l'étagère (*f.*) la fleur les gens (*m. pl.*) les jeunes gens	le journal le lavabo le logement les meubles (*m. pl.*) le miroir le mur le plancher le/la propriétaire	les provisions (*f. pl.*) la revue les rideaux (*m. pl.*) le roman le stylo le tableau le tapis le timbre
Adjectifs	ancien(ne) beau (bel)/belle bon(ne) certain(e) dernier (-ière) grand(e) gros(se) heureux (-euse)	individuel(le) jeune joli(e) long(ue) mauvais(e) nouveau (nouvel)/nouvelle	pauvre petit(e) premier (-ière) propre vieux (vieil)/vieille
Adverbes	ensemble environ	malheureusement par terre	seulement

Expressions de communication	à mon (ton, etc.) avis
	à tour de rôle
	Ça (Cela) m'est égal.
	Ce n'est pas mon
	    (ton, etc.) affaire.
		Mais alors!
		N'oubliez pas…
		Quel désordre!
		Voyons.
			Je suis très heureux
			    (-euse) (très
			    content[e],
			    enchanté[e]) de
			    faire votre
			    connaissance.

Chapitre 6

Faites comme chez vous!

Voici un père de famille au travail. Il veille sur° la sieste de son enfant.

D'après cette photo…

1. Imaginez qui est ce père de famille.
2. Qu'est-ce qu'il fait ici?
3. Où est cette famille?
4. A votre avis, quelle est sa destination?

Votre avis sur… la famille.

Transformez les phrases suivantes pour exprimer votre opinion personnelle.

1. L'âge idéal pour commencer une famille est 30 ans.
2. Dans un couple la femme a toujours la responsabilité des enfants.
3. Il est impossible pour une femme d'avoir une famille et une carrière.
4. De nos jours, l'union libre° est préférable au mariage.
5. Il est nécessaire d'avoir une bonne situation financière pour avoir une famille.
6. Il n'est pas nécessaire d'être marié pour avoir des enfants.
7. Un couple sans enfant est un couple heureux.
8. Le mariage est un duo (un duel).

Entrée en scène

Trois générations d'une famille

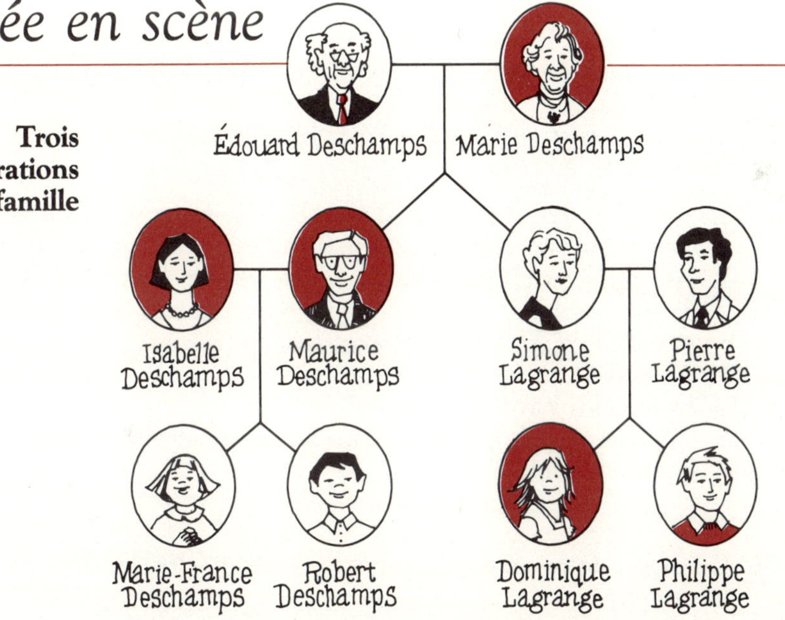

Étudiez l'arbre généalogique et le monologue suivant. Édouard Deschamps parle.

°*veiller sur* = faire attention à
l'union libre = la cohabitation

«Notre famille? Quel plaisir de parler de notre famille! Nous sommes très fiers de notre **fils** Maurice, de sa **femme** Isabelle et de leurs **enfants,** Marie-France et son **frère** Robert. Et voici une autre famille exceptionnelle: notre **fille** Simone, son **mari** Pierre Lagrange, leur **fils** Philippe et sa petite **sœur** Dominique.

«Marie et moi, nous avons la chance d'habiter tout près de nos **petits-enfants;** ils sont dévoués à leur **grand-mère** et à leur **grand-père.** Dans notre famille, **tantes** et **oncles** sont comme des amis auprès de° leurs **nièces** et de leurs **neveux;** les **cousins** et les **cousines** sont aussi tout à fait inséparables.»

A. Masculin, féminin. Donnez le féminin.

   MODÈLE: le frère → la sœur

   1. le mari
   2. l'oncle
   3. le père
   4. le fils

   5. le grand-père
   6. le cousin
   7. le neveu

B. Quels rôles jouent-ils dans la famille? Faites dix phrases décrivant les rôles de chaque personne dans la famille. Suivez le modèle.

   MODÈLE: Marie-France / cousine →
   Marie-France est la cousine de Dominique et de Philippe.

C. Les étudiants et leur famille. Posez les questions suivantes à d'autres membres de la classe.

   1. As-tu des frères? des sœurs? Combien de frères et de sœurs as-tu? Comment s'appellent-ils/elles? (Ils/Elles s'appellent...)
   2. As-tu des grands-parents? Est-ce que ce sont les parents de ta mère? de ton père? Habitent-ils dans un appartement? dans une maison? près ou loin de la famille? avec la famille?
   3. As-tu des cousins et des cousines? Combien? Sont-ils de ton âge? Es-tu ami(e) avec tes cousins?
   4. Combien d'enfants y a-t-il dans la famille idéale? Combien d'enfants désires-tu avoir?

La maison des Lagrange

A. Les pièces de la maison. Identifiez les pièces selon les descriptions suivantes.

°*auprès de* = avec (une personne)

1. la pièce où il y a une table pour manger   2. la pièce où il y a un poste de télévision   3. la pièce où il y a un lavabo   4. la pièce où on prépare le dîner   5. un passage   6. la pièce où il y a un lit

B. Le plan de la maison. Décrivez la maison des Lagrange selon le modèle. Utilisez les prépositions **sous, à côté de, dans** et **sur.**

MODÈLE: à côté de / chambre →
La salle de bains est à côté de la chambre.

C. Chez moi. Complétez le paragraphe suivant. (*Écrit*)

La pièce que je préfère est _______ parce que _______. Je passe beaucoup de temps dans _______. Là, je _______. Je suis toujours content(e) dans _______ parce que _______. Je travaille bien dans _______ et j'étudie bien dans _______ parce que _______. J'aime manger dans _______ parce que _______, et je parle au téléphone dans _______. Les autres membres de ma famille (Mes camarades) passent beaucoup de temps dans _______ parce que _______.

D. Chez toi. Posez les questions suivantes à d'autres membres de la classe.

1. Dans quelle pièce aimes-tu étudier?
2. Dans quelle pièce regardes-tu la télé?
3. Dans quelle pièce aimes-tu dîner?
4. As-tu une terrasse? un balcon? un jardin? Qu'est-ce que tu aimes faire sur la terrasse? sur le balcon? dans le jardin?
5. Quelle est ta pièce préférée?

Maintenant, posez les mêmes questions à votre professeur. Utilisez **vous.**

Quel étage?[1]

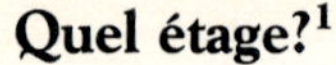

MODÈLE: 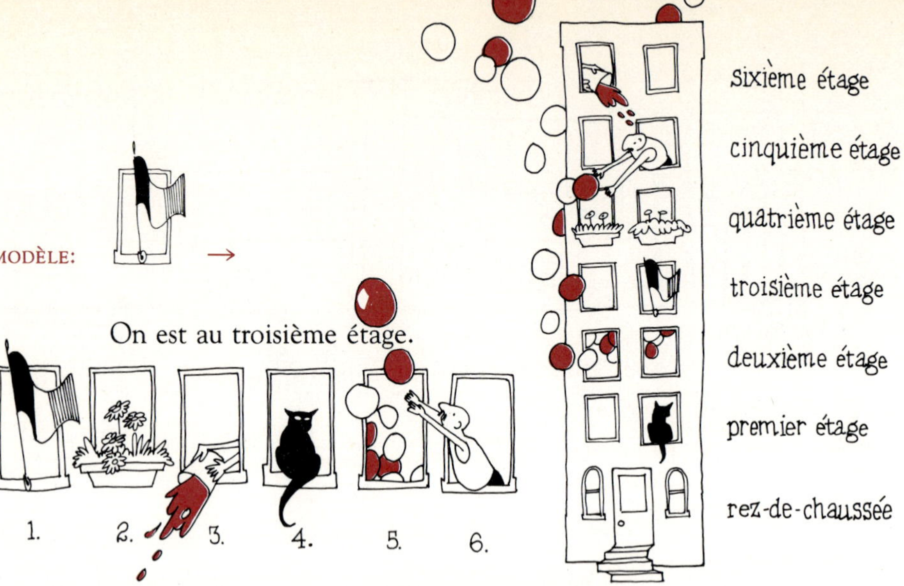 →

On est au troisième étage.

Les nombres ordinaux dérivent des nombres cardinaux. L'exception est **le premier/la première.** Voici les nombres ordinaux:

> le premier (la première), le/la deuxième, troisième, quatrième, cinquième, sixième, septième, huitième, neuvième, dixième, onzième, douzième, treizième, quatorzième, quinzième, seizième, dix-septième, dix-huitième, dix-neuvième, vingtième, vingt et unième, vingt-deuxième (etc.),..., centième.[2]

Prononcez bien!

> Il n'y a pas d'*élision* devant **huitième** et **onzième:**
>
> **le huitième** étudiant; **la onzième** chaise

La situation d'une étudiante. Prononcez correctement le nombre ordinal indiqué dans chacune des phrases suivantes.

1. C'est ma [1ère] _______ année à l'université.
2. J'habite au [5e] _______ étage de la Cité internationale universitaire.
3. Heureusement, il y a un ascenseur qui monte jusqu'au [6e] _______ étage.
4. De ma fenêtre, j'ai une belle vue du Parc de Montsouris et du [14e] _______ arrondissement.[3]
5. A l'occasion de mon [20e] _______ anniversaire, ma famille a l'intention d'inviter tous mes amis.
6. Mais je répète pour la [100e] _______ fois que je préfère dîner dans un bon restaurant.

---

[1]Remarquez bien le dessin. En français, l'étage par où on entre s'appelle *le rez-de-chaussée;* on monte *au premier étage.*

[2]Notez les abréviations: **1er, 1ère** = *premier, première;* **5e** (*ou* **5ème**) = *cinquième.*

[3]Il y a *20 arrondissements* dans la ville de Paris.

*J*eu de structures

14. Les questions d'information

Chez les grands-parents

Dans la maison de campagne° de M. et Mme Mounin.

M. MOUNIN: *Quoi? De quoi* parles-tu, ma chérie?

MME MOUNIN: De la visite de nos petits-enfants.

M. MOUNIN: *Quand* arrivent-ils?

MME MOUNIN: Mais ils sont déjà là!

M. MOUNIN: *Où* sont-ils donc?

MME MOUNIN: Dans le jardin.

M. MOUNIN: *Qu'est-ce qu'*ils font?

MME MOUNIN: Eh bien, ils jouent avec le chien.

M. MOUNIN: Tiens![4] *Pourquoi* est-ce qu'on sonne à la porte?

MME MOUNIN: Parce que leurs copains arrivent aussi.

M. MOUNIN: Mais alors! *Combien d'*autres amis sont invités?

MME MOUNIN: Avec les cousins… ça fait une dizaine.[5]

M. MOUNIN: *Qui* est-ce encore?

MME MOUNIN: La petite voisine d'à côté.

M. MOUNIN: Mon Dieu! *Quand* partent-ils?

MME MOUNIN: Mais enfin, chéri, les petits sont avec nous pour tout le mois d'août.

(*M. Mounin a l'air agité. Il compose un numéro sur le téléphone.*)

MME MOUNIN: Mais *à qui* téléphones-tu donc?

M. MOUNIN: Allô? C'est bien Air-France? C'est pour un billet[6] d'avion, s'il vous plaît. *Pour où?* Mais pour Tahiti, bien sûr!

Pour préciser

M. Mounin fait un voyage à Tahiti… (*Répondez aux questions de votre professeur.*)

Et vous, où faites-vous des voyages?

Quand aimez-vous voyager?

Pourquoi voyagez-vous? Que faites-vous en voyage?

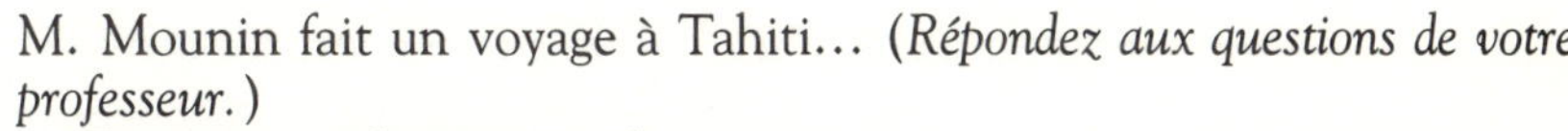

---

[4]*Tiens!* est une expression de surprise.

[5]*Une dizaine* est une quantité approximative (~10); comparez avec *une vingtaine, une centaine,* etc.

[6]On a besoin d'un *billet* pour avoir une place dans un train ou dans un avion.

°*campagne* ≠ ville

Qui voyage avec vous?
Combien d'étudiants font bientôt un voyage?
A votre retour, de quoi aimez-vous parler? Avec qui parlez-vous?

Pour apprécier

1. Dans votre famille, les visites sont-elles généralement agréables? Votre famille aime-t-elle organiser de grandes réunions? Quand? (A quel moment de l'année?) Qui est souvent présent? Que faites-vous ensemble? De quoi (ou de qui) parlez-vous ensemble?
2. Posez quelques questions à vos camarades avec **tu.** Utilisez les expressions interrogatives.

A. Expressions interrogatives: *où, quand, comment, pourquoi, combien (de)*

Ces expressions interrogatives sont placées au début d'une phrase: **où** (*spatial*), **quand** (*temporel*), **comment** (*manière*), **pourquoi** (*explication*), **combien de** (*quantité*). Elles sont utilisées avec **est-ce que** ou avec *l'inversion.*

1. Dans une question simple (*nom sujet et verbe*), l'inversion *verbe + nom sujet* est utilisée avec **où, quand, comment** et **combien (de).**

   Où
   Quand   } arrive ton frère?
   Comment
   Combien de disques a ta sœur?

   L'ordre *nom sujet + verbe + pronom sujet* est aussi possible.

   Où
   Quand   } ton frère arrive-t-il?
   Comment
   Combien de disques ta sœur a-t-elle?

2. Avec **pourquoi,** la construction *nom sujet + verbe + pronom sujet* est obligatoire quand la phrase a un nom sujet.

   Pourquoi **son oncle** arrive-t-il? (Pourquoi arrive-t-il?)

Rappel

La construction interrogative avec **est-ce que** est toujours possible.

Où (Quand, Comment, Pourquoi) est-ce que ton frère arrive?
Combien de villes **est-ce que** ton cousin visite?

Avec **je,** l'emploi de **est-ce que** est toujours préférable.

Quand est-ce que je prépare le café?
Pourquoi est-ce que j'ai ton billet?

B. **Pronoms interrogatifs:** *qui, que (qu'est-ce que) et quoi*

Qui désigne toujours une personne; **que** et **quoi** désignent toujours une chose ou une idée.

1. **Qui** est le sujet ou l'objet de la phrase interrogative. **Qui** représente toujours une personne. (Dans les exemples suivants, le sujet de la question est souligné.)

> **qui** = *sujet:* Qui regarde la télé? Qui invite ta sœur à dîner?
>
> **qui** = *objet direct:* Qui invites-tu à dîner? Qui ta sœur invite-t-elle?
>
> **qui** = *objet indirect:* A qui Alice parle-t-elle?
>
> **qui** = *objet d'une préposition:* Pour qui est le cadeau?

2. **Que (Qu'est-ce que)** est toujours l'*objet direct* de la phrase interrogative. **Que (Qu'est-ce que)** représente toujours une chose.

> **que** = *objet direct:* Qu'est-ce que vous préparez? Qu'est-ce qu'il fait?
> Que préparez-vous?   Que fait-il?
> Que prépare Armand, une quiche ou un soufflé?

Notez l'ordre normal *sujet* + *verbe* avec **qu'est-ce que.** Avec **que** l'*inversion* est obligatoire.

Prononcez bien!

> Il y a élision quand **que** et **qu'est-ce que** précèdent une voyelle ou un **h** muet.
>
> > Qu'aime-t-il? **Qu'est-ce qu'**Henri regarde là-bas?
>
> Il n'y a pas d'élision avec **qui.**
>
> > **Qui** a mes livres? **A qui** est-ce que tu parles?

3. **Quoi** est l'*objet d'une préposition* dans la phrase interrogative. **Quoi** représente toujours une chose ou une idée.

> **De quoi** parlez-vous? (**De quoi** est-ce que vous parlez?) —De mon cours de philo.
>
> **A quoi** Jeanne pense-t-elle? (**A quoi** est-ce que Jeanne pense?) —Elle pense à tous ses problèmes!
>
> **Sur quoi** es-tu assis? —Sur le sofa.
>
> **Devant quoi** Georges travaille-t-il? —Devant la photo de son amie.

A la lettre

A. Économie domestique. Mme Harpagon est très économe; son mari est plus généreux. Posez les questions correspondantes avec **pourquoi** selon le modèle.

MODÈLE: M. Harpagon: Ma chérie, on a besoin de meubles.
          Mme Harpagon: Mais pourquoi a-t-on besoin de meubles?
                        (Mais pourquoi est-ce qu'on a besoin de
                        meubles?)

1. Nous avons besoin de rideaux.   2. Monique a envie d'une nouvelle lampe.   3. Paul a besoin d'un piano.   4. J'ai envie de voyager.   5. Tu as besoin d'une nouvelle chaise.

B. Réunion de famille. Posez les questions correspondantes avec **qui** (*sujet ou objet*), **à qui** (*objet indirect*) ou **qui** *après une préposition*. Remplacez les mots en italique selon le modèle.

MODÈLE: A: *Richard* arrive à deux heures.
         B: Qui arrive à deux heures?

1. Nous dînons *avec nos parents* aujourd'hui.   2. *Marie* n'est pas là.
3. Bruno écoute *Tante Lucie*.   4. *Marcel* trouve notre maison sans difficulté.   5. Ils parlent *à leurs grands-parents*.   6. *L'oncle Roland* a faim.   7. J'invite *Mireille et Yves* à dîner.   8. Yves téléphone *à sa femme*.

C. Une visite. Posez les questions correspondantes avec **qu'est-ce que**, et ensuite avec **que** quand c'est possible.

MODÈLE: A: Charles prépare des crêpes.
         B: Qu'est-ce que Charles prépare? Que prépare Charles?

1. Martine apporte des fleurs.   2. Je cherche le numéro de la maison.
3. Camille regarde nos tableaux.   4. Cousin Georges prépare le café.
5. Nous préférons le café noir.   6. Il y a un chien et un chat dans la salle à manger.

D. Dimanche en famille. Posez les questions qui correspondent aux réponses suivantes. Remplacez les mots en italique en utilisant **qui** ou **que** (**qu'est-ce que**).

MODÈLES: A: Mon père fait *le marché*.
          B: Que fait ton père?

          A: Ma sœur arrive *avec son mari*.
          B: Avec qui arrive ta sœur?

1. Nous invitons *des amis*.   2. Mes frères n'aiment pas faire *le ménage*.
3. Grand-père pose des questions *à ma petite sœur*.   4. Nos amis apportent *un vin extraordinaire*.   5. *Jacques* est d'accord pour faire la vaisselle.

E. Activités et discussions. Posez la question qui correspond avec **à (de...)** **+ quoi,** ou à **(de...) + qui,** selon les modèles.

MODÈLES: A: Il joue de la clarinette.
B: De quoi joue-t-il? (De quoi est-ce qu'il joue?)

A: Elle pense à ses amis.
B: A qui pense-t-elle? (A qui est-ce qu'elle pense?)

1. Elles jouent au majong.   2. René parle du concert.   3. J'ai besoin du journal d'aujourd'hui.   4. Nous pensons au problème de la surpopulation.   5. Marie-Ange téléphone à son grand-père.   6. Michel parle de sa femme.   7. Nous voyageons avec nos cousins.   8. Jean-Pierre joue du piano.

A votre tour

Vie de famille. Répondez aux questions suivantes posées par votre professeur.

1. Quand aimez-vous passer du temps avec votre famille? Avec qui en particulier aimez-vous passer du temps? Qu'aimez-vous faire quand vous êtes avec vos proches parents?[7]
2. De quoi aimez-vous discuter avec vos proches parents? De quoi parlez-vous quand vous êtes ensemble? Avec qui êtes-vous généralement d'accord? Avec qui n'êtes-vous pas souvent d'accord? Pourquoi?
3. Quel âge ont votre mère et votre père? De quelle ville sont-ils originaires? Que font-ils dans la vie? Sont-ils très actifs ou ont-ils une vie plutôt tranquille? Sont-ils contents de leur vie? Que pensez-vous de la vie de vos parents?
4. Dans votre famille, à qui ressemblez-vous? (*Je ressemble à…*) A qui avez-vous envie de ressembler? Pourquoi?
5. Selon vous, qui est la personne la plus remarquable de votre famille? Pourquoi?

Paris: Cette famille fête l'anniversaire de son plus jeune membre. Quel âge a-t-il? Qui est autour de la table aujourd'hui?

---

[7]En français, *parents* = *mère et père*; *proches parents* = *frère, sœur, tante, oncle, cousin,* etc.

15. Les adjectifs démonstratifs: **ce, cet, cette, ces**

Un jeune ménage parisien

Mme Brachet et son fils Marcel font une promenade en ville. Ils parlent des projets de mariage de Marcel et de sa fiancée Jeanne.

MME BRACHET: (*sceptique*) Alors, Marcel, *ce* quartier... les parents de Jeanne habitent ici?

MARCEL: (*enthousiaste*) Oh oui, tout près, Maman! Dans *cette* rue-*ci*, justement.

MME BRACHET: Et toi et Jeanne, vous louez un studio dans *cet* immeuble-*là*, en face?

MARCEL: Oui, Maman. Regarde *cette* vue magnifique et *ce* joli petit balcon.

(*Mère et fils montent au cinquième étage.*)

MME BRACHET: Tous *ces* escaliers...[8] *Ces* pièces, elles sont minuscules! *Cette* vieille cuisine, *ces* fenêtres sans rideaux...

MARCEL: Mais voyons, Maman, *cet* appartement est bien situé, et nous ne sommes pas difficiles°!

MME BRACHET: Peut-être...

MARCEL: Et comme d'habitude, nous comptons déjeuner° chez toi, au moins° le dimanche!

Pour préciser

Marcel aime beaucoup cet appartement... Et vous, Jackie? Que pensez-vous de cet appartement?

—Personnellement, j'aime cet appartement, cette rue et ce quartier! J'aime tout à Paris!

Christine, pensez aux personnages du dialogue. A votre avis... Ce jeune couple est-il heureux?

—Oui, ces jeunes sont heureux.

Ces difficultés familiales sont-elles bizarres?

—Non, ces problèmes sont universels!

Jim, regardez vos camarades. Quel air ont-ils aujourd'hui?

—Cet étudiant-là a l'air sceptique, mais cette étudiante-ci a l'air enthousiaste!

---

[8]Cet immeuble n'a pas d'ascenseur!

°*pas difficiles* = pas difficiles à satisfaire

déjeuner = manger à midi

au moins = au minimum

Pour apprécier
1. Selon vous, la situation de cette famille est-elle agréable ou difficile? Pourquoi?
2. A présent, habitez-vous près ou loin de votre famille? Dînez-vous souvent à la maison?
3. Avez-vous l'intention d'habiter plus tard dans le quartier ou dans la rue de vos parents? Pourquoi? Pourquoi pas?

A. Les formes des adjectifs démonstratifs

L'adjectif démonstratif présente ou désigne une personne, une chose ou un lieu *particulier*. Il précède le nom et s'accorde en genre et en nombre avec le nom.

> Qui est **cette personne?** —**Cette dame?** C'est une amie de ma cousine.
>
> **Cet homme**, là-bas... Qui est-ce? —Mais, c'est mon frère!
>
> **Ce jardin** est vraiment très beau! —Mais oui! Regarde **ces arbres** et **ces jolies tulipes.**

	Adjectifs démonstratifs	
	SINGULIER	PLURIEL
MASCULIN	ce jardin cet arbre	ces { jardins / arbres
FÉMININ	cette pièce cette adresse	ces { pièces / adresses

ATTENTION: La forme **ce** → **cet** devant un *nom masculin singulier* qui commence par une voyelle ou un **h** muet.

Prononcez bien!

Notez qu'il y a liaison avec **cet** et avec **ces** devant une voyelle ou un **h** muet. Prononcez avec votre professeur:

> Cet appartement est moderne.

mais: Ce petit appartement est confortable.

> Ces histoires sont passionnantes.
>
> Ils sont vieux, ces arbres.

B. L'emploi de *-ci* et *-là*

Ajoutez **-ci** ou **-là** à la fin du mot s'il est nécessaire de distinguer entre deux noms (**-ci** = *ici, près;* **là** = *là-bas, loin*).

—Serge! Regarde ce chien!
—Mais quel chien? **Cette** bête-**ci**,° c'est un chat!
—Non, Serge, je parle de **cet** animal-**là**, là-bas, sur la terrasse!

A la lettre

A. Meubler sa maison. Qu'est-ce que les membres de cette famille désirent acheter? Choisissez des éléments dans les listes suivantes et faites dix phrases selon le modèle.

MODÈLE: Denis: lit/lampe → Denis a envie d'acheter ce lit et cette lampe.

Personnes: mon grand-père, Denis, Maman, les enfants, Martine et son mari, Papa, ma grand-mère, mes parents, nous, je

Objets: divan (*m.*)/sofa (*m.*), tableaux/affiches, piano/guitare, poste de télé (*m.*)/tableaux, table/chaises, armoire/commode, chaîne stéréo/disques, étagère/bureau, rideaux/tapis (*sing.*)

B. La maison idéale. Les Quentin visitent une exposition des arts décoratifs et ménagers. Jouez leurs rôles selon le modèle.

MODÈLE: Mme Quentin: Quelle machine à laver préfères-tu?
M. Quentin: Je préfère cette machine-ci (cette machine-là).

Suggestions: cuisine / salle de séjour / rideaux / tapis (*sing.*) / étagères / lavabo / divans / pièces / lampe / affiches / poste de télé / lave-vaisselle (*m.*) / aspirateur, etc.

A votre tour

A. Photo de famille. Apportez en classe une des images suivantes: (a) une photo de votre famille, (b) une photo de la famille d'un(e) ami(e), ou (c) une photo de famille tirée d'une revue ou d'un journal. En petits groupes, posez des questions et décrivez les personnes et les objets de cette photo. (Utilisez l'adjectif démonstratif.)

MODÈLE: A: Qui est cet enfant?
B: C'est Jeannot, le fils de ma cousine; cette dame-là, c'est une autre cousine.

B. Un intérieur. Vous êtes dans votre pièce favorite. Écrivez une description de cette pièce et de certains objets. (*Écrit*)

MODÈLE: Je suis dans ma chambre, au premier étage de notre maison. Ce vieux chien, c'est le chien de mon père. Il a déjà douze ans. Il aime beaucoup ce tapis rouge près de mon bureau. Ici, dans ma chambre, je travaille toujours très bien. Pourquoi? Parce que

---

°*cette bête-ci* = cet animal-ci

cette chaise-ci est confortable, parce que ce bureau est ancien—
et très pratique. Enfin, parce que je suis bien° ici!

C. Vous êtes curieux (curieuse). Écoutez la description de la pièce favorite
d'un(e) camarade (dans l'Exercice B). Ensuite, posez à ce/cette camarade
des questions basées sur sa description. (*Oral*)

Questions possibles
1. Pourquoi aimes-tu tellement cette pièce-là (cet endroit-là)?
2. Que fais-tu dans cette pièce, en général?
3. Qui invites-tu dans cette pièce? Es-tu souvent seul(e) chez toi?
   Aimes-tu être seul(e)?
4. A quelle heure aimes-tu être dans cette pièce? Pourquoi?

• Étude de verbes: le deuxième groupe (**-ir**): **finir;** le groupe **partir**

A.   **Le deuxième groupe (**-*ir*)**: *finir, choisir*

Vous utilisez déjà beaucoup de verbes en **-er** (du «premier» groupe): **nous
parlons; vous marchez.** Voici un autre groupe de verbes français—le
«deuxième» groupe. L'infinitif se termine toujours en **-ir.**

finir (*temps présent*)	
je finis	nous finissons
tu finis	vous finissez
il/elle/on finit	ils/elles finissent

Voici quelques verbes réguliers en **-ir:**

agir/réagir°	finir	réussir°
choisir	réfléchir	

Finissez-vous bientôt?
Olivier **choisit** toujours bien: son goût est impeccable.

Certains verbes qui désignent des changements physiques sont aussi dans
le groupe verbal en **-ir: grandir, vieillir, rougir, brunir, pâlir...**

Mes nièces et neveux **grandissent** rapidement.

°*je suis bien* = je suis à l'aise
réagir: cf. action, réaction
réussir = avoir du succès

Prononcez bien!

Notez la syllabe («l'infixe») **-iss-** dans les formes plurielles:

Nous vieill**iss**ons tous les jours.   [vje-ji-sɔ̃]
Vous réfléch**iss**ez à cette question.   [re-fle-ʃi-se]
Elles fin**iss**ent leurs devoirs.   [fi-nis]

Ne prononcez pas la consonne finale des formes singulières:

Je choisi~~s~~ un restaurant.   [ʃwa-zi]
Tu réfléchi~~s~~ à ton choix.   [re-fle-ʃi]
On fini~~t~~ à trois heures.   [fi-ni]

ATTENTION: Après le verbe **réfléchir,** utilisez **à** devant un *nom.*

Elle **réfléchit à la situation** de sa sœur.

Après le verbe **réussir,** utilisez **à** devant un *verbe à l'infinitif,* et parfois devant le *nom* dans l'expression **réussir à un examen.**[9]

Tu **réussis** généralement **à trouver** une bonne réponse.
Mes étudiants **réussissent** toujours **à leurs examens.**

Exercices

A. Substituez les mots entre parenthèses. Faites les changements nécessaires.

MODÈLE: Je réfléchis au problème. (nous) →
Nous réfléchissons au problème.

1. *Nous* réfléchissons à nos projets. (je, vos parents, tu)
2. *Marc* choisit un livre. (vous, les jeunes filles, nous)
3. *Je* réussis toujours à trouver mes disques favoris. (Louise, on, vous)
4. *Éric* finit son travail. (Nicole et son frère, tu, nous)

B. Complétez les phrases par la forme correcte du temps présent d'un de ces verbes: **agir, choisir, finir, réfléchir** ou **réussir.**

1. Quand le professeur pose une question difficile, je _______ bien à la question.
2. Claude est très distrait: il _______ souvent sans réfléchir.
3. Ils _______ toujours leur travail en deux heures.
4. Pierre est un excellent étudiant: il _______ à tous ses examens.
5. Les étudiants _______ des cours intéressants.

---

[9]L'expression *réussir un examen* (*sans* **à**) est aussi fréquente: Mon frère *réussit ses examens.*

B. Le groupe *partir*

L'infinitif des verbes du groupe **partir** se termine aussi en **-ir.** La conjugaison du groupe **partir** a certaines irrégularités.

1. Les formes des verbes du groupe **partir** (*temps présent*)

	partir	sortir	servir	dormir
je	pars	sors	sers	dors
tu	pars	sors	sers	dors
il/elle/on	part	sort	sert	dort
nous	partons	sortons	servons	dormons
vous	partez	sortez	servez	dormez
ils/elles	partent	sortent	servent	dorment

Comme **partir: mentir°** et **sentir°**

Tu dors encore à huit heures? —Non! Le matin **je pars** avant six heures et demie.

Qui sort de l'immeuble à cette heure-là? —**Nous sortons** ensemble, ma femme et moi.

Votre petite-fille **ment-elle** parfois? —Madeleine? Elle est incapable de **mentir!**

Papa sert le café le matin.

°*mentir* = ne pas dire la vérité

sentir = percevoir une sensation, et particulièrement olfactive (*sentir un parfum*)

Prononcez bien!

Dans le groupe **partir,** les trois formes du singulier sont prononcées de façon identique:

je **pars** / tu **pars** / il/elle/on **part** = [par]

Dans les trois formes du pluriel, il n'y a pas d'infixe *-iss-*. Comparez:

nous partons / nous fin**iss**ons
vous sortez / vous chois**iss**ez
ils/elles dorment / ils/elles grand**iss**ent

2. **Partir, sortir** et **quitter:** usage

Partir. Partir est utilisé

- ou *sans objet:* **Je pars. Elles partent** le matin.
- ou *avec une préposition:* **Il part pour** Cannes. **Je pars de** Lyon.

Partir est un verbe *intransitif.* Il n'a pas d'objet direct ni d'objet indirect.

Sortir. Sortir est utilisé

- ou *sans objet:* **Je sors** ce soir.
- ou *avec une préposition* **(de)** pour indiquer qu'on quitte un lieu fermé (maison, pièce, salle, etc.): Tu **sors de** ta chambre. Comment **sort-on** d'ici?

Dans son sens le plus fréquent, **sortir** est aussi un verbe intransitif.[10]
    Sortir a aussi le sens de *quitter la maison* pour faire une promenade, aller en ville, au théâtre, etc.

On sort samedi soir? —Oui, c'est d'accord!

Quitter. Quitter est toujours utilisé avec un *objet direct* exprimé. C'est un verbe *transitif.*[11]

Elle **quitte sa famille** en octobre.
Généralement, nous **quittons la ville** au mois d'août.
Le mercredi, je **quitte le bureau** à cinq heures et demie.

---

[10]Mais **sortir** est un verbe *transitif* dans la phrase suivante: Georges **sort la voiture** du garage.
[11]ATTENTION: Il est impossible de dire «Je quitte.»

Exercices

A. Faites les substitutions et les changements nécessaires.

1. Qui part pour le Canada? *Jean-Marie* part pour le Canada. (les étudiants, tu, vous)
2. A quelle heure sortez-vous de vos cours? *Je sors* de mes cours à six heures. (nous, Mme Lenoir, on)
3. Quand sert-on le dîner? *Nous* servons le dîner vers huit heures. (nos amis, je, tu)
4. Qui sent le parfum des fleurs? *Ils* sentent le parfum des fleurs. (nous, Jean-Marie, elles)
5. Qui dort déjà? *Les enfants* dorment déjà. (Fabienne, vous, mes camarades)

B. Posez ces questions à plusieurs camarades.

1. Est-il toujours agréable de quitter ses amis? sa famille? sa ville d'origine? (Non, ce n'est pas toujours agréable parce que…)   2. Pars-tu vendredi après tes cours? Pars-tu souvent pendant le week-end? Pour quelle destination, en général? Quand tu pars en voyage, aimes-tu partir tôt ou tard?   3. Si tu ne pars pas pendant le week-end, restes-tu généralement à la maison ou sors-tu avec des amis? Sors-tu souvent en semaine? Préfères-tu sortir le soir ou l'après-midi?   4. Passes-tu souvent une soirée en ville? Où aimes-tu passer le samedi soir? Dors-tu tard le lendemain° matin?   5. Sors-tu chaque jour de cette salle après le cours? Sors-tu d'ici pour un autre cours? pour retrouver des amis? pour rentrer à la maison?

Paris, le boulevard Barbès dans le 10ᵉᵐᵉ arrondissement. Certains immeubles parisiens construits au dix-neuvième siècle sont encore très élégants.

°*le lendemain* = le jour après

Animation

• Dialogue

Une entreprise humanitaire

Dans une rue à Paris. Bernard décrit sa nouvelle occupation à ses amis Pierre et Catherine.

PIERRE: *Où* travailles-tu, maintenant?
BERNARD: A l'agence «Adoptez un grand-parent».
CATHERINE: Vraiment? Normalement, on adopte les enfants... Dis-moi, *dans quel* arrondissement est ton agence?
BERNARD: Dans le seizième.
CATHERINE: Comment fonctionne le programme?
BERNARD: Nous plaçons des personnes âgées dans des familles.
PIERRE: *De quelle façon* trouvez-vous des familles?
BERNARD: Par recommandations personnelles, par la publicité°...
PIERRE: *Quand* avez-vous beaucoup d'adoptions?
BERNARD: A Noël, et en juillet et août!
CATHERINE: Et *pour quelle durée* les familles adoptent-elles ces personnes?
BERNARD: Pour quelques semaines et souvent pour des années!

Comment demander des précisions

L'emploi de l'adjectif interrogatif **quel** permet de préciser une question. Par exemple:

Où travailles-tu?

A **quel** endroit
Dans **quelle** ville } travailles-tu?
Dans **quelle** rue

Comment fonctionne le programme?

De **quelle** façon
Avec **quelles** personnes } fonctionne le programme?
Avec **quel** succès

Réagissez!

A. Jouez la scène avec plusieurs camarades.

B. Avec un(e) camarade, regardez les images suivantes. Posez des questions précises selon les modèles et répondez aux questions.

°*la publicité* = les annonces dans le journal, par exemple

Qui est-ce? Quelle est sa profession? Quel est son nom? Quelle est sa nationalité?

Où est-elle? Dans quelle ville? Dans quel pays? Devant quel monument?

Quand est son 200ème anniversaire? Quel jour? Quel mois? En quelle année?

C. Posez à des camarades des questions personnelles concernant leur travail, leurs études, leur logement, leurs distractions, leur famille. Dans une première question, utilisez les expressions **Où? Quand? Qui?** ou **Comment?** Ensuite, demandez des précisions avec des questions utilisant l'adjectif interrogatif **Quel.**

MODÈLE: A: Où habite ta famille? Dans quelle ville? Dans quel quartier? Quelle est l'adresse de ta famille?

En province, dans le département de la Loire, une grande fête de famille en l'honneur des nouveaux mariés. Vive la mariée! Vive le marié! Est-ce qu'ils sont sur la photo?

B: Ma famille habite à Westwood, à Los Angeles. Notre adresse est 110 Oak Place.

• Lecture

L'esprit de famille

En France, la famille, ce n'est pas seulement les parents, les enfants et les petits-enfants… C'est aussi les proches parents, c'est-à-dire les oncles, tantes et cousins germains° et puis la «belle-famille»—les parents par alliance°—et la famille éloignée,° c'est-à-dire les cousins du deuxième, troisième, quatrième (etc.) degré! Le parrain et la marraine° sont aussi souvent inclus dans le cercle familial.

Il y a beaucoup de contacts entre tous les membres de cette grande famille: on aime célébrer, souvent par un grand repas,° les fêtes, les anniversaires ou tout simplement les dimanches. On aime passer le week-end ensemble, parfois les grandes vacances de juillet et d'août: c'est ça l'esprit de famille. Les générations sont en contact, les enfants aident leurs parents âgés, les plus jeunes profitent de ces influences multiples et ont très tôt une bonne discipline. Pour tous, les opinions de la famille sont très importantes.

Comment expliquer alors que, selon les statistiques, le nombre des mariages en France continue à diminuer et le nombre des unions libres à augmenter? Bien sûr, l'union libre, le divorce et les parents célibataires° sont beaucoup plus nombreux aujourd'hui qu'auparavant.° Cependant,° de nouveaux phénomènes indiquent une renaissance de l'esprit traditionnel de famille chez les jeunes Français. Ils sont menacés par l'insécurité professionnelle, mais encouragés par un meilleur[12] équilibre entre les rôles de l'homme et de la femme, et protégés par les lois sociales françaises pour le contrôle des naissances. N'oublions pas que l'État offre aussi des allocations familiales généreuses aux couples qui choisissent d'avoir des enfants.

Ainsi, malgré toutes les pressions exercées sur la famille par la société moderne, une majorité de jeunes Français entre 18 et 24 ans est partisane du mariage et de la vie de famille. Les jeunes d'aujourd'hui projettent peut-être une famille «nouveau style», mais ils n'oublient pas l'influence primaire de leur propre tradition familiale.

---

[12]Paul a la note B à l'examen; Anne a la note A: la note d'Anne est *meilleure*.

°*les cousins germains* = les fils et les filles de ma tante ou de mon oncle
alliance = ici, mariage
éloigné(e) = loin de nous
le parrain et la marraine = le père et la mère religieux de l'enfant
un repas = le dîner, le déjeuner,…
célibataires = pas mariés
auparavant = avant, autrefois
Cependant = Mais

Comprenez-vous?

Répondez à chaque question avec une phrase complète.

1. En France, quelles personnes sont aussi souvent incluses dans le cercle familial?   2. Dans une famille française, qui aide les parents âgés?   3. En France, comment est-ce qu'on accepte les opinions de sa famille?
4. Aujourd'hui, en France, est-ce que les cas de divorce augmentent ou diminuent?   5. Pourquoi y a-t-il une renaissance de l'esprit de famille chez les jeunes Français?   6. Donnez quelques facteurs sociaux qui contribuent à cette «renaissance».   7. De quoi, en majorité, est-ce que les jeunes Français semblent être partisans?

Et vous?

Est-ce que ces facteurs sociaux existent aussi aux États-Unis? Avec quels résultats?

• Activités

A. Une vie de rêve. Une nuit, votre bon génie apparaît. Le génie vous donne la possibilité d'inventer le logement et la famille de vos rêves. Avec un(e) camarade, jouez les deux rôles. Réfléchissez bien et répondez aux questions du génie.

1. Préfères-tu une maison? un appartement? une villa à la campagne? une résidence universitaire? un château?   2. La maison a-t-elle un jardin? un balcon? une terrasse? une piscine°?   3. Quelle est l'adresse de cette maison?   4. De quel style est-elle? traditionnel? rustique? moderne? très original?   5. Quel décor choisis-tu? Quelles couleurs prédominent?   6. Combien d'étages a cette maison?   7. Quelles pièces y a-t-il au rez-de-chaussée? au premier étage? A quel étage dort-on?
8. Qui habite cette maison? Partages-tu la maison avec des parents ou avec des amis? Combien de générations habitent ensemble?   9. Qui fait la cuisine? Où est-ce qu'on sert la plupart des repas? A quelles heures?
10. Qui fait les travaux ménagers? Quels travaux sont nécessaires? Comment partagez-vous le travail? Que faites-vous ensemble? Que faites-vous seul(e)s?

B. Chez nous. Discutez de ces questions en cours. Ensuite, écrivez un ou deux paragraphes qui résument votre point de vue. (*Oral, écrit*)

1. Décrivez vos rapports avec un de vos parents ou proches parents. Qu'est-ce que vous faites ensemble? De quoi discutez-vous? Est-ce que vous appréciez les opinions de cette personne?

°*une piscine* = un grand bassin pour faire de la natation

MODÈLE: Je passe beaucoup de temps avec… parce que… En général, nous…, mais nous aimons aussi… Parfois, nous sortons le…, ou nous partons ensemble pour…

2. Comparez la description de la famille française dans la lecture avec la vie dans votre famille. L'«esprit de famille» dans le sens français du terme existe-t-il chez vous? A votre avis, est-ce que cet esprit rend la vie plus agréable ou moins agréable? Pourquoi?

Mots à retenir

Verbes	agir	monter	réussir (à)
	choisir (de)	partir (en voyage)	sentir
	dormir	réagir	servir
	finir (de)	réfléchir	sonner (à la porte)
	mentir	ressembler (à)	sortir

Noms	l'adresse (*f.*)	le frère	les petits-enfants (*m. pl.*)
	l'arbre (*m.*)	la grand-mère	le petit-fils
	le billet	le grand-père	la petite-fille
	la campagne	les grands-parents (*m. pl.*)	la pièce
	le couloir	l'immeuble (*m.*)	la piscine
	le cousin/la cousine	le lendemain	la réunion
	la cuisine	le mari	le rêve
	l'endroit (*m.*)	la mère	le rez-de-chaussée
	l'escalier (*m.*)	le neveu	la salle à manger
	l'étage (*m.*)	la nièce	la salle de bains
	la famille	l'oncle (*m.*)	la salle de séjour
	la femme	les parents (*m. pl.*)	la sœur
	la fille	les proches parents	la tante
	le fils	le père	la terrasse

| **Adjectifs** | éloigné(e) | | |
| | familial(e) | | |

| **Adverbes** | au moins | comme d'habitude | tard |
| | cependant | quand | tôt |

| **Expressions de communication** | c'est-à-dire | Mon Dieu! | Tiens! |
| | justement | Quelle horreur! | |

Le passage des saisons

AMERICRUISER 2
4887
LEVI STRAUSS & CO.
QUALITY CLOTHING
LEVI STRAUSS CO
SAN FRANCISCO CAL
ORIGINAL RIVET
QUALITY CLOTHING
TRADE
PATENTED
MAY 20 187
ENTREZ DANS LA LÉGENDE.
Levi's

Voici une mode de nos jours presque universelle. Pour beaucoup de jeunes Français, le jean, le tee-shirt, le training,° les bottes ou les baskets,° c'est le confort, c'est l'anticonformisme, c'est la mode, c'est l'Amérique.

D'après cette publicité...

1. Que font ces jeunes? Quels vêtements portent-ils? Qui sont-ils?
2. Quelle est la «légende» américaine?

Jeu d'associations

Pour certains Français, un jean, un tee-shirt et des bottes, c'est l'Amérique! Et pour vous? Utilisez les suggestions pour exprimer votre conception sur les idées suivantes.

MODÈLE: Un croissant, un accordéon, un béret... Pour moi, c'est la France! ...Pour moi, c'est la liberté! (c'est un besoin! c'est le luxe! c'est la détente! c'est le danger! c'est le travail! c'est l'aventure!)

Suggestions: une Jaguar / une raquette de tennis / un billet d'avion / une automobile / des baskets / un jean / une guitare / un diamant / un café / un roman policier / une cigarette / le N° 5 de Chanel / la télé / un journal / le téléphone / les vacances...

*E*ntrée en scène

Les saisons et le temps: Quel temps fait-il?

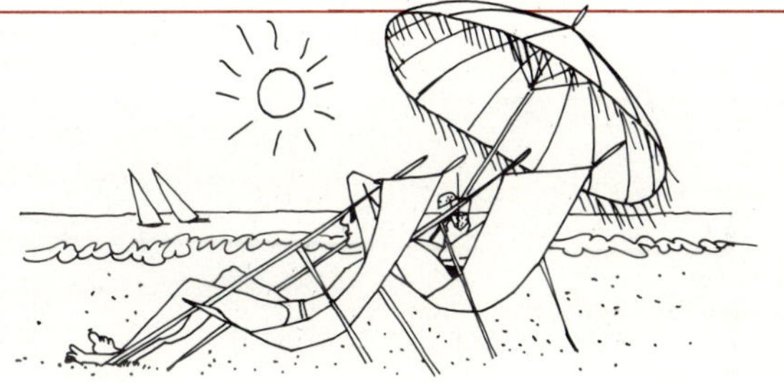

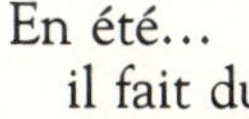

En été...
   il fait du soleil.
   il fait beau.
   il fait chaud.

En automne...
   il pleut.
   il fait mauvais.
   il fait du brouillard.

°*le training* = le sweat-shirt
les baskets = les chaussures de sport

En hiver...
il neige.
il fait froid.

Faites attention aux prépositions utilisées devant le nom des saisons:

en été, **en** automne, **en** hiver
mais: **au** printemps

Notez l'emploi idiomatique du verbe **faire** pour parler du temps, et les expressions impersonnelles **il neige** et **il pleut.**

Quel temps **fait-il?** On fait un pique-nique aujourd'hui? —Mais regarde par la fenêtre! **Il fait mauvais: il neige** et **il pleut!**

A. Fêtes. Indiquez la saison et le temps, selon le modèle. (Les dates de quelques fêtes françaises sont données entre parenthèses.)

MODÈLE: Noël →
   Noël est en hiver. Ici, il fait froid, il neige, parfois il fait du vent.

1. Thanksgiving

2. la Fête du Travail américaine

En hiver, il neige, naturellement! Et il fait froid. Est-ce que ce conducteur va mettre sa voiture en marche sans problème?

3. la Saint-Valentin
4. Pâques[1]
5. votre anniversaire

6. la Fête du Travail française (1.5)
7. la Fête nationale française (14.7)
8. la Toussaint (1.11)[2]

B. **Climats.** Posez les questions suivantes à plusieurs camarades.

1. Quels sont les mois de l'été? de l'automne? de l'hiver? du printemps?
2. Quel temps fait-il ici en été? en automne? en hiver? au printemps? Est-ce que le climat est différent dans ta ville d'origine?
3. Quel temps fait-il ici aujourd'hui? Décris le temps qu'il fait maintenant à New York, à Honolulu, à Paris, à Londres et dans d'autres lieux.
4. Quelle saison préfères-tu? Quel mois préfères-tu? Quelle fête de l'année préfères-tu? Pourquoi?

• Étude de verbes: le groupe **mettre;** les verbes **voir** et **croire**

A. *Mettre*

mettre (*temps présent*)	
je mets	nous mettons
tu mets	vous mettez
il/elle/on met	ils/elles mettent
Comme **mettre: promettre, permettre, remettre°**	

Ces personnes **mettent** toujours leurs affaires sur mon bureau!

Mettez-vous un imperméable quand il pleut? —Oui, mais nous rêvons de **mettre** notre maillot de bain.

Qu'est-ce que tu **promets** à Guillaume? —De téléphoner immédiatement à son ami.

Qu'est-ce que tu **remets** au prof? —La dissertation pour aujourd'hui.

Avec les verbes **permettre** et **promettre,** notez bien la préposition **à** devant le nom (objet indirect) et la préposition **de** devant l'infinitif.

Je **promets** à Sophie **d'**écrire souvent.

---

[1]*Pâques* est une fête chrétienne, généralement en avril; il y a aussi une fête juive du même nom (*la Pâque*), à la même saison.

[2]En France certaines fêtes de tradition catholique (*la Toussaint, la Pentecôte, l'Ascension*) sont des fêtes légales.

°*remettre* = replacer, donner, retarder

B. *Voir et croire*

*Dites-moi, croyez-vous
tout ce que vous voyez?*

Au temps présent:

voir	croire
je vois	je crois
tu vois	tu crois
il/elle/on voit	il/elle/on croit
nous voyons	nous croyons
vous voyez	vous croyez
ils/elles voient	ils/elles croient
Comme **voir:**[3] **revoir**	

—Est-ce que tu **vois** l'hélicoptère?
—Où ça?
—**Regarde,** là-haut! Il est tout près de la Tour Eiffel!

Quand **revois**-tu tes amis? —Pas avant le mois d'août.

Croire à signifie *penser qu'une chose est réelle ou possible.*

Est-ce qu'elles **croient à** cette histoire d'extraterrestres?

Croire en a le sens de *avoir confiance en quelqu'un, avoir la foi* (**croire en Dieu**).

*Émilie croit à la chance,
mais moi, je crois
en mes amis.*

Exercices

A. Complétez chaque phrase avec la forme appropriée de **mettre, permettre, promettre** ou **remettre.**

1. Quand il pleut, on _______ des bottes et un imperméable.
2. Ses parents ne _______ pas à Thérèse de sortir le soir.
3. Non, Anne-Lise, sur cette table-là je _______ le poste de télé.
4. Nous _______ à Suzanne d'arriver pour une fois à l'heure.
5. Pourquoi est-ce que tu _______ toujours ton travail au lendemain?

---

[3]Remarquez le rapport entre **voir** (= *percevoir des images*) et **regarder** (= *faire un effort pour voir*).

B. Posez les questions suivantes à des camarades.

1. Qu'est-ce que tu mets d'habitude dans ton sac à dos? dans ta serviette? sur ton bureau? sur ton étagère?
2. As-tu tendance à remettre à plus tard un travail difficile? Remets-tu par exemple à «demain» certains devoirs? des courses? des visites ou des lettres difficiles à écrire? Pourquoi?

C. Faites les substitutions indiquées.

1. *Je* vois une jeune fille aux Champs Élysées. (nous, tu, ils)
2. *Je* crois à la chance. (mes frères, vous, on)
3. *Je* revois Marie-France demain. (nous, tu, ma famille)
4. Maintenant, *je* vois Annick tous les jours. (mon ami Paul, tu, vous)

D. Posez les questions suivantes à un(e) camarade. Ensuite, il/elle pose les mêmes questions à son tour.

1. Chez toi, que vois-tu par la fenêtre de la salle de séjour? de ta chambre? Est-ce une scène typique de ta ville? Sinon, qu'est-ce que tu vois?
2. Regarde par la fenêtre de la salle de classe. Que vois-tu? Y a-t-il de grandes différences entre cette scène et ta rue?
3. Crois-tu que ton milieu détermine ta personnalité? As-tu un comportement différent si tu es chez toi, à l'université, avec tes parents, dans un autre pays…? (*Oui, je crois que mon milieu détermine ma personnalité. A l'université, je suis… A la maison, je suis… Ou bien: Non, je ne crois pas. Mon milieu ne gouverne pas ma personnalité, parce que…*)

Qu'est-ce que je vais mettre aujourd'hui?

A. Quels sont les vêtements appropriés…? Suivez le modèle.

MODÈLE: A: pour faire une excursion en montagne?
B: On met un pantalon ou un short, un chapeau, un chandail et un sac à dos.

1. sur une plage° de Tahiti?
2. en ville quand il pleut?
3. pour danser dans une disco?
4. pour jouer au tennis?
5. au travail?
6. à l'Opéra?
7. à un concert de rock?
8. pour impressionner tes amis?

B. Et vous? Posez les questions suivantes à un(e) camarade.

1. Quels vêtements portes-tu aujourd'hui? De quelles couleurs sont-ils?
2. Quels vêtements trouves-tu confortables en été? en hiver? en automne? au printemps?
3. Quels vêtements mets-tu pour sortir le samedi après-midi? le samedi soir?
4. Quelle est la mode étudiante américaine? Quand un(e) étudiant(e) termine ses études, préfère-t-il/elle porter d'autres vêtements? Adopte-t-il/elle une nouvelle mode?

Le béret et le chandail en laine fait à la main sont des vêtements typiques de cet habitant de l'Hérault, un département du sud de la France.

°*une plage* = la terre au bord d'un lac ou de la mer

*J*eu de structures

16. Le verbe **aller**; le futur proche

Promenades

Un samedi matin en été. Laurent arrive chez Iris, qui est sur le point de partir pour la campagne.

LAURENT: Qu'il fait beau ce matin! On *va* au Bois de Boulogne[4] avec les copains?

IRIS: Ah non! Aujourd'hui, c'est impossible. Je *vais travailler.*

LAURENT: Tu exagères, Iris! Toi et tes collègues, vous *allez rester* enfermés au laboratoire avec vos papillons?

IRIS: Mais non, Laurent, pas du tout! Nous *allons* à la campagne près de Chartres.

LAURENT: Mais, pourquoi donc?

IRIS: Certains spécimens rares *vont sortir* de leur cocon cet après-midi. C'est une occasion unique!

LAURENT: Quelle idée géniale! Nous *allons faire* un pique-nique à Chartres avec tous les copains!

IRIS: (*le visage décomposé*) Oh misère!

Pour préciser

Iris n'a pas envie d'aller au Bois de Boulogne avec Laurent... Où va-t-elle?
 —Elle va à Chartres.
Qu'est-ce qu'elle va faire?
 —Elle va observer des papillons.
Et vous? Où allez-vous après ce cours?
 —Je vais en cours de physique.
Michel, demandez à Robin où elle va ce week-end.
 —Robin, où vas-tu ce week-end?
 —Je vais chez des amis, à Philadelphie.
Combien d'étudiants vont passer le dimanche à la bibliothèque?
 —Trois ou quatre. Les autres vont partir en week-end.
Qu'est-ce que nous allons faire ce week-end?
 —Nous allons jouer au foot, n'est-ce pas? Et après, on va faire un pique-nique.

Pour apprécier

1. A votre avis, que vont faire Iris et Laurent cet après-midi? Pourquoi?
2. Qu'est-ce que vous allez faire aujourd'hui? ce week-end? Qu'allez-vous faire avec vos amis?

---

[4]Le *Bois de Boulogne* est un parc important à l'ouest de Paris.

A.   Les formes du verbe *aller*

aller (*temps présent*)	
je vais	nous allons
tu vas	vous allez
il/elle/on va	ils/elles vont

Comment **allez**-vous? —Je **vais** très bien, merci. Et vous?

Salut, ça **va?** —Ça **va** bien, merci. Et toi?

Où **allons**-nous? —Nous **allons** d'abord° au café, ensuite, à la Faculté.

Tu **vas à** Strasbourg en avion? —Non, en voiture.

B.   *aller + infinitif*: le futur proche

La conjugaison au temps présent d'**aller** + *infinitif* exprime une action future. Cette action est relativement proche du moment présent.

Qu'est-ce que vous **allez faire?** —Nous **allons téléphoner** à Hélène.

Quand **vont**-ils **partir?** —Ils ne **vont** pas **partir** avant midi.

aller voir = *rendre visite à*

Allez-vous à la montagne cet été? —Oui, nous **allons voir** des amis près de Grenoble.

A la lettre

A. Où va-t-on? Suivez le modèle. Choisissez une des possibilités.

MODÈLE: Quand j'ai envie de jouer au basket,... →
          je vais à la salle de sport.

1. Quand nous avons faim,...
2. Quand il a envie de parler français,...
3. Quand elles ont besoin d'étudier,...
4. Quand j'ai soif,...
5. Quand tu as sommeil,...

°*d'abord* = premièrement, en premier lieu

6. Quand vous avez envie de regarder la télé,...
7. Quand nous n'allons pas bien,°...
8. Quand les copains ont envie de pique-niquer,...
9. Quand elle a envie de jouer au Scrabble,...

Suggestions: dans la salle de séjour / à la campagne / à la bibliothèque / dans la cuisine / à la salle de sport / à Paris / au café / dans la salle à manger / au lit / chez un(e) ami(e) / chez le médecin°

B. Les projets du dimanche. Suivez le modèle pour former des phrases complètes.

MODÈLE: M. Mercier / aller / montagne →
M. Mercier va aller à la montagne.

1. nous / sortir avec / copains
2. vous / jouer / guitare
3. Frédérique / acheter / livre de français
4. je / voir / film / préféré
5. Colette / lire / roman
6. je / finir / travail

C. Transformation. Mettez les phrases précédentes à la forme interrogative et ensuite à la forme négative.

MODÈLE: M. Mercier va aller à la montagne. →
M. Mercier va-t-il aller à la montagne?
(Est-ce que M. Mercier va aller à la montagne?) →
M. Mercier ne va pas aller à la montagne.

A votre tour

Quels sont tes projets pour le week-end? Interviewez un(e) camarade de classe. Utilisez quand c'est possible les expressions **d'abord, ensuite, après** et **enfin.**

MODÈLE: travailler → A: Vas-tu travailler?
B: Oui, d'abord, je vais travailler. Ensuite, je vais voir des amis. Nous allons faire des courses, et après, nous allons dîner ensemble.

Suggestions: rester à la maison / aller en ville / écouter des disques / préparer un dîner / préparer des leçons / regarder un film / travailler à la bibliothèque / aller dans un restaurant extraordinaire...

°*nous n'allons pas bien* = nous sommes malades
un médecin/une femme médecin = un docteur en médecine

17. Les pronoms relatifs: **qui, que** et **où**

Dans une bibliothèque universitaire

Il est huit heures du soir. C'est la veille° des examens. Nous écoutons trois étudiants *qui* parlent tout bas.°

THÉRÈSE: Tu vois ce garçon *qui* travaille là-bas, dans le coin?
RICHARD: Oui, c'est le type° *que* je vois ici tous les soirs.
CAROLE: Et regarde le gros manteau *qu*'il porte…
THÉRÈSE: C'est bizarre, ce manteau. Il ne fait pas tellement° froid ici.
RICHARD: Cet étudiant a des sandwichs dans ses poches, tu sais.
THÉRÈSE: Ah, voilà pourquoi il choisit ce coin isolé…
RICHARD: …*où* il dîne tranquillement chaque soir.
CAROLE: Mais nous sommes dans une salle *où* il est formellement interdit° de manger!
THÉRÈSE: Et que font les gens *qui* ont absolument besoin de manger pour bien étudier?
RICHARD: Ils font comme moi: ils mangent ici… mais beaucoup plus discrètement.
THÉRÈSE: Ah oui, bien sûr. Richard… heu… passe le sel, s'il te plaît.

Pour préciser Richard, Carole et Thérèse sont dans une salle de la bibliothèque… Qui est-ce qu'ils regardent?
—Ils regardent un étudiant qui travaille dans un coin.
Est-ce que c'est un nouvel étudiant?
—Non, c'est un garçon qu'ils voient tous les soirs.
Pourquoi son manteau est-il bizarre?
—Le manteau qu'il porte est bizarre parce qu'il ne fait pas froid.
La bibliothèque, est-ce que c'est un lieu où on mange?
—Non, en général, ce n'est pas un lieu où on mange.
Pourquoi le garçon choisit-il ce coin pour travailler?
—C'est un coin où il a la possibilité de dîner tranquillement.

Pour apprécier
1. Dans votre université, les étudiants qui travaillent à la bibliothèque apportent-ils en général leur dîner?
2. Pourquoi est-il interdit de manger dans les salles de bibliothèque?
3. Où préférez-vous manger si vous êtes pressé(e)°?
4. La France est un pays où les bibliothèques ferment à midi et le soir. A votre avis, quels sont les avantages (et les inconvénients) de ce système?

°*la veille* = le jour ou le soir avant
parler tout bas = murmurer
le type (fam.) = le garçon, l'homme
tellement = si
interdit = prohibé
vous êtes pressé(e) = vous n'avez pas de temps

A. La phrase composée et le pronom relatif

Le pronom relatif sert à relier une proposition subordonnée à la proposition principale d'une phrase composée. Étudiez les exemples suivants:

Je cherche l'étudiant. Il travaille là-bas. →

Je cherche l'étudiant **qui travaille** là-bas.

Le chapeau est pratique. Elle porte le chapeau. →

Le chapeau **qu'elle porte** est pratique.

Il fait froid dans le bureau. Nous travaillons dans **le bureau.** →

Il fait froid dans le bureau **où nous travaillons.**

B. *Qui, que ou où?*

1. Le pronom relatif **qui** représente **le sujet** de la proposition subordonnée. **Qui** précède directement le verbe conjugué. **Qui** se réfère à une personne ou à une chose.

   • **qui** + *verbe conjugué*

   Voici le professeur **qui va faire** ce cours.

   J'ai des amis **qui n'aiment** pas le cinéma.

   C'est un livre remarquable **qui explique** l'origine de l'univers.

2. Le pronom relatif **que** représente *l'objet direct* de la proposition subordonnée. **Que** précède le sujet de la proposition subordonnée. **Que** se réfère aussi à une personne ou à une chose.

   • **que** + *sujet* + *verbe*

   Voici le journal **que je lis** régulièrement.

   Philippe? C'est un garçon **que nous aimons** bien.

   Marie-Rose a un jean **qu'elle porte** tous les jours.

   Notez l'élision: **que** → **qu'** devant une voyelle.

3. Le pronom relatif **où** remplace *un nom de lieu* ou *une expression de temps*. **Où** précède le sujet de la proposition subordonnée.

   • **où** + *sujet* + *verbe*

   Le bureau **où vous demandez** votre passeport est là-bas.

   Août—c'est le mois **où nous voyageons** d'habitude.

   Voilà la boutique **où Émilie achète** ses vêtements.

   Mardi, c'est le jour **où j'ai** rendez-vous avec Suzanne.

A la lettre

A. Un copain. Reliez chaque paire de phrases par le pronom relatif **qui.** Mettez la proposition subordonnée après l'expression en italique.

MODÈLE: Voilà mon copain *Bertrand.* Il n'est pas très sociable. →
Voilà mon copain Bertrand qui n'est pas très sociable.

1. J'ai *un copain un peu bizarre.* Il porte toujours un complet-veston.
2. C'est *un complet en laine.* Il est trop chaud pour la saison.
3. J'ai *d'autres copains.* Ils ont envie de jouer au football le dimanche.
4. Bertrand refuse de mettre *d'autres vêtements.* Ils sont d'une mode plus sportive.
5. Un jour, peut-être, Bertrand va rencontrer *une jeune fille sportive.* Elle va transformer sa vie.

B. Au bureau des objets trouvés. Avec un(e) camarade, imaginez un dialogue entre un(e) employé(e) et des touristes. Suivez le modèle.

MODÈLE: A: Je cherche ma valise.
B: Est-ce que c'est la valise que vous cherchez?
A: Ah oui, voilà la valise que je cherche. (Non, ce n'est pas la valise que je cherche.)

1. Je cherche un parapluie noir.
2. Avez-vous une grande valise en cuir?
3. Je cherche mon sac à dos.
4. Est-ce qu'il y a des chapeaux ici?
5. Avez-vous une grande enveloppe beige?

C. Jours d'hiver. Complétez chaque phrase par le pronom relatif correct: **qui, que** ou **où.**

1. Nous habitons une ville ______ il neige beaucoup en hiver.
2. J'ai des copains ______ détestent le mauvais temps.
3. Les jours ______ il fait mauvais, je ne suis pas triste.
4. J'aime rester dans ma chambre ______ je passe mon temps à lire ou à rêver.°
5. Solange, ______ habite au même étage, joue souvent de la guitare.
6. Ce sont des moments ______ j'aime beaucoup; à mon avis ils sont uniques.
7. Nous sortons parfois dans le jardin ______ les enfants font un bonhomme de neige.
8. Et le soir, nous allons souvent à la discothèque ______ est tout près de chez nous.
9. Les bons amis ______ nous rencontrons à la disco sont, comme nous, contents d'être là, bien au chaud.

°*rêver* = penser aux choses imaginaires

A *votre tour*

A. Faits et opinions. Avec quelques camarades, terminez ces débuts de phrase d'une manière originale. (*Oral ou écrit*)

1. Robert Redford est un acteur qui ________.
2. Mon meilleur copain (Ma meilleure copine) est une personne qui ________.
3. Notre université est un endroit où ________.
4. Le français est une langue que ________.
5. Le prof de français aime les étudiants qui ________.
6. Ça? C'est le sac où ________.
7. En automne, l'imper,° c'est un vêtement que ________.
8. Les baskets? Ce sont des chaussures qui ________.
9. Avril est un mois où ________.
10. Le président? C'est un homme politique qui ________, et que ________.

B. Un jeu. Divisez la classe en deux groupes. Le premier groupe va inventer des débuts de phrase qui *se terminent* en **qui, que** ou **où,** selon le modèle de l'Exercice A. Sans regarder le travail du premier groupe, le deuxième groupe va préparer des fins de phrase qui *commencent* par **qui, que** ou **où.**

Maintenant, choisissez au hasard des débuts et des fins de phrase avec **qui** et, ensuite, avec **que** et avec **où.** Lisez les résultats devant la classe.

MODÈLE: Un éléphant c'est un animal qui… qui parle très bien le français!

• Étude de verbes: le troisième groupe (-re): attendre

Ils attendent le bus.

Elle entend un bruit.

Il perd ses clefs.

Elle vend des fleurs.
Elle rend quelques centimes au client.

°*l'imper* (*fam.*) = l'imperméable

attendre (*temps présent*)	
j'attends	nous attendons
tu attends	vous attendez
il/elle/on attend	ils/elles attendent

Qui **attends**-tu? —J'**attends** Maurice.

Margot? Elle dort encore. —Ne **descend**-elle pas pour le déjeuner?

Entends-tu cette dispute? Qu'est-ce qu'il y a? —Malheureusement, ma sœur **perd** certains privilèges... Elle **rend** la voiture à Papa.

Pourquoi **vendez**-vous vos skis? —Nous **perdons** patience: il ne neige pas et nous sommes déjà en avril!

Cette jeune Parisienne fait du lèche-vitrines: elle regarde les beaux objets en cuir dans la vitrine d'une boutique. A votre avis, qu'est-ce qu'elle va acheter?

Voici des verbes réguliers du troisième groupe (**-re**):

attendre	rendre
descendre (de)	rendre visite à
entendre[5]	répondre (à)
perdre	vendre

Notez qu'avec **attendre,** on utilise un *objet direct*. Il n'y a pas de préposition devant l'objet: Il **attend le bus. J'attends mon amie.**

Prononcez bien!

Dans le troisième groupe de verbes (**-re**), toutes les formes du singulier sont prononcées de façon identique.

> je **vends** / tu **vends** / il/elle/on **vend** [vã]

Remarquez que les consonnes finales (**s, d, z, t**) ne sont pas prononcées. Mais le son [d] est prononcé à toutes les formes du pluriel.

Prononcez avec le professeur:

ils attendent	[il-za-tãd]	elles entendent	[ɛl-zã-tãd]
tu attends	[ty-a-tã]	tu entends	[ty-ã-tã]
vous attendez	[vu-za-tã-de]	nous descendons	[nu-de-sã-dɔ̃]

A la forme interrogative avec inversion (**Attend-elle?**), la liaison est toujours nécessaire entre le verbe et le pronom sujet. A la troisième personne du singulier, la lettre **d** est prononcée [t].

> **Vend-on**…? [vã-tɔ̃]   **Attend-il?** [a-tã-til]   **Perd-il**…? [pɛr-til]

La liaison se fait aussi au pluriel: **Vendent-elles**…? [vã-d(ə)-tɛl]. Faites bien la distinction entre **attendre** (**j'attends** [a-tã]) et **entendre** (**j'entends** [ã-tã]).

Exercices

A. Changez les verbes du singulier au pluriel ou vice versa. Faites les autres changements nécessaires.

MODÈLE: Je vends ma vieille valise. →
   Nous vendons notre vieille valise.

1. Tu rends visite à ton amie Paulette.
2. Vous rendez un livre à la bibliothèque.
3. J'attends l'autobus.

---

[5]Remarquez le rapport entre **entendre** (= *percevoir des sons*) et **écouter** (= *faire un effort pour entendre*): Quel est ce bruit que j'**entends?** J'**écoute** le professeur attentivement.

4. Nous descendons de la voiture.
5. Elles perdent leur temps au café.
6. Il répond à toutes les questions.

B. Complétez les phrases avec la forme appropriée d'un des verbes suivants: **descendre, entendre, perdre, rendre, répondre** ou **vendre**.

Aujourd'hui, je vais faire des courses avec mon amie Christiane. Nous _______ de l'autobus à la place Masséna. Nous allons dans une boutique de prêt-à-porter où on _______ de beaux vêtements. Dans cette boutique, les vendeurs parlent avec les clients et _______ à leurs questions. Plus tard, je vais _______ visite à des amis qui habitent tout près. Au café, nous allons _______ des discussions intéressantes. Je ne _______ pas mon temps quand je vais en ville.

C. Répondez aux questions de votre professeur.

1. Répondez-vous régulièrement aux lettres de vos amis? des membres de votre famille? Vos amis (Vos parents) répondent-ils à vos lettres?
2. A la bibliothèque, rendez-vous souvent vos livres en retard? et les autres étudiants?
3. A la résidence universitaire, ou si vous allez au restaurant, à quelle heure descendez-vous pour dîner?
4. A la fin de l'année, vendez-vous généralement vos vieux manuels et vos livres? Pourquoi? A qui?

Animation

• Dialogue

Départ pour Saint-Malo[6]

PHILIPPE: J'emporte un pull?
NICOLAS: Oui, c'est *peut-être* une bonne idée...
PHILIPPE: A ton avis, j'ai besoin d'une veste ou d'un imper?
NICOLAS: Moi *je n'arrive pas à décider*...
PHILIPPE: Tu penses qu'il va pleuvoir?
NICOLAS: *C'est difficile à dire... C'est possible...*
PHILIPPE: Mais enfin, quel temps fait-il, là-bas, en général?
NICOLAS: *Je ne suis* vraiment *pas sûr*... en septembre...
PHILIPPE: Mais, tu es bien de Saint-Malo, non?
NICOLAS: Oui, mais je ne suis pas Monsieur Météo,° tu sais!

---

[6]*Saint-Malo* est une ville française sur l'Atlantique en Bretagne.
°*la météo* = le bulletin météorologique du jour

Comment exprimer l'incertitude

Pour exprimer l'incertitude en français, utilisez des expressions comme

Peut-être.	Je ne sais pas.
C'est possible.	Je n'arrive pas à décider.
Je ne suis pas sûr(e).	Je crois. (Je ne crois pas.)
C'est difficile à dire.	Je pense. (Je ne pense pas.)

Réagissez!

A. Posez les questions suivantes à un(e) camarade. Il/Elle va répondre en utilisant des expressions d'incertitude.

1. Est-ce qu'il va faire beau demain?   2. Vas-tu visiter Paris, un jour?
3. Est-ce que tu vas continuer tes études de français le trimestre (le semestre) prochain?

B. Posez à des camarades des questions personnelles concernant leurs projets futurs. Utilisez **aller** + *infinitif* dans la question. Répondez avec une expression d'incertitude + une phrase. Utilisez **peut-être** ou **probablement** si nécessaire.

MODÈLES: A: Vas-tu travailler ce week-end?
B: Je ne sais pas. Je vais peut-être à la plage.
A: Vas-tu étudier le français le semestre prochain?
B: C'est difficile à dire. J'ai trois autres cours très difficiles.

• Lecture

Les mystères de la mode

Pensez-vous, avec Coco Chanel, que «pour être irremplaçable, il faut rester différent»? C'est peut-être l'avis de beaucoup d'Américains, car° l'esprit de la mode française est partout° présent dans les grands magasins[7] aux États-Unis: dans les rayons° du prêt-à-porter avec les griffes° d'Yves Saint-Laurent, de Christian Dior et de Pierre Cardin, comme dans les rayons de la parfumerie et des célèbres créations de Chanel ou de Nina Ricci.

Cette magie de la Haute Couture française attire° à Paris, deux fois par an, la grande clientèle française et internationale. C'est l'époque fiévreuse

---

[7]*Macy's, Au Printemps,* etc., sont des *grands magasins.*

°*car* = parce que
partout = en tous lieux
les rayons = les sections d'un grand magasin
la griffe = la marque, le logo
attirer = faire arriver

des défilés de mannequins[8] qui présentent, dans les salons de couture de la place Vendôme ou du Faubourg Saint-Honoré, les nouvelles collections préparées dans le secret et rivalisant d'audacité! Une élégance éblouissante° qui va ensuite être imitée et vendue dans le reste de la France et du monde.

Deux exemples de la mode contemporaine en France. Décrivez les vêtements de ces deux personnes. Qui va à un concert de rock? Qui va déjeuner à la Tour d'Argent? Quels vêtements portez-vous aujourd'hui?

Chose contradictoire, la mode reste pourtant° chez les jeunes Français une mode américaine: jean, tee-shirt ou training portant le nom d'une université d'outre-atlantique.° En France, pour cette génération, la mode américaine décontractée° c'est l'expression d'une autre façon de vivre, anticonformiste et plus libre.

Curieusement, en jean ou en costume de Cardin, les Français sont toujours prompts à adopter, en dépit de leur individualisme, une mode

---

[8]*Un mannequin* est un(e) employé(e) de la maison de couture qui porte les nouveaux vêtements.
°*éblouissant(e)* = brillant(e)
pourtant = cependant
l'outre-atlantique = l'autre côté de l'Atlantique
décontracté(e) = détendu(e)

commune: ses multiples variations de couleurs, de formes et d'accessoires permettent à tous[9] d'exprimer les facettes de leur propre personnalité, sans perdre pour cela un sentiment d'identité commune.

Comprenez-vous?

Répondez «C'est vrai» ou «C'est faux» selon le texte. Corrigez les phrases incorrectes.

1. On trouve beaucoup de griffes françaises dans le prêt-à-porter et la parfumerie des grands magasins américains.
2. Les nouvelles collections de mode sont présentées dans les salons de couture de toute la France.
3. Les jeunes Français aiment la mode américaine parce qu'elle est anticonformiste.
4. Les Français sont trop individualistes pour adopter une mode commune.

Et vous?

Posez les questions suivantes à des camarades. Ensuite, écrivez un paragraphe pour répondre à deux ou trois de ces questions. (*Oral, écrit*)

1. A ton avis, la mode est-elle très importante ou peu importante? Pourquoi?
2. Est-ce que tu es généralement conformiste ou non conformiste dans tes vêtements (distractions, disques, meubles, études, opinions...)?
3. Dans quelles circonstances est-il important d'être conformiste? d'être non conformiste? Comment exprimes-tu ton individualisme?
4. Est-ce que la «mode américaine» en France est vraiment anticonformiste?

• Activités

A. Un jeu. Qu'est-ce que vous mettez dans votre valise? Une première personne met un objet dans la valise. Une deuxième personne met le premier objet dans la valise en ajoutant un deuxième objet... Faites attention! Si vous omettez un objet, vous perdez le jeu.

   MODÈLE: A: Je fais ma valise et je mets mon chapeau.

   B: Je fais ma valise et je mets mon chapeau et des billets, etc.

---

[9]Prononcez le [s] de **tous** [tus] (*pronom m. pl.*)

B. Bulletin météorologique. Avec un(e) ou deux camarades, discutez du temps qu'il fait aujourd'hui et faites des prévisions pour la semaine prochaine. Utilisez le *futur proche* (**aller** + *infinitif*). Avez-vous besoin de modifier vos projets (du week-end, par exemple) à cause du temps qu'il va faire? A la fin de votre discussion, présentez votre situation particulière aux autres membres de la classe.

C. Premières impressions. Décrivez les vêtements habituels d'un(e) de vos ami(e)s ou d'un personnage célèbre. Quelle impression est-ce qu'il/elle fait? Est-ce que les vêtements révèlent le caractère des gens? Est-ce qu'ils déterminent leur situation sociale ou professionnelle? (*Écrit ou oral*)

D. Perdez-vous souvent patience? Présentez les situations suivantes à un(e) camarade selon le modèle. Dans sa réponse, il/elle va utiliser: **souvent, pas souvent** ou **toujours.** Ensuite, demandez des explications à votre ami(e).

> MODÈLE: A: Tu attends un autobus qui n'arrive pas. Est-ce que tu perds patience?
> B: Oui, je perds souvent patience.
> A: Pourquoi (perds-tu patience)?
> B: Je perds patience parce que je n'aime pas être en retard!

1. Tu attends tout l'après-midi un coup de téléphone. La personne ne téléphone pas.   2. Un(e) amie que tu aimes bien ne répond pas à tes lettres.   3. Le chien d'un(e) ami(e) met ses pattes sur votre pantalon neuf° (votre jupe neuve).   4. Un(e) ami(e) qui utilise les affaires de tout le monde perd ton livre de français.   5. Tu perds les clefs de ta voiture.   6. Des amis arrivent chez toi très tôt le matin; tu dors encore.   7. Tu n'entends pas bien le professeur.   8. Tu fais des courses la veille de Noël; tu vas dans trois boutiques où on ne vend pas le cadeau que tu cherches.   9. Il fait très chaud; tu as envie d'aller à la plage. L'ami(e) que tu invites répond «peut-être».   10. Tu es en voiture sur une route où il fait du brouillard; tu es déjà en retard.

Finalement, décidez d'après les réponses de votre ami(e) s'il/si elle est très patient(e), assez patient(e), impatient(e) ou très impatient(e). Qui, dans la classe, a une patience d'ange°?

°*neuf* (*neuve*) = très récent(e), pas encore utilisé(e)
un ange ≠ un démon, un diable

Mots à retenir

Verbes

aller	faire un	permettre de	rester
aller + *inf.*	pique-nique	porter	rêver (de)
aller bien	mettre	promettre de	revoir
attendre	perdre	remettre	vendre
croire	perdre son/du	rendre	voir
descendre	temps	rendre visite à	
entendre	perdre patience	répondre	

Quel temps fait-il?

il fait beau ≠ il fait mauvais	il fait du brouillard	il fait du vent	il pleut (*pleuvoir*)
il fait chaud ≠ il fait froid	il fait du soleil	il fait frais	
		il neige (*neiger*)	

Noms

l'automne (*m.*)	le coin	le maillot de bain	le rendez-vous
les baskets (*m. pl.*)	le complet	le manteau	la robe
les bottes (*f. pl.*)	l'été (*m.*)	la mode	le sac (à dos)
la boutique	la fin	le monde	la saison
le bulletin météorologique, la «météo»	l'hiver (*m.*)	la montagne	la serviette (*valise*)
le chandail	l'imperméable, l'«imper» (*m.*)	le pantalon	le temps
le chapeau	le luxe	le parapluie	le training
le chemisier	le magasin	la plage	la valise
la clef	le grand magasin	la poche	la veille
		le printemps	la veste

Adjectifs

interdit(e)	neuf (neuve)	prochain(e)

Adverbes

d'abord	partout	pourtant

Expressions de communication

C'est difficile à dire.	Qu'il fait beau! (Que tu es intelligent[e]! etc.)	Tu exagères!
Je n'arrive pas à décider.		

Chapitre 8
Les plaisirs de la table

Vous êtes dans un McDonald's en France. Écoutez cette conversation entre une serveuse et un jeune Français.

LA SERVEUSE: Vous désirez?
L'ÉTUDIANT: Un hamburger, un grand cornet de frites et un shake à la vanille, s'il vous plaît.
LA SERVEUSE: C'est pour manger sur place ou à emporter?
L'ÉTUDIANT: A emporter. Ça fait combien?
LA SERVEUSE: Ça fait 16,70. Merci bien.

Et vous?

Avec un(e) camarade, créez une nouvelle scène. Qu'est-ce que le/la client(e) va commander°?

Votre avis sur… ce phénomène gastronomique!

1. Quelles sont les occasions où McDonald's c'est le repas idéal?   2. Que pensez-vous du menu au McDonald's? Quels plats aimez-vous commander? 3. Si vous n'allez pas manger au McDonald's ce soir, quel restaurant allez-vous choisir?   4. Imaginez… Où est-ce que la serveuse française (dans le dialogue) va dîner ce soir-là?

Entrée en scène

**Les repas
de la journée**

Le matin: le petit déjeuner

A midi: le déjeuner

°*commander* = demander (dans un restaurant)

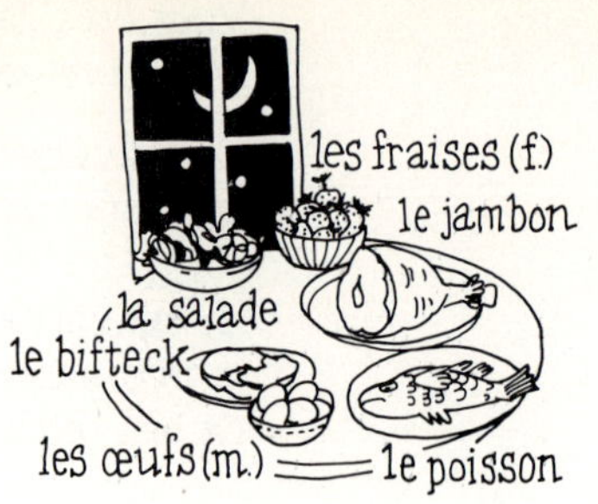

L'après-midi: le goûter ou le thé[1]   Le soir: le dîner

A. Catégories. Trouvez d'autres éléments dans chaque catégorie.

> MODÈLE: A: La mousse au chocolat est un dessert.
>   B: Les gâteaux, la tarte aux pommes et les fraises sont aussi des desserts.

1. La bière est une boisson.   2. La pomme de terre est un légume.
3. Le porc est une viande.   4. La banane est un fruit.   5. Le gâteau est un plat sucré (*avec du sucre*).   6. L'omelette est un plat salé (*avec du sel*).

B. Recettes de cuisine. De quoi avez-vous besoin pour préparer...

> MODÈLE: A: une mousse au chocolat?
>   B: J'ai besoin de chocolat, de sucre et d'œufs.[2]

1. une soupe?   2. un café au lait?   3. une omelette?   4. une salade de fruits?   5. votre sandwich préféré?   6. un petit déjeuner complet en France? aux États-Unis?

A table   A. L'objet nécessaire. Suivez le modèle.

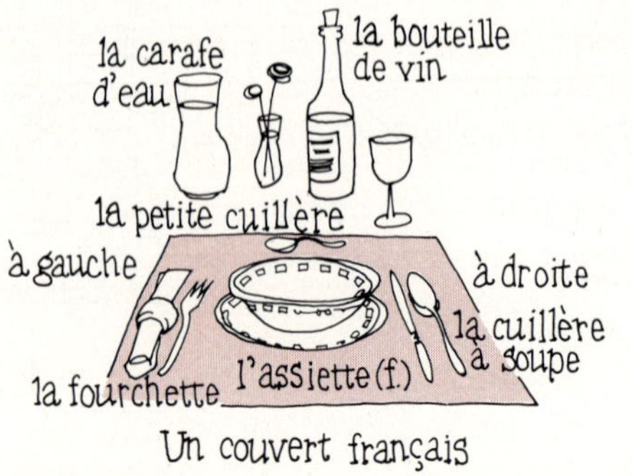

Un couvert français

Un couvert américain

---

[1]*le goûter* = pain et chocolat pour les enfants; *le thé* = thé, gâteaux, etc., pour les adultes
[2]Prononcez bien les mots **œuf** et **bœuf**. La lettre **f** est prononcée au singulier: **œuf** [œf], **bœuf** [bœf]. Elle est muette au pluriel: **œufs** [ø], **bœufs** [bø].

MODÈLE: le café → J'utilise une tasse pour le café.

1. le vin
2. la viande
3. la soupe
4. la salade
5. le thé
6. la mousse au chocolat

B. Mettre le couvert. Répondez aux questions suivantes d'après le dessin.

1. Quels objets mettez-vous sur la table au petit déjeuner? au déjeuner? au goûter? au dîner?   2. Qu'est-ce qu'on trouve sur une table française qu'on ne trouve pas normalement sur une table aux États-Unis? 3. Qu'est-ce qu'on trouve sur une table américaine qu'on ne trouve pas en France?

Les magasins d'alimentation

A. Où est-ce qu'on achète ces produits? Donnez le nom du magasin selon le modèle.

MODÈLE: A: du bœuf?
        B: On achète du bœuf à la boucherie-charcuterie.[3]

1. des boîtes de petits pois?
2. du saucisson?
3. des soles fraîches?
4. du pâté de campagne?
5. des sardines à l'huile?
6. un filet de bœuf?

---

[3]Il y a aussi des magasins distincts: **la boulangerie** (*pain*), **la pâtisserie** (*gâteaux*), **la boucherie** (*viande de bœuf, de mouton,* etc.), **la charcuterie** (*viande de porc, saucisses*).

7. une baguette?
8. des huîtres?
9. des croissants?

10. de la confiture°?
11. un rôti?
12. des petits pains?

B. **Au marché.** Madeleine Rocard est propriétaire d'un restaurant. Chaque jour elle fait le marché. Qu'est-ce qu'elle achète...

1. à la boucherie-charcuterie?
2. à la poissonnerie?

3. à la boulangerie?
4. à l'épicerie?

C. **Conversation.** Donnez votre réaction personnelle.

1. Le matin, quelle boisson préférez-vous? Aimez-vous le café noir? le thé? le café crème? le café au lait?
2. A midi, préférez-vous la viande? le poisson? Est-ce que vous êtes végétarien(ne)? Est-ce que vous êtes allergique à certains aliments?
3. Parlez un peu de vos aliments préférés (légumes, viandes, fruits, desserts, boissons).
4. Si on mange bien et avec discrétion, on est gourmet; si on mange beaucoup, et sans discrétion, on est gourmand. Aimez-vous la bonne cuisine? Est-ce que vous êtes gourmet ou gourmand(e)?
5. Si on mange beaucoup, on grossit; si on mange moins, on maigrit. Avez-vous tendance à grossir ou à maigrir? Pourquoi?

• Étude de verbes: le groupe **prendre** et le verbe **boire**

Au temps présent:

prendre		boire	
je prends	nous prenons	je bois	nous buvons
tu prends	vous prenez	tu bois	vous buvez
il/elle/on prend	ils/elles prennent	il/elle/on boit	ils/elles boivent

Que **prends**-tu au petit déjeuner? —Je **prends** un café noir et des toasts.

Prennent-ils le bus? —Non, ils **prennent** un taxi.

Buvez-vous une eau minérale? —Non, je **bois** une limonade.[4]

---

[4]*La limonade* est une sorte de soda.

°*de la confiture* = des fruits frais cuits avec du sucre

Voici des expressions avec **prendre:**

prendre un repas	Nous **prenons le petit déjeuner** vers huit heures.
prendre son temps	J'ai deux heures pour déjeuner, alors je **prends mon temps.**
prendre au sérieux	C'est une bonne étudiante: elle **prend** son **travail au sérieux.**
≠ **prendre à la légère**	Il est optimiste: il **prend** ses problèmes **à la légère.**

Comme **prendre: apprendre°** et **comprendre°**

Notez bien la préposition **à** entre le verbe **apprendre** et l'infinitif.

Qu'est-ce qu'il **apprend** dans ses cours? —Il **apprend à** faire la cuisine et **à** choisir des vins.

Comprenez-vous le menu dans un restaurant chinois? —Oui, nous **comprenons** le menu, si le serveur parle anglais ou français!

Exercices

A. Utilisez les sujets entre parenthèses pour répondre aux questions suivantes. Faites les changements nécessaires.

1. Qui apprend à faire la cuisine? (mon copain, nous, tu)
2. Qui comprend ces recettes de cuisine? (elles, vous, les chefs)
3. Qui prend son temps le matin? (je, tu, nous)
4. Qui boit du thé l'après-midi? (les Anglais, vous, nous)

B. Faites une phrase qui accompagne les situations suivantes. Utilisez les verbes **boire, apprendre** ou **prendre** ou des expressions avec **prendre.**

MODÈLES: Je vais aller en Suisse. → J'apprends à skier.

J'ai envie de parler avec un ami. →
Je prends un café avec cet ami.

1. J'ai faim.   2. J'ai soif.   3. Je désire parler avec des Français.   4. Je suis au café; je n'ai pas de cours aujourd'hui.   5. Je n'aime pas le vin. 6. Je quitte la maison; il pleut ce matin.   7. Je ne voyage pas en taxi. 8. Je crois que mon travail est très important.   9. Il pense que mes problèmes ne sont pas importants!

°*apprendre* = acquérir une connaissance
comprendre = avoir une compréhension de, voir

*J*eu de structures

18. L'article partitif: **du, de la, de l';** les expressions de quantité

Une heureuse influence

A Grenoble. Deux jeunes, Lynn et Alain, prennent un verre d'eau minérale au bar de leur salle de gymnastique. Alain est français; Lynn est américaine.

ALAIN: Aimes-tu *l'*eau minérale?

LYNN: Oui, beaucoup. Et particulièrement, *les* marques françaises.

ALAIN: Y a-t-il *des* eaux minérales aux États-Unis?

LYNN: Bien sûr! Il existe *beaucoup de* bonnes sources chez nous... et naturellement, *des* eaux importées: le Perrier et l'eau de Vichy!

ALAIN: Chez vous, à Cleveland, que boit-on?

LYNN: Dans ma famille, *les* boissons sucrées, ce n'est pratiquement pas permis. Nous buvons *de l'*eau minérale ou *du* lait à tous les repas.

ALAIN: Garçon! Encore *une* bouteille, s'il vous plaît!

LYNN: A ta santé, Alain!

Pour préciser

Alain et Lynn prennent de l'eau minérale. Et vous, Laura?
—Moi aussi, je prends parfois de l'eau minérale.
Steve, quand aimez-vous prendre de la bière?
—Je bois de la bière quelquefois avec mes amis.
Les étudiants américains boivent-ils du vin au déjeuner?
—Non, mais ils boivent parfois du vin au dîner... s'ils ont déjà 21 ans!
En France, on mange du pain à tous les repas. Et chez vous, Steve?
—Chez nous, normalement, on ne mange pas de pain au dîner.

Pour apprécier

1. Quelle boisson préférez-vous? Y a-t-il une marque (de limonade, de bière, de vin, d'eau minérale) que vous préférez?
2. Buvez-vous parfois de l'eau minérale? Achetez-vous une marque française ou une marque américaine?
3. Les Américains commencent à boire régulièrement de l'eau minérale. Est-ce qu'il y a d'autres plats ou boissons typiquement français que les Américains consomment souvent? Et vous?

Rappel

> L'article défini (**le, la, l', les**) précède le nom de personnes ou d'objets déterminés. Il est aussi utilisé avec un nom pris dans un sens général.
>
> > Voici **l'**eau minérale Perrier. J'aime **les** marques françaises.
>
> L'article indéfini (**un, une**) précède le nom d'une personne ou d'un objet indéterminés. L'article indéfini pluriel **des** désigne un nombre indéterminé de personnes ou d'objets.
>
> > Voici **une** eau minérale française.
> > Ici, on achète **des** eaux minérales américaines.
>
> Après un verbe à la forme négative, **un, une** et **des** → **de:**
>
> > Il **n'**y a **pas de** vins célèbres dans ma région.

A. Les formes et l'emploi de l'article partitif (*du, de la, de l'*)

1. L'article partitif est nécessaire en français pour désigner une portion d'une quantité divisible.

   Est-ce qu'on vend **de l'**eau minérale ici?
   Nous commandons **de la** salade.

   Faites attention à la forme contractée: **de** + **le** = **du.**

   Elle achète **du** jambon et **du** pain.

2. Si la quantité est divisible, utilisez l'article partitif (**du lait**). S'il est possible de compter les éléments distincts, utilisez l'article indéfini pluriel (**des carottes**).

   Qu'est-ce qu'on met dans une mousse au chocolat? —Selon ma recette, on met **de la** crème, **du** sucre, **de la** vanille, **du** chocolat fondu et parfois **des** blancs d'œuf.

   Et qu'est-ce qu'il y a dans cette soupe de légumes? —Il y a **des** pommes de terre, **des** carottes, **des** oignons, **des** tomates, **des** haricots blancs… et naturellement, **de l'**eau!

   N'oubliez pas que **des** = un nombre indéterminé d'objets distincts.

B. L'article partitif et l'article indéfini à la forme négative

Après un verbe à la forme négative

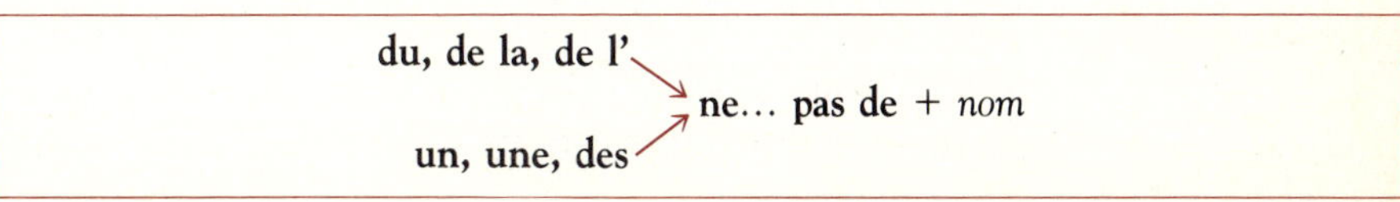

Prennent-ils **de la** viande au déjeuner? —Non, ils **ne** prennent **pas de** viande.

Met-on **des** œufs dans cette tarte? —Non, on **ne** met **pas d'œufs** dans cette tarte.

Avez-vous **du** pain frais? —Je suis désolé, Monsieur, il **n'**y a **pas de** pain frais cet après-midi.

Exception: le verbe **être**

Cette bouteille, est-ce **du** champagne? —Non, ce **n'**est **pas du** champagne.

C.   Les expressions de quantité

Garçon, encore du vin, s'il vous plaît!

Elle commande **du** vin.

Combien de vin commande-t-elle?

Elle commande **un peu de** vin.

Elle commande **beaucoup de** vin.

Elle commande **un verre de** vin.

Elle a **assez de** vin.

Elle a **trop de** vin.

Tant de verres! Elle ne va pas recommencer demain...

D.   L'article partitif ou l'article défini?

1. Les noms concrets. On **prend** (**mange, boit, achète**...) une certaine portion de la «quantité indéterminée». Utilisez l'article partitif.

Je prends **du** fromage. Je mange **du** brie.

Je mange **de la** salade au déjeuner. Mais le soir je **ne** prends **pas de** salade.

Avec les verbes **aimer, préférer, adorer** et **détester,** on exprime son opinion. Utilisez l'article défini.

J'aime **le** fromage. J'adore **le** brie.

Je n'aime pas **les** haricots. Je déteste **les** haricots blancs. Je préfère **la** salade.

2. Les noms abstraits. Utilisez l'article *partitif* ou une *expression de quantité* avec une qualité abstraite (**du courage, de l'humour, de la patience**).

> Sylvain est-il patient? —Oui, il a **de la** patience. (Il **n'**a **pas de** patience.)

> Régine a-t-elle **du** courage? —Non, ces jours-ci elle a très **peu de** courage.

Mais pour un nom abstrait utilisé dans un sens général, utilisez l'article *défini.*

> Qu'est-ce que notre professeur aime répéter? —«**La** patience et **le** courage sont des vertus nécessaires.»

A la lettre

A. Qu'est-ce qu'on prend? Suivez le modèle. Répondez avec le nom du repas approprié et l'article partitif ou indéfini.

MODÈLE: le veau? →
> A: Aimes-tu le veau?
> B: Oui, et pour le déjeuner, je prends du veau.

1. la salade?	5. le pain?	9. la soupe?
2. les pommes de terre?	6. les fruits?	10. le café?
3. le poisson?	7. le melon?	11. la tarte aux pommes?
4. la viande?	8. les œufs?	12. les sandwichs?

B. Au marché. Qu'est-ce que tu achètes? Suivez le modèle.

MODÈLE: pain / jambon → J'achète du pain; je n'achète pas de jambon.

1. bière / tomates
2. sucre / salade
3. eau minérale / vin rouge
4. fromage / œufs
5. fraises / haricots verts
6. sel / pommes de terre
7. légumes / veau
8. beurre / poires
9. viande / chocolat
10. poisson / café
11. fruits / lait

C. Un jeune ménage.° Ce jeune couple fait le marché. Jouez les deux rôles selon le modèle.

MODÈLE: la salade (beaucoup) →
    A: Philippe (Anne), a-t-on de la salade?
    B: Oui, on a beaucoup de salade.

1. les carottes (assez)
2. la glace (trop)
3. la bière (une bouteille)
4. le café (un peu)
5. les tomates (beaucoup)
6. les fraises (assez)
7. la moutarde (un peu)
8. l'eau (quelques bouteilles)

Le rayon charcuterie et fromages dans un supermarché près de Paris. En France, même au supermarché, on trouve des produits frais et de bonne qualité—les bases essentielles d'une bonne cuisine.

___

°*un ménage* = un couple marié

D. Un pique-nique réussi. Complétez par l'article défini, indéfini ou partitif.

Aujourd'hui, nous allons pique-niquer. Mme Belleval prépare _______ repas froid avec _______ poulet, _______ haricots verts, _______ melon et _______ salade. Pour _______ dessert, il y a _______ fromage et _______ tarte aux fraises. M. Belleval choisit _______ vin: c'est _______ bon petit vin blanc. La famille Belleval arrive au bord de la rivière. Les enfants mettent _______ couverts, on mange, on parle. _______ poulet est excellent, _______ melon est parfait. Quelle belle journée! Au dessert, on mange _______ tarte et on prend _______ tasse _______ café. Les enfants préfèrent _______ jus de fruit et ils adorent _______ tarte. Tout le monde mange bien, et même mange un peu trop. Alors, après _______ repas, il reste une chose à faire: la sieste!

À *votre tour*

A. Qualités. Discutez les questions suivantes par petits groupes. Quelles qualités sont nécessaires pour être un bon étudiant/une bonne étudiante? un bon professeur? un bon ami/une bonne amie? un bon cuisinier/une bonne cuisinière?

MODÈLE: Pour être un bon ami, il est nécessaire d'avoir de l'humour, de l'affection et de la tolérance.

Suggestions: l'affection (*f.*) / la beauté / le calme / la compréhension / le courage / le dynamisme / l'enthousiasme (*m.*) / l'humour (*m.*) / l'idéalisme (*m.*) / l'intelligence (*f.*) / l'optimisme (*m.*) / la patience / la sincérité / la tolérance…

B. Conversation. Posez les questions suivantes à plusieurs membres de la classe.

1. Combien de repas prends-tu par jour? Prends-tu ton repas principal le matin? à midi? le soir?
2. Prends-tu ou bois-tu quelque chose entre les repas? Prends-tu du pain à chaque repas?
3. Qu'est-ce que tu prends en général au petit déjeuner? Qu'est-ce que tu aimes prendre au déjeuner? au dîner? Qu'est-ce que tu n'aimes pas manger?
4. Est-ce que tu manges beaucoup de viande? de poisson? de légumes? de fruits? Est-ce que tu bois beaucoup (ou trop) de café? de vin? de bière? de Coca-Cola?
5. Chez toi, quand il est temps de mettre le couvert, qu'est-ce que tu mets sur la table au petit déjeuner? au déjeuner? au dîner?
6. Avec qui manges-tu généralement? Passes-tu beaucoup de temps à table? Pourquoi? Quand invites-tu des amis ou des parents à déjeuner ou à dîner? Préfères-tu inviter tes amis à la maison ou au restaurant? Pourquoi?

19. L'impératif

Recommandations

Albert et ses amis dînent ce soir dans un bon restaurant. Albert est indécis. Ses amis ont leurs propres idées.

ALBERT: Alors, je vais prendre une assiette de légumes.
CHARLOTTE: Mais non, Albert, *prends* plutôt du pâté de campagne!
ALBERT: D'accord, pour commencer, je mange du pâté de campagne.
JEAN: Mais non, Albert, *mange* plutôt autre chose!
ALBERT: D'accord, je prends de la soupe.
GUY: Mais non, Albert! Ne *choisis* pas ça!
ALBERT: D'accord, je vais simplement boire de l'eau.
CHARLOTTE: Mais non, Albert, *bois* plutôt du vin!
ALBERT: D'accord, je vais commander deux bouteilles de Château d'Yquem.
JEAN: Voyons, Albert, *fais* attention à ton budget!
CHARLOTTE: …mais si tu insistes, *n'oublie pas* de demander plusieurs verres!

Pour préciser

Albert va prendre seulement du vin. Est-ce une bonne idée? Joseph, suggérez un autre choix à Albert.

—Albert, prends du pâté, de la salade et de la soupe!

Aujourd'hui, nous organisons un pique-nique. Christine va acheter les provisions. David, dites à Christine d'acheter du pain (du jambon, de l'eau minérale, une tarte…)

—Christine, achète du pain, s'il te plaît.

Dites à Christine de choisir du pain frais (du bon vin, un beau melon, des chips non salés…).

—Christine, choisis du pain frais.

Dites à Christine de ne pas oublier les assiettes (les verres, les fourchettes, les serviettes…).

—Christine, n'oublie pas les assiettes!

Avant le pique-nique, qu'est-ce que nous disons à nos amis?

—Achetons assez de nourriture!
—Partons très tôt!
—Prenons la voiture!
—Choisissons une belle plage!

Pour apprécier

1. Avec plusieurs camarades, jouez la scène entre Albert et ses copains.
2. Avez-vous d'autres recommandations à faire à Albert? (Utilisez l'impératif.)
3. Faites des recommandations affirmatives ou négatives à un(e) ami(e) sur le menu d'un de vos restaurants favoris. (Utilisez l'impératif à la forme **tu.**)

Verbes suggérés: prendre, manger, choisir, boire, commander, faire (attention), oublier…

A. Le mode impératif

L'impératif est un mode verbal qui permet d'exprimer des suggestions, des commandes ou des ordres.

Allez au tableau!

B. Les formes et l'emploi de l'impératif

1. Les verbes en **-er**. Les formes impératives des verbes en **-er** sont identiques aux formes correspondantes du temps présent, à une exception: la lettre **s** n'existe pas à la forme **tu.** Notez l'absence des pronoms sujets.

regarder		**entrer**	
	IMPÉRATIF		IMPÉRATIF
tu regardes	Regarde!	*tu entres*	Entre!
nous regardons	Regardons!	*nous entrons*	Entrons!
vous regardez	Regardez!	*vous entrez*	Entrez!

Utilisez la forme **tu, nous** ou **vous** de l'impératif selon la/les personne(s) à qui vous parlez.

Georges et Sophie, **regardez!** Un restaurant marocain. **Entrons!**

Qu'est-ce que je fais maintenant? —**Demande** une table au maître d'hôtel.

2. Les verbes en **-ir** et en **-re**. Les formes impératives des verbes en **-ir** et **-re**, et de la majorité des verbes irréguliers, sont identiques aux formes correspondantes du temps présent.

attendre		**finir**	
	IMPÉRATIF		IMPÉRATIF
tu attends	Attends!	*tu finis*	Finis!
nous attendons	Attendons!	*nous finissons*	Finissons!
vous attendez	Attendez!	*vous finissez*	Finissez!

faire	
	IMPÉRATIF
tu fais	Fais…!
nous faisons	Faisons…!
vous faites	Faites…!

Ne **pars** pas! **Attends! Finis** ton assiette!
Faites attention, mes amis! Ne **buvez** pas trop de café!

3. L'impératif des verbes **avoir, être** et **aller.** Les formes impératives des verbes **avoir** et **être** sont irrégulières. Notez l'absence de la lettre **s** à la forme **tu** des verbes **avoir** et **aller.**

| **être** | | **avoir** | |
	IMPÉRATIF		IMPÉRATIF
tu es	Sois…!	*tu as*	**Aie…!**
nous sommes	Soyons…!	*nous avons*	Ayons…!
vous êtes	Soyez…!	*vous avez*	Ayez…!

| **aller** | |
IMPÉRATIF	
tu vas	**Va!**
nous allons	Allons!
vous allez	Allez!

Allons dîner à l'Auberge des Chasseurs!
Sois gentil, Michel. **Va** chercher la voiture!
Ayez de la patience!

4. L'impératif à la forme négative. A la forme négative de l'impératif, **ne** précède le verbe et **pas** est placé après le verbe.

Ne vends pas ta bicyclette!
Vous êtes pressés. **N'attendez pas** le dessert!
Ce soir, **ne buvons pas** de vin.

A la lettre

A. Changement d'avis. Mettez ces propositions à l'impératif selon le modèle. Utilisez la forme **tu, nous** ou **vous** selon le pronom sujet donné.

MODÈLE: Vous faites le marché. →
Faites le marché! Ne faites pas le marché!

1. Vous allez au marché ce matin.   2. Nous attendons l'autobus.
3. Tu descends ici.   4. Vous achetez du pain.   5. Nous choisissons un bon camembert.   6. Tu commandes un chocolat chaud.   7. Nous préparons des frites ce soir.   8. Tu prends ta fourchette.

B. A table. Vous parlez à votre jeune neveu. Suivez les modèles.

MODÈLES: ne pas être gourmand → Ne sois pas gourmand!
être sage° → Sois sage!

1. attendre ton père avant de manger   2. prendre ta serviette   3. finir ta soupe   4. manger tes carottes   5. ne pas jouer avec ton couteau 6. regarder ton assiette   7. boire ton eau   8. ne pas manger ta salade avec ta cuillère   9. ne pas parler à table   10. ne pas demander le dessert avant la fin du repas

C. De nouveaux commerçants.° Donnez des recommandations à des amis qui ouvrent un magasin.

MODÈLE: faire attention aux clients →
A: Qu'est-ce que nous avons besoin de faire?
B: Faites attention aux clients!

1. choisir bien le lieu de votre magasin   2. vendre toujours de bons produits   3. écouter bien les clients   4. répondre à leurs questions 5. avoir de la patience   6. être aimables   7. rendre toujours correctement la monnaie[5]   8. ne pas perdre de temps

A votre tour

Vous êtes guide dans votre ville. Donnez des recommandations aux touristes qui vont aller déjeuner. (*Oral, écrit*)

MODÈLES: Goûtez la cuisine chinoise (italienne…).
Allez dans mon restaurant favori: _______.
Allez à ce bon petit café: _______.
Ne mangez pas au _______, parce que _______.
Après le déjeuner, faites une promenade dans la rue _______.

Maintenant, donnez les mêmes conseils, ou de nouveaux conseils, à un(e) camarade.

Finalement, rassemblez les recommandations de plusieurs membres de la classe. Créez un petit guide gastronomique de votre campus, de votre quartier ou de votre ville.

____

[5]*La monnaie* est la somme d'argent qui reste après que le client paie ses achats.
°*sage* = calme, docile (pour décrire un enfant)
un(e) commerçant(e) = un(e) marchand(e)

Animation

• Dialogue

Vive la différence! Deux copains, Benoît et Jeff, prennent ensemble le petit déjeuner dans un café-restaurant à Paris. Jeff, un étudiant américain, a l'air de bien comprendre le menu français.

BENOÎT: Je commande pour nous deux?
JEFF: *Oui, volontiers!*
BENOÎT: Alors, on commence par un panier de croissants?
JEFF: *Avec plaisir, oui!*
BENOÎT: Et puis, nous allons prendre un grand bol de café au lait.
JEFF: *Tout à fait d'accord!*
BENOÎT: Ensuite, commandons du pain, du beurre et de la confiture.
JEFF: *C'est une excellente idée!*
BENOÎT: Et peut-être un jus d'orange?
JEFF: *Mais bien sûr!... Et aussi un petit supplément pour moi, Mademoiselle, s'il vous plaît, apportez-moi un bol de céréales, deux œufs, du bacon et quelques saucisses!*

Comment accepter une offre

Pour exprimer votre approbation, utilisez des expressions comme

> Bonne idée!
> Tout à fait d'accord!
> C'est une excellente idée!
> Mais bien sûr!

Les deux expressions suivantes ajoutent une idée de plaisir:

> Volontiers!
> Avec plaisir!

Réagissez!

Proposez à vos camarades les idées suivantes—et d'autres idées—de sorties ou de repas agréables. Ils/Elles vont réagir avec une expression d'approbation.

1. Allons au restaurant!   2. Invitons des amis!   3. Dansons toute la soirée!   4. Préparons un bon gâteau au chocolat!   5. Dînons en ville ce soir!   6. ?

• Lecture

La table française

Les cartes et les guides Michelin sont complémentaires, utilisez-les ensemble.

A quoi pense-t-on tout de suite° quand on pense à la France? Au vin et à la bonne cuisine. La France est un pays où beaucoup de boulangeries restent ouvertes le dimanche et où les magasins ferment pourtant deux heures au milieu° de la journée. Pourquoi? Parce que le déjeuner est sacré. La nourriture a une importance extraordinaire en France. Plusieurs fois par semaine, dans chaque ville du pays, il y a un marché de produits locaux sur la place[6] principale. Là, on trouve des produits frais et de bonne qualité, base essentielle d'une bonne cuisine. Une promenade à travers° ces marchés de France, pleins de couleurs et d'animation, révèle une belle harmonie: l'harmonie des plaisirs de la table et de la joie de vivre.°

On retrouve ce goût pour la gastronomie dans la grande abondance des restaurants. Comment choisir? Consultez les guides! Le *Guide Michelin* (vert pour les lieux à visiter, rouge pour les hôtels et les restaurants) est une institution. Il a quatre-vingts ans. Chaque année 500 000 exemplaires sortent de l'imprimerie.° Le succès stimule la concurrence:° deux autres guides existent, le *Gault-Millau* et le *Guide Kléber*.

Ces guides donnent peut-être l'impression que tous les restaurants en France sont très bons et très chers… impression fausse. Des restaurants plus modestes existent aussi. Le menu est sur la porte. Vous choisissez un plat principal (la viande, le poisson), ou bien le plat du jour, vous multipliez par deux et vous avez une idée du total, boisson et service compris. Les cafétérias (en France, souvent «self-service») indiquent le prix de chaque plat. Additionnez le prix de chaque plat pour avoir le total. En voyage, si vous cherchez un «bon petit restaurant» (traditionnel, pas cher), vous n'avez pas besoin de guides: regardez le nombre de camions° devant certains restaurants («les routiers»). Voilà, le choix est fait!

Comprenez-vous?

Vous faites du tourisme en France et vous aimez manger. Discutez des réponses aux questions suivantes avec les autres étudiants de la classe.

1. Tu es au marché en plein air d'une petite ville. Qu'est-ce que tu fais? Qu'est-ce que tu achètes?
2. C'est dimanche. Que fais-tu pour avoir du pain frais?

---

[6]*La place* est le square, en général au centre d'une ville française.

°*tout de suite* = immédiatement

le milieu = la partie centrale; *au milieu de la journée* = de midi à deux heures

une promenade à travers (le marché) = si on traverse (le marché)

la joie de vivre = le goût de la vie

l'imprimerie = le lieu où un livre est produit

la concurrence = la compétition

un camion = un gros véhicule de transport commercial

3. C'est mercredi. Il est une heure de l'après-midi. Fais-tu des courses? Vas-tu à la banque? Pourquoi? Pourquoi pas?

4. Tu fais un voyage en voiture. Comment choisis-tu un bon restaurant? Comment choisis-tu un restaurant moins cher, mais bon?

5. Tu dînes dans un restaurant modeste, ou bien tu déjeunes dans un self-service. Comment calcules-tu le prix du repas dans chaque restaurant?

Et vous?————————————————————————————————

Comment aimez-vous manger en voyage?

• Activités

A. Chez Madeleine. Étudiez le menu. Ensuite, jouez les rôles du serveur (de la serveuse) et du client (de la cliente) selon le modèle. Si vous êtes le/la client(e), choisissez selon vos préférences.

MODÈLE: A: Qu'est-ce que vous prenez comme hors-d'œuvre?
B: Je prends les sardines à l'huile.

Notez que si on commande d'après le menu, on utilise souvent l'article défini: «Je prends **le** pâté de campagne.» L'article partitif est également correct: «S'il vous plaît, (je voudrais) **du** pâté de campagne.»

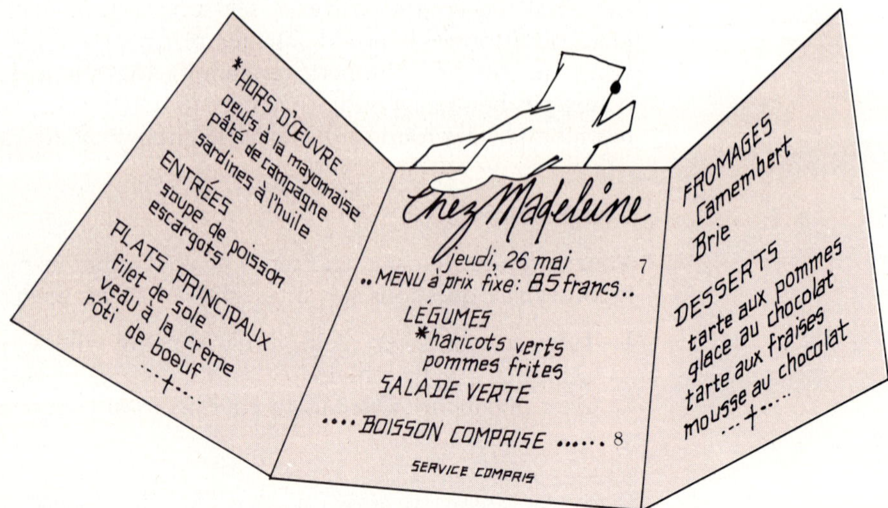

———————————————————

[7]Le *menu à prix fixe* offre un repas complet à un prix assez raisonnable. Il est offert en plus de la carte.

[8]La boisson et le service sont souvent *compris* dans l'addition. Si le service est compris, le client laisse *un pourboire* modeste (quelques francs seulement).

Voici les questions du serveur/de la serveuse:

Qu'est-ce que vous prenez… 1. comme hors-d'œuvre?   2. et comme entrée?   3. et comme plat principal?   4. et comme légume?   5. et comme fromage?   6. et comme dessert?   7. et comme boisson?   8. et pour finir? (café, thé, cognac… et l'addition, s'il vous plaît.)

B. Conversation. Quelles sont vos préférences? Posez les questions suivantes à un(e)/des camarade(s). Si vous êtes d'accord avec la réponse de votre

Le menu est affiché sur la porte de ce café-restaurant parisien. Comment calculez-vous le prix total du repas?

ami(e), dites: **Moi aussi, je...** Si vous n'êtes pas d'accord, répondez avec: **Pas moi, je...** Indiquez ensuite votre préférence.

1. Préfères-tu manger à la maison ou au restaurant? Quelles sortes de restaurants préfères-tu?
2. Aimes-tu la cuisine de différentes nationalités? Quelles cuisines aimes-tu? Y a-t-il de bons restaurants étrangers[9] dans ta ville?
3. Qu'est-ce que tu aimes commander au restaurant? Décris un repas typique.
4. Au restaurant, est-ce que la qualité du service est très importante ou peu importante? Parles-tu souvent avec le garçon ou la serveuse? Qu'est-ce que tu laisses généralement comme pourboire? (*Je laisse _______ pour cent de l'addition comme pourboire.*)
5. Préfères-tu «manger pour vivre» ou «vivre pour manger»?

Mots à retenir

Verbes	apporter	comprendre	laisser
	apprendre (à)	déjeuner	mettre le couvert
	boire	emporter	oublier (de)
	commander	goûter	prendre

Au restaurant	la carte	le goûter	le repas
	le déjeuner	les *hors-d'œuvre (*m. pl.*)	la salade
	le dîner	le petit déjeuner	la soupe
	l'entrée (*f.*)	le plat (du jour)	le serveur/la serveuse
	le fromage	le pourboire	

A table	l'assiette (*f.*)	la cuillère	le sel
	le beurre	la fourchette	la serviette (*de table*)
	la bouteille	la glace	le sucre
	la confiture	l'huile (*f.*)	la tasse
	le couteau	le poivre	le verre
	la crème		

---

[9]On sert la cuisine d'autres pays dans les *restaurants étrangers*.

Boissons	la bière la boisson le chocolat	l'eau (minérale) (*f.*) le jus (de fruit) le lait	le thé le vin (ordinaire, du pays)
Viandes et poissons	le bifteck l'escargot (*m.*) les huîtres (*f. pl.*) le jambon l'œuf (*m.*)	l'omelette (*f.*) le pâté de campagne le poisson le poulet	le rôti (de bœuf, de porc, de veau) le saucisson la viande

Fruits et légumes	la fraise
	les *haricots
	    verts (*m. pl.*)
		le légume
		la poire
		la pomme
			la pomme de terre
			    les (pommes) frites

Dans les magasins	l'aliment (*m.*) la boîte de conserves la boucherie	la boulangerie la charcuterie	l'épicerie (*f.*) la poissonnerie
Dans la boulangerie	la baguette le croissant	le gâteau le pain	la pâtisserie la tarte
Adjectifs	frais/fraîche gourmand(e)	sage salé(e)	sucré(e)
Adverbe	encore		
Expressions de quantité	assez de beaucoup de	(un) peu de tant de	trop de

Expressions de communication	Avec plaisir!
	Je suis désolé(e).
	Je voudrais…
	Qu'est-ce que
	    vous prenez
	    comme…?
		Monsieur,
		    Mademoiselle,
		    encore du (de
		    la, de l')…,
		    s'il vous plaît.
			Tout à fait
			    d'accord!
			Volontiers!

Chapitre 9

Achats° et chiffres°

D'après cette publicité...

1. Qu'est-ce qu'il y a dans la poche de cette personne?
2. Qu'est-ce que la BNP?
3. Imaginez qui porte cette veste.

Et vous?

Avez-vous un compte en banque? un chéquier? une carte de crédit?

Votre avis sur... les budgets.

Comment dépensez-vous votre argent? Considérez les catégories suivantes. Quelles dépenses sont nécessaires? irrésistibles? superflues?

Pour moi,

les dépenses scolaires	le logement
le transport	les sorties du week-end
les repas	les journaux et les revues
les économies	les cigarettes
les voyages	les vêtements
les spectacles	les livres
les jeux électroniques	les disques et les cassettes

est...
sont...

Comparez vos réponses avec les réponses de vos camarades: est-ce qu'elles sont similaires? différentes? Y a-t-il une ou deux sortes de dépenses que tout le monde juge nécessaires, irrésistibles ou superflues?

Entrée en scène

Le bureau de change et l'argent français

—Quel est le **cours**° du dollar aujourd'hui, s'il vous plaît?

—Je n'ai pas d'**argent** français, j'ai des **chèques de voyage** en dollars.

—Donnez-moi plusieurs **billets,** et de la **petite monnaie,** s'il vous plaît.

°*les achats* = les choses qu'on achète
les chiffres = les nombres, les calculs
le cours = l'équivalent en francs (ou dans une autre monnaie)

Pour changer leur **monnaie**[1] étrangère en francs français, ou pour **toucher** un chèque de voyage, les voyageurs vont au **bureau de change.**

Des pièces françaises   Des billets français

1 franc (F) = 100 centimes (c)
1 franc français = 10 cents américains (*approximativement*)
1 dollar = 10 francs français (*approximativement*)

Le cours du change varie selon les conditions de l'économie internationale. Cherchez dans le journal le cours actuel° du franc français.

A. Dans votre poche. Comptez vos pièces françaises selon les modèles.

MODÈLES: 5 F + 50 c → cinq francs cinquante
          10 c + 5 c + 1 c → seize centimes

1. 20 c + 10 c + 5 c + 1 c + 1 c
2. 5 F + 1 F + 50 c + 20 c + 5 c
3. 5 F + 1 F + 1 F + 50 c + 10 c
4. 1 F + 1 F + 1 F + 10 c + 10 c + 5 c + 1 c
5. 5 F + 5 F + 1 F + 20 c + 5 c

B. Au bureau de change. Donnez le nombre approximatif de francs français que ces voyageurs américains vont obtenir au bureau de change. (Utilisez 1 $ US = 10 F, ou un cours plus actuel.)

1. Jim va changer dix dollars. (*Il obtient* _______ *francs.*)
2. Maria va toucher un chèque de cinquante dollars.
3. Sylvia a un chèque de quatre-vingt-cinq dollars.
4. Peter va changer son salaire: deux cent vingt dollars.
5. …et William a un dollar à changer!

C. Le coût de la vie. Chantal et son mari Michel, qui est américain, parlent du coût de la vie en France. Suivez le modèle. (Utilisez 1 $ US = 10 F, ou un cours plus actuel.)

---

[1]Notez les sens du terme **monnaie** (*f.*): c'est l'argent dans le change international (*franc, dollar, mark, yen…*), et c'est la somme rendue au client par le marchand. C'est aussi les petites pièces (*de dix centimes,…*). Dans tout autre cas, utilisez **argent** (*m.*).

°*actuel(le)* = présent, d'aujourd'hui

MODÈLE: le bifteck / 80 F le kilo →
    A: Chantal: Le bifteck coûte 80 F le kilo.
    B: Michael: Alors, ça coûte 8 dollars le kilo.

1. un café / 4 F la tasse
2. une voiture / 35 000 F
3. le loyer d'un appartement / 7 500 F par mois
4. un dîner au restaurant / 125 F par personne
5. du brie / 12 F le demi-kilo
6. des chaussures / 435 F la paire

D'autres nombres un million **de** francs, deux millions **de** francs, deux millions trois cent mille francs…

Remarquez bien l'emploi de la préposition **de** entre le mot **million** et un *nom:* trois **millions d'habitants.**

A. Statistiques. Voici la France en chiffres. Donnez les statistiques en français. En 1982, il y a…

1. 54 300 000 habitants
2. 21 720 000 travailleurs
3. 17 500 000 postes de télévision
4. 39 640 000 citadins°
5. 9 860 000 habitants dans la région parisienne
6. 1 100 000 étudiants (niveau supérieur)
7. 13 000 000 d'élèves (niveaux primaire et secondaire)
8. 18 100 000 voitures
9. environ 2 000 000 de chômeurs°
10. environ 30 000 000 de touristes étrangers (par an)

B. Estimation. Avec d'autres étudiants, estimez les réponses aux questions suivantes.

Quelle est la population actuelle…

1. de la France? 2. des États-Unis? 3. de la ville de New York?
4. de la région parisienne? 5. de Tokyo? 6. du Japon? 7. de la ville où votre université est située? 8. de votre ville d'origine?

°*les citadins* = les habitants des villes
les chômeurs = les personnes sans travail

• Étude de verbes: les verbes **pouvoir, vouloir** et **devoir**

A. *Pouvoir* et *vouloir*

Au temps présent:

pouvoir	vouloir
je peux	je veux
tu peux	tu veux
il/elle/on peut	il/elle/on veut
nous pouvons	nous voulons
vous pouvez	vous voulez
ils/elles peuvent	ils/elles veulent

pouvoir = *être capable, avoir la possibilité, avoir la permission de*

> Nous **pouvons terminer** notre travail avant midi.
> Monique et Serge **peuvent**-ils **déjeuner** avec nous?
> Est-ce que je **peux entrer?**

vouloir = *avoir envie de*

> Il **veut** absolument **acheter** cette voiture.
> **Veux**-tu **dîner** à la maison ce soir?

Le verbe **vouloir** est utilisé dans plusieurs expressions verbales.

vouloir bien = *être heureux de*

> Tu veux dîner avec nous? —Mais oui, je **veux bien.**
> Tu n'as pas d'argent? Nous **voulons bien** payer pour toi.

vouloir dire = *signifier, avoir le sens de*

> Que **veut dire** ce mot? —Il **veut dire** «signifier»!
>
> Je ne comprends pas, qu'est-ce que tu **veux dire?** —Je **veux dire** que la directrice va être furieuse!

B. *Devoir*

devoir (*temps présent*)	
je dois	nous devons
tu dois	vous devez
il/elle/on doit	ils/elles doivent

1. Le verbe **devoir** + *infinitif* exprime ou l'obligation ou la probabilité.

   - nécessité ou obligation

     Je suis déjà en retard; je **dois partir**.
     Vous **devez payer** avant la fin du mois.

   - probabilité ou supposition

     Juliette **doit passer** chez nous vers cinq heures.
     Marc n'arrive pas: il **doit être** malade.
     Quels beaux vêtements! Ils **doivent coûter** très cher.

   Sans infinitif (avec un objet direct), **devoir** a le sens de *avoir à payer une somme d'argent*.

     Combien est-ce que tu **dois** à tes amis? —Je **dois** 90 F à Henri et 100 F à Georges.

2. Conjugué comme **devoir: recevoir** (je reçois, tu reçois, il/elle/on reçoit, nous recevons, vous recevez, ils/elles reçoivent).

     Recevez-vous beaucoup de lettres?
     Les Dupuis **reçoivent** des amis le samedi soir.

Exercices

A. Faites les substitutions indiquées et les changements nécessaires.

   1. Qu'est-ce que *vous* voulez acheter? (les étudiants, Paul et vous, tu)
   2. *Tu* dois faire un choix maintenant. (ils, nous, elle)
   3. *Vous* pouvez toujours échanger vos achats. (nous, les étudiants, tu)
   4. Combien est-ce que *je* dois? (vous, nous, elle)
   5. *Nous* recevons des paquets par la poste. (ils, tu, Dominique et vous)

B. Racontez° les histoires suivantes. Utilisez les verbes **vouloir, devoir** et **ne pas pouvoir** selon le modèle.

   MODÈLE: Jacques: réussir / beaucoup travailler / sortir chaque soir →
   Jacques veut réussir. Il doit beaucoup travailler. Il ne peut pas sortir chaque soir.

   1. Pierre: être banquier / comprendre les chiffres / rêver à son bureau
   2. les étudiants: apprendre la chimie / écouter le professeur / trop rêver
   3. Carine: préparer une mousse au chocolat / utiliser du sucre, du chocolat et de la crème / utiliser de la farine[2]
   4. ce commerçant: avoir beaucoup de clients / être serviable / être indifférent au public

   Et vous? Racontez un de vos projets, et ensuite le projet d'un(e) ami(e).

---

[2]*La farine* est l'ingrédient principal du pain.
°*raconter* = relater, rapporter

C. Imaginez la situation des étudiants suivants. Ajoutez d'autres suppositions avec **devoir** selon le modèle.

MODÈLE: A: Élise n'est pas en cours.
B: Elle doit être malade aujourd'hui.
A: Moi, je pense qu'elle doit avoir des problèmes avec sa voiture.

1. Le professeur annule l'examen. (*Les étudiants doivent être contents!*)
2. David achète de nouveaux vêtements. (*Il doit avoir un bon salaire.*)
3. Mes amis rentrent d'un long voyage.   4. Barbara travaille beaucoup.
5. Mon ami va quitter la ville demain.   6. Roger passe tout son temps à la salle de sport.

Imaginez d'autres situations, et donnez une explication probable avec **devoir.**

*J*eu de structures

20. Expressions affirmatives et négatives

La fin du mois

Raymond et Christian sont de bons amis. Leurs attitudes par rapport à° l'argent sont pourtant assez différentes.

Raymond est prudent et économe. Par exemple, à la fin du mois, Raymond, lui, a *encore* assez d'argent pour pouvoir déjeuner. Raymond est généreux: il offre souvent de petites sommes à ses camarades moins fortunés. De plus, il est optimiste: il a toujours *quelque chose d'*encourageant à dire.

Par contre,° Christian est impétueux et dépensier. Généralement, il n'a *plus* d'argent à la fin du mois. Vers° le 30 du mois, Christian n'a *plus* de quoi° déjeuner. Comme il est toujours fauché,° Christian *ne* peut *jamais* prêter d'argent à ses amis. Les jours où Christian n'a *plus rien*, tout change: il *ne* voit *personne*, il *ne* fait *rien d'*amusant, il n'a *rien* de bon à dire.

Nous sommes vers la fin de novembre. Il est midi. Christian sort des cours avec Raymond et deux autres copains.

°*par rapport à* = relativement à
par contre = au contraire
vers = environ
avoir de quoi = avoir assez d'argent pour
fauché(e) (*fam.*) = sans argent

CHRISTIAN: Dites, qui a cinquante francs pour moi? J'ai une faim de loup°!

RAYMOND: Désolé, Christian, *personne* n'a cinquante francs.

CHRISTIAN: Ça, par exemple, comment peut-on laisser souffrir un ami?

RAYMOND: Voyons, Christian, n'exagère pas! J'ai de l'argent mais je n'ai *que* trente francs. Allons, toi et moi, prendre quand même quelque chose!

Pour préciser

A la fin du mois, Christian n'a plus d'argent. Et vous, Liliane? Avez-vous encore de l'argent aujourd'hui?

—Non, je n'ai plus d'argent.

Avez-vous quelquefois trop d'argent?

—Non, je n'ai jamais trop d'argent!

A la fin du mois, les étudiants sont souvent sans argent. Et vous, Étienne? Êtes-vous déjà sans argent?

—Non, pas encore. J'ai encore de quoi manger!

Est-ce que quelqu'un a vingt dollars?

—Non, malheureusement, personne n'a vingt dollars.

Quand vous êtes triste, voyez-vous des amis?

—Non, je ne vois personne quand je suis triste.

Avez-vous quelque chose de spécial à raconter?

—Non, nous n'avons rien de spécial à raconter.

Pour apprécier

1. Êtes-vous comme Raymond ou comme Christian?   2. Au début du mois, avez-vous assez d'argent? et à la fin du mois? Avez-vous encore de l'argent aujourd'hui?   3. Dans quelles circonstances empruntez-vous de l'argent à vos amis? Dans quelles circonstances prêtez-vous de l'argent à vos amis?[3]
4. Imaginez qu'il est midi. Il n'y a rien dans le réfrigérateur, et vous n'avez plus d'argent. Que faites-vous?

A. Expressions affirmatives et négatives

Pour chaque expression affirmative, il existe une expression négative correspondante. Notez que les expressions adverbiales *affirmatives* sont placées *après* le verbe.

Les expressions négatives sont construites sur le modèle de l'expression **ne... pas. Ne** précède le verbe conjugué, et la deuxième partie de l'expression (**jamais, rien,** etc.) est généralement placée après le verbe.

EXPRESSIONS AFFIRMATIVES   ≠ EXPRESSIONS NÉGATIVES

toujours; quelquefois (parfois) ≠ ne... jamais

---

[3]*emprunter* = prendre pour un temps limité; *prêter* = donner pour un temps limité. Notez bien la préposition **à** devant la personne: Je **prête** mon livre à Jacques. Il **emprunte** de l'argent à son ami.

°*avoir une faim de loup* = avoir très faim

Prends-tu **parfois** des escargots? —Non, je **ne** prends **jamais** d'escargots.

Notez que si la réponse n'est pas vraiment **ne... jamais,** vous pouvez répondre avec **ne... pas toujours** ou **ne... pas souvent.**

Christian **ne** paie **pas souvent (pas toujours)** ses dettes.

encore   ≠ **ne... plus**

Travailles-tu encore à la banque? —Non, je **ne** travaille **plus** à la banque.

déjà   ≠ **ne... pas encore**

Est-il **déjà** l'heure de partir? —Non, il **n'**est **pas encore** l'heure de partir.

quelque chose   ≠ **ne... rien**

As-tu **quelque chose** à faire ce soir? —Non, je **n'**ai **rien** à faire ce soir.

quelqu'un (*inv.*)   ≠ **ne... personne**

Entends-tu **quelqu'un** à la porte? —Non, je **n'**entends **personne.**

B.   Aspects de la construction négative

1. L'article indéfini et l'article partitif → **de (d')** après **ne... jamais, ne... plus** et **ne... pas encore.**

   Des escargots? Je **ne** mange **jamais d'**escargots.
   Du pain? Non, on **n'**a **plus de** pain.
   Un diplôme? Non, elle **n'**a **pas encore de** diplôme.

2. **Rien** et **personne** peuvent être le sujet d'une phrase. Dans ce cas, **ne** précède immédiatement le verbe.

Rien ne ⎫
        ⎬ + *verbe*
Personne ne ⎭

Quoi de neuf, Mireille? —**Rien n'**arrive aujourd'hui. Ce n'est pas amusant.

Tu essaies d'appeler Roger? —Oui, mais **personne ne** répond au téléphone.

Est-ce qu'il y a quelque chose de bon ce soir?

3. **Rien** et **personne** peuvent aussi être placés après une préposition. **Ne** reste devant le verbe.

> A qui téléphones-tu? —Je **ne** téléphone **à personne.**
> A quoi penses-tu? —Je **ne** pense **à rien.**

4. Remarquez bien la construction suivante:

$$
\left.\begin{array}{l} \text{quelque chose} \\ \text{ne... rien} \end{array}\right\} + \textbf{de} + adjectif
$$

$$
\left.\begin{array}{l} \text{quelqu'un} \\ \text{ne... personne} \end{array}\right\} + \textbf{de} + adjectif
$$

> Y a-t-il **quelque chose d'intéressant** au cinéma? —Non, il **n'**y a **rien de nouveau:** c'est toujours *La Guerre des étoiles!*

> Est-ce qu'il y a **quelqu'un d'intelligent** dans votre cours? —Non, dans ce groupe je **ne** trouve **personne de sérieux!**

L'adjectif dans cette construction est toujours au masculin singulier.[4]

C.   La réponse elliptique

Jamais, rien, personne, pas encore et **pas toujours** peuvent être utilisés seuls (sans **ne**) comme réponse à une question.

> Qui est à la porte? —**Personne.**
> Quand vas-tu acheter une Rolls? —Moi? Acheter une Rolls? **Jamais!**
> Jean est-il déjà ici? —Non, **pas encore.**
> Tu trouves quelque chose de bon marché°? —Non, **rien.**

D.   *Ne... que*

Ne... que (= *seulement*) n'est pas une expression négative, mais une expression de limitation.

> Je **n'**ai **que** trente francs. Pouvons-nous dîner quand même?
> La famille de Guy est petite. Il **n'**a **qu'**une sœur.
> Elle **ne** lit **que** des livres de philosophie.

---

[4]Cette construction est aussi utilisée avec **Qu'est-ce que...:** Qu'est-ce qu'il y a **de bon** à manger?

°*bon marché* (*inv.*) ≠ cher (chère)

**Les habitants du
Quartier Latin
aiment beaucoup
la Librairie Gibert
sur le boulevard
Saint-Michel.**

A la lettre

A. Monique et Gilberte. Mettez à la forme négative chaque phrase de la
série suivante, selon le modèle.

MODÈLE: A: Monique a toujours faim.
         B: Gilberte n'a jamais faim.

1. Monique étudie *encore* le Chapitre 1.   2. Monique a *quelque chose*
*d'*intéressant à faire.   3. Monique dépense *toujours* son argent sans
réfléchir.   4. Monique a *déjà* des problèmes financiers.   5. Monique a
encore des examens à passer.   6. Monique a *quelqu'un* d'important à
inviter ce soir.   7. Monique emprunte *quelquefois* de l'argent.

B. Mais si![5] Vous n'êtes pas d'accord avec votre camarade. Donnez une
forme affirmative pour chaque phrase négative. Suivez le modèle.

MODÈLE: A: Il n'y a personne à la porte.
         B: Mais si! Il y a quelqu'un à la porte.

1. Il n'y a rien à acheter.   2. Il n'y a jamais de bonnes nouvelles.
3. Je n'ai pas encore mon diplôme.   4. Il n'y a plus de pain.   5. Je
n'ai rien à faire.   6. Je n'ai plus d'argent.   7. Je n'aime personne.

C. Vos goûts. Changez de **seulement** à **ne... que** selon le modèle.

MODÈLE: J'aime seulement la glace à la vanille. →
         Je n'aime que la glace à la vanille.

1. Il achète seulement des baskets.   2. Nous aimons seulement les
chandails en laine.   3. Tu choisis seulement les chaussures de sport.
4. Il y a seulement une vendeuse dans ce magasin.   5. Elle choisit
seulement des chemisiers pratiques.   6. Il aime seulement ses vieux
vêtements.

---

[5]N'oubliez pas que **si** est utilisé à la place de **oui** dans la contradiction d'une phrase négative.

A *votre tour*

Conversation. Divisez la classe en petits groupes pour répondre aux questions suivantes. Utilisez des expressions négatives et des expressions affirmatives dans vos réponses.

1. Est-ce que tu as déjà un compte en banque? une carte de crédit? une voiture? un appartement? Est-ce que tu as envie d'avoir ces choses?
2. Est-ce que tu regardes parfois la télé à trois heures de l'après-midi? à trois heures du matin? Est-ce que tu regardes encore «Bonjour, Sésame!»?
3. Est-ce que tu lis quelque chose d'intéressant cette semaine? Qu'est-ce que c'est? En général, où est-ce que tu achètes tes livres? tes revues? Est-ce que tu empruntes souvent des livres à la bibliothèque? Prêtes-tu parfois des livres à tes amis?
4. Quels vêtements est-ce que tu aimes? (Répondez avec **ne... que.**) En général, où est-ce que tu achètes tes vêtements? Dans quel magasin est-ce que tu ne vas jamais?
5. Est-ce qu'il y a quelqu'un d'important dans ta vie? Est-ce que tu peux révéler le nom de cette personne?

21. Les pronoms disjoints

Une solution moderne

C'est vendredi matin. Simon et Mireille font la queue° à la banque. Ils sont étudiants tous les deux. Mireille est encore célibataire, mais Simon est déjà marié.

MIREILLE: Tu sais, Simon, boucler mon budget,° c'est impossible! *Moi,* je n'ai pratiquement jamais d'argent.

SIMON: Tu parles de budget? Chez *nous,* on a une solution très simple: la carte de crédit!

MIREILLE: Je ne sais pas, *moi...* Regarde Pauline et Henri. Ils n'ont pas de carte non plus, *eux.* Comme *moi,* s'ils ont le choix, ils préfèrent acheter au comptant.°

SIMON: Remarque, *lui...* je comprends ça, il est si prudent. Mais *elle* et *toi,* vous sortez beaucoup, vous êtes tellement dans le vent.°

MIREILLE: Et *nous,* on a déjà assez de dettes, merci!

SIMON: Raison de plus pour obtenir ta carte. Voyons, Mireille, ne pas acheter à crédit, quelle existence rétrograde°!

°*faire la queue* = attendre son tour
boucler son budget (*fam.*) = équilibrer son budget
acheter au comptant = payer cash
être dans le vent = être moderne ou à la mode
rétrograde = vieux, démodé

Pour préciser

Moi, je vais à la banque le vendredi après-midi. Et vous, Sarah?
—Moi? Je ne vais jamais à la banque. Je déteste faire la queue.
Et vos camarades?
—Eux, ils vont à la banque le lundi.
Chez vous, est-ce qu'on utilise des cartes de crédit?
—Oui, chez nous, on utilise une carte de crédit à la station-service.
Jean-Paul, est-ce que Pierre a parfois de l'argent à la fin du mois?
—Lui? Jamais!
Sarah, est-ce que Jacqueline va sortir avec vous ce soir?
—Oui, ce soir, elle va sortir avec Bernard et moi.

Pour apprécier

1. Est-ce que le conseil de Simon est bon? Quels sont les avantages d'une carte de crédit? Y a-t-il aussi des inconvénients?
2. Est-il possible d'utiliser une carte de crédit avec prudence?
3. Avez-vous un compte en banque? Quand allez-vous généralement à la banque? Pour quelles raisons?

Suggestions: pour retirer (déposer) de l'argent / pour toucher un chèque / pour emprunter de l'argent / pour payer une dette...

A. Les formes des pronoms disjoints

PRONOM SUJET	PRONOM DISJOINT	PRONOM SUJET	PRONOM DISJOINT
je	moi	*nous*	nous
tu	toi	*vous*	vous
il	lui	*ils*	eux
elle	elle	*elles*	elles
on	soi		

Notez que certains pronoms disjoints sont identiques aux pronoms sujets.

B. L'emploi des pronoms disjoints

Le pronom disjoint est utilisé

1. après une préposition:

> Léon est allergique aux chats: il n'y a pas d'animaux **chez lui.**
> Odette parle souvent **de toi.**
> On doit avoir confiance **en soi.**

2. dans un sujet composé ou dans un objet composé:

Martine et lui vont faire des courses cet après-midi.
Ce matin, elles sortent avec Claude et **moi.**

3. pour mettre l'accent sur le sujet du verbe:

Lui (il) a une Rolls-Royce. **Elle** (elle) préfère sa Cadillac.[6]

Mes amis? Ils ont beaucoup de chance, **eux.** Ils vont à Hawaii chaque hiver. **Moi,** je reste à l'université.

Toi, tu es vraiment géniale!

4. après **c'est:**

Qui est là? —C'est **moi!**
Charles? C'est **lui** qui prête toujours sa voiture!

5. sans verbe, dans une réponse ou dans une phrase elliptique:

Qui va payer un verre à tout le monde? **Toi?**
Nous avons déjà nos billets de théâtre. Et **lui?**
Qui sort avec nous? —**Moi.**

6. avec **aussi** ou **non plus** pour parler d'une coïncidence:

Je vais au centre commercial. —**Moi aussi,** je vais dans cette direction.

Je n'ai pas d'argent sur moi. —**Moi non plus.** Je n'ai rien.

7. avec **-même(s)** pour mettre l'accent sur le sujet:

Vont-ils préparer ce banquet **eux-mêmes?**
Tu répares ta voiture **toi-même?**
Quand c'est nécessaire, on peut faire beaucoup **soi-même.**

A la lettre

A. Un grand secret. Répondez selon le modèle.

MODÈLE: Y a-t-il un secret qu'on ne peut pas révéler? (tu / je) →
Oui, mais c'est entre toi et moi.

1. elle / il	3. ils / vous	5. il / je
2. elle / je	4. elles / nous	6. ils / tu

B. Fin de journée. Décrivez ces personnes qui rentrent chez elles en autobus à la fin d'une longue journée. Utilisez les pronoms disjoints et faites accorder l'adjectif selon le modèle.

MODÈLE: nous / fatigué → Nous, nous sommes fatigués.

---

[6]Notez qu'avec **lui** et **elle,** il est possible d'omettre le pronom sujet.

1. je / fatigué   4. ils / content   7. il / calme
2. tu / satisfait   5. vous / sérieux   8. ils / fauché
3. elles / impatient   6. elle / heureux

C. **Ressemblances.** Réagissez aux affirmations suivantes avec un pronom *disjoint* + **aussi** ou + **non plus.** Suivez le modèle.

> MODÈLE: A: Je n'ai pas le temps d'aller en ville. Et toi?
> B: Moi non plus (je n'ai pas le temps d'aller en ville).

1. Les étudiants.n'ont pas beaucoup d'argent. Et toi? 2. Je vais en ville le samedi matin. Et tes amis? 3. Les Français voyagent en général en été. Et les Américains? 4. Nous ne sommes jamais en cours pendant le week-end. Et vous? 5. Jim achète des vêtements à la librairie de l'université. Et ta copine américaine?

A *votre tour*

A. **Mauvais temps.** Il neige ce soir et ces personnes ne peuvent pas sortir. Imaginez une activité pour chaque groupe. Utilisez la préposition **chez** et un pronom disjoint, selon le modèle.

> MODÈLE: vous → Chez vous, on regarde la télé.

1. nous 2. je 3. Marie et toi 4. Pierre et Marie 5. tu 6. mon ami Marc 7. les étudiantes en économie 8. les étudiants de mon cours de français

B. **Êtes-vous indépendant(e)?** Divisez la classe en groupes de quatre ou cinq personnes pour répondre à la question suivante selon le modèle. Est-ce que vous faites (ou avez-vous des amis qui font) régulièrement quelque chose d'intéressant, d'utile ou d'inhabituel... quelque chose que la plupart de vos camarades ne font pas?

> MODÈLES: Moi, je fais toujours moi-même le pain pour les repas à la maison.
>
> J'ai une camarade qui répare elle-même sa voiture.

Verbes utiles: acheter / bâtir° / cultiver / devoir / écrire / faire / gagner / lire / pouvoir / préparer / recevoir / réparer / travailler / vendre...

°*bâtir* = construire, fabriquer

22. Le comparatif et le superlatif

Jean-Pierre et Thierry

Écoutons Jean-Pierre:

«Ça, c'est moi, sur la photo, à côté de Thierry, mon *meilleur* ami. Comme vous pouvez voir,

Thierry est *plus* grand *que* moi, et moi, je suis *moins* dynamique *que* lui. Je suis intelligent, mais, curieusement, il est *aussi* intelligent *que* moi. Thierry est très sociable, mais—chose bizarre—j'ai *autant* d'amis *que* lui.

En cours, il travaille *bien*, et moi, je travaille un peu *mieux*. Par conséquent, mes notes sont en général *meilleures* que les notes de mon ami.

Thierry est très sportif. C'est pourquoi il a *moins de* temps libre *que* moi. Par contre, c'est lui qui a l'esprit *le plus* libre et *le plus* généreux de notre bande. C'est une qualité que j'admire beaucoup.»

Pour préciser

Regardez vos camarades, Antoine et Marion. Tous les deux sont assez grands, mais Antoine est plus grand que Marion. Et Marion?
    —Elle est moins grande qu'Antoine.
    —Elle est plus petite qu'Antoine.
Et Henri?
    —Il a la même taille° qu'Antoine: il est aussi grand qu'Antoine.
Sur mon bureau aujourd'hui, il y a six livres. J'ai plus de livres que vous. Et vous, Marion?
    —Je n'ai que deux livres. J'ai moins de livres que vous.
Et vous, Antoine?
    —Moi aussi, j'ai deux livres: j'ai autant de livres que Marion.
Moi, je travaille toujours bien à la bibliothèque. Et vous, Henri?
    —J'aime la bibliothèque, mais je travaille mieux dans ma chambre.
Et vous, Dorothée?
    —C'est ridicule, je sais… mais c'est à la cafétéria que je travaille le mieux!

Pour apprécier   1. Faites la description de Thierry (selon Jean-Pierre).   2. Faites la description de Jean-Pierre (selon Jean-Pierre).   3. Avez-vous un copain/une copine que vous admirez particulièrement? Pourquoi?

°*la taille* = la grandeur, la hauteur (*d'une personne*)

A. Le comparatif

1. Le comparatif avec les adjectifs et les adverbes. Pour exprimer une comparaison, on utilise

> **plus**
> **aussi** $\Big\}$ + *adjectif* ou *adverbe* + **que** + *nom* ou *pronom*
> **moins**

Les étudiants sont **plus** pauvres **que** les vedettes de cinéma.
Vont-ils au café **plus** souvent **que** vous?
C'est un film **aussi** intéressant **que** *Casablanca.*
Albert est **moins** sportif **que** moi, mais il joue **aussi** bien (**que** moi).[7]
Je suis **moins** riche **que** ma sœur.
Liliane parle **moins** bien **que** son professeur.

Notez l'emploi du *pronom disjoint* après **que** dans une comparaison.

Elle est **plus** ambitieuse **que lui.**

2. Le comparatif avec des noms. Pour comparer des noms, on emploie la construction

> **plus de**
> **autant de** $\Big\}$ + *nom* + **que** + *nom* ou *pronom*
> **moins de**

Ils ont **plus de** succès **que** nous.
Ce soir, j'ai **autant de** devoirs **que** toi.
Nous avons **moins de** problèmes **qu'**eux.

B. Le superlatif

1. Le superlatif des adjectifs

---

[7]Parfois le deuxième terme de la comparaison n'est pas exprimé.

Le degré superlatif d'un adjectif est exprimé par

$$\left.\begin{array}{l}\textbf{le}\\ \textbf{la}\\ \textbf{les}\end{array}\right\} + \left.\begin{array}{l}\textbf{plus}\\ \textbf{moins}\end{array}\right\} + \textit{adjectif (sing. ou pl.)} + \textbf{de} + \textit{groupe de référence}$$

Quand l'adjectif est normalement placé après le nom, il reste après le nom à la forme superlative. Remarquez les deux articles définis.

Josée est **la petite fille la plus énergique** des trois.
Bernard a **le** caractère **le moins patient** de la famille.

Notez la construction quand l'adjectif précède le nom:

Voilà **la plus jolie** rose de mon jardin.[8]

Le groupe de référence dans une construction à la forme superlative est toujours précédé de la préposition **de.**

Ce sont les magasins **les plus élégants de** la ville.

2. Le superlatif des adverbes

Pierre arrive **tard.**   Louise arrive **plus tard.**   Michelle arrive **le plus tard.**

Le degré superlatif d'un adverbe est exprimé par

$$\textbf{le} + \left.\begin{array}{l}\textbf{plus}\\ \textbf{moins}\end{array}\right\} + \textit{adverbe}$$

L'article **le** est *invariable* ici.

Qui lit **le plus rapidement?**
Annette va **le plus souvent** au cinéma.

---

[8]Le superlatif des adjectifs qui précèdent normalement le nom peut aussi être placé *après* le nom:
Voilà l'employé **le plus jeune** du bureau.

C.   *Bon ou bien? Mauvais ou mal?*

Notez que les formes de l'adjectif **bon** et de l'adverbe **bien** sont irrégulières dans le comparatif de supériorité.

		COMPARATIF	SUPERLATIF
ADJECTIF	bon(ne)	**meilleur(e)**	**le/la meilleur(e)**
	mauvais(e)	plus mauvais(e); **pire**	le/la plus mauvais(e); **le/la pire**
ADVERBE	bien	**mieux**	**le mieux**
	mal	plus mal	le plus mal

Ses idées sont **bonnes,** mais leurs idées sont **meilleures!**
Tu danses **mieux** que moi!
Je parle un peu le russe, mais **plus mal** que le français.[9]
Marianne? C'est **la meilleure** de nos employées!
L'Ogre du bois? C'est **le plus mauvais** livre de l'année.
Être sans amis, c'est **le pire** des problèmes!

A la lettre

A. Bavardage.° Juliette et Claude parlent de leurs amis. Avec un(e) camarade, suivez le modèle.

MODÈLE: A: Anne est si compétente! (Denise)
B: D'accord, mais Denise est plus compétente qu'elle.

1. Ton collègue est vraiment intelligent. (Pierre)
2. Tes amis sont très sympathiques. (les amis de Richard)
3. Michèle est extrêmement sérieuse. (ta sœur)
4. Catherine et Suzanne sont très économes. (Marie)
5. Pierre est si dépensier! (Jean-Jacques)
6. Paul et Vincent sont vraiment intéressants. (ton ami)
7. Marie-Thérèse est travailleuse. (Paul)

B. Exagérations. Vous avez tendance à exagérer. Que dites-vous au sujet de ces personnes? Suivez le modèle. (> = plus, < = moins)

MODÈLE: Nathalie / étudiante / > / brillante / classe →
Nathalie est l'étudiante la plus brillante de la classe.

---

[9]Il est possible de dire **moins bon** (*adjectif*) et **moins bien** (*adverbe*): Ce restaurant est **moins bon** que le Café de France. Je parle russe **moins bien** qu'Élisabeth.
°*le bavardage* = l'acte de trop parler

1. Jean-Paul / ami / > / fidèle / monde
2. Anne-Marie / personne / < / sympathique / section
3. Mlle Lebrun / assistante / > / sympathique / faculté
4. M. Leroux / administrateur / > / capable / université
5. Brigitte / étudiante / < / bonne / classe
6. M. Michaux / homme / < / économe / notre ville

Maintenant, faites d'autres comparaisons sur le même modèle pour décrire vos camarades. Votre description est-elle juste ou fausse? La personne nommée va dire si elle est d'accord avec vous.

C. Performance. Comparez les employés de cette firme internationale selon le modèle.

MODÈLE: arriver tard (Françoise, Bill, Henri) →
Françoise arrive tard. Bill arrive plus tard. Henri arrive le plus tard.

1. réussir souvent (l'employé travailleur, l'employé intelligent, l'employé brillant)
2. taper° mal (Paul, Marie, Jeanne)
3. écrire bien (je, le directeur, le président)
4. lire rapidement (tu, Nathalie, la directrice)
5. parler anglais couramment° (ce Français, ce Norvégien, ce Hollandais)
6. travailler longtemps (M. Dulac, Mlle Richard, Mme Longet)

A votre tour

A. Qui est-ce? Considérez vos camarades de classe et décidez…

1. qui est la personne la plus sportive de la classe.   2. qui a le nom le plus long.   3. qui arrive en classe le plus tôt.   4. qui va au lit le plus tard.   5. qui a le moins d'argent dans ses poches aujourd'hui.   6. qui a autant d'argent que vous aujourd'hui.   7. qui sort le plus souvent.   8. qui voyage le plus.   9. qui travaille le moins.   10. qui est le plus jeune.   11. qui a autant de cours que vous.   12. qui a le programme le plus chargé.°   13. qui a le programme le moins chargé.   14. qui a la plus vieille voiture.   15. qui parle français aussi bien que le professeur.   16. qui a la plus mauvaise écriture°!   17. qui a la meilleure réputation!

Les personnes nommées sont-elles d'accord avec vous? Posez d'autres questions à la classe en utilisant le comparatif et le superlatif.

°*taper* = écrire à la machine
couramment = sans difficulté
chargé = occupé, difficile
l'écriture = la manière d'écrire

B. **Une comparaison.** Faites la comparaison entre vous et un(e) de vos ami(e)s d'enfance ou de l'école secondaire ou un de vos frères ou sœurs. Comparez vos traits physiques et votre tempérament. Utilisez des expressions de comparaison. (*Écrit*)

1. Qu'est-ce qu'il/elle fait moins que vous? autant que vous? plus que vous?
2. Qu'est-ce qu'il/elle peut faire aussi bien que vous? mieux que vous? moins bien que vous?
3. Avez-vous autant de (moins de, plus de) travail (cours, examens, amis, rendez-vous, idées, problèmes) que lui/elle?
4. Quelle est la différence la plus marquée entre vous et votre ami(e)?
5. Quelle est la ressemblance la plus marquée entre vous deux?

Animation

• Dialogue

Choisir un métier° Un journaliste interroge plusieurs jeunes Français sur leurs idées concernant le choix d'un métier.

LE JOURNALISTE: Pour vous, quelle est la chose la plus importante dans le choix d'une profession?

JOSETTE: Moi, je *préfère certains* métiers plus intéressants—comme monitrice de ski, par exemple—*à d'autres* qui sont mieux rémunérés.

MARCEL: Je trouve que, *d'une part*, on doit considérer l'intérêt du métier, mais aussi, *d'autre part*, sa sécurité d'emploi.

RAYMOND: Je suis d'accord *aussi bien* avec Josette *qu'*avec Marcel: on choisit un métier pour la vie; alors faire toute sa vie un boulot° ennuyeux, quelle idée épouvantable°!

LE JOURNALISTE: Et qu'allez-vous faire quand vous allez gagner plus?[10]

MARCEL: Acheter *soit* une voiture, *soit* une moto.

RAYMOND: *Par contre, moi, je* vais faire des économies.

JOSETTE: Des économies? Pourquoi faire? *Au contraire, moi, je* vais voyager plus souvent, changer de logement. Tu veux être riche, toi?

RAYMOND: *Il y a des gens qui* veulent être riches; *moi, je* veux seulement avoir de l'argent!

___

[10]Ici, prononcez le **s** de **plus** [plys].

°*le métier* = la carrière, la profession
le boulot (*fam.*) = le travail
épouvantable = terrifiant(e)

**Comment
exprimer des
contrastes**

Pour indiquer en français un contraste avec les idées précédentes,
utilisez

> par contre
> au contraire

Pour comparer deux choses, on utilise souvent des constructions
parallèles comme

> certains..., d'autres...
> d'une part..., d'autre part...
> aussi bien X que Y
> soit..., soit...
> préférer X à Y
> Il y a des gens qui..., moi, je...

Réagissez!

A. Jouez la scène avec le professeur et plusieurs camarades de classe.

B. Votre idée est différente. Réagissez aux affirmations suivantes avec une
réponse qui commence par **Au contraire**..., ou **Par contre**....

> MODÈLE: A: Je préfère les métiers bien rémunérés.
> B: Par contre, moi, je choisis quelque chose d'intéressant.
> C: Au contraire, à mon avis, ces métiers sont les plus
> ennuyeux.

1. Je trouve que le salaire est le facteur le plus important.
2. Travailler dans un bureau toute sa vie, quelle idée épouvantable!
3. Quand je vais gagner plus, je vais dîner tous les soirs au restaurant.
4. Moi, je veux seulement avoir de l'argent.

Préparez d'autres affirmations à présenter à vos camarades qui vont réagir
selon leur avis.

C. Complétez les phrases selon votre opinion personnelle. Terminez chaque
début de phrase selon les expressions présentées dans le dialogue.

> MODÈLE: Je préfère un travail intéressant... →
> Je préfère un travail intéressant à un métier ennuyeux.

1. J'aime le ski: *d'une part*, parce que j'aime la montagne,...
2. Je vais choisir un métier *aussi bien* pour son intérêt...
3. *Certains* étudiants ne travaillent que pour les examens,...
4. Ce trimestre, je choisis une spécialisation, *soit...*
5. *Je préfère* dépenser de l'argent...
6. *Il y a des gens qui* veulent être riches,...
7. *Certaines* personnes font regulièrement des économies,...

• Lecture

**La qualité
de la vie**
En France, le Ministère de la Qualité de la Vie, établi en 1974, assure à chaque citoyen français un minimum de confort, de loisirs° et d'éducation. Il offre à tous[11] un minimum de protection contre les besoins de la maladie, du chômage,° et de la vieillesse.

Les étudiants français sont des citoyens particulièrement privilégiés. Ils bénéficient de repas et de logements très bon marché dans les restaurants et dans les cités universitaires. Leurs frais d'inscription° en cours sont également très modestes, au plus[12] quelques centaines de francs par an. Pour quelques centaines de francs de plus, un étudiant est assuré à cent pour cent contre la maladie et les accidents. Il existe, bien sûr, des bourses° d'État pour aider les étudiants de familles pauvres: ces bourses couvrent leurs frais de logement et de nourriture aussi bien que leurs frais d'inscription. Enfin, pour tous, la carte d'étudiant offre des réductions intéressantes dans les musées, les théâtres et les cinémas, dans les librairies pour les fournitures° scolaires, et encore pour les sports et les voyages.

Il y a peu d'étudiants français qui travaillent en même temps qu'ils étudient. Le travail à temps partiel, ou à mi-temps, si fréquent sur les campus américains, n'existe pas très souvent en France. Les étudiants français, absorbés par leurs études, sont cependant obligés de jongler avec° leur budget pour pouvoir sortir le soir ou le week-end, pour pouvoir faire du sport ou partir en vacances, ou pour pouvoir acheter une moto ou une voiture. N'oublions pas que pour les étudiants français—qui considèrent généralement la qualité de la vie comme plus importante que la réussite° matérielle—les loisirs, les sorties et les vacances ne sont pas des luxes mais des besoins essentiels.

Comprenez-vous?

Complétez les phrases suivantes pour retrouver le sens du texte.

1. Le Ministère de la Qualité de la Vie offre à chaque citoyen français…
2. Les étudiants français bénéficient de…
3. La carte d'étudiant offre des réductions dans…
4. Les étudiants français considèrent les loisirs comme essentiels parce que…

---

[11]Ici *tous* = tous les citoyens.
[12]*au plus* = au maximum; prononcez [o-plys].
°*le loisir* = le temps libre, la détente
le chômage = le fait d'être sans travail
les frais d'inscription = les sommes payées avant de commencer les cours
la bourse = l'aide financière (aux étudiants)
les fournitures = l'équipement
jongler avec = utiliser avec dexterité
la réussite = le succès

Et vous?

Posez ces questions à des camarades.

1. Comment est-ce que tu paies tes études, ton logement, ta nourriture?
2. Est-ce que tu arrives à boucler ton budget?   3. Est-ce que ta vie est très différente de la vie d'un étudiant français/une étudiante française? De quelle façon?

• Activités

A. Dans une boutique. Composez un dialogue entre le vendeur/la vendeuse et le client/la cliente. Utilisez les indications suivantes comme base.

1. V: Demandez au client/à la cliente ce qu'il/elle désire.
2. C: Répondez au vendeur/à la vendeuse que vous voulez un cadeau pour une amie.
3. V: Demandez au client/à la cliente quelle sorte de cadeau il/elle veut regarder.
4. C: Répondez que vous cherchez un beau sac.
5. V: Demandez quel type de sac il/elle cherche.
6. C: Répondez que vous ne pouvez pas beaucoup dépenser, mais que vous voulez un sac en cuir marron. Demandez s'il/si elle a des sacs de cette sorte.
7. V: Répondez oui mais qu'ils (que ces sacs) ne sont pas très bon marché.
8. C: Demandez s'il existe des sacs à prix modérés. Demandez à voir ces sacs-là.
9. V: Répondez «bien sûr». Demandez au client/à la cliente s'il/si elle veut bien attendre un moment.
10. C: Répondez «bien sûr» et «merci bien».

Terminez cette transaction d'une manière originale.

B. Questions de finance. Répondez à ces questions et posez les mêmes questions à d'autres camarades.

1. Est-ce que tu es un consommateur impulsif/une consommatrice impulsive ou raisonnable, économe ou dépensier/dépensière? Prends-tu parfois des risques financiers?
2. Paies-tu toutes tes dépenses? As-tu une bourse d'étudiant? Empruntes-tu de l'argent à l'université?
3. Est-ce que tu travailles? Où travailles-tu? Est-ce que tu gagnes de l'argent? Ton salaire est-il (encore) suffisant? Cherches-tu un autre job? un meilleur job?
4. Empruntes-tu parfois de l'argent? Pourquoi? A qui? Dois-tu de l'argent en ce moment? Rends-tu toujours l'argent que tu empruntes? Prêtes-tu parfois de l'argent? Dans quelles circonstances?

Mots à retenir

Verbes	coûter	faire la queue	toucher (un chèque)
	dépenser	gagner	vouloir
	devoir	pouvoir	vouloir bien
	emprunter (à)	prêter (à)	vouloir dire
	faire des achats	raconter	
	faire des économies	recevoir	
Noms	l'avantage (*m.*)	le compte (en banque)	la monnaie
	la banque	les dépenses (*f. pl.*)	la pièce (de monnaie)
	le billet	l'inconvénient (*m.*)	la réussite
	la bourse	la journée	le salaire
	le (bureau de) change	les loisirs (*m. pl.*)	le vendeur/la vendeuse
	le chèque (de voyage)		
Adjectifs	actuel(le)	économe	meilleur(e)
	bon marché (*inv.*)	étranger/étrangère	pire
	dépensier/dépensière	fauché(e) (*fam.*)	suffisant(e)
Expressions de comparaison	aussi… que	mieux que	plus… que
	autant que	moins… que	plus de… que
	autant de… que	moins de… que	
Expressions affirmatives et négatives	déjà ≠ ne… pas encore	quelqu'un ≠	toujours; parfois,
	encore ≠ ne… plus	ne… personne	quelquefois ≠
	quelque chose ≠		ne… jamais
	ne… rien		ne… que
Expressions de communication	aussi bien… que…	(moi) aussi/(moi) non plus	Quoi de neuf?
	Ça, par exemple!	par contre	soit…, soit…
	d'une part…,		
	d'autre part…		

Exercices de récapitulation

A. Pour ou contre la télévision. Vous discutez des mérites de la télé avec un(e) ami(e). Répondez aux questions avec des expressions affirmatives, et ensuite avec des expressions négatives.

1. Aimes-tu encore regarder la télé?   2. Est-ce qu'il y a parfois des émissions utiles?   3. Regardes-tu parfois les informations?   4. Regardes-tu quelque chose d'instructif?   5. Va-t-on encore regarder des matchs de football?   6. Y a-t-il quelque chose de bon à la télé cet après-midi?   7. Y a-t-il quelqu'un de sérieux dans ce documentaire?   8. Est-il déjà trop tard pour voir ce programme?

B. Henri cherche des conseils. Jouez le rôle d'Henri et de ses amis.

MODÈLE: A: J'ai faim.
          B: Alors, va dîner!

1. J'ai besoin d'exercice.   2. Je suis trop pauvre pour dîner au restaurant.   3. J'ai envie de faire un voyage.   4. J'ai soif.   5. J'ai sommeil.   6. Je n'aime pas mon appartement.   7. Il y a des mots anglais que je ne comprends pas.   8. Je cherche un camarade de chambre sympathique.

Suggestions: changer d'appartement / jouer au tennis / aller au lit / vendre sa voiture / aller en France / boire un verre d'eau / téléphoner à ses amis / chercher dans le dictionnaire / manger un sandwich…

Maintenant, avec un(e) camarade, inventez de nouveaux problèmes et des solutions à ces problèmes selon le modèle.

C. Enquête et reportage. Préparez des questions pour interviewer un(e) camarade sur sa famille. (*Oral, écrit*)

Suggestions
1. Où habite ta famille?
2. As-tu une petite sœur? Quel âge a-t-elle?
3. Où travaillent tes parents?
4. As-tu un frère? Que fait-il? Où ton frère habite-t-il?

Ensuite, faites une petite description de la famille de votre camarade.

Maintenant, décrivez votre propre famille. Votre famille ressemble-t-elle à la famille de votre camarade? En quoi diffère-t-elle de cette famille?

Aperçu littéraire

Comment pouvons-nous habiter dans un monde plein de dangers et d'hypocrisie? Comment pouvons-nous accepter notre mortalité? En quoi consiste la force de l'humanité? Voici une réponse de Paul Éluard:

Bonne justice

PAUL ÉLUARD (1895–1952)

C'est la chaude loi° des hommes	commandement, règle
Du raisin° ils font du vin	fruit à la base du vin
Du charbon° ils font du feu°	combustible noir /
Des baisers° ils font des hommes	gestes d'amour
C'est la douce° loi des hommes	*doux/douce*: gentil(le), agréable
Se garder intact malgré	
Les guerres° et la misère°	combats / pauvreté
Malgré les dangers de mort°	≠ vie
C'est la douce loi des hommes	
De changer l'eau en lumière°	Une lampe donne de la *lumière*.
Le rêve en réalité	
Et les ennemis en frères	
Une loi vieille et nouvelle	
Qui va se perfectionnant°	*va...* devient de plus en plus parfait
Du fond° du cœur de l'enfant	intérieur, en arrière
Jusqu'à la raison° suprême.	On dit que la *raison* est un trait des adultes.

A. Mots nouveaux. Complétez chaque phrase avec un ou des mots nouveaux du poème.

   Suggestions: le charbon / doux (douce) / le feu / le fond / la guerre / la loi / la lumière / la misère / la mort / la raison / le raisin

   1. En bons citoyens, nous obéissons à toutes les ________ justes.
   2. Le vin blanc est souvent fait de ________ noir.
   3. Par une froide soirée d'hiver, nous allumons un grand ________ dans la cheminée.
   4. Il est impossible de lire dans une pièce où il n'y a pas assez de ________.
   5. Malheureusement, de nos jours les ________ continuent à faire des ________ dans les populations civiles.
   6. Cet étudiant ne veut pas travailler; il est toujours assis au ________ de la classe.
   7. Roger est d'un tempérament très ________ : il aime les animaux et déteste la violence.

B. Idées. Trouvez dans le texte les réponses aux questions suivantes.

   1. Nommez trois choses «pratiques» que l'homme est capable de faire, selon le poète.   2. Est-ce que les dangers, la guerre et la misère réussissent à changer la nature fondamentale de l'homme?   3. Nommez trois choses plus «poétiques» que l'homme est capable de faire.
   4. Comment le poète voit-il «demain»? La situation de l'humanité va-t-elle beaucoup changer selon Éluard?   5. Comment l'homme peut-il accepter sa mortalité?   6. Paul Éluard fait-il confiance à l'humanité? Le poète est-il réaliste ou idéaliste?

C. Réaction personnelle. Répondez personnellement aux questions suivantes.

   1. Quel est votre point de vue? Faites-vous confiance à l'humanité?
   2. Avez-vous tendance à être optimiste? ou bien, êtes-vous plutôt pessimiste?   3. Dans votre vie, avez-vous l'expérience de cette force exclusivement humaine que décrit Paul Éluard?

Chapitre 10
La vie urbaine

Il y a, dans chaque ville de France, des rues anciennes très étroites[1] où la circulation automobile est difficile. Certaines rues sont aujourd'hui transformées en zones piétonnières où la circulation automobile est interdite, excepté le matin pour les livraisons° aux magasins. Cette transformation donne une nouvelle vie à de beaux quartiers anciens. Les habitants peuvent enfin retrouver les plaisirs du centre-ville... avant l'automobile!

D'après ce texte...

1. Qu'est-ce qu'il y a dans une zone piétonnière? Qu'est-ce qu'il n'y a pas?
2. Certains véhicules sont autorisés dans cette zone: à quelles heures et pourquoi?

Votre avis sur... les zones piétonnières.

D'après vous, quels sont les avantages d'une zone piétonnière?

Il y a plus de / moins de désordre, silence, sécurité, pollution, clients, problèmes de parking pour les piétons? pour les magasins? pour les résidents du quartier? pour la police?

*E*ntrée en scène

Comment trouver votre chemin°

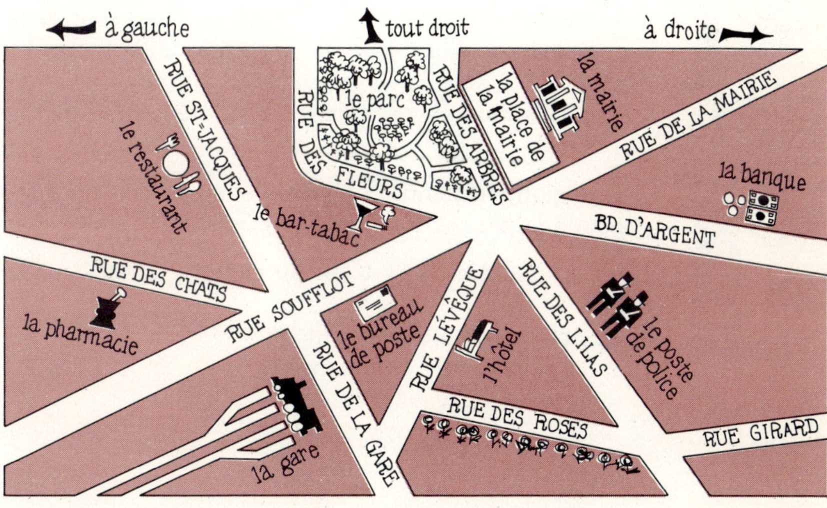

---

[1]*étroit(e)* = petit(e); les autos passent avec difficulté.

°*une livraison* = une arrivée de marchandises

le chemin = la route

A. Pouvez-vous me dire…? Imaginez que vous êtes à la gare.[2] (Voir le plan de la ville ci-dessus.[3]) Indiquez aux touristes qui passent où sont les différents endroits, selon le modèle. ATTENTION: **un endroit** = *un lieu* (une ville, un immeuble, une pièce…); **une place** = *le lieu central d'une ville ou d'un quartier* (la place de la Concorde, par exemple).

MODÈLE: A: Excusez-moi, pouvez-vous me dire où est le bureau de poste?
B: Vous tournez à gauche, et vous prenez la rue Soufflot à droite.
A: Je tourne à gauche, et je prends la rue Soufflot à droite. Merci beaucoup.

1. le bar-tabac   2. le Restaurant du Cheval Blanc   3. l'Hôtel des Roses   4. la Banque Nationale   5. le poste de police   6. la mairie[4]   7. la pharmacie   8. la place de la Mairie

B. Arrivée en ville. Vous arrivez dans cette ville française en auto, et vous voulez faire plusieurs choses. Où allez-vous pour…

1. dîner?   2. toucher un chèque?   3. faire une promenade?   4. poster une lettre?   5. dormir?   6. acheter de l'aspirine?   7. prendre le train?   8. chercher la date de naissance de votre arrière-grand-mère française?

Paris et sa banlieue°

A. Les arrondissements de Paris. Regardez le plan de Paris à la page 251 et répondez aux questions.

MODÈLE: Quel arrondissement est près du Bois de Boulogne? → le seizième

1. Quels arrondissements trouve-t-on sur la rive gauche de la Seine? sur la rive droite?   2. Quels arrondissements constituent le centre-ville?   3. Les beaux quartiers résidentiels de Paris sont dans la partie la plus à l'ouest de la ville. Quels sont ces arrondissements?   4. Le quartier des affaires° est dans le centre-ville sur la rive droite. Quels sont ces arrondissements?   5. Quels arrondissements constituent la partie la plus à l'est de la ville?

B. La région parisienne. Identifiez et situez les endroits suivants selon le plan à la page 251.

MODÈLE: Versailles → C'est un château. Il est dans la banlieue de Paris.

1. Roissy   3. Boulogne   5. Orly   7. Vincennes
2. la Seine   4. Nanterre   6. la Cité

Alors, où est-ce, la rue du Bac?

---

[2]Les trains arrivent à *la gare.*

[3]*ci-dessus* = en haut; *ci-dessous* = en bas

[4]Les bureaux administratifs d'une ville se trouvent à *la mairie.*

°*la banlieue* = les environs d'une grande ville
 le quartier des affaires = le centre de la finance

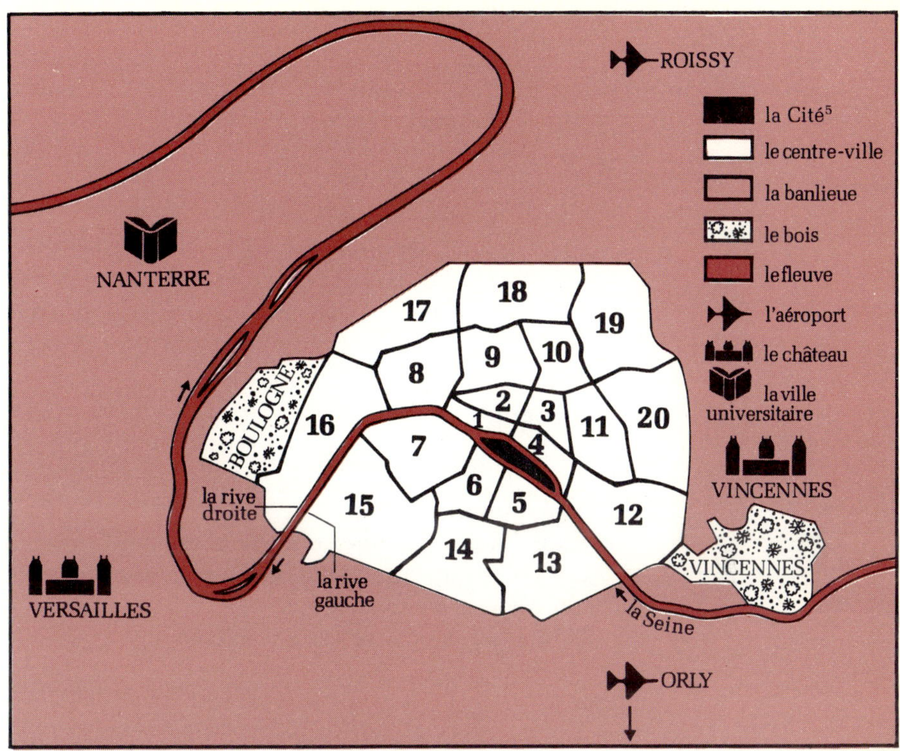

• Étude de verbes: le groupe **venir** et le passé récent

---

[5]Historiquement, la Cité est le premier site de Paris, dans l'Île de la Cité sur la Seine.

Au temps présent:

venir°	**tenir°**
je viens	je tiens
tu viens	tu tiens
il/elle/on vient	il/elle/on tient
nous venons	nous tenons
vous venez	vous tenez
ils/elles viennent	ils/elles tiennent

A.   *Venir* et *tenir*

Comme **venir** et **tenir: revenir, obtenir** et **devenir°**

> Nous **venons** de Paris.
> Voilà Line et Rosalie. Elles **tiennent** plusieurs paquets à la main.
> Les villes françaises **deviennent** plus modernes.
> On **revient** ici chaque été.
> J'**obtiens** toujours de bons résultats.

tenir à $\begin{cases} + \textit{infinitif} = \textit{insister pour, vouloir quelque chose} \\ + \textit{nom} \quad = \textit{être attaché(e) à} \end{cases}$

> Nous **tenons à visiter** Paris cet été.
> Il **tient** beaucoup **à ses amis** d'enfance.

B.   Le passé récent (*venir de* + **infinitif**)

Venir de + *infinitif* marque une action ou un événement arrivé dans un *passé récent.*

> Je **viens d'arriver.** C'est mon premier jour à Paris.

Le *passé récent* (**venir de** + *infinitif*) et le *futur proche* (**aller** + *infinitif*) sont deux structures parallèles. Notez les exemples suivants:

> **Vas**-tu **sortir** ce soir? —Non, je **viens de rentrer**... et je suis assez fatigué.
>
> Alors, où est Jean-Luc? —Nous **venons de parler** avec lui. Il **va être** en retard.

Exercices

A. Faites les substitutions indiquées et les changements nécessaires.

°*venir* = arriver
tenir = avoir dans la main
devenir = commencer à être, changer graduellement

1. Les Dupont *viennent* de Neuilly, près de Paris. (nous, Christine, tu)
2. En juin ils *obtiennent* un visa. (vous, nous, je)
3. Ils *tiennent* à visiter Los Angeles. (François, tu, on)
4. Après quelques semaines ils *deviennent* très américains. (vous, nous, je)
5. Mais en septembre ils *reviennent* à Neuilly. (tu, Marc, elle)

B. Jean-Jacques est en vacances à Paris. Il pose des questions à un autre touriste, M. Duchêne, qui habite dans le même hôtel. Suivez le modèle en utilisant le verbe entre parenthèses.

MODÈLE: A: Allez-vous acheter des souvenirs cet après-midi? (acheter beaucoup de choses)
B: Non, je viens d'acheter beaucoup de choses.

1. Allez-vous essayer le nouveau restaurant avec nous? (déjeuner)
2. Vos amis vont-ils venir avec nous? (quitter l'hôtel)
3. Éric va-t-il revenir ce soir? (partir pour Lyon)
4. Allez-vous sortir ce soir? (passer la journée en ville)
5. Allez-vous prendre la voiture aujourd'hui? (prêter ma voiture à des amis)

A Paris, c'est très normal de garer sa voiture sur le trottoir. —Ce n'est pas permis, mais c'est normal. Je ne suis pas très sûre de comprendre.

*J*eu de structures

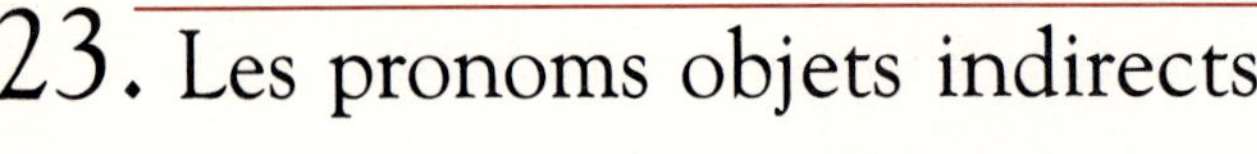

23. Les pronoms objets indirects

Une habitude parisienne

Nicolas est un étudiant parisien. Il est dans une petite rue du Quartier Latin avec une amie américaine, Stacy, récemment arrivée du Missouri.

NICOLAS: Puisque° je *te* dis que je ne peux pas…
STACY: Comment? Tu ne peux pas!
NICOLAS: Je ne peux pas *lui* poser cette question!
STACY: Mais c'est ridicule, Nicolas. Tu n'as qu'à *leur* demander—à Bertrand et à sa sœur—de *nous* expliquer…
NICOLAS: *Leur* dire de *m*'expliquer pourquoi ils garent la voiture° sur le trottoir?[6] Mais Stacy, à Paris c'est très normal!
STACY: Ce n'est pas permis—mais c'est normal. Je ne suis pas très sûre de comprendre.

Pour préciser   Nicolas refuse de poser une question à son ami Bertrand. Linda, imaginez qu'une amie vous pose une question embarrassante. Est-ce que vous lui répondez?
—Non, je ne lui réponds pas du tout!
Charles, quand téléphonez-vous à vos amis?
—Je leur téléphone le soir, en général.
En cours, est-ce que je vous pose des questions?
—Oui, vous nous posez beaucoup de questions.
Linda, est-ce que je vous pose des questions en cours?
—Ah oui, vous me posez des questions.
Est-ce que vous me répondez?
—Oui, je vous réponds, en général.

Pour apprécier   1. Quelle question Nicolas refuse-t-il de poser à Bertrand?   2. Pourquoi est-ce que Stacy veut poser cette question à Bertrand et à sa sœur?   3. Pourquoi Nicolas trouve-t-il cette question inutile?   4. A votre avis, pourquoi ce phénomène est-il normal à Paris?   5. Où garez-vous généralement votre voiture? Dans la rue? dans un parking? sur le trottoir?

---

[6]En général, les piétons marchent sur *le trottoir* et non pas dans la rue.

°*puisque* = parce que

garer la voiture = laisser, stationner la voiture

A. Les objets indirects et directs

En français, les prépositions **à** ou **pour** précèdent le nom objet *indirect*. L'objet indirect répond à la question: *à qui?* ou *pour qui?*

> Je donne le livre **à Paul.**
> Nous montrons le château **aux touristes.**
> Tu achètes un stylo **pour Nicolas?**

Dans les exemples précédents, l'objet indirect est aussi accompagné d'un objet *direct* (**le livre, le château, le stylo**). Voici des verbes utilisés avec *un objet direct* + **à** + *un nom objet indirect:*

apporter	écrire	indiquer
apprendre	emprunter	montrer
demander	envoyer	poser une question
dire	expliquer	prêter
donner		

> J'emprunte **dix francs à Yves.**

Certains verbes français peuvent gouverner un objet indirect *sans* objet direct.

> Je **parle à** mes amis.
> Louise **répond au** professeur.
> Nous **téléphonons** à Emmanuel.

B. Le pronom objet indirect

1. Le pronom objet indirect remplace le nom objet indirect. Il représente toujours **à** + *une personne.*

<table>
<tr><td colspan="3" align="center">Les pronoms objets indirects</td></tr>
<tr><td></td><td>SINGULIER</td><td>PLURIEL</td></tr>
<tr><td>1ère personne</td><td>me (m')</td><td>nous</td></tr>
<tr><td>2ème personne</td><td>te (t')</td><td>vous</td></tr>
<tr><td>3ème personne</td><td>lui</td><td>leur</td></tr>
</table>

Notez l'élision de la lettre **-e** (**m', t'**) devant une voyelle (ou un **h** muet).

> Sylvie **m'**envoie une carte.
> Je n'ai pas le temps de **t'**expliquer la leçon.

Les pronoms objets indirects sont masculins *ou* féminins.[7]

---

[7]Le pronom objet indirect pluriel **leur** n'a jamais de **s**. (Mais **leur**—adjectif possessif—peut prendre **s** selon le nom qualifié: Voici **leurs** affaires.)

Je donne la carte **à Richard.**
Je donne la carte **à Jeannette.** ⟶ **Je lui** donne la carte.

Nous posons la question **aux professeurs.**
Nous posons la question **aux étudiantes.** ⟶ Nous **leur** posons la question.

2. Le pronom objet indirect est placé devant le verbe qui gouverne le pronom.

Je **lui** montre la rue Soufflot.
On **me** demande l'adresse de mon hôtel.

Avec un infinitif complément, le pronom est souvent devant l'infinitif.

Nous allons **leur** téléphoner demain.
Elle essaie de **lui** parler.

Remarquez la place de l'expression négative dans les exemples suivants.

Elle **ne lui** téléphone **jamais.**
Nous **n'**allons **pas leur** prêter notre voiture.
Je **lui** demande de **ne plus** téléphoner.[8]

3. A l'impératif affirmatif, le pronom objet indirect est rattaché au verbe par un trait d'union (-). A la forme négative, le pronom objet précède le verbe.

Montre-**lui** ton billet. (Ne **lui** montre pas ton billet.)
Parlez-**nous** de Paris. (Ne **nous** parlez pas de Paris.)

Après le trait d'union, les formes **me** et **te** ⟶ **moi** et **toi.**

Donnez-**moi** le journal. (Ne **me** donnez pas le journal.)

A la lettre

A. Échanges. A la résidence universitaire, Jean-Michel et ses amis échangent souvent leurs affaires. Substituez les différents pronoms au pronom en italique.

1. A qui Jean-Michel prête-t-il des livres? —Il *me* prête des livres. (leur, vous, lui)
2. A qui donne-t-il sa radio? —Il *me* donne sa radio. (nous, vous, te)
3. A qui emprunte-t-il de l'argent? —Il *m'*emprunte de l'argent. (lui, te, nous)

B. Cartes postales. Marc écrit des cartes postales à sa famille. Transformez les phrases de Marc selon le modèle. Remplacez le nom objet indirect par un pronom objet indirect.

MODÈLE: Je parle *aux autres touristes.* ⟶ Je leur parle.

---

[8]Remarquez la forme négative de l'infinitif. **Ne pas (ne plus...)** *précède* l'infinitif.

1. J'écris aussi souvent *à mes amis.*   2. J'achète des cadeaux *aux enfants* (= pour les enfants).   3. Je trouve d'excellents restaurants *pour* (= à) *Martine et moi.*   4. J'envoie des paquets *à l'oncle Maurice.*   5. Je vais montrer un beau tableau *à Martine.*   6. J'emprunte un plan de la ville *à des amis.*   7. Je promets *à mes copains* de rentrer bientôt.

A votre tour

Garder le contact. Est-ce que la vie d'aujourd'hui rend la communication difficile? Posez les questions suivantes à des camarades. Utilisez un pronom objet indirect dans chaque réponse.

1. Aimes-tu écrire à tes amis? aux membres de ta famille? Qui t'écrit assez souvent?   2. Envoies-tu des cartes postales ou des cartes d'anniversaire à tes amis?   3. Réponds-tu très vite à tes amis quand ils t'écrivent? Ou bien prends-tu ton temps?   4. Décris-tu souvent tes projets et activités à tes amis?   5. Préfères-tu écrire ou téléphoner à tes amis? A quelles occasions est-ce que tu leur téléphones? A quelles occasions est-ce que tu leur écris? Qui te téléphone très souvent?   6. Envoies-tu parfois un mot ou téléphones-tu à tes hôtes après une soirée ou un week-end passé chez eux?

Écoutez les réponses de vos camarades. Ensuite, discutez des questions suivantes.

1. A votre avis, est-ce que les étudiants d'aujourd'hui sont assez communicatifs?   2. La bonne communication entre les gens est-elle toujours importante de nos jours? Pourquoi?

---

24. Le pronom **en**

De jeunes collectionneurs

Dans certains quartiers de Paris il y a encore beaucoup d'antiquaires et de brocanteurs.° Les collectionneurs sérieux—et les touristes— apprécient beaucoup leurs boutiques. Aujourd'hui Jean-Marc retrouve Andrée chez un brocanteur du sixième arrondissement.

JEAN-MARC: Tu cherches des vieilles cartes postales? Moi aussi, j'*en* fais collection.

ANDRÉE: Oui, j'*en* trouve souvent des très belles chez un bouquiniste° du quai du Louvre.

JEAN-MARC: Tu crois qu'il *en* a encore?

°*un brocanteur* = un marchand qui vend des marchandises d'occasion (de seconde main)
un bouquiniste = un marchand qui vend de vieux livres (au bord de la Seine)

«Des cartes postales? J'en trouve souvent des très belles chez un bouquiniste du quai du Louvre.»

ANDRÉE: Oh oui, je pense. Il n'*en* a pas beaucoup, mais elles sont généralement hors de prix°!

JEAN-MARC: Mais si on *en* trouve une bonne, on peut toujours marchander,° n'est-ce pas?

ANDRÉE: Je n'*en* suis pas sûre. Ce marchand, c'est un homme qui ne veut pas spécialement *en* vendre une grande quantité.

Pour préciser

Andrée et Jean-Marc font collection de cartes postales. Et vous, Robert? Avez-vous aussi des cartes postales?

   —J'en ai plusieurs, et aussi une collection de timbres.

En avez-vous beaucoup?

   —Ah oui, j'en ai trois mille.

En France, où est-ce qu'on achète des timbres-poste?

   —On en achète au bureau de poste ou au bureau de tabac.

Quand vous avez faim, mangez-vous un sandwich?

   —Oui, j'en mange un. (Non, je n'en mange pas souvent.)

Et à table, mettez-vous de la crème dans votre café?

   —Oui, j'en mets. (Non, je n'en mets jamais.)

Y a-t-il un café-bar sur votre campus?

   —Oui, il y en a un. (Non, il n'y en a pas.)

Avez-vous envie d'un café maintenant?

   —Oui, j'en ai envie. (Non, je n'en ai pas envie.)

Pour apprécier

1. De quoi Andrée fait-elle collection? Et Jean-Marc, en fait-il collection aussi?   2. Où est-ce qu'Andrée trouve souvent de belles cartes?   3. Est-ce que ce marchand-là en a encore? Pourquoi?   4. De quoi faites-vous collection? Est-ce que vous avez encore des collections de votre enfance? Qu'est-ce qu'il y a dans ces collections?   5. Où aimez-vous chercher des objets à ajouter à votre collection? Dans un quartier particulier? dans un magasin spécialisé?

°*hors de prix* = beaucoup trop cher
marchander = discuter du prix

A. La place et l'emploi du pronom *en*

Comme les autres pronoms objets, le pronom **en** précède immédiatement le verbe. Le pronom **en** est utilisé dans les cas suivants:

1. pour remplacer l'article partitif (**du, de la, de l'**) ou l'article indéfini (**un, une, des**) + *nom*

   > Sert-on **du thé** dans un café parisien? —Oui, on **en** sert.
   > **De la viande?** J'**en** mange rarement.

   Après le pronom **en**, gardez l'article **un** ou **une** à la forme affirmative.

   > Est-ce qu'il y a **un parc** dans ton quartier? —Oui, il y **en** a **un.**
   > Y a-t-il **des fleurs** dans le parc? —Oui, il y **en** a.

   A la forme négative, cependant, on laisse tomber l'article indéfini.

   > Y a-t-il **une école** (**des écoles**) tout près? —Non, il n'y **en** a pas.

2. pour remplacer **de** + *nom* dans une expression de quantité ou un nom précédé d'un nombre

   > Y a-t-il **beaucoup d'immeubles** dans le centre-ville? —Oui, il y **en** a **beaucoup.** (Non, il n'y **en** a pas **beaucoup.**)
   > **Combien de places** voulez-vous? —J'**en** voudrais **cinq,** s'il vous plaît.

   Notez qu'on garde l'expression de quantité ou le nombre. Le pronom **en** remplace seulement **de** + *nom*.

   > Arthur prend **trop de sucre.** Il **en** prend **trop.**
   > **Combien de** pommes voulez-vous? —J'**en** voudrais **deux kilos.**

3. pour remplacer **de** + *nom* dans les expressions idiomatiques telles que **avoir besoin de, avoir envie de, être fier/fière de, être satisfait(e) de, être heureux (-euse) de, être ravi(e)° de, discuter de** et **parler de**

   > Avez-vous besoin **d'un guide de Paris?** —Oui, j'**en** ai besoin.

   > Marthe, parle-t-elle **des ruines romaines?** —Oui, elle **en** parle souvent.

   > Es-tu contente **de ta visite?** —Oui, j'**en** suis ravie même.

4. pour remplacer **de** + *un endroit* ou *un nom géographique*

   > Le train sort-il **de la gare?** —Oui, il **en** sort.
   > Je viens **de Marseille.** —Quelle coïncidence! J'**en** viens aussi!

B. Le pronom *en* à l'impératif

A l'impératif affirmatif, le pronom **en** est rattaché au verbe par un trait d'union (**-**). A la forme négative, **en** précède le verbe.

°*être ravi(e)* = être très content(e)

Voici du bouillon chaud. Prends-**en**! (N'**en** prends pas!)
Voici **des photos.** Choisissez-**en** trois.

Notez qu'on rajoute la lettre **s** à la forme **tu** devant le pronom **en.**

Parle **de tes aventures.** Parles-**en.** (N'**en parle** pas.)

Prononcez bien!

Faites attention à la liaison, ou à l'absence de liaison, avec le pronom **en**

devant une *voyelle:*   il y en a   [il-jã-na]

elles en ont   [ɛl-zã-nɔ̃]

devant une *consonne:* elle en / sort   [ɛ-lã-sɔr]

et si **en** est *précédé* d'une consonne: prends-en   [prã-zã]

parlez-en   [par-le-zã]

choisissons-en   [ʃwa-zi-sɔ̃-zã]

donnes-en   [dɔn-zã]

A la lettre

A. **Choix gastronomiques.** Vous dînez avec un(e) ami(e) au Maxim's à Paris. Votre camarade vous interroge sur votre choix. Répondez **oui** ou **non** selon vos propres goûts.

Questions possibles
Vas-tu prendre un(e) / du / de la / des…?
Est-ce que tu veux un(e) / du / de la / des…?
Tu as envie d'un(e) / de…?[9]

MODÈLE: A: Vas-tu prendre un apéritif?
B: Oui, je vais en prendre un. (Non, je ne vais pas en prendre.)
A: Tu as envie de pâté?
B: Oui, j'en ai envie. (Non, je n'en ai pas envie.)

1. les *hors-d'œuvre
2. le foie gras
3. la soupe à l'oignon
4. le poulet rôti
5. le chateaubriand
6. le champagne
7. la salade
8. le fromage
9. le dessert
10. les crêpes Suzette
11. le cognac
12. le café

---

[9]Après les expressions **avoir envie de** ou **avoir besoin de,** omettez l'article partitif et l'article indéfini pluriel (**des**): Est-ce que tu as envie **de** fromage (**de** petits pois)?

L'intérieur élégant d'un restaurant célèbre à Paris. Le Maxim's est un bon exemple du style de la Belle Époque à la veille de la première guerre mondiale.

B. Le panorama urbain. Avec un(e) camarade, donnez le nombre d'étages des bâtiments suivants selon les indications.

MODÈLE: ta maison (2) →
A: Combien d'étages a ta maison?
B: Elle en a deux.

1. les écoles secondaires (2)
2. l'Hôtel de Ville° (5)
3. la Tour Montparnasse (30)
4. le poste de police (2)
5. ce musée (3)
6. ton immeuble (16)
7. les grands magasins (4)
8. la Tour Eiffel (3 seulement!)[10]
9. La Tour Fiat (45)

C. Paris-centre. Avec un(e) camarade, posez des questions et répondez **oui** ou **non** avec le pronom **en.** Ajoutez une expression de quantité quand c'est possible.

MODÈLE: des églises →
A: Est-ce qu'il y a des églises à Paris?
B: Oui, il y en a (beaucoup).

Suggestions: de grands boulevards / de bons théâtres / des ruines romaines / une université / des quartiers anciens / des plages / des restaurants célèbres / un métro / une circulation intense / des immeubles modernes / des boutiques élégantes / une bibliothèque nationale / des montagnes / des banques internationales...

A *votre tour*

Conversation. Interviewez un(e) autre étudiant(e). Il/Elle va répondre **oui** ou **non** (en utilisant le pronom **en** et des expressions négatives quand c'est possible).

---

[10]La Tour Eiffel n'a que trois étages mais la distance entre les trois plateformes est grande!
°l'*Hôtel de Ville* = la mairie d'une grande ville

MODÈLE: A: Manges-tu quelquefois des escargots?
          B: Non, je n'en mange jamais.

1. Viens-tu de Boston? de Los Angeles?
2. Y a-t-il un ascenseur chez toi? un garage? Combien d'étages y a-t-il dans la maison (dans l'immeuble)?
3. Dans ton quartier, est-ce qu'il y a un cinéma? beaucoup de magasins? des hôtels? un métro? de bons restaurants? une salle de sport?
4. As-tu une bicyclette? une moto? une voiture? des skis?
5. Combien de personnes y a-t-il dans ta famille? Combien de personnes y a-t-il actuellement° dans la maison de ta famille? dans ton cours de français? dans ton école? dans ta ville?
6. Écoutes-tu parfois des disques français? Combien de disques français as-tu? Combien de livres français as-tu?
7. Fais-tu beaucoup de sport? Fais-tu du ski? du tennis? du jogging? de la gymnastique? de la plongée sous-marine?

Préparez d'autres questions sur ces modèles.

Animation

• Dialogue

Vue de la Tour Eiffel   Claude, un étudiant québécois qui visite Paris, observe la ville du haut de la Tour Eiffel. Denise, une amie parisienne, lui donne des indications.

CLAUDE: Peux-tu me dire *où est* Notre-Dame?
DENISE: *Tout droit devant*, dans l'Île de la Cité.
CLAUDE: Et *dans quelle direction est* le Quartier Latin?
DENISE: Eh bien, d'ici, il est *à droite de* Notre-Dame, *de l'autre côté de* la Seine.
CLAUDE: Je cherche l'église du Sacré-Cœur: *où est-elle?*
DENISE: Tout *là-bas, à gauche*, sur la Butte Montmartre.[11]
CLAUDE: *Est-ce que c'est loin d'ici*, Versailles?[12]
DENISE: Versailles est derrière nous, à 23 kilomètres environ.
CLAUDE: Maintenant, dis-moi, *par où est-ce que je dois passer pour* retourner à mon hôtel?

---

[11]*Montmartre* est un quartier parisien sur la rive droite; il est sur une petite montagne: «la Butte».

[12]Dans les environs de Paris, *Versailles* est la ville où est situé le grand palais de Louis XIV.

°*actuellement* = maintenant, en ce moment

Claude, un étudiant québécois qui visite Paris, observe la ville du haut de la Tour Eiffel. Sur la photo, droit devant lui, la Seine, traversée par le pont de Bir-Hakeim et le pont de Grenelle; à droite, le bâtiment rond de la Maison de Radio-France.

Comment demander son chemin

Voici quelques expressions utiles pour *demander son chemin:*

Peux-tu me dire: }
Pouvez-vous me dire: }
   où est…?
   dans quelle direction est…?
   par où je dois passer pour…?
   si… est loin d'ici?

Voici quelques expressions utiles pour *indiquer le chemin:*

C'est… { tout droit.
à droite (de)…
à gauche (de)…
derrière…
devant…
à côté de…
de l'autre côté de…

Réagissez!

A. Claude cherche son chemin. Il pose des questions à des passants. Étudiez les dessins ci-dessous, puis, avec un(e) camarade, jouez les rôles de Claude et de la personne avec qui il parle.

Claude cherche son hôtel.

Claude cherche le cinéma.

Claude cherche une station-service.

B. Vous sortez de votre premier cours de français. Maintenant, vous cherchez d'autres endroits sur le campus de votre université. Demandez votre chemin aux étudiants qui passent.

Endroits suggérés: la bibliothèque / le Restau-U / la librairie / le café / la salle de sport / la piscine / l'amphithéâtre / le laboratoire de langues (de sciences naturelles)…

• Lecture

La Seine en bateau-mouche[13]

Rien de tel,° pour découvrir Paris, qu'une promenade en bateau sur la Seine. C'est là qu'on sent le mieux l'atmosphère parisienne: sur les célèbres quais de pierre° grise, on peut voir des pêcheurs° et des artistes au travail, ou encore des clochards° endormis ou des amoureux qui flânent.° C'est là aussi qu'on peut le mieux admirer les fameux ponts° qui relient les rives droite et gauche du fleuve: il y en a près de trente, chacun avec son caractère propre. Le Pont-Neuf, par exemple, est le plus ancien, il a plus de quatre

Une promenade sur la Seine en bateau-mouche. Nous venons de contourner le palais de Justice. Nous passons sous le pont Saint-Michel, et la Préfecture de Police apparaît sur notre gauche.

---

[13]Un *bateau-mouche* est un bateau touristique, une tradition parisienne.

°*rien de tel* = il n'y a pas d'autre moyen

la pierre = le rocher, le roc

le pêcheur = une personne qui attrape les poissons

le clochard = le vagabond

flâner = faire une promenade tranquille

un pont = une route qui traverse un fleuve

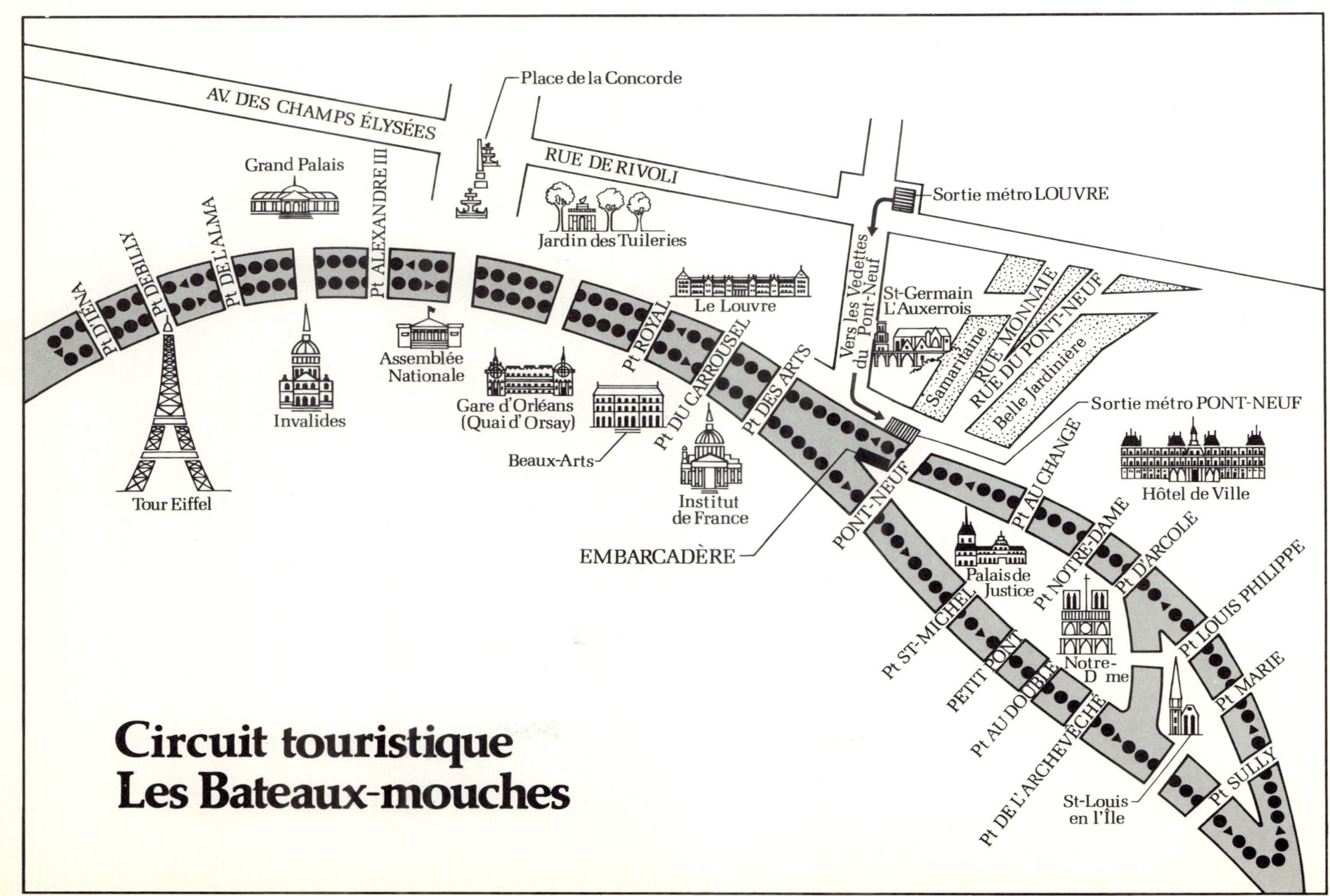
AV. DES CHAMPS ÉLYSÉES
Place de la Concorde
RUE DE RIVOLI
Sortie métro LOUVRE
Grand Palais
Pt ALEXANDRE III
Jardin des Tuileries
Pt DEBILLY
Pt DE L'ALMA
Pt D'IÉNA
Le Louvre
Vers les Vedettes du Pont-Neuf
St-Germain L'Auxerrois
Samaritaine
RUE MONNAIE
RUE DU PONT-NEUF
Belle Jardinière
Sortie métro PONT-NEUF
Assemblée Nationale
Invalides
Gare d'Orléans (Quai d'Orsay)
Pt ROYAL
Pt DU CARROUSEL
Pt DES ARTS
Beaux-Arts
Institut de France
EMBARCADÈRE
PONT-NEUF
Pt AU CHANGE
Hôtel de Ville
Pt NOTRE-DAME
Pt D'ARCOLE
Palais de Justice
Notre-Dame
Pt LOUIS PHILIPPE
Pt MARIE
Pt ST-MICHEL
PETIT PONT
Pt AU DOUBLE
Pt DE L'ARCHEVÊCHÉ
St-Louis en l'Île
Pt SULLY
Tour Eiffel
Circuit touristique
Les Bateaux-mouches

cents ans! Le pont Mirabeau, lui, est un chef-d'œuvre° de fer° forgé du dix-neuvième siècle; le pont de Grenelle est connu° pour la statue qu'il porte: c'est l'original de la statue de la Liberté.

La Seine est aussi le meilleur des guides à Paris: elle nous permet de découvrir, en une courte° promenade, les grands monuments qui retracent les vingt siècles de l'histoire parisienne. Nous allons prendre un «bateau-mouche». Il part du pont d'Iéna, à la hauteur de la Tour Eiffel que les Parisiens appellent «la vieille dame». Elle est le symbole de Paris depuis sa construction—temporaire!—en 1889, année centenaire de la Révolution française. Notre bateau remonte le fleuve et nous apercevons les Invalides, sur la rive gauche. C'est un des plus grands bâtiments° de Paris. Le dôme brillant de son église enferme le tombeau d'un des grands noms de l'histoire européenne: Napoléon.

Nous passons sous le Pont-Neuf et le palais de Justice apparaît sur notre gauche, dans l'Île de la Cité en forme de bateau. (Lisez-vous les romans policiers de Georges Simenon? Les bureaux de la préfecture de police de Paris—et de l'inspecteur Maigret—sont sur le quai des Orfèvres dans le palais de Justice.)

Enfin, nous arrivons devant les rosaces° et les tours de la cathédrale Notre-Dame de Paris, ce merveilleux chef-d'œuvre de l'architecture médiévale qui est véritablement le cœur de Paris: les distances entre Paris et le reste de la France sont mesurées à partir d'elle. Notre bateau contourne° l'Île de la Cité, site du vieux Paris romain, et nous descendons maintenant le cours du fleuve. Nous longeons° la longue façade du Louvre, le plus grand palais du monde, dit-on, commencé au treizième siècle. Ce musée qui contient la Joconde[14] et la Vénus de Milo est le monument parisien le plus visité après la Tour Eiffel. Plus de deux millions de touristes par an viennent voir ses trésors.

Notre visite finit devant la place de la Concorde, ou bien devant le palais de Chaillot. Mais si vous avez l'âme romantique, vous devez revenir ce soir prendre un des bateaux-restaurants et dîner devant le panorama féerique° que la Seine vous offre lorsque° ses monuments sont illuminés pendant la nuit. Vous pouvez alors comprendre la célèbre phrase de Joséphine Baker[15] «J'ai deux amours, mon pays et Paris!»

---

[14]La *Mona Lisa* de Léonard de Vinci s'appelle *la Joconde* en français.

[15]*Joséphine Baker* (1906–1975) est une chanteuse américaine du music-hall qui fait sa carrière à Paris.

°*un chef-d'œuvre* = un travail artistique extraordinaire
le fer = le métal gris utilisé dans la construction
connu = célèbre
court(e) ≠ long(ue)
un bâtiment = une structure, une construction
une rosace = une belle fenêtre ronde (dans une église)
contourner = passer autour de
longer = aller le long de
féerique = d'une beauté irréelle
lorsque = quand

Comprenez-vous?

Trouvez dans le texte les réponses aux questions suivantes.

1. Quels éléments de l'atmosphère parisienne peut-on percevoir de la Seine?   2. Où est le tombeau de Napoléon?   3. Donnez des détails sur l'Île de la Cité: où est-elle, quelle forme, quels monuments, quelle histoire a-t-elle?   4. Quel est le monument le plus visité de Paris?   5. Qu'est-ce que le Louvre?   6. Pourquoi le panorama de Paris est-il féerique la nuit?

Et vous?

Avec vos camarades, discutez des réponses aux questions suivantes.

1. Est-ce que les touristes aiment visiter votre ville? Pourquoi? Pourquoi pas?   2. Y a-t-il dans votre ville des quartiers ou des bâtiments particulièrement intéressants? Y a-t-il des endroits préservés qui ont un intérêt historique?   3. Y a-t-il un circuit spécial que les touristes aiment prendre quand ils visitent votre ville? Faites un petit plan de votre ville pour indiquer à un copain les lieux intéressants à voir.   4. Quelle est votre ville préférée? Quels sont les aspects de cette ville que vous aimez particulièrement?

• Activités

A. Voyage aux États-Unis. Votre ami(e) fait des projets de voyage. Il/Elle peut voyager partout dans les États-Unis. Donnez-lui des suggestions selon le modèle.

   MODÈLE: A: Où est-ce qu'on tourne des films?
            B: On en tourne beaucoup à Los Angeles.

   1. Où est-ce qu'on prépare des spécialités italiennes?   2. Où est-ce qu'on trouve des quartiers anciens?   3. Où est-ce que les habitants ont un accent du sud?   4. Où est-ce qu'on trouve des maisons très somptueuses?   5. Où est-ce que je peux prendre un bateau?   6. Où est-ce que je peux trouver des boutiques d'antiquaires?   7. Où est-ce que je peux manger du bon pain?   8. Où est-ce que je peux voir de bonnes pièces de théâtre?[16]

   Maintenant, préparez de nouvelles questions sur ce modèle. Votre camarade va répondre avec le pronom **en** et le nom d'une ville aux États-Unis ou dans un autre pays.

---

[16]Shakespeare et Ionesco, par exemple, écrivent de bonnes *pièces de théâtre*.

B. La vie dans la banlieue parisienne. Dans la banlieue parisienne, il y a encore beaucoup d'immeubles—appelés grands ensembles ou cités—construits dans les années 50 et 60. La vie dans ces immeubles pose certains problèmes: le lieu de travail des habitants et les ressources de la ville sont encore souvent assez loin.

De nos jours, on construit de plus en plus de maisons particulières en banlieue, et le réseau° des transports publics (trains, métro) devient de plus en plus complet. Aujourd'hui la banlieue parisienne offre de nouveaux attraits à ses habitants.

Discutez des questions suivantes avec des camarades de classe.

1. Habiter en banlieue plutôt qu'en ville, est-ce un avantage ou un inconvénient?
2. Quels sont les avantages de la vie urbaine? Quels en sont les inconvénients?

    Expressions utiles: la proximité du travail et des magasins / les ressources d'une grande ville / une circulation intense / les transports publics / le charme des vieux quartiers / le cinéma et les spectacles / les écoles et les musées / les problèmes de violence et de sécurité / la solitude / les gens moins agréables / le bruit° des voitures et de la construction / la pollution...

3. Quels sont les avantages de la vie en banlieue? Quels en sont les inconvénients? Expliquez.

    Expressions utiles: le calme / un jardin / la proximité de la campagne / moins de pollution / un logement plus grand / le prix des logements moins élevé / les voisins plus agréables / la possibilité de faire plus de sport / l'éloignement° du centre-ville / une vie culturelle moins riche / la nécessité d'utiliser la voiture...

4. Le quartier où vous habitez est-il très urbanisé? Aimez-vous votre quartier? Pourquoi?

Mots à retenir

Verbes	devenir	poser une question à	venir
	être ravi(e) de	revenir	venir de
	garer (la voiture)	tenir (à)	
	obtenir	tourner	

°*le réseau* = l'ensemble des routes
le bruit = les sons
l'éloignement = la distance

Noms	l'aéroport (*m.*)	le chef-d'œuvre	le musée
	les affaires (*f. pl.*)	le chemin	le parc
	l'arrondissement (*m.*)	la circulation	la pharmacie
	la banlieue	la Cité	le piéton/la piétonne
	le bateau	l'Île de la Cité	la place
	le bâtiment	l'église (*f.*)	le plan (de la ville)
	le bois	le fleuve	le pont
	le bruit	la gare	le poste de police
	le bureau de poste	l'hôtel (*m.*)	la rive (gauche, droite)
	le bureau de tabac	la mairie	le siècle
	la carte postale	le marchand/	la tour
	le centre-ville	la marchande	la Tour Eiffel
	le château	le monument	le trottoir

Adjectifs	court(e)	situé(e)	urbain(e)
	étroit(e)		

Adverbes	actuellement	de plus en plus	surtout
	ci-dessus ≠		
	ci-dessous		

Prépositions	autour de

Directions	l'est (*m.*)	à droite (de)	de l'autre côté de
	le nord	à gauche (de)	tout droit
	l'ouest (*m.*)		
	le sud		

Chapitre 11
Transports et voyages

Voici le château de Balleroy en Normandie. Pardon! Voici son double…
car° ce château-ci est en fait un ballon à air chaud. Son propriétaire, qui
possède aussi le vrai château, est un aérostier° américain. Il célèbre avec
originalité le bicentenaire du premier ballon à air chaud, la Montgolfière,
inventée en 1783 par les frères Montgolfier à Paris! En croyez-vous vos
yeux?[1]

D'après ce texte…

   1. Quel est ce véhicule?   2. Qui est son pilote?   3. Quel est le nom
du premier ballon à air chaud? Qui sont ses inventeurs?

Votre avis sur… les moyens de transport.

Que représente pour vous l'automobile?
   Pour moi, une voiture, c'est… (Choisissez trois réponses.)

le luxe	l'indépendance	la pollution	le prestige
le confort	l'aventure	le danger	le plaisir
la sécurité	le sport	la compétition	la détente
l'utilité	le silence	la beauté	l'excentricité

Dans votre cours de français, quelles réponses sont les plus nombreuses?
   Maintenant, choisissez un autre moyen de transport: le ballon à air
chaud, la bicyclette, l'avion, le monorail… et posez la même question à des
camarades.

Entrée en scène

**Le monde
en avion**

---

[1]On voit avec les *yeux.*

°car = parce que
  un aérostier = un pilote d'un ballon à air chaud

A. A votre service. De quelle nationalité est le personnel des compagnies aériennes suivantes?

1. une hôtesse de l'air d'Air France
2. un steward de British Airways
3. un pilote de Pan American
4. un steward d'Air Canada
5. une hôtesse de l'air d'Ibéria

B. Vols internationaux. Voici des villes de départ et d'arrivée. Quels sont les pays de départ et d'arrivée des vols suivants?

MODÈLE: Rabat—Paris → C'est un vol entre le Maroc et la France.

1. Pékin—New York
2. Alger—Moscou
3. Rio—Ottawa
4. Chicago—Paris
5. Mexico—Tokyo
6. Montréal—Acapulco

C. Arrivées. Vous êtes dans un aéroport international. De quels pays arrivent les vols suivants? ATTENTION: Ici, utilisez **de (d')** pour les pays féminins et **du (des)** pour les pays masculins.

MODÈLE: vol n° 93 / Rabat →
Le vol numéro quatre-vingt-treize arrive du Maroc.

1. vol n° 81 / Moscou
2. vol n° 31 / Brasilia
3. vol n° 88 / Pékin
4. vol n° 61 / Tokyo
5. vol n° 74 / Washington, D.C.
6. vol n° 66 / Alger
7. vol n° 99 / Acapulco
8. vol n° 79 / Ottawa

L'Europe en train

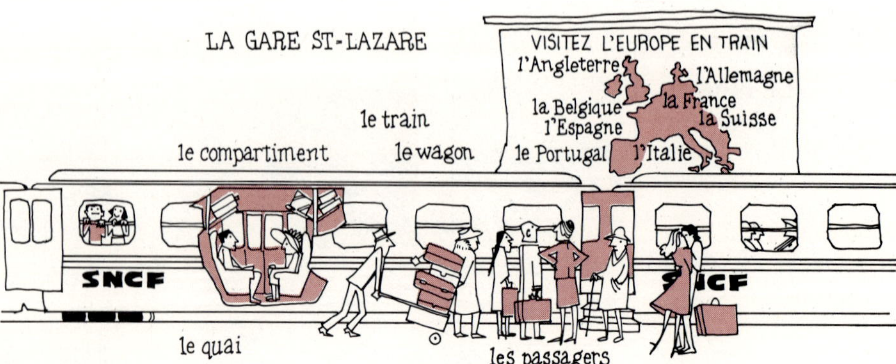

A. Définitions. Répondez aux questions suivantes selon le dessin ci-dessus.

1. Quel véhicule de transport trouve-t-on dans une gare?
2. Comment s'appelle chaque voiture d'un train?
3. Comment s'appellent les personnes qui voyagent?

4. Comment s'appelle la partie du wagon où les gens sont assis?[2]
5. Où est-ce que les gens attendent l'arrivée d'un train?

B. Visitez l'Europe en train! Regardez l'affiche ci-dessus. Les villes suivantes sont des capitales. Quels en sont les pays?

MODÈLE: Paris → Paris est la capitale de la France.

1. Londres   3. Bruxelles   5. Bonn   7. Lisbonne
2. Madrid   4. Berne   6. Rome

• Étude de verbes: le groupe **conduire**

conduire (*temps présent*)	
je conduis	nous conduisons
tu conduis	vous conduisez
il/elle/on conduit	ils/elles conduisent
Comme **conduire: produire, réduire, traduire**°	

Aux États-Unis, il est possible de **conduire** à partir de seize ans. Les Français **conduisent** à partir de dix-huit ans.

L'industrie automobile française **produit** trois marques différentes de voitures. Elle ne **réduit** pas sa production, elle l'augmente.

Tu ne comprends pas? Attends. Je vais **traduire** les instructions.

Exercice

Complétez chaque phrase par une forme correcte de **conduire, produire, réduire** ou **traduire.**

1. Dans le cours de langue de M. Sylvestre, nous ne _______ jamais!
2. Si vous prenez l'avion, vous _______ radicalement le temps du voyage.
3. En ville, les automobilistes _______ avec beaucoup de prudence.
4. En France, on _______ du très bon vin.
5. Au Palais des Nations, les interprètes _______ tous les discours des diplomates.

----

[2]Dans l'autobus, je suis *assis(e)* sur un *siège*; quand il n'y a plus de *places*, je reste (je suis) *debout.*

°*traduire* = passer d'une langue dans une autre

Toutes les routes mènent à Paris

il conduit
sa voiture

la moto

le camion

l'autobus[3]

la route
nationale

l'autoroute

A. **Itinéraires.** Vous allez faire des voyages en France. Étudiez la carte de France. Ensuite, trouvez les routes logiques selon le modèle. ATTENTION: La lettre **A** indique une *autoroute*; la lettre **N** indique une *route nationale* (généralement à deux voies°).

MODÈLE: de Paris à Cherbourg →
Je peux prendre l'autoroute A13 jusqu'à Caen [kɑ̃] et la route nationale N13 jusqu'à Cherbourg.

1. de Paris à Perpignan
2. de Caen à Bordeaux
3. de Marseille à Lyon
4. de Cherbourg à Lille
5. d'Avignon à Caen
6. de Paris à Avignon

B. **Moyens de transport.** Quel véhicule prend-on ou conduit-on dans les situations suivantes?

1. Votre famille déménage.
2. Les membres de la classe font une excursion.
3. Vous êtes sportif (-ive).
4. Vous aimez conduire vite.
5. Vous arrivez à l'aéroport avec des valises.
6. Vous passez le week-end avec votre famille.

---

[3]*Un autobus* circule dans la ville; *un autocar* (un «car») va d'une ville à une autre.

°*la voie* = un des passages d'une route ou d'une autoroute

C. Conversation. Divisez la classe en groupes. Posez les questions suivantes à un(e) camarade.

1. As-tu une bicyclette? une moto? une voiture? Préfères-tu prendre le bus ou conduire ta voiture? Fais-tu parfois de l'auto-stop?[4]
2. Comment viens-tu en cours? à pied?[5] en voiture? en autobus? en vélo? en métro?[6]
3. Aimes-tu les voitures de sport? Aimes-tu conduire vite? Aimes-tu les longs voyages en voiture?
4. Conduis-tu parfois un camion? Quand, par exemple?
5. Quel est à ton avis un moyen de transport économique? très rapide? assez dangereux? très agréable?
6. Est-ce que tu es pour ou contre la vitesse limite de cinquante-cinq miles à l'heure sur les autoroutes américaines? Cette limite permet-elle d'économiser de l'essence?[7] Est-ce qu'en général les gens respectent cette limite?
7. Est-ce que tu es pour ou contre les petites voitures? Sont-elles confortables? Permettent-elles d'économiser de l'essence? Sont-elles aussi sûres que les grandes voitures?

Dans les rues de la ville, les scooters et les mobylettes sont plus nombreux que les vélos.

---

[4]Quand on *fait de l'autostop*, on demande du transport aux automobilistes qui passent.

[5]Notez la préposition utilisée dans chacune de ces expressions: **en** avion, **en** train, **en** voiture, **en** bateau, **à** pied, **à** bicyclette (= **en** vélo), **à** motocyclette (= **en** moto).

[6]*le métro* = le train souterrain; les *métros* de Paris, de New York, de Londres et de Léningrad sont célèbres.

[7]Une voiture ne peut pas marcher sans *essence*; on en achète à la station-service, au poste d'essence.

*J*eu de structures

25. Les pronoms objets directs

Un petit voyage

Marie-Jo explique ses projets de voyage à son amie Aline. Toutes les deux sont étudiantes à l'Université de Lyon.

ALINE: Dis-moi, Marie-Jo, quand prends-tu ce charter?

MARIE-JO: Mon vol pour New York, je *le* prends en juin, tout de suite° après les examens.

ALINE: Est-ce qu'on doit acheter son billet longtemps à l'avance pour ces charters?

MARIE-JO: Oui, normalement, on *le* prend très à l'avance. C'est une occasion,° tu sais, alors, il y a un nombre de places limité.

(Aline examine le billet de Marie-Jo.)

ALINE: Je *t'*envie beaucoup, Marie-Jo.

MARIE-JO: Pourquoi ça? M'envier tellement parce que je vais à New York pour deux semaines?

ALINE: Ce n'est pas ça! Regarde donc ton billet! Regarde la route que va prendre ce charter!

(Marie-Jo prend son billet. Elle l'étudie de près.°)

MARIE-JO: Tiens! Mais qu'est-ce que c'est que ce voyage? L'avion fait escale° deux fois en Afrique, deux fois en Amérique du Sud, puis à Haïti et à Miami, avant d'atterrir° à New York! Voilà ma belle occasion°!

ALINE: Écoute, Marie-Jo, ce n'est pas une catastrophe. J'ai une idée: s'il y a encore des places, je vais *t'*accompagner.

Pour préciser

Quand je voyage, je prends les billets à l'avance. Je les achète deux mois avant mon départ. Et vous, Michel? Aimez-vous les vols charter?

—Oui, je les aime bien. Ils sont très bon marché.

Quand prenez-vous votre billet, en général?

—Je le prends à la dernière minute.

°*tout de suite* = immédiatement

C'est une occasion. = C'est très bon marché.

de près = avec beaucoup d'attention

faire escale = faire une halte (*avion, bateau*)

atterrir = arriver (*avion*)

Voilà ma belle occasion! = Voilà pourquoi le billet est si bon marché.

Et s'il n'y a plus de places?

—Le voyage, je le remets à plus tard!

Mélanie et Laura, vous partez bientôt en voyage, n'est-ce pas? Laura, est-ce que quelqu'un vous accompagne?

—Oui, malheureusement, c'est mon petit frère qui nous accompagne!

Michel, est-ce que vous m'écoutez maintenant?

—Bien sûr, Monsieur/Madame, je vous écoute.

Pourquoi m'écoutez-vous?

—C'est une nouvelle leçon… et vous l'expliquez.

La comprenez-vous?

—Oui et non, c'est que je commence à la comprendre.

Pour apprécier
1. Quand Marie-Jo va-t-elle prendre son vol charter?
2. Pour un charter, quand prend-on normalement les billets? Pourquoi?
3. Pourquoi Aline envie-t-elle Marie-Jo?
4. Le charter de Marie-Jo est-ce un vol direct? Pourquoi ce vol est-il si bon marché?
5. Quelle est l'idée d'Aline?

A. Le pronom objet direct

Rappel

L'objet direct reçoit—directement—l'action du verbe. Il répond à la question *qui?* ou *quoi?* (*qu'est-ce que?*).

On attend **Michel.** Nous achetons **les billets.**

1. Le pronom objet direct remplace le nom objet direct. Il désigne une chose ou une personne spécifique: un *nom propre*, ou un nom précédé de *l'article défini*, de *l'adjectif possessif* ou de *l'adjectif démonstratif*.

Je vois **Jacqueline.**
Je vois **la voiture de Jacqueline.** } Je **la** vois.
Je vois **ma copine.**

Je lis **le journal d'hier.**
Je lis **mon guide de France.** } Je **le** lis.
Je lis **cet article sur le tourisme.**

Les pronoms objets directs		
	SINGULIER	PLURIEL
1ère personne	me (m')	nous
2ème personne	te (t')	vous
3ème personne	le (l') la (l')	les

ATTENTION: **Me, te, le, la** → **m', t', l'** devant une voyelle (ou un **h** muet).

> J'achète **cette carte postale.** Je l'achète.
> Monique **t'**admire. Elle ne **m'**admire pas.

Me (m'), te (t'), nous et **vous** sont des pronoms objets directs *ou* indirects.

> Je les vois. Je **vous** vois. (*objet direct*)
> Je leur écris. Je **vous** écris. (*objet indirect*)

2. Notez qu'à la différence de l'anglais, les verbes suivants sont toujours utilisés avec l'objet *direct:* **attendre, chercher, écouter, regarder.**

> Nous attendons **le train.** Nous l'attendons.
> J'écoute **mes camarades.** Je **les** écoute.

B.   La place du pronom objet direct

1. Comme le pronom **en** et le pronom objet indirect, le pronom objet direct *précède* le verbe.

> *Pierre lit-il* **le guide de Québec?** —Oui, il **le** lit.
> Est-ce que tu veux **ma revue?** —Oui, je **la** veux bien.
> Vous postez **ces cartes?** —Oui, je **les** poste.[8]

2. Si l'objet direct est l'objet d'un infinitif, mettez le pronom *devant* l'infinitif.

> Annick va chercher **l'adresse.** Annick va **la** chercher.
> Je peux acheter **les billets.** Je peux **les** acheter.

3. Regardez bien ces exemples à la forme négative.

> Nous n'achetons pas **le guide vert.** Nous ne l'achetons pas.
> Je ne vais pas prendre **les billets.** Je ne vais pas **les** prendre.

4. Le pronom objet direct précède les expressions **voici** et **voilà.**

> Mais, où est Fifi? —**La** voilà! Sur la plage!
> Dominique? —**Me** voici!

5. A l'*impératif,* le pronom objet direct est rattaché au verbe par un trait d'union (-). A la forme négative, le pronom *précède* le verbe.

> Tu as une histoire? Raconte-**la!** (Ne **la** raconte pas!)
>
> Prenez ces livres et donnez-**les** au professeur. (Ne **les** donnez pas au professeur!)

---

[8]Le pronom **le** (**l'**) est aussi utilisé comme un pronom *neutre* (= *m. sing.*) pour *résumer* une phrase ou une situation: Je **le** dis souvent: Ne perdez pas courage!

Rappel

Pronom objet direct, pronom objet indirect ou **en**?

Comparez dans les exemples suivants l'emploi du pronom objet *direct*, du pronom objet *indirect* et du pronom **en.**

Je prends bientôt **mon vol.**	Je **le** prends bientôt.	
Nous accompagnons **Roger.**	Nous l'accompagnons.	*objet direct*
Je donne **cette valise** à ma copine.	Je **la** donne à ma copine.[9]	

Je parle **à Suzanne.**	Je **lui** parle.	
Nous téléphonons **à nos amis.**	Nous **leur** téléphonons.	*objet indirect*

Nous prenons **du café.**	Nous **en** prenons.	
J'ai besoin **de vacances.**	J'**en** ai besoin.	**en**
Roger prend trois **billets.**	Il **en** prend trois.	
J'ai un bon **imperméable.**	J'**en** ai un bon.	

A la lettre

A. A l'aéroport. Répondez à un(e) ami(e) en suivant le modèle.

MODÈLE: mes valises → A: Je cherche mes valises.
B: Les voilà!

1. le bureau de change
2. la cabine téléphonique
3. ma mère et mes deux sœurs
4. l'autobus
5. mon ami Gérard
6. ma voiture
7. mon passeport et ma carte d'identité

B. Une conversation téléphonique. Avec un(e) camarade, jouez les rôles de deux personnes au téléphone, selon le modèle.

MODÈLE: A: Tu m'admires?
B: Non, je ne t'admire pas.

1. Tu m'écoutes?
2. Tu m'entends?
3. Tu m'aimes?
4. Tu me comprends?
5. Tu m'écris?
6. Tu m'appelles dimanche?

Maintenant, répétez la conversation selon le modèle suivant.

---

[9]La place de *deux* pronoms objets dans une même phrase est traitée dans la Section 27 de ce chapitre.

> MODÈLE: A: Vous m'admirez?
>   B: Oui, je vous admire.

C. Un tour de ville. Suivez le modèle.

> MODÈLE: Je visite *les monuments.* → Je les visite.

1. Nous écoutons *le guide.*   2. Elle regarde *cette boutique.*   3. Le conducteur met *mes valises* dans l'autobus.   4. Tout le monde visite *ce musée.*   5. On voit d'ici *l'Hôtel de Ville.*   6. J'étudie *le plan de la ville.* 7. Les autres touristes prennent *cet autobus.*   8. Nous voulons goûter *ce plat régional.*   9. Je peux acheter *ces souvenirs.*

D. Des projets en commun. Christian fait toujours comme Christiane. Utilisez un pronom objet *direct* ou *indirect,* ou le pronom **en,** dans chaque réponse. Suivez le modèle.

> MODÈLE: faire un *voyage* →
>   A: Est-ce qu'elle va faire un voyage?
>   B: Oui, et il va en faire un aussi.

1. acheter *des valises*   2. chercher *l'Hôtel de la Gare*   3. étudier *le plan de la ville*   4. lire *la liste des spectacles*[10]   5. écrire *à leurs amis* 6. prendre *le train pour Paris*   7. goûter *la cuisine régionale*   8. visiter *la Bretagne*

A votre tour ————————————————————————————————

Conversation. Posez les questions suivantes à un(e) camarade. Il/Elle répond en utilisant un pronom objet *direct* ou *indirect,* ou le pronom **en,** quand c'est possible.

> MODÈLE: A: Est-ce que tu lis souvent des livres de voyages?
>   B: Oui, j'en lis, mais pas très souvent.

1. En ce moment, est-ce que tu fais des projets de voyage?
2. Est-ce que tu aimes faire tes projets très à l'avance? Quand est-ce que tu vas faire ce voyage?
3. Est-ce que tu veux voir le Canada? Est-ce que tu veux voir le Mexique? Est-ce que tu veux visiter l'Europe? Pourquoi?
4. Est-ce que tu prends souvent l'avion? Est-ce que tu prends quelquefois des vols charter? Aimes-tu les vols charter? Pourquoi? Pourquoi pas?
5. Combien de voyages est-ce que tu fais par an, en général?
6. Est-ce que tu écris à tes amis et à tes parents, quand tu es en voyage? Téléphones-tu aussi à ces personnes? Pourquoi?
7. Quand tu rentres de voyage, est-ce que tu as encore beaucoup d'argent?

---

[10]Les *spectacles* sont, par exemple, les films, les pièces de théâtre, ou les concerts.

26. Les prépositions devant les noms géographiques; le pronom **y**

Rencontre à Roissy

Jean-Luc attend l'arrivée d'un ami à l'aéroport. Il y rencontre par hasard° une ancienne copine, Maryvonne.

«Attention, attention! Embarquement immédiat pour les passagers en transit *de Rabat* et à destination *de Québec*, vol Air France n° 82!»

MARYVONNE: Voilà, c'est pour moi!

JEAN-LUC: Tu es sûre?

MARYVONNE: Mais oui, elle vient de parler de mon vol: j'arrive *d'Afrique, du Maroc.*

JEAN-LUC: Et tu ne restes pas *en France?*

MARYVONNE: Non, comme tu vois, je n'y reste que le temps de changer d'avion. Je vais maintenant *en Amérique du Nord, au Canada...* à *Québec!*

JEAN-LUC: C'est fantastique! Mais, il est vraiment long, ton voyage! Tu n'es pas trop fatiguée?

MARYVONNE: Non... je n'y pense même plus. Je suis envoyée spéciale:° lorsqu'on m'envoie dans un nouvel endroit, j'y vais, tout simplement!

Pour préciser   Maryvonne arrive du Maroc, elle est en France et elle va au Canada. Et vous, Scott? Où allez-vous cet été?

—Moi, j'espère aller en France, en Espagne et au Portugal.
Et vous, Sarah? Allez-vous aussi en Europe?

—Non, je n'y vais pas. Comme Maryvonne, je vais au Québec.[11]
Pourquoi allez-vous au Québec?

—Parce que j'y ai de bons amis.
Moi, je pense déjà aux grandes vacances.° Et vous, Madeleine?

—Oui, j'y pense, bien sûr... mais je dois aussi penser à mes examens!
Madeleine, répondez-vous au téléphone, même si vous êtes très occupée?

—J'y réponds, bien sûr. Les copains, c'est aussi important!

Pour apprécier
1. D'où vient Maryvonne? (continent, pays)
2. Où est-elle en transit? (pays, ville)
3. Quelle est sa nouvelle destination? (continent, pays)
4. Pourquoi Jean-Luc est-il curieux? Qu'est-ce qu'il ne comprend pas?
5. Quand son journal l'envoie dans un nouvel endroit, que fait Maryvonne?

---

[11]Pour la province canadienne, dites **au** Québec; pour la ville, dites **à** Québec.
°*par hasard* = accidentellement
un envoyé spécial/une envoyée spéciale = un(e) journaliste qui voyage beaucoup
les grandes vacances = les vacances d'été

A.   Destinations et origines

1. En français, les noms des continents, des pays, des provinces et des états sont, comme les autres noms, de genre masculin ou de genre féminin. Ils prennent l'article défini correspondant (**le, la**).[12]

   Les noms de pays qui se terminent en **-e** sont généralement *féminins:* **la France, l'Allemagne, l'Espagne, la Chine...** EXCEPTIONS: **le Mexique, le Cambodge, le Zaïre.**

   Les noms de continent sont de genre *féminin:* **l'Europe, l'Asie, l'Australie...**

   Voici les états des États-Unis qui ont un nom de genre féminin: **la Californie, la Caroline du Nord** et **du Sud, la Floride, la Géorgie, la Louisiane, la Pennsylvanie, la Virginie** et **la Virginie occidentale.**

   Voici quelques pays et états *masculins:* **le Portugal, le Japon, le Canada, le Liban, le Maroc, le Texas, le Connecticut...**

2. Situations, destinations. Pour indiquer où vous êtes, ou bien où vous allez, dites:

   - **à** devant les noms de *ville:* Mlle Simon habite **à Paris.** Mes amis vont **à Boston.**[13]
   - **au** devant les noms de pays et d'état *masculins* commençant par une *consonne* (ou un **h** aspiré): Tu fais un voyage **au Brésil?** Ils étudient **au Texas.** Elle va **au *Honduras.**
   - **aux** devant un pays *masculin pluriel:* Envoyez-vous des lettres **aux États-Unis?**
   - **en** devant les noms de continent et les noms de pays et d'état *féminins:* Penses-tu aller **en Californie?** Nous allons passer l'été **en France.** Il voyage **en Asie.**
   - **en** devant les noms de pays et d'état *masculins* commençant par une *voyelle:* Ils vont **en Afghanistan.** Portland est **en Oregon.**[14]

3. Origines. Si vous arrivez—ou si vous êtes originaire—d'un endroit, dites:

   - **de (d')** devant les noms de *ville:* Nous venons **de Marseille.** Marc revient **d'Orléans.**[15]
   - **du** devant les noms de pays et d'état *masculins* commençant par une *consonne* (ou un **h** aspiré): Mon père rentre **du Liban.** Voilà un paquet qui arrive **du *Honduras.** Ce sénateur vient **du Texas.**
   - **de (d'),** sans article, devant les noms de continent, de pays, de province et d'état *féminins:* C'est un vol qui vient **d'Afrique.**

---

[12]EXCEPTION: **Israël,** nom de pays, n'a pas d'article.

[13]Les noms de plusieurs grandes îles, ou groupes d'îles, sont traités comme les noms de ville. Dites: **à Hawaii, à Haïti, à Cuba, à Bornéo, à Madagascar...** (*Mais* **à la Martinique, à la Jamaïque**).

[14]Si vous n'êtes pas sûr(e) du genre d'un état, dites *dans l'état de:* **dans l'état de Delaware.** (EXCEPTION: Dites toujours **au Texas.**)

[15]Les grandes îles sont traitées comme des villes: On arrive **d'Hawaii, d'Haïti, de Bornéo...**

L'ambassadeur arrive **de Russie.** J'aime le vin **de Bourgogne.** Ce plat régional vient **de Louisiane.**

- **d'** devant les noms de pays *masculins* commençant par une *voyelle:* On va téléphoner **d'Israël.** Ils arrivent **d'Iran.**[16]

B. Les emplois du pronom *y*

1. Le pronom **y** remplace une *préposition* + le *nom d'un endroit* déjà mentionné. Comme les pronoms objets directs ou indirects, **y** précède le verbe conjugué ou l'infinitif.

   Marianne, tu vas **à la bibliothèque?** —Oui, j'**y** vais maintenant.
   Omar est-il encore **en Égypte?** —Non, il n'**y** est plus.
   On va **chez les Martin?** —Oui, on va **y** aller ce soir.

2. Le pronom **y** remplace **à** + le *nom d'une chose.*

   Est-ce que tu réponds toujours **aux lettres de Paul?** —Oui, j'**y** réponds toujours.

   Mireille pense-t-elle **aux vacances?** —Non, elle est trop occupée pour **y** penser.

   ATTENTION: Si l'objet indirect est une personne, il est généralement remplacé par un pronom objet *indirect* (**lui, leur**).

   Je réponds **au professeur.** Je **lui** réponds.
   mais: Je réponds **aux questions.** J'**y** réponds.

Prononcez bien!

Faites attention à la *liaison* avec **y** à la forme affirmative de l'impératif.

Vas-y!	Allez-y!	*mais:*	N'**y** **va** pas!
Penses-y!	Pensez-y!		N'**y** **pense** pas!

C. *Penser* à *et penser* de

1. **Penser à.** Avec l'expression **penser à** + *une personne,* utilisez **à** + un *pronom disjoint* pour remplacer le nom objet indirect.

   Je pense **à mes amis.** Je pense **à eux.**
   Nous pensons **à Marie-Jeanne.** Nous pensons **à elle.**[17]

   Avec **penser à** + *une chose,* utilisez le pronom **y** devant le verbe.

   Je pense **à mon voyage.** J'**y** pense.

---

[16]Mais on dit **de l'Iowa, de l'Ohio, de l'Ontario.**

[17]Avec tous les autres verbes + **à** + *une personne,* utilisez un pronom objet *indirect:* J'écris **à mes amis.** Je **leur** écris.

2. **Penser de.** Pour solliciter l'avis ou l'opinion de quelqu'un, utilisez l'expression **penser de.**

> Qu'est-ce que tu penses **du président?** Qu'est-ce que tu penses **de lui?**
>
> Que penses-tu **de la crise mondiale?** $\begin{cases} \text{Qu'}\textbf{en}\text{ penses-tu?} \\ \text{Qu'est-ce que tu }\textbf{en}\text{ penses?}^{18} \end{cases}$

A la lettre

A. Un jeune globe-trotter. Jean-Charles fait le tour du monde. Vous parlez de son itinéraire avec un(e) camarade. Suivez le modèle.

> MODÈLE: l'Asie / la Chine →
> A: Jean-Paul va-t-il en Asie?
> B: Oui, il va en Chine.

1. l'Afrique / le Zaïre
2. l'Amérique du Nord / le Canada
3. l'Europe / la Grèce
4. l'Asie / l'Inde
5. l'Amérique du Sud / le Brésil

B. Cartes postales. D'où viennent les cartes postales de Jean-Charles? Suivez le modèle.

> MODÈLE: Afrique / Tunisie →
> A: Cette carte vient-elle d'Afrique?
> B: Oui, elle vient de Tunisie. Jean-Charles doit être en Tunisie.

1. Asie / Japon
2. Amérique du Nord / Mexique
3. Afrique / Sénégal (*m.*)
4. Asie / Cambodge (*m.*)
5. Amérique du Sud / Argentine
6. Europe / Suisse

C. Roman policier. Paul Marteau est détective. La suspecte? Pauline Dutour. Est-ce que Marteau doit aller partout où elle va? Avec un(e) camarade, suivez le modèle.

> MODÈLE: A: Pauline Dutour va à Paris.
> B: Marteau y va aussi. (Marteau n'y va pas.)

1. La suspecte entre dans un magasin de vêtements. 2. Elle entre dans une cabine téléphonique. 3. La suspecte monte dans un taxi. 4. Elle arrive à l'aéroport. 5. Elle entre dans un hôtel pas loin de l'aéroport. 6. La suspecte va au bar de l'hôtel. 7. Maintenant, elle va en prison.

---

[18]Notez que la réponse à une question avec **penser de** commence par **Je pense que...: Je pense qu'**il est intelligent.

D. Pensées. Remplacez chaque nom en italique par un pronom convenable.

1. Je pense *à mes vacances.*   2. Qu'est-ce que tu penses *de mes projets?*
3. Françoise pense *à Pierre et à moi.*   4. Il réfléchit *aux choix possibles.*
5. Léon n'oublie pas *ses camarades.*   6. Je vais faire plusieurs *voyages.*
7. J'écris *à Martine.*   8. Je réponds *à ses questions.*   9. Nous pensons *à nos amis.*   10. Qu'est-ce que vous pensez *du gouverneur?*

À *votre tour*

Énigme. Décrivez à vos camarades un pays ou un état des États-Unis où vous désirez passer vos vacances. Les autres joueurs devinent le nom du pays.

MODÈLE: A: Je veux y aller parce qu'il y fait du soleil. On y trouve la mer, des oranges et des danseurs de flamenco.
B: Tu veux aller en Espagne. Tu penses à l'Espagne!
A: C'est vrai, j'y pense!

27. La place de deux pronoms objets

Un nouveau moyen de transport

Catherine et David vont faire un premier voyage dans leur nouveau «U.L.M.».° Catherine essaie de persuader David qu'ils doivent aussi inviter leurs amis Sophie et Bernard.

DAVID: Et Bernard, tu vas *lui en* parler?
CATHERINE: Mais oui, Sophie et moi, on vient déjà de *lui en* parler. Bernard va *nous en* reparler° plus tard pour arranger l'heure.
DAVID: Bon, d'accord, si tu *les y* invites… mais n'oublie pas, c'est un véhicule à deux personnes seulement!
CATHERINE: Écoute, David, Bernard *nous le* dit souvent: une sortie en «U.L.M.», c'est le rêve de sa vie! Pourquoi *la lui* refuser?[19]
DAVID: Mais tu sais que je tiens à sortir avec toi cette première fois. Est-ce qu'on ne peut pas *le leur* prêter dimanche?
CATHERINE: A vrai dire,° nous devons d'abord apprendre à le piloter!

Pour préciser   Catherine vient de parler à Bernard de leurs projets. Elle vient de lui en parler. Et vous, Nina, parlez-vous de vos projets à vos amis?
—Oui, généralement, je leur en parle.

---

[19]On peut *refuser* quelque chose à quelqu'un.

°un *U.L.M.* = un avion personnel «ultra-léger-motorisé»
reparler = parler de nouveau, encore une fois
à vrai dire = en réalité

Est-ce que vous me parlez de vos projets?
   —Oui, je vous en parle quelquefois.
Et vos amis, est-ce qu'ils vous parlent de leurs projets?
   —Oui, ils m'en parlent souvent.
Jérémy, quand vous achetez quelque chose de nouveau, le montrez-vous
à vos amis?
   —Oui, généralement, je le leur montre.
Est-ce qu'ils font la même chose?
   —Oui, normalement, ils me montrent leurs achats; ils me les
     montrent.
Molly, invitez-vous parfois vos amis à la maison?
   —Ah oui, je les y invite souvent!

Pour apprécier   1. De quoi est-ce que Catherine vient de parler à Bernard? 2. Qu'est-ce que Catherine invite Bernard et Sophie à faire? 3. Quelle est l'objection de David?
4. Pourquoi Catherine ne peut-elle pas refuser cette occasion à Bernard?
5. Quelle est la solution que propose David? 6. Y a-t-il un moyen de transport que vous rêvez de prendre?

1. Pour mettre *deux* pronoms objets dans une affirmation ou dans une
   question, utilisez l'ordre suivant. Notez bien qu'il est question ici d'un
   ordre *inchangeable*.

	Pronoms objets		
INDIRECTS	**DIRECTS** 3ÈME **PERS.**	**INDIRECTS** 3ÈME **PERS.**	**Y** et **EN**
me te nous vous	le la les	lui leur	y en + *verbe*

Tu me donnes le livre. → Tu **me le** donnes.
Je vous prête ma veste. → Je **vous la** prête.
J'offre le guide à Bernard. → Je **le lui** offre.
Il y a beaucoup de bons livres. → Il **y en** a beaucoup.

Est-ce que tu montres cette brochure aux autres? —Oui, je **la leur**
montre.

L'agent vous explique-t-il l'itinéraire? —Oui, il **nous l'**explique.

2. Dans une phrase à la forme négative, mettez **ne** avant les deux pronoms
   objets, et **pas** après le verbe conjugué.[20]

---

[20]*L'impératif* avec deux pronoms objets—à la forme affirmative et à la forme négative—est
traité dans le Chapitre 16.

Leur parles-tu de tes études? —Non, en général, je ne **leur en** parle pas.

Ne parlez-vous pas à Guy de votre voyage? Ne **lui en** parlez-vous pas?

A la lettre

A. Retour de voyage. Les photos de voyage de Frédéric sont très belles. A qui les montre-t-il? Suivez le modèle.

MODÈLE: à sa sœur → Il les lui montre.

1. à ses parents
2. à moi
3. à son amie
4. à nous
5. à son frère
6. à toi
7. à son camarade de chambre
8. à vous

B. De Paris à Rome. Pierre, Marc et Michèle font ensemble un voyage en train. Le voyage est long et ennuyeux: les trois copains cherchent des distractions. Complétez l'histoire. Choisissez la réponse correcte entre les réponses suggérées.

Pierre veut emprunter la revue de Marc. Mais Marc lit encore sa revue. Alors, Marc ne (*la lui, le leur, le lui*) donne pas.

Marc veut parler avec Michèle. Il demande à Pierre d'aller avec lui la retrouver. Pierre et Marc cherchent le numéro du compartiment de Michèle sur une liste. Enfin, ils (*lui en, l'y, le lui*) trouvent.

Quand Pierre et Marc arrivent dans le compartiment de Michèle, elle sort de sa valise quelques revues intéressantes. Et puis, elle (*la leur, le lui, leur en*) offre.

Michèle demande à Marc de leur lire l'article d'un écologiste célèbre. Marc (*les leur, le lui, le leur*) lit. Enfin, tout le monde commence à discuter des problèmes posés par cet article. Ils (*les, en, leur*) discutent pendant tout le reste du voyage.

C. Voyage d'été. Gisèle aide ses camarades, Christine et Yvonne, à faire des projets de voyage. Transformez les phrases en utilisant des pronoms directs ou indirects, ou le pronom **en**.

MODÈLE: Gisèle donne *des guides à Christine.* → Elle lui en donne.

1. Gisèle prête *des brochures récentes à Christine.*   2. Elle prête *ses photos à Christine et à Yvonne.*   3. Elle offre *son opinion à ses deux camarades.*
4. Elle donne *des livres d'art italiens à Yvonne.*   5. Elle explique *la sculpture de Michel-Ange à Christine.*   6. Elle explique *les coutumes°anglaises à Yvonne.*

°*les coutumes* (*f.*) = les habitudes d'un peuple, d'une culture

A *votre tour*

A. Recommandations. Posez les questions suivantes à un(e) camarade. Il/
Elle répond en utilisant un ou deux pronoms objets quand c'est possible.

1. Quand tu rentres de voyage, est-ce que tes amis te posent beaucoup
   de questions?
2. A ton retour, aimes-tu raconter des anecdotes à tes amis?
3. Montres-tu tes photos à tes parents et à tes amis?
4. Avant de faire un voyage, demandes-tu des conseils ou des
   recommandations à tes copains?
5. Est-ce qu'on te recommande des endroits à visiter?
6. Est-ce que tu aimes recommander à tes copains des hôtels ou des
   restaurants bon marché?
7. Tes amis, sont-ils généralement contents de tes suggestions?

B. Une lettre. Vous conseillez à un(e) ami(e) de faire un voyage. Donnez-
lui des précisions: Où est cet endroit? Quel moyen de transport doit-il/
elle utiliser? Quels lieux intéressants doit-il/elle voir? Utilisez les débuts
de phrase suivants comme guide. N'oubliez pas d'utiliser des pronoms
personnels objets directs et indirects, et les pronoms **y** et **en,** quand c'est
possible. (*Écrit*)

Cher/Chère _______, Notre ami(e) _______ vient de me raconter que tu
projettes un voyage. Je pense que c'est une idée formidable et j'ai
plusieurs suggestions à te faire.

A mon avis, tu dois absolument aller... parce que...
Il y fait...
Il y a beaucoup de choses à faire: tu peux y visiter..., y voir...,
   y acheter..., y rencontrer..., y trouver...
Les gens vous y reçoivent d'une manière...
Je te répète que...
Tu vas me remercier° parce que...

A l'aéroport Roissy-Charles de Gaulle au nord de Paris. Le Concorde, construit par les Français et les Anglais, peut traverser l'Atlantique en moins de quatre heures.

°*remercier* quelqu'un = dire merci à quelqu'un

Animation

• Dialogue

Chauffeurs et chauffards°

RENÉE: Je viens de lire un rapport ahurissant°!
JEAN-LOUIS: *Tiens! Qu'est-ce qu'il dit?*
RENÉE: Il dit qu'en France, les hommes sont responsables de la majorité des accidents mortels![21]
JEAN-LOUIS: *Ce n'est pas croyable!*
RENÉE: Il semble aussi que les femmes n'ont que cinq pour cent des contraventions°!
JEAN-LOUIS: *Ça alors!*
RENÉE: Le portrait robot° du chauffard est un homme de moins de vingt-cinq ans qui aime boire!
JEAN-LOUIS: *Je n'en reviens pas.*
RENÉE: Et le meilleur type d'automobiliste est une femme mariée de plus de trente ans.
JEAN-LOUIS: *Tu es sérieuse?* Si Jacqueline apprend ça, elle ne va plus être tolérable.
RENÉE: C'est vrai… Elle vient de me rappeler avec indignation qu'il existe une loi° romaine de 205 avant J.C. qui interdit° aux femmes de conduire les chars.

Comment exprimer la surprise

Pour exprimer la surprise, utilisez des expressions comme:

Ça alors!
Ce n'est pas croyable! (C'est incroyable!)
Je n'en reviens pas!
Tiens!
Tu est sérieux/sérieuse?

Réagissez!

A. Racontez les faits suivants à vos camarades. Ils vont répondre avec une (ou des) expression(s) de surprise.

---

[21]Dans un *accident mortel* la victime perd sa vie.
°*un chauffard* = un conducteur maladroit ou imprudent
ahurissant = étonnant, surprenant
la contravention = le document donné par la police à un conducteur qui commet une infraction
robot = modèle, typique
une loi = une règle officielle
interdire = ne pas permettre

1. La Tour Eiffel va fêter son 100ème anniversaire.
2. La France est plus petite que le Texas.
3. La présence des Français en Amérique du Nord date de 1534.

B. Incroyable mais vrai! Décrivez des faits extraordinaires à vos camarades. Ils réagissent en utilisant des expressions de surprise.

MODÈLES: Je construis dans mon garage un ballon à air chaud.
Nous partons demain pour le Népal.
Mon copain arrive d'Alaska à pied.

• Lecture

Le Métropolitain

Le métro de Paris est vieux, d'accord! Mais il est propre.[22] Et il est sûr. Les trains arrivent régulièrement jusqu'à la fermeture° à une heure du matin. Les passagers y voyagent sans danger.

Pour les Parisiens, qui sont fiers de leur métro avec ses stations «art nouveau»,[23] le métro fait partie de la vie quotidienne. Comme le réseau° est dense et les stations nombreuses, on dit souvent, «Où habitez-vous? A quel métro?»

Il y a un plan affiché dans chaque station de métro, mais seuls les touristes l'utilisent. Les Parisiens ont l'habitude de leur métro. Pas de problème: le voyageur doit seulement faire attention au nom de la dernière station de chaque ligne—la «porte». Il change de direction en suivant ces «portes».

Une fois que le voyageur est dans le métro, un ticket—de première ou de deuxième classe—lui suffit° pour tout le réseau. Comme il existe maintenant des boutiques souterraines et même un centre commercial complet sous terre, il est possible d'y passer toute la journée.

Mais pour les personnes qui veulent voir la ville, nous conseillons° la «carte orange». Utilisée par plus de 5 000 000 de travailleurs parisiens chaque jour, elle donne droit à un nombre illimité de voyages (en métro et en bus) dans toute la ville. Vous n'avez qu'à faire attention aux heures d'affluence.° Alors, n'oubliez pas que vous pouvez avoir un ticket de première classe. Située au centre du train, la première classe est moins encombrée,° mais plus chère, naturellement.

Donc, avec le métro, Paris est à vous!

---

[22]Si on y jette des papiers par terre, le métro n'est plus *propre*.

[23]L'*art nouveau* est le style décoratif qui date de 1900 (époque de la construction du métro de Paris).

°*la fermeture* = le moment où le métro (un magasin, etc.) ferme
le réseau = l'ensemble des routes (du métro, des lignes de téléphone, etc.)
lui suffit = lui est suffisant
conseiller = recommander
les heures d'affluence (ou *heures de pointe*) = les moments où la plupart des gens vont au travail ou rentrent du travail
encombré(e) = plein(e)

La station Anvers, près de Montmartre. Pour les Parisiens, qui sont fiers de leur métro avec ses stations «art nouveau», le métro fait partie de la vie quotidienne.

Comprenez-vous?

Répondez brièvement aux questions suivantes avec des phrases complètes.

1. Quelles sont les caractéristiques du métro français?
2. Qu'est-ce que le métro représente pour les Parisiens?
3. Comment les touristes trouvent-ils leur destination dans le métro? Et les Parisiens, comment la trouvent-ils?
4. Qu'est-ce que c'est que la carte orange? Qui l'utilise surtout?
5. Qu'est-ce qu'on peut faire aux heures d'affluence quand le train est très encombré?

Et vous?

1. Y a-t-il un métro dans votre ville? Quel moyen de transport en commun préférez-vous? Pourquoi?
2. A votre avis, les transports publics sont-ils importants? Est-il nécessaire de les développer? Avons-nous besoin de réduire le nombre de voyages en voiture particulière?

• Activités

A. Êtes-vous un grand voyageur/une grande voyageuse? Où allez-vous pour voir les merveilles suivantes?

MODÈLE: les fontaines de Tivoli →
On va à Rome en Italie pour voir les fontaines de Tivoli.

<table>
<tr><td>1. Carnac</td><td>a. l'Afrique</td></tr>
<tr><td>2. le Pont-du-Gard</td><td>b. la Bretagne (France)</td></tr>
<tr><td>3. les Pyramides</td><td>c. l'Amérique du Sud</td></tr>
<tr><td>4. Big Ben</td><td>d. la Chine</td></tr>
<tr><td>5. l'Amazone</td><td>e. l'Égypte</td></tr>
<tr><td>6. le Mont Everest</td><td>f. la Provence (France)</td></tr>
<tr><td>7. le Sahara</td><td>g. l'Allemagne; l'Autriche</td></tr>
<tr><td>8. le Danube</td><td>h. l'Asie</td></tr>
<tr><td>9. la Grande Muraille</td><td>i. Londres</td></tr>
<tr><td>10. le Colisée</td><td>j. le Japon</td></tr>
<tr><td>11. Tombouctou</td><td>k. l'Arabie Séoudite</td></tr>
<tr><td>12. Le Mont Fuji-Yama</td><td>l. Rome</td></tr>
<tr><td>13. la Mecque</td><td>m. le Mali</td></tr>
</table>

Vérifiez vos réponses en bas de la page et faites le total des réponses corrects. Dans quelle catégorie êtes-vous? 9–13 Félicitations! Vous êtes très bien informé(e) et vous aimez les voyages. 8–5 Pas mal, mais vous n'êtes pas très passionné(e) par les voyages. 4–0 Restez à la maison et lisez un livre de géographie avant de partir en voyage!

Maintenant, nommez d'autres curiosités à voir dans d'autres régions en suivant le modèle de cet exercice. Demandez à vos camarades de les situer.

B. Vous êtes à Paris. Vous avez trois semaines de vacances et vous voulez voyager en Europe en train. Avec un(e) camarade, jouez le rôle du voyageur/de la voyageuse et de l'agent de voyages.

1. Choisissez une ou plusieurs destination(s) «Je voudrais aller…» Dites pourquoi vous choisissez cet endroit.
2. Choisissez la date et l'heure de votre départ. Demandez combien de temps le voyage va durer. Quand avez-vous besoin de rentrer à Paris?
3. Achetez un billet aller-retour ou un billet aller simple, ou bien achetez un Eurailpass. Dites pourquoi vous faites ce choix.
4. Demandez s'il y a un wagon-restaurant ou un snack-bar dans le train. Combien de repas allez-vous y prendre?
5. Décidez où vous voulez dormir dans le train: sur votre siège? Ou bien voulez-vous réserver un compartiment particulier dans le wagon-lit ou une couchette dans un compartiment à couchettes?[24]
6. Préparez d'autres questions que l'agent de voyages va poser à son client/sa cliente. Par exemple: Est-ce qu'il y a des endroits particuliers que vous voulez voir? Avez-vous des besoins spéciaux—des raisons scientifiques, artistiques, sportives, peut-être—pour faire ce voyage?

---

[24]En général, il y a six lits (*couchettes*) dans un compartiment à couchettes.

Réponses à l'Exercice A: 1b, 2f, 3e, 4i, 5c, 6h, 7a, 8g, 9d, 10l, 11m, 12j, 13k.

Mots à retenir

Verbes	accompagner	faire de l'auto-stop	produire
	atterrir (≠ décoller)	faire escale	réduire
	conduire	faire un tour	traduire
	conseiller	interdire	

Noms	l'autobus	l'hôtesse de l'air (*f.*)	le steward
	l'autocar (*m.*), le «car»	l'itinéraire (*m.*)	le tour
	l'autoroute (*f.*)	le métro	le train
	l'avion (*m.*)	la motocyclette,	les transports
	les bagages (*m. pl.*)	la «moto»	publics (*m. pl.*)
	le ballon	le moyen (de transport)	les vacances (*f. pl.*)
	le billet aller-retour /	le passager/	les grandes vacances
	le billet simple	la passagère	le véhicule
	le camion	le passeport	la vitesse limite
	la capitale	le pays	la voie
	le compartiment	le/la pilote	le vol
	le conseil	le quai	le wagon (le wagon-lit,
	l'essence (*f.*)	la route (nationale)	le wagon-restaurant)
	l'état (*m.*)	le siège	

Quelques pays du monde	l'Algérie (*f.*)	l'Espagne (*f.*)	le Liban
	l'Allemagne (*f.*)	les États-Unis (*m. pl.*)	le Maroc
	l'Angleterre (*f.*)	la France	le Mexique
	la Belgique	l'Iran (*m.*)	le Portugal
	le Brésil	Israël (*m.*)	la Russie
	le Canada	l'Italie (*f.*)	la Suisse
	la Chine	le Japon	

| **Adjectifs** | dangereux (-euse) | libre | rapide |
| | économique | occupé(e) | sûr(e) |

| **Conjonctions** | car | ou bien | |

| **Adverbes** | à mon (etc.) retour | à pied | tout de suite |

| **Prépositions** | à partir de | jusque (jusqu'à) | |

Expressions de communication	à vrai dire	Ce n'est pas croyable!	(80) kilomètres à l'heure
	Ça alors!	Félicitations!	pour ou contre
	Ce n'est pas ça!	Je n'en reviens pas!	

Chapitre 12
Le temps libre

Avec ses 3 000 kilomètres de côtes,° la France est tout naturellement le lieu d'une grande variété de sports aquatiques. Aux sports athlétiques de la natation et de l'aviron,° s'ajoutent, avec une popularité grandissante, le yachting et la pêche[1] sous-marine. Les fervents de bateaux à voile sont obligés de partager la mer et les lacs avec les skieurs nautiques, tirés par des bateaux à moteur, et même avec des «scooters d'eau». Enfin, il y a un sport nautique qui excite l'imagination de beaucoup de jeunes, car il résume l'esprit d'aventure de tous les autres sports: c'est la planche à voile.

D'après le texte et la photo...

1. Pouvez-vous nommer ce sport? Où est-ce qu'on le pratique?
2. Nommez plusieurs autres sports qui sont pratiqués dans les mêmes endroits.
3. De quoi a-t-on besoin pour pratiquer ce sport?
4. Qui le pratique en général? Quels sont les avantages de ce sport?

Sondage... sur les sports et les activités de loisir.

Pour vous, quel est le sport ou l'activité de loisir qui vous donne ce même sentiment d'aventure ou de liberté?

*E*ntrée en scène

Le sport   Les activités sportives prennent une place de plus en plus importante parmi° les loisirs des Français. Ils assistent,° bien sûr, en spectateurs aux manifestations sportives, au stade ou à la télévision, et ils commencent à faire eux-mêmes plus de sport, individuellement, ou en membres d'une association comme la Fédération française de football ou la Fédération française de ski.

le football   la course automobile   l'alpinisme   l'équitation

---

[1]On *va à la pêche* pour attraper des poissons.

°*la côte* = la plage, le bord de la mer
faire de l'aviron = faire marcher un canoë ou un kayak (sans moteur et sans voile)
parmi = entre, dans (un groupe)
assister à = aller à un spectacle, à une conférence, etc.

la voile, la natation   le jogging, la marche à pied   la pétanque[2]   la pêche et la chasse

A. Les champions et vous. Lisez cette liste de sports. Quels sont généralement des sports d'équipe°? Quels sont des sports individuels, en général?

les arts martiaux	la gymnastique	la pétanque
la course automobile	le hockey	la planche à voile
les courses de chevaux	le jogging	le tennis
le cyclisme	la marche à pied	la voile
le football	la natation	le volley-ball
le golf	la pêche, la chasse	

Faites-vous du sport? (*Je fais du/de la…*)

B. Pourquoi fait-on du sport? Parce que c'est une activité de loisir, un moyen de rester en bonne santé° et de garder la forme et… un phénomène culturel. Votre professeur vous pose les questions suivantes. Répondez-y en collaboration avec des camarades.

1. Pourquoi le sport est-il recommandé? Est-ce que vous en faites actuellement? Pourquoi?
2. Combien de fois par semaine est-ce que vous en faites? Comment trouvez-vous le temps d'en faire?
3. Combien de joueurs y a-t-il dans une équipe de basket-ball, de base-ball, de football, de football américain, de volley-ball? Est-ce que vous faites partie d'une équipe? Préférez-vous les sports d'équipe ou les sports individuels?
4. Est-ce qu'il y a un stade à l'université? Combien de places a-t-il? Combien de spectateurs assistent généralement à un match de _______ ou de _______? A quelles rencontres sportives aimez-vous assister?
5. Quels sont les sports d'hiver? les sports d'été? les sports d'automne? Est-ce que vous pratiquez certains sports selon la saison de l'année?

---

[2]La *pétanque* (ou *les boules*) est un jeu populaire dans le Midi (le sud) de la France. Il est joué en famille ou par des groupes de personnes sur un petit terrain plat.

°*une équipe* = un groupe de personnes qui jouent ou qui travaillent ensemble
la santé = la forme, la condition physique

6. Est-ce qu'il est nécessaire d'être riche pour pouvoir faire certains sports? Nommez quelques activités sportives assez chères. Pourquoi le sont-elles?
7. Quels sports peut-on pratiquer même sans beaucoup d'argent? Quels sports peut-on pratiquer même sans beaucoup de temps libre?
8. Aimez-vous aller à la pêche? Allez-vous parfois à la chasse? Avec qui? En quelle saison? Que pensez-vous de ces sports?

• Étude de verbes: les groupes **courir**, **rire** et **offrir**

*Mais, enfin… Pourquoi est-ce que tu **ris?** Je **cours** tous les matins, et je peux **couvrir** trois kilomètres en dix minutes!*

Au temps présent:

courir	rire	offrir
je cours	je ris	j'offre
tu cours	tu ris	tu offres
il/elle/on court	il/elle/on rit	il/elle/on offre
nous courons	nous rions	nous offrons
vous courez	vous riez	vous offrez
ils/elles courent	ils/elles rient	ils/elles offrent

Comme **rire: sourire°**
Comme **offrir: ouvrir, couvrir, découvrir, souffrir**

Exercice

Complétez ce paragraphe avec une forme appropriée (au présent) de **courir**, **découvrir**, **offrir**, **ouvrir**, **souffrir** ou **sourire**.

Une course en ville

Dimanche matin, vers huit heures, Delphine _______ sa porte. Dans la rue, elle _______ quelque chose de surprenant: une vingtaine de personnes _______ dans un marathon. Comme il fait assez chaud, ces gens ont très soif. En fait, ils ont vraiment l'air de beaucoup _______. Delphine leur _______ à boire; trois ou quatre personnes acceptent un verre d'eau; elles lui _______ rapidement avant de reprendre la course. Delphine regarde ces gens sérieux et enthousiastes; elle ne _______ pas d'eux. Elle reprend calmement son journal.

°*sourire* = prendre une expression heureuse   

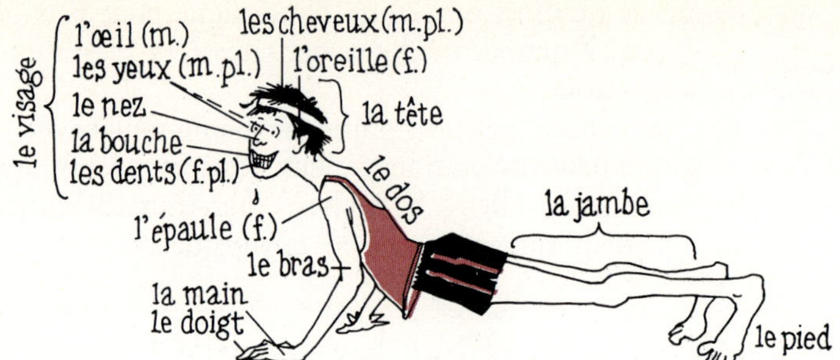

Pour garder la forme: les parties du corps

ATTENTION: En général, l'article *défini* est utilisé avec les noms des parties du corps.

> Il a **les** yeux bleus.
> Denis lève **la** main.
> J'ai mal **à la** tête (**au** dos, **à l'**épaule...)

A. Denis s'entraîne. Regardez le dessin et décidez...

1. Quelles parties de son corps Denis exerce-t-il, par exemple, au «Nautilus»? et quand il fait de la bicyclette?
2. Avec quelles parties du corps joue-t-on au basket-ball? au football?
3. Quelles parties du corps servent à parler? à écouter? à regarder? à manger? à sentir? à jouer du piano? à courir? à sourire? à porter un objet lourd?[3]
4. Où avez-vous mal si vous courez trop? Où avez-vous mal si vous écoutez un concert de rock? si vous essayez de lire dans une pièce obscure? si vous avez un rhume?[4]

B. Caractéristiques. Quelle est la caractéristique essentielle des personnages suivants?

MODÈLE: un géant → Il a un très grand corps.

1. un vampire
2. une girafe
3. un cyclope
4. Pinocchio
5. un éléphant
6. Rapunzel
7. le loup du Petit Chaperon Rouge

C. Auto-portrait. Faites votre auto-portrait selon le modèle.

MODÈLE: Je suis de (*petite, grande*) taille (*moyenne*). J'ai les yeux (*bleus, gris, verts, marron*) et les cheveux (*courts, longs, frisés, raides°*) et (*roux,° blonds, bruns, noirs*).

Maintenant, faites le portrait physique de quelques camarades. Les autres étudiants devinent le nom des personnes décrites.

---

[3]Un bloc de granit, par exemple, est *lourd* (≠ léger).
[4]C'est la maladie la plus fréquente de l'espèce humaine!

°*frisés* ≠ *raides* (*pour les cheveux*)
roux = rouge-orange (*pour les cheveux*)

*J*eu de structures

28. Les verbes pronominaux

Une journée dans la vie d'une championne

Rémi a une amie, Lucie, qui *s'entraîne* pour les Jeux olympiques. Aujourd'hui, Sylvain, un autre copain, lui pose des questions sur la vie quotidienne° de Lucie.

SYLVAIN: Alors, Rémi, décris-moi un peu la vie de ta copine.
RÉMI: Eh bien, le matin Lucie *se réveille* assez tôt. Elle *se lève* vite. Ensuite, elle *se lave* et elle *se brosse les dents.* Puis elle *s'habille;* elle met un training, en général. Lucie *se nourrit* bien, mais raisonnablement. Toute la matinée, elle *s'entraîne;* l'après-midi, pour *se détendre,* elle *se baigne* à la piscine. Le soir, elle *s'amuse,* mais avec modération. En général, elle *se couche* tôt, et elle *s'endort* sans difficulté. Voilà.
SYLVAIN: Comme c'est curieux… moi, je mène une vie semblable.° Pourquoi est-ce que je ne fais pas partie de l'équipe olympique?

Pour préciser

Lucie se réveille assez tôt. Joseph, est-ce que vous vous réveillez tôt ou tard?
—Je me réveille assez tôt, vers sept heures.
Grégoire, demandez à Leslie à quelle heure elle se lève le matin.
—A quelle heure est-ce que tu te lèves? (A quelle heure te lèves-tu?)
—Je me lève à sept heures et quart.
Comment est-ce qu'on s'habille pour venir en cours?
—Généralement, on s'habille en «étudiant»! On met un jean et un pull.
Est-ce que nous nous amusons le week-end? (Nous amusons-nous le week-end?)
—Mais oui, nous nous amusons tous les jours!
Quand les étudiants ont-ils le temps de se reposer?
—Ils ont le temps de se reposer le dimanche.
Parmi les étudiants de notre classe, qui s'endort sans difficulté?
—Mark et Joseph s'endorment sans difficulté, même en cours, malheureusement!

°*quotidien(ne)* = de tous les jours
semblable = similaire

Au centre, Pierre Quinon, médaille d'or au saut à la perche (Jeux olympiques de Los Angeles, été 1984).

Pour apprécier

1. Racontez la vie quotidienne de Lucie… cette fois du point de vue de Lucie. (*Eh bien, je me…*)
2. Pour devenir champion(ne) olympique, qu'est-ce qu'on doit faire tous les jours? (*On doit se réveiller tôt, etc.*)
3. Imaginez pourquoi Sylvain ne fait pas partie de l'équipe olympique.

Les *verbes pronominaux*—très fréquents en français—sont conjugués avec le pronom réfléchi (**me, te, se, nous, vous, se**) qui correspond toujours au sujet du verbe. A l'infinitif, le verbe pronominal se distingue par le pronom **se (s')**: **se coucher, s'entraîner.**

A.   Verbes réfléchis

1. L'action du verbe réfléchi retourne sur le sujet du verbe: **Je m'habille.** Comme les autres pronoms objets, le pronom réfléchi précède le verbe conjugué ou le verbe à l'infinitif.

   > Je **me lève** tard. Je ne veux pas **me lever.**
   > Il **s'appelle** Paul.
   > Nous allons **nous amuser** ce soir.

   Le verbe pronominal est toujours accompagné de son pronom réfléchi. Les pronoms **me, te, se** → **m', t', s'** devant une voyelle ou un **h** muet.

   Au temps présent:

s'endormir	s'habiller	se lever
je m'endors	je m'habille	je me lève
tu t'endors	tu t'habilles	tu te lèves
il/elle/on s'endort	il/elle/on s'habille	il/elle/on se lève
nous nous endormons	nous nous habillons	nous nous levons
vous vous endormez	vous vous habillez	vous vous levez
ils/elles s'endorment	ils/elles s'habillent	ils/elles se lèvent

2. La plupart des verbes réfléchis ont aussi une forme simple, non
   pronominale.

 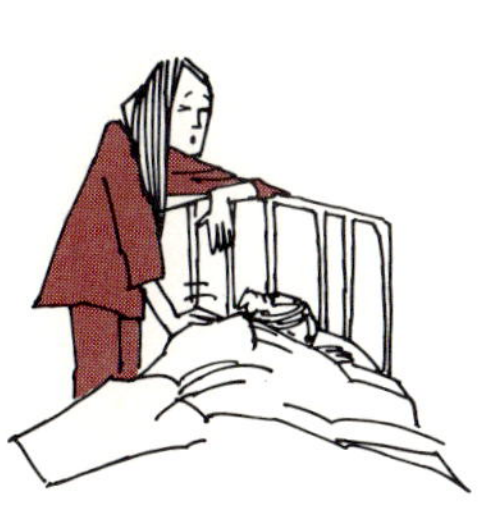  

Je **me réveille** à six
heures et demie.

Ensuite, je **réveille**
Monique.

Je **me lave** tous
les matins.

Le samedi matin, je
lave mon chien.

Voici la forme simple et la forme pronominale de plusieurs autres verbes:

FORME SIMPLE	FORME PRONOMINALE	FORME SIMPLE	FORME PRONOMINALE
amuser	s'amuser	étonner	s'étonner (de)
appeler	s'appeler	habiller	s'habiller
arrêter	s'arrêter (de)°	installer	s'installer
baigner	se baigner	préparer	se préparer
demander	se demander	promener	se promener
ennuyer	s'ennuyer (de)		

3. Remarquez la place du pronom réfléchi immédiatement devant le verbe
   dans les phrases interrogatives et négatives.

   T'amuses-tu?
   Est-ce qu'ils **se** couchent tôt?
   L'autobus **s'**arrête-t-il devant ta maison?
   Il ne **s'**appelle pas Yvon.
   Nous ne **nous** levons pas avant onze heures.
   Ne **t'**habilles-tu pas?

4. A l'impératif, le pronom réfléchi, comme les autres pronoms objets, se
   rattache au verbe par un trait d'union (-). **Te → toi** après le verbe.

   Levez-**vous!**   Habille-**toi!**
   Repose-**toi** un peu!   Amusez-**vous** bien ce soir!

   A la forme négative de l'impératif, le pronom réfléchi *précède* le verbe.

   Ne **vous** levez pas!   Ne **t'**habille pas!
   Ne **te** repose pas maintenant!

°*s'arrêter (de)* = cesser (de), s'immobiliser

B. Verbes réciproques

La majorité des verbes qui gouvernent un objet direct ou indirect peuvent être utilisés au pluriel (avec les pronoms réfléchis **nous, vous** ou **se**) comme *verbes réciproques.* Ils indiquent une action mutuelle ou partagée entre deux personnes.

Nous nous voyons souvent.   Ils se voient souvent.
Nous nous parlons sérieusement.   Ils se parlent sérieusement.
Nous nous écrivons.   Ils s'écrivent.
Nous nous comprenons.   Ils se comprennent.
Nous nous aimons bien.   Ils s'aiment bien.

Vous quittez-vous bientôt? —Oui, **nous devons nous quitter** juste avant Noël.

Est-ce qu'**elles se téléphonent** encore? —Non, c'est dommage… et **elles ne s'écrivent plus.**

Voici d'autres verbes qui peuvent avoir un sens réciproque au pluriel.[5]

s'admirer   se faire un cadeau/des cadeaux
s'aider   se regarder
se détester   se rencontrer
se donner rendez-vous   se retrouver
s'écouter   se revoir

C. Verbes pronominaux à sens passif

Remarquez cet emploi du verbe pronominal à la troisième personne du singulier ou du pluriel. Il exprime une vérité ou une généralisation.

Le vin blanc **se boit** frais.
Sarajevo et Zagreb **se trouvent** en Yougoslavie.
Les chaussures de ski **se vendent** bien cette année.
Cela ne **se fait** pas.

Le verbe avec le pronom sujet indéfini **on** peut *parfois* remplacer la construction pronominale avec **se.** Ainsi, les phrases suivantes ont le même sens.

On joue au tennis sur un court. (*pronom indéfini* **on**)
Le tennis se joue sur un court. (*verbe pronominal*)

---

[5]Le pronom réfléchi peut être indirect ou direct selon le verbe qu'il accompagne: **ils se parlent** (*indirect*); **nous nous regardons** (*direct*). Cette différence n'est pas indiquée dans la forme du pronom.

Notez que **le tennis**—l'objet de la phrase avec le pronom sujet **on**—devient le sujet de la phrase avec le verbe pronominal (**se**).[6]

A la lettre

A. On va skier demain! A quelle heure se couchent les skieurs? Suivez le modèle.

MODÈLE: Sylvie / 8h30 → Sylvie se couche à huit heures et demie.

1. les Américains / 10h
2. tu / 10h45
3. je / 11h
4. nous / 11h15
5. Richard et toi / 11h30
6. elles / minuit

B. Préparatifs du matin. Faites des phrases complètes au présent pour décrire les activités de ces personnes.

1. tu / se brosser / dents / après / petit déjeuner
2. je / se réveiller / toujours / très tôt
3. Bernard et Martin / s'habiller / rapidement
4. vous / se préparer / à la dernière minute / en général
5. nous / s'étonner de / voir / Marie à la porte
6. tu / s'ennuyer de / toujours / manger / la même chose

C. Synonymes. Racontez l'histoire suivante (et améliorez son style!) en remplaçant chaque expression en italique par un verbe pronominal.

A sept heures du matin Marie-Louise *ouvre les yeux*. Elle *sort de son lit*, *fait sa toilette* et *met ses vêtements*. Au travail, elle *est généralement assise* à son bureau vers huit heures et demie. A six heures du soir, Marie-Louise *finit de* travailler: elle *fait une promenade* avec une copine *nommée* Annick. Parfois Marie-Louise et ses amis vont *nager* à la piscine. *La vie de Marie-Louise n'est jamais ennuyeuse.* Le soir, elle *passe souvent de bons moments* avec ses copains. Elle *va au lit* vers onze heures et, en général, elle *trouve le sommeil* très vite.

Maintenant, racontez cette histoire en utilisant **nous** comme pronom sujet. «A sept heures du matin, nous nous…»

D. Il est déjà tard. Les parents essaient de mettre les enfants au lit. Suivez les modèles.

MODÈLES: Je ne veux pas me coucher! → Couche-toi immédiatement!
Nous ne voulons pas nous laver! → Lavez-vous immédiatement!

1. Je ne vais pas me déshabiller!   2. Je n'ai pas besoin de me laver!
3. Je n'aime pas me brosser les dents!   4. Nous n'allons pas nous coucher!   5. Je ne veux pas m'endormir!   6. Nous ne voulons pas nous arrêter de jouer!

---

[6]Pour la formation de la voix passive avec le verbe **être**, voir l'Appendice A, pp. 564–565.

E. De grands amis. Faites les substitutions et les changements nécessaires.

1. *Nous* nous voyons surtout pendant les vacances. (les enfants, vous)
2. *Pierre et Marcel* s'écrivent régulièrement. (Denise et Eugénie, nous)
3. Est-ce que *Denise et Eugénie* s'entendent° très bien? (vous, nos filles)
4. *Nous* nous retrouvons chaque jour à la plage. (ils, vous)
5. *Nos enfants* ne se quittent pas. (vous, nous)
6. *Yves et Gérard* se rencontrent souvent. (vous, Denise et moi)
7. *Pierre et toi* vous vous téléphonez le soir. (nous, les jeunes)

F. Vérités. Transformez les phrases suivantes selon le modèle.

MODÈLE: On comprend *ces règles* sans difficulté. →
Ces règles se comprennent sans difficulté.

1. On utilise beaucoup *le tableau noir.*
2. On termine *le cours* à midi.
3. On écrit *le français* de gauche à droite.
4. On vend *les maillots de bain* en été.
5. On mange *ces crêpes* avec du sucre.
6. On trouve *Montréal* au Canada.

À votre tour

A. Un emploi du temps. Divisez la classe par petits groupes. Ensuite, décrivez une journée typique de votre vie. Comparez votre journée typique avec la journée d'un(e) de vos camarades. (*Oral*)

Verbes utiles: s'amuser / s'arrêter / se baigner / se coucher / se détendre / s'endormir / s'ennuyer / s'habiller / s'installer / se laver / se lever / se reposer / se réveiller...

B. En vacances. Quand vous êtes en vacances, vous essayez de changer votre emploi du temps. Décrivez les choses que vous ne faites pas quand vous êtes en vacances, ou bien les choses que vous faites en vacances que vous ne faites pas d'ordinaire.

C. Une brève rencontre. Racontez au présent l'histoire un peu triste de deux jeunes qui ne forment peut-être pas le couple idéal. (*Écrit*)

MODÈLE: Ginette et Jean-Louis se voient pour la première fois au début de janvier. Ils se rencontrent à la salle de gymnastique...

Verbes utiles: se voir / se rencontrer / se parler / s'admirer / se donner rendez-vous / se téléphoner / s'écrire souvent / se revoir / se retrouver / s'aimer / se faire des cadeaux / ne plus s'entendre / se disputer / se détester / se quitter / se séparer...

°*s'entendre* = se comprendre, ne pas se disputer

29. Les adverbes

Une course à pied classique

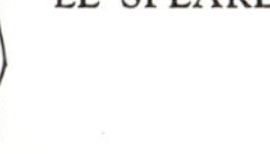

LE SPEAKER: Attention, tout le monde! La course va *bientôt* commencer!... Voilà, c'est commencé! Le lièvre se met *rapidement* en route! Il saute° en l'air *avec élan°*... il court *à une vitesse incroyable!* Lui, c'est *naturellement* le favori, Mesdames et Messieurs!... Et la tortue? Elle s'avance *lentement* mais *courageusement,* ses pieds se déplacent *imperceptiblement.* Elle va *sûrement* perdre la course.... Mais attendez! Qu'est-ce que je vois? Le lièvre s'arrête *tout à coup°!* Il s'installe *confortablement* sous un arbre.... Il s'endort *immédiatement....* Mais c'est *vraiment* incroyable, Mesdames et Messieurs! C'est la tortue qui est la première à l'arrivée! Le lièvre se réveille *enfin,* mais *trop tard!*

Pour préciser

Le lièvre court rapidement. La tortue se déplace lentement. Et vous, Judith, est-ce que vous ressemblez au lièvre ou à la tortue?

> —Au lièvre, bien sûr! Je travaille énergiquement... et je m'endors vite!

Joël, étudiez-vous tranquillement ou nerveusement?

> —En général, tranquillement. Mais, la veille de mes examens, j'étudie nerveusement!

Si vous êtes énervé,° parlez-vous fort ou doucement?

> —C'est curieux, moi je parle doucement quand je suis énervé.

Conduisez-vous prudemment?

> —Oui, je conduis toujours avec prudence.

Quelles activités faites-vous souvent? (peu souvent, rarement, constamment...)

> —J'écris souvent à mes amis qui habitent à l'étranger. Mais malheureusement, je voyage peu souvent...

Pour apprécier

1. Décrivez la course du point de vue du lièvre.
2. Décrivez la course du point de vue de la tortue.
3. Faites une petite description des actions d'un(e) de vos camarades. Utilisez beaucoup d'adverbes.

°*sauter* = s'élever rapidement de la terre

l'élan = l'énergie

tout à coup = soudain

être énervé = être très nerveux

A.   L'emploi et la place des adverbes

Un adverbe modifie un verbe, un adjectif ou un autre adverbe. Il répond aux questions *comment? combien? quand? où?* Vous utilisez déjà beaucoup d'adverbes tels que **souvent, bien, mal, beaucoup, trop, peu, très**, etc.

1. En général, au temps présent, l'adverbe se place juste après le verbe.

   Elle se lève **tôt.**
   J'aime **beaucoup** les courses de chevaux.
   Nous jouons **rarement** au tennis.
   Il n'y joue plus **très bien.**

2. Certains adverbes de *temps* (**hier, maintenant, demain...**) et de *lieu* (**ici, en haut, là-bas, en bas...**) se placent au début ou à la fin de la phrase.

   Demain soir on va passer un film fantastique.
   On se couche **tard ici.**

3. Si l'adverbe s'applique à *toute* la phrase, il est souvent au début de cette phrase.

   Malheureusement, nous ne pouvons pas venir.

B.   La formation des adverbes

Il y a, bien sûr, beaucoup d'adverbes de temps, de lieu, de quantité et de manière qui sont des formes simples (**très, tard, ici, souvent, beaucoup, bien, vite...**). Mais beaucoup d'adverbes dérivent des adjectifs. Voici comment les dériver.

1. Si l'adjectif masculin se termine par une consonne, ajoutez **-ment** à la forme féminine de l'adjectif.

ADJECTIF MASCULIN	ADJECTIF FÉMININ		ADVERBE
actif	active	→	activement
franc	franche	→	franchement
heureux	heureuse	→	heureusement
lent	lente	→	lentement
doux	douce	→	doucement

   Parlez **doucement...** j'ai mal à la tête.
   Franchement, c'est impossible.

   Exceptions: gentil(le) → **gentiment;** bref/brève → **brièvement.**

2. Si l'adjectif masculin se termine par une voyelle, ajoutez **-ment** directement au masculin de l'adjectif.

ADJECTIF MASCULIN	ADVERBE
absolu	→ absolument
admirable (*m. ou f.*)	→ admirablement
poli	→ poliment
vrai	→ vraiment

Il est **vraiment** travailleur.
Nous voulons **absolument** te voir.

3. Si l'adjectif masculin se termine en **-ent** ou **-ant,** supprimez cette terminaison et ajoutez **-emment** ou **-amment.**[7]

ADJECTIF MASCULIN	ADVERBE
récent	→ récemment
évident	→ évidemment
constant	→ constamment
courant	→ couramment

Tu parles **couramment** le français.
Odile répond toujours **intelligemment.**

A la lettre

A. Structures. Formez un adverbe avec chacun des adjectifs pour compléter chaque phrase.

1. (*certain*) Je vais _______ venir.
2. (*malheureux*) _______, il va perdre la course.
3. (*long*) Elle parle _______ de sa vie.
4. (*raisonnable*) Les athlètes se nourissent _______.
5. (*fréquent*) Tu vas _______ au cinéma.
6. (*drôle*) Tu te comportes° _______ aujourd'hui.
7. (*particulier*) J'aime _______ les croissants au beurre.
8. (*seul*) Elle va passer _______ une heure ici.
9. (*intelligent*) Nous essayons d'agir _______.
10. (*juste*) C'est _______ le moment de partir.
11. (*naturel*) _______, nous nous levons tard le dimanche matin.
12. (*approximatif*) Ils se mettent en route à _______ dix heures.

B. Élaboration. Complétez les paragraphes suivants avec les adverbes nécessaires.

Un footballeur

Adverbes: aussi / beaucoup / couramment / donc / ensuite / facilement / naturellement / probablement / très bien

---

[7]Notez que les terminaisons **-emment** et **-amment** ont la même prononciation [a-mã].
°*se comporter* = agir

Les jeunes jouent au football sur presque tous les terrains de France. L'équipe française de football a gagné la médaille d'or aux Jeux olympiques de 1984.

Gilbert est footballeur. Il fait partie d'une équipe française qui voyage _______. _______, il joue _______ au football, mais il aime _______ les voyages et les langues étrangères. Il parle _______ le portugais et peut _______ communiquer _______ avec les joueurs brésiliens et portugais. Gilbert ne va _______ pas rester footballeur toute sa vie. Il adore le sport, mais il veut _______ faire des études de commerce international.

Une cycliste

Adverbes: absolument / aussi / beaucoup / constamment / donc / généralement / parfois / souvent / toujours / très / très tôt

Danielle est étudiante, mais sa vraie passion, c'est le cyclisme. Elle s'entraîne _______ tous les jours pendant plusieurs heures. Elle veut _______ participer à une course importante cet été; _______, elle doit _______ travailler. Elle se lève _______ à 5h30 précises. Elle se met _______ en route avant 6h. L'après-midi, elle va _______ en cours. Danielle a _______ l'air d'être _______ occupée, et pourtant, elle ne travaille pas _______. Un athlète doit _______ se reposer et se détendre.

A votre tour

Histoire collective. Le premier étudiant/La première étudiante donne la première phrase de l'histoire. L'étudiant(e) suivant(e) répète la phrase avec un adverbe, et il/elle propose une nouvelle phrase...

MODÈLE: A: Le dimanche matin, nous nous levons.
         B: Le dimanche matin, nous nous levons assez tôt. Puis, nous quittons la ville en voiture.
         C: Puis, nous quittons rapidement la ville en voiture...

Adverbes utiles: approximativement / beaucoup / bientôt / donc / enfin / ensuite / lentement / rapidement / tard / tôt...

Animation

• Dialogue

Le monde du plein air

L'Union des Centres de Plein-Air (l'UCPA) est une association française qui administre des centres de techniques sportives de plein air. Son but° est de contribuer à l'éducation et à la formation des jeunes de 13 à 35 ans par la pratique du sport, et à leur apprendre à vivre en collectivité.

Cet après-midi, Thierry téléphone aux bureaux de l'UCPA.

THIERRY: *Allô, c'est bien le 336.05.20?*

LA STANDARDISTE: Oui, vous êtes à l'UCPA. *A qui voulez-vous parler?*

THIERRY: *Je voudrais parler* au bureau des inscriptions, s'il vous plaît.

LA STANDARDISTE: *C'est de la part de qui?*

THIERRY: *C'est de la part de* Thierry Legrand.

LA STANDARDISTE: Très bien, *ne quittez pas. Je vous le passe.*

LE SECRÉTAIRE: *Allô, ici* le bureau des inscriptions.

THIERRY: Bonjour, Monsieur, je voudrais m'inscrire à votre randonnée° canoë-kayak.

LE SECRÉTAIRE: La randonnée de juillet en Dordogne?

THIERRY: Oui, c'est ça. Elle dure deux semaines.

LE SECRÉTAIRE: Oui, il y a encore des places disponibles, le tarif° est de 1 090 F, tout compris. Alors, envoyez-moi votre demande d'inscription et cinq cents francs pour réserver votre place.

THIERRY: *C'est entendu.* Merci, Monsieur.

LE SECRÉTAIRE: De rien, *au revoir, Monsieur.*

Comment parler au téléphone

Voici quelques expressions utiles pour une conversation téléphonique:

Allô, j'écoute…	Je vous passe (Mme Loriol).
Qui est à l'appareil?	C'est de la part de qui?
Ici (le bureau des inscriptions).	C'est de la part de (Guy Lebrun).
C'est bien le 47.41.44?	C'est entendu.
Ne quittez pas!	C'est occupé.
Rappelez plus tard, s'il vous plaît.	A qui voulez-vous parler?
	Je voudrais parler (avec, à)…

°*un but* = un objectif

une randonnée = une excursion, une longue promenade à la campagne, dans une forêt ou en montagne

le tarif = le prix

Réagissez!

A. Étudiez les dessins. Avec un(e) camarade, imaginez et continuez chaque conversation téléphonique. Dans votre conversation, utilisez les expressions présentées ci-dessus.

A qui voulez-vous parler?   Allô, j'écoute...   C'est de la part de qui?

B. Vous voulez réserver des places. Avec un(e) camarade, utilisez les expressions présentées ci-dessus pour recréer un dialogue téléphonique pour une des situations suivantes.

NUMÉRO	LIEU	NOMBRE DE PLACES	SPECTACLE
le 248.87.09	le bureau des réservations	2	le concert de jazz de mai
le 71.16.92	le Palais des Festivals à Cannes	3	le film de Truffaut

Chaque été toute l'Europe s'enthousiasme pour le Tour de France, une course cycliste qui dure plus de trois semaines. La course est divisée en une vingtaine d'étapes: les cyclistes parcourent toute la France en faisant une étape par jour. Le Tour se termine toujours à Paris.

• Lecture

la planche à roulettes   le deltaplane   la planche à voile

La révolution des loisirs

En France, on se passionne° aujourd'hui pour «l'aménagement du temps». Qu'est-ce que c'est? C'est la planification du temps libre gagné sur le travail. En effet, la semaine de 35 heures, le travail à mi-temps,° l'horaire «à la carte»° commencent à être une réalité pour certains salariés.° Certaines entreprises pratiquent même la semaine de quatre jours. Les travailleurs ont donc plus de temps de loisir. Il y en a même qui choisissent de moins gagner d'argent pour avoir plus de temps libre. Ce temps «gagné» est donc trop précieux pour être perdu. Ainsi, on doit en profiter, l'«aménager» soigneusement.°

Les passe-temps traditionnels—promenades, jeux, bricolage°—sont en plein renouveau. Les clubs d'intérêts variés (politique, jeux, arts…), les cours du soir et les nouvelles technologies des loisirs (transport, électronique…) se développent rapidement. Le sport, surtout populaire jusqu'ici° comme spectacle (c'est à un Français, Pierre de Coubertin, que nous devons l'origine des Jeux olympiques modernes en 1896), gagne de plus en plus de l'importance. Les Français ont besoin de prendre l'air… ils se tournent enfin vers le sport. Les clubs sportifs (il y en a environ 128 000) prospèrent. Les sports favoris sont le football (européen), le ski, le tennis et le vélo. Sous l'influence américaine, les Français découvrent également de nouveaux sports comme la planche à roulettes, le deltaplane et surtout la planche à voile qui fait fureur° sur toutes les plages françaises.

Cette révolution des loisirs a une conséquence inattendue: le Français vient aussi de redécouvrir le souci° de sa forme. Et avec ça… la cuisine hypocalorique,° le jogging et la gymnastique tonique.[8] Des salles de

---

[8]C'est la gymnastique pour la forme et non pas pour les compétitions.

°*se passionner pour* = s'intéresser énormément à
à mi-temps = à 50 pour cent
l'horaire «à la carte» = les heures de travail souples, flexibles
les salariés = les travailleurs recevant un salaire
soigneusement = avec attention, avec soin
le bricolage = la fabrication d'objets utiles
jusqu'ici = jusqu'à maintenant
faire fureur = être extrêmement populaire
le souci = l'intérêt, la préoccupation
hypocalorique = de peu de calories

gymnastique à l'image des salles américaines se construisent un peu partout. Le tonus° est à la mode, avec Jane Fonda, et avec une émission télévisée qui s'appelle «Gym Tonique». Elle bat tous les records de popularité le dimanche matin sur Antenne 2. Les Français fanatiques de la forme, voilà du nouveau: car, traditionnellement, les Français abandonnent le sport après qu'ils terminent leurs études secondaires.

Cette mode va-t-elle continuer? Va-t-elle devenir un style de vie proprement français? Quinze pour cent des jeunes Français fument moins qu'avant. Mais déjà le succès de la cuisine minceur° semble diminuer et la gastronomie se tourne vers des sources plus régionales. On prépare des plats traditionnels—souvent très riches—qui viennent de Provence, de Normandie ou d'Alsace. Que vont devenir nos passionnés de la forme?

Comprenez-vous?

Les affirmations suivantes sont-elles vraies ou fausses selon le texte? Rectifiez les affirmations fausses.

1. Certains salariés français ne travaillent que 35 heures par semaine.
2. Il y a des travailleurs français qui choisissent de gagner moins d'argent pour avoir plus de temps libre.   3. Les Français n'aiment pas le sport.
4. De nombreuses salles de gymnastique s'ouvrent en France ces jours-ci.
5. On n'aime pas les modes américaines en France.

Et vous?

Chaque membre de la classe prépare un «emploi du temps libre» pour une semaine typique. Comparez vos loisirs avec le temps libre d'un(e) camarade.

• Activités

A. Séjour à Tahiti. Racontez au temps présent l'histoire de Mireille et de Max, selon les dessins ci-dessous. Où vont-ils? Que font-ils? Comment passent-ils leur temps?

°*le tonus* = le dynamisme physique
la cuisine minceur = une cuisine légère, hypocalorique

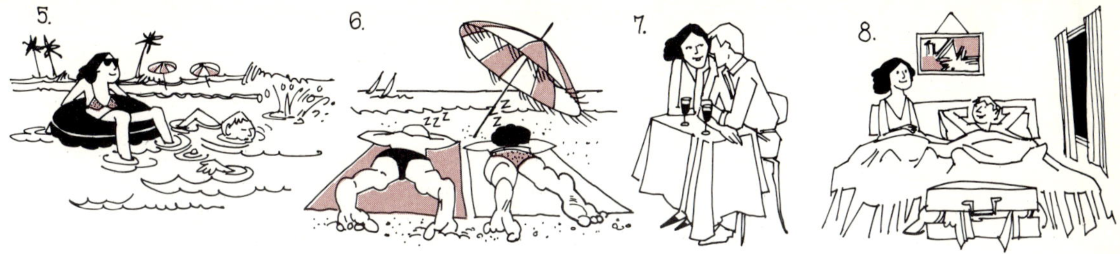

Verbes utiles: s'amuser / s'arrêter / se baigner / se coucher / se détendre / dîner / s'endormir / s'installer / jouer à / se parler / se préparer / se reposer…

Maintenant imaginez que vous êtes seul(e) en vacances à Tahiti. Décrivez une journée typique (au temps présent).

B. Un week-end sportif. Avec des camarades, organisez un week-end sportif. Considérez les questions suivantes:

1. En quelle saison sommes-nous? Quel temps fait-il?
2. Qu'est-ce que chaque personne veut faire?
3. Quelles sont les possibilités qui existent dans votre quartier? dans votre ville? dans la banlieue de votre ville? à une distance d'une heure en voiture?

C. Manifestations sportives. Expliquez pourquoi vous choisissez d'aller à l'une ou à l'autre des manifestations françaises suivantes, ou à une manifestation sportive importante aux États-Unis. Ensuite, mettez votre paragraphe par écrit et présentez-le à vos camarades. Voici des choix:

1. football: Les Championnats de France (amateurs et professionnels); la Coupe de France (professionnels)…
2. course de chevaux: Le Grand Prix de Longchamp; le Kentucky Derby…
3. courses automobiles: Les 24 heures du Mans; Le Rallye de Monte Carlo; le Indianapolis 500…
4. course cycliste: Le Tour de France…
5. course de bateaux à voile: la Transatlantique (la «Transat»)…

MODÈLE: Je veux assister aux 24 heures du Mans parce que j'aime beaucoup les voitures de sport et la vitesse! J'ai un ami français qui me parle souvent de cette course automobile et m'en montre des photos. Naturellement, je rêve d'y assister. Je sais qu'on doit suivre cette course pendant 24 heures, mais je vais trouver le moyen de le faire, j'en suis sûr(e). Ça va être une occasion sensationnelle!

Mots à retenir

Verbes

aller à la pêche
  (à la chasse)
assister à
avoir mal à
courir
découvrir
faire de la
  bicyclette (du vélo),
de la gymnastique,
de la natation,
de la voile, etc.
faire partie de
garder la forme
offrir
ouvrir
participer à
passer (un film, un disque,
  une cassette)
pratiquer
rire
souffrir
sourire

Verbes pronominaux

s'amuser
s'appeler (*je m'appelle*)
s'arrêter (de)
se baigner
se brosser (les dents,
  les cheveux)
se coucher
se détendre
s'endormir
s'ennuyer (de)
s'entraîner
s'étonner (de)
s'habiller
s'installer
se laver
se lever (*je me lève*)
se nourrir
se préparer (à)
se promener (*je
  me promène*)
se reposer
se réveiller
se tourner (vers)
se trouver

Le sport

la boxe
le championnat
le coureur/la coureuse
la course à pied
la course automobile
la course de chevaux
l'entraînement (*m.*)
l'équitation (*f.*)
l'équipe (*f.*)
le joueur/la joueuse
la manifestation sportive
la marche à pied
la natation
la pétanque
la pratique
la santé
le spectateur/la spectatrice
le stade
le terrain
la voile

Les parties du corps

la bouche
le bras
les cheveux (*m. pl.*)
le cou
les dents (*f. pl.*)
le doigt
le dos
l'épaule (*f.*)
la jambe
la main
le nez
l'œil (les yeux) (*m.*)
l'oreille (*f.*)
le pied
la tête
le visage

Adjectifs	frisé(e)	moyen(ne)	raide
	lent(e)	quotidien(ne)	semblable
Adverbes	absolument	en/de plein air	vite
	couramment	naturellement	vraiment
	doucement		
Préposition	parmi		
Expressions de communication	C'est bien le…?	C'est occupé.	Je vous passe…
	C'est de la part de…	Je voudrais parler	Ne quittez pas!
	C'est entendu.	(avec, à)…	Qui est à l'appareil?

Chapitre 13

La France en vacances

D'après le dessin...

1. Qui sont ces personnes?
2. Quel monument visitent-elles? Où se trouve-t-il?
3. Qui appelle ces personnes?
4. Pourquoi sont-elles si pressées?

Et vous?

Que pensez-vous des voyages organisés? Comment aimez-vous voyager?

Scénario

Des amis français n'ont que trois semaines à passer aux États-Unis. Quelles sont vos suggestions? A quelle époque de l'année doivent-ils venir? Quels moyens de transport doivent-ils utiliser? Quelles villes et quels endroits doivent-ils visiter?

Par exemple: «Venez en janvier, faites du ski dans le Colorado!» «Louez un camping-car, visitez le parc de Yellowstone!»

Entrée en scène

Vive les vacances!

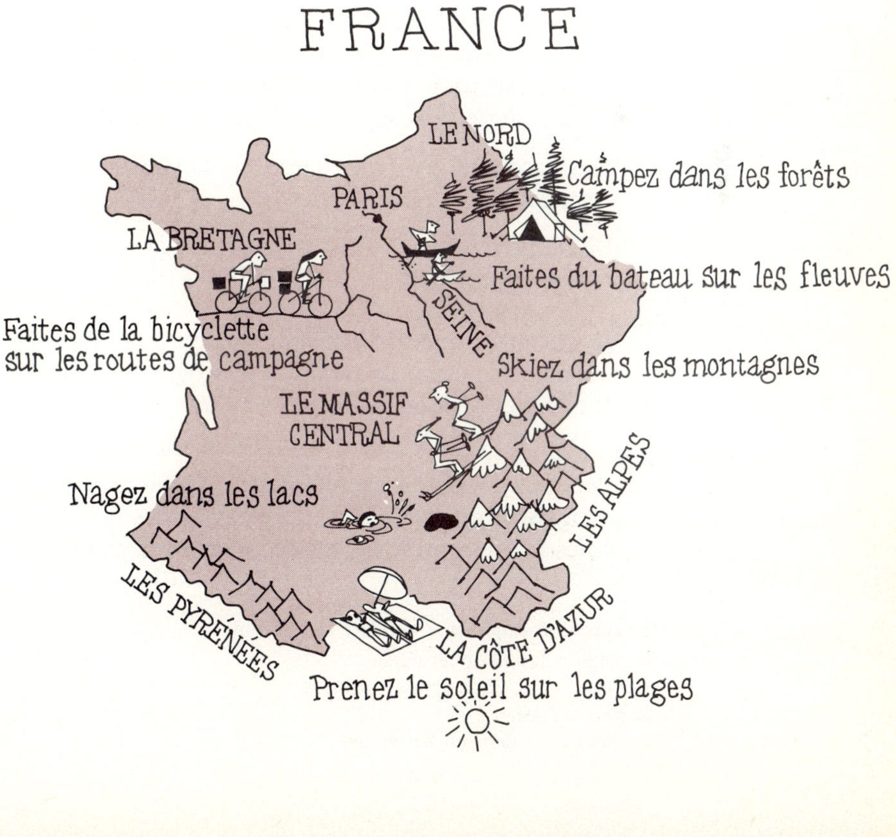

Ces vacanciers font une partie de volley sur une plage à Calais, sur la côte nord de la France.

Les vacances. Le terme a un sens presque mythique pour les Français—pour les salariés qui attendent avec impatience leur congé,° pour les étudiants qui rêvent aux grandes vacances. Pendant les vacances d'été, on fait des voyages, on pratique son sport favori, on fait un stage° de tennis, d'informatique... ou bien on passe du temps avec sa famille en province.[1] Au mois de février, beaucoup de personnes vont aux sports d'hiver en montagne.

A. Bonnes vacances! Quels sont les avantages touristiques des endroits indiqués? Quelles sont les activités typiques des vacanciers?

   1. Qu'est-ce qu'on fait en montagne? dans les lacs? sur les plages? sur les routes de campagne? sur les fleuves? dans les forêts?
   2. Que fait un nageur/une nageuse? un campeur/une campeuse? un skieur/une skieuse? un cycliste/une cycliste?

B. Mes vacances. Posez les questions suivantes à un(e) camarade et dites-lui vos préférences personnelles.

   1. Où préfères-tu passer tes vacances? à la mer°? à la montagne? à la campagne? dans le désert? en ville? à la maison? à l'étranger°? Pourquoi?
   2. Qu'est-ce que tu aimes faire pendant tes vacances? des voyages? du sport? un stage de yoga, de photographie...? autre chose?
   3. Quelles régions de France t'intéressent particulièrement pour les vacances? Pourquoi?

C. Venez chez nous! Dans une lettre, présentez votre région à des touristes français. Y a-t-il des lacs, des fleuves, des montagnes, des plages, des villes intéressantes? Qu'est-ce qu'on peut y faire?

---

[1]L'expression *en province* se réfère aux provinces françaises à l'exception de Paris.

°*le congé* = les vacances payées

un stage = ici, un cours de vacances

la mer = l'océan

à l'étranger = dans un autre pays

Les loisirs préférés des Français

Les spectacles

Les activités de plein air

Les jeux

La chanson de variété,° le cinéma, le théâtre…

La promenade en plein air, le pique-nique, la pétanque…

Les jeux de hasard, les jeux de société…

Le bricolage

Autres passe-temps

Le jardinage, l'aménagement de la maison, la fabrication d'objets…

Une collection de timbres (de papillons…), la lecture, la peinture…

A. **Passe-temps.** La chanson de variété est un spectacle. Dans quelle catégorie de distractions classez-vous…

1. le bridge?   2. une pièce de théâtre?   3. la loterie nationale?   4. la lecture?   5. la construction d'une bicyclette?   6. un pique-nique?   7. un concert de jazz?

B. **Mes heures libres.** Posez les questions suivantes à des camarades.

1. A quelles heures aimes-tu mettre la télé ou la radio? Quand est-ce que tu écoutes des disques ou des cassettes? Quelles sortes de chansons aimes-tu?
2. Est-ce que tu regardes parfois des vidéocassettes? Est-ce que tu les préfères à une soirée passée au cinéma? Pourquoi? Pourquoi pas?

°*une chanson de variété* = une chanson populaire

3. A quelles sortes de spectacles est-ce que tu aimes assister?
4. Est-ce que tu aimes la vie de plein air? A quelles occasions fais-tu un pique-nique? Joues-tu au Frisbee? Aimes-tu te promener? Est-ce que tu aimes courir? Est-ce que tu aimes faire des randonnées à pied? du camping? de l'alpinisme?
5. A quels jeux de société est-ce que tu aimes jouer? Joues-tu aux cartes? au Scrabble…? Avec qui? Est-ce que tu joues parfois à des jeux de hasard? Aimes-tu les jeux électroniques? Y joues-tu parfois?
6. Est-ce que tu aimes bricoler? Est-ce que tu fais quelque chose en ce moment? As-tu un atelier°? Qu'est-ce qu'on peut y faire?
7. Comment est-ce que tu t'occupes les jours de pluie°? (*Je lis…*, *Je fais…* ou *Je m'occupe de…*) Quel est ton passe-temps favori?

«Qu'est-ce qu'on a fait hier en fin d'après-midi? Eh bien, on a pris un pot, et on a bavardé avec les amis.»

°*un atelier* = un lieu de travail manuel ou artistique
les jours de pluie = quand il pleut

*J*eu de structures

30. Le passé composé: verbes conjugués avec **avoir**

Des vacances insolites°

C'est la rentrée des classes. Aujourd'hui, Guy, Aimée et Josiane se retrouvent devant l'amphithéâtre.

GUY: Et toi, Aimée, comment est-ce que tu *as passé* tes vacances?

AIMÉE: Eh bien, en juillet, comme toujours, *j'ai passé* trois semaines chez ma grand-mère, qui habite près de Rouen. Mais au mois d'août, Josiane et moi, on[2] *a fait* quelque chose de très intéressant!

GUY: Voyons… attends une seconde… vous *avez pris* un charter pour la Martinique?

AIMÉE: Mais non, pas du tout! Nous *avons travaillé* dans une ferme du Midi. On *a cueilli°* des pêches et des abricots!

GUY: C'est un travail bien payé?

JOSIANE: Non, en fait, nous n'*avons* presque rien *gagné*.

AIMÉE: Mais, on nous *a* bien *nourries* et bien *logées*. Le travail en plein air, *ç'a été*[3] un vrai dépaysement°!

Pour préciser   Aimée et Josiane ont travaillé pendant leurs vacances. Moi, j'ai fait un beau voyage. Émilie, qu'est-ce que vous avez fait?

—J'ai passé mes grandes vacances en famille et j'ai pris des leçons de violon.

Robert, demandez à Jackie comment elle a passé ses vacances de Noël.

—Jackie, comment est-ce que tu as passé tes vacances de Noël?

—J'ai travaillé. J'ai fini une dissertation, mais j'ai aussi vu six films!

Paul et Robert, avez-vous fait un voyage?

—Oui, nous avons pris un charter pour New York.

Robert, avez-vous invité vos frères à vous accompagner?

—Oui, je les ai invités, mais ils n'ont pas pu venir.

Leur avez-vous écrit?

—Non, je leur ai téléphoné un mois avant mon départ.

---

[2]Notez que le pronom sujet **on** peut remplacer **nous** dans la conversation familière.

[3]*ç'a été* = cela (ça) a été; **ça** → **ç'** devant le verbe **avoir**.

°*insolite* = inhabituel(le)

cueillir = prendre à l'arbre

un dépaysement = un changement d'habitudes

Pour apprécier

1. Josiane et Aimée ont-elles profité de leurs vacances? Qu'ont-elles fait?
2. Comment avez-vous passé vos grandes vacances? vos vacances de Noël? d'autres vacances?
3. Avez-vous déjà travaillé pendant vos vacances? Avez-vous gagné de l'argent? Est-ce que votre travail vous a intéressé(e)? Avez-vous appris quelque chose?
4. Racontez en une phrase (au passé composé) une expérience de vacances intéressante. Utilisez un verbe du dialogue. (*L'année dernière, j'ai passé trois semaines en Floride... En hiver, j'ai fait du ski pour la première fois...*)

Cette jeune fille est-elle étudiante? A-t-elle passé une partie de ses vacances à travailler à la campagne?

A. Les temps du passé: le passé composé

En français, comme en anglais, il y a plusieurs temps du verbe au passé. Chaque temps du verbe a sa propre fonction et communique sa propre «idée». Le *passé composé* est le temps qui indique *une action complétée* dans le passé. Cette action peut être de longue ou de courte durée.

> M. Marcel **a passé** trente ans dans sa petite ville de Bourgogne.
> L'année dernière, il **a déménagé.**
> En juillet, pour la première fois, il **a pris** des vacances.
> Son voyage n'**a duré** qu'une semaine.
> Il **a** pourtant **pris** l'habitude de voyager.
> Hier, il m'**a parlé** de ses nouveaux projets.

B. La formation du passé composé

1. Le passé composé de la grande majorité des verbes se construit avec le verbe auxiliaire **avoir** (conjugué au présent) et le *participe passé* du verbe. Certains verbes sont conjugués avec l'auxiliaire **être.**[4]

voyager (*passé composé*)	
j'ai voyagé	nous avons voyagé
tu as voyagé	vous avez voyagé
il/elle/on a voyagé	ils/elles ont voyagé

2. Pour former le participe passé des verbes réguliers, supprimez la terminaison de l'infinitif (**-er, -ir,** ou **-re**), et ajoutez

   - **-é:** acheter → achet- → **acheté**

     Il **a acheté** des valises pour ses vacances.

   - **-i:** choisir → chois- → **choisi**

     As-tu **choisi** la date de ton départ?

   - **-u:** perdre → perd- → **perdu**

     Nous **avons perdu** nos clefs.

3. Faites bien attention au participe passé des verbes irréguliers suivants.

   - Participes passés irréguliers en **-u:**

boire: **bu**	lire: **lu**	obtenir: **obtenu**
courir: **couru**	pleuvoir: **plu**	voir: **vu**
devoir: **dû**	pouvoir: **pu**	vouloir: **voulu**

---

[4]Voir la Section 31 de ce chapitre.

Jean **a voulu** aller à la plage.
Qu'est-ce que tu **as lu** hier?
Finalement, j'**ai pu** partir.

- Participes passés irréguliers en **-t:**

écrire: **écrit**   dire: **dit**
décrire: **décrit**   faire: **fait**
offrir: **offert**[5]   conduire: **conduit**

Qu'est-ce que tu **as fait?**
Nous **avons écrit** à l'hôtel.
Il m'**a offert** une tasse de thé.

- Participes passés irréguliers en **-s:**

mettre: **mis**   apprendre: **appris**
prendre: **pris**   comprendre: **compris**

J'**ai mis** une chemise blanche.
Elle **a pris** l'autocar pour Nice.

- Participes passés irréguliers en **-i:**

rire: **ri**
sourire: **souri**

Les enfants **ont** beaucoup **ri.**

ATTENTION: Le verbe **être** (*participe passé* **été**) et le verbe **avoir** (*participe passé* **eu**) sont tous les deux conjugués avec l'auxiliaire **avoir.**

Mes vacances **ont été** formidables.
Nous **avons eu** une idée fantastique.

C.   Le passé composé aux formes négative et interrogative; la place de l'adverbe

1. A la forme négative, les deux parties de la négation entourent le verbe auxiliaire (**avoir**).

Nous **n'avons jamais** voyagé en Afrique du Nord.
Vous **n'avez pas** emporté d'imperméable?

2. A la forme interrogative avec inversion, l'auxiliaire et le pronom sujet sont inversés. **Est-ce que** se place au début de la question au passé composé.

A-t-elle demandé le prix du billet?

---

[5]Comme **offrir: ouvrir** (*ouvert*), **couvrir** (*couvert*).

Tes amis **ont-ils quitté** la ville samedi?
Pourquoi n'**as-tu** pas **apporté** notre valise?
Est-ce que **tu as écrit** à Sophie?

3. Les adverbes courts et fréquents se placent souvent entre l'auxiliaire et le participe passé.

J'ai **trop** marché aujourd'hui!
Jean m'a **vite** répondu.
Elle n'a pas **beaucoup** écrit.
Tu as **mal** expliqué l'affaire.

D'autres adverbes se placent soit avant soit après le participe passé.

Elle a **admirablement** chanté *ou* Elle a chanté **admirablement.**

D. L'accord du participe passé

Pour les verbes conjugués avec **avoir,** le participe passé s'accorde en genre et en nombre avec l'*objet direct*—si cet objet direct *précède* le verbe dans la même phrase. Cet accord se fait

1. avec un *pronom objet direct:*

J'ai choisi **les hôtels.** → Je **les** ai choisis.

2. avec **Quel(le)(s)** + *nom:*

Quelles villes avez-vous visitées?

3. avec **que** *pronom relatif:*

Voici **la robe que** tu as mise hier.

ATTENTION: L'accord du participe passé *ne se fait pas* avec l'objet indirect, ni avec les pronoms **y** ou **en.**

Jeanine? Je **lui** ai **écrit** une longue lettre.
Des fruits? —Oui, j'**en** ai **acheté.**
Nous **y** avons **visité** quelques musées.

Prononcez bien!

Faites attention à la prononciation de certains participes passés quand ils sont féminins (= l'objet direct féminin *précède* le verbe).

Il a mis **ses chaussures.** → Il **les** a mises. [miz]
Nous avons fait **la valise.** → Nous l'avons faite. [fɛt]
Quelles photos as-tu prises? [priz]
Voici **la lettre que** j'ai écrite. [e-krit]

A la lettre

A. A l'hôtel. Faites les substitutions indiquées et les changements nécessaires.

1. *Nous* avons trouvé un excellent hôtel. (je, Marc, les autres)
2. *Avez-vous* déjà choisi une chambre? (Marie, nos copains, tu)
3. *Marie* a perdu sa clef. (Marc et Paul, tu, je)
4. *J'ai* répondu aux lettres de mes amis. (Annie et Hélène, nous, Marc)
5. *Roger* a passé trois semaines ici. (nous, vous, on)

B. Les vacances. Faites des phrases complètes au passé composé.

1. Thibaut / faire / bicyclette
2. vous / prendre le soleil / au bord de la mer
3. nous / voir / vieux amis
4. je / dormir / à / hôtel
5. Michèle et Victor / finir par / visiter / ville
6. nous / pouvoir / se détendre
7. elles / devoir / partir / septembre

C. Jour de pluie. Mettez ces phrases au passé composé. Commencez la première phrase au passé par **Hier...**

1. Parfois, le dimanche, il pleut.   2. Alors je lis un bon livre.
3. Paula écrit à ses amis.   4. Jean prend des livres dans ma bibliothèque.
5. Thierry et Jean-Claude boivent un apéritif au café.   6. Toi, tu fais la sieste.   7. Les étudiants doivent travailler.   8. Vous avez beaucoup à faire.

D. En voyage. Remplacez les mots en italique par les noms entre parenthèses. Faites les changements nécessaires. Attention à la prononciation du participe passé.

1. Où as-tu mis *la clef?* Je l'ai mise sur la table. (passeport, billets, cartes)
2. Qui a ouvert *la porte?* Je l'ai ouverte. (valises, livre, fenêtre)
3. Avez-vous perdu *votre sac?* Oui, je l'ai perdu. (billets, valises, manteau)

E. Une croisière.° Faites deux phrases selon le modèle. Attention à l'accord du participe passé.

MODÈLE: choisir / la chambre → J'ai choisi la chambre. Je l'ai choisie.

1. faire / ma valise
2. attendre / les autres voyageurs
3. quitter / le port

°*une croisière* = un voyage de vacances en bateau

4. prendre / cette photo
5. manger / du poisson
6. nager / dans la mer Méditerranée
7. parler / aux autres voyageurs
8. voir / des villes pittoresques
9. passer quelques jours / en Égypte
10. écrire / à Nathalie

À *votre tour*

A. A Aix-en-Provence. Henri, qui habite dans cette ville provençale, donne des conseils touristiques à Chantal et à Claude… mais trop tard. Utilisez des pronoms objets *directs* ou *indirects*, **y** ou **en** dans chaque réponse.

MODÈLE: visiter la ville →
> Henri: Avez-vous visité *la ville?*
> Chantal (Claude): Oui, nous l'avons déjà visitée. (Non, nous ne l'avons pas encore visitée.)

1. faire une promenade *dans la vieille ville*   2. voir *la fontaine* sur la place
3. prendre *une photo des ruines romaines*   4. dire bonjour *au patron du Café Fleur*   5. apprendre *l'histoire de la ville*   6. acheter *des cartes postales*
7. décrire *la ville à vos parents* (*2 pronoms*)

Maintenant, pensez aux lieux intéressants et aux choses à faire et à voir dans votre ville. Posez des questions semblables à un(e) camarade qui va répondre au passé composé avec un pronom objet.

B. Une journée en solitaire. Mettez l'histoire suivante au passé composé.

Dimanche, Albert décide d'aller à la plage. Il prend l'autobus. Une fois à la plage, il met son maillot de bain. Il prend un bain de soleil. Il nage. Il a faim. Il prend des sandwichs dans son sac et il les mange. Il lit le journal. Il écrit une lettre. Mais l'après-midi il pleut. Il doit quitter la plage. Il attend dans un bar. Il boit un café. Il parle avec le cafetier. Et il quitte le village vers six heures.

Maintenant, avec un(e) camarade, racontez au passé composé une journée passée en solitaire. Votre camarade est curieux (curieuse). Il/Elle vous pose une question pertinente après chaque phrase.

MODÈLE: A: Samedi, j'ai téléphoné à un ami.
B: A qui as-tu téléphoné?
A: A Robert, mais il n'a pas pu aller au cinéma avec moi.
B: Qu'est-ce que tu as fait finalement?
A: J'ai vu le film tout seul, et ensuite…

31. Le passé composé: verbes conjugués avec **être**

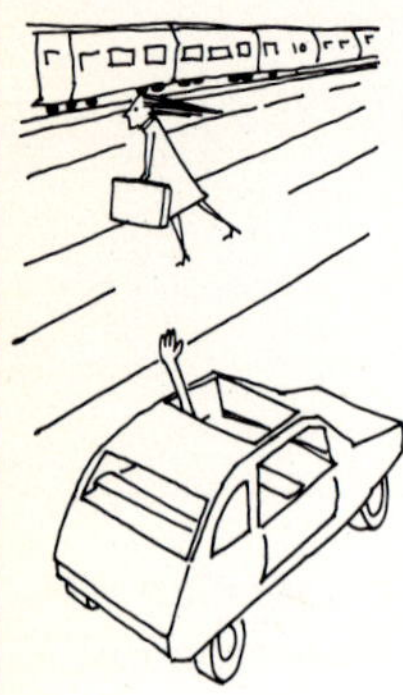

Un coup de foudre°

Nous sommes fin septembre. La plupart des étudiants *sont* déjà *rentrés* de vacances. Arlette et Nellie *se sont retrouvées* à la cafétéria. Voici leur conversation.

ARLETTE: Et Marguerite, qu'est-ce qu'elle a? Elle *est venue* me voir hier et m'a demandé quelque chose de bizarre: de l'emmener° à la gare!

NELLIE: Ça, c'est curieux…. Hier, dans la matinée, nous *sommes rentrées* de vacances ensemble, en voiture. Marguerite, elle, *est montée* tout de suite dans sa chambre où elle a refait ses bagages. Ensuite, elle *est repartie* sans rien dire à personne!

ARLETTE: Chez moi, elle *s'est mise à°* parler assez fort, d'un air nerveux. Je l'ai emmenée à la gare vers sept heures du soir. Quand elle *est sortie* de la voiture, elle *est partie* sans me saluer. Dis-moi, Nellie, est-ce qu'*il s'est passé°* quelque chose de spécial pendant votre séjour à la mer?

NELLIE: Peut-être: le dernier jour, nous *sommes descendues* à la plage comme d'habitude, et là, Marguerite a rencontré un ancien copain, Victor. Ils *se sont parlé* toute la journée, et Marguerite, elle, *est rentrée* toute silencieuse.

Pour préciser   Marguerite et Nellie sont rentrées de vacances en voiture. Et vous, Donald et Allen, comment êtes-vous rentrés de vacances?

—Nous sommes rentrés de New York en avion.

Et vous, Jeanne?

—Je suis rentrée en voiture.

Donald, où êtes-vous allé dimanche après-midi?

—Je suis allé me baigner à la plage avec mes copains.

A quelle heure êtes-vous revenus de la plage?

—Nous en sommes revenus vers sept heures.

Quand est-ce que vous vous êtes mis à travailler, alors?

—Dimanche soir, nous nous sommes mis à travailler vers neuf heures.

Vos amis se sont-ils beaucoup parlé, ce soir-là?

—Non, ils ne se sont pas parlé… ils ont travaillé!

°*un coup de foudre* = un amour soudain, à la première rencontre
emmener = accompagner, en voiture par exemple
elle s'est mise à (*se mettre à*) = elle a commencé à
il s'est passé = il (*impersonnel*) est arrivé

Pour apprécier

1. Pourquoi Marguerite est-elle allée voir Arlette?
2. Quand est-ce que Marguerite et Nellie sont rentrées de vacances?
3. Qu'est-ce que Marguerite a fait tout de suite après?
4. Une fois arrivée à la gare, qu'est-ce que Marguerite a fait?
5. Pourquoi, à votre avis, Marguerite s'est-elle comportée d'une façon si curieuse?
6. Êtes-vous déjà tombé(e) amoureux/amoureuse? Est-ce que votre comportement a changé? Comment vous êtes-vous comporté(e)? Est-ce que vos amis s'en sont étonnés?

A. Les verbes conjugués avec *être*

Les verbes simples conjugués avec **être** sont des verbes *intransitifs*—sans objet direct ni indirect. Dans la conjugaison avec **être,** le participe passé s'accorde en genre et en nombre avec le *nom* ou le *pronom sujet.*

aller (*passé composé*)	
je suis allé/allée	nous sommes allés/allées
tu es allé/allée	vous êtes { allé/allée / allés/allées
il/on est allé	ils sont allés
elle est allée	elles sont allées

Voici les verbes conjugués avec **être: aller, arriver, descendre, devenir, entrer** (dans), **monter** (dans), **mourir,**° **naître,**° **partir, passer** (par), **rentrer, rester, retourner, revenir, sortir, tomber,**° et **venir.**

Le participe passé des verbes suivants est régulier: **aller (allé); partir (parti).** Voici les participes passés *irréguliers* des verbes conjugués avec **être:**

devenir: **devenu**	revenir: **revenu**
mourir: **mort**	venir: **venu**
naître: **né**	

Mme Pérouge **est née** en France. Elle **est partie** aux États-Unis en 1940. Elle **est arrivée** à New York. Ensuite, elle **est allée** en Californie. Elle **est restée** dix ans à San Francisco. Mais en 1950, elle **est rentrée** en France. Elle **est morte** à Paris en 1964.

Notez les formes interrogative et négative.

Quand **sont-ils partis?** —**Ils ne sont pas partis** avant minuit.

Mémorisez les verbes représentés dans le dessin ci-dessous.[6]

---

[6]ATTENTION: **Marcher, danser** et **courir** sont conjugués avec l'auxiliaire **avoir.**

°*mourir* = terminer sa vie

naître = commencer sa vie

tomber = descendre rapidement, perdre son équilibre

B.   Les verbes pronominaux au passé composé

Les verbes pronominaux (réfléchis, réciproques et idiomatiques) sont tous conjugués avec **être** au passé composé. Comparez:

> J'**ai levé** la main pour répondre au professeur.
> Je **me suis levée** à sept heures précises.

> Nous **avons parlé** avec eux.
> Nous **nous sommes parlé** toute la journée.

se lever (*passé composé*)	
je me suis levé/levée	nous nous sommes levés/levées
tu t'es levé/levée	vous vous êtes { levé/levée / levés/levées
il/on s'est levé	ils se sont levés
elle s'est levée	elles se sont levées

Le participe passé des verbes pronominaux *s'accorde* en général avec le sujet du verbe, et ainsi avec le pronom réfléchi.

> **Elle s'est regardée** longuement dans le miroir.
> **Nous nous sommes levés** très tôt.

> **Vous êtes-vous revus** hier? —Oui, **nous nous sommes rencontrés** par hasard.[7]

---

[7]*Exception:* Le participe passé reste *invariable* (1) si le verbe demande un objet *indirect:* Nous **nous** sommes **parlé;** ou (2) si le verbe est suivi d'un *objet direct:* Hélène **s'est lavé les mains.**

A la lettre

A. Une bonne soirée. Faites les substitutions et les changements nécessaires.

1. *Jean-Pierre* est arrivé à sept heures. (des copines, on, tu)
2. *Marie-Louise* est passée dire bonjour. (je, nous, vous)
3. *René et Annie* sont venus un peu plus tard. (Monique, mes parents, tu)
4. *Nous* nous sommes parlé jusqu'à minuit. (nos amis, Patrick et René, vous)
5. *On* s'est couché tard. (nous, tu, Élisabeth et Annie)

B. Un voyage en train. Mettez chaque verbe au passé composé.

MODÈLE: Vous allez à Toulouse. → Vous êtes allés à Toulouse.

1. Le train s'arrête à la gare.   2. Les passagers viennent de Lyon.
3. Nous montons dans le train.   4. Vous vous parlez de votre destination.
5. Une passagère descend en toute vitesse.   6. Elle tombe sur le quai.
7. Elle se relève sans difficulté.   8. Nos amies sortent de la gare.
9. Nous entrons dans notre compartiment.   10. Le train se met à rouler.
11. Claude et Jacques vont dans le couloir.   12. Tu retournes dans le compartiment.   13. Le contrôleur° passe.   14. Plusieurs voyageurs s'endorment.   15. Nous arrivons quelques heures plus tard.

C. Départ en vacances. Les Chenier, vos voisins, sont partis en vacances ce matin. Racontez la scène au passé composé (avec **avoir** ou **être** comme auxiliaires). Commencez par: Ce matin, mes voisins sont partis en vacances…

Mes voisins *partent* en vacances. Aujourd'hui ils *vont* en Espagne. Comme toujours, ils *font* beaucoup de préparatifs. Ils *se lèvent* très tôt ce matin. A huit heures M. Chenier et son fils *montent* chercher les valises. Ils *entrent* dans la maison et ils en *sortent* plusieurs fois. Mme Chenier *retourne* cinq fois dans la maison pour y chercher des objets oubliés. M. Chenier *écrit* une longue lettre aux voisins. Les plus jeunes enfants *s'impatientent*.

Enfin, trois heures plus tard, toute la famille *monte* dans la voiture et ils *partent*. Bien sûr, une des valises *tombe* du haut de la voiture. Ils *s'arrêtent*. Ils *reviennent* la chercher. Ils *se disputent* longtemps. Ensuite, ils *repartent*. Moi, je *rentre* à la maison et je *décide* de rester en ville cet été.

°*le contrôleur* = l'employé qui vérifie les billets

A votre tour

Une interview. Demandez à votre camarade de choisir *un* des sujets
suivants. Ensuite, interviewez-le/la sur ce sujet. Quand c'est possible, posez
vos questions au passé composé.

Un voyage mémorable

Questions suggérées:

1. Où es-tu allé(e)?
2. Pourquoi as-tu décidé de faire ce voyage?
3. Quand es-tu parti(e)?
4. A quelle heure est-ce que tu t'es levé(e) ce matin-là?
5. As-tu pris le train? l'avion? Es-tu parti(e) en voiture?
6. Où as-tu logé? avec tes amis? à l'hôtel?
7. Pendant combien de temps as-tu voyagé?
8. Quelles villes as-tu visitées? Qu'est-ce que tu y as vu?
9. Quand es-tu rentré(e)? etc.

Le bricolage

Questions suggérées:

1. Est-ce que tu as déjà fait du bricolage?
2. Qu'est-ce que tu as fabriqué récemment? Pourquoi?
3. As-tu construit quelque chose de nouveau? ou bien as-tu réparé quelque
   chose?
4. Est-ce que tu as dû acheter des outils° spéciaux?
5. Quand est-ce que tu t'es mis(e) au travail?
6. Où as-tu travaillé?
7. Est-ce qu'il y a eu des problèmes?
8. Quand as-tu terminé le projet?
9. Est-ce que tu es fier (fière) des résultats? etc.

Rencontre imaginaire avec une vedette

Questions suggérées:

1. As-tu jamais rencontré quelqu'un de célèbre? Qui?
2. Pourquoi est-il/elle célèbre?
3. Où l'as-tu rencontré(e)? Dans quelles circonstances?
4. Est-ce que vous vous êtes serré la main?
5. Est-ce que vous vous êtes parlé? De quoi?
6. Est-ce que tu as dîné avec cette personne?
7. L'as-tu invité(e) à la maison? Si oui, qu'est-ce que tu lui as servi? Est-ce
   que vous vous êtes bien amusés ce soir-là?
8. Est-ce que tu as jamais revu cette personne? etc.

°*un outil* = un instrument de travail

32. L'imparfait

Nostalgie

C'est le premier août. Beaucoup de Parisiens partent en vacances. Pierre et Louise Dupoirier vont à la montagne comme ils le font chaque été. Leur voiture, chargée de valises, est prise dans un embouteillage.° Pierre et Louise ont enfin le temps de se parler.

PIERRE: Quand j'*étais* enfant, tu sais, les vacances, c'*était* vraiment le paradis.

LOUISE: Tu *allais* toujours en province.

PIERRE: Oui, nous *passions* nos vacances sur la côte normande, chez ma grand-tante. Il me semble qu'il y *faisait* toujours un temps splendide, les journées *étaient* longues.…

LOUISE: Vous n'*aviez* pas encore de voiture, n'est-ce pas?

PIERRE: Non, on n'*avait* pas de voiture. Nous *prenions* toujours le train. Nous *emportions* toujours un tas de° choses. Ma mère *mettait* tout dans les valises.

LOUISE: Et que *faisais*-tu là-bas?

PIERRE: En réalité, presque rien. On *jouait*, on *se baignait* dans la mer, on *s'occupait* un peu du jardin de ma grand-tante. On *appréciait* la bonne nourriture de la campagne.

LOUISE: Et aujourd'hui… nos enfants sont en colonie,° et nous, nous sommes sur l'autoroute!

Pour préciser

Quand Pierre était plus jeune, il passait ses vacances en Normandie. Et vous, Adrienne?

—Quand j'étais petite, ma famille et moi, nous faisions toujours du camping.

Où alliez-vous?

—Eh bien, on allait un peu partout dans l'ouest.

Aimiez-vous toujours ces voyages?

—Oui, ma sœur et moi, on ne s'ennuyait jamais! Il y avait toujours des tas de choses à voir.

Steve, qu'est-ce que vous vouliez faire avant la rentrée des classes?

—Je voulais voyager, ou peut-être louer un appartement.… Je ne voulais plus voir de professeurs! Mais enfin, ce n'était pas pratique.

°*un embouteillage* = un arrêt de la circulation

un tas de = beaucoup de

une colonie de vacances = un groupe d'enfants de la ville qui passent les vacances à la campagne

Pour apprécier   1. Pourquoi les Dupoirier ont-ils enfin le temps de se parler?
2. Où est-ce que la famille de Pierre passait autrefois° ses vacances?
3. Pourquoi Pierre dit-il que c'était le paradis? Qu'est-ce qu'on y faisait?
4. Comment les Dupoirier et leurs enfants passent-ils leurs vacances maintenant?
5. Comment passiez-vous vos vacances autrefois? En étiez-vous toujours content(e)?

A.   Les temps du passé: l'imparfait

Rappel

Vous avez déjà appris un temps du passé: le *passé composé*. Il décrit une action ou une situation qui a commencé dans le passé et qui s'est terminée à un certain moment du passé.

L'*imparfait* exprime une action continue, habituelle ou répétée au passé. Le début et la fin de cette action ne sont pas précisés. L'imparfait est souvent utilisé pour la description.[8]

B.   La formation de l'imparfait

Prenez la forme **nous** du temps présent, supprimez la terminaison **-ons** et ajoutez les terminaisons de l'imparfait: **-ais, -ais, -ait, -ions, -iez, -aient.**

LE RADICAL DE L'IMPARFAIT

nous parlons → **parl-**   nous vendons → **vend-**
nous finissons → **finiss-**   nous avons   → **av-**

parler	se lever	être
je parlais	je me levais	j'étais
tu parlais	tu te levais	tu étais
il/elle/on parlait	il/elle/on se levait	il/elle/on était
nous parlions	nous nous levions	nous étions
vous parliez	vous vous leviez	vous étiez
ils/elles parlaient	ils/elles se levaient	ils/elles étaient

Notez la formation irrégulière du radical du verbe **être: ét-.**

---

[8]Dans le Chapitre 14, vous allez apprendre la *narration* au passé, qui utilise trois temps du passé: l'*imparfait*, le *passé composé* et le *plus-que-parfait*.
°*autrefois* = avant, pendant son enfance

Nous **aimions** bien pique-niquer pendant le week-end.
Hier à dix heures je **t'attendais** sur la place.
Habitiez-vous en banlieue avant de déménager?
En 1975, j'**avais** un petit appartement à Lyon, il **était** rue Sébastien.
Autrefois, elles **ne s'écrivaient pas** souvent.

Notez que les formes interrogative et négative, et la place des pronoms objets, suivent les mêmes règles qu'au temps présent.

Prononcez bien!

Les terminaisons **-ais, -ait** et **-aient** ont la même prononciation: [ɛ].
Faites attention aux formes **nous** et **vous** de l'imparfait si le radical se termine en **-i** (**étudier**: étudi-; **oublier**: oubli-).

nous étudiions	nous oubliions
vous étudiiez	vous oubliiez

La prononciation du groupe **-ii-** est prolongée, en général: [iː].
Comparez avec le temps présent: nous étudions, vous oubliez.
Notez les formes de l'imparfait des verbes en **-ger** (**manger**) et en **-cer** (**commencer**). Prononcez:

manger	**commencer**
je mangeais	je commençais
tu mangeais	tu commençais
il/elle/on mangeait	il/elle/on commençait
nous mangions	nous commencions
vous mangiez	vous commenciez
ils/elles mangeaient	ils/elles commençaient

C. L'emploi de l'imparfait

On utilise l'imparfait:

1. dans une description au passé, pour situer la scène de l'action:

C'**était** une nuit tranquille.
Dehors,° il **pleuvait** et **faisait**
froid. Dans la salle de séjour,
Mme Cartier **lisait** son journal,
M. Cartier **regardait** la télévision
et Achille, le petit chat, **dormait**.

°*dehors* = à l'extérieur

2. pour décrire des actions répétées ou habituelles au passé:

> Quand j'**étais** jeune, j'**allais** chez mes grands-parents tous les dimanches. Nous **faisions** de belles promenades dans le quartier de la place Kléber.

3. pour décrire un sentiment ou un état mental au passé:

> Caroline **était** très heureuse; elle **avait** envie de chanter. Il lui semblait° que tout **allait** bien, et qu'elle **pouvait** tout réussir.

4. pour exprimer l'heure au passé ou l'âge d'un individu:

> Il **était** cinq heures du matin. C'**était** son anniversaire. Il **avait** dix-huit ans.

5. pour décrire une action ou une situation interrompue par une nouvelle action qui est généralement au passé composé:

> Jean **prenait** un bain quand le téléphone a sonné (quand il a entendu le téléphone).

A la lettre

A. Une ville de Bourgogne. L'été dernier à Dijon, vous sortiez régulièrement avec des ami(e)s. Décrivez vos activités à l'imparfait.

MODÈLE: dîner ensemble → Nous dînions ensemble.

°*il (impersonnel) lui semblait que* = elle pensait que, elle croyait que

1. jouer aux cartes au café 2. aller au parc 3. faire des promenades sur le quai 4. visiter la Vieille Ville 5. se promener aux environs de la ville

B. **Activités d'été.** Faites les substitutions indiquées.

1. Qui avait une moto? *J'en avais une.* (Marie-Thérèse, nous, tu)
2. Qui se baignait dans la piscine? *Monique s'y baignait.* (je, elles, vous)
3. Qui était en voyage en province? *Nous y étions en voyage.* (Henri et Marc, tu, on)
4. Qui lisait des bandes dessinées?[9] *Patrice en lisait.* (nous, ils, je)

C. **Un jour dans la vie des Dufour.** Vous allez voir pourquoi la famille Dufour a décidé finalement de quitter la grande ville. Utilisez l'imparfait dans la description suivante.

MODÈLE: les Dufour / habiter en banlieue →
      Les Dufour habitaient en banlieue.

1. le matin / Mme Dufour / se lever à cinq heures pour aller au travail
2. M. Dufour / préparer le petit déjeuner
3. il / manger avec ses deux fils et sa fille
4. M. Dufour et ses enfants / prendre le bus
5. son fils Paul / être mécanicien en ville
6. sa jeune fille / aller à l'école
7. Paul / faire les courses après son travail
8. ils / dîner devant la télé sans se parler

A votre tour

Une interview. Avec un(e) ami(e), parlez des choses que vous faisiez régulièrement quand vous étiez à l'école secondaire. Utilisez l'*imparfait*, et des pronoms objets quand c'est possible.

Questions suggérées:
1. Où habitais-tu à ce moment-là?
2. Est-ce que ta sœur ou ton frère allaient à la même école?
3. Qu'est-ce que tu devais faire tous les jours?
4. A quelle heure est-ce que tu te levais? Comment allais-tu en cours?
5. Quel était ton cours préféré? Quel était ton cours le plus facile? le plus difficile?
6. Comment est-ce que tu t'amusais? Qui voyais-tu pendant le week-end? Quand sortais-tu? Avec qui? Où allais-tu en général?
7. Est-ce que tu faisais du sport?
8. Est-ce que tu t'ennuyais parfois? A quelles occasions?
9. Est-ce que tu aimais ton genre de vie à ce moment-là?

---

[9]*Les bandes dessinées* sont, par exemple, *Peanuts, Garfield, Astérix, Tintin...*

Animation

• Dialogue

**Ne bronzez°
plus idiot!**

Trois étudiants de l'Université de Caen, en Normandie, discutent de leurs projets de vacances.

MARTIAL: Où vas-tu passer tes vacances, Romain?

ROMAIN: Oh, *la plupart du temps*, mes parents vont chez leurs cousins basques, alors, moi aussi j'y vais.

GABRIELLE: Tu n'as pas envie, *de temps en temps*, de faire quelque chose de nouveau?

ROMAIN: Si, mais *en règle générale*, les voyages à l'étranger, c'est trop cher.

GABRIELLE: Mais *quelquefois*, tu sais, on peut se dépayser° chez soi!

MARTIAL: Regarde: *d'habitude*, je fais du camping en Europe, mais cette année, je reste en Normandie pour faire un stage «tennis et informatique».

GABRIELLE: *Pour une fois*, moi aussi, je reste à Caen: je vais suivre un stage de cinéma.

ROMAIN: Mais qu'est-ce que c'est que cette folie des stages?

MARTIAL: Les vacances, ça veut *généralement* dire «bronzer jusqu'à en devenir idiot». *Parfois*, il y a mieux à faire. En fait, maintenant, la mode c'est de «bronzer culturel»!

**Comment
exprimer la
généralité et
l'exception**

Voici des expressions qui décrivent une *règle générale:*	Voici des expressions qui décrivent une *exception à la règle:*
en règle générale	de temps en temps
généralement	quelquefois
d'habitude	parfois
la plupart du temps	pour une fois

Réagissez!

A. Avec des camarades, répondez à ces questions. Utilisez les expressions présentées ci-dessus.

°*bronzer* = prendre le soleil, brunir au soleil
se dépayser = changer de lieu, voir du nouveau

MODÈLE: A: Tu vas souvent au cinéma?
  B: En général, oui! (En général, non...)

1. Tu sors le soir? 2. Tu travailles beaucoup? 3. Tu lis beaucoup?
4. Tu vois souvent tes amis? 5. Tu fais souvent du sport? 6. Tu aimes tes cours? 7. Tu as de bonnes notes dans tes cours? 8. Tu regardes la télé, le soir?

B. Que faites-vous en général, pendant les vacances? Changez-vous parfois d'emploi du temps? Posez des questions à vos camarades. Utilisez les expressions que vous avez apprises.

MODÈLE: A: Tu nages beaucoup pendant les vacances?
  B: En règle générale, je nage tous les jours. Mais quelquefois, je fais du tennis à la place.

• Lecture

Le Club Med Les voyages organisés existent sous une multitude de formes. Quand Gérard Blitz et Gilbert Trigano ont eu l'idée d'«organiser» les vacances, ils ont créé les Clubs Méditerranée. Les premiers se situaient dans le sud de la France, comme leur nom l'indique. Soleil et loisirs: voilà la formule. Vous donnez votre argent, le Club fait le reste.

Il existe des Clubs Méditerranée dans le monde entier. Un de ces clubs, proche des États-Unis, attire° la clientèle française et américaine: il se trouve à la Guadeloupe. Imaginons une journée typique au Club.

Près de la plage, les palmes des cocotiers° se balancent. La matinée a passé très vite. Les «gentils membres» (c'est leur nom!) ont nagé, ils ont fait du bateau, ils ont fait du ski nautique ou bien ils ont joué au tennis. Ensuite, pour le déjeuner ils ont trouvé sur la terrasse de l'hôtel un énorme buffet avec pain et vin «à volonté».°

Maintenant, les vacanciers font la sieste.° Hier soir, ils ont dansé très tard et la nuit a été courte. Pas de temps à perdre au Club! Le temps des vacances ne dure qu'une ou deux semaines.

Pour les Français en vacances ici, le changement est grand. La Guadeloupe c'est encore la France, mais à 10 000 kilomètres de la Métropole,° tout près de l'Amérique. Pour les Américains, c'est la France, mais à leur porte! Avant de venir, ils ont pratiqué leur français. Les Français essaient leur anglais. Pour tout le monde, l'évasion° est garantie: voilà l'idée géniale des Clubs. Du soleil, la mer, des activités et des sports à

°*attirer* = faire venir
le cocotier = l'arbre tropical qui donne la noix de coco
à volonté = sans limite
faire la sieste = dormir l'après-midi
la Métropole = la France européenne
l'évasion = le changement, la distraction

la carte. Maintenant, amusez-vous! Au Club, même l'argent n'existe plus. Des boules de collier[10] servent à payer l'eau Perrier ou le Dubonnet!

Comprenez-vous?

Répondez selon le texte aux questions suivantes.

1. Pourquoi Gérard Blitz et Gilbert Trigano ont-ils appelé leurs centres de vacances «Club Méditerranée»? 2. Que fait-on dans un Club? 3. Quels sont les éléments qui font le succès des Clubs Med? 4. Qu'est-ce que les vacanciers utilisent à la place de l'argent?

Et vous?

1. Avez-vous jamais participé à un voyage organisé? Où êtes-vous allé(e)? Avec qui? Avez-vous aimé ce voyage? Pourquoi?
2. Est-ce que vous avez jamais passé vos vacances dans un Club Med? Sinon, est-ce qu'un de vos amis ou un de vos parents y a passé ses vacances? Racontez au passé composé vos (ou ses) expériences.

• Activités

A. Le week-end dernier. L'avez-vous passé chez vous ou ailleurs? Décrivez votre week-end au *passé composé*. Utilisez des verbes conjugués avec **avoir** et avec **être**.

Maintenant, décrivez un week-end typique de l'été dernier, ou bien un week-end typique de votre enfance. Cette fois utilisez uniquement l'*imparfait*.

B. Un séjour à l'étranger—plaisirs et problèmes. Avec un(e) ami(e), vous allez faire un voyage en France au mois de juin. Choisissez un des sujets suivants. Écrivez une lettre ou faites une présentation devant la classe.

Préparatifs de départ. Écrivez une lettre à l'Hôtel des Marronniers, Paris, pour réserver une chambre. Vous voulez rester quatre jours à l'hôtel. *Commencez par:* Monsieur, Je vais arriver dans votre ville le...

Problèmes de touristes. Vous avez écrit à l'Hôtel Thibaud pour réserver une chambre à deux lits. Ils ont répondu qu'ils vous réservaient une chambre pour deux avec salle de bains, au prix de deux cents francs par jour, petit déjeuner compris. Mais à votre arrivée, ils n'ont qu'une petite chambre à un lit, sans bain, qui sent la fumée de cigarette et qui coûte cent vingt francs, petit déjeuner compris. Jouez les rôles du (de la) touriste et du (de la) propriétaire de l'hôtel. *Commencez par:* Bonjour, Monsieur (Madame). Je m'appelle... Je vous ai écrit pour réserver...

---

[10]Les *boules de collier* sont comme des petites perles.

Plaisirs de voyage. Vous passez des vacances formidables en France!
Écrivez une carte postale ou une lettre à vos amis. (Utilisez le *présent* et
le *passé composé.*)

Difficultés de voyage. Vers la fin de votre séjour à l'étranger, vous n'avez
plus d'argent. Envoyez une lettre ou un télégramme pour demander de
l'argent à vos parents. Expliquez pourquoi vous êtes à court d'argent.

Mots à retenir

Verbes	bricoler	mourir	retourner
	se comporter	nager	serrer la main (à)
	emmener	naître	se terminer
	entrer (dans)	s'occuper de	tomber
	faire du bricolage	se passer	tomber amoureux
	faire un stage (de…)	rentrer	(-euse) (de)
	se mettre à		

Noms	l'atelier (*m.*)	le jeu (de *hasard,	la photographie,
	le camping	de société)	la photo
	la chanson (de variété)	le lac	la pièce (de théâtre)
	la colonie de vacances	la loterie	la randonnée
	l'embouteillage (*m.*)	la mer	le spectacle
	la forêt	le passe-temps	un tas de + *nom pl.*
	le jardinage	la peinture	

Adjectifs	pressé(e)	silencieux (-euse)	

Expressions adverbiales	à l'étranger	dehors	en réalité
	ailleurs	de/en plein air	en règle générale
	autrefois	de temps en temps	pour une fois
	d'habitude		

Prépositions	en plus de	pendant	

Chapitre 14

Souvenirs du passé

C'est en 1876 que la municipalité de Paris a ouvert la souscription publique pour offrir un cadeau exceptionnel aux États-Unis et aussi pour commémorer le centenaire de la Déclaration de l'Indépendance. Et c'est Frédéric-Auguste Bartholdi, le plus grand sculpteur de l'époque, qui a alors été choisi pour représenter «La Liberté éclairant le monde», une statue colossale de 46 mètres de haut. Elle a été inaugurée en 1886, et sa torche (à 93 mètres[1]) sert toujours de° phare° au port de New York aujourd'hui!

D'après ce texte...

1. Où la statue a-t-elle été construite?
2. Qui a créé la «Liberté»?
3. Pourquoi les Français ont-ils voulu offrir ce cadeau aux États-Unis?
4. Avez-vous visité la statue de la Liberté? Racontez un peu les circonstances de votre visite.

Et vous?

1. Est-ce que vous avez jamais reçu un cadeau exceptionnel ou mémorable? Quel cadeau? Qui vous l'a donné? Dans quelles circonstances l'avez-vous reçu?
2. Quel est le meilleur (ou le pire!) souvenir° de l'année dernière? de votre vie?

*E*ntrée en scène

Un siècle   *Événements du vingtième siècle*

1898: Découverte du radium
1903: Premier avion à moteur
1914: Début de la première guerre mondiale (la «Grande Guerre»)
1917: La Révolution russe
1918: Armistice (fin de la première guerre)
1920: Premières émissions radiophoniques
1929: Début de la crise économique mondiale
1933: Prise du pouvoir° par Hitler en Allemagne
1939: Déclaration de guerre à l'Allemagne

---

[1]C'est-à-dire que la statue + son piédestal = 93 mètres.
°*servir de* = être utilisé comme
un phare = une lampe qui guide les bateaux en mer
un souvenir = une réminiscence, une image mentale d'un moment du passé
le pouvoir = le gouvernement d'un pays

1940: Invasion allemande, Occupation de la France
1944: Libération de la France par les Alliés
1945: Fin de la deuxième guerre mondiale
1957: Établissement du Marché commun européen
1958: Cinquième République en France (président Charles de Gaulle)
1958–1962: La Guerre d'Algérie, indépendance des colonies françaises en Afrique
1968: Crise sociale en France; les «événements de mai»: manifestations des étudiants et des ouvriers
1970: Mort du général de Gaulle
1974: Début d'une crise économique en France
1981: Élection de François Mitterrand à la présidence de la République (nouvelle coalition socialiste)

Moments significatifs. Faites un résumé de l'histoire du vingtième siècle. Complétez les phrases suivantes avec la forme correcte d'un verbe au passé composé.

Verbes à utiliser: avoir (il y a) / avoir lieu° / commencer / découvrir (*découvert*) / devenir indépendant / devenir président / élire (*élu*) / envahir / établir / fonder / inventer / libérer / mourir / naître / occuper / se passer / prendre fin / prendre le pouvoir / se terminer…

MODÈLE: En 1903, les frères Wright ont inventé le premier avion à moteur.

1. En 1898, Pierre et Marie Curie ________.
2. La première guerre mondiale ________ en 1914. Elle ________ en 1918.
3. La Révolution russe ________ en 1917, vers la fin de la première guerre.

En août 1944, les Parisiens ont fêté la libération de leur ville par les Alliés.

____
°*avoir lieu* = prendre place, arriver, se passer

 4. La Crise économique mondiale _______ en 1929.
 5. En Allemagne, Hitler _______ en 1933.
 6. En 1940, les Allemands _______ et _______ la France.
 7. Les Alliés _______ la France en 1944.
 8. La deuxième guerre mondiale _______ en 1945.
 9. Plusieurs pays européens _______ le Marché commun en 1957.
10. En 1958, le général Charles de Gaulle _______ président de la Cinquième République.
11. La Guerre d'Algérie _______ entre 1958 et 1962.
12. Vers 1960, beaucoup de colonies françaises _______ indépendantes.
13. Les «événements de mai» _______ en 1968.
14. De Gaulle _______ en 1970.
15. Les Français _______ François Mitterrand à la présidence de la République en mai 1981.

Maintenant, avec l'aide de votre professeur et des autres étudiants, ajoutez à cette liste d'autres événements importants de notre siècle.

Un café à Paris en 1938.

Une vie contemporaine   *Moments dans la vie de Simone de Beauvoir*

1908: Naissance à Paris
1913: Entrée à l'école
1928: Études supérieures de philosophie à la Sorbonne; préparation de l'agrégation°
1929: Rencontre de Jean-Paul Sartre
1931–1936: Postes d'enseignante° au lycée (Marseille, Rouen et Paris)
1939: Mobilisation et emprisonnement de Sartre en Allemagne
1941: Retour de Sartre en France
1943: Publication de son premier roman, *L'Invitée;* Simone de Beauvoir quitte l'enseignement
1947: Premier voyage aux États-Unis
1949: *Le Deuxième Sexe* (essai sur la condition féminine)
1950: Voyages en Afrique du Nord, en Russie, aux États-Unis…
1954: Prix Goncourt° (*Les Mandarins*)
1958: *Mémoires d'une jeune fille rangée*° (premier volume des *Mémoires* de S. de Beauvoir)
1970: *La Vieillesse* (essai sur le troisième âge)
1979: Mort de Jean-Paul Sartre
1980–: Interviews, publication d'essais et de lettres

Simone de Beauvoir et Jean-Paul Sartre: deux grands philosophes existentialistes.

°*l'agrégation* = l'examen de sélection pour les postes de professeur de lycée
un(e) enseignant(e) = un professeur; cf. *enseigner, l'enseignement (m.)*
Prix Goncourt = un prix prestigieux donné chaque année au meilleur roman de langue française
rangé(e) = sage, bien élevé(e)

Une petite biographie. Avec d'autres étudiants, évoquez au passé composé certains moments de la vie de Simone de Beauvoir. Utilisez les détails donnés ci-dessus.

Verbes à utiliser: avoir / écrire (*écrit*) / emprisonner / enseigner / entrer / entrer à l'armée / faire des études / faire des voyages / se mettre à (*mis[e]*) / mourir (*mort[e]*) / naître (*né[e]*) / préparer (passer) un examen / publier / quitter / rencontrer / rentrer / retourner / travailler / trouver / terminer / voyager / recevoir (*reçu*)…

MODÈLE: Simone de Beauvoir est née à Paris en 1908. A l'âge de cinq ans, elle est entrée à l'école. Elle a fait des études supérieures de philosophie à la Sorbonne. En 1928, elle a préparé…, etc.

• # Étude de verbes: les verbes **suivre**° et **vivre**°

Étude de verbes: les verbes *suivre* et *vivre*

Au temps présent:

suivre	vivre
je suis	je vis
tu suis	tu vis
il/elle/on suit	il/elle/on vit
nous suivons	nous vivons
vous suivez	vous vivez
ils/elles suivent	ils/elles vivent
Participe passé: suivi	*Participe passé:* vécu
Comme **suivre: poursuivre**°	

suivre un cours = *assister régulièrement à un cours*

Je **suis** trois cours ce matin.
«**Suivez** cet homme!» a crié l'agent de police.
Ils **ont suivi** les conseils de leur professeur.
Elle **a poursuivi** une carrière d'écrivain.

Pendant la guerre, on **vivait** difficilement à Paris.
Il **a vécu** quatre-vingt-dix ans.

Notez que le verbe **habiter** se réfère à l'endroit où on réside. Le verbe **vivre** a un sens plus général.

°*suivre* = venir après, se conformer à
vivre = passer sa vie, habiter
poursuivre = courir après, continuer

Exercices

A. Répondez à chaque question avec les sujets donnés.

1. Qui suit le cours d'histoire européenne? *Jean* le suit. (nous, Marie, vous, tu, je, nos amies)
2. Qui vit bien à l'université? *Chantal* y vit bien. (ils, je, vous, tu, Jacques et moi, ton frère)

B. Répondez aux questions posées par votre camarade.

1. Tes copains aiment-ils te donner des conseils? Suis-tu leurs conseils? souvent? rarement? la plupart du temps? toujours? Pourquoi?
2. Quels cours suis-tu ce semestre (ce trimestre)? As-tu suivi d'autres cours de langue avant ce cours-ci?
3. Où habites-tu maintenant? As-tu toujours vécu dans cette ville? dans ce pays? dans ce type de logement? Où vivais-tu avant de venir à l'université? Pourquoi y vivais-tu? Est-ce que ta vie ressemblait à la vie que tu mènes maintenant? De quelle façon°?

Paris: le Forum, un nouveau centre commerciale et culturel; au fond, des immeubles du quartier ancien des Halles.

°*De quelle façon?* = Comment? De quelle manière?

Jeu de structures

33. L'emploi de l'imparfait et du passé composé

Paris d'avant-guerre

Chantal aime écouter sa grand-mère évoquer les souvenirs de sa jeunesse° et du Paris d'autrefois. Cet après-midi, Chantal et Mme Rolland prennent ensemble un autobus parisien.

CHANTAL: Mamie,° lorsque tu *étais* jeune, tu *payais* combien l'autobus?

MME ROLLAND: Je n'*ai* pas *oublié;* pour ce trajet,° on *donnait* cinq centimes.

CHANTAL: Oui, mais tu *gagnais* combien?

MME ROLLAND: Pas grand-chose, c'est vrai. Lorsque je *suis arrivée* de ma province en 38, j'*ai trouvé* un emploi d'ouvrière° dans une usine.° Je *gagnais* 20F par mois, je crois. J'y *suis restée* un an, ensuite j'*ai été* vendeuse dans la confection.° J'*aimais* bien la clientèle de cette boutique!

CHANTAL: A ton avis, Grand-mère, Paris *a-t-il* beaucoup *changé?*

MME ROLLAND: Oui, beaucoup. Par exemple, notre quartier, c'*était* autrefois comme un village. On y *habitait* et on *travaillait* tout près: il y *avait* des boutiques, des ateliers.... On y *voyait* des visages familiers. Maintenant, ils *ont construit* des H.L.M.,° ils *ont établi* des crèches.[2] Les rues sont désertes.

CHANTAL: Tu veux descendre près du Forum,[3] Mamie?

MME ROLLAND: Mais oui, volontiers! J'adore ce nouveau quartier!

Pour préciser   Lorsque Mme Rolland travaillait dans l'usine, elle gagnait 20F par mois. Ricky, pensez à votre premier emploi. Combien gagniez-vous? Qu'est-ce que vous faisiez?

---

[2]On s'occupe des jeunes enfants dans une *crèche.*

[3]*Le Forum des Halles* est un centre commercial ultra-moderne construit sur le site des anciennes Halles (autrefois le marché central de Paris).

°*sa jeunesse* = ses jeunes années
mamie (fam.) = Grand-mère
le trajet = la distance du voyage
une ouvrière = une travailleuse manuelle
une usine = une fabrique, un grand atelier
la confection = les vêtements de femme
H.L.M.: «habitations à loyer modéré» = de grands immeubles

—Je gagnais 15 dollars par mois! Je gardais des enfants l'après-midi.
Qu'est-ce que vous avez fait ensuite?

—J'ai été vendeur de journaux, et ensuite, employé de bureau.
Pourquoi avez-vous encore changé?

—Je commençais à m'ennuyer, je voulais reprendre mes études.
Jennifer, comment était votre quartier autrefois?

—Tranquille, comme aujourd'hui. Les gens allaient au travail le
matin et rentraient le soir.
Votre quartier a-t-il changé?

—Oui, il y a eu des changements. On a construit un centre
commercial, et beaucoup de mes amis ont déménagé.

Pour apprécier
1. Quand est-ce que la grand-mère de Chantal est arrivée à Paris?
2. Quels métiers a-t-elle eus pendant les premières années? Gagnait-elle
   beaucoup d'argent? Combien payait-on l'autobus à cette époque-là?
3. Autrefois, comment était le quartier de Chantal et de sa grand-mère?
4. Leur quartier a-t-il changé? En quoi a-t-il changé?
5. Votre vie a-t-elle changé récemment? Comment? Qu'est-ce que vous faisiez
   auparavant°?

A.   La narration au passé

En français, dans la narration au passé, on utilise le passé composé ou
l'imparfait selon la *perspective* qu'on adopte vis-à-vis de l'action décrite.

On emploie l'*imparfait* pour situer la scène au passé. L'imparfait décrit
une action ou un état qui existait quand une autre action a
commencé. L'action à l'imparfait continue au passé sans fin précise.

On emploie le *passé composé* pour indiquer qu'une action s'est passée
une fois ou un nombre spécifié de fois. Elle est considérée terminée à
un moment précis du passé.

Étudiez le texte suivant. Les actions complétées (au passé composé) sont
à gauche. Les situations qui constituent le «décor» (à l'imparfait) sont
placées plus à droite.

Hier, quand je *me suis levé,*

> il *faisait* beau, les oiseaux *chantaient,* je
> *me sentais* heureux, *j'avais* beaucoup de
> courage.

Mais, tout à coup, le ciel *s'est couvert.*°

°*auparavant* = avant, autrefois
se couvrir = devenir obscur

Il *a commencé* à pleuvoir.
A ce moment-là, j'*ai perdu* tout mon courage.
Je *me suis recouché.*

> Il me *semblait* que rien ne *pouvait*
> changer.

Je *suis resté* au lit toute la journée.
Finalement, Micheline *a téléphoné* parce que

> les copains m'*attendaient.* On *allait voir*
> un film à huit heures.

Lorsqu'ils *se sont présentés* à ma porte,

> j'*étais* déjà prêt.

B.　Action habituelle ou action précise?

Une action continue, répétée ou habituelle au passé est exprimée à
l'imparfait. Une action terminée à un moment donné ou une action répétée
un nombre spécifié de fois est exprimée au passé composé. Comparez les
phrases suivantes.

> Quand je **vivais** en France, je **visitais** les musées le samedi. (*action
> continue*)
>
> J'**ai visité** le Louvre trois fois. (*nombre spécifié de fois*)
>
> Ma famille **allait** en France tous les ans. (*action répétée une fois par
> an*)
>
> L'été dernier, je **suis allée** en France. (*action terminée*)
>
> Le dimanche, nous **dormions** toujours tard. (*action habituelle = une
> habitude*)
>
> Samedi dernier, nous **avons dormi** tard. (*exception = une fois*)

Voici des expressions qui accompagnent souvent l'*imparfait:* **souvent,
toujours, d'habitude, tous les ans (tous les jours...), le lundi (le mardi...).**
Voici des expressions qui accompagnent souvent le *passé composé:*
**soudain, tout à coup, un jour, jeudi soir (dimanche matin...), ce jour-là
(ce soir-là...).**

C.　Action ou description interrompues

L'imparfait s'utilise pour décrire l'état ou l'action qui se passaient lorsqu'une
autre action a eu lieu. Le passé composé «interrompt» l'action à l'imparfait.

Il **allait** sortir lorsque la police **est arrivée.**
Elle **était** en train de° chanter quand les voisins **ont protesté.**
Je **descendais** l'escalier quand j'**ai rencontré** Monique.
Il **pleuvait** déjà quand nous **sommes sortis.**

D.   Usage spécifique de certains verbes

1. A l'imparfait, les verbes **avoir, être, pouvoir, vouloir** et **devoir** sont souvent des verbes de description ou d'état mental.

   Michel **était** beau. Il **avait** les yeux bleus.
   Nous **devions** toujours partir avant minuit.
   Je **voulais** boire du café, mais je ne **pouvais** pas en avoir.

   Au *passé composé*, ces verbes indiquent un changement d'état ou une action soudaine à un moment précis.

   Il **a eu** faim quand il a vu le gâteau.
   Nous **avons eu** peur° en présence du criminel.
   J'**ai été** furieux de le voir avec ma bonne amie.
   Je n'**ai** pas **pu** terminer mes devoirs. (= *je n'ai pas réussi à*)
   Elle n'**a** pas **voulu** manger ses carottes. (= *elle a refusé de*)

2. Les constructions **aller** + *infinitif* (*futur proche*) et **venir de** + *infinitif* (*passé récent*) au passé sont toujours à l'imparfait.

   Nous **allions sortir** quand il a commencé à pleuvoir.
   Quand j'ai rencontré Jean, il **venait de descendre** de l'avion.

A la lettre

A. Changement d'habitudes. Marc Dufort était satisfait de sa vie. Mais un jour, il a changé ses habitudes. Suivez le modèle.

   MODÈLE: le samedi / se promener à la campagne →
            Le samedi, Marc se promenait à la campagne.
            ce samedi-là / aller danser →
            Mais ce samedi-là, il est allé danser.

1. souvent / aller au musée
   un jour / aller au cinéma
2. parfois / regarder des matchs de football à la télé
   ce jour-là / aller voir un match au stade
3. d'habitude le dimanche / passer la journée en famille
   dimanche dernier / inviter Maryse à dîner dans un restaurant

---

°*en train de* + *inf.* (marque la durée) = *occupé(e) à* + *inf.*
avoir peur = être terrifié(e)

 4. chaque été / aller à la plage
    l'été dernier / faire de l'alpinisme
 5. le soir / étudier des équations mathématiques
    hier soir / jouer au poker

B. Une soirée mouvementée.° Annie était chez elle hier soir. Elle avait des choses à faire, mais il y a eu toutes sortes d'interruptions. Suivez le modèle.

MODÈLE: étudier / le français... téléphone / sonner →
          Annie étudiait le français quand (lorsque) le téléphone a sonné.

 1. attendre / copain... ses parents / arriver
 2. aller sortir... quelqu'un / sonner à la porte
 3. écouter / disque... les voisins / se mettre à faire / bruit
 4. lire / journal... la propriétaire / venir demander / argent du loyer
 5. être en train de regarder / télé... sa camarade / mettre / radio

C. Séjour à Nanterre. L'an dernier, Mark a étudié à Nanterre dans la banlieue parisienne. Mettez les verbes indiqués au passé (*passé composé* ou *imparfait*).

Je (*avoir*) l'intention de passer un an à Grenoble, mais je (*finir*) par choisir Nanterre. Aujourd'hui, je suis content de ma décision. Comment est-ce que je (*passer*) mon année?

A Nanterre, je (*avoir*) cours le matin de huit à onze heures. Donc, je (*se lever*) toujours assez tôt. En général, l'après-midi, je (*étudier*) à la bibliothèque universitaire. Chaque dimanche, nous (*avoir*) des réunions. Le jeudi, je (*perfectionner*) mon français avec un groupe d'étudiants. De temps en temps, je (*manger*) chez les Legallois.

En octobre, nous (*faire*) une excursion aux châteaux de la Loire. A Noël, je (*aller voir*) des amis à Marseille. En février, je (*aller*) faire du ski dans les Alpes. Finalement, un jour de mai, je (*devoir*) quitter Nanterre.

D. Une fête de banlieue. Lisez le dialogue suivant et mettez les verbes indiqués au passé (*passé composé* ou *imparfait*).

PIERRETTE: Devine ce que je (*faire*) hier soir!
  MICHEL: Tu (*avoir*) des billets pour le concert, n'est-ce pas? Tu (*ne pas y aller*)?
PIERRETTE: Non, à la dernière minute, on (*décider*) d'aller à la fête foraine° de Saint-Denis.
  MICHEL: Tu veux dire la fête qu'ils (*installer*) hier? Quand je (*être*) jeune, nous (*aller*) chaque été.

°*mouvementé(e)* = plein(e) d'incidents, animé(e)
une fête foraine = un parc d'attractions, une foire

> PIERRETTE: Nous (*s'amuser*) vraiment bien! Il (*faire*) chaud. Les frites, les crêpes et la barbe à papa° (*être*) délicieuses! Tout (*ressembler*) aux fêtes de mon enfance.
>
> MICHEL: Est-ce que tu (*gagner*) aux jeux?
>
> PIERRETTE: Non. Mais on (*faire*) des autos tamponneuses,° au moins cinq fois!

A votre tour

A. Vous êtes journaliste. Interviewez un(e) camarade—qui est maintenant célèbre—sur sa vie passée. Il/Elle va raconter sa propre vie, ou bien il/elle peut imaginer la vie d'un personnage différent ou imaginaire, d'une vedette de télé ou de cinéma, d'un personnage de roman, etc. Posez des questions au passé composé et à l'imparfait. Après l'interview, écrivez-en un résumé ou un petit dialogue.

Questions suggérées:
1. Où et quand êtes-vous né(e)? Où avez-vous grandi?
2. Que faisaient vos parents? Avez-vous des frères ou des sœurs?
3. Avez-vous fait des études? Quand les avez-vous commencées?
4. L'après-midi, qu'est-ce que vous aimiez faire avec vos camarades? Qui était votre meilleur(e) ami(e)? Décrivez-le/la.
5. Quand avez-vous quitté la maison de vos parents? Pour quelle raison?
6. Quelle(s) profession(s) avez-vous exercée(s)? (*J'ai été…*) Pourquoi avez-vous quitté cet (ces) emploi(s)?
7. Quel a été pour vous l'événement le plus important des cinq dernières années? (rencontre, changement, voyage, déplacement, emploi…)

B. Une rencontre importante. Racontez en un paragraphe comment vous avez fait la connaissance d'un bon ami/une bonne amie. Utilisez les temps du passé et des verbes réciproques, quand c'est possible.

> MODÈLE: Nous nous sommes rencontrés pour la première fois dans un cours de géographie à l'école secondaire. Moi, je me mettais toujours à côté de la porte, tout près du tableau noir. Le cours était assez ennuyeux. Pourtant, un jour…

C. Une autobiographie. Imaginez que nous sommes en l'an 2030. Vous avez déjà 65 ans. Qu'est-ce que vous avez fait pendant votre vie? Écrivez votre autobiographie au passé. Présentez-la à la classe.

°*la barbe à papa* = de la mousse de sucre vendue dans les fêtes foraines
les autos tamponneuses = les petites voitures électriques

34. Le plus-que-parfait

Un homme prévoyant°

M. Métayer a un collègue, M. Dubaron, qui est plus fortuné que lui. M. Dubaron semble toujours être un peu en avance sur M. Métayer. C'est M. Métayer qui parle:

«En 1960, je venais de terminer mes études. J'étais sans argent. Je n'*avais* pas encore *pu* acheter de vélo.° M. Dubaron, lui, *avait acheté* une bicyclette à cinq vitesses.

«En 1970, j'ai enfin acheté un vélo. Mais M. Dubaron, lui, *s'était* déjà *procuré* une voiture.

«En octobre 1980, je suis devenu sous-chef de bureau. J'ai acheté un vélomoteur°... mais lui *avait acheté* une Rolls-Royce quelques semaines avant.

«L'année dernière, j'ai finalement acheté une voiture. Lui, il a acheté une nouvelle bicyclette.»

Pour préciser

Lorsque M. Métayer a acheté une voiture, M. Dubaron en avait déjà acheté une. Nancy, vous avez une sœur aînée,° n'est-ce pas? Aimiez-vous faire de la bicyclette ensemble?

—Oui, mais quand j'ai acheté ma première bicyclette, elle avait déjà acheté un vélomoteur.

Votre sœur et vous, est-ce que vous êtes allées à la même école?

—Oui, mais Marie avait commencé avant moi.

Êtes-vous parties dans la même colonie de vacances?

—Oui, mais elle y était allée avant moi.

Vous et votre sœur, portiez-vous parfois les mêmes vêtements?

—Oui, mais c'étaient des vêtements que Marie avait déjà portés!

La semaine dernière, avez-vous invité vos amis à la maison?

—Oui, mais Marie les avait déjà invités.

Jonathan, êtes-vous arrivé en retard aujourd'hui?

—Oui, quand je suis entré dans la salle, le cours avait déjà commencé.

Pour apprécier

1. M. Dubaron a acheté une bicyclette l'année dernière. Qu'est-ce qu'il avait acheté en 1960? en 1970? en 1980?
2. Quand est-ce que M. Métayer a pu acheter un vélomoteur?
3. Qu'est-ce que M. Métayer a acheté cette année? et M. Dubaron?
4. M. Dubaron est-il un homme prévoyant? Pourquoi? Qu'est-ce qu'il a compris?
5. A votre avis, qu'est-ce que M. Métayer va faire maintenant? Pourquoi?

°*prévoyant* = prudent, qui prévoit
un vélo (fam.) = une bicyclette
un vélomoteur = une petite motocyclette
aîné(e) = plus âgé(e)

Le plus-que-parfait est «le passé du passé». Il indique une action *antérieure* à une autre action décrite au passé.

Micheline m'a demandé si j'**avais fini** le livre.

A.   La formation du plus-que-parfait

Pour former le plus-que-parfait, mettez l'imparfait de l'auxiliaire **avoir** ou **être** devant le participe passé du verbe. Notez l'accord du participe passé des verbes conjugués avec **être.**

Au plus-que-parfait:

parler	sortir
j'avais parlé	j'étais sorti(e)
tu avais parlé	tu étais sorti(e)
il/elle/on avait parlé	il/elle/on était sorti(e)
nous avions parlé	nous étions sorti(e)s
vous aviez parlé	vous étiez sorti(e)(s)
ils/elles avaient parlé	ils/elles étaient sorti(e)s

se réveiller
je m'étais réveillé(e)
tu t'étais réveillé(e)
il/elle/on s'était réveillé(e)
nous nous étions réveillé(e)s
vous vous étiez réveillé(e)(s)
ils/elles s'étaient réveillé(e)s

B.   L'emploi du plus-que-parfait

L'action au plus-que-parfait précède dans le temps une autre action au passé. Le plus-que-parfait se voit utilisé avec les conjonctions **quand** ou **lorsque,** ou avec la préposition **avant** + *nom* ou **avant de** + *infinitif.*

Quand j'ai parlé avec les Gervais, ils **avaient** déjà **pris** leur décision.
Lorsque nous avons téléphoné, Marie **s'était** déjà **couchée.**
Nous **avions** tout **préparé** avant son arrivée.
Il m'**avait écrit** avant de partir.[4]

---

[4]Dans une phrase au passé qui rapporte les propos d'une autre personne, *le passé composé devient le plus-que-parfait:* Il dit que Marie **est arrivée.** → Il a dit que Marie **était arrivée.**

A la lettre

A. Une arrivée retardée. Faites les substitutions suivantes.

Quand Thérèse est arrivée...

1. *j'*avais déjà dîné. (Germain et Philippe, tu, nous)
2. *nous* avions déjà préparé le dessert. (je, les copains, on)
3. *vous* vous étiez déjà couchés. (nous, elles, Gérard)
4. *tu* étais déjà parti. (les Gervais, vous, Pauline)

B. Une excursion. Mettez le verbe entre parenthèses au plus-que-parfait.

1. Jean-Pierre (étudier) la carte avant de quitter la maison, mais il s'est quand même perdu.
2. Nous (manger) avant de partir, mais au bout d'une heure nous avions faim.
3. Quand je suis arrivée au camp, mes amis (repartir) déjà.
4. Comme ils (ne pas emporter) de pique-nique, ils se sont arrêtés dans une auberge pour déjeuner.
5. Lorsque Mireille et Carine (se reposer) un peu, elles ont repris leur route.
6. Micheline nous a raconté qu'elle (aller) en ville cet après-midi-là et qu'elle y (voir) une pièce de théâtre.

A votre tour

Une vie. Complétez l'histoire d'une personne imaginaire qui est toujours un peu en retard. Utilisez le *plus-que-parfait* et l'adverbe **déjà** dans chaque fin de phrase.

Ce matin,

1. quand je me suis levé(e), mon/ma camarade de chambre ________.
2. quand je prenais le petit déjeuner, les autres étudiants ________.
3. quand j'ai quitté la maison, l'autobus ________.
4. quand je suis arrivé(e), mes amis ________.

Dans ma vie,

1. quand j'ai terminé mes études, mes camarades ________.
2. quand j'ai acheté ma première voiture, ma sœur/mon frère ________.
3. quand j'ai eu mon premier poste, mon/mes collègue(s) ________.
4. quand je me suis marié(e), mon copain/ma copine ________.

Sur le même modèle, faites d'autres phrases pour décrire des incidents de votre propre vie.

Animation

• Dialogue

Sur la piste° de nos ancêtres

Sylvain étudie l'arbre généalogique que son grand-père est en train de préparer.

SYLVAIN: Alors, voici mes ancêtres! Comment as-tu fait pour retrouver leur piste?

GRAND-PÈRE: *Eh bien, voyons....* On m'a dit que M. Delon était boucher, et comme au dix-neuvième siècle, les autorités inscrivaient les professions sur les listes électorales...

SYLVAIN: Et la famille Gabin?

GRAND-PÈRE: Eux, c'étaient des Français qui avaient émigré en Amérique au dix-huitième siècle. *Je crois que* je les ai retrouvés dans les registres de débarquement.°

SYLVAIN: *Je me demande où* tu as retrouvé la trace de ce M. Dalcourt.

GRAND-PÈRE: Heu... le mousquetaire? Dans un registre militaire de 1750!

SYLVAIN: Mais, et ce Gérard Andrau? Il n'avait pas de profession!

GRAND-PÈRE: *Attends voir...* lui... *je ne sais plus très bien où* je l'ai trouvé.... Ah si! Il était toujours malade, alors j'ai cherché dans un registre d'hôpital.

SYLVAIN: Et Pierre Cassel, qui vivait à Lille en 1350?

GRAND-PÈRE: *Il me semble que* je l'ai découvert dans un registre de la bourgeoisie° de la ville de Lille. C'était un bourgeois très actif dans sa corporation.°

SYLVAIN: Quelle recherche, Grand-père!

GRAND-PÈRE: Je sais, mais j'éprouve° un tel plaisir à reconstituer ainsi° nos racines°!

°*la piste* = la trace, le chemin
les registres de débarquement = les listes d'immigrés qui venaient de quitter leur bateau
la bourgeoisie = au moyen âge, des citoyens privilégiés d'une ville
une corporation = une association d'artisans
éprouver = sentir
ainsi = de cette façon
les racines = les origines, les parties souterraines d'une plante

Comment exprimer l'hésitation, comment atténuer° une déclaration

Certaines expressions en début de phrase donnent le temps de réfléchir:

> Voyons… *ou* Voyons voir…
> Attends (Attendez)… *ou* Attends (Attendez) voir…
> Heu…

On peut aussi utiliser des verbes qui atténuent une remarque:

> Il me semble que…
> Je crois que…

et des verbes qui atténuent une question directe:

> Je me demande si/où/quand/pourquoi/ce que…
> Je ne sais plus très bien si/où/quand/pourquoi/ce que…

Réagissez!

A. Avec des camarades, réagissez devant ces images. Complétez la légende de chaque image par des expressions d'hésitation appropriées.

«________
________…»

«________ que c'est le portrait d'un ami de l'artiste.»

«________ ce que c'est…»

B. Décrivez vaguement un objet familier à vos camarades, selon le modèle. Ils/Elles essaient de deviner son nom en utilisant des expressions d'hésitation ou d'atténuation. (Donnez-leur la réponse correcte après trois essais.)

MODÈLE: A: C'est quelque chose de vert… et je n'en ai jamais assez!
B: Voyons… je crois que c'est sans doute un dollar… un billet de banque!

°*atténuer* = diminuer la force

• Lecture

Souvenirs franglais

La France et l'Angleterre ont un ancêtre commun: le vaillant Guillaume le Conquérant, duc de Normandie, qui est devenu roi d'Angleterre en 1066 après la bataille de Hastings. C'est grâce à lui que nos langues se ressemblent, que presque la moitié° du vocabulaire anglais moderne est dérivé du français. L'Angleterre a en effet parlé français pendant trois siècles après la victoire de Guillaume. C'était la langue officielle qu'on a utilisée à la cour royale, dans les écoles et dans les affaires publiques anglaises jusqu'au quatorzième siècle, et dans les cours de justice jusqu'en 1731!

La langue américaine et la langue française conservent bien ce souvenir de l'histoire. Il y a aux États-Unis dix-huit villes nommées Paris. Le Minnesota seul compte jusqu'à 180 noms géographiques français—St-Croix, St-Cloud, Mille Lacs.... C'est au dix-septième siècle que les trappeurs français ont donné des noms à certains aspects du paysage° américain: ses *rapides* et leurs *saults*, sa *prairie* et ses *bayous*. Ils ont donné des noms français—*Hurons, Nez-Percés*—à certains peuples indigènes. Au dix-huitième siècle, avec le développement du commerce, des noms d'origine française—*cents* et *dimes*—ont été donnés à la monnaie. Au dix-neuvième siècle, on se promenait en *carriole* et les *charades* étaient alors à la mode. Aujourd'hui, au restaurant, choisissez-vous parfois le *menu à la carte?* Si vous faites du ballet, faites-vous des *arabesques*, des *jetés-pliés?* Êtes-vous un artiste, faites-vous partie d'une *avant-garde* qui joue avec le *trompe-l'œil*, le *collage* ou le *papier-mâché?* Ou encore, pratiquez-vous le *tennis?* Comme le sport et son nom,[5] l'expression «love» est d'origine française... *l'œuf* a la forme d'un zéro, naturellement.

La langue française emprunte aussi beaucoup aux cultures anglaise et américaine. Même avant l'arrivée du cinéma américain, le français avait déjà adopté *iceberg* et *reporter, jockey* et *wagon*. Si les jeunes Français portent des *jeans* faits en toile bleue «de Nîmes»,[6] ils mangent aussi *sandwichs* et *biftecks, hamburgers* et *rosbif*. Ils parlent de *football* et de *breakdance*, ils regardent à la télé une *speakerine* annoncer un *western* ou *l'interview* d'une *star* ou d'un *leader* politique. Tant d'histoire, tant de souvenirs inscrits dans nos deux langues! Mais maintenant en France, l'Académie française[7] essaie de contrôler l'extension future du «franglais». Cette société d'écrivains illustres vient récemment de déclarer qu'un *walkman* devait maintenant s'appeler un «baladeur», un *drive-in* un «cinéparc» et un *designer*... un «stylicien»! Et vous, comment allez-vous rebaptiser *finesse, Bourbon* et *RSVP?*

---

[5]Le terme *tennis* vient du français, «Tenez!»

[6]«denim»; La ville de Nîmes d'où venait ce tissu se trouve dans le sud de la France en Provence.

[7]*L'Académie française* est l'organisme officiel qui surveille l'usage de la langue française.

°*la moitié* = 50 pour cent

un paysage = la vue d'une région

Comprenez-vous?

Complétez les phrases suivantes pour retrouver le sens du texte.

1. Le français et l'anglais sont deux langues qui se ressemblent parce que…
2. Il y a beaucoup de noms géographiques français aux États-Unis parce que…
3. L'anglais utilise beaucoup de termes français dans les domaines de…
4. L'Académie française essaie de limiter…

Et vous?

1. Relisez la lecture. S'il y a des expressions anglaises d'origine française que vous ne comprenez pas—**saults, bayous, Hurons, Nez-Percés, carriole, trompe-l'œil**—cherchez-les dans un bon dictionnaire anglais.
2. Avec votre professeur et d'autres étudiants, cherchez des mots d'origine anglaise ou américaine dans un périodique français récent (journal ou revue). Ensuite, cherchez des expressions d'origine française dans un périodique américain. Quelles expressions françaises est-ce que vous utilisez vous-même assez souvent?

Au temps de l'Occupation allemande, pendant la deuxième guerre mondiale, il y avait des imprimeries clandestines qui travaillaient pour la Résistance française.

• Activités

A. Témoin° d'un siècle. Simone de Beauvoir a vu et a décrit les événements de son époque. Consultez encore une fois sa biographie à la page 346 et la série d'événements historiques des pages 343–344. Posez plusieurs questions à un(e) camarade selon les modèles suivants.

MODÈLES: A: Quel âge est-ce que Simone de Beauvoir avait au début de (au moment de, à la fin de...) la première guerre?
B: Elle avait six ans au début de la première guerre.
A: Que faisait-elle quand Hitler a pris le pouvoir en Allemagne?
B: Elle enseignait au lycée de Rouen quand Hitler a pris le pouvoir en Allemagne.

Vos camarades et vous avez sans doute des parents qui ont vécu à la même époque. Posez plusieurs questions similaires à un(e) camarade sur la vie passée de sa mère, de son père ou d'un grand-parent.

B. Une histoire «véritable». Racontez une aventure que vous avez eue, une rencontre que vous avez faite ou un incident qui vous est arrivé... ou bien mettez-vous à la place d'un personnage historique (Guillaume le Conquérant, Napoléon, George Washington, Betsy Ross, Abraham Lincoln, Marie Curie, Charles de Gaulle, Winston Churchill...). Si vous n'êtes pas sûr(e) des détails de l'événement que vous racontez, imaginez-les! Utilisez le *passé composé*, l'*imparfait* et le *plus-que-parfait* avec des expressions de temps. Ensuite, racontez cette aventure ou cet incident à la classe.

Mots à retenir

Verbes	avoir lieu	être en train de + *inf.*	prendre fin
	avoir peur (de)	fonder	publier
	élire	grandir	se sentir
	enseigner	inventer	suivre
	envahir	libérer	suivre un cours
	établir	occuper	vivre

°*un témoin* = un observateur

Noms	le ciel	la libération (*f.*)	la prise (du pouvoir)
	la crise	la mort	le séjour
	l'époque (*f.*)	l'occupation (*f.*)	le souvenir
	l'établissement (*m.*)	la période	le témoin
	l'événement (*m.*)	le pouvoir	le trajet
	l'indépendance (*f.*)		

| **Adjectifs** | indépendant(e) | mondial(e) | précédent(e) |

Expressions adverbiales	à ce moment-là	auparavant	tout à coup
	à cette époque-là	pas grand-chose	(tout d'un coup)
	alors	soudain	

| **Conjonction** | lorsque |

| **Préposition** | avant + *nom* / avant de + *inf.* |

| **Expressions de communication** | Attendez voir… | Il me semble que… | Je ne sais plus très bien… |
| | De quelle façon? | Je me demande… | Voyons voir… |

Exercices de récapitulation

A. **Touristes étrangers.** Vous avez reçu une lettre d'un ami français/une amie française qui arrive bientôt dans votre ville. Répondez **oui,** et ensuite **non,** à ses questions. (Utilisez dans chaque réponse des pronoms objets *directs* ou *indirects,* **y** ou **en.**)

   MODÈLE: A: Vas-tu souvent *en ville?*
                 B: Oui, j'y vais souvent. (Non, je n'y vais pas souvent.)

1. Y a-t-il *des musées intéressants?*   2. Est-ce que tu habites *en banlieue?* 3. Y a-t-il beaucoup *de lignes d'autobus?* Y a-t-il un *métro?*   4. Est-ce que nous pouvons aller *au cinéma* le soir?   5. Est-ce que tu vois beaucoup *de films étrangers?*   6. Est-ce que tu nous conseilles d'aller *au théâtre?*   7. Pouvons-nous visiter *la résidence du gouverneur?*   8. Est-ce que tu peux nous accompagner *à la plage? à la montagne?*   9. Est-ce que tu peux répondre *à notre lettre* avant le premier mars?

B. **Un incident terrifiant.** Formez des phrases complètes et mettez les verbes au *passé composé* ou *à l'imparfait.* Ensuite, discutez en classe votre choix dans chaque cas.

1. je / grandir / New York
2. je / aimer / grande ville / quand / je / être / jeune
3. il y avoir / toujours / beaucoup / choses / à voir
4. gens / être / intéressant / et / bâtiments / être / impressionnant
5. un jour / je / être à / banque / quand soudain / un voleur / entrer
6. nous / avoir peur / et nous / être / paralysé
7. il / avoir / un revolver / et il / le / montrer / gens
8. le voleur / prendre / argent / à un employé
9. il / dire / que nous / devoir / rester / immobile / pendant dix minutes
10. puis, le voleur / sortir de / banque / et il / courir vers / voiture / noir
11. la police / arrêter / voleur / en très peu de temps / parce que / voiture / ne pas marcher

C. **Un vol international.** Vous ouvrez vos bagages pour le douanier/la douanière et vous répondez à ses questions.

1. Où êtes-vous allé(e)? Quand?   2. Combien de temps y êtes-vous resté(e)? Quand en êtes-vous reparti(e)?   3. A quelle heure êtes-vous arrivé(e) aujourd'hui?   4. Qu'est-ce que vous avez acheté en voyage? 5. Où avez-vous acheté ces articles? Quand les avez-vous achetés? 6. Combien les avez-vous payés?   7. Combien de temps les avez-vous utilisés?   8. Avez-vous quelque chose d'autre à déclarer?

D. Des vacances réussies? Regardez encore une fois les dessins des pages 312–313. Cette fois, racontez les vacances de Mireille et de Max au temps passé (*passé composé, imparfait, plus-que-parfait*). Utilisez les questions suivantes comme guide.

1. Où est-ce que Mireille et Max sont allés?   2. Avaient-ils visité cet endroit auparavant? A quelle saison y étaient-ils allés la première fois?   3. L'avaient-ils aimé? En avaient-ils gardé un bon souvenir?   4. Cette fois, quand est-ce qu'ils y sont arrivés?   5. Dans quel hôtel sont-ils descendus?   6. Qu'est-ce qu'ils faisaient tous les jours en vacances?   7. Quel temps faisait-il là-bas?   8. Se sont-ils bien amusés?   9. Quand sont-ils partis? Pourquoi devaient-ils partir?

Maintenant racontez une histoire de vacances personnelle. Utilisez les mêmes questions comme guide.

E. Une ville modèle. En groupes de trois ou quatre personnes, faites le plan d'une ville idéale et présentez ensuite vos idées à la classe. Les questions suivantes peuvent vous servir de guide.

1. Où se situe cette ville? Comment s'appelle-t-elle?   2. Quelle est son industrie principale?   3. Comment cette ville est-elle organisée? (Est-ce une démocratie, une monarchie, une commune...?)   4. Où habitent les gens? Dans quelles sortes d'habitations?   5. Où travaillent les habitants? Où font-ils leurs achats? Quelles sont leurs distractions favorites?   6. Décrivez un quartier intéressant ou certains bâtiments importants.   7. Votre ville imaginaire a-t-elle des problèmes urbains? Précisez. Peut-on trouver des solutions à ces problèmes? Selon vous, est-il possible d'améliorer les villes?

Aperçu littéraire

Voici un esprit indépendant... et compliqué. Il sait dire non aux idées fabriquées par les autres. Mais à quoi peut-il dire oui?

Maintenant j'ai grandi
JACQUES PRÉVERT

Enfant
j'ai vécu drôlement
le fou rire° tous les jours   le... un rire irrépressible
le fou rire vraiment
et puis une tristesse° tellement triste   mélancolie

quelquefois les deux en même temps
Alors je me croyais désespéré
Tout simplement je n'avais pas d'espoir°   confiance
je n'avais rien d'autre que d'être vivant
j'étais intact
j'étais content
et j'étais triste
mais jamais je ne faisais semblant°   *jamais…* je n'étais jamais hypocrite
Je connaissais le geste° pour rester vivant   *je connaissais…* je savais quoi faire
Secouer° la tête   faire un mouvement (de)
pour dire non
secouer la tête
pour ne pas laisser entrer les idées des gens
Secouer la tête pour dire non
et sourire pour dire oui
oui aux choses et aux êtres°   êtres humains, êtres vivants
aux êtres et aux choses à regarder à caresser
à aimer
à prendre ou à laisser
J'étais comme j'étais
sans mentalité°   habitudes sociales, collectives
Et quand j'avais besoin d'idées
pour me tenir compagnie
je les appelais
Et elles venaient
et je disais oui à celles qui me plaisaient°   *à celles…* aux idées que j'aimais
les autres je les jetais

Maintenant j'ai grandi
les idées aussi
mais ce sont toujours de grandes idées
de belles idées
d'idéales idées
Et je leur ris toujours au nez°   *je…* je me moque d'elles
Mais elles m'attendent
pour se venger°   *se…* exercer leur vengeance
et me manger
un jour où je serai° très fatigué   vais être
Mais moi au coin d'un bois je les attends aussi   *tranche…* coupe le cou (acte violent)
et je leur tranche la gorge°
je leur coupe° l'appétit.   fais perdre

A. Mots nouveaux. Complétez chaque phrase par un mot nouveau ou des mots nouveaux trouvé(s) dans le texte. Choisissez un temps de verbe convenable.

Choix: couper / l'espoir / faire semblant (de) / grandir / secouer / tenir compagnie (à) / triste / se venger

1. Pour dire non, on _______ la tête de droite à gauche.
2. La mauvaise cuisine de mon camarade de chambre me _______ l'appétit!
3. C'était un enfant solitaire: il _______ sans frères ni sœurs.
4. Son chien fidèle lui _______ _______.
5. Lorsque il se sentait _______, il faisait une longue promenade.
6. Optimiste, sa vie lui plaît, il a toujours beaucoup d'_______.
7. Quand je suis entrée dans la chambre, il ne dormait pas vraiment, il _______ _______ de dormir.

B. Idées. Trouvez dans le texte du poème les réponses aux questions suivantes.

1. Est-ce que le poète avait été un enfant heureux? Pendant son enfance, que faisait-il pour «rester vivant»?
2. Comment disait-il oui? Disait-il jamais oui aux idées ou aux idéals? A quoi pouvait-il dire oui?
3. Qu'est-ce qu'il faisait avec les idées qui ne lui plaisaient pas?
4. Le poète est maintenant un adulte. A quel genre d'idées doit-il faire face aujourd'hui?
5. Pourquoi les idées continuent-elles à poser un danger? Comment le poète s'en défend-il?
6. Lisez de nouveau le poème des pages 126–127. Pouvez-vous dire maintenant qui est le «cancre»?

C. Réaction personnelle. Réagissez aux affirmations suivantes. Dites si elles sont vraies ou fausses selon votre propre idée.

1. Les idées reçues° sont dangereuses.   2. Je préfère être «sans mentalité».   3. Si je ne m'en défends pas, les idées des autres vont me consumer.   4. Il est préférable d'être individualiste.   5. Je prends mes décisions uniquement en fonction des choses et des personnes que j'aime.

°*les idées reçues* = les idées venant de la société (**reçu** = *p.p.* **recevoir**)

Chapitre 15

L'enseignement en France

Est-ce que ce sont des militaires? Non! Ce sont des étudiants de la prestigieuse École polytechnique, fondée en 1794, qui prépare à des emplois aussi bien civils que militaires. Elle n'est qu'une des quelques 160 «Grandes Écoles», à Paris et en province, administrées par l'État français, mais indépendantes des universités, qui forment les chefs° futurs de la France. Leurs examens d'entrée—les concours—sont très difficiles. Ils se préparent en deux ou même trois ans après le baccalauréat. Mais les résultats sont là: une fois acceptés à une Grande École, les étudiants et les étudiantes passent deux ou trois ans d'études très dures et parfois trois ans de stages spécialisés qui peuvent mener... jusqu'à l'Élysée,[1] comme l'a montré le troisième président de la Cinquième République, Monsieur Valéry Giscard d'Estaing, ancien élève de l'École polytechnique.

D'après ce texte...

1. Que suggère l'uniforme de ces jeunes gens? Qui sont-ils en fait?
2. Qu'est-ce que l'École polytechnique?
3. Quels sont les aspects difficiles des Grandes Écoles?
4. Quels sont les avantages des études faites dans une Grande École? Nommez un diplômé° célèbre de l'École polytechnique.

Et chez nous?

Avec des camarades, faites des comparaisons...

1. Y a-t-il des écoles américaines comparables aux Grandes Écoles en France?
2. Comment est-ce que les leaders politiques américains se sont préparés à leur carrière, en général?
3. Quelle a été, en général, la formation° des autres chefs américains, par exemple, dans les domaines de la finance, de la science ou de l'éducation? Est-ce que leur formation est toujours exclusivement académique?

*E*ntrée en scène

Les études en France   La plupart des écoles françaises, depuis la maternelle° jusqu'aux Universités et aux Écoles supérieures spécialisées, sont administrées par l'État. Par conséquent, beaucoup de Français ont une expérience scolaire similaire.

---

[1]*Le palais de l'Élysée* est la «Maison Blanche» française.

°chefs = ici, chefs d'entreprise, chefs de gouvernement, leaders politiques
un(e) diplômé(e) = une personne qui a reçu un diplôme
la formation = l'éducation
la maternelle = l'école pour les enfants âgés de deux à six ans

<table>
<tr><td style="text-align:center">LES ÉCOLES</td><td></td><td style="text-align:center">LES DIPLÔMES</td></tr>
</table>

l'école maternelle

l'école primaire

le lycée (ou le collège) → le baccalauréat

l'Université → { la licence / la maîtrise / le doctorat }

ou

l'une des 160 Grandes Écoles → le diplôme accordé par l'école
(parmi elles: l'École nationale
d'administration, l'École
polytechnique et l'École
normale supérieure)

A quelle école vont-ils? Trouvez dans la liste ci-dessus l'école de chacun(e) des élèves ou étudiant(e)s suivant(e)s. Il/Elle va à...

1. Marie-Pierre a vingt-quatre ans. (Pour faire des études supérieures, elle a deux choix. Nommez-les.)
2. Georges a aussi vingt-quatre ans. Il veut entrer plus tard dans le corps diplomatique français. A quelle école spécialisée va-t-il?
3. Françoise a huit ans.
4. Jean a dix-sept ans.
5. Toto a trois ans.

Les disciplines

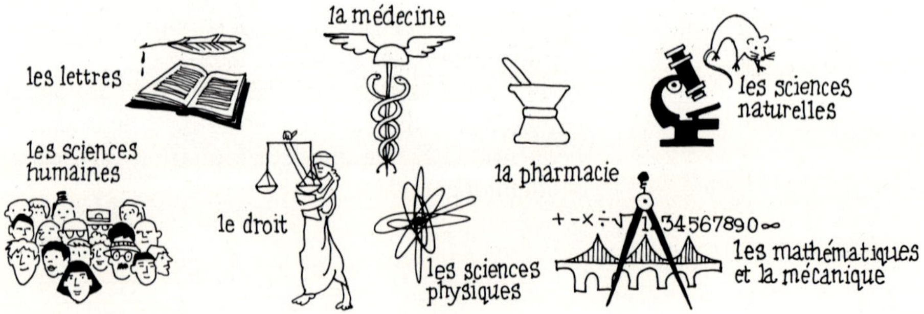

A. Matières étudiées. Suivez le modèle.

MODÈLE: l'anglais → L'anglais est une des matières de la section lettres.

1. l'anatomie
2. la biologie
3. la sociologie
4. les sciences politiques
5. le génie civil°

6. la littérature
7. l'hygiène (*f.*)
8. l'astronomie (*f.*)
9. la géologie
10. l'électronique (*f.*)

°*le génie civil* = la science de la construction des ponts, des autoroutes, etc.

B. Est-ce que c'est une *discipline*, un *diplôme* ou une *école?* Suivez le modèle.

MODÈLE: médecine → La médecine est une discipline.

1. la pharmacie
2. le doctorat
3. la maîtrise
4. les sciences humaines

5. le baccalauréat
6. le droit
7. la licence
8. le lycée

Le calendrier universitaire en France

septembre-octobre	C'est la rentrée. On s'inscrit à sa Faculté. On établit son horaire.°
octobre à mai	On suit les cours. On assiste aux séances de travaux pratiques.[2] On assiste aux conférences. On prépare les examens.
juin	On révise.° On passe° les examens écrits et oraux. Si on réussit à ses examens (si on y est reçu), on obtient un diplôme. Mais si on échoue à ses examens, on n'obtient pas de diplôme.
juillet	On part en vacances… ou on prépare l'examen de la session d'octobre.
octobre	On reprend les études… ou on passe le deuxième examen et si on y réussit, on continue ses études.

A. Le calendrier d'un étudiant. Répondez aux questions en regardant le calendrier ci-dessus.

1. En France, que fait-on avant de suivre les cours? avant de préparer les examens? avant de passer les examens? avant de partir en vacances? avant de préparer le deuxième examen?

---

[2]*Les séances de travaux pratiques* sont les discussions, les exercices et le travail au laboratoire (en contraste avec les conférences ou les «cours magistraux»).

°*un horaire* = un emploi du temps pour une journée ou une semaine
réviser = revoir, répéter ce qu'on a appris dans un cours
passer un examen = écrire, se présenter à un examen

2. Que font les étudiants français en septembre?
3. Voyez-vous de grandes différences entre le calendrier universitaire français et le calendrier universitaire américain? Décrivez les différences principales. (*Chez nous…*)

B. Conversation. Avec un(e) camarade, discutez des réponses aux questions suivantes.

1. Y a-t-il un diplôme à la fin des études secondaires en France? aux États-Unis? Comment s'appelle-t-il?
2. Quel est l'équivalent américain de la licence? de la maîtrise? du doctorat?
3. Quelle est ta spécialisation? Quelles sont tes matières préférées? Quelle activité scolaire préfères-tu: les conférences? les cours? les travaux pratiques? le travail indépendant?
4. As-tu déjà passé un examen important ce trimestre (ce semestre)? Dans quelle matière? As-tu bien préparé cet examen? As-tu beaucoup révisé? Quel était le sujet de l'examen? Y as-tu réussi? As-tu jamais échoué à un examen? Est-ce que tu as dû en passer un deuxième?

• Étude de verbes: les verbes **connaître** et **savoir**

Les deux verbes irréguliers **connaître** et **savoir** signifient tous les deux *avoir connaissance de.* Cependant, il y a entre **connaître** et **savoir** des différences d'usage.

A.   Les formes de *connaître* et de *savoir* au temps présent

connaître	savoir
je connais	je sais
tu connais	tu sais
il/elle/on connaît	il/elle/on sait
nous connaissons	nous savons
vous connaissez	vous savez
ils/elles connaissent	ils/elles savent
Participe passé: connu	*Participe passé:* su
Comme **connaître: paraître,° apparaître,° disparaître**	

°*paraître* = sembler, se présenter
apparaître (auxiliaire **être**) = devenir visible

Notez l'accent circonflexe sur la lettre **i** (**-î-**) si elle précède la lettre **t:** elle **connaît,** il **paraît.**

> Nous **connaissons** bien cette ville universitaire.
> Cela me **paraît** bizarre.
> La comète **était apparue** et **avait disparu** en quelques secondes.

B. *Connaître* **et** *savoir:* **usage**

1. **Connaître** s'emploie à propos d'une personne, d'un endroit, d'une idée ou d'une chose. **Connaître** demande toujours un objet direct. Il n'est jamais suivi d'un infinitif ni d'une proposition subordonnée.

   > Est-ce que tu **connais Marie-Hélène?** —Je ne **la connais** pas encore. Je viens de la rencontrer.
   >
   > Nous **connaissons** assez bien **le français.**
   >
   > Autrefois, ils **connaissaient** très bien **la ville de Paris.**
   >
   > **Connaissez**-vous **les romans de Balzac?**

2. **Savoir** s'emploie à propos d'un fait ou d'un détail. **Savoir** est très souvent suivi d'une proposition subordonnée (introduite par **que, qui, quand, pourquoi, si, où, quel[le][s],** etc.).

   > **Sais**-tu **quelle** heure il est? —Je suis désolé, je ne **sais** pas.
   > Je **savais qu'**il allait suivre ce cours.
   > **Savez**-vous **pourquoi** Georges n'a pas réussi?
   > Mes amis **savent où** habite Marie.
   > Il **sait quelle** est la bonne solution.

3. Suivi de l'infinitif, **savoir** = *être capable de faire quelque chose, avoir une certaine compétence.*

   > **Sait**-elle **parler** français?
   > Nous **savons taper** à la machine.
   > Mes copains **savaient** bien **nager.**[3]

Exercices

A. Complétez les phrases suivantes par une forme (au présent) de **connaître, paraître, apparaître** ou **disparaître.**

   1. André a l'air fatigué, il _______ à moitié endormi.
   2. Ces petits papillons ne vivent pas longtemps; ils _______ en un jour.
   3. Les bateaux à voile _______ à l'horizon.
   4. Nous _______ toutes les chansons de Georges Brassens.

---

[3]Au *passé composé,* **savoir** veut dire *apprendre, découvrir:* J'**ai** seulement **su** hier qu'elle avait fait cette demande.

B. Personne ne connaît cette dame. Faites deux phrases selon le modèle. Substituez le sujet et les autres éléments indiqués.

MODÈLE: je / ne pas la connaître / ne pas savoir / qui / elle / être →
Non, je ne la connais pas. Je ne sais pas qui elle est.

1. mes copains / ne pas la connaître / ne pas savoir / où / elle / habiter
2. Paul / ne pas la connaître / ne pas savoir / avec qui / elle / parler
3. nous / ne pas la connaître / ne pas savoir / si / elle / travailler ici
4. tu / ne pas la connaître / ne pas savoir / pourquoi / elle / être ici
5. vous / ne pas la connaître / ne pas savoir / quand / elle / aller partir

C. Complétez chaque phrase avec la forme correcte de **connaître** ou **savoir.**

1. ________-vous Paris, Monsieur?
2. Je ________ seulement que c'est la capitale.
3. ________-vous quelle est la distance entre Paris et Marseille?
4. Non, mais je ________ une agence de voyages où on doit le ________.
   Les employés ________ très bien le pays.
5. ________-vous s'il y a d'autres villes intéressantes à découvrir?
6. Je ne ________ pas bien ce pays, mais hier j'ai rencontré un homme
   qui ________ où aller pour passer les vacances.
7. Je voudrais parler avec cet homme. ________-vous où il travaille?

D. Interviewez un(e) camarade. Demandez-lui de nommer...

1. trois domaines où il/elle est particulièrement fort(e). (Utilisez **savoir** + *inf.*)
2. trois domaines où il/elle est plus ou moins incompétent(e). (Utilisez **ne pas savoir** + *inf.*)
3. trois choses qu'il/elle veut savoir (faire) un jour.
4. trois personnes qu'il/elle a envie de mieux connaître.
5. trois endroits qu'il/elle connaît bien.
6. trois villes ou pays qu'il/elle rêve de connaître.

Une école maternelle dans la banlieue parisienne. En France, les écoles maternelles sont aussi administrées par le Ministère de l'Éducation Nationale.

Jeu de structures

35. Les expressions de temps avec **depuis, il y a** et **pendant**

Un long travail

Pendant son voyage en Afrique du Nord, Jérôme, un jeune touriste français, fait la connaissance d'Aimée, une étudiante française. Aimée fait *depuis quelque temps* des recherches archéologiques dans un site assez isolé.

JÉRÔME: Tu prépares une thèse, n'est-ce pas? *Depuis combien de temps?*

AIMÉE: *Depuis quelques années.* Je travaille sur ma thèse *depuis mon arrivée* ici.

JÉRÔME: Quand es-tu venue en Afrique?

AIMÉE: Je suis arrivée au Maroc *il y a cinq ans.*

JÉRÔME: Alors, *ça fait pas mal de temps°* que tu fais ces recherches.

AIMÉE: C'est vrai. Et ici, *depuis trois ans* au moins.

JÉRÔME: Combien de temps travailles-tu chaque jour?

AIMÉE: (*Avec un soupir.*) Eh bien, je cherche et je nettoie° ces fragments de poteries six ou huit heures par jour.

JÉRÔME: Ce n'est pas drôle.

AIMÉE: Non, ce n'est pas amusant. En fait, je commence à en avoir assez.° Je vais peut-être demander au directeur si je peux changer de colline.°

Pour préciser

Aimée prépare sa thèse depuis cinq ans. Elle travaille au même endroit depuis trois ans. Et vous, Karen, depuis combien de temps préparez-vous votre diplôme?

—Je le prépare depuis deux ans et demi.

Depuis quand étudions-nous le français?

—Nous l'étudions depuis la rentrée, depuis le mois d'octobre.

Brian, il y a longtemps que vous êtes étudiant ici?

—Oui, ça fait cinq ans que j'étudie ici. J'ai un programme très chargé.

°*pas mal de temps* = un temps considérable
nettoyer (je nettoie) = laver
en avoir assez (fam.) = s'ennuyer
une colline = une petite montagne

Michel, quand avez-vous commencé vos études universitaires?
—Je les ai commencées il y a trois ans.
En général, pendant combien de temps travaille-t-on pour obtenir son
B.A.?
—On travaille généralement pendant quatre ans.

Pour apprécier

1. Décrivez brièvement le travail d'Aimée.
2. Pourquoi commence-t-elle à s'ennuyer? A-t-elle trouvé une solution à son problème?
3. Avez-vous jamais fait un long travail? Quel travail? Pendant combien de temps y avez-vous travaillé? Vous êtes-vous ennuyé(e)? Avez-vous été content(e) des résultats? Allez-vous être obligé(e) de faire un tel travail avant d'obtenir votre B.A. ou votre M.A.?

A. *Depuis* + **une expression de temps**

1. On utilise **depuis** + *une expression de temps* pour indiquer le moment où une action a commencé et pour insister sur la durée de cette action qui continue dans le présent. En français, le verbe est généralement au présent.

    Depuis combien de temps (Depuis quand) habites-tu ici? —J'habite ici **depuis six mois (depuis janvier).**

    Depuis quand prépare-t-il sa thèse? —Il y travaille **depuis 1983.**[4]

2. Trois autres expressions correspondent à **depuis.** Notez l'ordre des mots dans chaque phrase.

    Il travaille sur sa thèse **depuis** trois ans.
    = **Il y a** trois ans **qu'**il travaille sur sa thèse.
    = **Voilà** trois ans **qu'**il travaille sur sa thèse.
    = **Ça** fait trois ans **qu'**il travaille sur sa thèse.

3. Dans un contexte au passé, le verbe est à l'imparfait avec **depuis** + *une expression de temps*. Notez l'emploi de l'imparfait et du passé composé.

    Nous **mangions** depuis cinq minutes quand le téléphone **a sonné.**

B. *Il y a* + **une expression de temps**

On utilise le verbe au passé et **il y a** + *une expression de temps* (un mois,

---

[4]Le passé du verbe avec **depuis** est possible à la forme négative: Je **n'**ai **pas** vu Sylvie **depuis** plusieurs mois.

trois ans, etc.) pour indiquer le laps de temps qui sépare une action passée du moment où on parle.

> Quand est-elle arrivée? —Elle est arrivée **il y a une demi-heure.**
> Où habitiez-vous **il y a trois ans?** —**Il y a trois ans,** nous habitions à Nice.

C. *Pendant* + **une expression de temps**

On utilise **pendant** + *une expression de temps* pour préciser la durée d'une action.

> **Pendant combien de temps** vas-tu étudier le français?
> Tous les ans, elle voyageait **pendant l'été.**
> Richard a vécu à Québec **pendant deux ans.**[5]

D. *Pendant que* / *depuis que*

Pendant que et **depuis que** sont des conjonctions qui relient° deux propositions d'une phrase. **Pendant que** + *verbe* indique la simultanéité (= *en même temps que*).

La Sorbonne (Paris III–IV): une séance de travaux pratiques dans un séminaire d'économie politique.

---

[5]Ces phrases sont aussi possibles sans utiliser **pendant:** Richard a vécu **deux ans** à Québec.
°*relier* = rattacher, joindre

Roger conduisait la voiture **pendant que** Solange dormait.
Je prends des notes **pendant que** le professeur parle.

Depuis que + *verbe* indique une action qui marque le début d'une autre action ou situation (= *à partir du moment où*).

> **Depuis que** j'habitais à Paris, je me sentais heureux.
> Il a beaucoup d'amis francophones **depuis qu'**il parle français.

A la lettre

A. Activités scolaires. Transformez les phrases selon le modèle.

MODÈLE: Il y a deux ans que j'étudie la physique. (depuis) →
J'étudie la physique depuis deux ans.

1. Nous allons au laboratoire depuis quelques mois. (voilà… que)
2. Il y a trois ans que Michel prépare ses examens. (depuis)
3. Voilà un an que Marie fait son droit. (il y a… que)
4. Elles assistent aux conférences depuis plusieurs semaines. (voilà… que)
5. Je suis étudiante à l'École de Médecine depuis deux ans et demi. (il y a… que)

B. Des nouvelles. Voici une conversation entre deux étudiants franco-canadiens. Complétez-la avec l'expression de temps nécessaire.

Expressions possibles: depuis / il y a / pendant

JEAN: ________ quelques jours, j'ai reçu une lettre de Roger et Brigitte, de Nice. ________ l'été dernier, ils passent presque tout leur temps à faire de la voile.

SYLVIE: Quelle chance! ________ combien de temps sont-ils à Nice?

JEAN: Ils y habitent ________ deux ans.

SYLVIE: Tu sais, j'ai habité à Nice ________ un an… et je n'ai pas du tout fait de bateau!

JEAN: ________ combien de temps en tout as-tu habité en France?

SYLVIE: ________ trois ans. En fait, ________ deux ans j'habitais toujours avec une famille française, et j'allais au lycée à Laval en Mayenne.

C. Entre étudiants. Choisissez une expression de temps pour compléter les phrases suivantes.

Choix: depuis / pendant / il y a / il y a… que / voilà… que / ça fait… que / depuis que / pendant que

1. Nous essayons de lui téléphoner ________ une heure.
2. J'ai obtenu mon diplôme ________ deux ans.
3. ________ dix jours ________ Claudette ne sort plus de la bibliothèque!

4. Pierre s'est mis à jouer de la guitare _______ six mois.
5. Monsieur Clavel enseigne dans cette école _______ 1973.
6. C'est _______ l'été que les étudiants peuvent se détendre.
7. Hier soir, je regardais la télé _______ mon camarade préparait une dissertation.
8. Nous nous sentons mieux _______ nous faisons régulièrement du sport.
9. _______ longtemps _______ je m'intéresse à la botanique.
10. Nous vous attendions _______ vingt minutes quand le train est arrivé.

A votre tour ———————————————————————————————

Évolution. Interviewez un(e) étudiant(e) sur ses activités passées et présentes. Posez quatre questions qui commencent de la façon suivante sur chaque activité: 1. Il y a (*dix*) ans...?   2. Pendant combien de temps...?   3. Maintenant...?   4. Depuis combien de temps/Depuis quand...?

> MODÈLE: vivre (*où*) → 1. Il y a cinq ans, où vivais-tu?
> 2. Pendant combien de temps y as-tu vécu?
> 3. Maintenant, où habites-tu?
> 4. Depuis quand habites-tu à cet endroit?

1. vivre (*où, avec qui...*)
2. étudier (*où, quoi...*)
3. jouer (*de, à*)
4. faire (*de la, du*)
5. participer à (*quel club, quelle association sportive/politique...*)
6. travailler (*où, quel emploi...*)

36. Le futur

Un avenir brillant?

A la résidence des étudiants, Jean-Louis parle au téléphone.

...

Oui, naturellement, l'année prochaine je *serai* encore à l'université!

...

Non, je ne *pourrai* pas quitter le campus avant la fin du mois de juin.

...

Vous voulez savoir ce que je *ferai* après ça? Je *réviserai*, je *me présenterai* aux examens, j'y *réussirai* peut-être.

…

Non, ce *sera* trop tôt. A ce moment-là, je ne *saurai* pas encore quels seront mes choix.

…

Nous *verrons*. J'*aurai* plutôt besoin de réfléchir, d'étudier les débouchés° possibles.

…

Non, je vous assure que je ne vais pas perdre mon temps d'ici là.°

Pour préciser   L'année prochaine, Jean-Louis continuera ses études. Il sera encore à l'université. Et vous, Patrick? Qu'est-ce que vous ferez l'année prochaine?
—Si tout va bien, je finirai mes études et j'obtiendrai mon diplôme en juin.
Où irez-vous à la fin de l'année?
—J'irai peut-être en Californie pour y chercher un bon emploi.
Christine, que serons-nous capables de faire à la fin de ce cours?
—Nous saurons très bien parler le français, nous saurons aussi le lire et l'écrire.
Est-ce que vous partirez tout de suite en vacances à la fin de l'année?
—Oui, mais malheureusement, nous devrons d'abord préparer un dernier examen!

Pour apprécier   1. Quand Jean-Louis finira-t-il ses études?   2. Que fera Jean-Louis au mois de juin?   3. Sait-il déjà ce qu'il fera plus tard?   4. Qu'est-ce qu'il ne sait pas encore? Comment décidera-t-il de son avenir?   5. A votre avis, avec qui Jean-Louis parle-t-il? Pourquoi est-ce que cette personne s'intéresse à son avenir?   6. Jouez le rôle de cette personne et reconstituez la conversation avec Jean-Louis.

A.   Les formes régulières du futur

En français, le futur est un temps simple. Pour le former, ajoutez les terminaisons du futur (**-ai, -as, -a, -ons, -ez, -ont**) à l'infinitif du verbe: je **parlerai.**

Si l'infinitif se termine par un **-e,** enlevez la lettre **-e** avant d'ajouter les terminaisons: elle **lira.**

Verbes réguliers au futur:

°*un débouché* = une carrière possible
d'ici là = jusqu'à ce moment-là

parler	finir	vendre
je parlerai	je finirai	je vendrai
tu parleras	tu finiras	tu vendras
il/elle/on parlera	il/elle/on finira	il/elle/on vendra
nous parlerons	nous finirons	nous vendrons
vous parlerez	vous finirez	vous vendrez
ils/elles parleront	ils/elles finiront	ils/elles vendront

Demain nous **parlerons** avec le conseiller d'orientation professionnelle.

Il te **donnera** des conseils. Les **suivras**-tu?

B. Verbes à radical irrégulier au futur

Les *terminaisons* du futur sont toujours régulières. Mais certains verbes français ont un *radical* irrégulier.

aller: **ir-** envoyer: **enverr-** venir: **viendr-**
avoir: **aur-** faire: **fer-** voir: **verr-**
courir: **courr-** pleuvoir: **pleuvr-** vouloir: **voudr-**
devoir: **devr-** pouvoir: **pourr-**
être: **ser-** savoir: **saur-**

J'aurai bientôt des nouvelles de Cécile.
On **devra** leur demander un catalogue.
Qu'est-ce que nous **ferons** à l'avenir?
Voudra-t-il nous accompagner?

Les groupes de verbes suivants ont aussi un radical irrégulier à toutes les personnes du futur.

acheter: **achèter-** → j'**achèterai**, on **achètera**
employer: **emploier-** → tu **emploieras**, nous **emploierons**
appeler: **appeller-** → elle **appellera**, vous **appellerez**
jeter: **jetter-** → nous **jetterons**, ils/elles **jetteront**

Nous t'**appellerons** demain.
Les étudiants **essaieront** d'y assister.
Achèterez-vous une maison un jour?[6]

C. L'emploi du futur

1. Le *futur simple* désigne une action ou une situation qui arrivera dans un avenir *généralement* lointain.

---

[6]Notez que le radical des verbes **espérer** et **préférer** est *régulier* au futur: je **préférerai**, tu **espéreras**.

Nous **arriverons** vers la fin du mois.
Quand je **serai** grand, j'**aurai** mon propre avion!

Vous utilisez déjà le *futur proche* (**aller** + *infinitif*) pour indiquer des événements futurs, *en général* assez proche du présent.

Nous **allons arriver** demain.
L'année prochaine je **vais étudier** la chimie.

Le futur proche et le futur simple peuvent s'utiliser dans la même conversation ou dans le même texte.

On **va arriver** demain. —Est-ce que vous **serez** ici avant midi?

2. On doit utiliser le futur après les conjonctions **quand, lorsque, dès que** et **aussitôt que**° quand il est question d'actions au futur.

Je te **téléphonerai** *dès que* j'arriverai.
Nous **pourrons** en discuter *lorsque* le professeur **sera** là.
Le cours **commencera** *aussitôt que* les étudiants **prendront** leur place.

ATTENTION: Notez que le verbe placé après la conjonction **si** est au *présent* si le verbe de la proposition principale est au futur.

Je **reprendrai** mes études *si* j'**ai** assez d'argent.
Nous **pourrons** partir *s*'ils **arrivent** à l'heure.

3. La préposition **dans** + *une période de temps* s'utilise avec un verbe au futur.

J'**obtiendrai** mon diplôme **dans** deux ans.[7]

Comparez avec l'emploi d'**il y a** + *une période de temps* pour indiquer un moment du passé:

J'**ai obtenu** mon diplôme **il y a** deux ans.

A la lettre ───

A. Quel programme choisir? Faites les substitutions nécessaires.

  1. *Je* passerai une série de tests d'aptitude. (toi et moi, Henri, tu)

---

[7]Utilisez la préposition **en** pour indiquer le temps *nécessaire* pour accomplir quelque chose: Elle peut écrire une dissertation **en quelques heures (en un jour).**

°**dès que** et **aussitôt que** = immédiatement après

2. Dans quelques jours, *tu* discuteras avec le conseiller. (Michèle et Pascale, vous, je)
3. *Vous* lirez les brochures d'information. (nous, elle, ils)
4. *Nous* essaierons de nous décider. (vous, je, tu)

B. Carrières. Ces étudiants parlent de leur avenir. Faites les substitutions.

1. *J'aurai* une profession intéressante. (Thierry, nous, Jeannette et Suzanne)
2. Dans trois ans, *Julie* sera professeur. (tu, je, Jean-Pierre et Francis)
3. *Tu* iras à l'étranger. (nous, je, Élisabeth)
4. *Nous* devrons beaucoup travailler. (vous, je, elles)

C. Savez-vous prédire l'avenir? Répondez à votre (vos) camarade(s) en suivant le modèle.

MODÈLE: A: Je veux devenir médecin. (non)
    B: Non, tu ne deviendras pas médecin.

1. Nous voulons avoir beaucoup d'argent. (oui)
2. Pascal veut faire de grands voyages. (oui)
3. Tu veux devenir un poète célèbre. (non)
4. Vous voulez être ingénieur. (non)
5. Nous voulons obtenir notre licence. (oui)
6. Francine veut pouvoir réussir en tout. (non)

D. Est-ce que tu es libre? Faites une phrase au *futur simple* en reliant les phrases suivantes avec la conjonction indiquée.

1. Je suis libre. / *aussitôt que* / Je termine ce travail.
2. Nous allons à la piscine. / *quand* / Le professeur finit sa conférence.
3. On reprend cette conversation. / *dès que* / Les enfants partent.
4. Je sors ce soir. / *si* / Je n'ai pas de devoirs.
5. Nous lisons des romans policiers. / *lorsque* / Nous sommes en vacances.
6. Tu viens avec nous. / *si* / Tu as le temps.

A votre tour

A. Projets. Posez les questions suivantes à un(e) camarade, ou bien répondez-y vous-même.

Ce soir...

1. Quand vas-tu dîner? Qu'est-ce que tu vas manger?   2. Vas-tu travailler? Qu'est-ce que tu vas étudier? Qu'est-ce que tu vas préparer?
3. Jusqu'à quand vas-tu travailler? A quelle heure vas-tu te coucher?
4. Vas-tu aussi t'amuser? Comment?

Et l'année prochaine...

1. Où seras-tu dans un an? Où étudieras-tu?   2. Quels cours est-ce que tu suivras? Est-ce que tu obtiendras ton diplôme à la fin de l'année? 3. Qu'est-ce que tu écriras? Qu'est-ce que tu liras?   4. Qu'est-ce que tu achèteras?   5. Où iras-tu?

B. Rêves d'avenir. Complétez les phrases suivantes. N'oubliez pas que le verbe de la proposition principale doit être au futur simple.

1. Si j'ai encore de l'argent à la fin du mois, je __________.
2. Dès que je terminerai mes études, je __________.
3. Quand je trouverai du travail, je __________.
4. Dès que je me marierai, je __________.

Animation

• Dialogue

A quoi servent les examens? Voici quelques étudiants français qui sortent de leur examen de sciences politiques. Chacun a naturellement sa propre idée sur la valeur des examens.

SYLVAIN: A mon avis, les examens, ça ne sert à rien: *chaque fois que* j'en passe un, j'étudie non pas pour apprendre quelque chose mais pour réussir à l'examen. Ensuite, j'oublie tout!

FRANCIS: Tu vois, un examen, c'est toujours *un mauvais moment* à passer. Mais je trouve que ça donne de bonnes habitudes de travail, de la discipline personnelle, et ça, c'est important.

VINCENT: Oui, mais dans la vie, on a aussi besoin d'autres qualités: de courage, de générosité, d'honnêteté. Et tu dis qu'*à l'heure actuelle* les examens peuvent mesurer de telles choses?

MARION: Et puis, *il est temps de* réaliser que les examens renforcent les inégalités sociales: un étudiant qui n'a pas besoin de travailler pour payer ses études a finalement toutes les chances. Il peut passer *tout son temps* à préparer ses examens.

DENISE: Mais enfin, comment donner des diplômes sans évaluer les connaissances et la compétence des étudiants? Le système actuel n'est certainement pas parfait, mais que pourrons-nous installer à sa place?

Comment exprimer le temps

Pour exprimer le temps:

DANS SA NOTION...	ON UTILISE	
de *durée*	«temps»:	Ils jouent aux cartes pour passer **le temps.**
d'*horloge*	«heure»:	C'est **l'heure** de mon rendez-vous.
d'*occasion*	«fois»:	C'est **la première fois** que je vais à Paris.
de *moment*	«moment»:	Il est arrivé **au bon moment.**
de *période*	«époque»:	**A cette époque-là,** j'habitais dans le Midi.

Réagissez!

A. Complétez la légende de chacun de ces dessins.

C'est le/la/l' _______ de partir!

C'était son/sa _______ cubiste, n'est-ce pas?

Excuse-moi, je n'ai pas le/la/l' _______ de te parler!

C'est la cinquième _______ qu'il voit ce film!

Ah non! Ce n'est pas le/la/l' _______ !

B. Quelle est la réponse? Trouvez la réponse correcte à chaque question dans la colonne de droite.

_____1. De quand date la philosophie occidentale?

_____2. C'est déjà fini?

_____3. Jean-Yves n'est pas encore ici?

_____4. Tu vas souvent au cinéma?

_____5. Vous allez-vous promener?

_____6. Quand va-t-il arriver?

_____7. Tu dois finir ton dîner!

_____8. Tu lui prêtes encore de l'argent?

a. Je n'ai pas le temps!

b. Oui, plusieurs fois par semaine.

c. A l'heure du dîner.

d. Oui, nous allons passer un bon moment ensemble.

e. De l'époque des Grecs.

f. Oui, mais c'est la dernière fois!

g. Oui, que le temps passe vite!

h. Non, il n'arrive jamais à l'heure.

Les étudiants français n'ont traditionnellement qu'un seul moyen de faire entendre leurs demandes: descendre dans la rue et manifester.

• Lecture

La Sorbonne Aujourd'hui la Sorbonne est partagée entre plusieurs universités de Paris (Paris I, Paris II, Paris III…). Autrefois, il n'y avait que l'Université de Paris, la seule, l'unique. C'est pourquoi elle est devenue aussi célèbre qu'Oxford ou Heidelberg.

Dans le monde entier, on connaît la Sorbonne, mais qui connaît le nom de Robert de Sorbon, le confesseur de Saint Louis, roi° de France? Sorbon a créé ce collège il y a plus de sept siècles, en 1257, pour permettre aux étudiants pauvres de faire des études théologiques. C'était le collège de Sorbon. Quand, à partir de 1557, les réunions générales se tenaient dans le collège de Sorbon, on l'a alors appelé la Sorbonne (la Maison de Sorbon).

Comment expliquer le destin fabuleux de ce petit collège de théologie qui fonctionne presque sans arrêt depuis ses débuts? Au dix-septième siècle, le cardinal de Richelieu l'a entièrement reconstruit. (Son tombeau est dans la Chapelle.) Pendant la Révolution française la Sorbonne n'avait pas d'existence officielle, mais à la suite de la Révolution, Napoléon en a fait la mère des autres universités de l'Empire. Elle est restée à l'époque la plus prestigieuse des universités françaises. Reconstruite de nouveau de 1885 à 1901, la Sorbonne, l'ancienne faculté de théologie, est alors devenue le temple du rationalisme et de la pensée laïque.°

La révolte des étudiants en mai 1968 et les événements de cette période ont mis fin à cette hégémonie.° La grande réforme de l'université française—qui se poursuit depuis 1968—a en principe supprimé la Sorbonne: dix universités parisiennes sont alors nées. Mais la tradition est obstinée: tout le monde parle encore de la Sorbonne, tout le monde veut étudier à la Sorbonne. La Sorbonne est morte plusieurs fois, mais elle continue encore et toujours de vivre. Nous savons qu'elle n'a pas fini d'évoluer. Que sera-t-elle dans l'avenir?

Comprenez-vous? —————————————————————————

Trouvez dans le texte la réponse aux questions suivantes.

1. Pourquoi Robert de Sorbon a-t-il fondé la Sorbonne?
2. Qu'est-ce que Richelieu a fait à la Sorbonne?
3. Est-ce que la Sorbonne a cessé de fonctionner à une certaine époque?
4. Au dix-neuvième siècle, quelle était la réputation de la Sorbonne?
5. Combien d'universités sont nées à Paris après mai 1968?

Et vous? —————————————————————————————————

1. Avez-vous déjà étudié dans une école ou une université étrangère?

°*un roi* = un monarque
laïque = indépendant(e) de la religion
l'hégémonie = la domination

2. Que savez-vous d'autre sur l'enseignement en France? Est-ce que vous y étudierez un jour? Y a-t-il un programme spécial qui vous intéresse?
3. Interviewez quelqu'un qui a étudié à l'étranger. Posez-lui des questions sur les différences entre son expérience universitaire à l'étranger et son expérience américaine.

• Activités

A. Un emploi du temps. Préparez un paragraphe où vous décrivez votre emploi du temps pendant une semaine ou pendant un mois. Utilisez des expressions de temps: *pendant / depuis / ça fait… que / pendant que / depuis que / il y a…* et aussi: *le temps / la fois / l'heure / le moment / l'époque.*

MODÈLE: J'étudie à l'université depuis plusieurs mois. J'ai un programme assez chargé. Le lundi, je suis à l'université pendant six heures.

Maintenant, décrivez en un paragraphe vos activités pendant les grandes vacances. Utilisez les temps du passé et des expressions de temps.

B. C'est la vie. Il y aura sans doute dans votre vie des moments heureux et des moments malheureux. Quelle sera votre réaction pendant les bons moments? Comment réagirez-vous en face des difficultés inévitables? Demandez à un(e) camarade de compléter les phrases suivantes avec un verbe au futur.

1. Si j'ai très peu d'argent, ________
2. Si je deviens célèbre, ________
3. Si je reste en bonne santé, ________
4. Si je tombe malade, ________
5. Si je gagne beaucoup d'argent, ________
6. Si je rencontre la femme/l'homme de mes rêves, ________

Mots à retenir

Verbes			
apparaître	poursuivre (une carrière)		reprendre
connaître	préparer		réviser
continuer (à)	passer		savoir
disparaître	réussir (à)	un examen	
s'inscrire (à)	être reçu(e) à		
paraître	échouer à		

Noms	l'avenir (*m.*)	le débouché	l'horaire (*m.*)
	le baccalauréat	le diplôme	la licence
	(le «bac»,	le/la diplômé(e)	le lycée
	le «bachot»)	le doctorat	la maîtrise
	le calendrier	le domaine	la maternelle
	le chef	l'élève (*m.*, *f.*)	la matière
	le collège	l'enseignement (*m.*)	le moment
	le concours	la fois	la rentrée
	la conférence	les Grandes Écoles	la thèse
	la connaissance		

Quelques disciplines	le droit	le génie civil	la médecine
	l'électronique (*f.*)	l'hygiène (*f.*)	la pharmacie

Adjectifs	primaire	secondaire	supérieur(e)
	scolaire		

Expressions de temps	à l'heure actuelle	depuis/depuis que	pendant/
	aussitôt que/dès que	il y a	pendant que
	Ça fait… que	Il y a… que	Voilà… que

Chapitre 16

La société évolue

Une grande diversité ethnique, linguistique et culturelle se cache° sous l'apparente unité de la France. Mais la vie administrative et économique est presque entièrement centralisée à Paris, la capitale, qui représente, avec sa banlieue, deux pour cent du territoire national... mais vingt pour cent de sa population!

La décentralisation économique et industrielle commencée en 1972 n'est pas assez rapide pour certains groupes régionalistes. Des groupes extrémistes corses, basques et bretons demandent même l'autonomie complète de leurs provinces. Paris et sa province continuent de s'affronter° à la recherche d'un équilibre.

D'après ce texte...

1. Où est centralisée la vie administrative française?
2. Quelle disproportion existe entre Paris et la province?
3. Que veulent les habitants de certaines provinces françaises?
4. Qui demande l'autonomie totale?
5. Où se trouve la Corse? la Bretagne? le pays basque? Quelles langues parle-t-on dans ces régions? (Parlez-en avec votre professeur.)

Et vous?

1. Votre état d'origine, votre ville ou votre région ont-ils des coutumes ou des traditions originales? Dans quels états américains les traditions régionales sont-elles les plus importantes?
2. Existe-t-il des groupes autonomistes aux États-Unis? Où? Qu'est-ce qu'ils demandent?

*E*ntrée en scène

Régions traditionnelles: les provinces françaises

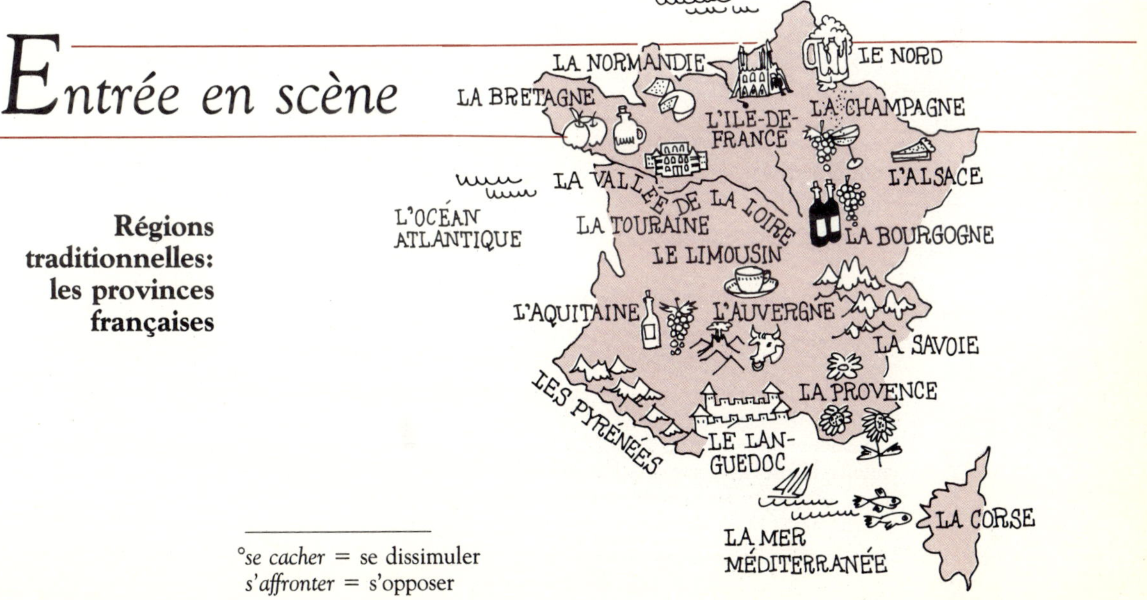

°*se cacher* = se dissimuler
s'affronter = s'opposer

La France métropolitaine[1] est aujourd'hui divisée en 96 départements administratifs, mais les Français sont souvent plus conscients de la province où ils habitent. Il y a une trentaine de ces divisions traditionnelles, reconnaissables à leur climat, à leur géographie—même parfois à leur culture et à leur langue. La carte de la page 391 montre les provinces les plus connues.

A. Les provinciaux. Trouvez sur la carte la province où habitent ces Français(es). Suivez le modèle.

MODÈLE: Jean est auvergnat. → Il habite l'Auvergne.

1. Guy est savoyard.   2. Mireille est provençale.   3. Loïc est breton.
4. Cyrille est bourguignon.   5. Henri est alsacien.   6. Antoinette est normande.   7. Louis est corse.   8. Jean-Claude est parisien.

B. Souvenirs de voyage. Vous rentrez d'une année passée en France. Vous avez visité différentes régions et vous parlez de vos expériences. Utilisez la carte de la page 391.

Expressions utiles: la bière / un château / un château fort / le champagne / les crêpes / les fleurs / le poisson / la porcelaine / la quiche / la Tour Eiffel / la vache° / le vin / les volcans...

MODÈLE: A: ...et dans le Nord?[2]
   B: Dans le Nord, nous avons bu de la bonne bière. (*ou* Nous y avons bu de la bonne bière.)

1. La Savoie	5. La Normandie	8. La Bretagne
2. L'Alsace	6. L'Île-de-France	9. La Champagne
3. La Provence	7. La Bourgogne	10. Le Limousin
4. La Touraine		

Maintenant, avec vos camarades, faites des projets de voyage. Parlez au temps futur des régions que vous verrez, et des choses que vous ferez en France l'été prochain.

---

[1]*La France métropolitaine* (ou *la Métropole*) se réfère au territoire français sur le continent européen. Il existe aussi plusieurs départements français d'outre-mer: la Guyane française, la Guadeloupe, la Martinique, la Mayotte, la Réunion et St-Pierre-et-Miquelon, ainsi que certains territoires comme la Polynésie française et la Nouvelle-Calédonie.
[2]En général, pour les provinces de genre féminin, on dit **en** Savoie, **en** Alsace, **en** Île-de-France, etc. On dit **dans le** Nord et **dans le** Limousin.
°*la vache* = un animal qui donne le lait

• Étude de verbes: des verbes pronominaux idiomatiques

La langue française contient beaucoup d'expressions verbales pronominales qui sont idiomatiques. Vous reconnaîtrez certains verbes, mais à leur forme pronominale, certains d'entre eux changent de sens.

Lisez cette histoire d'un couple moderne. Faites particulièrement attention aux verbes pronominaux.

Avant leur mariage, Josée **s'entendait** très bien **avec** son fiancé Bernard. Ils **se sont mariés** au mois de mai et sont partis en voyage de noces en Provence. A leur retour, ils **se sont installés** dans un nouvel appartement. Josée **s'est mise à s'occuper** elle-même **de** la maison, tandis que° Bernard **se chargeait de** toutes leurs responsabilités financières.

Mais Josée **s'ennuyait.** Et elle a bientôt compris qu'elle **s'était trompée.°** Josée **s'est décidée** donc **à** reprendre ses études de pharmacie. Elle **s'est inscrite** à la Faculté où elle avait été étudiante avant son mariage.

D'abord, Bernard **s'est** un peu **fâché.°** Il **se souvenait de°** son enfance, et de sa mère à lui qui était toujours restée à la maison. Enfin, il **s'est rendu compte de°** la réalité de la vie actuelle. Bernard et Josée ne voulaient pas se séparer. Bernard ne pouvait pas **se passer de°** Josée, ni elle **de** lui.

Aujourd'hui, leur vie est loin d'être facile. Ils sont toujours pressés, ils **se dépêchent** beaucoup, surtout le matin! Ils ont appris à bien utiliser leur temps. Mais ils **se sentent** bien et ils **se disputent** très peu. Ils parlent même d'avoir un enfant—et d'en partager la responsabilité.

°*tandis que* = alors que, pendant que
se tromper = faire une erreur
se fâcher = s'irriter, se mettre en colère
se souvenir de = avoir à l'esprit, se rappeler
se rendre compte de = comprendre, s'apercevoir de
se passer de = vivre sans

Voici plusieurs verbes pronominaux idiomatiques. Les prépositions en caractères gras sont nécessaires devant le nom ou l'infinitif suivant.

s'en aller	= *partir*
se charger **de**	= *prendre la responsabilité de*
se décider (à)	= *fixer son choix (sur)*
se dépêcher (de)	= *être pressé(e)*
se disputer (avec)	= *avoir une altercation*
s'entendre (avec)	= *être en harmonie, d'accord (avec)*
se fâcher (contre)	= *s'irriter, se mettre en colère*
se marier (avec)	= *épouser, devenir mari/femme*
se mettre **à**	= *commencer à*
s'occuper **de**	= *être responsable de, prendre soin de*
se passer **de**	= *vivre sans*
se rendre compte **de**/que	= *comprendre, réaliser, s'apercevoir de*
se souvenir **de**/que	= *se rappeler (que), avoir à l'esprit*
se tromper (de)	= *faire une erreur*

Exercices

A. Complétez les phrases suivantes avec la forme appropriée d'un verbe pronominal tiré de la liste ci-dessus.

1. J'ai bonne mémoire, je _______ premiers jours de leur mariage.
2. Autrefois, Georges fumait beaucoup. Aujourd'hui, il _______ très bien _______ cigarettes.
3. Mais il est tard! Vous devez _______!
4. J'étais dans l'erreur. Un jour, je _______ que je ne pouvais pas continuer ainsi.
5. Si tu _______ travailler maintenant, nous ne pourrons jamais partir à deux heures.

B. Avec un(e) camarade, continuez avec imagination les phrases données. Utilisez des verbes pronominaux de votre choix.

1. Marie et Georges formaient un ménage assez traditionnel, jusqu'au jour où _______.
2. Simon s'ennuyait à la maison. Un jour, il s'est décidé à _______.
3. Elles devaient partir au mois de juin. Mais elles s'impatientaient, donc _______.
4. Mon frère et moi, nous ne sommes jamais d'accord! Hier, par exemple, _______.
5. Josée et Bernard se sont fiancés en décembre. Quelques mois plus tard, _______.
6. Nous aimons tellement le chocolat! En fait, nous ne pouvons pas _______.

*J*eu de structures

37. Le pronom relatif après une préposition: **qui** et **lequel**; le pronom relatif **dont**

Une décision mémorable

Pierre et Catherine ne s'étaient pas vus depuis plusieurs années lorsqu'ils se sont donné rendez-vous pour déjeuner. Cet après-midi, après leur déjeuner, les deux amis discutent d'un problème social… et personnel.

PIERRE: Eh bien, les statistiques l'ont déjà prouvé: le tabac est la cause de plusieurs maladies très graves.

CATHERINE: Oui, c'est un problème *auquel* on pense encore sérieusement.

PIERRE: En effet, on s'est enfin aperçu que c'est quelque chose qui touche à la santé publique.

CATHERINE: Moi, tu sais, je me suis arrêtée de fumer il y a un an et demi. Et c'est une réussite *dont* je suis assez fière.

PIERRE: Oui, je sais, ça a été une histoire *dont* parlait tous nos amis.

CATHERINE: Écoute, pour moi, ça a été une période très difficile *à propos de° laquelle* je continue, même aujourd'hui, à avoir des cauchemars°!

PIERRE: Je ne me rappelle° plus très bien à quel moment tu as pris cette décision.

CATHERINE: Eh bien, un jour on m'a invitée à faire un discours devant le club «Air Pur». Je devais parler d'un problème *à propos duquel* j'ai depuis longtemps des convictions très arrêtées:° la pollution de l'air!

PIERRE: Et on t'a interrompue pour te demander si la cigarette *dont* tu avalais[3] la fumée ne constituait pas peut-être une petite contradiction.

CATHERINE: Je dois avouer° qu'ils me posaient là une question *pour laquelle* j'ai eu beaucoup de mal à° trouver une réponse.

---

[3] *avaler* = descendre à l'estomac; on *avale* la nourriture avant de la digérer.

° *à propos de* = au sujet de
un cauchemar = un rêve très pénible, angoissant
se rappeler = se souvenir de
arrêté = fort, ferme
avouer = admettre
avoir du mal à = avoir des difficultés à

Pour préciser

Catherine s'est arrêtée de fumer. Elle est fière de sa décision. C'est une décision dont Catherine est fière. Et vous Marlène, y a-t-il quelque chose dont vous êtes fière?

—Il y a quelque chose dont je suis fière: hier soir, j'ai joué dans un concert assez difficile.

Est-ce qu'il y a quelque chose dont vous avez envie?

—La chose dont j'ai envie? Un week-end à la montagne!

Moi, je ne connais pas Guillaume Lebrun. Je connais sa sœur. Guillaume est un étudiant dont je connais la sœur. Et vous Robert, connaissez-vous Guillaume?

—Guillaume? C'est un garçon dont je connais la réputation!

Regardez l'étudiant(e) à côté de qui vous êtes assis(e). Décrivez-le/la.

—L'étudiante à côté de qui je suis assis? Eh bien, Marlène est grande et brune.

Maintenant, regardez un objet devant lequel (à côté duquel, près duquel) vous vous trouvez. Décrivez-le.

—Le tableau à côté duquel je suis assis n'est pas noir, il est blanc!

Moi, la chose à laquelle je pense le plus, ce sont mes étudiants. Et vous, Jeanne, à quoi pensez-vous le plus?

—La chose à laquelle je pense le plus? Les grandes vacances, bien sûr!

Pour apprécier

1. Avez-vous jamais fumé? Vous êtes-vous arrêté de fumer? Il y a combien de temps? Est-ce que vous avez eu du mal à vous arrêter?
2. Avez-vous un(e) ami(e) ou un parent qui s'est arrêté(e) de fumer? Racontez brièvement les circonstances dans lesquelles il/elle s'est arrêté(e).
3. Quels autres problèmes de santé préoccupent les gens actuellement? (le stress, l'alcoolisme, l'obésité, le besoin d'exercice physique…)

Rappel

Vous utilisez déjà les pronoms relatifs **qui** (*sujet du verbe*), **que** (*objet du verbe*) et **où** (*un endroit ou un moment*) dans les propositions subordonnées.

C'est une voiture de sport **qui** va très vite.
Robert est un ami **que** nous voyons souvent.
Ma chambre, c'est une pièce **où** j'aime travailler.

A.   Le pronom relatif après une préposition; *qui* et *lequel*

1. **Qui** après une préposition. Lorsque le pronom relatif se réfère à *une personne,* on utilise très souvent **qui** après une préposition.

   Voilà l'homme **avec qui** vous avez discuté hier.
   L'amie **à qui** j'écris cette lettre va rentrer la semaine prochaine.

2. **Lequel** après une préposition. Lorsque le pronom relatif après une préposition se réfère a *une chose*, on utilise toujours **lequel.** Lequel s'accorde en genre et en nombre avec son antécédent: **lequel / laquelle / lesquels / lesquelles.**

> La chaise **sur laquelle** j'étais assis était confortable.
> Voici les magasins **devant lesquels** nous aimons nous promener.

Faites attention à la contraction avec **à** et **de** devant **lequel.**

> **à:** **au**quel/**aux**quels/**aux**quelles   *mais:*   à laquelle
> **de:** **du**quel/**des**quels/**des**quelles   *mais:*   de laquelle

> Le film **auquel** je pense est formidable.
> Les associations **auxquelles** nous avons écrit se trouvent en Provence.
> Les fenêtres **à côté desquelles** je me trouvais étaient ouvertes.

Notez que **lequel** se réfère aussi à des *personnes*.

> L'étudiante **près de laquelle** j'étais assise a beaucoup parlé.
> Ce sont des amis **parmi lesquels** il se sent bien.

B. Le pronom relatif *dont*

1. Le pronom relatif **dont** remplace la préposition **de** + **qui** ou **de** + **lequel. Dont** est invariable et se réfère à des *personnes* et à des *choses*.

> J'ai rencontré la femme **dont** tu parles. (**dont** = *de qui*)
>
> Où sont les stylos **dont** j'avais besoin? (**dont** = *desquels*)
>
> Voici la voiture. Yves a envie **de** la voiture. (= Yves en a envie.) →
> Voici la voiture **dont** Yves a envie.
>
> Le tabac est un danger. Nous avons entendu parler **de** ce danger.
> → Le tabac est un danger **dont** nous avons entendu parler.

Voici les expressions courantes qui sont utilisées avec le pronom relatif **dont:**

> avoir besoin de   se souvenir de
> avoir envie de   se rendre compte de
> avoir peur de
> être content(e), ravi(e), heureux (-euse), mécontent(e), malheureux
>   (-euse) de
> être fier/fière de ≠ avoir honte de
> parler de *et* entendre parler de
>
> La guerre est quelque chose **dont** tout le monde a peur. (*avoir peur de*)
> Marc a reçu une mauvaise note **dont** il a eu honte. (*avoir honte de*)

2. **Dont** est souvent utilisé pour indiquer la *possession*. Dans ce cas il remplace le **de** possessif ou le pronom possessif.

C'est le conducteur. La voiture **du** conducteur est à la porte. → C'est le conducteur **dont la** voiture est à la porte.

Voici une camarade. **Son** frère suit ce cours. → Voici une camarade **dont le** frère suit ce cours.

Cet homme est un ami de mon oncle. Je connais **ses** filles. → Cet homme **dont** je connais **les** filles est un ami de mon oncle.

Notez que dans cette construction le pronom possessif (**son, ses**) devient l'article défini (**le, les**).

A la lettre

A. Visite d'une exposition. Jean-Luc, Thérèse et Annie vont à une exposition d'arts régionaux à Paris. Il y a beaucoup de bruit et Thérèse demande souvent à Jean-Luc de se répéter. Formez les questions de Thérèse selon le modèle. Utilisez les pronoms relatifs **lequel** ou **qui.**

MODÈLE: Jean-Luc: Voilà le taxi. J'ai téléphoné *à* ce taxi.
Thérèse: Est-ce que c'est le taxi auquel tu as téléphoné?

Jean-Luc dit:

1. Voilà la porte d'entrée. Annie nous attend *devant* cette porte.
2. Voilà des étudiants. Annie arrive *avec* ces étudiants.
3. Voici les billets. Nous avons obtenu une réduction *pour* ces billets.
4. Voici le catalogue de l'exposition. Tous les objets sont décrits *dans* ce catalogue.
5. Voici les céramiques (*f.*). Nous avons entendu parler *de* ces céramiques.
6. Voilà le directeur. Les visiteurs posent beaucoup de questions *au* directeur.

B. Un jeune ménage. Brigitte et Laurent vont bientôt se marier. Ils cherchent un appartement. Faites une phrase selon le modèle.

MODÈLE: C'est une bonne décision. J'en suis contente. →
C'est une (bonne) décision dont je suis contente.

1. C'est un beau quartier. On nous en a parlé.
2. C'est une rue assez pittoresque. J'en ai oublié le nom.
3. C'est une adresse. Je m'en souviendrai.
4. Voici un bel appartement. Tu en seras fier.
5. Il y a certaines choses. Nous ne pouvons pas nous en passer.
6. Voilà le tapis. Tu en avais envie.

C. Descriptions. Jeanine est rentrée chez elle à la fin de l'année. Elle a apporté son album de photos, qu'elle montre à ses parents. Suivez le modèle.

MODÈLE: Voici une voisine. Son mari est pilote. →
Voici une voisine dont le mari est pilote.

1. C'est un étudiant. Vous avez déjà vu sa photo.
2. Ce sont les autres voisins. Je vous ai parlé de ces voisins.
3. Voici un professeur. J'aime ses cours.
4. M. Dupont est un ami. Son fils est en Afrique.
5. Michel est un jeune poète. J'aime beaucoup ses livres.
6. C'est une bonne amie. Vous aimerez faire sa connaissance.

A *votre tour*

Énigme. Décrivez un objet, une personne ou un endroit à vos camarades. Utilisez des pronoms relatifs. Vos camarades vont essayer de nommer la chose dont vous parlez.

MODÈLE: A: Je pense à un gâteau qui est français et dont le nom commence par un **é**.
B: Le gâteau auquel tu penses… c'est un éclair!

Catégories suggérées: une ville / un pays / un plat / une personne / un livre / un cours / un moyen de transport / une voiture / un animal…

38. L'impératif avec les pronoms objets

La «double journée»

Il est six heures du soir. Françoise et Solange se préparent à quitter leur bureau. Elles reprennent une discussion qui leur est très importante. Françoise, comme vous le verrez, a certaines idées fixes sur les hommes…

SOLANGE: Françoise, tu parles encore de cette fameuse «double journée» de la femme! *Ne m'en parle plus,* je t'en prie!

FRANÇOISE: *Ne te fais pas d'illusions,* Solange. Tu finiras bien par travailler huit heures par jour au bureau et huit heures par jour à la maison!

SOLANGE: Mais je te l'ai déjà dit: Roger n'acceptera jamais une telle vie. Il a bien l'intention de m'aider en tout!

FRANÇOISE: Solange, *écoute-moi* bien: Quand ils sont jeunes, les hommes sont d'accord pour tout partager, mais dès qu'ils se marient, ils se mettent à ressembler à leur père!

SOLANGE: *Répète-moi* ça cent fois, si tu veux. Mais *ne me refuse pas* tout de même mes illusions. Ce sera à moi° de les vérifier.

°*ce sera à moi* = ce sera ma responsabilité

Pour préciser

Françoise donne son avis sur la vie conjugale à une collègue plus jeune.

Grégoire, voulez-vous mon avis sur ce problème?

—Oui, donnez-le-moi, si vous voulez. (Non, ne me le donnez pas.)

Voulez-vous des livres sur le couple moderne?

—Oui, donnez-m'en. (Non, ne m'en donnez pas.)

Maintenant, imaginez une conversation entre Françoise et son mari, un homme assez traditionnel. Françoise dit: «La vaisselle n'est pas faite.»

HENRI: Eh bien, fais-la!

FRANÇOISE: Veux-tu ton journal?

HENRI: Oui, apporte-le-moi!

FRANÇOISE: Veux-tu du gâteau?

HENRI: Oui, donne-m'en un gros morceau!

FRANÇOISE: Est-ce que tu veux aller au cinéma?

HENRI: Oui, allons-y! (Ah non, n'y allons pas!)

Pour apprécier

1. Selon Françoise, en quoi consiste la «double journée» de la femme?
2. Est-ce que Solange accepte les opinions de Françoise? D'après Françoise, pourquoi est-ce que Solange se trompe?
3. Est-ce que vous êtes d'accord avec Françoise?
4. A votre avis, sur quoi est fondé un bon mariage? (l'amour, la confiance, la répartition équitable du travail…)

A. L'impératif à la forme négative avec des pronoms objets

A la forme *négative* de l'impératif, l'ordre des pronoms objets et des pronoms réfléchis est identique à l'ordre qu'on utilise dans une affirmation. Les pronoms objets précèdent le verbe.[4]

Je vous donne ce stylo? —Non, ne **me le** donnez pas.

Je dois te parler de ton avenir. —Non, ne **m'en** parle pas.

J'envoie ces lettres à son ancienne adresse. —Non, ne **les y** envoie pas.

Marc et Hélène, ne **vous** disputez pas!

Ne **t'en** va pas!

N'oubliez pas que le pronom disjoint s'utilise après une *préposition:*

Ne parlons plus de **lui!**
Ne te dispute pas avec **eux!**
Souvenez-vous de **nous!**

------

[4]Pour l'ordre des pronoms dans une affirmation, revoir le Chapitre 11, pp. 285–287.

B. L'impératif à la forme affirmative avec des pronoms objets

1. A la forme *affirmative* de l'impératif, les pronoms objets et les pronoms réfléchis suivent le verbe. Un trait d'union (-) unit le verbe et le pronom. Lorsqu'ils sont à la fin de l'expression, **me (m')** et **te (t')** deviennent **moi** et **toi**.

> Ce sont des personnes que tu admires? Écris-**leur!**
> Voici du papier. Prends-**en.**
> Parlez-**moi** de ces photos.
> Vas-**y!**[5]
> Souviens-**toi** de notre jeunesse.
> On se revoit bientôt? —Bien sûr, appelle-**moi** demain.

2. Lorsqu'il y a *deux pronoms* avec l'impératif affirmatif, le pronom objet direct *précède* le pronom objet indirect. C'est un ordre inchangeable différent de l'ordre utilisé dans les affirmations et avec l'impératif négatif.

	Pronom objet direct	Pronom objet indirect		**Y/en**
Verbe à	le	moi (m')	nous	y/en
l'impératif	la	toi (t')	vous	
affirmatif	les	lui	leur	

> Voulez-vous cette revue? —Oui, envoyez-**la-moi.**
> Je t'apporte du papier? —Oui, apporte-**m'en.**
> Est-ce que je dois dire aux autres que tu arrives? —Oui, dis-**le-leur.**
> Ce travail est-il terminé? —Oui, ça suffit. Allez-**vous-en**°!

A la lettre

A. Pour garder ses forces. Des étudiant(e)s préparent ensemble leur examen de sociologie. Ils/Elles ont faim, naturellement. Avec un(e) camarade, jouez les rôles selon le modèle.

MODÈLES: A: Voilà du fromage. Est-ce que tu en veux?
B: Oui, bien sûr, donne-m'en.
A: Voici un morceau de gâteau. Le veux-tu?
B: Oui, bien sûr, donne-le-moi.

---

[5]Notez l'emploi idiomatique d'**y aller: Vas-y! (Allez-y!)** = Commence (Commencez) donc! Aie (Ayez) du courage!

°**Allez-vous-en!** = Partez! (*s'en aller* = partir)

1. Voici de la tarte!   2. Voici une belle banane!   3. Tu veux ce sandwich?   4. Il y a trois pommes dans le réfrigérateur.   5. Cette glace à la vanille est vraiment très bonne.   6. Il y a encore un peu de poulet froid.

Un peu plus tard, les deux étudiant(e)s n'ont plus faim. Refaites cet exercice en mettant leurs réponses à la forme négative.

B. Comment devient-on plus sérieux? Dans les phrases suivantes remplacez les mots en italique par un ou deux pronoms.

MODÈLE: *Lisez ces articles de journal!* → Lisez-les!

1. Ne manquez pas *les conférences importantes!*   2. Ne parlez pas *à vos camarades* pendant le cours!   3. Ne posez pas *de questions inutiles au professeur!*   4. N'achetez pas *les notes des cours à des camarades!*   5. Ne laissez pas *vos papiers importants dans la salle de sport!*   6. Lisez *des revues politiques!*   7. Visitez *des bibliothèques et des musées importants!*   8. Empruntez *des livres sérieux à vos professeurs!*   9. Ne jouez pas *au poker* le soir!   10. Offrez *de l'aide aux gens moins fortunés!*

A votre tour

A. Scénarios. Voici des ordres. Imaginez la personne qui les donne, à qui elle les donne et dans quelles circonstances.

MODÈLE: Vas-y! →
   Mon camarade va passer un examen important aujourd'hui. Je lui dis de bien travailler et de ne pas perdre courage.

1. Ne m'en donne plus, s'il te plaît.   2. Donnez-nous-en plusieurs, s'il vous plaît.   3. Explique-le.   4. Donne-la-lui.   5. Passe-les-moi, s'il te plaît.   6. Ne lui parle pas si fort!   7. Ne le lui dis pas!   8. Allez-vous-en!   9. Mettez-vous là, s'il vous plaît.   10. Souvenez-vous de cela!   11. Ne te trompe pas!

B. Situations. Avec des camarades, inventez des situations ou des rencontres qui demandent, à un certain moment, l'emploi de l'impératif.

MODÈLE: *Devant une salle de cinéma.*
   A: Bonjour, Richard! Tu viens voir le film avec moi?
   B: Je t'en prie, Josette, n'y entre pas! Ce film est terrifiant!

Situations possibles:
1. Votre ami(e) est sur le point de s'inscrire à un cours que vous n'aimez pas.
2. Votre ami(e) mange trop de gâteaux (boit trop de vin ou de café, fume trop...).

3. Votre ami(e) refuse de vous accompagner (au cinéma, en voyage, à une surprise-partie...).
4. Votre ami(e) ne pense qu'à ses vacances (à ses loisirs, à soi...).
5. Votre ami(e) veut abandonner ses études pour se marier.
6. ?

Animation

• Dialogue

Droits et tabous publicitaires

Plusieurs amis parlent d'une affiche publicitaire assez controversée, distribuée en Europe il y a quelques années. Ils ont tous vu cette publicité qui montrait un enfant portant un jean. Rien d'étonnant à cela, sauf que l'enfant qui avait vraisemblablement acheté ce jean n'était pas encore né!

MARYSE: Qu'est-ce que vous pensez de cette affiche?

GEORGES: Moi, je la trouve géniale! Un enfant pas encore né, ça fait partie de la vie, et *il n'est pas interdit de* le montrer.

BERNARD: Pense à ceux qui ne peuvent pas avoir d'enfants, aux femmes qui ont perdu un bébé. *On ne joue pas avec* ce genre d'expérience.

MARYSE: Je suis d'accord, *on ne peut pas* commercialiser n'importe quoi. *Il y a des choses qui doivent* rester sacrées.

PATRICE: Mais cette affiche fait de cet être un consommateur, *elle permet* donc *de* le considérer déjà comme un être vivant: c'est merveilleux!

BERNARD: *On n'a pas le droit de* banaliser le caractère exceptionnel d'une naissance.

GEORGES: Vous oubliez qu'*un publicitaire a le droit de* choquer le public, pour mieux attirer son attention; *c'est même son devoir!* En ce sens, cette affiche est une réussite!

Comment exprimer l'obligation, la permission et l'interdiction

1. Pour exprimer l'*obligation,* on utilise

   - le verbe **devoir**
   - des expressions telles que **il est obligatoire de, il est nécessaire de, c'est son devoir de...**
   - l'expression impersonnelle **il faut**[6]

2. Pour exprimer la *permission,* on utilise

   - les verbes **pouvoir** et **permettre de**
   - des expressions telles que **il est permis de, il est possible de, il n'est pas interdit de...**
   - l'expression verbale **avoir le droit de**

3. Pour exprimer l'*interdiction,* on utilise

   - les verbes **pouvoir** et **devoir** au négatif
   - des expressions telles que **il est interdit de, il est défendu de, on n'a pas le droit de...**
   - des verbes au temps présent et à la forme impersonnelle: **«On ne fait pas ça.» «Cela ne se fait pas.»**
   - l'expression **Défense de** + *infinitif,* dans les lieux publics: **«Défense de fumer», «Défense d'afficher»**

Réagissez!

A. Quel est le message exprimé par ces panneaux? Pouvez-vous le formuler de plusieurs façons différentes? Utilisez les expressions que vous venez d'apprendre.

B. Que pensez-vous de l'affiche dont parlent ces étudiants? Exprimez vos opinions personnelles en utilisant les expressions apprises.

C. Cherchez d'autres affiches ou annonces publicitaires controversées. Si possible, apportez-les en classe et discutez-en avec vos camarades.

---

[6]Voir le Chapitre 18.

**La population
actuelle de la
France est encore
plus hétérogène
qu'autrefois.**

• Lecture

**Dialoguer et
bien vivre**

Le Français des années 80 est un homme nouveau. Car des transformations commencent à apparaître aujourd'hui dans la vie de certains Français. Ces changements vont-ils avoir une influence plus répandue° sur la vie en France? Il est certain, par exemple, que le Parisien n'est plus l'homme respectueux de l'ordre et de la tradition typique des années de l'après-guerre.° Son esprit d'effort et d'entreprise—très visible dans les années 60 et 70—semble s'atténuer. Le célèbre individualisme français paraît même s'adoucir.°

Dans toute la France les gens commencent à s'ouvrir aux autres, timidement: les clubs, les réunions connaissent une nouvelle vogue. Il paraît même que certains conflits profonds—entre jeunes et vieux, ouvriers et cadres,° urbains et ruraux s'apaisent° tant soit peu.° Le Français commence-t-il vraiment à comprendre la situation des autres, à savoir qu'il ne peut pas se passer d'eux?

Un mot nouveau qui reflète cette tendance est même apparu dans le jargon politique de l'Élysée: dans le gouvernement du président François Mitterrand, on parle beaucoup de «dialogue» et de «dialoguer». La France d'aujourd'hui

---

°*répandu* = fréquent, généralisé
l'après-guerre = les années qui ont suivi la deuxième guerre mondiale
s'adoucir = devenir plus doux, plus modéré
un cadre = un(e) employé(e) qui travaille dans l'administration des entreprises
s'apaiser = se calmer
tant soit peu = un tout petit peu

semble rechercher le dialogue et la communication. On admet que c'est une activité dont même un esprit individualiste a besoin.

Mieux communiquer, c'est aussi d'une certaine façon, mieux vivre. Pour les salariés, le développement personnel accompagne souvent la réussite professionnelle. On redécouvre donc les vertus de la famille, de l'amitié, des intérêts communs, de la vie locale, de l'artisanat, des loisirs et de la forme physique. On les cultive, on s'y consacre avec passion, et dans certains cas, même aux dépens de la sécurité économique.

Mais malheureusement, tout le monde ne peut pas s'offrir de tels loisirs. La France subit° actuellement une crise économique assez profonde. On constate° la fermeture d'un certain nombre d'usines et la disparition d'emplois. Le chômage est répandu, surtout parmi les jeunes et les femmes, et parmi les trois millions de travailleurs immigrés qui vivent aujourd'hui en France et qui doivent se faire une place dans une société hétérogène.°

En dépit de tout ceci, il y a une chose dont les médias français parlent beaucoup: c'est «la qualité de la vie». Aujourd'hui, le Français travaille autant—même plus—qu'il y a dix ans, mais il devient peut-être un peu moins consommateur, un peu plus ouvert, un peu plus lié° aux autres.

Comprenez-vous?

Répondez brièvement aux questions suivantes selon le texte.

1. En quoi le Français moyen a-t-il changé depuis les années 50?
2. Quels sont les signes qui montrent que les Français essaient de mieux communiquer avec les autres?
3. Le Français des années 80 se consacre, bien sûr, à sa famille et à son travail. A quoi d'autre est-ce qu'il semble s'intéresser?
4. Quels sont les éléments qui donnent de la «qualité» à la vie, selon les médias français actuels?

Et chez nous?

1. Peut-on dire que l'Américain moyen a changé dans les trente ou quarante dernières années? Dans quel sens?
2. L'Amérique est une nation d'immigrés. Y a-t-il actuellement une «nouvelle vague» d'immigration? De quels pays nous viennent les nouveaux immigrés?
3. Quelles sont les choses qui donnent de la qualité à votre vie? Pour vous, est-ce que ces choses étaient différentes il y a cinq ans? il y a dix ans?

°*subir* = souffrir de
constater = voir, remarquer
hétérogène = divers, varié
lié = attaché

• Activités

A. Les choses de la vie. Racontez une brève histoire d'amour—imaginaire ou véritable—au passé composé et à l'imparfait. A la fin de votre histoire, ajoutez quelques prédictions au futur. Que deviendra ce couple?

Verbes utiles: se rencontrer / se regarder / se parler / se voir / se téléphoner / s'aimer / se faire des cadeaux / se quitter / s'écrire / se revoir / s'embrasser / se disputer / s'entendre (bien/mal) / se retrouver / se réconcilier / se fiancer…

Racontez votre histoire aux autres membres de la classe, qui vont ensuite vous poser des questions. (Pourquoi se sont-ils disputés? Se sont-ils finalement mariés? etc.)

B. Débat. Divisez la classe en petits groupes pour discuter d'un des sujets suivants. Dites si vous êtes d'accord avec l'affirmation. Donnez les raisons pour lesquelles vous êtes de cet avis. Réagissez aux opinions de vos camarades!

1. L'union libre est la meilleure manière de se préparer au mariage.
2. Le divorce est une institution nécessaire.
3. Les loisirs sont aussi importants que le travail.
4. Dans la vie, on doit s'engager pour une cause.
5. Mon rapport avec mes amis reflète mon rapport avec la société tout entière.

Expressions utiles: pratiquer / le mariage à l'essai / la famille / la fidélité / le bonheur / s'entendre (bien/mal) (avec) / les enfants / les problèmes / aimer / se disputer / rendre quelqu'un malheureux, heureux / vivre avec quelqu'un / partager / se charger de / s'engager à / s'occuper de / se rendre compte de / avoir besoin de / nécessaire, indispensable…

Les Français d'aujourd'hui semblent rechercher le dialogue et la communication… Et mieux communiquer, c'est aussi d'une certaine façon mieux vivre.

Mots à retenir

Verbes	attirer (l'attention) avoir du mal à	avoir le droit de divorcer	entendre parler de
Verbes pronominaux idiomatiques	se décider (à) se dépêcher (de) se disputer (avec) s'engager à s'entendre (bien/ mal) (avec)	se fâcher (contre) se fiancer (avec) se marier (avec) se passer de	se rappeler se rendre compte de/que se souvenir de/que se tromper (de)
Noms	l'autonomie (*f.*) le consommateur/ la consommatrice	la coutume le département l'habitant(e)	la province la région
Des provinces françaises	l'Alsace (*f.*) l'Auvergne (*f.*) la Bourgogne la Bretagne la Champagne	la Corse l'Île-de-France (*f.*) le Limousin le Nord la Normandie	la Provence la Savoie la Touraine
Adjectifs	culturel(le) régional(e)	répandu(e)	traditionnel(le)
Prépositions	au sujet de	à propos de	

Expressions de communication	Défense de + *inf.*
	Il est défendu
	   (interdit) de + *inf.*
		Il est nécessaire
		   (obligatoire) de + *inf.*
			Il est permis
			   (possible) de + *inf.*

Transformation et technologie

SNCF
38
TGV

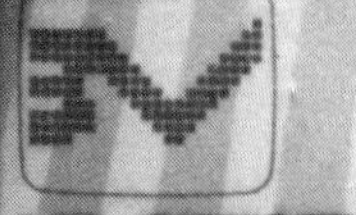

BRED+x
560437 4801234 7654
EXPIRE A FIN ▶ 02-83
MR. BENOIT DELAVENNE

ariane
MR
esa
cnes

Ariane: Cette fusée est un lanceur de satellites qui rivalise en manœuvrabilité et en économie avec les fusées et la Navette[1] américaines.

Le TGV:° Voici un train dont la vitesse (270 km/h maximum), l'économie d'énergie et le confort pulvérisent tous les records mondiaux. Il relie Paris et Marseille en quatre heures cinquante minutes!

Télétel: Les habitants de quelques villes françaises ont déjà chez eux un terminal relié à leur téléphone qui leur permet d'obtenir tous renseignements° concernant les services publics, commerciaux, touristiques et bancaires de leur ville.

La carte à mémoire: Sur cette carte de crédit, un microprocesseur enregistre instantanément débits et dépôts d'argent.

D'après ces descriptions...

1. Quelle est la fonction de la fusée Ariane?
2. Quels sont les principaux avantages du TGV?
3. Quels types de renseignements peut-on obtenir au moyen de Télétel?
4. Quel est l'élément révolutionnaire de la carte à mémoire?
5. Laquelle de ces quatre technologies jugez-vous la plus importante? Pourquoi?

Sondage sur... la valeur des technologies.

A votre avis, quelles sont les inventions modernes qui représentent un progrès pour l'humanité? Quelles sont les inventions qui présentent un danger? Lequel?

l'automobile	le laser	l'énergie atomique
la télévision	l'énergie solaire	l'ordinateur
le pétrole	le téléphone	les satellites
l'avion	la fusée	...?

*E*ntrée en scène

Que faire de votre ordinateur? Quels ont été jusqu'ici les effets des nouvelles technologies électroniques? Elles ont réduit le temps nécessaire pour faire beaucoup de travaux. Elles ont changé considérablement la façon° dont les gens pensent, travaillent,

---

[1]*La Navette* est le véhicule américain qui fait des voyages spatiaux réguliers depuis 1981.

°*Le TGV* = le train à grande vitesse

les renseignements = les informations

la façon = la manière

apprennent, s'informent, s'amusent, se soignent,° communiquent les uns avec les autres et effectuent° des transactions financières.

Voici un appareil° qui fait maintenant partie de notre vie quotidienne. Comment utilise-t-on un ordinateur? Qu'est-ce que les autres font pour vous à l'aide d'un ordinateur?

Un distributeur automatique de billets de banque dans une rue parisienne. «Tu me demandes ce que je faisais dans la rue cet après-midi? Je faisais la queue, tout comme à la banque!»

°*se soigner* = se traiter (médicalement)
effectuer = faire, accomplir
un appareil = une machine, un instrument

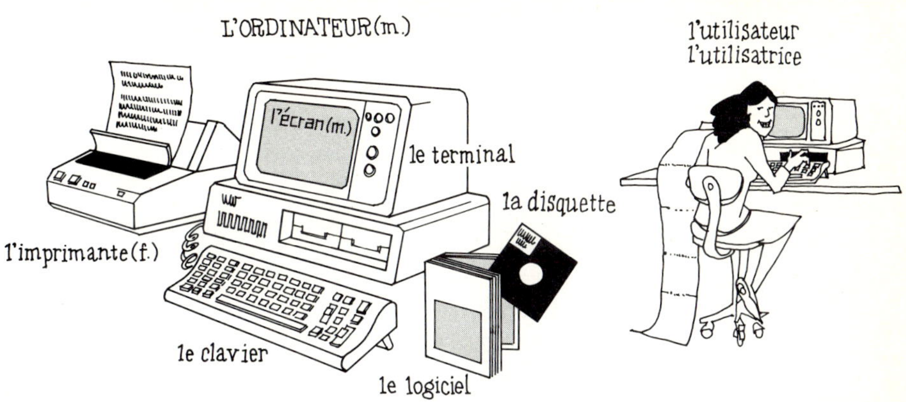

A. Un outil indispensable. Nommez les parties de votre ordinateur à l'aide des définitions suivantes.

1. C'est la partie qu'on regarde.   2. C'est la personne qui donne les commandes.   3. C'est l'appareil qui produit des documents sur papier. 4. C'est l'objet qu'on utilise pour garder—pour stocker—ses informations.   5. C'est la partie qu'on touche lorsqu'on tape à la machine.   6. C'est l'appareil qui est parfois relié à un plus grand ordinateur.   7. C'est un système de commandes qui fait marcher l'ordinateur.

B. La technologie et vous. Avec des camarades, discutez des réponses aux questions suivantes.

1. De quelles technologies modernes vous servez-vous° tous les jours? Pensez à vos études, à votre travail, à la vie domestique et à vos loisirs.

   Mots utiles: le transistor / la télévision / le téléphone / la stéréo / le magnétophone (les cassettes) / le magnétoscope (les vidéocassettes) / le copieur…

2. Vous souvenez-vous du temps où l'ordinateur n'existait pas encore? Quels travaux se faisaient plus lentement? Quels travaux se faisaient à la main?
3. Quel rôle l'ordinateur joue-t-il dans votre travail scolaire? Est-ce que vous vous êtes servi(e) d'un ordinateur ce semestre (ce trimestre)? Dans quelles circonstances?

   Expressions utiles: faire des calculs / organiser son emploi du temps / utiliser un programme de traitement de texte[2] pour écrire une

---

[2]*Un programme de traitement de texte* aide à écrire des textes et à les corriger.

°*se servir de* = utiliser, employer

dissertation (un rapport, une thèse, un livre, des lettres) / jouer à des jeux électroniques / programmer / organiser (comparer, stocker) des données,° économiser du temps / faire des recherches / prendre des notes / exercer son esprit analytique / communiquer avec d'autres personnes / transmettre des informations / apprendre à taper à la machine / faire de la comptabilité° / étudier les maths (les langues modernes, l'orthographe...) / acheter des marchandises / payer des factures° / faire des réservations pour un voyage / conduire une voiture / s'amuser...

*J*eu de structures

39. Résumé de la narration au passé; l'infinitif passé

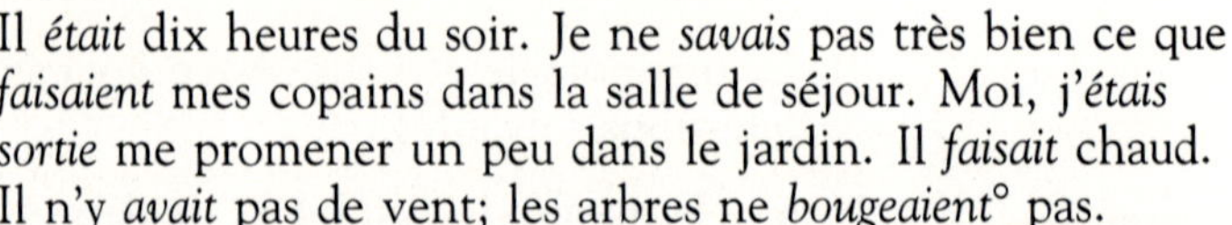

Une visite inattendue

Marie-Louise raconte les événements de jeudi soir.

MARIE-LOUISE: Il *était* dix heures du soir. Je ne *savais* pas très bien ce que *faisaient* mes copains dans la salle de séjour. Moi, j'*étais sortie* me promener un peu dans le jardin. Il *faisait* chaud. Il n'y *avait* pas de vent; les arbres ne *bougeaient*° pas.

Soudain, au-dessus de ma tête, j'*ai senti* une sorte de lumière, ou de chaleur.[3] J'*ai levé* la tête. Et là, dans le ciel,° une petite boule° métallique et lumineuse *descendait* petit à petit. Il me *semblait* que je l'*avais vue* auparavant, dans mes rêves. J'*ai voulu* appeler les autres, mais je n'*ai* pas *pu*. Je *me suis arrêtée* à la porte du jardin. La boule, qui *ressemblait* à un gros melon, n'*avait* pas de fenêtres, mais elle *avait* des antennes qui *tournaient* lentement. *Après s'être arrêté*, le petit vaisseau° *a fait descendre* ses pieds et son escalier. La porte *s'est ouverte*. Deux êtres

---

[3]*La chaleur* est le nom qui correspond à l'adjectif *chaud*.

°*les données* = les informations
faire de la comptabilité = calculer l'argent reçu et dépensé
une facture = une note, une addition
bouger = faire un mouvement
le ciel ≠ la terre
une boule = un objet sphérique
le vaisseau = le véhicule spatial

identiques sont sortis: petits, alertes, lumineux. Leur apparence ne m'*a* pas *étonnée.* Je *savais* bien que je ne *rêvais* pas. *Après avoir quitté* la boule, l'un d'eux *s'est approché* de moi, et il *a dit,* sans hésitation et dans un français très correct: «Pardon, Mademoiselle. Est-ce que vous êtes bien Marie-Louise Bruneau?»

Pour préciser

Richard, qu'est-ce que Marie-Louise a fait après avoir quitté la maison?
  —Après avoir quitté la maison, Marie-Louise s'est promenée dans son jardin.
Après s'être promenée un peu, qu'est-ce qu'elle a senti?
  —Après s'être promenée un peu, elle a senti quelque chose de bizarre. C'était une lumière ou une chaleur.
Après être arrivée à la porte du jardin, qu'est-ce qu'elle a fait?
  —Elle s'est arrêtée après être arrivée à la porte du jardin.
Après s'être approché de Marie-Louise, qu'est-ce que l'extraterrestre a fait?
  —Après s'être approché d'elle, l'extraterrestre lui a posé une question.
Imaginez ce que Marie-Louise a fait après avoir écouté la question de l'extraterrestre.
  —Après avoir écouté sa question, Marie-Louise lui a répondu.

Pour apprécier

1. Quel temps faisait-il ce soir-là?   2. A votre avis, pourquoi Marie-Louise avait-elle quitté la pièce où se trouvait ses amis?   3. Faites une description (au passé) du vaisseau spatial.   4. Pourquoi Marie-Louise ne s'est-elle pas étonnée devant l'apparence de ses visiteurs?   5. A votre avis, à quoi ressemblaient les deux petits visiteurs? Imaginez leur apparence physique et décrivez-les.

A. Résumé de la narration au passé

Dans le Chapitre 14, vous avez appris comment utiliser les trois temps du passé dans une narration.

Rappel

N'oubliez pas que:

1. L'*imparfait* situe la scène. Il décrit aussi l'état mental ou physique des personnages. Il exprime des actions répétées, habituelles ou continues sans fin précise.
2. Le *passé composé* exprime une action terminée à un moment donné, ou une action répétée un nombre déterminé de fois. Le passé composé «interrompt» une scène décrite à l'imparfait.
3. Le *plus-que-parfait* indique une action qui précède dans le temps une autre action au passé.

C'**était** un soir de novembre. Il **faisait** du vent. La nuit **était** déjà **tombée** lorsque Bernard **a quitté** son appartement. Il **a traversé** la rue et **est monté** dans sa voiture.

Trois jours auparavant, il **avait reçu** une lettre intéressante de sa fiancée…

B.　L'infinitif passé

On utilise l'*infinitif passé* dans la narration, au présent, au passé ou au futur, pour exprimer la première de deux actions successives faites par un seul sujet.

J'ai pris mon déjeuner. Je suis sortie. → **Après avoir pris** mon déjeuner, je suis sortie.

Elle est arrivée à Paris. Elle a commencé ses études. → **Après être arrivée** à Paris, elle a commencé ses études.

Qu'est-ce que tu feras après avoir terminé tes études? —**Après avoir obtenu** mon diplôme, je partirai pour New York.

Pour former l'infinitif passé, ajoutez le participe passé du verbe à l'infinitif de l'auxiliaire **avoir** ou **être.** Pour les verbes conjugués avec **être,** le participe passé s'accorde avec le sujet.

---

après avoir + *participe passé*　ou　**après être** + *participe passé*

Après avoir écrit…　　　　　　　　　Après être sorti(e)(s)…

Notez que le pronom réfléchi précède **être** dans l'infinitif passé des verbes pronominaux.

> **Après m'être levée,** je me suis habillée.
> **Après nous être parlé,** nous avons pu terminer notre travail.

A la lettre

A. Un moment embarrassant. Mettez le verbe logique au passé composé ou à l'imparfait selon le cas.

MODÈLE: (*arriver / prendre*) Je prenais un bain dans ma chambre d'hôtel quand le président est arrivé.

1. (*arriver / partir*) Nous _______ chez les Dufort au moment où ils _______ .
2. (*tomber / préparer*) Au Plaza-Athénée, pendant que le serveur _______ la sauce, Marc _______ malade.
3. (*dire / entrer*) On _______ que le directeur était paresseux quand il _______ .
4. (*penser / poser*) Quand le journaliste me _______ sa question, je _______ à autre chose.
5. (*tomber / passer*) Elle _______ devant un groupe d'acrobates au Centre Beaubourg quand elle _______ .
6. (*arrêter / descendre*) Je _______ la rue de Rivoli en voiture quand l'agent de police me _______ .

B. Et après? Faites une seule phrase avec l'infinitif passé selon le modèle.

MODÈLE: Je suis allé(e) voir ma copine. Ensuite, je suis rentré(e). →
Après être allé(e) voir ma copine, je suis rentré(e).

1. Les étudiants ont travaillé au laboratoire. Ensuite, ils sont allés dîner.
2. Je me suis détendu(e) près de la piscine. Ensuite, je suis retourné(e) au laboratoire.
3. Il s'est promené avec ses enfants. Ensuite, il les a emmenés à l'école.
4. Tu as vu un film fantastique. Ensuite, tu en as parlé avec tes amis.
5. J'ai réussi à mes examens de fin d'année. Je suis parti(e) en vacances.
6. Vous êtes rentrés de vacances. Ensuite, vous avez repris le travail.

C. Une aventure nocturne. Mettez les verbes du passage suivant au *passé composé*, à l'*imparfait* ou au *plus-que-parfait* selon le cas.

Il *est* une heure du matin. Les passants° *sont* rares. La banlieue *dort*. Dans le centre-ville, il y *a* encore un peu de bruit. Quelques voitures

---

°*un(e) passant(e)* = une personne qui passe dans la rue

passent. Il *fait* beau; la nuit *est* claire. J'*attends* tranquillement le dernier métro. Enfin, il *arrive.* J'y *monte.* Je *m'installe* sur l'un des sièges. Le train *se met* en marche.

Je *suis* seul(e) dans le train qui *roule* normalement. Je *lis* mon journal. Je *pense* aux amis que je *viens* de quitter et à la discussion que nous *avons* *eue.* Soudain, une voix[4] très proche de moi me *crie* «Descendez ici!». Vous *devez*[5] savoir qu'il n'y *a* personne d'autre dans le train! J'*obéis* quand même.

Quelques instants après, alors que je *suis* déjà sur le quai, le train *quitte* les rails! Moi, je *sors* dans la rue; je *suis* devant la porte de mon appartement!

A votre tour

A. Un échange d'idées. Relisez le texte des pages 414–415. Avec un(e) ou deux camarades, imaginez la conversation entre Marie-Louise et ses petits visiteurs. Suivez les questions modèles données. Utilisez les temps du passé et l'infinitif passé dans votre dialogue. Jouez-le devant la classe.

Questions possibles:

1. Pourquoi êtes-vous venus ici?
2. Est-ce que vous nous attendiez? Pourquoi?
3. D'où êtes-vous venus?
4. Où êtes-vous allés d'abord?
5. Qui vous a envoyés ici?
6. Pourquoi parlez-vous français? Comment l'avez-vous appris?

Réponses possibles:

1. Nous avons quitté notre planète parce que...
2. Oui, je vous attendais parce que...
3. Nous habitons sur... Chez nous, il fait...
4. Après avoir quitté notre planète, nous nous sommes dirigés vers..., mais...
5. Nos chefs nous ont envoyés ici pour...
6. Nous parlons français parce que...

B. Une petite histoire. Écrivez une histoire de science-fiction ou d'aventures à la première personne (**je**). Utilisez les *temps du passé* et *l'infinitif passé.*

-----

[4]On parle avec sa *voix.*
[5]Ce verbe reste au présent.

40. Les pronoms démonstratifs: **celui, celle, ceux, celles**

Celle dont je me souviens

Denis et Bruno se promènent ensemble un dimanche après-midi. Ce sont deux amis qui se sont rencontrés il y a plusieurs années lorsqu'ils travaillaient dans la même maison.°

DENIS: Bruno, est-ce que tu penses parfois à nos anciens collègues?
BRUNO: Tu veux dire *ceux qui* travaillaient avec nous chez Dassault?
DENIS: Oui, et surtout Sophie, *celle avec qui* j'aimais tellement parler. Elle était grande, brune, intelligente, jeune, célibataire....
BRUNO: Voyons, il me semble que j'ai rencontré Sophie l'autre jour, mais elle ressemblait assez peu à *celle dont* tu parles.
DENIS: On m'a dit qu'elle avait changé de profession.
BRUNO: Oui. Il paraît qu'elle ne travaille plus dans la recherche informatique, elle fait de la comptabilité. Et puis, tu sais, elle m'a paru plus petite, plutôt maigre,° plus vieille même.
DENIS: Ce n'est pas possible! *Celle que* je connaissais…
BRUNO: Écoute, Denis. En fait, Sophie, quand je l'ai vue, elle était en compagnie de son nouveau mari.

Pour préciser

Voici deux amis qui ont travaillé ensemble chez Dassault. Celui-ci s'appelle Denis: c'est Denis qui aimait parler avec Sophie. Celui-là s'appelle Bruno: c'est Bruno qui a rencontré Sophie et son mari. Dites-moi, Kenneth, qui sont les étudiants au fond de la salle de classe? Que font-ils?

—Celui-là s'appelle Marc. Lui, il prend des notes. Celle-ci, c'est Suzanne. Elle parle avec une camarade.

Suzanne, voici deux livres. Celui-ci est un livre de botanique. Celui-là est un livre de français. Quel livre préférez-vous?

—Je préfère celui-là, naturellement.

J'ai une nouvelle voiture. Elle est rouge et elle va assez vite. Celle de Suzanne est complètement différente. Marc, connaissez-vous celle de Suzanne?

—Oui, celle de Suzanne est vieille, elle est noire et elle ne marche plus très bien.

La collègue dont parle Bruno est maintenant mariée. Celle dont il parle est maintenant mariée. Et vous, Michel? Est-ce que certains de vos amis sont déjà mariés?

—Oui, un ou deux. Ceux qui sont mariés ne vont pas à l'université.

°*la maison* = ici, la firme, l'entreprise
maigre ≠ gros

Pour apprécier   1. De qui se souviennent Denis et Bruno?   2. Pourquoi s'intéressaient-ils autrefois à cette personne?   3. Qu'est-ce qu'ils savent d'elle maintenant? Que fait-elle? Quel air a-t-elle ces jours-ci?   4. Pourquoi Denis s'étonne-t-il de cette description?   5. Est-ce que la description que fait Bruno est tout à fait exacte? Pourquoi? Pourquoi pas?

Les *pronoms démonstratifs* se réfèrent toujours à un antécédent—c'est-à-dire, à une personne, à un objet ou à une idée déjà mentionnés.

A.   Les formes des pronoms démonstratifs

Le pronom démonstratif s'accorde en genre et en nombre avec le nom qu'il remplace.[6]

	SINGULIER	PLURIEL
MASCULIN	celui	ceux
FÉMININ	celle	celles

B.   L'emploi du pronom démonstratif

Le pronom démonstratif ne s'emploie jamais seul. Il doit être utilisé dans l'une des constructions suivantes.

1. **Celui-ci** et **celui-là** font une distinction entre deux noms.

   Quel étudiant connais-tu? **Celui-ci** ou **celui-là?**
   Il y a plusieurs voitures libres. Préférez-vous **celle-ci** ou **celle-là?**

2. **Celui de** + *nom* indique la possession ou la catégorie.

   J'ai une machine très facile à utiliser. **Celle de** mon collègue est plus compliquée.

   Notre groupe travaille dans un domaine important: **celui des** applications pédagogiques de l'ordinateur.

3. **Celui qui** (**celui que, celui dont** ou **celui** + *une préposition* + **lequel**) introduit une proposition subordonnée.

   J'ai trois sœurs. **Celle qui** est chimiste habite à Lyon; **celles qui** vivent à Paris sont professeurs.

   Cet architecte est très intelligent, mais **celui que** je préfère est plus innovatif.

---

[6]Les pronoms démonstratifs indéfinis **cela (ça)** et **ceci** sont invariables. Ils ont un antécédent indéterminé. Par exemple: **Cela (Ça)** se fait souvent. Écoutez **ceci!**

Je trouve ses réalisations formidables! **Celles dont** on nous a parlé se trouvent en Bretagne.

Nous écrivons à plusieurs laboratoires. **Ceux auxquels** nous avons écrit le mois dernier nous ont déjà répondu.

A la lettre

A. Un nouveau réseau.° Monsieur Renaud va installer dans son entreprise un nouveau réseau d'ordinateurs. Il compare les prix des appareils et de leurs accessoires.

MODÈLE: cet ordinateur / 12 000 F / 48 000 F →
Le vendeur: Cet ordinateur-ci coûte 12 000 F.
M. Renaud: Et celui-là?
Le vendeur: Celui-là coûte 48 000 F.

1. ces claviers / 800 F / 2 000 F
2. ce logiciel / 400 F / 3 200 F
3. cette imprimante / 3 200 F / 20 000 F
4. ces programmes de traitement de texte / 400 F / 4 000 F
5. ces disquettes / 336 F la douzaine / 960 F la douzaine

B. Secteurs à débouchés nombreux. Voici les résultats d'une enquête sur les débouchés d'avenir. Complétez avec les pronoms démonstratifs corrects.

1. Les secteurs (*m.*) d'avenir sont ________ de l'informatique, de l'aéronautique et ________ de la distribution.
2. Beaucoup d'entreprises préféreront les jeunes qui sont diplômés des Écoles d'Ingénieurs à ________ qui sont diplômés de l'université.
3. Les branches (*f.*) de la recherche et ________ de l'informatique et de la gestion° se développeront.
4. La meilleure formation scientifique sera ________ que donneront les Grandes Écoles d'Ingénieurs.
5. Les qualités les plus importantes seront ________ d'innovation et de communication.

C. Visite d'un laboratoire médical. Faites une phrase avec les deux phrases données. Commencez votre phrase par un *pronom démonstratif* + **qui, que** ou **dont** qui correspond aux mots en italique. Suivez les modèles.

MODÈLE: J'ai visité *les laboratoires*. / Ils étaient modernes. →
Ceux que j'ai visités étaient modernes.
Nous parlons *de ces chercheurs*. / Ils sont devenus célèbres. →
Ceux dont nous parlons sont devenus célèbres.

°*un réseau* = ici, un groupe d'ordinateurs reliés les uns aux autres
la gestion = l'administration des entreprises

1. *Le laboratoire* se trouve près de l'université. / Il a été le lieu d'une découverte remarquable.
2. On m'avait parlé *d'un biologiste*. / Il a reçu un prix.
3. J'ai rencontré *une autre employée*. / Elle est directrice de recherches.
4. Nous avons discuté *d'une nouvelle technique*. / Elle va transformer le traitement médical.
5. J'ai lu *certains documents*. / Ils parlaient des recherches faites dans ce laboratoire.
6. *Ces deux femmes* ont fait cette découverte. / Elles ont travaillé pour cela pendant cinq ans.

A votre tour

Dans vingt ans. Pouvez-vous imaginer la société de l'avenir? Comparez les choses suivantes selon le modèle. Utilisez une variété d'adjectifs.

MODÈLE: Les avions →
Les avions seront beaucoup plus rapides que ceux d'aujourd'hui.

1. les universités
2. les étudiants
3. la nourriture
4. les villes
5. le travail
6. les ordinateurs
7. la connaissance scientifique
8. les robots
9. les moyens de transport

Si vous le pouvez, ajoutez d'autres éléments à cette liste et continuez à faire des prédictions selon le modèle.

Animation

• Dialogue

Une cité savante A Paris, dans une exposition sur les technologies nouvelles. Une journaliste américaine interroge un jeune ingénieur français qui travaille à Sophia-Antipolis.

LA JOURNALISTE: Où se trouve le parc industriel de Sophia-Antipolis?
L'INGÉNIEUR: Sur la Côte d'Azur, *plus exactement* entre Cannes, Grasse et Nice.
LA JOURNALISTE: Et quelle est la raison d'être de ce centre?
L'INGÉNIEUR: Sophia-Antipolis est un lieu réservé à la recherche internationale.
LA JOURNALISTE: Et *pour être plus précis?*

> L'INGÉNIEUR: Eh bien, on y trouve des industries de technologie avancée, comme Texas Instruments, des laboratoires de recherche, des centres d'informatique, des instituts éducatifs.
>
> LA JOURNALISTE: *Autrement dit,* c'est une Cité savante?
>
> L'INGÉNIEUR: Oui, mais son originalité, c'est qu'elle intègre lieux de travail, d'habitation, de loisir et de culture.
>
> LA JOURNALISTE: Vous m'avez dit que, *par exemple,* trente pour cent seulement du terrain est utilisé.
>
> L'INGÉNIEUR: En effet, *ceci veut dire que* l'environnement est protégé. L'énergie solaire y est d'ailleurs° privilégiée.°
>
> LA JOURNALISTE: Encore une question: quelle est la superficie° du parc?
>
> L'INGÉNIEUR: Elle est environ égale au quart de la superficie de Paris. Vers l'an 2000, après avoir complété d'autres installations, la direction pourra offrir un logement à près de 15 000 personnes dont beaucoup travailleront sur place. Pour la France, c'est vraiment une nouvelle manière de vivre et de travailler.

Comment donner des précisions

Pour donner des précisions, on peut utiliser des expressions qui servent

> *à répéter:* c'est-à-dire (que), autrement dit
>
> *à ajouter un détail:* plus exactement, pour être plus précis, en particulier
>
> *à illustrer:* ceci veut dire que…, par exemple

Réagissez!

A. Complétez la légende de chaque dessin avec une expression qui donne une précision.

_______ que tu ne viens pas…?

_______, il est 2 heures 54 minutes et 37 secondes.

°*d'ailleurs* = en plus (de), de plus
privilégié = favorisé
la superficie = la surface, l'étendue

Oui, j'adore la cuisine simple,
________ le pâté, les escargots...

B. **Recréez un dialogue.** Avec un(e) camarade, refaites l'interview présentée ci-dessus, pour donner des précisions sur votre école ou sur votre université. Utilisez les expressions que vous avez apprises pour présenter des détails et des exemples.

MODÈLES: Où se trouve...?
Quelles études peut-on y faire?
Autrement dit, ...
Oui, mais elle a des aspects originaux, par exemple...

Une source d'énergie nouvellement exploitée: les capteurs solaires d'Odeillo dans les Pyrénées.

• Lecture

Plus de génie que de brevets°

Les stéréotypes ont la vie dure: on pense plus souvent aux réalisations culturelles de la France qu'à ses réalisations techniques. Et pourtant, la France contemporaine est un pionnier dans les industries de l'aéronautique, des transports, de l'électronique et de l'optique. C'est un leader dans le domaine de la haute technologie, comme le prouve la fusée Ariane qui entre aujourd'hui en compétition avec la Navette américaine, ainsi que Télétel, le TGV et la carte à mémoire qui font déjà leur percée° sur le marché américain.

La France, petit pays aux sources d'énergie naturelle limitées, excelle aussi dans les domaines de pointe° de la recherche énergétique. L'énergie nucléaire, en particulier, est beaucoup plus développée que celle des États-Unis et elle produit aujourd'hui un tiers° de l'énergie française. La première usine électrique utilisant la force de la marée° était française. L'aéroport de Nice n'utilise que l'énergie solaire pour ses besoins en électricité. Un nouveau système de chauffage° basé sur la différence de températures entre la terre et l'air est déjà utilisé commercialement dans les nouvelles constructions.

C'est pourtant le Français lui-même qui a contribué à créer ce stéréotype d'une France «anti-technologique». En effet, la plupart des inventions françaises ont été exploitées par des brevets étrangers. C'est le cas pour la machine à calculer de Pascal (1642), le moteur à explosion de Beau de Rochas (1863), le télégraphe d'Ampère (1820), le téléphone de Bourseul (1854), la photographie de Niepce (1827) ou le cinéma des frères Lumière (1895). Le Français Clément Ader a volé en avion avant les frères Wright et Denis Papin a découvert la machine à vapeur quarante ans avant Jonathan Hull.

Les Français semblent bien être traditionnellement plutôt des penseurs que des réalisateurs, plutôt des inventeurs que des entrepreneurs. Jules Verne, qui a imaginé au dix-neuvième siècle toutes les grandes découvertes du vingtième siècle, n'est-il pas un exemple frappant° de cette tradition toute française?

Cependant, certains penseurs français ont conservé la paternité de leur invention, c'est pourquoi nous parlons encore aujourd'hui de Pasteur, de Curie ou de Braille. Savez-vous dans quels domaines ces savants° ont exercé leurs talents?

°*les brevets* = les droits légaux d'un inventeur
une percée = une ouverture
les domaines de pointe = les domaines les plus avancés
un tiers = 1/3
la marée = le mouvement des océans suivant la lune
le chauffage = le système pour distribuer de la chaleur dans une maison
frappant = impressionnant, étonnant
savants = hommes ou femmes de science

Comprenez-vous?

Complétez les phrases pour retrouver le sens du texte.

1. La France est un leader mondial dans les domaines de…
2. On produit de l'électricité en France à partir de…
3. Un nouveau type de chauffage des maisons utilise…
4. Jules Verne est un exemple d'une certaine tradition française: celle de…
5. Sans avoir pu les exploiter, ce sont des inventeurs français qui nous ont donné…

Marie Curie (1867–1934). Cette Française d'origine polonaise a découvert le radium en collaboration avec son mari Pierre Curie. Elle a reçu le prix Nobel de physique en 1903 et celui de chimie en 1911.

Et vous?

1. Avez-vous jamais inventé quelque chose? Décrivez votre invention.
2. Qu'est-ce que vous rêvez d'inventer? De quoi la société a-t-elle encore besoin?
3. Que savez-vous de Blaise Pascal, de Louis Pasteur, d'André Ampère, de Marie et Pierre Curie, de Louis Braille et de Jules Verne? Faites un petit exposé oral sur la vie et le travail d'une de ces personnes.
4. Avez-vous jamais entendu parler de Beau de Rochas, de Bourseul, de Niepce, des frères Lumière, de Clément Ader ou de Denis Papin? Dans quels domaines ont-ils travaillé? Cherchez leurs noms dans une encyclopédie (française), si nécessaire.

• Activités

A. Le nouvel ordinateur de M. Séguin. Mettez les verbes du texte suivant *au passé composé*, *à l'imparfait* ou *au plus-que-parfait* selon le cas.

Il y a deux mois, M. Séguin (*acheter*) son premier ordinateur. Il (*en avoir*) besoin pour son travail de comptabilité, qu'il (*faire*) à la main depuis trente ans. L'été précédent, son jeune neveu le (*persuader*) qu'un ordinateur (*être*) nécessaire à son travail. M. Séguin y (*penser*) pendant longtemps avant de se décider.

Quand M. Séguin (*sortir*) du magasin d'ordinateurs, il (*s'apercevoir*) que le carton (*être*) très lourd. Le voyage en métro (*être*) difficile. Finalement, M. Séguin (arriver) à son bureau qui se trouve[7] au quatrième étage d'un vieil immeuble parisien. M. Séguin (*ouvrir*) le carton. Après plusieurs heures, il (*réussir*) à installer son nouvel appareil. La semaine suivante, il (*enregistrer*) toutes les informations concernant les comptes de ses clients.

A partir de ce jour-là, il (*faire*) tous ses calculs par ordinateur. Son travail (*devenir*) très rapide. Ses clients en (*être*) ravis! Et aujourd'hui, M. Séguin trouve[7] son travail beaucoup moins long et beaucoup moins difficile qu'avant. En février, il (*partir*) à la montagne faire du ski!

B. Mon pays natal. Écrivez deux ou trois paragraphes, ou bien faites un exposé oral sur la ville, la région ou le pays où vous avez grandi. Est-ce que cette région a changé depuis votre enfance? Est-ce que la vie des habitants a changé sensiblement? Si oui, en quoi a-t-elle changé? Sinon, pourquoi n'a-t-elle pas changé?

---

[7]Ce verbe reste au présent.

Mots à retenir

Verbes	s'approcher de	faire des calculs	se servir de
	bouger	faire des recherches	(se) soigner
	communiquer (avec)	programmer	taper (à la machine)
	effectuer	relier	transformer
	enregistrer		

Noms	l'appareil (*m.*)	l'imprimante (*f.*)	le progrès
	la chaleur	les informations (*f. pl.*)	la recherche
	le clavier	le logiciel	le renseignement
	la comptabilité	la mémoire	le réseau
	la découverte	l'ordinateur	la technologie
	la disquette	(personnel) (*m.*)	le terminal
	les données (*f. pl.*)	le programme	le traitement de texte
	l'écran (*m.*)	le programmeur/	l'usine (*f.*)
	la fusée	la programmeuse	l'utilisateur/l'utilisatrice

Adjectifs	électronique	répétitif (-ive)	utile
	maigre		

Adverbe	en effet		

Préposition	à l'aide de		

Expressions de communication	autrement dit	en particulier	pour être plus précis

Le monde du travail

RÉALISEZ VOTRE RÊVE

Les bacheliers°—jeunes filles ou jeunes gens—qui désirent entrer rapidement dans la vie active peuvent suivre des cours spécialisés dans des instituts privés. Ces étudiants représentent une clientèle intéressante et ces instituts rivalisent d'originalité publicitaire pour attirer les clients!

D'après ces annonces publicitaires...

1. Laquelle de ces trois écoles fait appel à votre ambition professionnelle? à vos espoirs secrets? à votre désir de gagner tout de suite de l'argent?
2. Quelle est l'annonce qui vous attire le plus? Pourquoi?

Votre avis sur... le choix d'un métier.

Pour vous, quel est le facteur le plus important dans le choix d'un métier? Classez les éléments suivants dans l'ordre de vos préférences. Comparez vos résultats avec ceux de vos camarades.

___1. salaire
___2. temps consacré à la famille
___3. stabilité de l'emploi
___4. temps de loisir
___5. contacts humains

___6. avantages sociaux
___7. intérêt du travail
___8. possibilité de promotion
___9. prestige social

L'ordre indiqué ici représente la préférence des jeunes Français. En quoi vos résultats diffèrent-ils? Quelles conclusions pouvez-vous en tirer?

Entrée en scène

**Le travail
en France[1]**

un agriculteur   un ouvrier agricole/
une ouvrière agricole

un agent de police

une douanière/
un douanier

un facteur
(un[e] préposé[e] des postes)

une institutrice/
un instituteur

**1. La profession agricole:
2 millions de Français**

2. Les fonctionnaires: 4 millions de Français

---

[1]Il y a approximativement 54 500 000 habitants en France.
°*les bacheliers* = ceux qui viennent d'obtenir leur baccalauréat

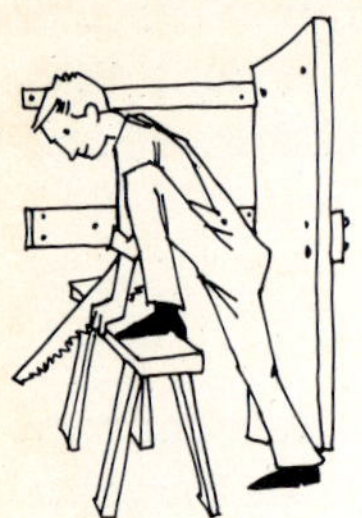     

| un artisan/ | une avocate/ | une femme médecin/ | un banquier/ | une employée/ | un cadre/ | un ouvrier/ |
| une artisane | un avocat | un médecin | une banquière | un employé | une femme cadre | une ouvrière |

3. Les travailleurs indépendants: 4 millions de Français

Et aussi: les architectes, les peintres/ les femmes peintres, les écrivains/les femmes écrivains...

4. Les salariés: 11 millions de Français

Et aussi: les ingénieurs/les femmes ingénieurs, les interprètes, les comptables,° les infirmiers/ les infirmières,[2] les journalistes...

Un apprenti-boulanger. Ce système d'apprentissage permet à la France de conserver des techniques professionnelles qui ont parfois disparu dans d'autres pays.

---

[2]*Un infirmier/une infirmière* aide les médecins dans un hôpital.

°*un(e) comptable* = une personne qui vérifie les comptes d'une entreprise

A. Qu'ont-ils étudié? Suivez le modèle.

   MODÈLE: Qui a étudié le droit?→ Les avocats ont étudié le droit.

   1. la médecine? 2. l'architecture? 3. la finance? 4. la gestion des entreprises? 5. la technique? 6. les beaux-arts? 7. les langues étrangères?

B. Activités professionnelles. Quelle est la profession des personnes suivantes?

   MODÈLE: Elle enseigne à l'école élémentaire.→ C'est une institutrice.

   1. Elle vend des objets d'art qu'elle a faits elle-même. 2. Il travaille à la campagne. 3. Il règle la circulation automobile. 4. Elle vérifie les valises à la douane. 5. Elle s'occupe de la santé de ses patients. 6. Il distribue les lettres et les paquets. 7. Elle administre un des services° d'une grande entreprise. 8. Il se charge de la vérification des comptes de la société.° 9. Elle s'occupe des gens qui veulent emprunter ou investir de l'argent. 10. Il fabrique des meubles.

C. Nombres. L'agriculture était jusqu'à assez récemment le secteur le plus important de l'économie française. Mais il n'y a plus actuellement qu'environ deux millions d'agriculteurs en France. Répondez aux questions suivantes selon les renseignements indiqués ci-dessus.

   1. Les fonctionnaires travaillent pour l'État. Combien y a-t-il de fonctionnaires en France?
   2. Combien y a-t-il de travailleurs indépendants?
   3. Les salariés travaillent dans le secteur privé, ou dans de grandes entreprises nationalisées. Combien y a-t-il de salariés?
   4. Quels sont les travailleurs les plus nombreux? Quels sont les travailleurs les moins nombreux? Est-ce que cette proportion correspond à celle observable aux États-Unis, ou dans d'autres pays industrialisés?

Un artisan français: un sculpteur qui refait de nouveaux chapiteaux pour la restauration de la cathédrale de Reims.

°*un service* = un département, une section (d'une entreprise)
la société = l'entreprise, la maison (où il travaille)

*J*eu de structures

41. Le subjonctif avec les expressions de nécessité

Une décision critique

Renaud et Simone habitent dans une petite ville en Auvergne. Le père de Renaud est propriétaire d'une épicerie—qui se trouve en face du café où cet après-midi les deux jeunes gens prennent une limonade.

RENAUD: Voilà, c'est décidé. *Il faut que mon père comprenne* que je ne vais pas nécessairement suivre ses traces.

SIMONE: C'est vrai. *Il faut que tu puisses faire* ce que tu veux dans la vie.

RENAUD: Et pourtant, *il faudra que quelqu'un fasse* ce travail après la retraite[3] de mon père. Pense donc à nos clients. Je n'aurai peut-être pas le choix.

SIMONE: Voyons, Renaud, même s'il s'agit° d'une tradition familiale, *il faut que tu aies* vraiment envie de le faire.

RENAUD: Tu as raison. *Il faudra que je lui parle* sérieusement, *que je lui dise* qu'un tel avenir m'est impossible.

SIMONE: Pourquoi ne parles-tu pas avec ton frère? Qui sait? Peut-être qu'il voudra prendre ta place au magasin.

Pour préciser   Il faut que Renaud prenne une décision importante. Et vous, Mark, est-ce qu'il faut que vous preniez bientôt une décision?

—Oui, il faut que je choisisse bientôt une spécialisation.

Caroline, faut-il que vous parliez sérieusement avec vos parents?

—Oui, il faut que je leur dise que je veux devenir avocate.

Qu'est-ce qu'il faut qu'on fasse avant de décider d'une carrière?

—Il faut qu'on s'informe beaucoup sur la profession, qu'on comprenne assez bien le travail et qu'on se connaisse soi-même.

Et vous, qu'est-ce qu'il faut que vous fassiez en cours?

—Il faut que nous fassions attention, que nous apprenions bien et que nous parlions beaucoup.

Pour apprécier   1. Qu'est-ce que Renaud a décidé de faire?   2. Selon Simone, qu'est-ce qu'il faut que Renaud fasse?   3. Pourquoi est-ce que Renaud est encore indécis?   4. Y a-t-il dans votre famille un métier «traditionnel»? Vous a-t-on encouragé à choisir ce métier? Vous y intéressez-vous?

---

[3]En général, on prend *sa retraite*, c'est-à-dire qu'on quitte son travail, vers l'âge de 65 ans.
°*il s'agit de* = il est question de

Rappel ☞

> Vous connaissez déjà deux *modes* du système verbal français: l'*indicatif* et l'*impératif.* Les verbes sont généralement à l'*indicatif.* L'action ou l'état sont simplement indiqués. Ils sont considérés comme réels.
>
> Je **suis** ingénieur. J'**aime** mon travail.
>
> L'*impératif* permet de donner des ordres.
>
> **Viens** ici!
> **Donnez-**moi ces livres, s'il vous plaît.

A. Le mode du subjonctif

Le *subjonctif* est assez fréquent en français. C'est le mode verbal qui reflète un jugement ou une opinion sur une action ou une situation. Il est aussi utilisé après certaines conjonctions qui se terminent en **que.**[4] En général, le verbe au subjonctif se trouve après **que** dans la proposition subordonnée d'une phrase.

Proposition principale + **que** + *Proposition subordonnée*		
Il faut	que	j'**aille** chez le dentiste.
Il fallait	que	nous **soyons** à l'heure.

Notez que la phrase a deux verbes conjugués et deux sujets. Le verbe de la proposition principale (à l'indicatif) exprime le jugement. Le verbe de la proposition subordonnée est au subjonctif.

B. Le verbe irrégulier *falloir* (*il faut*)

1. **Il faut que** = *il est nécessaire que.* Le verbe **falloir** se conjugue uniquement à la forme impersonnelle (**il**).

présent	Il faut	
passé composé	Il a fallu	
imparfait	Il fallait	que je parte.
futur	Il faudra	
futur proche	Il va falloir	

Notez l'emploi du subjonctif *présent* après le présent, le passé et le futur du verbe **falloir.**

---

[4]Voir les Chapitres 20 et 21 pour la suite de l'emploi du subjonctif.

2. Devant l'infinitif, l'expression **il faut** exprime une nécessité ou une obligation d'une façon plus générale.

> Il faut **travailler** pour vivre.
> Il fallait **arriver** à l'école avant huit heures.

Avec le subjonctif dans la proposition subordonnée, l'obligation concerne un ou des individus particuliers.

> Il faut **que nous fassions** le ménage.
> Il faudra **qu'elle apprenne** le français.

C.   La formation régulière du subjonctif

1. Pour les verbes en **-er, -re** et **-ir,** ainsi que pour le groupe **partir,** on obtient le radical du subjonctif en supprimant la terminaison **-ent** de la *troisième personne du pluriel* (**ils/elles**) de l'indicatif présent. Ensuite, on ajoute les terminaisons du subjonctif (**-e, -es, -e, -ions, -iez, -ent**).

Indicatif (ils/elles)	parlent	vendent	finissent	dorment
Radical du subjonctif	**parl-**	**vend-**	**finiss-**	**dorm-**
	parler	**vendre**	**finir**	**dormir**
que je	parle	vende	finisse	dorme
que tu	parles	vendes	finisses	dormes
qu'il/elle/on	parle	vende	finisse	dorme
que nous	parlions	vendions	finissions	dormions
que vous	parliez	vendiez	finissiez	dormiez
qu'ils/elles	parlent	vendent	finissent	dorment

> Il faut **que nous parlions** avec le patron.°
> Il faudra **que je finisse** mes études.

Notez le subjonctif des verbes à changements orthographiques:

> **acheter:** que j'**achète,** que vous **achetiez**
> **appeler:** que j'**appelle,** que vous **appeliez**
> **jeter:** que je **jette,** que vous **jetiez**
> **employer:** que j'**emploie,** que vous **employiez**

Il faut **que nous nous rappelions** cette histoire.

°*le patron/la patronne* = le chef, le/la propriétaire (d'une entreprise)

2. On trouve le radical du subjonctif des verbes **boire, croire, devoir,** et des groupes **prendre, recevoir, venir** et **voir** dans la forme **ils/elles** de l'indicatif. Dans ces groupes, le radical du subjonctif des formes **nous** et **vous** est irrégulier: pour l'obtenir, on supprime la terminaison **-ons** de la forme **nous** de l'indicatif, et on ajoute **-ions** ou **-iez.**

INDICATIF	SUBJONCTIF
(ils/elles) boivent →	que je **boive**
(nous) buvons →	que nous **buvions**
(ils/elles) croient →	que je **croie**
(nous) croyons →	que nous **croyions**
(ils/elles) doivent →	que je **doive**
(nous) devons →	que nous **devions**
(ils/elles) prennent →	que je **prenne**
(nous) prenons →	que nous **prenions**
(ils/elles) reçoivent →	que je **reçoive**
(nous) recevons →	que nous **recevions**
(ils/elles) viennent →	que je **vienne**
(nous) venons →	que nous **venions**
(ils/elles) voient →	que je **voie**
(nous) voyons →	que nous **voyions**

Il a fallu **qu'elle vienne** à un rendez-vous.
Il faudra **que nous prenions** le train.

D. Les verbes à radical irrégulier au subjonctif

A l'exception des verbes **être** et **avoir,** les verbes réguliers et irréguliers au subjonctif ont les mêmes terminaisons: **-e, -es, -e, -ions, -iez, -ent.**

	faire	pouvoir	savoir
que je	fasse	puisse	sache
que tu	fasses	puisses	saches
qu'il/elle/on	fasse	puisse	sache
que nous	fassions	puissions	sachions
que vous	fassiez	puissiez	sachiez
qu'ils/elles	fassent	puissent	sachent

	être	**avoir**	**aller**	**vouloir**
que je/j'	sois	aie	aille	veuille
que tu	sois	aies	ailles	veuilles
qu'il/elle/on	soit	ait	aille	veuille
que nous	soyons	ayons	allions	voulions
que vous	soyez	ayez	alliez	vouliez
qu'ils/elles	soient	aient	aillent	veuillent

Pour réussir dans les affaires,
il faudra **que tu saches** bien calculer, **que tu aies** beaucoup de contacts, **que tu puisses** parler facilement avec les gens, **que tu fasses confiance** aux autres, **que tu sois** bien habillé… et **que tu veuilles** réussir![5]

Prononcez bien!

Faites bien la distinction entre le subjonctif des verbes **avoir** et **aller**. Prononcez avec votre professeur:

que j'**aie**   [ɛ]   que j'**aille**   [aj]
qu'elles **aient**   [ɛ]   qu'elles **aillent**   [aj]

A la lettre

A. Comment réussit-on au travail? Faites les substitutions et les changements nécessaires.

1. Il faut que *les étudiants* fassent de bonnes études. (vous, il, tu)
2. Il faut qu'*on* puisse trouver un travail satisfaisant. (tu, Jean-Michel, les étudiants)
3. Il faut que *vous* soyez consciencieux. (Marianne, les travailleurs, je)
4. Il faut que *nous* ayons beaucoup de patience. (je, vous, ils)
5. Il faut qu'*on* aille à des conférences. (elles, je, nous)

B. Un patron sévère. Voici les ordres que M. Lamoureux a donnés ce matin à ses employés. Exprimez-les avec **Il faut que** selon le modèle.

MODÈLE: Vous devez écouter votre chef de service. →
Il faut que vous écoutiez votre chef de service.

1. Elle doit arriver à l'heure.   2. Ils doivent trouver une solution.
3. Vous devez vendre au moins dix appareils aujourd'hui.   4. Nous

---

[5]Notez que le présent du subjonctif exprime le sens du futur: **Il faudra que tu ailles** en France l'année prochaine.

devons envoyer ce télégramme.   5. Il doit se rendre à° Paris avant la fin de la semaine.   6. On doit finir ce travail avant cinq heures.

C. **Une manifestation.** Vous êtes reporter à la télévision. Vous organisez le reportage d'une manifestation d'ouvriers, qui a lieu ce soir à Paris. Donnez des directives aux autres reporters selon le modèle.

MODÈLE: tu / aller voir le chef du syndicat° →
Il faut que tu ailles voir le chef du syndicat.

1. vous / écouter les demandes des ouvriers
2. ils / prendre des photos de la manifestation
3. nous / connaître très vite la décision du gouvernement
4. Denise / suivre la manifestation
5. vous / attendre la sortie des membres du cabinet ministériel
6. les téléspectateurs / comprendre bien la situation

À *votre tour*

A. **Conseils.** Vous aimez donner des conseils—de toutes sortes—à vos amis. Voici les questions de vos amis. Répondez-y en commençant chaque réponse par **Il faut que tu (que vous)...**

1. Je veux rester en bonne santé. Qu'est-ce que je dois faire?
2. Je veux perfectionner mon français. Qu'est-ce que je dois faire?
3. Je veux être riche un jour. Quelle spécialisation est-ce que je dois choisir?

Paris (place de la Nation): Des ouvriers syndiqués (= membres d'un syndicat) manifestent contre le chômage.

°*se rendre à* = aller à (un rendez-vous)
un syndicat = une association d'ouvriers

4. Je veux beaucoup m'amuser cet été. Où est-ce que je dois aller?

5. Je veux rencontrer des personnes qui parlent français. Où est-ce que je peux en trouver?

B. **Scénarios.** Certains de vos amis se trouvent dans des situations difficiles. Qu'est-ce qu'il faut qu'ils fassent? *Il faut qu'il(s)/elle(s)…*

1. Madeleine vient de perdre son emploi.   2. Depuis leur mariage, Gérard et Marie ne s'entendent plus très bien.   3. Michel travaille comme garçon de café, mais il veut changer de métier.   4. Mireille est en voyage aux États-Unis. Elle n'a pas assez d'argent pour rentrer en France.   5. Denis dit qu'il s'ennuie à l'école, il veut s'engager dans la Coopération.°

Maintenant, divisez la classe en petits groupes. Expliquez à vos camarades l'un de vos propres dilemmes. Demandez-leur des conseils.

Jeanine commence son travail dans un snack-bar à Paris. «Et moi qui aime tellement la liberté, le plein air, le mouvement… il y a sans doute quelque part une petite station de bord de mer ou de montagne où on aura besoin de filles au pair, d'ouvriers agricoles, de pompistes!»

°*la Coopération* = le service français qui ressemble au Corps de la Paix des États-Unis

42. L'emploi du subjonctif: le subjonctif avec des expressions impersonnelles

Métro, boulot, dodo[6]

Pour payer ses vacances, Jeanine va travailler comme serveuse dans un snack-bar parisien. C'est son premier jour de travail.

JEANINE: Regarde donc toutes ces règles! «*Il faut arriver* à l'heure.» «*Il est indispensable de porter* son uniforme.» «*Il est interdit de bavarder*° avec les clients.» «*Il est obligatoire de rester* devant la caisse° pendant la durée de votre service.» Dis donc, c'est ça le travail? Et moi qui aime tellement la liberté, le plein air, le mouvement…?

D'un autre côté, *il est temps que j'apprenne* la discipline, et *il est nécessaire que je gagne* un peu d'argent. *Il semble que ce soit* le seul moyen de le faire pour le moment, et *que je n'aie donc pas* le choix. *Il vaut mieux que je reste* ici.

En revanche,° *il est douteux que je puisse suivre* leur règlement,° ou même *que je puisse travailler* si tard le soir. Et surtout, avec la cuisine qu'on fait ici, *il sera impossible que je me nourrisse* tous les soirs dans ce restaurant!

Et puis, il y a sans doute quelque part une petite station° de bord de mer ou de montagne…. Cet été, on aura sûrement besoin de filles au pair,[7] d'ouvriers agricoles, de pompistes….°

Pour préciser

Il est préférable que Jeanine travaille cet été. Et vous, Élisabeth?
—Il n'est pas préférable… il est indispensable que je travaille!
Et vous, Christophe?
—Moi aussi, je dois travailler, mais je n'ai pas encore trouvé d'emploi. Il est temps que j'en trouve un.
Il est dommage que° Jeanine doive travailler dans un snack-bar.
—Oui, il semble qu'elle n'aime pas leur règlement. Il est peu probable qu'elle y reste longtemps.
Où est-il préférable qu'elle aille?

---

[6]C'est un slogan familier qui se réfère à la routine quotidienne du travailleur: il va au travail (au *boulot*) en *métro*, et il ne rentre le soir que pour dormir (pour *faire dodo*).

[7]*Une fille au pair* est généralement une étudiante qui travaille dans une famille étrangère pendant un certain temps. Elle s'occupe des enfants et apprend la langue.

°*bavarder* (*fam.*) = parler, discuter
la caisse = la boîte (dans un magasin) où on dépose de l'argent
en revanche = d'autre part
un règlement = un ensemble de règles
une station = ici, un lieu de vacances
les pompistes = les personnes qui distribuent l'essence dans une station-service
il est dommage que = il est regrettable que

—A mon avis, il vaut mieux qu'[8]elle aille dans une station de bord de
mer ou de montagne.

Et vous, Pierre? Avez-vous des projets pour les grandes vacances?

—Il est possible que je fasse un voyage. Il se peut aussi que°
j'apprenne le français au Québec.

Pour apprécier

1. Où est-ce que Jeanine va travailler? Est-ce qu'elle commence son travail avec enthousiasme? Pourquoi? Pourquoi pas?
2. Selon Jeanine, pourquoi est-il nécessaire qu'elle fasse ce travail?
3. Est-ce que ce travail convient à son tempérament? Jeanine a-t-elle d'autres choix? Que vaut-il mieux qu'elle fasse?
4. Quels emplois avez-vous eus pendant l'été? Quel a été votre emploi le plus intéressant? le plus ennuyeux?

A.   Le subjonctif avec des expressions impersonnelles

Il existe beaucoup d'*expressions impersonnelles* (pronom sujet **il**) qui
demandent le subjonctif dans la proposition subordonnée qui les suit. Ce
sont souvent des expressions de *nécessité*, d'*opinion*, de *jugement*, de *possibilité*
ou de *doute*.

Expressions impersonnelles qui demandent le subjonctif dans la proposition subordonnée	
LA NÉCESSITÉ	
il est essentiel que	il est nécessaire que
il est important que	il faut que (falloir)
il est indispensable que	il est temps que
L'OPINION, LE JUGEMENT	
il est bizarre que	il est normal que
il est bon que	il est préférable que
il est dommage que	il est regrettable que
il est étrange que	il est utile/inutile que
il est juste/injuste que	il vaut mieux que (valoir)
LA POSSIBILITÉ, LE DOUTE	
il est douteux que	il se peut que
il est peu probable que	il semble que[9]
il est possible/impossible que	

---

[8]*il vaut mieux que* = il est préférable que. Notez les formes du verbe **valoir:** *au présent,* **il vaut;** *au passé composé,* **il a valu;** *à l'imparfait,* **il valait;** *et au futur,* **il vaudra.**

[9]Notez pourtant que les expressions **il me (lui,** etc.) **semble que** et **il paraît que** demandent *l'indicatif.*

°*il se peut que* = il est possible que

Il est important **que tu apprennes** les maths.
Il se peut **qu'elle devienne** interprète.
Il est dommage **qu'il ait** du mal à trouver un poste.
Il vaut mieux **que vous vous en alliez** pendant les vacances.

B. L'indicatif utilisé avec des expressions de certitude et de probabilité

Les expressions impersonnelles qui expriment la certitude ou la probabilité demandent un verbe à l'*indicatif* dans la proposition subordonnée.

Expressions impersonnelles qui demandent l'indicatif dans la proposition subordonnée	
il est certain que	il est probable que
il est clair que	il est sûr que
il est évident que	il est vrai que

Il est probable **qu'elle viendra** avec nous.
Il est clair **que Jeanine** ne **va** pas y travailler.
Il est vrai **que tu as** besoin d'expérience.

Cependant, à la forme *négative* ou *interrogative*, les expressions de certitude deviennent des expressions d'incertitude ou de doute. Dans ce cas, elles demandent souvent le subjonctif.

Il **n'est pas** certain **qu'elle vienne** avec nous.
Est-il vrai que vous puissiez finir ce travail ce soir?

C. L'infinitif avec des expressions impersonnelles

Pour exprimer une généralisation, on utilise l'infinitif après une expression impersonnelle. Dans ce cas, la proposition subordonnée n'a pas de sujet déterminé. Comparez:

Il vaut mieux **attendre.**
Il vaut mieux **que nous attendions.**

Il est important **de voyager.**
Il est important **que vous voyagiez.**

Notez que les expressions impersonnelles avec **être** + *un adjectif* ont la préposition **de** devant l'infinitif.

A la lettre

A. Les contraintes du travail. Faites les substitutions et les changements nécessaires.

1. Il est essentiel que *nous* soyons à l'heure. (vous, nos employés, je)
2. Il est possible que *nous* finissions ce projet avant cinq heures. (vous, on, mes collaborateurs)
3. Il est dommage que *nous* n'ayons pas droit à une augmentation de salaire. (tu, vous, notre équipe)
4. Il est normal que *nous* nous intéressions à notre travail. (je, le patron, les directeurs de la société)

B. Un travail satisfaisant. Quel est le secret des gens qui sont satisfaits de leur travail? Donnez des conseils à un(e) ou à des camarades selon le modèle.

> MODÈLE: Il est important d'être optimiste. →
> Il est important que tu sois (que vous soyez) optimiste(s).

1. Il faut choisir une spécialisation intéressante.   2. Il est essentiel d'avoir un emploi du temps raisonnable.   3. Il est indispensable de faire de son mieux.   4. Il est utile de suivre des cours professionnels.   5. Il est normal de se détendre après le travail.

A *votre tour*

A. Possibilités et probabilités. Quelle sera votre vie? Répondez aux questions suivantes posées par un(e) camarade. Dans chaque réponse, employez l'une de ces expressions: *il (n')est (pas) certain que / il (n')est (pas) sûr que / il se peut que / il est (peu) probable que / il est possible (impossible) que.*

> MODÈLE: A: Est-ce que tu feras une découverte importante?
> B: Il est peu probable que je fasse une découverte importante.
> (Il est certain que je ferai une découverte importante.)

1. Est-ce que tu te marieras (resteras célibataire…)?
2. Est-ce que tu travailleras dans une grande ville (à la campagne, dans un village, en banlieue…)?
3. Est-ce que tu deviendras célèbre? Pourquoi? Pourquoi pas?
4. Est-ce que tu seras riche? Pourquoi? Pourquoi pas?
5. Est-ce que tu sauras jouer du piano (du violon, de la flûte…)?
6. Est-ce que tu écriras un roman (un livre d'histoire, de la poésie…)?
7. Est-ce que tu iras en Asie (en Australie, en Europe…)?
8. Est-ce que tu vivras jusqu'à l'âge de cent ans?

B. Généralisations. En petits groupes, réagissez aux affirmations suivantes. Commencez vos commentaires avec une *expression impersonnelle* + **de** + *infinitif* ou une *expression impersonnelle* + **que** + *subjonctif* (ou *indicatif*). Si vous n'êtes pas d'accord avec le commentaire d'un(e) camarade, dites-le-lui.

MODÈLE: A: Quand on fait de bonnes études, on trouve toujours un bon poste.

B: Il est évident qu'on peut trouver un bon poste quand on fait de bonnes études. (Il n'est pas sûr qu'on trouve un bon poste, même si on fait de bonnes études.)

1. On déjeune souvent avec les nouveaux clients.   2. Les employés s'intéressent à l'avenir de la société où ils travaillent.   3. On a le droit d'apporter sa radio (de fumer, de manger du chocolat, de bavarder avec ses collègues...)   4. Les bons employés approfondissent leurs connaissances professionnelles.   5. On porte des vêtements de sport dans les bureaux d'une banque.   6. Un employé dynamique doit quitter son poste après deux ans, au maximum.

Pour terminer, chaque étudiant prépare une nouvelle généralisation et la présente devant son groupe.

Animation

• Dialogue

Une entreprise dynamique

Claude et Denise se sont rencontrés par hasard il y a plusieurs semaines. Ce sont d'anciens copains qui ont passé leur baccalauréat en même temps, mais qui ont ensuite étudié dans des écoles commerciales différentes.

CLAUDE: Tu n'as pas encore fini tes études?

DENISE: Non, *il faut encore que je fasse* un stage dans une entreprise.

CLAUDE: Ah oui! C'est vrai! Et *il est aussi obligatoire de faire* une présentation de fin d'année, n'est-ce pas?

DENISE: Oui, je vais faire mon stage et ma présentation chez Balitrand.

CLAUDE: C'est une société qui se spécialise dans le bâtiment,° n'est-ce pas?

DENISE: C'est exact, et *il est possible que j'y travaille* après mes études.

CLAUDE: Pourquoi as-tu choisi cette entreprise en particulier?

DENISE: C'est une entreprise très dynamique; on y utilise un ordinateur depuis 1958!

CLAUDE: Vraiment? *Il est temps que j'aille* leur rendre une petite visite.

DENISE: *Il faut voir* leur présentation audiovisuelle: elle est vraiment très bien faite.

CLAUDE: Il y a environ trois cents employés, non? L'atmosphère n'est-elle pas trop «grosse boîte»°?

°*le bâtiment* = la construction de bâtiments
«*grosse boîte*» (*fam.*) = une trop grande entreprise

DENISE: Je ne trouve pas. D'ailleurs, *il paraît que le taux° d'absentéisme n'y est que* de trois pour cent: c'est bon signe, non?

CLAUDE: Eh bien, je vais venir te dire un petit bonjour là-bas. Pour moi aussi, *il est temps de chercher* du travail.

Comment exprimer la nécessité, la possibilité ou l'opinion avec une expression impersonnelle

Si la phrase a un seul sujet, l'expression impersonnelle (= le verbe principal) est suivi d'un infinitif.

Il est obligatoire **de présenter...**
Il faut **voir...**
Il est temps **de chercher...**

Si la proposition subordonnée a un sujet différent, l'expression impersonnelle est suivie de **que** + un verbe au *subjonctif* ou à l'*indicatif*, selon les règles apprises ci-dessus.[10]

que + *subjonctif*	**que** + *indicatif*
Il faut **que je fasse...**	Il paraît **que... est...**
Il est possible **qu'il puisse...**	Il est certain **que... est...**
Il est temps **que tu ailles...**	Il est sûr **que... est...**
Il semble **que tu sois...**	Il est probable **que... est...**

Réagissez!

A. Placez chacune des expressions suivantes sous l'image qui l'illustre: «Il faut partir.» «Est-il possible de travailler?» «Il faut que tu partes.» «Est-il possible qu'il travaille?»

B. Donnez des conseils à un(e) camarade pour l'aider à trouver un emploi temporaire. Il/Elle veut pouvoir se payer des vacances à la fin de l'été. Utilisez des expressions impersonnelles.

---

[10]Voir les pp. 442–443 de ce chapitre.

°*le taux* = la proportion

• Lecture

Une formation traditionnelle: l'apprentissage

En France dans les boutiques°—chez le boulanger, chez le charcutier, chez le cordonnier°—l'on[11] voit assez souvent des adolescents, garçons et filles, vêtus° de l'uniforme du métier. Par exemple bleu et blanc chez les bouchers.

Que font-ils donc? Ils sont apprentis. L'apprentissage (du verbe *apprendre*) est un système original et particulièrement français. Pendant deux ou trois ans, selon le métier (charpentier, plombier, cuisinier, pâtissier), les jeunes travaillent chez un «patron» qualifié. En France, l'école est obligatoire jusqu'à seize ans, moment où la plupart des apprentis commencent leur apprentissage. Et pendant leur apprentissage, il faut qu'ils aillent à l'école deux jours par semaine pour recevoir une formation générale ou théorique. Ces jeunes filles ou jeunes gens sont souvent logés et nourris par leur patron et ils reçoivent un tout petit salaire.

A la fin de leur apprentissage, les jeunes passent un examen. La plupart y réussissent et obtiennent un Certificat d'Aptitude Professionnelle (C.A.P.) qui leur permettra d'exercer leur métier. Il est probable qu'ils deviendront plus tard patrons à leur tour.

Souvent, dans la rue, on peut lire cette annonce dans la vitrine° d'un magasin: «On recherche apprenti(e)s.» Il est dommage que les apprentis soient si rares, même en France, où l'apprentissage est bien établi et le chômage des jeunes assez élevé.° Deux ou trois ans sans gagner un vrai salaire, c'est long. Mais les jeunes gens qui ont le courage de persévérer se sont aussi aperçus qu'il vaut mieux avoir «un métier dans les mains» que de risquer d'être au chômage.

Ce système d'apprentissage permet à la France de conserver des techniques professionnelles (cuisine, couture, coiffure, par exemple) qui ont parfois disparu dans d'autres pays.

Comprenez-vous?

Répondez brièvement aux questions suivantes selon le texte.

1. Jusqu'à quel âge doit-on aller à l'école en France?   2. Qu'est-ce qu'un apprenti/une apprentie? Que faut-il qu'il/elle fasse?   3. Un(e) apprenti(e) continue-t-il/elle à faire des études?   4. Où un(e) apprenti(e) est-il/elle logé(e)?   5. Qu'est-ce qu'un C.A.P.? Que fait-on avec un C.A.P.?
6. Quels sont les avantages de ce système de formation professionnelle?
7. A votre avis, pourquoi les apprenti(e)s sont-ils/elles si rares?

---

[11]Remarquez l'addition de **l'** devant **on** (et parfois devant **un/une**). Le **l'** ne change pas le sens du pronom ni de l'article indéfini.

°*une boutique* = un magasin, un commerce
le cordonnier = l'artisan qui répare et fabrique des chaussures
vêtu = habillé
la vitrine = la grande fenêtre (d'un magasin)
élevé = haut

Et chez nous?

1. Aux États-Unis, où et comment apprend-on des métiers comme la cuisine, la couture, la coiffure…?
2. Connaissez-vous aux États-Unis des métiers qui conservent, ou qui rétablissent, un système d'apprentissage?
3. Dans votre vie, qu'est-ce que vous avez appris au travail que vous n'avez pas appris à l'école?

• Activités

A. Conseils. Jouez le rôle du conseiller d'orientation qui parle avec un(e) étudiant(e). D'après lui, quels sont les avantages et les inconvénients des métiers suivants?

D'abord, utilisez *le temps futur:* «Si vous devenez un jour journaliste, vous voyagerez beaucoup; vous ne serez probablement pas riche, mais…» Ensuite, utilisez l'expression **Il faudra que** + *le présent du subjonctif:* «Dans cette profession, il faudra que vous soyez actif (-ive), que vous écriviez beaucoup et que…»

Métiers suggérés: artiste / écrivain / interprète / avocat(e) / coiffeur (coiffeuse) / agent de police / comptable / acteur (actrice) / commerçant(e) / journaliste / professeur / médecin / homme (femme) d'affaires / ingénieur / chercheur (chercheuse) / pilote / athlète…

Autres expressions utiles: l'argent / le temps libre / l'aspect social / la sécurité / les bénéfices (*m.*) / le respect des autres / le pouvoir / le nombre de débouchés possibles / le service rendu aux autres / l'aspect créatif / l'intérêt / la difficulté / la possibilité de faire des découvertes (de voyager, de s'établir) / les collègues intéressants…

B. Le travail aux États-Unis. Avec des camarades, réagissez aux affirmations suivantes. Commencez vos remarques par *une expression impersonnelle* + **que** + *le présent du subjonctif:* «**Il est normal que…**»

Expressions impersonnelles: il faut / il arrive / il est normal / il est naturel / il est important / il est nécessaire / il est (in)juste / il est dommage / il est temps / il est (im)possible / il se peut / il est bizarre / il est bon…

1. La plupart des Américains prennent leur travail au sérieux.   2. On choisit parfois une profession qu'on n'aime pas tellement.   3. La plupart des Américains font un métier qu'ils ont eux-mêmes choisi.   4. Les jeunes et les femmes trouvent difficilement de bons emplois.   5. Les chefs d'entreprise (les cadres supérieurs, les superstars des médias, les médecins…) sont parmi les Américains les mieux payés.   6. La profession la plus admirée par les jeunes est celle de vedette de cinéma ou de télévision.

D'après votre expérience, préparez d'autres affirmations sur le travail. Vos camarades vont y réagir, toujours avec des expressions impersonnelles.

Mots à retenir

Verbes	augmenter exercer	faire de son mieux se rendre à	tirer (des conclusions)
Noms	l'annonce (publicitaire) (*f.*) le boulot (*fam.*) la carrière	le chômage l'emploi (*m.*) l'entreprise (*f.*) la gestion	le métier le service la société la spécialisation

Travailleurs et travailleuses	l'agriculteur (*m.*)
	l'apprenti(e)
	l'architecte (*m., f.*)
	l'artisan(e)
	l'avocat(e)
	le banquier/
	    la banquière
	le cadre/la femme cadre
	le/la comptable
	le directeur/la directrice
		le douanier/
		    la douanière
		l'écrivain/
		    la femme écrivain
		l'employé(e)
		le facteur
		le/la fonctionnaire
		l'infirmier/l'infirmière
		l'ingénieur/
		    la femme ingénieur
			l'instituteur/l'institutrice
			l'interprète (*m., f.*)
			le médecin/la
			    femme médecin
			l'ouvrier/l'ouvrière
			le patron/la patronne
			le peintre/la
			    femme peintre
			le/la secrétaire

Adjectifs	agricole	élevé(e)	salarié(e)

Expressions impersonnelles	Il est bon de / que
	Il est certain que
	Il est clair que
	Il est dommage de / que
	Il est essentiel de / que
	Il est évident que
	Il est important de / que
	Il est impossible de / que
	Il est indispensable
	    de / que
		Il est injuste de / que
		Il est juste de / que
		Il est nécessaire de / que
		Il est normal de / que
		Il se peut que
		Il est possible de / que
		Il est préférable de / que
		Il est (peu) probable que
			Il est sûr que
			Il est temps de / que
			Il est utile de / que
			Il est vrai que
			Il faut (que) (falloir)
			Il vaut mieux
			    (que) (valoir)

Chapitre 19

Retour aux sources

Partout dans le monde, la forêt est en danger. En France, elle représentait 75 pour cent du territoire au temps des Gaulois, 19 pour cent en 1900 et 25 pour cent de nos jours. L'organisation «Espaces pour demain» a été créée en 1976 pour favoriser le développement des espaces forestiers autour des grandes villes, pour acquérir° des forêts privées, les regrouper° et les administrer en tant qu'°espaces publics, et pour redonner vie aux forêts malades et aux terrains à boiser.° «Adoptez un arbre» est l'une de leurs campagnes. [1]

D'après ce texte...

1. La forêt française est-elle plus étendue° ou plus réduite qu'autrefois?
2. Quels sont les objectifs d'«Espaces pour demain»?

Et vous?

1. Le problème du déboisement existe-t-il dans votre région?
2. Quels sont les problèmes écologiques particuliers à votre région?
3. Existe-t-il des solutions à ces problèmes? Quelles solutions a-t-on déjà essayées?
4. Voulez-vous bien donner 50 francs pour adopter un arbre?

Scénario. Un(e) représentant(e) d'«Espaces pour demain» sonne à votre porte. Imaginez votre conversation. Utilisez les informations présentées ci-dessus.

LE/LA REPRÉSENTANT(E):

—Bonjour, je représente...
—Notre association a comme objectifs de...
—Nous avons besoin de vous pour...
—Voudriez-vous bien participer à notre campagne?
—Vous pouvez par exemple...

---

[1]Il y a des *campagnes* politiques et des *campagnes* publicitaires.

°*acquérir* = obtenir, acheter
regrouper = rassembler plusieurs petites forêts voisines
en tant que = comme
boiser = planter des arbres ≠ déboiser
étendu = grand (*surface*)

Entrée en scène

Notre environnement

Quelques problèmes de la vie contemporaine

Des solutions d'avenir

A. **L'avenir de notre planète.** Avec des camarades, répondez aux questions suivantes et discutez des réponses données.

1. Est-ce que l'atmosphère ou l'eau sont polluées là où tu vis?   2. A ton avis, est-ce que la solution aux problèmes d'énergie réside dans le développement des sources alternatives? Si oui, dans lesquelles?   3. A ton avis, est-ce que nous pourrons réduire la consommation d'énergie?   4. Penses-tu que les déchets nucléaires et industriels posent un grave problème?   5. Participes-tu au recyclage du papier? du verre? de l'aluminium? Quand et comment?

---

[2]*Les déchets industriels* sont les produits chimiques dangereux (gaz, liquides, fumée) qui entrent dans l'atmosphère ou dans l'eau.

B. Et sur le plan personnel… Les problèmes écologiques et sociaux nous concernent tous. Discutez des réponses aux questions suivantes avec vos camarades.

1. Est-ce que tu crois que l'environnement t'influence? De quelle façon?
2. Quels sont les problèmes contemporains qui t'inquiètent le plus? la violence urbaine? le stress? la compétition? la pollution? la circulation? les problèmes économiques? le danger d'une guerre nucléaire? d'autres problèmes?
3. Où trouve-t-on l'air pur et la vie simple près de chez toi?
4. Le «paradis sur terre» existe-t-il pour toi? Où et comment?

La philosophie écologiste Certains groupes politiques français, rassemblés dans le mouvement écologiste, détiennent° un petit pourcentage des votes aux élections locales et nationales.

A. Associations de mots. Quels problèmes écologiques associez-vous aux verbes suivants?

MODÈLE: gaspiller° → le gaspillage de l'énergie, des ressources naturelles

1. détruire	3. utiliser	5. conserver	7. protéger
2. développer	4. polluer	6. transformer	

°*détenir* = avoir, garder

gaspiller = dépenser, consommer inutilement

B. Remèdes. Expliquez quelles sont les actions nécessaires pour sauver notre planète, selon la philosophie écologiste. Utilisez **Il (ne) faut (pas)** + *infinitif* ou **Il (ne) faut (pas) que nous** + *subjonctif*.

MODÈLE: le gaspillage de l'énergie →
Il ne faut pas gaspiller l'énergie. (Il ne faut pas que nous gaspillions l'énergie.)

1. la pollution de l'environnement   2. la protection de la nature
3. l'utilisation de l'automobile   4. le développement de l'énergie solaire
5. l'utilisation de l'énergie nucléaire   6. l'amélioration des villes   7. la conservation de l'énergie   8. le gaspillage des ressources naturelles
9. la destruction des espaces verts   10. le développement des transports publics

*J*eu de structures

43. Le conditionnel présent

Le choix d'un privilégié

Gérard Duplessis est un homme assez privilégié. Cadre supérieur dans une société parisienne d'experts en urbanisme, Gérard a, bien sûr, son appartement en ville, mais il possède aussi une ferme en Bourgogne, où il aime passer du temps. Et il éprouve° de la nostalgie pour la vie rurale.

GÉRARD: Si je le pouvais, je *serais* à la campagne dès aujourd'hui!
ALBERT: Pourquoi ne pas le faire?
GÉRARD: Si vous étiez à ma place, vous ne le *pourriez* pas non plus!
ALBERT: Je ne comprends toujours pas.
GÉRARD: D'abord, ici, il y a mon travail de planification urbaine... et puis ensuite, les plantes et les poissons exotiques dans mon appartement en ville. Qui *s'en occuperait*, si j'étais dans ma ferme?
ALBERT: Gérard, vous *feriez* bien de décider une fois pour toutes. Allez-vous choisir la ville ou la campagne?
GÉRARD: En fait, pourquoi choisir? Si je faisais un choix définitif, je n'*aurais* plus le plaisir de l'insatisfaction.

°*éprouver* = sentir

Pour préciser

Si Gérard le pouvait, il partirait à la campagne. Moi, si j'étais libre aujourd'hui, j'irais en ville. Et vous, Jill? Qu'est-ce que vous feriez si vous étiez libre aujourd'hui?

—Si j'étais libre aujourd'hui, je ferais une promenade à bicyclette. Où est-ce que vous vous promèneriez?

—J'irais au bord du lac avec des amis.

Et vous, Scott et Joseph? Où seriez-vous si vous n'aviez pas cours aujourd'hui?

—Nous serions aux courts de tennis, si nous n'avions pas cours aujourd'hui!

Joseph, si vous aviez le choix, voudriez-vous habiter en ville ou à la campagne?

—Ça dépendrait. Moi, puisque j'étudie l'agronomie,° je choisirais probablement la campagne.

Et si vous étiez Gérard Duplessis?

—Si j'étais à sa place, je n'aurais pas vraiment besoin de choisir!

Pour apprécier

1. Qui est Gérard Duplessis? Qu'est-ce qu'il fait dans la vie?
2. Décrivez brièvement le dilemme de Gérard. Quel choix faut-il qu'il fasse?
3. Est-ce que le choix que doit faire Gérard vous semble ironique? Pourquoi?
4. Qu'est-ce que vous feriez si vous étiez à sa place? Si vous étiez aussi riche que Gérard, est-ce que vous auriez les mêmes problèmes que lui?

Le *conditionnel* est un mode verbal qui exprime la conséquence d'une hypothèse.

Si j'avais l'argent (*hypothèse*), j'**irais** en France (*conséquence*).

Le conditionnel présent exprime aussi un ordre ou une suggestion polie.

S'il vous plaît, **pourriez**-vous m'indiquer la route de Béziers?

A. La formation du conditionnel présent

1. La formation des verbes réguliers au conditionnel présent ressemble à celle du futur. On ajoute les terminaisons **-ais, -ais, -ait, -ions, -iez, -aient** à l'infinitif des verbes en **-er** et en **-ir**. (On supprime le **-e** de l'infinitif des verbes en **-re** avant d'y ajouter les terminaisons.) Notez que les terminaisons sont identiques à celles de l'imparfait.

°*l'agronomie* = la science de l'agriculture

parler	finir	vendre
je parlerais	je finirais	je vendrais
tu parlerais	tu finirais	tu vendrais
il/elle/on parlerait	il/elle/on finirait	il/elle/on vendrait
nous parlerions	nous finirions	nous vendrions
vous parleriez	vous finiriez	vous vendriez
ils/elles parleraient	ils/elles finiraient	ils/elles vendraient

J'aimerais t'emmener aussi.
Nous **préférerions** passer l'après-midi chez nous.

Prononcez bien!

Notez la différence de prononciation entre les voyelles finales des première, deuxième et troisième personnes du singulier du *futur* et du *conditionnel.* Prononcez avec votre professeur:

je parlerai	[par-lə-re]	je parlerais	[par-lə-rɛ]
tu parleras	[par-lə-ra]	tu parlerais	[par-lə-rɛ]
il/elle/on parlera	[par-lə-ra]	il/elle/on parlerait	[par-lə-rɛ]

2. Les verbes à radical *irrégulier* au futur (voir la page 381) ont le même radical irrégulier au conditionnel présent.

Elle **voudrait** se promener avec nous.
Pourriez-vous me passer ce livre?
Je leur ai dit que nous **serions** ici à une heure.

B. L'emploi du conditionnel présent

1. Les phrases hypothétiques; phrases avec **si.** Dans les phrases hypothétiques, l'hypothèse est exprimée par **si** + l'*imparfait* et la conséquence par le *conditionnel présent.*

si + *imparfait* + *conditionnel présent*

S'ils **étaient** ici,   ils nous **aideraient.**
Si elles **avaient** le temps,   elles **participeraient** à la manifestation.
Si nous n'**étions** pas occupés,   nous t'**accompagnerions.**

Les deux propositions peuvent être inversées.

Je m'**achèterais** une ferme **si** j'**avais** de l'argent.

Il n'est pas toujours nécessaire d'exprimer la proposition subordonnée. Dans les exemples suivants, la proposition qui commence par **si** est sous-entendue.

> Je **viendrais** avec grand plaisir... (si tu m'invitais, si j'avais le temps, etc.)
>
> A ta place, je **prendrais** immédiatement une décision.
>
> Elles aussi, elles **feraient** comme nous.

Remarquez que le conditionnel présent est aussi utilisé pour exprimer une action future vue d'un moment du passé.

> Il m'a dit qu'il **viendrait** (= qu'il allait venir).

2. La politesse, l'atténuation.° Le conditionnel présent s'utilise couramment pour exprimer des désirs ou des ordres, d'une façon polie. Comparez les phrases suivantes.

> Je veux un billet.   → Je **voudrais** un billet.
>
> Voulez-vous me suivre?   → **Voudriez**-vous me suivre?
>
> Pouvez-vous m'indiquer ma place? → **Pourriez**-vous m'indiquer ma place?
>
> Donnez-le-moi!   → **Pourriez**-vous (**Voudriez**-vous) me le donner, s'il vous plaît?

Le conditionnel s'utilise aussi pour faire une suggestion polie.

> Tu **devrais** t'arrêter de fumer.
>
> Vous **feriez** bien de décider une fois pour toutes.
>
> Tu **pourrais** toujours venir un peu plus tard.

A la lettre

A. Une conférence. Votre copain/copine—qui n'est pas toujours très poli(e)—achète des billets. Suggérez à votre copain/copine deux autres façons de s'exprimer.

> MODÈLE: A: Dites-moi à quelle heure commence la réunion!
> B: Attention! Dis plutôt: Pourriez-vous me dire à quelle heure commence la réunion? *ou* Je voudrais savoir à quelle heure commence la réunion, s'il vous plaît.

Voici les ordres de votre copain/copine:

1. Donnez-moi deux billets pour la conférence!   2. Expliquez-moi pourquoi les places sont si chères!   3. Vendez-moi deux autres billets!   4. Dites-moi où sont nos places!   5. Indiquez-moi quand le conférencier va arriver!   6. Dites-moi à quelle heure la conférence se termine!

°*l'atténuation* = la réduction, la diminution de force

B. Jour de pluie. Que feraient ces gens s'il ne pleuvait pas? Faites des phrases complètes selon le modèle.

MODÈLE: Élisabeth / aller / à la campagne →
S'il ne pleuvait pas, Élisabeth irait à la campagne.

1. Berthe / jouer / Frisbee   2. les Chevalier / faire / pique-nique   3. je / prendre / ma bicyclette   4. nous / finir / travail / dans le jardin   5. Jeanne et Marc / aller / au bord de la mer   6. tu / pouvoir / réparer / fenêtre

Et vous? S'il pleuvait (S'il ne pleuvait pas) aujourd'hui, que feriez-vous?

C. Conditions. Vous avez des projets intéressants, mais leur réalisation pose des problèmes. Expliquez-les selon le modèle.

MODÈLE: avoir le temps / devenir membre d'un groupe écologiste →
Si j'avais le temps, je deviendrais membre d'un groupe écologiste.

1. avoir de l'argent / vous en donner
2. aller à la conférence / prendre l'autobus
3. visiter les Pyrénées / aller voir les capteurs solaires d'Odeillo
4. le pouvoir / suivre un cours d'agronomie
5. finir mon travail / pouvoir faire une randonnée à la campagne
6. devoir partir / aller en Corse

A votre tour

A. Conseils. Un(e) de vos ami(e)s ne sait pas quoi faire. Donnez-lui des conseils. Commencez par: *A ta place, je…*

MODÈLE: A: J'ai envie de danser.
B: A ta place, j'irais à la disco!

1. J'aime les sports.   2. Je veux obtenir des informations sur l'écologie.   3. J'ai envie de lire quelque chose d'intéressant.   4. J'aime explorer la campagne.   5. J'ai besoin de tranquillité.   6. Je n'aime plus la circulation en ville.   7. Je veux utiliser moins d'énergie.

Expressions utiles: prendre le TGV / suivre un cours sur l'écologie / faire du bricolage / baisser la température du chauffage / devenir membre d'un groupe écologiste / participer à une manifestation / lire des romans / jouer au volley-ball / faire une randonnée / vendre ma voiture / prendre ma bicyclette…

Maintenant, avec votre camarade, inventez d'autres besoins et d'autres conseils sur le même modèle.

B. Qu'est-ce que tu ferais? En petits groupes, posez les questions qui correspondent aux débuts de phrase suivants, et répondez-y selon vos propres désirs. Suivez le modèle.

MODÈLE: Si je pouvais changer de spécialisation,…
> A: Qu'est-ce que tu ferais si tu pouvais changer de spécialisation?
> B: Si je pouvais changer de spécialisation, j'étudierais l'histoire.

Voici les conditions:

1. Si j'étais riche,…
2. Si j'avais un mois de vacances,…
3. S'il faisait beau ce week-end,…
4. Si je pouvais choisir entre la ville et la campagne,…
5. Si j'étais le président de l'université,…

Maintenant, inventez de nouvelles conditions, et continuez la conversation sur le même modèle.

44. Le conditionnel passé; résumé des phrases avec **si**

Des efforts louables°

Sur une plage de Bretagne. Paul et Ariane, deux étudiants parisiens qui font partie d'un groupe écologiste, passent leurs vacances à nettoyer cette plage bretonne dévastée par une «marée noire».°

ARIANE: C'est curieux… si tu ne m'avais pas invitée, *je ne serais jamais venue!*
PAUL: Et si tu n'avais pas participé à la manif° de Paris…
ARIANE: …*je n'aurais pas rencontré* ces gens! Ils sont si enthousiastes, si sincères!
PAUL: Sans cette occasion, tu *ne te serais jamais intéressée* à ce problème.
ARIANE: Tu as raison. J'avais besoin de voir cette marée noire pour comprendre de quoi il s'agissait°… tous ces pauvres oiseaux, cette plage ruinée!
PAUL: Sans l'avoir vue de tes propres yeux, tu *ne te serais jamais décidée* à nous donner un coup de main° ici.
ARIANE: J'espère seulement que nous pourrons faire du bon travail!

°*louable* = admirable, estimable
la marée noire = la pollution d'une plage par le pétrole à la suite d'un accident en mer
la manif (*fam.*) = la manifestation (*politique*)
de quoi il s'agissait = de quoi il était question
donner un coup de main à quelqu'un = aider quelqu'un

Pour préciser

Moi, si j'avais pu aider ces deux étudiants, je l'aurais fait. Et vous, Mélissa? Qu'est-ce que vous auriez fait si vous aviez été à la place de Paul et Ariane?

—Si j'avais été à leur place, je serais allée en Bretagne.

Et vous, Thomas? Auriez-vous aussi donné un coup de main à ces gens?

—Ah oui, bien sûr! Je leur aurais donné un coup de main.

Qu'est-ce que vous auriez fait si vous aviez eu le temps ce trimestre?

—Si j'avais eu le temps, j'aurais manifesté contre les centrales nucléaires.

Mélissa, avez-vous des regrets? Qu'est-ce que vous auriez dû faire ce trimestre que vous n'avez pas fait?

—Moi, j'aurais dû moins étudier! J'aurais dû faire de la politique.

Pour apprécier

1. Où Paul et Ariane se sont-ils rencontrés pour la première fois?   2. Est-ce qu'Ariane serait venue en Bretagne sans avoir participé à la manifestation? Dans la manifestation, de quoi s'agissait-il?   3. Et si Ariane n'était pas venue en Bretagne...?   4. Qu'est-ce que Paul et Ariane espèrent faire sur cette plage bretonne?   5. Faites-vous partie (ou avez-vous fait partie) d'un groupe écologiste ou d'une autre organisation bénévole? A quelles activités avez-vous participé dans le cadre° de cette organisation?

Le conditionnel passé exprime une action au passé qui n'a pas été réalisée. L'action dépendait d'une certaine condition, exprimée dans la proposition subordonnée de la phrase (après **si**). Le verbe après **si** est au *plus-que-parfait*.

Si j'**avais eu** assez d'argent, je **serais allé** en France.

A.   La formation du conditionnel passé

Le conditionnel présent est un temps *simple*. Le conditionnel passé est un temps *composé*. Pour former le conditionnel passé, ajoutez le *participe passé* du verbe au conditionnel présent de l'auxiliaire **avoir** ou **être**.

parler	sortir
j'aurais parlé	je serais sorti(e)
tu aurais parlé	tu serais sorti(e)
il/elle/on aurait parlé	il/elle/on serait sorti(e)
nous aurions parlé	nous serions sorti(e)s
vous auriez parlé	vous seriez sorti(e)(s)
ils/elles auraient parlé	ils/elles seraient sorti(e)s

°*le cadre* = ici, l'ensemble, la structure

<table>
<tr><td align="center">se lever</td></tr>
<tr><td align="center">je me serais levé(e)
tu te serais levé(e)
il/elle/on se serait levé(e)
nous nous serions levé(e)s
vous vous seriez levé(e)(s)
ils/elles se seraient levé(e)s</td></tr>
</table>

B. L'emploi du conditionnel passé

1. Le conditionnel passé s'utilise dans la proposition principale d'une phrase hypothétique, lorsque la proposition subordonnée (avec **si**) est au plus-que-parfait.

   La proposition subordonnée (**si** + *plus-que-parfait*) exprime la condition (l'hypothèse). La proposition principale (au *conditionnel passé*) exprime l'action qui ne s'est pas réalisée.

> **si** + *plus-que-parfait* + *conditionnel passé*

Si j'avais grandi à la campagne,	**j'aurais eu** un cheval et un chien.
Si nous **avions quitté** la grande ville,	nous **nous serions adaptés** à une vie plus simple.

Les conditions ne sont pas toujours exprimées. Elles sont sous-entendues dans les exemples suivants.

   Nous **serions allés** au bord du lac. (s'il avait fait plus chaud…)

   Aurais-tu **fait** une randonnée avec nous? (si tu avais pris ta bicyclette…)

   J'**aurais parlé** avec le propriétaire. (si j'avais été à ta place…)

2. Le conditionnel passé du verbe **devoir** + *infinitif* exprime un *regret,* ou une *obligation* qui n'a pas été accomplie.

   Nous sommes perdus! J'**aurais dû** prendre l'autre chemin.

   Nous sommes presque à vide°! Nous **aurions dû** acheter de l'essence au dernier village.

   Pauvre Hector! Il **n'aurait pas dû** se marier avec Madeleine.

°*être à vide* = n'avoir plus d'essence

3. Résumé des phrases avec **si**

	PROPOSITION SUBORDONNÉE (**si** + *verbe*)	PROPOSITION PRINCIPALE (RÉSULTAT)
au futur	**si** + présent	+ futur (indicatif)
au présent	**si** + imparfait	+ conditionnel présent
au passé	**si** + plus-que-parfait	+ conditionnel passé

S'il **fait** beau, on **pourra** aller à la montagne.
S'il **faisait** beau, on **pourrait** aller à la montagne.
S'il **avait fait** beau, on **aurait pu** aller à la montagne.

ATTENTION: Il y a seulement trois temps possibles après **si** hypothétique: le présent, l'imparfait et le plus-que-parfait. N'utilisez jamais le futur ni le conditionnel après **si** hypothétique.

Rappel

Lorsque le verbe de la proposition principale est au *futur* et le verbe après **si** est au *présent de l'indicatif*, l'action est considérée comme réelle.

Si je **continue** mes études, j'**irai** à la Sorbonne.
Il **voyagera** pendant ses vacances s'il **gagne** assez d'argent.

Charente-Maritime (sud-ouest de la France): la culture des pommes de terre.

A la lettre

A. La crise de l'énergie. Faites les substitutions indiquées.

Si on avait su que l'essence coûterait si cher...

1. *j'*aurais acheté une petite voiture. (nous, mes amis, vous)
2. *nous* serions partis à bicyclette. (Georges et Paul, tu, je)
3. *Yves et Jeannette* ne se seraient pas disputés pour l'achat d'un vélo. (nous, vous, Paul et Marc)
4. *nous* n'aurions pas acheté cette grosse automobile. (tu, vous, on)

B. Changements. Christine et Pierre n'aimaient plus leur travail en ville. Alors, ils ont acheté une petite maison dans les Alpes et ils ont déménagé. Leurs amis auraient fait autre chose. Qu'est-ce qu'ils auraient fait?

MODÈLE: Marie / choisir / nouveau / carrière →
Marie aurait choisi une nouvelle carrière.

1. Paul et Georges / essayer de / améliorer / vie urbaine
2. nous / louer / ferme / campagne
3. vous / rester / chez vous
4. Claudette / faire / même chose
5. Marie-Claire / parler / patronne / bureau
6. cousines de Christine / aller / Canada

Qu'est-ce que vous pensez de la décision de Christine et de Pierre? Donnez-leur des conseils selon le modèle suivant.

MODÈLE: rester / ville → Vous auriez dû rester en ville.

1. devenir / membre / mouvement écologiste
2. chercher à / transformer / conditions de vie / ville
3. chercher / nouveau travail
4. trouver / amis qui partagent tes idées
5. ?

A votre tour

Décisions et conséquences. Lisez les anecdotes suivantes. Ensuite, tirez les conséquences éventuelles de chaque décision suggérée.

MODÈLE: Si Maurice était resté très silencieux dans la tente, il n'aurait jamais vu l'ours.

1. Un samedi soir, Maurice faisait du camping dans la forêt. Soudain, il a entendu un bruit mystérieux. Il a eu peur, mais il était aussi très curieux. Que faire? Voici des décisions possibles:

a. rester très silencieux dans la tente
b. sortir de la tente avec une lampe de poche
c. essayer de courir jusqu'à la voiture

Et vous? Qu'est-ce que vous auriez fait à sa place?

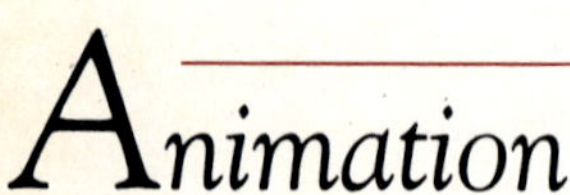

2. Catherine travaillait dans une grande ville où elle avait un poste dans l'administration. Elle n'était pas contente de vivre dans une si grande ville, car elle s'inquiétait beaucoup des problèmes urbains. Un jour, elle a vu une annonce pour un poste moins prestigieux mais plus intéressant dans une petite ville. Que faire? Voici quelques décisions possibles:

a. chercher un poste dans une petite ville
b. rester dans la grande ville
c. chercher des solutions aux problèmes urbains

Et vous? Qu'est-ce que vous auriez fait à sa place?

Animation

• Dialogue

**L'avenir
n'attend pas**

Une journaliste s'entretient° avec plusieurs membres du mouvement écologiste français.

LA JOURNALISTE: Quelle est votre position sur le sujet de l'énergie?

RENÉ: A notre époque, on *devrait pouvoir utiliser* plus habilement° les ressources naturelles, sans détruire la nature.

JACQUES: Et jamais on n'*aurait dû construire* des monstres comme les centrales° nucléaires.

LA JOURNALISTE: Vous avez parlé de l'«économie du bien-être»?

PAUL-ÉMILE: Oui, je pense qu'on *devrait réduire* la durée du travail salarié pour ainsi réduire le chômage.

LA JOURNALISTE: Vous êtes en faveur de la solidarité mondiale. Dans quel sens?

JACQUES: Nous pensons que les pays civilisés ne *devraient* jamais *accepter* que 50 millions de personnes meurent° de faim chaque année dans le monde!

PAUL-ÉMILE: Et les Français n'*auraient* jamais *dû accepter* d'être parmi les premiers vendeurs d'armes de la planète!

°*s'entretenir avec* = parler, discuter avec
plus habilement = avec plus d'intelligence
une centrale = une usine qui produit de l'électricité
meurent = mourir (3*ème* *pers. du pluriel*)

LA JOURNALISTE: Vous voulez aussi décentraliser les pouvoirs de l'État?

RENÉ: Oui, notre constitution *aurait dû donner* un plus grand pouvoir de décision aux collectivités locales.

LA JOURNALISTE: En conclusion?

JACQUES: Les recettes du passé, que les grands partis continuent de proposer, nous mènent à la faillite:° il est temps de changer, l'avenir n'attend pas!

Comment exprimer les conseils et les reproches

Au mode conditionnel, le verbe **devoir** change de sens lorsqu'il change de temps. Au *conditionnel présent,* il exprime un conseil:

Tu **devrais** nous **accompagner** cet après-midi.
Vous ne **devriez** pas **boire** tant de café.

Au *conditionnel passé,* il exprime un reproche, un regret:

Vous **auriez dû économiser** un peu d'argent.
Je n'**aurais** pas **dû arrêter** mes études.

Réagissez!

A. Regardez les dessins ci-dessous. Ensuite, complétez la légende de chaque dessin.

Tu devrais _______.
Tu ne devrais pas _______.

Il devrait _______.
Il ne devrait pas _______.

Elle aurait dû _______. Elle n'aurait pas dû _______.

Il aurait dû _______.
Il n'aurait pas dû _______.

B. Discutez des problèmes écologiques de votre région ou, plus généralement, de ceux des États-Unis. Utilisez les éléments suivants pour former des phrases.

°*la faillite* = l'insuccès

Le président…
Le public…
On…
Les électeurs américains…
L'agence pour la protection de
l'environnement…

| devrait |
| devraient |
| ne devrait pas |
| ne devraient pas |
| aurait dû |
| auraient dû |
| n'aurait pas dû |
| n'auraient pas dû |

?

Les écologistes lancent les premières manifestations à vélo… Ils alertent aussi l'opinion publique sur l'épuisement des ressources naturelles.

• Lecture

Le mouvement écologiste

Voici le texte d'un pamphlet distribué par Brice Lalonde, candidat proposé par une coalition de groupes écologistes—ou «verts»—aux élections présidentielles françaises de 1981.

C'est au début des années 70 que le mouvement *écologiste*[3] apparaît en France et dans la plupart des pays occidentaux.° Plusieurs affaires

---

[3]Pour une explication des expressions en italique voir le glossaire des pages 468–469.
°*occidental* = de l'ouest

sensibilisent° alors l'opinion publique: marée noire du *Torrey Canyon* en 1967, menaces sur *le parc de la Vanoise* en 1969, implantations de centrales nucléaires, etc. Des courants très divers cohabitent: des scientifiques° lancent les premiers cris d'alarme sur la destruction des milieux naturels et, avec *le Club de Rome,* sur l'épuisement° des ressources; le mouvement communautaire issu° de *mai 1968* expérimente° de nouveaux modes de vie et de production; les associations de défense de l'environnement se battent avec fougue° contre les pollutions et la destruction des sites; enfin, les partisans de l'alimentation «naturelle» font campagne pour une médecine et une agriculture écologiques.

Le mouvement de lutte° contre les centrales nucléaires rapproche ces divers courants. Les écologistes lancent les premières manifestations à vélo, ils mènent des campagnes pour la protection des baleines° et d'autres espèces animales en danger, ils protestent contre les essais nucléaires français à *Mururoa.* Ils alertent l'opinion publique sur l'épuisement des ressources naturelles.

A partir de 1974, avec la candidature de René Dumont à l'élection présidentielle, ils se lancent sur le terrain électoral. Leur progression est régulière: 300 000 voix° pour Dumont, 500 000 voix aux municipales° de 1977, 650 000 voix aux législatives de 1978, 900 000 voix aux européennes° de 1979. Cette percée° est remarquable si l'on considère l'extrême stabilité de l'électorat français... Elle est encore insuffisante, étant donnée° la gravité de la situation de la planète. Plusieurs accidents graves confirment les inquiétudes écologistes: *Seveso* 1976, *Amoco Cadiz* 1978, *Three Mile Island* 1979.

Mais l'écologie politique n'est que la face émergée d'un iceberg.

L'écologie, ce n'est pas seulement les manifestations contre le nucléaire et les candidats verts aux élections. C'est aussi notre mode de vie à tous qui commence à changer.[4]

---

[4]En avril 1981, Brice Lalonde, le candidat qui représentait une coalition des divers mouvements écologistes français, a obtenu 3,87 pour cent des votes au premier tour de l'élection présidentielle française.

°*sensibiliser* = rendre sensible
un scientifique = un savant, un chercheur scientifique
l'épuisement = la disparition, la fin
issu = venu de, résultat de
expérimenter = essayer
avec fougue = avec ardeur
une lutte = un combat
la baleine = le plus grand animal marin
des voix = ici, des votes
les municipales (*f.*) = les élections locales
les européennes = l'élection des membres du Parlement européen (dont le siège est à Strasbourg)
une percée = une avance
étant donné = si l'on considère

Bretagne: le nettoyage d'une plage près de Santec. «J'avais besoin de voir cette marée noire pour comprendre de quoi il s'agissait... tous ces pauvres oiseaux, cette plage dévastée!»

Glossaire des expressions spécialisées

Le terme *écologique* a un sens biologique, tandis qu'*écologiste* a un sens politique.

Le *Torrey Canyon* était un bateau pétrolier international qui, en mars 1967, a versé environ 120 000 tonnes de pétrole près des côtes anglaises et bretonnes.

Le *parc de la Vanoise* a été le premier parc national créé en France (1963) pour la protection des sites, des animaux et des plantes en danger. Il se trouve dans les Alpes, près de la frontière italienne.

Le *Club de Rome* est une organisation internationale qui poursuit des recherches sur les problèmes de la faim, de la démographie et de l'écologie mondiales.

Mai 1968 est le nom donné à la crise sociale et politique—la mise en question de l'«établissement» français par des mouvements d'étudiants radicaux et par d'autres secteurs de la société—qui a eu lieu au printemps 1968.

Mururoa est une île de la Polynésie française dans l'océan Pacifique.

Seveso est une ville italienne près de Milan qui, en 1976, a dû être évacuée pendant quelque temps à la suite d'une explosion de produits chimiques toxiques.

En mars 1978, le pétrolier international *Amoco Cadiz* a laissé échapper près de 220 000 tonnes de pétrole sur les plages de la Bretagne.

La centrale nucléaire *Three Mile Island* en Pennsylvanie a été le lieu d'un accident très controversé en mars 1979.

Comprenez-vous?

Selon le texte ci-dessus, les affirmations suivantes sont-elles vraies ou fausses? Rectifiez celles qui sont fausses.

1. Avant 1970, l'opinion publique française était plutôt indifférente aux problèmes écologiques.   2. Le mouvement écologiste rassemble des groupes divers.   3. Après mai 1968, certains groupes de jeunes ont tenté de nouveaux modes de vie.   4. La lutte antinucléaire n'a pas de rapport avec le mouvement écologiste.   5. Le mouvement écologiste français n'est pas politisé.   6. René Dumont et Brice Lalonde ont été des candidats écologistes aux élections présidentielles de 1974 et de 1981, respectivement.

Et vous?

Y a-t-il des sujets dans la liste suivante qui vous ont intéressé(e) personnellement? Savez-vous quelque chose sur…?

la marée noire	les parcs nationaux
les centrales nucléaires	une manifestation
les animaux en danger	l'alimentation biologique
les communautés formées à	la «révolution verte»
la suite de «Mai 1968»	l'épuisement des ressources naturelles
la protection des baleines	

• Activités

A. Éventualités. Choisissez un des sujets suivants. Préparez votre réponse en quelques phrases au conditionnel présent. Présentez-la aux autres étudiants, qui peuvent naturellement y ajouter leurs propres idées. Qu'est-ce que vous feriez si…

1. vous vous trouviez aujourd'hui à Paris?　2. il n'y avait plus d'examens?　3. vous n'aviez plus assez d'argent pour continuer vos études?　4. vous rencontriez aujourd'hui l'homme/la femme de vos rêves?　5. vous ne pouviez plus voyager en voiture?　6. on vous demandait de réduire radicalement votre consommation d'énergie?

Maintenant, préparez de nouvelles questions sur ce modèle à poser à vos camarades et au professeur.

B. **Si seulement…** C'est l'an 2030 et vous prenez votre retraite. Vous repensez à votre vie et vous rêvez un peu de la vie que vous auriez pu avoir. Avec un(e) camarade, imaginez les avantages et les inconvénients qu'un changement de vie aurait apportés. Suivez le modèle.

MODÈLE:　A: Moi, si seulement j'avais vécu dans une grande ville, j'aurais eu beaucoup de distractions.
　　　　　B: Mais non, si tu avais vécu dans une grande ville, tu aurais eu certains problèmes.

Situations: vivre dans une grande ville / vivre à la campagne / beaucoup voyager / diriger une entreprise / avoir des enfants / rester célibataire…

Avantages: beaucoup de distractions / l'air pur, le silence / voir le monde / être riche / l'amour, la joie / la liberté…

Inconvénients: des soucis,° le stress, la violence / le peu de distractions / un manque de stabilité / être trop occupé(e) / des responsabilités / la solitude…

C. **Une demande.** Écrivez une lettre au président d'une société dont les usines produisent d'abondants déchets industriels. Persuadez-le d'arrêter la pollution et de nettoyer le terrain ou les eaux qui ont été affectés. Utilisez le conditionnel. Choisissez parmi les débuts de phrase suggérés ci-dessous.

Cher Monsieur/Chère Madame,

　Nous vous prions sincèrement d'arrêter les pratiques industrielles qui entraînent la pollution qui vient d'être découverte dans notre région. Si vous réussissiez à arrêter la pollution…

Les plantes… Les eaux… L'atmosphère… Les animaux… Les enfants… Les habitants futurs de cette région… Les autres usines… Notre avenir… Vous… Les maladies… Vos employés… Le gouvernement…

　Nous espérons d'ailleurs que le gouvernement n'aura pas besoin d'intervenir pour soutenir notre demande!

　Nous vous prions d'accepter, Cher Monsieur/Chère Madame, nos sentiments les plus distingués.[5]

---

[5]C'est une des formules conventionnelles qui terminent une lettre d'affaires en France.

°*le souci* = le problème, l'inquiétude

Mots à retenir

Verbes	conserver	gaspiller	nettoyer
	créer	(s')inquiéter (de)	polluer
	détruire	manquer	sauver
	(se) développer	mener une campagne	

Noms	l'air (*m.*)	l'écologie (*f.*)	la marée noire
	l'amélioration (*f.*)	l'énergie (*f.*)	le mouvement écologiste
	l'atmosphère (*f.*)	l'environnement (*m.*)	l'oiseau (*m.*)
	l'automobile (*f.*)	l'espace (*m.*)	la pollution
	la centrale nucléaire	la ferme	le recyclage
	les déchets industriels	le gaspillage	la ressource
	le développement	la lutte	la terre

Adjectifs	contemporain(e)	grave	pollué(e)
	écologique	industriel(le)	pur(e)
	écologiste	naturel(le)	solaire

Expression de communication   Il s'agit de…

Exercices de récapitulation

A. **Denis et Véronique.** Mettez l'histoire suivante au passé. Employez le *passé composé,* l'*imparfait* ou le *plus-que-parfait* selon le cas pour chaque verbe entre parenthèses.

Denis et Véronique, deux jeunes Lyonnais, (se rencontrer) il y a cinq ans. Denis (venir de) terminer son baccalauréat. Véronique (aller) encore au lycée. Ils (se marier) un an et demi plus tard.

Deux ans après leur mariage, le jeune couple (se décider à) aller vivre à Paris. Ils (être) encore jeunes; ils (ne pas avoir) d'enfants; ils (commencer) à s'ennuyer un peu dans la banlieue de Lyon. La vie parisienne leur (paraître) meilleure. A Paris, ils (s'installer) dans un petit studio sur la rive droite. Véronique (prendre) un poste de secrétaire dans une société commerciale internationale; Denis (trouver) un emploi dans un magasin de bricolage.

Denis et Véronique (se mettre à) sortir plus souvent le soir. Ils (rencontrer) d'autres jeunes. Leur vie (devenir) plus complexe; ils (se fatiguer). Ils (ne pas s'entendre) aussi bien qu'avant. Enfin, ils (se séparer). Véronique (aller) vivre chez des amis. Denis (continuer) son travail, mais sans grand intérêt. Pour lui, les choses (ne pas aller) mieux.

Un jour, Denis et Véronique (se retrouver) par hasard dans la rue. Après quelques jours, ils (se revoir). Ils (se téléphoner). Ils (se souvenir de) leur ancien rêve d'établir leur propre affaire° en province. Ils (choisir) Concarneau en Bretagne, où Véronique (avoir) quelques parents. Ils (devoir) emprunter de l'argent pour leur installation. Aujourd'hui, ils ont encore des soucis, bien sûr, mais ils s'occupent de leur affaire et forment un couple heureux.

B. **En vélo.** Le vélo est une bonne façon de se déplacer pour beaucoup d'étudiants. Interviewez un(e) camarade de classe sur son expérience de cycliste—réelle ou imaginaire. Lorsque c'est possible, utilisez une expression de temps.

MODÈLE: A: Quand as-tu eu ta première bicyclette?
B: J'ai eu ma première bicyclette il y a douze ans.

1. Quand as-tu commencé à faire du cyclisme?
2. Depuis quand as-tu ta bicyclette actuelle?

°*une affaire* = ici, un magasin, une entreprise

3. Au début, pendant combien de temps faisais-tu du cyclisme chaque jour?
4. Viens-tu en cours à bicyclette? Depuis combien de temps?
5. Combien de temps passes-tu sur la route chaque jour?
6. As-tu jamais fait une longue randonnée ou un voyage en vélo? Quand? Combien de jours ce voyage a-t-il duré?
7. Conduis-tu aussi une voiture? une moto? une mobylette°? Depuis quel âge?
8. Comment préfères-tu te déplacer? Quel moyen de transport convient le mieux à un(e) étudiant(e)? Pourquoi?

C. Discussion. Divisez la classe en petits groupes pour répondre aux questions suivantes.

1. Tout d'abord, posez ces questions à quelques étudiants: Quelle carrière penses-tu poursuivre? Est-ce que ton métier aura une valeur sociale ou plutôt personnelle? Est-ce une carrière qui va dans le sens du progrès? Justifie ton choix.
2. S'il y a quelqu'un qui n'aime pas votre choix, demandez-lui ses raisons et quel choix de carrière il/elle a fait. En quoi diffère-t-elle de celle que vous avez choisie? Organisez un débat et essayez de rallier d'autres camarades à votre point de vue.

Utilisez des expressions impersonnelles quand c'est possible. (*Il faut…, Il est important…, Il vaut mieux…, etc.*)

D. Président pour un an. Si vous aviez été Président(e) l'année dernière, qu'auriez-vous fait pour trouver une solution aux problèmes suivants?

MODÈLE: la circulation →
Si j'avais été Président(e) l'année dernière, j'aurais demandé à tout le monde de faire de la bicyclette!

1. la pollution 2. les déchets industriels 3. la violence dans les grandes villes 4. le gaspillage de l'énergie 5. la destruction des espaces verts 6. l'inflation 7. les taxes et les impôts 8. les relations internationales 9. la corruption du gouvernement 10. le chômage des jeunes 11. le chômage des chefs de famille 12. l'autonomie des femmes 13. le peu de fonds consacré à l'éducation publique

---

°*une mobylette* = un scooter

Aperçu littéraire

Nicolas, qui a peut-être huit ans, nous parle d'un dimanche passé dans la nouvelle maison de campagne de M. Bongrain, un ami de son père.

Le chouette° bol d'air°

JEAN-JACQUES SEMPÉ (1932–   ) ET RENÉ GOSCINNY (1926–1977)

… Moi, j'étais bien content, parce que j'aime beaucoup aller à la campagne et Papa nous a expliqué que ça ne faisait pas longtemps que M. Bongrain avait acheté sa maison, et qu'il lui avait dit que ce n'était pas loin de la ville. M. Bongrain avait donné tous les détails à Papa par téléphone, et Papa a inscrit sur un papier et il paraît que c'est très facile d'y aller. C'est tout droit, on tourne à gauche au premier feu rouge,° on passe sous le pont de chemin de fer,[1] ensuite c'est encore tout droit jusqu'au carrefour,° où il faut prendre à gauche, et puis encore à gauche jusqu'à une grande ferme blanche, et puis on tourne à droite par une petite route en terre, et là c'est tout droit et à gauche après la station-service.

On est partis,[2] Papa, Maman et moi, assez tôt le matin dans la voiture, et Papa chantait, et puis il s'est arrêté de chanter à cause de toutes les autres voitures qu'il y avait sur la route. On ne pouvait pas avancer. Et puis Papa a raté° le feu rouge où il devait tourner, mais il a dit que ce n'était pas grave, qu'il rattraperait son chemin° au carrefour suivant. Mais au carrefour suivant, ils faisaient des tas de travaux et ils avaient mis une pancarte° où c'était écrit: «Détour»; et nous nous sommes perdus; et Papa a crié après Maman en lui disant qu'elle lui lisait mal les indications qu'il y avait sur le papier; et Papa a demandé son chemin à des tas de gens qui ne

---

[1]Le *chemin de fer* est là où vont les trains.

[2]Notez que le participe passé peut s'accorder avec le «véritable» sujet d'une phrase qui commence par **on: on** est partis = **nous** sommes partis.

°*chouette* (*fam.*) = agréable, chic
un bol d'air (*fam.*) = de l'air frais
le feu rouge (*vert*) = la lampe qui règle la circulation routière
un carrefour = un croisement de routes
rater = manquer
il rattraperait son chemin = il regagnerait la distance perdue
une pancarte = une affiche

savaient pas; et nous sommes arrivés chez M. Bongrain presque à l'heure du déjeuner, et nous avons cessé de nous disputer.

M. Bongrain est venu nous recevoir à la porte de son jardin.

—Eh bien, il a dit M. Bongrain. On les voit les citadins! Incapables de se lever de bonne heure,° hein?

Alors, Papa lui a dit que nous nous étions perdus, et M. Bongrain a eu l'air tout étonné.

—Comment as-tu fait ton compte°? il a demandé. C'est tout droit!

...

Évidemment, il a dit, c'est un peu rustique, mais c'est ça, la vie à la campagne! On ne peut pas avoir une cuisinière° électrique, comme dans l'appartement.

—Et pourquoi pas? a demandé Mme Bongrain.

—Dans vingt ans, quand j'aurai fini de payer la maison, on en reparlera, a dit M. Bongrain. Et il s'est mis à rigoler° de nouveau.

...

M. Bongrain était tout fier pour le hors-d'œuvre, parce qu'il nous a expliqué que les tomates venaient de son potager,° et Papa a rigolé et il a dit qu'elles étaient venues un peu trop tôt, les tomates, parce qu'elles

---

°*de bonne heure* = tôt
Comment as-tu fait ton compte? = As-tu mal calculé?
une cuisinière = un appareil pour faire cuire les aliments
rigoler (*fam.*) = rire
un potager = un petit jardin pour les légumes

étaient encore toutes vertes. M. Bongrain a répondu que peut-être, en effet,
elles n'étaient pas encore tout à fait mûres,° mais qu'elles avaient un autre
goût que celles que l'on trouve sur le marché. Moi, ce que j'ai bien aimé,
c'est les sardines…. Et puis Mme Bongrain a apporté le rôti, qui était
rigolo,° parce que dehors il était tout noir, mais dedans c'était comme s'il
n'était pas cuit du tout.

…Corentin[3] et moi nous sommes sortis, et Corentin m'a dit qu'on allait
jouer à la pétanque…. On a joué dans l'allée° il y en avait une seule et pas
très large°…. Et puis Corentin a tiré,° et bing! sa boule a raté la mienne° et
elle est allée sur l'herbe. La fenêtre de la maison s'est ouverte tout de suite
et M. Bongrain a sorti une tête toute rouge et pas contente:

—Corentin! il a crié. Je t'ai déjà dit plusieurs fois de faire attention et
de ne pas endommager cette pelouse°! Ça fait des semaines que le jardinier
y travaille! Dès que tu es à la campagne, tu deviens intenable°! Allez! dans
ta chambre jusqu'à ce soir!

…nous ne sommes plus restés très longtemps, parce que Papa a dit qu'il
préférait partir de bonne heure pour éviter les embouteillages. M. Bongrain
a dit que c'était sage, en effet, qu'ils n'allaient pas tarder à rentrer eux-
mêmes, dès que Mme Bongrain aurait fini de faire le ménage.

M. et Mme Bongrain nous ont accompagnés jusqu'à la voiture; Papa et
Maman leur ont dit qu'ils avaient passé une journée qu'ils n'oublieraient
pas, et juste quand Papa allait démarrer,° M. Bongrain s'est approché de la
portière° pour lui parler:

—Pourquoi n'achètes-tu pas une maison de campagne, comme moi? a
dit M. Bongrain. Bien sûr, personnellement, j'aurais pu m'en passer; mais il
ne faut pas être égoïste, mon vieux! Pour la femme et le gosse,° tu ne peux
pas savoir le bien que ça leur fait, cette détente et ce bol d'air, tous les
dimanches!

------

[3]Corentin est le fils des Bongrain; il a le même âge que Nicolas.

mûr = prêt à manger (pour les fruits)
rigolo (*fam.*) = amusant
une allée = un petit chemin dans un jardin
large ≠ étroit
tirer = jouer son tour, jeter
la mienne = ma boule
une pelouse = un terrain recouvert d'herbe
intenable = impossible, difficile
démarrer = mettre la voiture en marche
la portière = la porte de la voiture
le gosse (*fam.*) = l'enfant

A. Mots nouveaux. Complétez les phrases suivantes avec un ou des mots nouveaux du texte.

Choix: le carrefour / le/la citadin(e) / une cuisinière / de bonne heure / le feu rouge (vert) / mûr(e) / la pelouse / le potager / rater

1. Vous trouverez la station-service au _______ suivant. Mais vous devrez vous arrêter d'abord au _______.
2. A la campagne, beaucoup de gens se lèvent _______.
3. Les _______ n'ont pas l'habitude de la campagne.
4. Nous avons joué à la pétanque… mais malheureusement, j'ai _______ tous mes coups.
5. Si les fruits étaient déjà _______, nous pourrions en faire une salade.
6. M. Bongrain s'occupait lui-même de son _______, mais il avait engagé un jardinier pour la _______.

B. Idées. Répondez brièvement aux questions suivantes selon le texte.

1. Où se trouve la maison de M. Bongrain? Comment y arrive-t-on, selon les indications de M. Bongrain?
2. Est-ce que la maison de M. Bongrain a été facile à trouver? Décrivez brièvement le trajet de Nicolas et de ses parents. Qu'est-ce qui s'est passé dans leur voiture vers la fin du voyage?
3. Quand les Bongrain auront-ils une cuisinière électrique?
4. Décrivez le déjeuner que les deux familles ont pris ensemble. Comment était le hors-d'œuvre? et le plat principal?
5. Qu'est-ce que Corentin et Nicolas ont fait dans le jardin? Pourquoi M. Bongrain s'est-il fâché? Quelle a été la punition de Corentin?
6. Pourquoi le père de Nicolas a-t-il préféré partir de bonne heure? Quand les Bongrain allaient-ils eux-mêmes rentrer?
7. Selon M. Bongrain, qui dans sa famille aurait pu se passer d'une maison de campagne? Qui n'aurait pas pu s'en passer? Pourquoi?

C. Réaction personnelle. Discutez des réponses aux questions suivantes.

1. Comment savez-vous que c'est un enfant qui raconte cette visite?
2. A votre avis, les parents de Nicolas vont-ils acheter une maison de campagne?
3. Quels sont les inconvénients de la vie dans une «résidence secondaire», d'après l'histoire de Nicolas? A votre avis, quels en sont les avantages pour les citadins?
4. Si vous alliez à la campagne ce week-end, qu'est-ce que vous y feriez?

Chapitre 20

L'actualité politique

— *Tu sais ce que c'est... On était avec des copains...*
On s'est dit: Tiens... si on prenait la Bastille!...

D'après ce dessin...

1. Quelle heure est-il?
2. Pourquoi la femme est-elle mécontente?
3. Avec qui était cet homme? Qu'est-ce qu'il a fait avec eux?
4. A quel incident historique se réfère ce dessin? Où était la Bastille? (ATTENTION: Elle n'existe plus!) En quelle année a-t-elle été prise? Que symbolise cette date pour les Français?
5. D'après ce dessin, quelles sont les causes de la prise de la Bastille?
6. Quelles sont les causes réelles de la prise de la Bastille?

Mots utiles: l'aristocratie / les citoyens / la démocratie / l'égalité / la fraternité / la liberté / la monarchie / les nobles / populaire / prendre le pouvoir / la république / se réunir / le roi (la reine)

Votre avis sur... la situation politique actuelle.

A votre avis, quels sont les problèmes politiques les plus importants à l'heure actuelle? Organisez les éléments suivants dans l'ordre de leur importance. Comparez vos résultats avec ceux de vos camarades. Sur quoi êtes-vous d'accord ou pas d'accord?

__limiter (ou pas) les expériences° nucléaires
__égaliser (ou pas) les revenus°
__ouvrir (ou pas) les frontières aux immigrants
__réformer (ou pas) l'enseignement
__limiter (ou pas) les armements
__augmenter (ou pas) la protection sociale
__légaliser (ou pas) les drogues
__limiter (ou pas) les impôts°
__?

Entrée en scène

La République française: liberté, égalité, fraternité

Depuis 1793, la France a eu cinq Républiques avec chaque fois une nouvelle constitution. La Cinquième République, établie en 1958 par le général Charles de Gaulle, a eu quatre présidents: de Gaulle lui-même (1958–1969), Georges Pompidou (1969–1974), Valéry Giscard d'Estaing (1974–1981) et François Mitterrand (1981–   ).

°*les expériences* = ici, les essais
les revenus = les salaires, l'argent reçu
les impôts = les taxes

L'organisation des pouvoirs en France

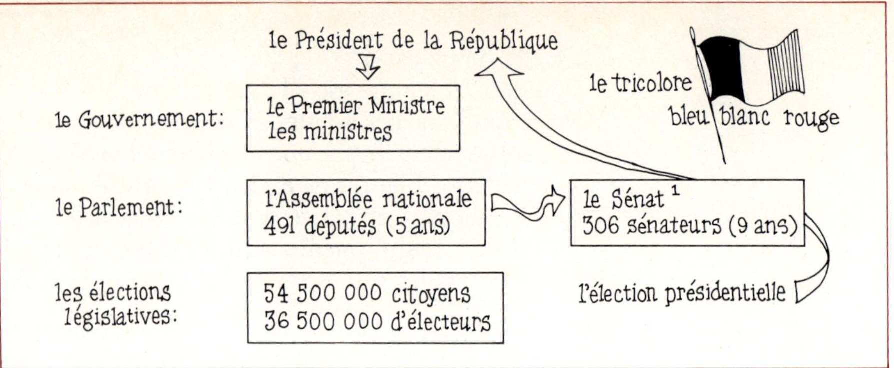

A. Définitions. Trouvez le mot qui correspond aux définitions suivantes.

1. Ils ont un passeport français.   2. Ils votent.   3. Le Président de la République nomme ces officiels.   4. Ils travaillent à l'Assemblée nationale.   5. Nommé par le Président, il dirige le gouvernement. 6. Ils travaillent au Sénat.

B. Le gouvernement en France. Décrivez le système politique français. Répondez aux questions suivantes.

1. Quelle est la structure du gouvernement français?
2. Quelles sont les deux assemblées du Parlement?
3. Combien y a-t-il d'électeurs en France? de citoyens?
4. Qui est le Président français actuel? Qui élit le Président de la République? au cours de° quelle élection?
5. Qui élit les députés de l'Assemblée nationale? au cours de quelles élections?
6. Qui nomme le Premier ministre et les autres ministres du gouvernement? Pouvez-vous nommer le Premier ministre du gouvernement actuel?
7. Quelles sont les couleurs du drapeau français?
8. Quels sont les trois grands principes de la Révolution française?

C. Chez nous. Avec des camarades, parlez du système politique aux États-Unis. Répondez aux questions suivantes.

1. Quel est le nom du Président des États-Unis actuel?   2. Quel est le nom du Secrétaire d'État américain?   3. Quelle est la structure du gouvernement américain?   4. De quelles assemblées est composé le Parlement américain?   5. Qui élit le Président américain? au cours de quelles élections?   6. Comment s'appellent—en anglais—les députés

------

[1]Les sénateurs français sont élus par un groupe de «grands» électeurs qui consiste en tous les députés, les représentants des municipalités et les 3 000 conseillers généraux.

°*au cours de* = pendant

des deux assemblées américaines? Qui les élit?   7. Qui nomme les ministres («cabinet members») américains?   8. En quelle année aura lieu la prochaine élection présidentielle américaine?

Quelques partis politiques français

Il faut remarquer qu'en France au moins une douzaine de partis politiques sont actifs sur les plans national et local. Le Français ou la Française a tendance à s'identifier assez fortement avec son parti.

Le parti «majoritaire» est généralement le parti que représente le Président de la République. Les partis «minoritaires» font partie de l'opposition. Il peut arriver que certains partis minoritaires remportent° plus d'élections locales que le parti du Président.

Les grands partis:

Quelques petits partis:

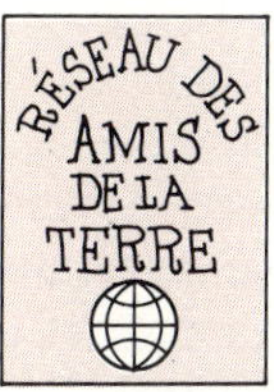

Les petits partis sont généralement minoritaires. Parfois, ils se rapprochent des grands partis pour former des coalitions.

A. Sigles° politiques. Quels partis français correspondent aux sigles suivants?

1. PS   3. RAT   5. PCF   7. MRG
2. FN   4. UDF   6. RPR   8. PSU

B. Ressemblances. Quel adjectif français correspond au nom?

1. la commune   4. la législation   7. le socialisme
2. la république   5. la nation
3. le président   6. l'écologie

°*remporter* = gagner
un sigle = une abréviation formée d'initiales

Quel nom français correspond à chaque verbe? Donnez l'article indéfini (**un/une**) de chaque nom.

1. élire	3. gouverner	5. présider
2. opposer	4. parler	6. pouvoir

C. **Deux systèmes.** Avec votre professeur et d'autres étudiants, comparez le système politique des États-Unis avec celui de la France.

	EN FRANCE	AUX ÉTATS-UNIS
1. A quel âge peut-on voter?	à 18 ans	______
2. Pendant combien de temps le Président gouverne-t-il?	7 ans	______
3. Qui élit le Président?	les électeurs	______
4. Combien de grands partis y a-t-il?	4	______
5. Existe-t-il un parti communiste? des groupes écologistes?	oui/oui	______
6. Quel parti a aujourd'hui la majorité?	______	______

D. **Interview.** Posez les questions suivantes à un(e) ami(e).

1. Est-ce que tu as déjà voté? Dans quelles élections?
2. Est-ce que tu es inscrit(e) à un parti politique? Auquel? Pourquoi as-tu choisi celui-là?
3. As-tu déjà participé à une campagne électorale? A laquelle? Est-ce que ton candidat préféré/ta candidate préférée a gagné l'élection?
4. Est-ce que tu aimes le Président américain actuel? D'après toi, quels sont les aspects positifs et négatifs de son gouvernement?
5. Quel homme ou femme politique admires-tu particulièrement?
6. Est-ce que tu exerces des activités ou des responsabilités politiques dans ton université? Lesquelles? As-tu déjà participé à une grève° d'étudiants? Pour quelles raisons?

Paris (1982): des affiches annonçant une manifestation contre la politique française de l'immigration.

°*une grève* = un arrêt de travail par des ouvriers ou des étudiants

Jeu de structures

45. Résumé des expressions interrogatives; **lequel?**

L'incertitude des électeurs

Les électeurs sont venus écouter les candidats aux prochaines élections.
Voici certaines questions que se posent les électeurs pendant le meeting:°

Qu'est-ce qui se passe ici ce soir?
Ce sera bientôt le jour des élections! Est-ce que tu t'es déjà décidé?
Qui vas-tu choisir?
*Qu'est-ce qu'*on a dit d'eux dans le journal?
Que vas-tu faire?
Pour qui vas-tu voter?
Qui va parler maintenant?
Tous les candidats nous ont fait beaucoup de promesses. *Lequel* pourra
  nous remettre sur la voie de la prospérité?
Auquel pouvons-nous faire confiance?
Duquel parles-tu?
De toutes ces promesses, *laquelle* te semble la plus sincère?
De quoi avons-nous vraiment besoin?

Pour préciser

Donald, imaginez les réponses que certains électeurs se sont données
pendant le meeting. Qu'est-ce qui se passe ici ce soir?
  —C'est un meeting sur les élections nationales. Plusieurs candidats
    vont parler.
Qui vas-tu choisir?
  —Je vais choisir celui qui représente le mouvement écologiste.
Que vas-tu faire?
  —Je ne sais pas très bien quoi faire. Est-ce que je dois voter à gauche
    ou à droite?
Parmi les promesses des candidats, laquelle te semble la plus sincère?
  —Celle de diminuer les armements nucléaires, bien sûr!
De quoi les gens ont-ils vraiment besoin?
  —Ils ont besoin d'emplois, d'assurances sociales et médicales... mais
    surtout d'un monde sans guerres!
Jenny, dites-moi, dans la classe... Qui est-ce qui vote toujours à droite?
  —Thomas, il choisit toujours les candidats de droite.

°*un meeting* = une réunion politique

Pour apprécier
1. Qui dans la classe a assisté récemment à un meeting? Qui est-ce qui a organisé un meeting cette année?
2. De quoi s'agissait-il dans le meeting auquel vous avez assisté (que vous avez organisé)? De quoi a-t-on parlé?
3. Dans votre université y a-t-il actuellement des élections, des meetings, des discussions de problèmes universitaires? Par quoi vous sentez-vous le plus concerné(e)?

Le pronom interrogatif **qui** désigne toujours une *personne.* Les pronoms interrogatifs **que** et **quoi** désignent toujours une *chose.* Notez qu'il existe des formes longues qui correspondent à **qui** et **que.**

A.   Pour se référer à une *personne*

1. **Qui** et **Qui est-ce qui** = le *sujet* de la phrase.

   Qui est à la porte? (**Qui est-ce qui** est à la porte?) —C'est Luc.

2. **Qui** et **Qui est-ce que** = l'*objet direct* du verbe.

   Qui vois-tu? (**Qui est-ce que** tu vois?) —Je vois Annie.
   Qui Marie a-t-elle vu? (**Qui est-ce que** Marie a vu?) —Michel.

3. **A (Pour, Devant...) qui** et **A (Pour, Devant...) qui est-ce que** = l'*objet d'une préposition.*

   A qui parlez-vous? (**A qui** est-ce que vous parlez?) —A Patrick.
   Pour qui as-tu acheté ce cadeau? (**Pour qui est-ce que** tu as acheté ce cadeau?) —Pour mes copains.

B.   Pour se référer à une *chose*

1. **Qu'est-ce qui** = le *sujet* de la phrase. Notez que **Qu'est-ce qui** n'a pas de forme courte.

   Qu'est-ce qui est sur la table? —Mes cahiers.
   Qu'est-ce qui se passe ici? —C'est un accident.
   Qu'est-ce qui est arrivé sur le plan politique? —Un référendum.

2. **Que** et **Qu'est-ce que** = l'*objet direct* du verbe.

   Que vois-tu? (**Qu'est-ce que** tu vois?) —Notre taxi.
   Que fait Marie? (**Qu'est-ce que** Marie fait?) —Elle part.
   Qu'a fait Marie? (**Qu'est-ce que** Marie a fait?) —Elle est partie.

3. **A (De, Devant...) quoi** et **A (De, Devant...) quoi est-ce que** = l'*objet d'une préposition.*

   De quoi parlez-vous? (**De quoi est-ce que** vous parlez?) —D'un film.
   A quoi penses-tu? (**A quoi est-ce que** tu penses?) —Aux vacances.

Résumé des formes du pronom interrogatif

	PERSONNES	CHOSES
SUJET	Qui Qui est-ce qui	*(pas de forme courte)* Qu'est-ce qui
OBJET	Qui (+ *inversion*) Qui est-ce que	Que (+ *inversion*) Qu'est-ce que
OBJET D'UNE PRÉPOSITION	A (Pour...) qui A (Pour...) qui est-ce que	De (Avec...) quoi De (Avec...) quoi est-ce que

C. Le pronom interrogatif *lequel*

Lorsqu'on choisit entre plusieurs personnes ou choses déjà nommées, on utilise le pronom interrogatif **lequel. Lequel** s'accorde en genre et en nombre avec son antécédent. Remarquez les formes contractées avec **de** et **à.**

> Est-ce que tu as écouté les trois candidats? **Lequel** as-tu préféré?
> Tu penses à un roman de Zola? **Auquel** penses-tu?
> Vous dites que vous avez besoin de livres? **Desquels?**
> Il a assisté à une réunion? **A laquelle?**

A la lettre

A. Sujet ou objet? Remplacez le pronom interrogatif **qui** par **qui est-ce qui** ou par **qui est-ce que.**

> MODÈLES: *Qui* a assisté à la conférence? →
> Qui est-ce qui a assisté à la conférence?
> *Qui* voit-on souvent en train de discuter? →
> Qui est-ce qu'on voit souvent en train de discuter?

1. *Qui* est venu avec vous?   2. *Qui* a le temps de nous accompagner?
3. *Qui* trouve-t-on toujours en train d'organiser une manifestation?
4. *Qui* préfère une existence plus tranquille?   5. *Qui* peut-on rencontrer dans le cours de sciences politiques?   6. *Qui* as-tu voulu inviter à la manifestation?

B. Dans le bureau du journal des étudiants. Qu'est-ce qui se passe aujourd'hui? Remplacez les pronoms interrogatifs longs par une forme brève, *si possible.*

1. *Qu'est-ce qui* se passe ici aujourd'hui?   2. *Qu'est-ce qu'*on a fait pendant la manifestation?   3. *Qu'est-ce qu'*on a écrit pour la «Une»°?
4. *Qu'est-ce que* Marie a appris pendant l'interview?   5. *Qu'est-ce qui* est arrivé hier sur le campus?

°*la «Une»* = la première page d'un journal

C. Posons des questions. Avec un(e) camarade, remplacez le(s) mot(s) *en italique* par un pronom interrogatif.

MODÈLE: A: Claire invite *le professeur*.
B: Qui Claire invite-t-elle? (Qui est-ce que Claire invite?)

1. Marie court après *le bus*.   2. *Marie* court après sa sœur.   3. M. Leroux a ouvert *l'enveloppe*.   4. *Jean* a ouvert la porte.   5. *Roland* a étudié les sciences politiques.

D. **Qui** ou **quoi?** Complétez les questions avec **qui** ou **quoi.**

1. Avec _______ peut-on faire une promenade, avec Anne?
2. A _______ préfères-tu que je pense, à la pièce de théâtre ou à la conférence?
3. De _______ vous souvenez-vous le mieux, de la conversation ou de la conférence?
4. Avec _______ veux-tu discuter?
5. A _______ pensez-vous, à vos amis de Nice?

E. Précisions. Complétez les questions suivantes avec une forme de **lequel** ou avec *une préposition* + **lequel,** selon le contexte.

1. J'ai deux disques ici. _______ préfères-tu?
2. Nous parlons des candidats. _______ parlez-vous?
3. Je pense à ces articles de journal. _______ penses-tu?
4. Marc a téléphoné à une personnalité politique. _______ a-t-il téléphoné?
5. Nous avons assisté à une manifestation le mois dernier. _______ avez-vous assisté?
6. J'ai discuté avec plusieurs candidats. _______ as-tu discuté?

A votre tour

A. Un meeting mouvementé. Posez des questions à vos camarades pour savoir **qui** a regardé **qui** ou **quoi** pendant la scène présentée sur le dessin à la page 486.

MODÈLE: Qu'est-ce que le chat regardait? (Que regardait le chat?)

Voici les personnages: les étudiants / les professeurs / l'agent de police / le président de l'université / le chat / le chien / l'oiseau / l'enfant / la mère… Vous pouvez en ajouter d'autres.

B. Entre électeurs. En petits groupes, posez des questions entre vous au sujet d'une élection à l'université ou au niveau local ou national. Répondez aux questions qui vous sont posées.

MODÈLES: Pour qui vas-tu voter (as-tu voté)?
A quel candidat fais-tu confiance?
Lequel vas-tu choisir?
Qu'est-ce qu'il/elle a promis aux électeurs?
A quelle campagne as-tu participé?
Qu'est-ce qui est arrivé pendant la campagne?

Paris: une manifestation de solidarité féminine.

46. L'emploi du subjonctif (suite): le subjonctif avec les verbes de volonté, de sentiment et d'opinion; le passé du subjonctif

Sagesse° politique

Aujourd'hui, M. et Mme Ancellin, parents soucieux° mais assez vieux jeu,° parlent sérieusement avec leur fils Jean-Pierre. Car pour ses parents, les activités politiques de Jean-Pierre sont devenues incompatibles avec les intérêts familiaux.

M. ANCELLIN: (*d'un air assez sévère*) Jean-Pierre, *ta mère et moi avons* toujours *approuvé que tu sois* politiquement engagé. *Nous avons bien voulu que tu deviennes* délégué au Conseil. *Nous avons accepté que tu milites, que tu participes* aux manifestations. Mais maintenant, tu veux t'inscrire à un groupe écologiste! *Nous exigeons°* absolument *que tu réfléchisses* aux conséquences de cet engagement.

JEAN-PIERRE: Mais, Papa, Maman! *Vous avez* toujours *souhaité° que j'aille* jusqu'au bout de° mes convictions! Pourquoi m'arrêter aujourd'hui?

MME ANCELLIN: C'est pour ton bien. *Nous avons peur que tu fasses* un mauvais choix. *Nous doutons que tu puisses* sérieusement croire à ces idées.

M. ANCELLIN: ...Et nous sommes consternés de voir que tu manifestes contre les usines de ton oncle!

Pour préciser

Les parents de Jean-Pierre ont toujours désiré qu'il soit politiquement engagé. Et vos parents?

—Mes parents veulent que je sois politiquement indépendante.

—Mes parents n'aiment pas que je milite, ils préféreraient que je mène une vie plus tranquille!

—Ma mère est contente que je fasse partie d'une association politique, mais mon père ne pense pas que ce soit une bonne idée.

—J'ai une sœur qui est très active sur le plan politique, et elle voudrait que je suive son exemple.

—Ma famille a toujours préféré que nous soyons non partisans, que nous essayions de connaître les divers points de vue.

°*la sagesse* = la modération, la prudence
soucieux = inquiet
vieux jeu = qui a des idées démodées
exiger = demander (dans le sens le plus fort)
souhaiter = désirer, vouloir
jusqu'au bout de = jusqu'à la limite de

<table>
<tr><td>Pour apprécier</td><td>1. Qu'est-ce que M. et Mme Ancellin ont toujours approuvé?   2. Qu'est-ce qu'ils exigent maintenant?   3. Selon Jean-Pierre, qu'ont-ils toujours souhaité?   4. Selon Mme Ancellin, de quoi ont-ils peur?   5. De quoi sont-ils enfin consternés?</td></tr>
</table>

A.   Le subjonctif avec les verbes de volonté, de préférence, de désir, d'émotion et de doute

1. Les verbes de volonté ou de préférence. Si la phrase a deux sujets, le subjonctif s'utilise dans la proposition subordonnée qui suit des verbes comme **vouloir, vouloir bien, désirer, aimer, préférer, approuver, souhaiter, demander** et **exiger.**

   > Je **veux** que vous **gagniez** l'élection.
   > La loi **exige** que nous **payions** des impôts.
   > Je **veux bien** qu'elle **fasse** cette enquête.

   ATTENTION: Le verbe **espérer** est généralement suivi de l'indicatif. **Espérer** + *l'indicatif* peut remplacer **souhaiter** + *le subjonctif.*

   > Je **souhaite** que tu **viennes** avec nous. → J'**espère** que tu **viendras** avec nous. [2]

2. Les verbes d'émotion. Le subjonctif s'utilise dans la proposition subordonnée qui suit des expressions verbales comme **être content / désolé / fier / furieux / heureux / surpris que, avoir peur que, avoir honte que** et **regretter que.**

   > Le Président **est content** que les électeurs lui **fassent** confiance.
   >
   > Les électeurs **ont peur** que l'inflation **soit** un problème insoluble.
   >
   > Je **suis désolée** que vous ne **veniez** pas.
   >
   > Nous **regrettons** qu'elle **ait** tant de pouvoir.
   >
   > *mais:* Je **suis heureux d'être** ici.

3. Les expressions verbales de doute et d'incertitude. Le subjonctif s'utilise dans la proposition subordonnée qui suit des verbes ou expressions verbales comme **douter, ne pas être sûr, ne pas être certain, ne pas penser, ne pas croire.**

   > Les femmes **ne sont pas sûres** que leur position **soit** égale à celle des hommes.
   >
   > Je **ne pense pas** que la démocratie **soit** en danger.
   >
   > Les étudiants **doutent** que le président **puisse** satisfaire à leurs demandes.

---

[2] A la forme interrogative, **espérer** peut être suivi d'un verbe au subjonctif: **Espérez-vous qu'il vienne?**

ATTENTION: A la forme *affirmative*, les verbes ou expressions verbales **penser, croire, être sûr, être certain que** sont suivis de l'*indicatif*.

> Je pense que la presse **est** libre.
> Ils sont sûrs qu'elle **sera** élue.

Mais aux formes négative et intérrogative, ces expressions sont généralement suivies du *subjonctif*.

> Je **ne** suis **pas** sûre qu'il **sache** conduire.

B. Subjonctif ou infinitif?

N'oubliez pas que si le sujet de la phrase ne change pas (c'est-à-dire dans une phrase à un seul sujet), le verbe est suivi d'un *infinitif*. Comparez les exemples suivants:

Je veux gagner l'élection.	**Je** veux que **mon père** gagne l'élection.
Il est content d'être ici.	**Il** est content que **nous** soyons ici.
Je ne suis pas sûre de comprendre.	**Je** ne suis pas sûre que **tu** comprennes.

C. Le passé du subjonctif

Le passé du subjonctif s'utilise dans les mêmes constructions grammaticales que le présent du subjonctif.

> Je suis ravi **que vous soyez venus!**
> Nous doutons **qu'ils aient pu** venir à pied.

Cependant, le passé du subjonctif indique que l'action décrite dans la proposition subordonnée est arrivée *avant* l'action décrite dans la proposition principale.

Pour former le passé du subjonctif, ajoutez le *participe passé* du verbe au présent du subjonctif de l'auxiliaire **avoir** ou **être**.

parler	venir
que j'aie parlé	que je sois venu(e)
que tu aies parlé	que tu sois venu(e)
qu'il/elle/on ait parlé	qu'il/elle/on soit venu(e)
que nous ayons parlé	que nous soyons venu(e)s
que vous ayez parlé	que vous soyez venu(e)(s)
qu'ils/elles aient parlé	qu'ils/elles soient venu(e)s

<table>
<tr><td align="center">se lever</td></tr>
<tr><td align="center">que je me sois levé(e)
que tu te sois levé(e)
qu'il/elle/on se soit levé(e)
que nous nous soyons levé(e)s
que vous vous soyez levé(e)(s)
qu'ils/elles se soient levé(e)s</td></tr>
</table>

Notez encore que les deux propositions de la phrase ont des *sujets différents*, et que le passé du subjonctif ne s'utilise que dans la proposition subordonnée (après **que**).

PRÉSENT DU SUBJONCTIF	PASSÉ DU SUBJONCTIF
Je suis content **que tu viennes.**	Je suis content **que tu sois venue.**
Est-il possible **que vous** me **prêtiez** ce livre?	Est-il possible **que vous** m'**ayez** déjà **prêté** ce livre?

A la lettre

A. Pas trop sûr. Faites les substitutions indiquées en italique et les changements nécessaires.

1. Je doute que *ces gens* soient compétents. (ce sénateur, vous, tu)
2. Je ne suis pas certaine qu'*il* obtienne un bon résultat aux élections. (nous, ces femmes, vous)
3. Je ne pense pas qu'*ils* aient voté. (vous, elle, mon camarade)
4. *Je ne suis pas sûr(e)* qu'il soit venu hier soir. (je suis certain[e], je suis sûr[e], je ne crois pas)
5. *Je crois* qu'elle deviendra présidente. (je ne suis pas certain[e], je pense, je doute)

B. Opinions. Monsieur Dupont vote à gauche et Madame Dupont vote à droite. Avec un(e) camarade, expliquez les positions des Dupont. Commencez avec: M. *Dupont veut que/ne veut pas que* ou Mme *Dupont veut que/ne veut pas que*.

1. les Français / élire un président communiste
2. les femmes / devenir une force politique
3. il y a / plus d'entreprises nationalisées
4. le gouvernement / agir pour aider les pays plus pauvres
5. on / intensifier l'armement nucléaire
6. les citoyens / obtenir plus de libertés individuelles

C. **Regrets.** Simon n'aime pas l'agitation politique. Il regrette que certains événements se soient passés ainsi. Jouez le rôle de Simon. Commencez chaque phrase avec: **Je regrette que** + *une proposition subordonnée* au passé du subjonctif.

MODÈLE: A: Le gouvernement ne veut pas nous répondre.
B: Je regrette que le gouvernement n'ait pas voulu nous répondre.

1. Les autorités ne nous écoutent pas.   2. Le député ne vient pas nous voir.   3. Nous ne voulons plus attendre.   4. Vous faites la grève. 5. Tu vas à la manif.   6. Nous ne pouvons pas trouver une solution.

A votre tour

A. **Une confrontation.** Avant les élections législatives, M. Chabot, candidat à l'Assemblée nationale, discute avec les électeurs. Faites des phrases complètes selon le modèle.

MODÈLE: les électeurs / étudier les problèmes sérieusement →
LES ÉLECTEURS: D'une façon générale, nous souhaitons que notre député...
En particulier, M. Chabot, nous espérons que vous...

Suggestions: défendre nos intérêts / parler avec éloquence / trouver des solutions aux problèmes économiques de notre région / passer trois jours par semaine ici / rencontrer souvent vos électeurs / répondre clairement à nos questions / voter (pour, contre) / augmenter / baisser° / faire...

M. CHABOT: Je voudrais que les électeurs...
Je voudrais aussi que nous...

Suggestions: me parler avec confiance / soutenir° mes efforts / travailler ensemble / garder le contact / expliquer leurs (vos) véritables désirs / s'entendre bien / continuer à m'accorder leurs votes...

B. **Conversation.** Sur le modèle de l'Exercice A, composez une conversation entre des étudiants et le président de l'université ou un(e) candidat(e) politique bien connu(e). Cette fois, parlez des problèmes universitaires ou des problèmes politiques qui vous semblent importants.

Aspects suggérés: la liberté individuelle / la libre entreprise / les richesses / la possibilité d'améliorer sa vie / le droit de vote / l'inflation / le chômage / les minorités / la censure / l'intrusion du gouvernement dans la vie privée / la crise de l'énergie / la pauvreté / la violence / la guerre / les impôts excessifs / la pollution de l'environnement...

°*baisser* ≠ augmenter
soutenir = supporter, suivre

$\mathcal{A}$nimation

• Dialogue

Un service militaire obligatoire ou volontaire?

Voici des questions posées par une journaliste à quelques Français sur le service militaire obligatoire en France.

LA JOURNALISTE: Que pensez-vous du service militaire?

GASTON BRUNET (48 ANS): Moi, *je pense que* le service militaire, c'est un devoir. Les jeunes doivent contribuer à la défense de leur pays.

LA JOURNALISTE: Et vous, M. Miron, qu'est-ce que vous en pensez?

MAURICE MIRON (35 ANS): *Personnellement, je ne pense pas que* le service dans sa forme actuelle soit suffisamment efficace. Il faut le réformer.

LA JOURNALISTE: A votre avis, qui devrait servir dans l'armée?

PIERRE VIGNEAU (22 ANS): *Je trouve pour ma part qu'*une armée de métier° serait un meilleur système: pas de service obligatoire, seulement des volontaires.

LA JOURNALISTE: De quoi les jeunes ont-ils vraiment besoin?

MAURICE MIRON: *Il me semble* tout de même° *qu'*il serait préférable de laisser les jeunes choisir entre un service militaire et un service civil. *Je m'étonne* d'ailleurs *que* cela ne se fasse pas déjà.

LA JOURNALISTE: Qu'est-ce qui intéresserait les jeunes?

GASTON BRUNET: *A mon avis*, le service intéresserait plus les jeunes si on y incluait une formation professionnelle° complémentaire.

LA JOURNALISTE: Lequel préférez-vous? Le service civil ou le service militaire?

MAURICE MIRON: *Je crois* tout de même *qu'*un service civil, c'est l'idéal, parce qu'il incluerait aussi les objecteurs de conscience et plus de femmes.

LA JOURNALISTE: Et si c'était le moment de choisir, que feriez-vous?

PIERRE VIGNEAU: Moi, je serais peut-être volontaire pour un service de dix-huit mois. Mais il faudrait que la solde° soit au moins de 3 000 francs par mois.

°*une armée de métier* = une armée professionnelle

tout de même = cependant, quand même

une formation professionnelle = un cours en vue d'une carrière

la solde = la paie d'un soldat

Comment exprimer son point de vue

Lorsqu'on veut exprimer son opinion au cours d'une discussion, on utilise:

1. des expressions qui permettent de présenter un point de vue personnel, comme

   à mon avis,...   pour ma part,...
   personnellement,...   pour moi,...

2. des verbes d'opinion qui permettent de développer ce point de vue:

   a. je pense que...   je crois que...
       je trouve que...   j'estime que...

       + l'*indicatif* ou le *conditionnel*
       + le subjonctif aux formes *négative* et *interrogative*

   b. il me semble que...

       + l'*indicatif* ou le *conditionnel*

   c. je suis content(e) (ravi[e], mécontent[e], étonné[e]...) que...
       je m'étonne que...

       + le *subjonctif*

Je crois pour ma part que les électeurs choisissent bien.
Personnellement, je trouve qu'il faudrait élire un autre candidat.

Réagissez!

A. Qu'en pensez-vous? Avec des camarades, complétez la légende de chaque affiche selon votre opinion personnelle.

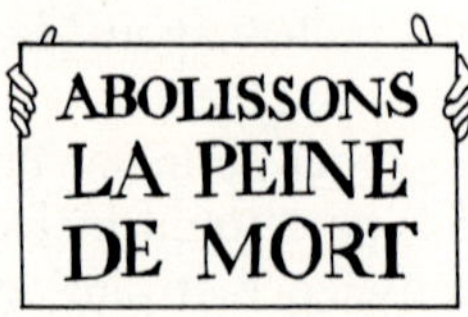

A mon avis,...   Personnellement,...   Je trouve que...

B. Posez les questions suivantes à des camarades, qui vont répondre selon leur avis. Si vous n'êtes pas d'accord, exprimez vos objections! Utilisez les expressions présentées ci-dessus.

   1. Le service militaire doit-il être obligatoire pour les hommes? pour les femmes?
   2. Quelles réformes apporterais-tu au service militaire tel qu'il existe aux États-Unis?

3. Est-ce que tu connais la façon dont le service militaire est organisé dans un autre pays? Dans lequel? En quoi son système diffère-t-il de celui des États-Unis?

• Lecture

Qu'est-ce que le Marché commun?

Un marché de 250 millions d'habitants qui réunit dix pays qui pendant plus de dix siècles se sont fait la guerre: voilà le miracle moderne du Marché commun.[3]

Il est né modestement après la deuxième guerre mondiale, à l'époque de la «guerre froide», du rapprochement des industries du charbon[4] et de l'acier[5] de six anciens ennemis (la France, l'Allemagne, l'Italie, la Belgique, la Hollande et le Luxembourg). Le charbon et l'acier étaient alors symboles de puissance° militaire.

La seconde étape,° celle de l'ouverture d'un Marché commun industriel et agricole, a coïncidé avec l'avènement° en 1958 de la Cinquième République française, et l'arrivée au pouvoir du général Charles de Gaulle. Beaucoup° ont douté alors que la réalisation du Marché commun soit possible, à la vue des objectifs plutôt nationalistes de de Gaulle, l'ancien chef de la France libre pendant la deuxième guerre mondiale. Mais en accordant l'indépendance aux anciennes colonies (notamment à l'Algérie), le général de Gaulle ramenait en fait la France en Europe. «L'empire colonial» disparu, le nouvel objectif de de Gaulle était de réaliser une politique française d'indépendance au sein de° l'Europe.

Depuis lors° les six sont devenus les dix; la Grande-Bretagne, le Danemark, l'Irlande et plus récemment la Grèce sont devenus membres. Cela n'a d'ailleurs pas simplifié les problèmes (politique commerciale, organisation de la production agricole...). Cependant, les pays membres sont heureux que leurs problèmes soient essentiellement économiques.

Les ambitions guerrières ont entièrement disparu de l'Europe occidentale. Est-ce là le miracle du Marché commun? De ce point de vue, le Marché commun ne représente-t-il pas aussi une prise de conscience° de l'absurdité des luttes locales dans un monde dominé par les «super-grands»?

Et voici encore un résultat de ce besoin de coopération politique: l'établissement du Parlement européen à Strasbourg dont la première présidente, Simone Veil, était française.

----

[3]*Le Marché commun* s'appelle aussi la *CEE* (= la Communauté européenne économique).
[4]*Le charbon* est un combustible noir et solide.
[5]*L'acier* est le métal le plus important dans la construction.

°*la puissance* = le pouvoir
une étape = l'époque, la phase
l'avènement = l'arrivée, le début
beaucoup = beaucoup de gens
au sein de = à l'intérieur de
depuis lors = depuis ce moment-là
la prise de conscience = la compréhension, la connaissance

Comprenez-vous?

Répondez brièvement à chacune des questions suivantes selon le texte ci-dessus.

1. Pourquoi, à l'origine, les six pays européens se sont-ils réunis?
2. Combien de pays font actuellement partie du Marché commun?
3. Quand la France a-t-elle perdu ses colonies? Sous quel chef de gouvernement?
4. Quels problèmes dominent aujourd'hui dans le Marché commun?
5. Pourquoi le Marché commun est-il important pour les Européens?

Et vous?

1. A votre avis, est-ce qu'on établira un jour de véritables «États-Unis d'Europe»? Quels pays européens actuels en feraient partie? Quels pays prédomineraient?   2. Est-ce qu'une telle «nation» est possible, nécessaire ou praticable? Quels en seraient les avantages et les inconvénients?

• Activités

A. Slogans. Composez votre propre slogan politique selon le modèle. Utilisez *Vous voulez que...?* et l'un des verbes suivants.

Verbes suggérés: apporter / avoir / changer / choisir / comprendre / écouter / élire / être / faire / gagner / perdre / pouvoir / préparer / réformer / réussir à / savoir / servir à / s'unir / vivre / voter

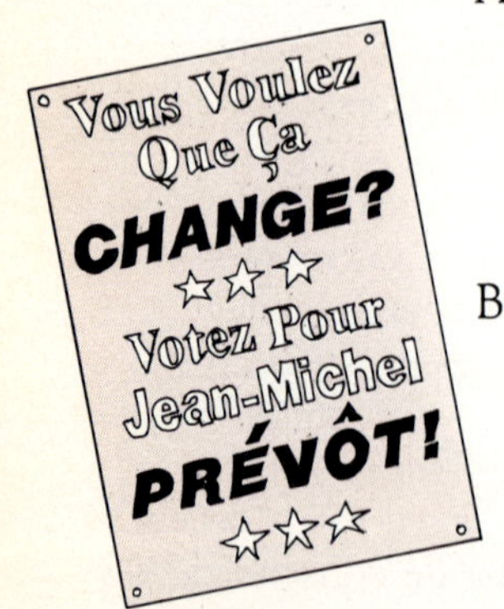

B. Deux systèmes. Lequel préférez-vous? La France et les États-Unis sont tous les deux des pays démocratiques et, au fond,° capitalistes. Mais le rôle de l'État dans la vie des citoyens est très différent dans les deux pays.

En France l'État fournit° aux citoyens des aides qui aux États-Unis dépendent généralement de l'entreprise privée: les allocations prénatales, une allocation de maternité, les allocations familiales, la sécurité sociale qui rembourse de 70 à 100 pour cent des frais médicaux, la pension de retraite et les allocations de vieillesse. De plus, l'État est le premier patron de France: les secteurs de l'énergie, du crédit, des chemins de fer sont aujourd'hui nationalisés. L'État est aussi responsable de l'éducation.

Avec un(e) camarade ou dans un petit groupe, comparez ce que vous savez du système américain avec le système français. Utilisez des expressions de sentiment et d'opinion, et des verbes à l'indicatif et au subjonctif.

Autres mots utiles: le pouvoir de l'État / l'égalité / les personnes pauvres / l'aide (sociale) / la médecine / les impôts / les prix / la liberté / l'inflation / le chômage / autoritaire / capitaliste / socialiste...

°*au fond* = fondamentalement
fournir = donner, apporter

Mots à retenir

Verbes

approuver	exiger	se réunir
avoir *honte de	faire confiance à	souhaiter
diriger	faire la grève	soutenir
douter	manifester	voter
être inscrit(e) à	nommer	

Noms

l'actualité (*f.*)	la grève	la réforme
l'allocation (*f.*)	les impôts (*m. pl.*)	la république
l'assemblée (*f.*)	la liberté	la revendication
le candidat/la candidate	la majorité	les revenus (*m. pl.*)
le citoyen/la citoyenne	le ministre	le roi/la reine
le/la délégué(e)	la monarchie	le sénat
la démocratie	l'opposition (*f.*)	le sénateur
le député	le parlement	le sigle
l'économie (*f.*)	le parti	le sondage
l'égalité (*f.*)	le Premier ministre	le syndicat
l'électeur/l'électrice	le président/	le système
la fraternité	la présidente	
le gouvernement		

Adjectifs

capitaliste	majoritaire	présidentiel(le)
communiste	minoritaire	républicain(e)
démocratique	populaire	socialiste
législatif (-ive)		

Adverbe

tout de même

Expression de communication

pour ma part

Chapitre 21

Les Français en Amérique du Nord

La Louisiane actuelle est dix-sept fois plus petite que les territoires vendus par Napoléon aux États-Unis en 1803. Et aujourd'hui, un Louisianais sur quatre° est d'origine française.

On trouve en Louisiane les Cajuns, qui sont les descendants des Acadiens expulsés du Canada lorsque les Anglais ont pris possession de la Nouvelle-France en 1755. On y trouve aussi des Créoles, descendants des Français établis dans les colonies françaises et anglaises et des aristocrates chassés de France par la Révolution de 1789. La plupart des Français en Amérique du Nord sont de religion catholique, mais il existe aussi une population d'huguenots, protestants français qui avaient fui° les persécutions religieuses en Europe dès le dix-septième siècle.

Leur héritage français a survécu et s'est bien intégré à la culture américaine comme le prouve ces enseignes!

D'après ce texte...

1. Quelle était la dimension de la Louisiane au temps de Napoléon?
2. Pourquoi les Acadiens ont-ils quitté le Canada?
3. Est-ce que les Créoles sont nés en France?
4. Pourquoi les huguenots ont-ils quitté la France?
5. Qui était Napoléon Bonaparte?

Sondage sur... notre héritage culturel.

Quelles cultures et quels pays d'origine sont représentés parmi les étudiants de votre cours de français?

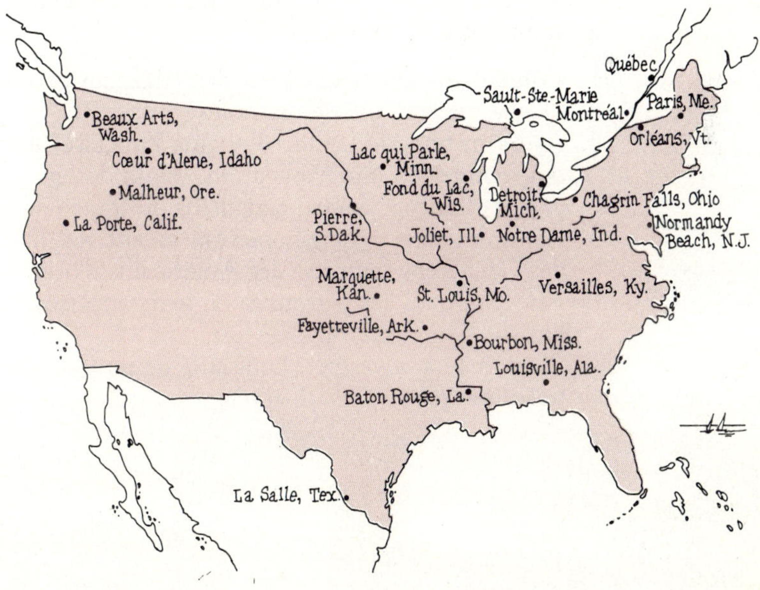

°*un Louisianais sur quatre* = 25 pour cent des Louisianais
fuir (p.p. fui) = partir en vitesse pour échapper à un danger

Entrée en scène

Colons français en Amérique du Nord

A. L'Amérique francophone. Trouvez sur la carte de la page 499 les villes américaines qui portent un nom français. Connaissez-vous l'origine de ces noms?

1. Tout d'abord, trouvez les noms dont l'origine est un nom propre français. Pourquoi ces noms sont-ils devenus célèbres? Qui étaient ces personnes?
2. Pour les noms qui ne viennent pas d'un nom propre français, donnez une explication probable ou vraisemblable.° Si nécessaire, faites des recherches (dans une encyclopédie, par exemple) et présentez vos résultats à la classe.

   Expressions utiles: explorer / jouer un rôle / posséder / un explorateur / un missionnaire / un navigateur / un roi / un trappeur / le fleuve Saint-Laurent / les Grands Lacs / un château / un comptoir de fourrure / une église / un fort / un territoire / une ville ou une province française / la guerre franco-indienne / la Révolution américaine…

B. La présence française en Amérique du Nord. En groupes, posez les questions suivantes à vos camarades… et ensuite, à votre professeur en utilisant **vous.**

1. Connais-tu personnellement des villes qui portent un nom français? Quelle est l'origine de ces noms?
2. As-tu un nom de famille d'origine française? un prénom français? Si oui, donnes-en une explication. As-tu des ancêtres français? des parents français, franco-canadiens ou franco-américains?
3. As-tu des amis francophones qui vivent aux États-Unis? Connais-tu des Canadiens français? des Américains d'origine française? Savez-vous pourquoi ces personnes ou leurs ancêtres sont venus aux États-Unis?
4. Si tu as déjà voyagé en Louisiane ou au Québec, décris l'influence française que tu y as observée.

°*vraisemblable* = logique, possible

*J*eu de structures

47. L'emploi du subjonctif (fin): le subjonctif avec certaines conjonctions

Des îles françaises près du Canada

Steve est un étudiant américain, ami de Monique et de Bernard. Tous les trois se sont rencontrés un après-midi dans une librairie parisienne où l'on vend des cartes et des guides de voyage.

MONIQUE: Steve, est-ce que tu peux deviner où se trouve St-Pierre-et-Miquelon? J'y vais cet été.

STEVE: Je n'en sais rien…*à moins que* ce *soient* ces îles au sud de Terre-Neuve?

MONIQUE: C'est ça! *Bien que* ces îles *soient* très petites, on y trouve plus de six mille Français. J'y ai même de la famille!

BERNARD: Tu sais, ça fait plus de quatre cent cinquante ans que Jacques Cartier a découvert ces îles, et elles sont restées territoire français jusqu'à nos jours.

STEVE: Des îles françaises à la porte des États-Unis… Je te laisserai partir, Monique…*pourvu que* je *puisse* t'accompagner!

BERNARD: Bon alors, je tiens à vous inviter à dîner, vous deux…*avant que* vous *partiez!*

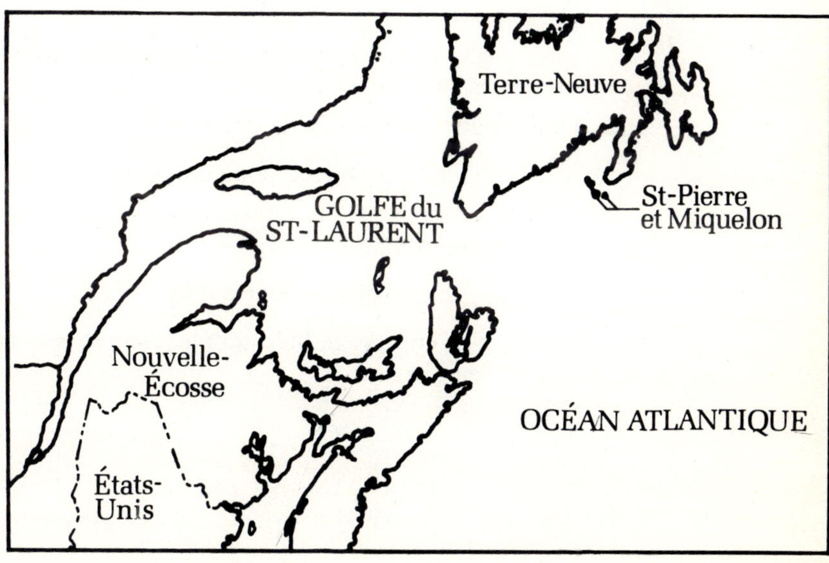

Pour préciser

Bernard va offrir un dîner à ses amis avant qu'ils partent. Qu'est-ce que je vais faire avant que vous partiez au mois de juin?

—Avant que nous partions en juin, vous nous offrirez peut-être un pique-nique!

Mais pourquoi est-ce que je vous offrirai un pique-nique?

—Vous nous offrirez un pique-nique pour que nous puissions fêter la fin du cours.

Mais moi, je tiens absolument à faire un pique-nique aujourd'hui même…bien que nous ayons une leçon à faire.

—Allons-nous faire ce pique-nique bien qu'il fasse mauvais?

Oui, absolument. Nous ferons ce pique-nique à moins qu'il neige cet après-midi!

—Et pourvu qu'on ait apporté les provisions nécessaires!

Éric n'est pas ici. Pouvons-nous partir sans qu'il nous accompagne?

—A mon avis, nous ne devons pas partir avant qu'il soit arrivé.

Yvonne, jusqu'à quand allons-nous rester dans le parc?

—Nous allons y rester jusqu'à ce qu'il fasse nuit.

Pour apprécier

1. Où va Monique cet été-là? Pourquoi y va-t-elle?   2. Où se trouve cet endroit? En avez-vous déjà entendu parler? Dans quelles circonstances?   3. Depuis quand est-il territoire français?   4. Qui y habite? Combien d'habitants y trouve-t-on?   5. A quelle condition est-ce que Steve laissera partir Monique?

A.   Conjonctions qui demandent le subjonctif

Certaines conjonctions demandent le subjonctif présent ou passé dans la proposition subordonnée de la phrase. Les verbes des deux propositions ont en général des sujets différents.

Ces conjonctions expriment une intention, une concession, une limitation ou une valeur temporelle.[1]

1. Une intention: **afin que** et **pour que**

   J'explique le problème **pour que** tu le **comprennes.**

   Nous assisterons à une pièce québécoise **afin que** tu **puisses** entendre la langue franco-canadienne.

2. Une concession: **bien que** et **quoique**

   Elle part en voyage **bien qu'**elle **ait** très peu d'argent. (= mais elle a très peu d'argent.)

---

[1]Beaucoup de conjonctions sont suivies de l'*indicatif:* **parce que, pendant que, depuis que, aussitôt que,** etc.

Quoique vingt-huit pour cent des Canadiens **soient** de langue française, il n'y a que douze journaux français au Canada.

3. Une limitation ou une condition: **à condition que, à moins que, pourvu que** et **sans que**

Nous partirons **à condition qu'il (pourvu qu'il) fasse** beau.
J'achèterai ton billet **à moins que** tu **aies** assez d'argent.
Pourrons-nous partir **sans qu'elle** le **sache?**

4. Une valeur temporelle: **avant que, jusqu'à ce que, après que**

Il sera impossible de commencer **avant qu'elle arrive (soit arrivée)**.

Nous allons étudier **jusqu'à ce que** nous **obtenions** (nous **ayons obtenu**) notre diplôme.

Dans le français actuel, on a tendance à employer le passé du subjonctif avec **après que.** L'indicatif est aussi possible.

Nous sommes partis **après qu'il ait parlé** (a parlé).

B. L'emploi d'une préposition + *infinitif*

Si la phrase n'a qu'un sujet, on utilise la *préposition correspondante* + *l'infinitif* à la place de certaines de ces conjonctions.

Je vous téléphonerai **avant de partir.**[2]

afin que		afin de	
pour que		pour	
à condition que	+ *subjonctif* →	à condition de	+ *infinitif*
à moins que	(2 sujets)	à moins de	(1 sujet)
sans que		sans	
avant que		avant de	

On étudie **afin de réussir** dans la vie.
Je t'accompagnerai **à moins d'être** trop fatigué.
Il est impossible de vivre **sans dormir.**

Si la phrase a deux sujets, utilisez la *conjonction* + *un verbe au subjonctif.*

Je ne peux rien dire **sans qu'ils** me **fassent** des reproches!

---

[2]Pour les conjonctions **bien que (quoique), pourvu que** et **jusqu'à ce que,** il n'y a pas de préposition correspondante: **Je** ne peux pas refuser **bien que je** sois fatigué (*un sujet*).

A la lettre

A. Visite du Québec. Complétez les phrases suivantes. Suivez le modèle.

> MODÈLE: Mes parents m'ont offert un voyage au Québec pour que... (je /
> apprendre / francais) →
> Mes parents m'ont offert un voyage au Québec pour que
> j'apprenne le français.

Mes parents m'ont offert un voyage au Québec pour que...

1. je / pouvoir rencontrer / des Canadiens français
2. je / faire du camping / dans les Laurentides[3]
3. je / aller voir / ma tante qui habite Montréal
4. je / étudie / la langue franco-canadienne

Nous irons à Montréal pourvu que...

1. vous / avoir envie / de nous accompagner
2. billets d'avion / ne pas coûter / trop cher
3. l'agent de voyages / nous faire des réservations / hôtel bon marché
4. nos amis / être / là / et qu'ils / avoir le temps de / nous montrer la
   ville

B. Une journée à Montréal. Reliez les deux phrases avec la conjonction
entre parenthèses. Suivez le modèle.

> MODÈLE: Je viendrai. / Cela ne te dérange pas. (*à condition que*) →
> Je viendrai à condition que cela ne te dérange pas.

1. Nous allons faire des achats. / Les magasins ferment. (*avant que*)
2. J'achèterai ce roman québécois. / Vous le trouvez intéressant.
   (*pourvu que*)
3. Je vais te prêter mon guide. / Tu peux trouver les endroits les plus
   pittoresques de la ville. (*pour que*)
4. Marie ne veut pas aller à Vancouver. / Vous l'accompagnez.
   (*à moins que*)
5. Nous remettrons notre voyage en Nouvelle-Écosse. / Il fera moins
   froid. (*jusqu'à ce que*)
6. Nous devons partir demain. / Nous voulons rester encore une
   semaine. (*bien que*)
7. Nos amis nous ont dit: «Vous ne pouvez pas quitter Montréal. / Nous
   dînerons dans un bon restaurant de la vieille ville.» (*sans que*)

C. Projets de voyage. Complétez chaque phrase par la forme correcte du
   verbe indiqué entre parenthèses. Utilisez l'*indicatif*, le *subjonctif*, le
   conditionnel ou l'*infinitif*.

---

[3]Les *Laurentides* sont une chaîne de montagnes dans la province du Québec.

1. Il est essentiel que nous (*apprendre*) _______ le français.
2. Je veux (*apprendre*) _______ la langue avant de (*aller*) _______ à Montréal.
3. Il vaudra mieux que nous (*se parler*) _______ français quand nous (*aller*) _______ au Québec.
4. Il est peu probable que nous (*prendre*) _______ le train à moins que le voyage en avion (*être*) _______ plus cher.
5. Je ferai le voyage pourvu que nous (*pouvoir*) _______ rester avec mon oncle qui habite Trois Rivières.
6. Je suis ravi que mes amis (*vouloir*) _______ aller au Québec aussi.
7. Est-il vrai que le joual[4] (*être*) _______ difficile à comprendre?
8. Je suis sûre que notre séjour (*se passer*) _______ très bien et que nous (*s'amuser*) _______ beaucoup.

A *votre tour* ───

A. André est un étudiant modèle. Jouez le rôle d'André et complétez les phrases suivantes avec des verbes à l'infinitif.

Expressions utiles: apprendre tout le vocabulaire / terminer mes devoirs / avoir appris toute la leçon / bien étudier le Chapitre 21 / perfectionner mon français…

1. Ce soir, je vais beaucoup étudier pour _______.
2. Je ne vais pas regarder la télévision avant de _______.
3. Je ne vais pas me coucher sans _______.
4. Je ne sortirai pas à moins de _______.

Maintenant, inventez une nouvelle situation. Complétez les phrases de l'Exercice A avec d'autres verbes à l'infinitif.

B. Excursion dans les Laurentides. Imaginez que vous allez passer la journée dans les montagnes avec des amis québécois. Terminez les phrases suivantes. Utilisez chaque conjonction ou préposition en mettant les verbes au *subjonctif*, à l'*indicatif* ou à l'*infinitif*, selon le cas.

1. Hélène et Gérard sont partis (*bien que, sans, avant que*)…

   nous le dire / ils n'ont pas fini leur travail / le ciel est couvert / il y a beaucoup de circulation
2. J'achèterai du pâté, des chips et de la salade (*afin que, pour que, parce que*)…

   nous aurons assez à manger / nous ne serons pas obligés d'aller au restaurant / nous ferons un bon pique-nique / les magasins seront fermés à notre arrivée
3. Bernard mettra une caisse de Coca-Cola dans la voiture (*bien que, pour que, à condition que, avant de*)…

───────────

[4]*Le joual* est le nom de la langue populaire parlée par les Canadiens français.

nous aurons assez à boire / nous lui donnerons de l'argent / nous pourrons en offrir à nos amis / s'en aller / nos amis ont certainement acheté quelque chose à boire

4. Alexandre, qui n'est pas très sportif, a déclaré: «Je me baignerai (*pourvu que, après que, pendant que*)...»

l'eau n'est pas trop froide / je ne vois pas de poissons dans l'eau / j'en aurai envie / vous ferez la sieste

5. Nous resterons au bord du lac (*jusqu'à ce que, pour*)...

il fera nuit / il sera l'heure de dîner / profiter de la fraîcheur

48. Pronoms et adjectifs indéfinis; quelques expressions négatives

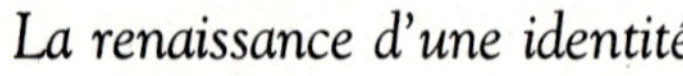

La renaissance d'une identité

En Louisiane, il existe des cours de français spéciaux pour les jeunes Cajuns. Et en Nouvelle-Angleterre, l'on enseigne le français aux élèves d'origine franco-canadienne.

Benoîte et Vincent, deux jeunes Canadiens, professeurs de français au Québec, parlent des efforts menés par les organismes° CODOFIL et CODOFINE,° pour enseigner la langue française aux États-Unis. Des amis de Benoîte et de Vincent viennent de partir pour les États-Unis.

BENOÎTE: Voilà *plusieurs* mois que je n'ai pas vu Clément. Est-ce que de son côté° *tout* va bien?

VINCENT: Oui, très bien, il s'est lancé dans un nouveau projet, *quelque chose de* très intéressant.

BENOÎTE: N'est-ce pas lui qui parlait toujours d'enseigner le français dans une communauté Cajun?

VINCENT: Oui, en effet, Clément est parti aux États-Unis avec *quelques* collègues. Mais ils n'ont pas *tous* choisi d'aller en Louisiane. *Certains* d'entre eux sont dans le Maine. Et *chacun* s'occupera d'un cours différent.

BENOÎTE: *Chaque* fois que j'entends parler de tels projets, j'ai envie de *tout* laisser tomber ici et de les y suivre!

VINCENT: Mais Benoîte, n'oublie pas que nous avons au Canada des étudiants de français en très grand nombre: les élèves

---

°*un organisme* = une organisation, une association
CODOFIL = Council for the Development of French in Louisiana;
CODOFINE = Council for the Development of French in New England
de son côté = dans sa vie, chez lui

anglophones, les immigrés récents, sans parler de *tous* les fonctionnaires anglophones.[5]

BENOÎTE: Ça, c'est vrai. Ce n'est pas le travail qui nous manque°!

Pour préciser

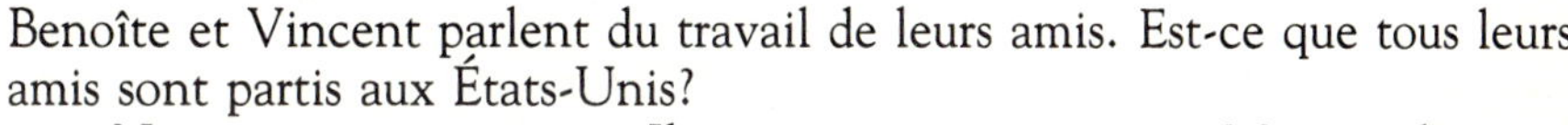

Benoîte et Vincent parlent du travail de leurs amis. Est-ce que tous leurs amis sont partis aux États-Unis?

—Non, certainement pas. Ils ne sont pas tous partis. Mais quelques-uns sont allés enseigner aux États-Unis.

Est-ce que quelques étudiants/quelques étudiantes de ce cours ont des projets intéressants?

—Oui, quelques-uns/quelques-unes vont continuer leurs études; d'autres vont chercher un emploi…

Est-ce que plusieurs étudiants vont continuer à étudier le français?

—Oui, plusieurs d'entre eux vont aussi suivre des cours de français au Canada.

Est-ce que ces mêmes étudiants veulent poursuivre une carrière qui utilise le français?

—Oui, certains veulent devenir interprètes ou traducteurs.

Est-ce que chaque étudiant/chaque étudiante de notre cours doit faire de son mieux?

—Bien entendu! Pour réussir, chacun/chacune doit faire de son mieux!

Pour apprécier

1. Qu'est-ce que le CODOFIL et le CODOFINE?   2. Où sont allés les amis de Benoîte et de Vincent? Pourquoi?   3. Pourquoi Vincent ne veut-il pas les y suivre?   4. Est-ce que tous les habitants du Québec parlent français? Pourquoi? Pourquoi pas?   5. Pourquoi est-il important que tous les Québécois parlent français?

A. Les formes et l'emploi de *tout*

Tout peut s'utiliser comme *adjectif* ou comme *pronom*.

1. Comme *adjectif*, **tout (toute, tous, toutes)** est suivi d'un nom.

> Nous avons marché **toute la journée**[6] avant d'arriver au village.
> J'ai invité **tous mes amis.**
> Tout ce travail pour rien!

---

[5]Depuis que le français a été déclaré la langue officielle du Québec en 1974, tous les employés de l'administration sont obligés de le connaître.

[6]Remarquez que **toute la journée** se réfère à la *durée*, à ce qui s'est passé *pendant* la journée, tandis que **tous les jours** indique des *unités* de temps divisibles: Nous avons marché **toute la journée.** Nous marchons **tous les jours.** Comparez avec: **la soirée/le soir, la matinée/le matin** et **l'année/l'an.**

°*Ce n'est pas le travail qui nous manque!* = Nous n'avons pas besoin de travail! (*manquer à quelqu'un* = être absent, être loin de quelqu'un)

2. Comme *pronom*, **tout** (au *masculin singulier*) se réfère à une totalité indéfinie.

> **Tout** va bien!
> Je n'ai pas **tout** compris.

Les pronoms pluriels **tous** et **toutes** ont un antécédent précis.

> Tu connais ces étudiants? **Tous** veulent s'inscrire (Ils veulent **tous** s'inscrire) à la Faculté des Lettres.
>
> Ces revues canadiennes sont arrivées hier. Dans **toutes,** on parle de la langue québécoise.

Prononcez bien!

Faites bien attention à la prononciation de la forme **tous.**
Dans l'*adjectif* **tous,** la lettre **s** ne se prononce pas: [tu].

> Voilà **tous** mes livres et **tous** mes devoirs!

Dans le pronom **tous** (*masculin pluriel*), la lettre **s** se prononce toujours: [tus].

> Ils sont **tous** venus en retard. Je les aime **tous.**

B.   D'autres pronoms et adjectifs indéfinis

Les expressions suivantes sont utilisées comme adjectifs *et* comme pronoms:

un(e) autre	certain(e)s
d'autres	le/la même; les mêmes
les autres	plusieurs

Notez les formes des adjectifs et des pronoms suivants:

Adjectifs	*Pronoms*
quelques $\Big\}$ + *nom* chaque	quelqu'un quelque chose $\Big\}$ + **de** + *adj. masc.* quelques-uns/quelques-unes (*pl.*) chacun/chacune $\Big\}$ + **de** + *nom*

ADJECTIFS

J'ai **quelques** amis ici.
On a **plusieurs** choix.

Chaque étudiant est obligé de venir.
Mes autres amis sont partis.
Quelle coïncidence! Nous avons **la même** valise.

PRONOMS

Quelques-un(e)s de nos ami(e)s nous ont écrit.
As-tu vu **quelque chose?**
Plusieurs de ces choix sont difficiles.
Chacune de mes amies s'est acheté un billet.
Ces touristes vont voyager en train. Il y en a **d'autres** qui vont louer une voiture.

C. Quelques expressions négatives: *ne... aucun(e)*, *ne... ni... ni*

Vous utilisez déjà des expressions négatives telles que **ne... plus, ne... jamais, ne... pas encore,** etc. En voici deux autres:

1. **Ne... aucun(e)** est une expression négative utilisée comme *adjectif* ou comme *pronom.* Il s'accorde en genre avec le nom qui le suit ou avec son antécédent.

   La réponse à cette question? Je **n'**en ai **aucune idée.**
   Aucune de mes amies ne veut venir à cette soirée.
   Mes étudiants? **Aucun** (d'entre eux) **ne** fait d'erreurs!

2. **Ne... ni... ni** s'utilise avec *deux ou plusieurs* objets ou sujets.

   Je **ne** comprends **ni** le russe **ni** le chinois.
   Ni la musique **ni** le cinéma **ne** m'intéressent.
   Il **n'**aime **ni** l'un **ni** l'autre.
   Elle est végétarienne. Elle **ne** mange **ni** viande **ni** poisson.[7]

A la lettre

A. Une longue randonnée. Faites les substitutions indiquées et les changements nécessaires.

   1. Hugues a vu tout *le paysage.* (villages, campagne, villes, animaux)
   2. Tous *mes camarades* ont pris des photos. (amis, copines, étudiants, amies)
   3. Nous avons apporté tous *ces bagages.* (provisions, vêtements, cartes, équipement [*m.*])

---

[7]Notez que l'article *partitif* disparaît après **ne...ni...ni:** Je **ne** bois **ni vin ni bière.**

B. Un congrès imaginaire. Faites les substitutions indiquées et les changements nécessaires.

1. *Plusieurs* provinces ont été représentées au congrès. (quelques, les mêmes, toutes les, chaque)
2. Certains représentants ont signalé quelque chose d'*intéressant*: l'apathie des électeurs. (scandaleux, inquiétant, important, sérieux)
3. *D'autres* ont parlé des solutions possibles. (quelqu'un, les mêmes, quelques-unes, plusieurs, chacun)
4. Il est dommage que ce soient les mêmes *problèmes* dont on parlait il y a cinq ans. (difficultés, programme d'études, efforts, solution)

C. Le congrès continue. Transformez les phrases selon le modèle.

MODÈLE: *Quelques étudiants* ont manifesté devant la salle de conférence. →
Quelques-uns ont manifesté devant la salle de conférence.

1. *Chaque province* y était représentée.   2. *Quelques provinces* ont développé de bons programmes d'études.   3. *Plusieurs gouverneurs* ont assisté à ce congrès.   4. *Un autre congrès* aura lieu dans un an.   5. *Les mêmes secteurs* y seront représentés.   6. On discutera *d'autres problèmes financiers et sociaux* à ce moment-là.

D. Des esprits négatifs. Formez des phrases complètes (au présent, au passé ou au futur, à votre choix) avec les éléments donnés.

1. nous / ne... jamais / regarder les informations
2. on / nous / ne... rien / servir / dimanche
3. aucun... ne / mes amis / venir / me / voir
4. je / ne... ni... ni / acheter / billet / valise / pour / voyage
5. personne... ne / aller / nous / accompagner
6. nous / ne... plus / lire / romans / populaire
7. elle / ne... personne / connaître / intéressant
8. on / ne... ni... ni / visiter / Paris / Bruxelles
9. je / ne... aucun(e) / assister à / conférence / trimestre

A votre tour

A. Un sondage. Faites un sondage sur les origines culturelles des étudiants de votre cours de français. Ensuite, écrivez ou présentez oralement les résultats de votre sondage. Utilisez des adjectifs et pronoms indéfinis.

MODÈLE: Plusieurs étudiants sont d'origine allemande. D'autres ont des grands-parents qui sont venus d'Irlande, etc.

B. Projets de voyage. Avec un(e) camarade, procurez-vous des cartes du Canada ou de la Louisiane et des brochures décrivant d'éventuelles°

°*éventuel(le)* = possible

vacances au Québec ou en Louisiane. Faites des projets de voyage, établissez un itinéraire et présentez-le à la classe. Dites pourquoi vous avez choisi de voir certains endroits. Utilisez, si possible, des pronoms et adjectifs indéfinis dans votre exposé.

Expressions utiles: (*au Canada*) faire du canotage / skier / suivre des cours à l'Université de Laval / visiter la cathédrale Notre-Dame du Bon-Secours / parler français avec les étudiants, avec les commerçants / aller au Carnaval d'hiver / voir un match de hockey / manger des plats régionaux…; (*en Louisiane, à La Nouvelle-Orléans*) aller à la pêche / faire du bateau sur les bayous° / écouter de la musique acadienne / aller au Carnaval du Mardi Gras / se promener dans Bourbon Street / visiter les vieux hôtels célèbres / manger un gumbo créole, des huîtres, du poulet à la créole / boire du café à la chicorée / écouter l'orchestre de Preservation Hall…

Animation

• Dialogue

Antonine Maillet, romancière° de langue française-acadienne

Une journaliste du *Journal Français d'Amérique* interroge Antonine Maillet.

LA JOURNALISTE: Antonine Maillet, le prix Goncourt[8] de 1979 a fait de vous, officiellement maintenant, la voix de l'Acadie. Qu'est-ce que c'est, l'Acadie?

ANTONINE MAILLET: L'ancienne Acadie, c'était la Nouvelle-Écosse.[9] Colonisée à partir de 1610, c'est la plus ancienne colonie française ou anglaise en Amérique du Nord.

LA JOURNALISTE: L'Acadie existait *avant* la fondation du Québec, donc?

ANTONINE MAILLET: Oui, *avant qu*'on ait colonisé le Québec—et *avant* New York, *avant* Charleston, *avant* Plymouth et Cape Cod. *Au début*, nous avons vécu une période paradisiaque,° sur une terre merveilleuse. *Et puis*, en 1713, il y a eu le traité d'Utrecht qui donnait l'Acadie aux Anglais. *Alors*, de 1713 à 1755, les Acadiens ont eu peur. Ils ont essayé de rester français alors qu'°ils étaient en réalité sujets du roi d'Angleterre.

---

[8]*Le prix Goncourt*, c'est le prix littéraire annuel le plus prestigieux de France.
[9]*La Nouvelle-Écosse* est une péninsule sur la côte est du Canada.

°*les bayous* = de petites rivières lentes et paresseuses, autrefois tributaires du Mississippi
un romancier/une romancière = un auteur de romans
une période paradisiaque = comme si on était au paradis
alors que = pendant que, tandis que

LA JOURNALISTE: Que s'est-il passé *ensuite?*

ANTONINE MAILLET: Eh bien, *ensuite,* en 1755, on les a massivement déportés, surtout sur la côte est des États-Unis, et en Angleterre et en France. Mais après la déportation, beaucoup sont revenus au pays en cachette.° Et ils sont restés cachés dans les bois d'Acadie pendant un siècle!

LA JOURNALISTE: Jusqu'en 1880?

ANTONINE MAILLET: C'est ça. Bien qu'ils aient dû rester cachés, ils ont pu maintenir leur culture et leur solidarité. Et quand ils sont *finalement* sortis des bois, ils étaient cinq mille! Afin qu'on puisse les reconnaître comme une véritable communauté, ils se sont donné un drapeau, un hymne national et des chefs. Et, *enfin,* ça fait un siècle maintenant que nous, les Acadiens, nous sommes en train de reconquérir notre place au soleil!

Comment raconter une histoire

Voici un résumé des expressions temporelles qui permettent de décrire une succession de faits de façon vivante et intéressante:

Le début: pour commencer l'histoire: **tout d'abord, au début, au commencement, avant (que/de)...**

Le déroulement: pour continuer l'histoire: **et puis, puis, alors, ensuite, après, à ce moment-là, au moment où..., après avoir... (après être..., après s'être...), après que...**

La fin: pour terminer l'histoire: **enfin, finalement, ils ont fini par..., à la fin**

Réagissez!

A. Voici quelques épisodes de l'histoire racontée par Antonine Maillet. Racontez-les à l'aide des expressions présentées ci-dessus.

°*en cachette* = secrètement

B. Racontez une courte anecdote sur un sujet personnel, par exemple un voyage ou une rencontre. Utilisez des expressions qui indiquent le commencement, le déroulement et la fin de votre histoire.

• Lecture

Les Français du Nouveau Monde

En 1984, la ville de Québec a accueilli° pendant l'été tout ce qui reste dans le monde de grands navires° à voile, des milliers° de marins° et des centaines de milliers de visiteurs venus des quatre coins du monde pour célébrer le 450ème anniversaire de la découverte de la Nouvelle-France par Jacques Cartier. Rien ne pourrait égaler le spectacle grandiose de ce ralliement de majestueux voiliers° aux voiles immenses, gréés et manœuvrés° par des équipages° de parfois 350 personnes. Partis de Saint-Malo, patrie° de Cartier, ils ont fait escale aux Bermudes avant de remonter sur la Nouvelle-Écosse et le Québec où ils ont défilé° devant la capitale. Leur remontée du Saint-Laurent a été saluée par d'immenses feux de joie allumés sur les berges° tandis que d'innombrables manifestations nautiques et folkloriques recréaient l'atmosphère de fête qui accueillait autrefois ces navires.

C'est Jacques Cartier qui a ouvert la voie de l'établissement de la Nouvelle-France au Canada. Bien d'autres Français se sont illustrés dans l'exploration de ce Nouveau Monde américain. Tels° Toussaint Charbonneau, le guide de Lewis et de Clark jusqu'au Pacifique, ou le capitaine Bonneville, héros de la Prairie chanté par Washington Irving, ou Beaubien, fondateur de la ville de Chicago. Avant eux, les compagnons de Giovanni da Verrazzano[10] avaient découvert le site de New York qu'ils avaient baptisé Nouvelle-Angoulème. Champlain, Jolliet, Marquette, Cavalier et des centaines de trappeurs avaient eux aussi exploré le continent.

Avant la Révolution américaine, 1 500 huguenots s'étaient déjà établis au Nouveau Monde. Parmi leurs descendants il faut citer Pierre Minuit, qui a acheté Manhattan aux Indiens, et les Delano, héritiers de Philippe de la

------

[10]*Verrazzano* était un navigateur italien du seizième siècle au service des Français.

°*accueillir* = recevoir
des navires = des bateaux
un millier = une quantité de mille
les marins = les personnes qui conduisent un bateau
des voiliers = des bateaux à voile
gréés et manœuvrés = équipés et conduits
des équipages = des groupes de marins
la patrie = le pays d'origine
défiler = marcher en colonne, par files
les berges = les rives, les plages
tel(le)(s) = par exemple

Noye, dont descendait le président Franklin Delano Roosevelt. Il y avait déjà des protestants français sur le *Mayflower* parmi les premiers pèlerins.

Les francophones ont partout établi des communautés—les Acadiens au Canada, les Cajuns et les Créoles en Louisiane. Mais aussi d'autres foyers° moins bien connus comme celui des «Francos» de Nouvelle-Angleterre dont est issu° le poète Jack Kerouac, ou encore ces Alsaciens du Texas dont sont issus les Marx Brothers, ainsi que le capitaine d'Apollo 9, l'astronaute Russell Schweickart. Autant de foyers de culture francophone qui témoignent de° l'exaltante aventure qu'a été la découverte du Nouveau Monde pour tant de Français. C'est d'ailleurs une ville du nord-est de la France—Saint-Dié en Lorraine—qui revendique° l'honneur de mentionner pour la première fois le nom «America», dans un atlas publié en 1507 dans cette ville, pour désigner le continent nouvellement exploré par Amerigo Vespucci.

Comprenez-vous?

Complétez les phrases suivantes pour retrouver le sens du texte.

1. En 1984, la ville de Québec a célébré…
2. Cet été-là les grands voiliers sont partis de Saint-Malo parce que…
3. De nombreux Français ont participé à l'exploration du Nouveau Monde, par exemple…
4. Au Nouveau Monde, on trouve des foyers d'implantation français…
5. C'est dans un atlas français de 1507 que…

Et vous?

1. Avez-vous déjà entendu le français du Québec? Avez-vous entendu de la musique québécoise? Avez-vous visité le Canada? le Québec? Si oui, racontez votre voyage. Sinon, pourquoi voudriez-vous y aller un jour?
2. Racontez au passé une histoire d'immigration qui a eu lieu dans votre famille. Quand (Comment…, Pourquoi…) vos ancêtres sont-ils arrivés au Nouveau Monde? Échangez des détails sur vos histoires familiales.

• Activités

A. Le français au Canada. Les Français du Canada ont quitté la France au seizième et au dix-septième siècles. Depuis ce temps, leur langue a subi° diverses influences culturelles, notamment celle de la langue anglaise. Résultats: l'accent canadien, puisqu'il est ancien, diffère sensiblement de

---

°*des foyers* = des centres de population

issu = né, venu

témoigner de = prouver, montrer

revendiquer = demander, réclamer

subir = supporter, recevoir

celui des Français d'Europe… et le vocabulaire de la langue française canadienne diffère beaucoup de celui de la France actuelle. Il contient des expressions très anciennes ainsi que des termes modernes que le français européen ne connaît pas.

Jouons un peu! Vous trouverez dans la colonne de gauche quelques expressions en français canadien. Utilisez vos connaissances pour les relier à leur équivalent en français continental (colonne de droite).

A	B
___ 1. *une amie de fille*	a. conduire une voiture
___ 2. *asteure*	b. imaginer
___ 3. *tuer la lampe*	c. faire nuit
___ 4. *cacasser*	d. maintenant, à cette heure
___ 5. *chauffer un char*	e. se reposer
___ 6. *coûter gros d'argent*	f. un journal
___ 7. *faire brun*	g. discuter
___ 8. *l'odeur*	h. coûter cher
___ 9. *faire une trompe*	i. éteindre la lumière
___10. *une gazette*	j. le parfum
___11. *inventionner*	k. une copine
___12. *pauser*	l. faire une erreur

B. Questionnaire. Que savez-vous de l'influence française en Amérique du Nord? Choisissez la réponse correcte. (Elles se trouvent en bas de la page 516.)

1. Quelle est la deuxième ville d'expression française du monde? (*Marseille / Montréal*)

2. Pourquoi se souvient-on des noms de La Salle, de Marquette et de Jolliet? (*Ils ont exploré le Mississippi.* / *Ils ont fondé la ville de Québec.*)

3. Dans les premières années du dix-huitième siècle, quel pays européen possédait les plus grands territoires en Amérique du Nord? (*l'Angleterre* / *la France*)

4. Qui a découvert le Canada et le fleuve Saint-Laurent? Qu'est-ce qu'il cherchait? (*Jacques Cartier* / *Amerigo Vespucci*)

5. A qui le président américain Thomas Jefferson a-t-il acheté la Louisiane en 1803? (*à Napoléon Bonaparte* / *au Marquis de Lafayette*)

6. Dans quelle ville des États-Unis a lieu le carnaval du Mardi Gras? (*à San Francisco* / *à La Nouvelle-Orleans*) Pendant quel mois de l'année?

7. Quel célèbre poète américain du dix-neuvième siècle a écrit la tragédie d'une jeune Canadienne française chassée de son village acadien en 1756? (*Edgar Allan Poe* / *Henry Wadsworth Longfellow*) Comment s'appelait la jeune Acadienne?

C. Parallèles. Discutez des problèmes suivants par petits groupes.

1. Pensez-vous comprendre un peu la situation culturelle des Canadiens français?

2. Connaissez-vous des populations qui se sentent dépossédés de leur identité dans leur propre pays? A quelles fins luttent-elles?

3. Connaissez-vous certains peuples minoritaires, comme les Québécois, qui obtiennent ou qui retrouvent aujourd'hui un certain degré d'autonomie dans leur communauté ou dans leur pays? Comment exercent-ils leurs pouvoirs?

En un ou deux paragraphes écrits, présentez votre point de vue sur cette question. Utilisez des anecdotes et des détails concrets pour l'illustrer.

Réponses à l'Exercice B:

1. Montréal; la ville se situe sur une île du fleuve Saint-Laurent dans la province du Québec.

2. Marquette et Jolliet ont commencé l'exploration du Mississippi vers 1670; dix ans plus tard, La Salle a réussi l'exploration du fleuve jusqu'au Golfe du Mexique. Tous les trois ont fondé des villes en Nouvelle-France (mais Samuel Champlain a fondé la ville de Québec).

3. La France; avant 1763, elle possédait la Nouvelle-France, qui allait du Labrador jusqu'au Golfe du Mexique.

4. Jacques Cartier; au seizième siècle, il est allé au Nouveau Monde chercher une voie navigable vers l'Orient.

5. A l'empereur Napoléon Ier; Jefferson a payé quinze millions de dollars. Treize états américains ont été créés à partir de cet ancien territoire français.

6. Le carnaval du Mardi Gras a lieu à La Nouvelle-Orléans en février ou en mars, neuf semaines avant Pâques.

7. Henry Wadsworth Longfellow; la jeune Acadienne légendaire, devenue le symbole de son peuple, s'appelait Évangéline.

Mots à retenir

Verbes	jouer un rôle	lutter	posséder
	laisser + *inf.*	maintenir	
Noms	l'ancêtre (*m.*, *f.*)	l'héritage (*m.*)	le prénom
	le colon	l'identité (*f.*)	la racine
	la communauté	le missionnaire	la voix
	l'explorateur/	l'origine (*f.*)	
	l'exploratrice	le peuple	

Régions et villes francophones d'Amérique du Nord	la Louisiane
	    La Nouvelle-Orléans
	la Nouvelle-Écosse
		le Québec
		    Montréal
		    Québec
			Saint-Pierre-et-Miquelon
			Terre-Neuve

Adjectifs	acadien(ne)	francophone	officiel(le)
	anglophone	maternel(le)	québécois(e)
	caché(e)		
Pronoms	chacun(e)	quelques-uns/quelques-unes	
Conjonctions	afin que (afin de)	bien que	pourvu que
	à moins que (à moins de)	jusqu'à ce que	quoique
	avant que (avant de)	pour que (pour)	sans que (sans)
Expressions négatives	ne... aucun(e) ne... ni... ni		

Chapitre 22

Le monde francophone

Voici des timbres provenant° de quelques-uns des pays qui font partie de l'Agence de Coopération Culturelle et Technique des Pays Francophones. Cette association a été créée en 1970 pour encourager ces pays de cultures très différentes mais de même expression française à collaborer dans les domaines de l'éducation, de la science et de la technologie. Une conférence annuelle réunit les ministres de la culture de chaque pays membre.

D'après ces timbres…

1. Quelle est l'activité représentée pour chacun de ces pays?
2. Dans quel continent se situe chacun de ces pays?
3. Quel est le but° de leur association? Dans quels domaines coopèrent-ils?
4. Connaissez-vous personnellement l'un de ces pays? Lequel? Dans quelles circonstances l'avez-vous connu?

Votre avis sur… les langues étrangères.

Quelle est la raison principale pour laquelle vous étudiez le français? Comparez votre réponse à celles de vos camarades. Quelle réponse est la plus fréquente?

Pour voyager.	C'est obligatoire pour le diplôme ou dans l'école que j'ai choisis.
Pour ma carrière.	
Par intérêt culturel.	C'est une des langues de ma famille.
Par intérêt historique.	J'ai des amis francophones.
J'aime sa littérature.	?

Entrée en scène

La langue française en Afrique

La langue et la culture françaises restent des moyens de communication importants pour une grande partie de l'Afrique, continent d'une immense diversité linguistique et culturelle.

A. Nationalités africaines. D'où viennent ces étudiants? Avec un(e) camarade, jouez les rôles selon le modèle.

MODÈLE: Marianne / Rabat, le Maroc →
    A: Marianne, d'où venez-vous?
    B: Je viens de Rabat, au Maroc. Je suis marocaine.

°*provenant* (*provenir*) = qui viennent, qui proviennent
le but = l'objectif

Adjectifs: marocain(e) / malgache / sénégalais(e) / algérien(ne) / congolais(e) / ivoirien(ne) / tunisien(ne)

1. Gisèle / Tananarive, la République Malgache
2. Michèle et Bernard / Dakar, le Sénégal
3. Patrick et Odile / Alger, l'Algérie (*f.*)
4. Monique et Françoise / Brazzaville, le Congo
5. Juliette et Jean-Pierre / Abidjan, la Côte-d'Ivoire
6. Clément et Sylvain / Tunis, la Tunisie
7. Vincent / Casablanca, le Maroc

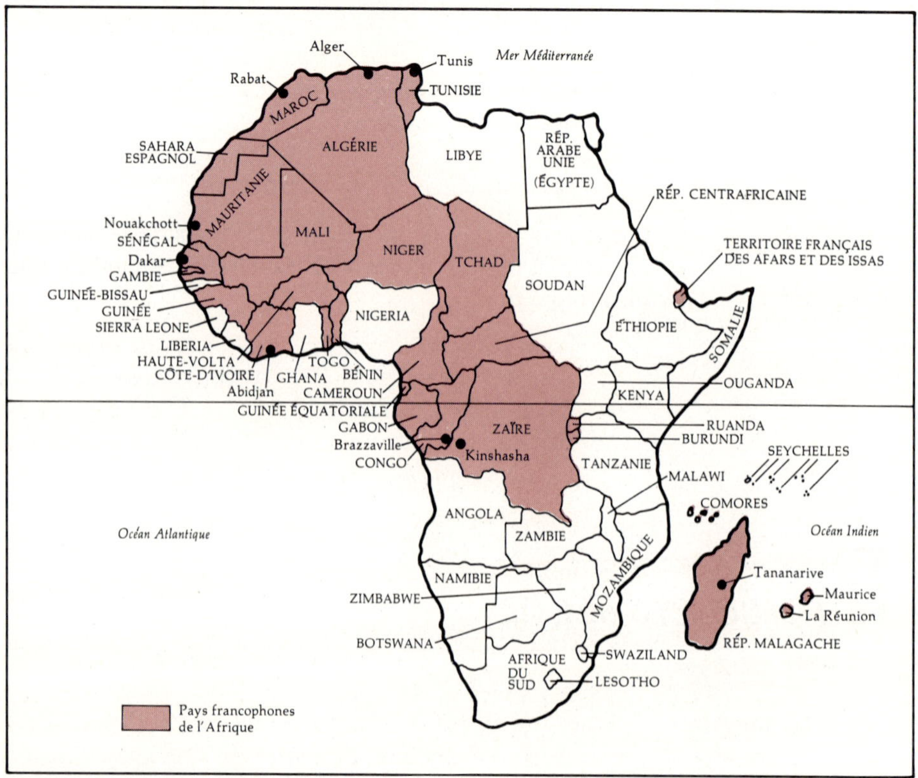

B. Noms et lieux. Répondez aux questions suivantes en consultant la carte ci-dessus.

1. Nommez les trois pays francophones de l'Afrique du Nord.
2. Nommez quelques pays francophones sur la côte ouest de l'Afrique.
3. Nommez plusieurs grands pays francophones de l'Afrique de l'Ouest qui ne sont pas situés sur la côte.   4. Quel est le plus grand pays anglophone de l'Afrique de l'Ouest?   5. Est-ce qu'on parle français en Afrique orientale°? Où?   6. Quelle est la plus grande île francophone d'Afrique?

°*oriental* = de l'est

C. Splendeurs africaines. Il est assez facile de voyager en avion d'Europe en Afrique. Guidez des camarades qui désirent faire un tel voyage. Répondez à leurs questions en vous aidant des affiches suivantes.

1. Quels sont les paysages typiques pour chaque pays?   2. Décris-nous le climat de chaque pays.   3. Qu'est-ce qu'on peut faire là-bas?
4. Comment s'appelle la compagnie aérienne de chaque pays?
5. Combien coûte le voyage?   6. Quels pays africains connais-tu? Comment est-ce que tu les as connus? D'après des lectures? des cours? Est-ce que tes amis t'en ont parlé?

«Elle se parle... elle s'écrit... elle se chante...»

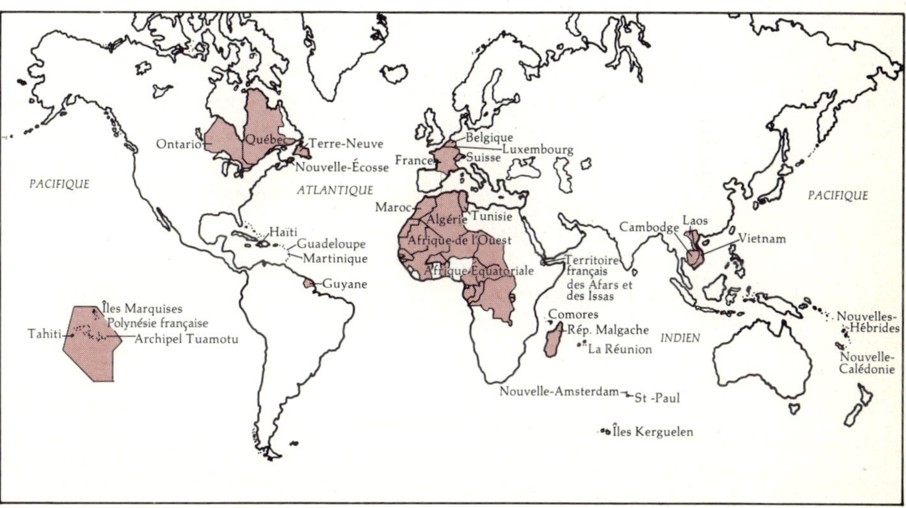

La population francophone mondiale se compose d'environ quatre-vingt-dix millions de personnes.

A. Le monde francophone. Où se parle le français? Complétez les phrases suivantes avec le nom ou l'adjectif correct.

1. En Europe, le français se parle en _______, en _______, en _______ et au _______.
2. Le français est encore présent en Indochine, par exemple au _______.
3. En _______, le français est la langue officielle de dix-huit pays.
4. L'_______, le _______ et la _______ sont les trois pays de l'Afrique du Nord où se parle le français.
5. Deux grandes provinces en Amérique du Nord, _______ et _______, ont une population francophone importante.
6. Certaines îles de l'océan Pacifique sont francophones, par exemple les _______, la _______, les _______ et le _______.
7. Et dans l'océan Indien, on peut aussi parler français, par exemple aux îles _______, dans la République _______ et dans l'île de la _______.
8. Dans l'océan Atlantique, pas loin de l'Amérique du Sud, il y a deux départements français d'outre-mer, les îles de la _______ et de la _______, ainsi que la république indépendante d'_______.

B. **Connaissances personnelles.** Discutez des réponses aux questions suivantes avec des camarades.

1. Desquels de ces pays et territoires francophones as-tu entendu parler?
2. Lesquels connais-tu un peu? assez bien? Comment est-ce que tu les as connus?

C. **Une langue de communication internationale.** Voici quelques faits sur l'utilisation du français dans le monde d'aujourd'hui:

Depuis le dix-septième siècle—l'époque de Louis XIV—le français est une langue de la diplomatie et du commerce international.

Le français est l'une des six langues officielles de l'Organisation des Nations Unies (ONU).

Le français est la langue officielle—ou l'une des langues officielles—de nombreux pays.[1]

Le français est, avec l'anglais, la seconde langue de beaucoup de personnes qui l'ont apprise à l'école ou dans leur milieu.

Le français est l'une des langues qu'utilisent les membres de la communauté intellectuelle internationale.

Le français est la langue de la grande cuisine, de la danse classique et de la haute couture.

Maintenant, répondez aux questions suivantes en classe.

1. Pendant quel siècle le français est-il devenu la langue de la diplomatie mondiale? Savez-vous pourquoi?
2. Qui peut nommer des personnages historiques américains qui savaient parler français? Quand ont-ils eu l'occasion de s'en servir?

---

[1]Voir la carte du monde de la page 521.

3. Qu'est-ce que l'ONU? Quelles sont les langues officielles de l'ONU? Pourquoi, à votre avis, le français est-il l'une de ces langues?
4. Comment se fait-il que le français soit devenu la langue officielle de nombreux pays?

D. Et chez nous? Continuez votre discussion avec un(e) camarade.

1. Est-ce que vous vous rappelez dans quelles régions des États-Unis on parle français? Pourquoi est-ce qu'on y parle français?
2. Qu'est-ce que la grande cuisine? Connais-tu des expressions gastronomiques françaises?
3. Dans ta ville, y a-t-il des restaurants qui proposent une cuisine française très soignée°? Est-ce que tu y es jamais allé(e)? Dans quelles circonstances? Décris brièvement ton repas.
4. Est-ce que tu peux nommer quelques grands couturiers français célèbres dans le monde de la haute couture? Quelqu'un dans la classe porte-t-il un vêtement influencé par ces maisons de couture?
5. Est-ce que le français est une langue de communication pour toi? Avec qui as-tu l'occasion de parler français?

Jeu de structures

49. Le participe présent

Poésie africaine d'expression française

Une jeune Française, Marie-Christine, passe un an au Sénégal, où elle fait un stage° technique. Aujourd'hui, elle parle avec deux Sénégalais, Jean-Charles et Laurent, étudiants de lettres de l'Université de Dakar. Jean-Charles vient de lire à Marie-Christine un poème écrit par Léopold Sédar-Senghor, poète et premier président de la République sénégalaise.

MARIE-CHRISTINE: Tu sais, Jean-Charles, *en lisant,* et puis *en écoutant* ce poème et d'autres, je m'aperçois que la littérature noire africaine et antillaise est très engagée.°

JEAN-CHARLES: Oui, au moins deux poètes noirs—Léopold Senghor et Aimé Césaire, de la Martinique—sont devenus célèbres *tout en étant* de grands hommes politiques.

°*soigné* = préparé avec soin, avec élégance

un stage = ici, une période d'études pratiques dans sa profession choisie

engagé = au service d'une cause politique ou autre

Paris (mars 1984): Léopold Sédar-Senghor, poète d'expression française, ancien président du Sénégal, est élu membre de l'Académie Française.

LAURENT: Il faut te dire aussi que depuis l'Indépendance[2] nos écrivains continuent à faire une poésie «authentique».

MARIE-CHRISTINE: Qu'est-ce que cela veut dire au juste?

LAURENT: C'est *en s'adressant* au public sénégalais sans militantisme,° et *en revenant* à notre folklore—à nos racines africaines—qu'ils ont pu rester authentiques.

JEAN-CHARLES: Dans les années 30, lorsqu'ils étudiaient ensemble à Paris, Senghor et Césaire, avec le poète guyanais° Léon Damas, ont élaboré le concept de «négritude».

MARIE-CHRISTINE: Oui, c'est vrai! J'en ai déjà entendu parler.

JEAN-CHARLES: *En encourageant* les noirs de tous les pays à aimer et à développer leur héritage, on poursuit un objectif en même temps engagé… et poétique!

Pour préciser

Marie-Christine apprend beaucoup en parlant avec ses amis. Et vous, Martin, apprenez-vous beaucoup en parlant avec vos amis?

—Oui, souvent. Et j'apprends toujours en parlant avec mes professeurs!

Et vous, Jeanne, comment apprenez-vous?

—J'apprends en lisant, en allant aux cours et en faisant des travaux pratiques.

Et vous, Mike?

—Moi, j'apprends le plus en regardant la télé, en m'amusant et en dormant!

———————————

[2]Le Sénégal est indépendant depuis 1960.

°*le militantisme* = l'action politique directe

guyanais = de la Guyane française, en Amérique du Sud

Margot, qu'est-ce qu'on peut faire en conduisant sa voiture?
—En conduisant, on peut écouter la stéréo et on peut parler, mais on
ne peut ni lire ni écrire… ni regarder ses passagers.

Pour apprécier   1. Nommez quelques poètes noirs d'expression française.   2. Qu'est-ce qu'ils ont fait de particulier en écrivant leur poésie?   3. Qu'est-ce que la «négritude»? Avez-vous déjà entendu parler de ce concept?   4. Quel est votre héritage culturel? Joue-t-il un rôle important dans votre vie actuelle?

A. La formation du participe présent

Le participe présent—que vous reconnaissez déjà très bien à la lecture—se forme en ajoutant la terminaison **-ant** au radical de la première personne du pluriel (**nous**) de l'indicatif.

donner: nous donnons → donn- → **donnant**
finir: nous finissons → finiss- → **finissant**
perdre: nous perdons → perd- → **perdant**
faire: nous faisons → fais- → **faisant**
vouloir: nous voulons → voul- → **voulant**
boire: nous buvons → buv- → **buvant**

Trois verbes seulement ont des participes présents irréguliers.

avoir: **ayant**   être: **étant**   savoir: **sachant**

B. L'emploi du participe présent

Le participe présent est souvent utilisé avec la préposition **en.** Dans cette construction, il exprime une action qui a lieu *en même temps* que l'action de la proposition principale. La phrase n'a qu'un seul sujet.

Elles écoutent de la musique **en étudiant.** (= Pendant qu'elles étudient, elles écoutent de la musique.)

Le serveur parle avec les clients **en préparant** la salade.

Le participe présent avec **en** peut aussi indiquer *la manière* dont une action est accomplie.

De quelle façon commence-t-on à connaître les gens? —C'est **en discutant** avec les gens qu'on commence à les connaître. (= Quand on discute avec les gens, on commence à les connaître.)

J'apprends le français **en parlant** souvent avec mes amis sénégalais.

En achetant son billet aujourd'hui, Mehdi a obtenu une réduction sur le vol Rabat-Paris.

A la lettre

A. Pour perfectionner son français. Jeff Stevens, un étudiant américain, a été invité à venir vivre en République Malgache. Il prépare son voyage en parlant français toute la journée. Suivez le modèle.

MODÈLE: se lever → Il parle français en se levant.

1. se baigner   2. s'habiller   3. prendre son petit déjeuner   4. conduire sa voiture   5. aller aux cours   6. faire du jogging   7. promener son chien   8. préparer son dîner   9. regarder la télé   10. s'endormir

B. Aux Antilles. Marie-Josée vit à la Guadeloupe. Elle veut qu'un ami français vienne lui rendre visite. Transformez les suggestions de Marie-Josée selon le modèle.

MODÈLE: Viens vivre quelque temps à la Guadeloupe: tu apprendras à vivre plus librement. →
En vivant à la Guadeloupe, tu apprendras à vivre plus librement.

1. Viens habiter chez nous, à la Guadeloupe: tu passeras des vacances merveilleuses.
2. Viens te promener dans notre île: tu choisiras peut-être d'émigrer.
3. Viens nager dans la mer des Antilles: tu décideras peut-être de ne pas nous quitter.
4. Viens faire de la pêche sous-marine: tu pourras te détendre.
5. Viens voir le Carnaval: tu découvriras la magie vaudou.
6. Viens jouer au Casino international: tu deviendras peut-être riche.

A votre tour

Efforts. Posez les questions suivantes aux membres de votre groupe. Un(e) étudiant(e) répondra selon la possibilité indiquée; les autres donneront des réponses originales sur le même modèle.

MODÈLE: A: Comment apprends-tu le français? (*étudier*)
B: C'est en étudiant que je l'apprends.
C: C'est en écoutant bien que je l'apprends.
D: C'est en allant au labo que je l'apprends.

1. Comment est-ce que tu prépares le cours de civilisation occidentale? (*lire beaucoup*)
2. Comment est-ce que tu te détends le mieux? (*dormir*)
3. Comment t'amuses-tu? (*jouer au tennis*)
4. Quand est-ce que tu t'ennuies? (*attendre chez le dentiste*)

5. Que fais-tu pour passer d'excellentes vacances? (*voyager à l'étranger*)
6. Comment connaît-on la culture d'un autre pays? (*parler aux habitants*)
7. Qu'est-ce que tu feras pour garder ton français? (*suivre un nouveau cours*)

50. Les pronoms possessifs: **le mien, la mienne, les mien(ne)s...**

Mes nouveaux amis

Cette année à la Sorbonne, Jean-Pierre a fait la connaissance de deux étudiants ouest-africains, Amélan et Massou. Les trois amis discutent souvent des différences qu'ils ont constatées° entre leurs cultures. Aujourd'hui, Jean-Pierre nous parle de son ami Amélan.

Ma famille à moi habite en ville, *la sienne*, dans une ferme.
 Par rapport *aux siennes*, mes opinions politiques semblent assez conservatrices. *Les siennes* sont beaucoup plus progressistes, car Amélan luttera toujours pour le bien-être° de son peuple.°
 Pour lui, l'esprit de famille est extrêmement important. Il a beaucoup de mal à se passer *des siens.°* Moi, bien sûr que je pense souvent *aux miens*, mais je ne vais pas passer ma vie dans la famille.
 Parmi mes amis à Paris, la pratique religieuse n'existe pratiquement pas, tandis que pour mes amis Amélan et Massou, elle est très vivante. Leurs croyances religieuses jouent un rôle indispensable dans leur vie. *Les nôtres* sont devenues plutôt conventionnelles.
 Mais voici un de nos traits communs: Je pense tout le temps à mes études! Et Amélan et Massou pensent sans cesse *aux leurs*. Dans nos deux cultures, c'est—heureusement ou malheureusement—le moyen de réussir dans la vie.

Pour préciser

Jean-Pierre fait la comparaison entre sa vie et celle de ses amis africains. La famille de Jean-Pierre habite en ville. Où habite la famille d'Amélan?
 —La sienne habite dans une ferme, à la campagne.
Et la vôtre, Barbara?
 —La mienne habite aussi à la campagne, comme celle d'Amélan.
  Mon père est aussi fermier.

°*constater* = remarquer, voir
le bien-être = la santé, la prospérité
son peuple = les habitants de son pays
les siens (les miens) = les membres de sa (de ma) famille

Amélan fait ses études pour pouvoir aider son peuple. Et vous, Alex?
—Quand j'ai choisi les miennes, c'était pour les mêmes raisons. Je vais être assistant social.
Est-ce que votre choix vous semble plus raisonnable que les choix de vos amis?
—Non, le mien n'est pas plus raisonnable que les leurs. Aucun choix n'est vraiment raisonnable!
Voici quelques cahiers. Barbara, demandez à Alex s'ils sont à lui (s'ils lui appartiennent).
—Alex, est-ce que ces cahiers sont à toi?
(Est-ce qu'ils t'appartiennent?)
(Est-ce que ce sont les tiens?)

Pour apprécier
1. Où habite la famille d'Amélan? et celle de Jean-Pierre? Où Jean-Pierre et ses amis africains se sont-ils rencontrés?
2. Que pense Jean-Pierre des opinions politiques d'Amélan? Pourquoi? Comment sont celles de Jean-Pierre?
3. Amélan peut-il se passer de sa famille? et Jean-Pierre peut-il se passer de la sienne? Amélan peut-il se passer de sa religion? et Jean-Pierre?
4. Qu'est-ce que les trois amis ont en commun? Est-ce vrai aussi dans notre culture?

Le pronom possessif remplace un nom et l'adjectif possessif, ou une autre expression possessive, qui l'accompagne.

Ce sont tes billets? —Oui, ce sont **les miens.**
Est-ce la maison de tes parents? —Non, c'est **la mienne.**
C'est ta chambre? —Non, c'est **la leur.**

A.   La formation et l'emploi des pronoms possessifs

Voici un tableau des formes des pronoms possessifs. Remarquez qu'ils s'utilisent toujours avec l'article défini correspondant.

Pronom sujet	*Singulier*		*Pluriel*	
	MASC.	FÉM.	MASC.	FÉM.
je	le mien	la mienne	les miens	les miennes
tu	le tien	la tienne	les tiens	les tiennes
il/elle	le sien	la sienne	les siens	les siennes
nous	le nôtre	la nôtre	les nôtres	les nôtres
vous	le vôtre	la vôtre	les vôtres	les vôtres
ils/elles	le leur	la leur	les leurs	les leurs

Prononcez bien!

Faites attention à la différence de prononciation de la lettre **o** dans les adjectifs possessifs **notre/votre** [ɔ] et dans les pronoms possessifs **le/la nôtre, le/la vôtre** [o]. Prononcez avec le professeur:

Notre ami est arrivé.   **Le nôtre** est arrivé.

Vos camarades sont en retard.   **Les vôtres** sont en retard.

Votre maison semble confortable.   **La vôtre** semble confortable.

Les pronoms possessifs s'accordent en genre et en nombre avec le nom qu'ils remplacent, et *non pas avec le possesseur.*

la voiture de Charles → sa voiture → **la sienne**
la voiture de Marie → sa voiture → **la sienne**
le père d'Estelle   → son père → **le sien**
la mère de Marc   → sa mère   → **la sienne**

Notez bien les formes contractées du pronom possessif avec les prépositions **à** et **de.**

Nous parlons de nos coutumes et vous parlez **des vôtres.**
Tu penses à ton pays et je pense **au mien.**

B. D'autres expressions possessives

Pour parler des *choses* ou des *idées* (et non pas des personnes), on utilise souvent **être** + **à** + *nom* ou *pronom disjoint* ou le verbe **appartenir à** + *objet indirect.*

PRONOM POSSESSIF	être + à + *nom/pronom*	appartenir (à) + *objet indirect*
Ce livre est **le mien.**	Ce livre (Il) **est à moi.**	Ce livre (Il) **m'appartient.**
Ce sont les livres de Paul. Ce sont **les siens.**	Ces livres **sont à Paul.** Ils **sont à lui.**	Ces livres **appartiennent à Paul.** Ils **lui appartiennent.**
Voici mes affaires et voici **les leurs.**	Ces affaires (Elles) **sont à eux.**	Ces affaires (Elles) **leur appartiennent.**

A la lettre

A. Retour. En rentrant de leur voyage en Afrique, Henri et Jean-François avaient mis toutes leurs affaires dans la même valise. Faites les substitutions et les changements nécessaires.

1. Voilà un sac à dos. Est-ce que c'est le mien? (passeport, raquette de tennis, chaussures, appareil-photo,° livres)
2. Voici un pull. C'est le tien, n'est-ce pas? (montre, journaux, guide, photos, lunettes de soleil [*f. pl.*])

B. Que de confusion! Il semble que des affaires appartenant à d'autres soient aussi dans cette même valise. Avec un(e) camarade, jouez les deux rôles selon le modèle.

MODÈLE: pantalon / Paul →
  A: Et ce pantalon, ce n'est pas le mien. Est-il à Paul?
  B: Oui, je crois que c'est le sien.

1. masque (*m.*) / Jacques
2. baskets (*m. pl.*) / Claire
3. chemisier / Paulette
4. chemise / Marc
5. pièces de monnaie / Léon
6. guides de voyage / tes parents

C. Souvenirs d'Afrique. Répondez aux questions en donnant trois réponses différentes selon le modèle.

MODÈLE: A: Est-ce que c'est ton affiche du Cameroun?
  B: Oui, c'est la mienne. / Oui, elle est à moi. / Oui, elle m'appartient.

Tunisie: les ateliers de tapis de Kairouin. En Afrique, le français est souvent utilisé comme seconde langue, pour maintenir une ouverture sur le monde au-delà des frontières.

°*un appareil-photo* = un appareil pour prendre des photos

1. Est-ce que ce sont tes bracelets (*m.*) d'argent°?   2. Est-ce que c'est le masque d'Amélan?   3. Thérèse, Alex, est-ce que ce sont vos photos du Congo?   4. Est-ce que c'est ta statue de la Côte-d'Ivoire?   5. Est-ce que ce sont vos cartes du Sénégal?   6. Est-ce que ce sont les disques congolais de tes amis?

A *votre tour*

Le mal du pays.° Imaginez que vous êtes à l'étranger ou que vous avez émigré—dans quel pays?—et que vous avez le mal du pays. En discutant avec un(e) camarade de classe, dégagez les causes principales de votre tristesse. Considérez:

Mes amis sont trop loin.
Je souffre de la séparation d'avec ma famille.
La nourriture et la cuisine sont différentes.
Les habitants parlent une autre langue.
Je suis physiquement différent(e) des habitants de ce pays.
Le climat est différent.
Les activités quotidiennes (acheter des timbres, téléphoner à quelqu'un, faire des achats) sont différentes.
L'humour des gens est différent.
La communication sociale entre les gens est différente.

Maintenant, demandez un conseil à votre ami.

MODÈLE: *famille et amis*
A: Tu sais, les miens me manquent beaucoup. J'ai une famille très proche, et la plupart de mes amis habitent tout près de chez moi.
B: Essaie donc de rencontrer d'autres jeunes et leur famille!

Voici d'autres aspects:

1. (*langue*) Ici, on parle…
2. (*différences physiques*) Par rapport aux autres, je suis plus/moins grand(e)…
3. (*temps, climat*) Chez nous, il fait… mais ici,…
4. (*nourriture, cuisine*) La mienne se compose surtout de… mais la leur…. Ici, on mange…, mais chez nous…
5. (*activités quotidiennes*) Les nôtres sont plus/moins faciles parce que…
6. (*humour*) Chez nous, on rit ou sourit quand… mais ici,…
7. (*communication sociale*) Les gens d'ici sont plus/moins polis, plus/moins agressifs…

°*l'argent* = métal gris précieux
avoir le mal du pays = être malheureux (-euse) loin de chez soi

Animation

• Dialogue

Vacances guadeloupéennes

Sylvain, un étudiant français, quitte la Guadeloupe aujourd'hui. Il vient d'y passer plusieurs semaines chez des amis de ses parents, les Doucet.

SYLVAIN: *Je ne sais*[3] *comment vous remercier,* Madame Doucet, j'ai passé chez vous des vacances inoubliables.

MME DOUCET: Mais *c'était la moindre des choses.* Nous avons eu plaisir à te montrer le pays.

SYLVAIN: *C'était très gentil à vous* de m'emmener au volcan de la Soufrière.

MME DOUCET: *Ne nous remercie pas.* En te recevant, je me suis souvenue des beaux moments que j'ai passés avec tes parents, autrefois. Promets-moi de les amener ici la prochaine fois!

SYLVAIN: Mes vacances sont au mois de juillet; les leurs sont en septembre, malheureusement. Mais on va essayer de venir ensemble la prochaine fois, je vous assure. D'ici là…. A bientôt, et *merci infiniment pour tout.*

MME DOUCET: *Il n'y a pas de quoi,* Sylvain, donne bien toutes nos amitiés à tes parents.

Comment remercier et rendre un remerciement

Voici quelques façons d'exprimer ses remerciements:

Je vous (te) remercie (beaucoup, sincèrement, de tout cœur)…

Merci (bien, beaucoup, infiniment)…   + **de** + *verbe*
                                          ou
Je ne sais comment vous (te) remercier… + **pour** + *nom*

C'est très aimable à vous…
C'est très gentil à toi…   } + **de** + *verbe*

Et voici quelques formules permettant de *répondre* à des remerciements:

Je vous (t') en prie.   Ce n'est rien.
Il n'y a pas de quoi.   C'est la moindre des choses.
Ne me remerciez
  (remercie) pas.

---

[3]Le mot **pas** est parfois omis à la forme négative des verbes **savoir** et **pouvoir:** Je **ne peux** venir aujourd'hui.

Réagissez!

A. Inventez un petit dialogue pour accompagner chaque dessin. Choisissez votre vocabulaire parmi les expressions présentées ci-dessus.

B. Imaginez que vous venez de passer un an comme «étudiant d'échange» dans une famille française. Aujourd'hui vous quittez cette famille pour rentrer chez vous. Recréez brièvement la scène en utilisant les expressions présentées ci-dessus.

• Lecture

La langue française en Afrique

Le français est la langue officielle dans dix-huit pays africains et c'est aussi la langue usuelle pour plusieurs autres, tels l'Algérie, la Tunisie et le Maroc. L'usage du français est de plus en plus fréquent dans ces pays, même dans ceux où il ne sert que de seconde langue.

Il s'agit en fait d'un phénomène historique. La colonisation de l'Afrique par les Européens s'est faite surtout au dix-neuvième siècle, mais il y avait des commerçants français au Sénégal bien avant cette époque. Leur présence au Sénégal date d'environ 1640. En 1659, ils y ont fondé la ville de Saint-Louis.

A l'époque coloniale, la République française, animée par son idéal de liberté et d'égalité, «a exporté» des instituteurs et des professeurs en Afrique occidentale. Et au vingtième siècle, des Africains ont aussi commencé à faire leurs études en France: le Sénégalais Léopold Sédar-Senghor, ayant obtenu les plus hauts titres universitaires français, est devenu député au Parlement et ensuite le premier président de la République du Sénégal. Senghor est aussi connu comme poète de langue française; il a été élu à l'Académie française en 1983.

A la veille de la deuxième guerre mondiale, la France était la seconde puissance coloniale dans le monde, mais aujourd'hui les colonies françaises n'existent pratiquement plus. Pourquoi le français se parle-t-il encore en Afrique? Au Sénégal, par exemple, il existe une langue locale, le *ouolof*, parlé par environ quatre-vingts pour cent de la population. Pourtant les

Sénégalais éduqués désirent conserver le français comme langue officielle: en utilisant le français, ils maintiennent une ouverture sur le monde au-delà des° frontières sénégalaises.

Très souvent, cependant, c'est la nécessité qui a imposé le français. Dans la partie orientale de l'Afrique, autrefois colonisée principalement par les Anglais, il existe des langues locales très répandues, comme le *swahili.* Le swahili est alors devenu aussi—et même plus—utilisé que l'anglais. Mais en Afrique occidentale, colonisée par la France et la Belgique, la diversité des langues locales a nécessité l'usage d'une langue commune qui soit aussi une langue internationale.

Politiquement, l'Afrique francophone partage tous les problèmes du continent africain. La démocratie a du mal à s'y maintenir, et rares sont les pays, comme le Sénégal, où existent des partis politiques d'opposition.

Un seul pays de l'Afrique française, la Guinée, avait refusé en 1958 l'intégration dans la Communauté Française, entité politique créée par le général de Gaulle, qui devait alors comprendre tous les territoires français. Aujourd'hui les pays de l'Afrique occidentale sont tous indépendants. Pour des raisons économiques et d'intérêts communs, six d'entre eux ont choisi de rester membres de la Communauté Française: la République Centrafricaine, le Tchad, le Congo, le Gabon, la République Malgache et le Sénégal. Et après une longue séparation, de bonnes relations se sont rétablies entre la France et la Guinée.

Comprenez-vous?

Répondez brièvement aux questions suivantes selon le texte.

1. Quelle est l'origine des écoles françaises en Afrique occidentale?
2. Qui est Léopold Sédar-Senghor?   3. Comment peut-on expliquer l'importance du français en Afrique aujourd'hui?   4. L'Afrique francophone a-t-elle actuellement des problèmes politiques? De quel genre?

Et vous?

1. Y a-t-il deux ou plusieurs langues dans votre famille ou dans votre héritage? Lesquelles? Combien en connaissez-vous? Dans quelles circonstances utilise-t-on les différentes langues dans la famille?
2. Imaginez que vous êtes un écrivain ou une femme écrivain d'origine ouest-africaine. Vous avez été éduqué(e) dans les écoles françaises de votre pays, mais vous êtes aussi très fier/fière de la culture de votre groupe ethnique. Dans quelle langue écrivez-vous? Pourquoi? Discutez de votre choix avec des camarades.

°*au-delà* (*de*) = plus loin, de l'autre côté (de)

Abidjan, capitale de la Côte-d'Ivoire. Cette ville reflète le réussite économique de ce pays francophone ouest-africain.

• Activités

A. Rencontre imaginaire. Imaginez que vous êtes un étudiant américain/une étudiante américaine qui visite l'Afrique de l'Ouest pour la première fois. A Abidjan, la capitale de la Côte-d'Ivoire, vous faites la connaissance d'un étudiant ivoirien/une étudiante ivoirienne et de sa famille.

Avec des camarades, jouez les rôles de l'Américain(e) et des Ivoiriens. Utilisez les questions suivantes comme guide et inventez-en d'autres. Inventez des réponses, ou bien utilisez les renseignements donnés. N'oubliez pas d'utiliser des pronoms possessifs et des participes présents quand c'est possible.

Voici des questions possibles posées par l'étudiant(e) américain(e):

1. Habitez-vous en ville ou à la campagne? Décrivez votre logement. Vos enfants habitent-ils à la maison? et vos petits-enfants?
2. Quelle langue parlez-vous à la maison? à l'école? au travail?
3. Combien de groupes ethniques y a-t-il en Côte-d'Ivoire? (*plus de 60*)
4. Pourquoi la Côte-d'Ivoire s'appelle-t-elle ainsi? (*Devinez!*)
5. Quand votre pays est-il devenu indépendant? (*en 1960*)
6. Quelle est l'industrie la plus importante du pays? (*l'agriculture*)

Voici des questions possibles posées par les Ivoiriens:

1. Aimez-vous la Côte-d'Ivoire? Pourquoi êtes-vous venu(e) ici?
2. Où habitez-vous aux États-Unis? Y a-t-il une grande population noire dans votre ville?
3. Les ancêtres des noirs américains sont-ils venus d'Afrique? Savez-vous de quels pays ils sont venus?
4. Décrivez votre famille. Que font vos parents dans la vie?
5. Comment avez-vous appris le français? Où et pourquoi l'avez-vous appris?
6. Qu'est-ce que vous étudiez d'autre?

B. **Un français plus authentique.** Comme vous le savez, l'influence de l'anglais a été si grande en France, que depuis 1975 une loi cherche à interdire l'emploi d'anglicismes dans les journaux et sur les enseignes publicitaires. La colonne de gauche contient certaines expressions franglaises récentes; la colonne de droite contient les expressions désignées maintenant comme officielles. Reliez les expressions des deux colonnes.

	A		B
___	1. le know-how	a.	l'astronef
___	2. le duty-free shop	b.	le spectacle solo
___	3. le drive-in	c.	le retour en arrière
___	4. le hover-craft	d.	la boutique hors-taxe
___	5. le walkman	e.	le ciné-parc
___	6. le hardware	f.	l'aéroglisseur
___	7. le jumbo jet	g.	le baladeur
___	8. le spacecraft	h.	le gros porteur
___	9. le flashback	i.	le savoir-faire
___	10. le one-man show	j.	le matériel

De quels domaines culturels relèvent les expressions franglaises ci-dessus? Pourquoi croyez-vous qu'une langue ait besoin d'emprunter des termes et des expressions à une autre?

Paris: le Drugstore Publicis. Voici un mot «franglais» qui semble avoir été adopté définitivement. Notez pourtant qu'il y a une différence importante entre ce drugstore et une pharmacie française: l'on ne vend pas de médicaments dans un drugstore.

Mots à retenir

Verbes	s'adapter à	se composer de	être à
	s'adresser à	élaborer	perfectionner
	appartenir à	émigrer	

Noms	le but	le mal du pays	le paysage
	la côte	le milieu	la poésie
	le couturier/la couturière	l'Organisation	le poète
	la diplomatie	(*f.*) des Nations	
	la *haute couture	Unies (ONU)	
	l'humour (*m.*)		

Régions et pays francophones du monde	l'Afrique de l'Ouest (*f.*)	la Guyane française	la Mauritanie
	l'Afrique du Nord (*f.*)	Haïti	le Niger
	les Antilles (*f. pl.*)	la *Haute-Volta	la République Malgache
	le Bénin	l'Indochine (*f.*)	le Sénégal
	le Cameroun	le Luxembourg	la Tunisie
	le Congo	le Mali	le Zaïre
	la Côte-d'Ivoire	la Martinique	

Adjectifs	africain(e)	ivoirien(ne)	oriental(e)
	algérien(ne)	malgache	(d') outre-mer
	antillais(e)	malien(ne)	sénégalais(e)
	congolais(e)	marocain(e)	tunisien(ne)
	engagé(e)	nigérien(ne)	zaïrois(e)
	guyanais(e)	occidental(e)	

| **Expressions de communication** | Comment se fait-il que (+ *subjonctif*)…? | J'imagine que (+ *indicatif*)… | |

Chapitre 23

Le monde de l'art

Le palais du Louvre à Paris, qui abrite° l'une des plus grandes et des plus remarquables collections artistiques du monde, est en train d'être rénové. Commencé par Philippe Auguste en 1202 pour en faire son palais royal, agrandi par Charles V en 1360, le premier Louvre a été démoli par François Ier en 1527. Le second Louvre s'est construit peu à peu depuis l'époque de François Ier jusqu'à celle de Louis XIV, le «Roi-Soleil», qui l'a abandonné pour Versailles en 1678.

Musée d'art depuis la Révolution française, ses collections et ses galeries ont été agrandies par Napoléon III vers 1860. Aujourd'hui, depuis le déménagement du Ministère français de l'Économie et des Finances, qui en occupait l'aile° nord, on est en train de refaire les galeries et de redistribuer les collections du Grand Louvre.

Voici la maquette° d'un projet récent: une pyramide en verre conçue° par l'architecte sino-américain° Ieoh Ming Pei. La pyramide doit recouvrir de nouvelles galeries qui seront installées en-dessous de la cour° du Louvre.

D'après le texte...

1. Quelle est la fonction actuelle du Louvre?
2. De quelles époques date l'architecture du Louvre? Qui a été le dernier «locataire royal» du palais du Louvre?
3. Quand le Louvre est-il devenu musée d'art? Pourquoi est-ce qu'il ne servait plus de palais royal à partir de cette époque?
4. Dans le cadre de la nouvelle reconstruction, où la pyramide proposée sera-t-elle placée?
5. Quel architecte a proposé ce nouveau projet?

Sondage sur... la pyramide.

Pensez un peu à l'histoire du Louvre et à son utilisation actuelle. L'opinion générale de votre classe est-elle pour ou contre la construction de la pyramide? Donnez les raisons de votre opinion.

Entrée en scène

Arts anciens, arts modernes

A. L'ancien et le moderne. L'art est-il éternel? Quels arts sont anciens ou traditionnels (d'avant 1850)? Quels arts sont modernes? Quels arts sont

---

°*abriter* = contenir, protéger
l'aile = la partie d'un bâtiment se trouvant sur le côté
une maquette = un modèle en réduction
conçu (p.p. concevoir) = imaginé, élaboré
sino-américain = américain d'origine chinoise
une cour = un terrain en plein air à l'intérieur d'un bâtiment

anciens et modernes? Discutez des médiums artistiques suivants avec vos camarades. Suivez le modèle.

MODÈLE: A: le dessin?
B: Le dessin (Il) est ancien et moderne.

Médiums artistiques: l'affiche / l'architecture des châteaux / l'art réalisé à l'aide des ordinateurs / le ballet / la cathédrale gothique / la céramique / la chanson / le chant grégorien / le cinéma / le collage / la comédie musicale américaine / la danse folklorique / la musique électronique / l'opéra / la peinture à l'huile / la peinture préhistorique / la photographie / la poésie / le rock / le roman / la sculpture / la symphonie / la tapisserie / le théâtre / le vitrail°

B. Interprétation. Discutez des réponses aux questions suivantes avec votre professeur et vos camarades.

1. Dans quelle catégorie avez-vous placé la plupart de ces arts? Pouvez-vous expliquer pourquoi?
2. Les arts ont-ils tendance à changer avec le temps? Changent-ils beaucoup? assez peu?
3. Pourquoi plusieurs arts ont-ils disparu?
4. Qu'est-ce que les arts les plus modernes ont en commun?
5. Avez-vous fait l'expérience de certains de ces arts nouveaux? Auxquels vous êtes-vous intéressé(e)? Lesquels avez-vous faits personnellement?
6. Qu'est-ce qui détermine notre appréciation des arts anciens? Est-ce

---

°le vitrail (les vitraux) = la fenêtre décorative (surtout dans les églises)

notre époque? notre éducation? les artistes, les musiciens ou les critiques modernes? Quel médium artistique ancien préférez-vous?

Les arts: une langue de communication internationale

Les images et les sons sont des médiums que nous pouvons apprécier sans connaître la langue d'une culture. Vous avez peut-être entendu parler ou vu des œuvres des artistes suivants: les peintres Daumier, Manet, Toulouse-Lautrec, Cézanne, Renoir, Degas, Jean Dubuffet, les sculpteurs Rodin et Jean Arp, l'architecte Le Corbusier.

Bizet, Berlioz, Saint-Saëns et Debussy sont des compositeurs qui ont marqué la vie musicale du dix-neuvième siècle. Plus près de nous, au vingtième siècle, Éric Satie, Darius Milhaud, Francis Poulenc et Pierre Boulez ont contribué à enrichir notre appréciation de la musique moderne.

Dans le domaine de la danse moderne, le chorégraphe belge Maurice Béjart a une réputation internationale.

D'autres artistes s'expriment plutôt dans la langue écrite ou parlée. Et maintenant que vous avez une certaine maîtrise du français, d'autres domaines artistiques vous sont ouverts.

Un portrait du peintre impressionniste Edgar Degas, fait en 1885.

Dans la culture populaire française, vous allez découvrir le roman, le théâtre, le cinéma, la chanson, le journalisme—et même la B.D.[1]

Et vous allez explorer des domaines plus intellectuels—le théâtre d'avant-garde, l'opéra, la poésie, la philosophie, les ouvrages° d'histoire, de critique, d'économie ou de politique.

Préférences artistiques. Posez ces questions à votre professeur et à des camarades de classe. Utilisez **vous** ou **tu** selon la personne à qui vous vous adressez.

1. Pour les arts plastiques, quels sont vos peintres et sculpteurs préférés? Avez-vous eu l'occasion de voir leurs œuvres? Où les avez-vous vues? Est-ce que c'était une exposition spéciale?
2. Écoutez-vous de la musique? Quels sont vos compositeurs et vos chanteurs favoris? Dans quelles circonstances aimez-vous écouter de la musique?
3. Citez un film ou une pièce de théâtre que vous avez vu récemment—et qui vous a impressionné(e).
4. Quel écrivain, quel livre vous ont récemment frappé(e)? Lisez-vous maintenant certains ouvrages en français?
5. Quand vous regardez un film français en version originale, pouvez-vous comprendre le dialogue? ou avez-vous toujours besoin de lire les sous-titres?

L'une des galeries du Musée national d'Art moderne au Centre Beaubourg.

---

[1] *la B.D.* = la bande dessinée—en Amérique, *Peanuts* et *Garfield;* dans les pays francophones, *Astérix* et *Tintin.*

°*un ouvrage* = le travail d'un auteur

Georges Simenon, écrivain belge, est l'auteur de nombreux romans policiers. C'est le «père» célèbre de l'Inspecteur Maigret.

Une représentation récente de «La Folle de Chaillot», comédie écrite en 1945 par Jean Giraudoux.

Le cinéaste
François Truffaut
(1932–1984),
auteur de films
déjà classiques:
*Les quatre cents
coups, Jules et Jim,
Tirez sur le
pianiste...*

Élue à l'Académie
Française en
1979, Marguerite
Yourcenar,
romancière et
historienne, est la
première femme
membre de la
société des
quarante
«Immortels»,
créée par
Richelieu en
1635.

• Étude de verbes: le groupe **peindre**

<table>
<tr><td colspan="2">peindre (temps présent)</td></tr>
<tr><td>je peins</td><td>nous peignons</td></tr>
<tr><td>tu peins</td><td>vous peignez</td></tr>
<tr><td>il/elle/on peint</td><td>ils/elles peignent</td></tr>
</table>

Participe passé: peint

Futur: peindr-

Comme **peindre: craindre (de),**° **rejoindre,**°
se joindre à, plaindre,° **se plaindre (de)**°

«Je peins, donc je suis!»

Les étudiants **se plaignaient de** ce travail trop difficile.
Vas-y! Il n'y a rien à **craindre.**
Je vous **rejoindrai** plus tard.

Exercices

Complétez ces phrases avec la forme appropriée de **craindre, se joindre à, peindre, plaindre, se plaindre** ou **rejoindre.** Choisissez le temps du verbe selon le contexte.

1. Bon, c'est entendu! Je te _______ ici demain soir vers huit heures et demie.
2. Marguerite est vraiment douée° pour l'art: elle _______ depuis l'âge de dix ans.
3. Quand nous étions petits, nous _______ les oiseaux en hiver, et nous leur donnions à manger.
4. Ne sors pas sous la pluie, je _______ que tu prennes froid.
5. Si les professeurs leur donnaient moins de travail, les étudiants ne se _______ pas sans arrêt.
6. Quand il a terminé ses études au conservatoire, il _______ un groupe musical professionnel.

°*craindre (de + inf.), craindre quelque chose* = avoir peur de
rejoindre = retrouver
plaindre = avoir pitié de
se plaindre (de) = protester, dire qu'on n'est pas content
être doué = avoir du talent

Jeu de structures

51. Le verbe **faire** + *infinitif* (**faire** causatif)

Les influences de l'art

Voilà déjà plusieurs mois que Nadine—une artiste assez connue qui fait de la gravure—est en analyse chez une psychiatre. Aujourd'hui, Nadine s'est souvenue de quelque chose d'assez curieux.

NADINE: J'ai une histoire qui va vous *faire sourire*, peut-être.

LA PSYCHIATRE: Pourquoi cela me *ferait-il sourire?*

NADINE: Eh bien, quand j'étais petite, il y avait pendant plusieurs années un tableau accroché° au mur de ma chambre. Un jour mes parents l'*ont fait emporter*, sans explication.

LA PSYCHIATRE: Vous ont-ils jamais expliqué leurs raisons?

NADINE: Non, mais il s'agissait d'une gravure ancienne. Cela représentait un oiseau noir qui emportait un petit garçon.

LA PSYCHIATRE: Pensez un peu à vos parents. Qu'est-ce qui les aurait poussés à° faire cela?

NADINE: Maman et Papa, ils étaient assez sensibles.° Ils craignaient peut-être que cette image me *fasse faire* de mauvais rêves—ou bien même qu'elle me *fasse faire* du mal à mon petit frère.

LA PSYCHIATRE: Est-ce qu'ils avaient raison?

NADINE: Oui et non, comme tous les enfants j'ai fait de mauvais rêves de temps en temps, et j'ai eu certaines idées à propos de mon petit frère—mais ce n'étaient que des idées, bien sûr!

LA PSYCHIATRE: C'est tout ce que vous avez à me raconter?

NADINE: Oui, presque... c'est aussi que mon frère, qui est maintenant ornithologue, m'*a fait savoir* récemment que cette image-là lui *avait fait choisir* ce métier!

Pour préciser   Nadine est en analyse chez une psychiatre. Jonathan, que fait la psychiatre pendant chaque consultation?
—La psychiatre fait parler Nadine.

°*accroché* = rattaché, suspendu au mur
pousser à = conduire à, entraîner à
sensible = émotif, tendre

De quoi est-ce qu'elle la fait parler?
  —La psychiatre la fait parler de sa vie et de son enfance.
Qu'est-ce que je vous fais faire en cours de français?
  —Vous nous faites travailler, vous nous faites parler et apprendre le
    français.
Erica, est-ce que je vous fais penser à votre enfance?
  —Oui, très souvent. Pour discuter de certaines choses, vous nous
    faites penser d'abord à notre enfance.
Jonathan, qu'est-ce qui vous a fait choisir ce cours de français?
  —Ce sont des amis français qui m'ont fait suivre ce cours!

Pour apprécier   1. Quelle histoire Nadine raconte-t-elle à la psychiatre?   2. Quelle est la profession de Nadine?   3. Quelle est la profession de son frère?   4. Quelle influence l'art a-t-il eue sur la vie de Nadine et de son frère?   5. Imaginez pourquoi Nadine est en analyse.   6. Y a-t-il une œuvre d'art qui vous a influencé(e)? Laquelle? Quelle influence a-t-elle eue sur vous?

Dans une phrase avec **faire** + *infinitif* + *objet*, le sujet de **faire** n'accomplit pas lui-même l'action de l'infinitif; il en est la cause. Comparez les exemples suivants:

> **J'ai planté** des légumes dans mon jardin.
>
> **J'ai fait planter** des légumes dans mon jardin. (Donc, une autre personne a planté les légumes.)
>
> **Le professeur parle** français.
> **Le professeur** me **fait parler** français. (Donc, je parle français.)

Notez que l'action exprimée par l'infinitif peut avoir un *sujet* ou un *objet*.

> Le professeur fait lire **les enfants** (*sujet*). (Donc, les enfants lisent.)
>
> Nous ferons faire **une belle statue** (*objet*). Donc, un sculpteur fera la statue.)

On utilise **par** ou **à** pour désigner l'*agent* qui accomplit l'action.

> On a fait faire le plan **par un architecte célèbre.**
>
> J'ai fait écouter le disque **à Hélène.** (Donc, Hélène a écouté le disque.)

Notez la place des *pronoms* dans la construction **faire** + *infinitif.*

> L'actrice a fait rire **les spectateurs.** → Elle **les** a fait rire.

Voici des exemples à la forme *négative* et à la forme *impérative.*

> Nous **ne** faisons **pas** attendre nos visiteurs.
>
> Nous **n'avons pas** fait attendre nos visiteurs.
>
> **Ne faisons pas attendre** nos invités. —Non, **ne les faisons pas attendre.** Ce n'est pas poli.

Faites venir mes valises! **Faites-les venir!** —Non, **ne les faites pas venir!**

A la lettre

A. La rénovation d'un musée. Les habitants d'un village veulent faire rénover leur vieux musée. Ils discutent des travaux qui doivent être faits. Suivez les modèles.

MODÈLE: Nous / faire reconstruire / galerie / M. Grenier. →
Nous ferons reconstruire la galerie par M. Grenier.

1. vous / faire repeindre / intérieur
2. et toi, Bertrand, tu / faire sculpter / une nouvelle porte d'entrée
3. nous / faire planter / arbres / dans la cour / fermiers de la région
4. le directeur du musée / faire restaurer / les tableaux anciens / experts
5. je / faire venir / le maire de Paris / à l'inauguration!

B. Faits divers. Terminez les phrases données en utilisant la construction **faire** + *infinitif*. Utilisez le temps du verbe (**faire**) qui convient.

Choix: faire prendre / faire venir / faire ouvrir / faire stationner / faire réparer / faire danser

MODÈLE: Il se sentait fiévreux, alors il ________ →
Il se sentait fiévreux, alors il a fait venir le médecin.

1. Quand vous passerez la frontière, le douanier vous ________ toutes vos valises.
2. Quand j'ai passé mon permis de conduire, l'inspecteur m'________ ma voiture sur une colline. Elle a commencé à rouler... Et maintenant il faut que je ________ la voiture!
3. Comme elle souffrait d'arthrite, son médecin lui ________ de l'aspirine quatre fois par jour.
4. Viviane adore les danses rythmées! Elle m'________ la samba toute la soirée.

C. Un concert. Imaginez que vous avez organisé un concert avec des amis. Vous devez leur donner rapidement des ordres. Utilisez **faire** + *infinitif* à l'impératif. Jouez les rôles en suivant le modèle.

MODÈLE: A: On n'a pas engagé les musiciens.
B: Faites-les engager tout de suite!

1. On n'a pas fait imprimer les billets.
—Alors, ________ tout de suite!
2. On n'a pas pu nettoyer la salle.
—Alors, ________ par Daniel!
3. On n'a pas commandé les fleurs pour la table du buffet.
—Alors, ________ par Michèle!

4. Le journal a oublié d'annoncer le concert.
   —Alors, _______ à la radio!
5. On n'a pas écrit à l'agence pour engager les musiciens.
   —Alors, _______ par téléphone!

A votre tour

A. **Influences.** Qu'est-ce qu'on nous fait faire? Qu'est-ce que nous faisons faire de temps en temps? Avec quelques camarades, complétez les phrases suivantes. Utilisez la construction **faire** + *infinitif.*

   1. Mon professeur (de français, de musique, d'art, de mathématiques...) me fait _______.
   2. En général, nos professeurs nous font _______.
   3. Le gouvernement nous fait _______.
   4. L'université (nous, me) fait _______.
   5. Mon/Ma camarade de chambre (père/mère, mari/femme) me fait _______.
   6. Quand je suis paresseux (-euse), j'aime faire _______.

B. **Un(e) philanthrope.** Imaginez que vous êtes très riche et que vous êtes un(e) philanthrope° anonyme. Répondez aux questions suivantes en utilisant la construction **faire** + *infinitif.*

   Qu'est-ce que vous avez fait récemment pour aider les autres? (Est-ce que vous avez fait donner de la nourriture aux enfants pauvres? Est-ce que vous avez fait construire une bibliothèque publique?...) Expliquez brièvement vos raisons.

52. Les pronoms relatifs **ce que, ce qui** et **ce dont**

Des secrets médiévaux

Deux étudiants en art, Edmond et Robert, visitent la cathédrale de Chartres pour la première fois. Edmond est canadien; Robert est américain.

EDMOND: Ça fait longtemps que j'attendais ce moment.
ROBERT: Alors, qu'est-ce que tu en penses?
EDMOND: *Ce que* j'en pense? C'est stupéfiant!
ROBERT: *Ce qui* m'étonne surtout, c'est qu'ils ont pu faire ça sans électricité, sans moteurs et sans moyens de transport modernes!
EDMOND: Tu sais *ce dont* nous avons besoin, nous les «modernes»?

°*un(e) philanthrope* = une personne très riche qui se consacre à améliorer la vie des autres

ROBERT: A mon avis, nous sommes ici en présence de tout *ce dont* la civilisation occidentale aura jamais besoin!

EDMOND: Pour ma part, *ce qui* me suffirait, ce serait de savoir d'où leur sont venues l'impulsion et la force de créer cette merveille.

Chartres: La cathédrale Notre-Dame contient près de 200 vitraux admirables. Sa façade et ses tours datent du douzième siècle.

Pour préciser

«Qu'est-ce que vous pensez de la cathédrale de Chartres?» Alex, qu'est-ce que je vous demande?

—Vous me demandez ce que je pense de la cathédrale de Chartres.

«Qu'est-ce qui vous intéresse au sujet de l'art médiéval?» Qu'est-ce que je vous demande?

—Vous me demandez ce qui m'intéresse au sujet de l'art médiéval.

«De quoi avez-vous besoin pour voyager?» Qu'est-ce que je vous demande?

—Vous me demandez ce dont j'ai besoin pour voyager.

Rachel, de quoi avez-vous besoin pour voyager?

—Ce dont j'ai besoin, c'est d'argent!

Alex, qu'est-ce qui vous intéresse le plus à l'université?

—Ce qui m'intéresse le plus, c'est mon travail artistique.

Qu'est-ce que vous faites le samedi soir?

—Ce que nous faisons le samedi soir? C'est à chaque étudiant de vous le dire!

Pour apprécier

1. Où se trouvent Edmond et Robert?
2. Qu'est-ce qui les frappe le plus à propos de cet endroit?
3. Selon Robert, de quoi est-ce que nous avons encore besoin?
4. Qu'est-ce qu'Edmond aimerait pourtant savoir? Pouvez-vous en donner une explication?
5. Dans votre vie, quelle œuvre d'art (quel monument, quel bâtiment, quel livre, quel film, quelle pièce de théâtre…) vous a laissé(e) émerveillé(e)?

Ce que, ce qui et **ce dont** sont des pronoms relatifs. Ils font partie de la proposition subordonnée de la phrase. **Ce que, ce qui** et **ce dont** se réfèrent à des *choses* ou à des *idées* indéterminées.

> **ce que** = *l'objet direct du verbe*
> **ce qui** = *le sujet du verbe*
> **ce dont** = *l'objet de la préposition* **de**

> Tu me demandes **ce que** je crois?
> Je ne comprends pas **ce qui** se passe.
> **Ce dont** j'ai besoin, c'est d'une semaine de vacances.

Notez l'emploi des expressions interrogatives correspondant aux pronoms relatifs **ce que, ce qui** et **ce dont.**

> **Qu'est-ce qu'**elle chante? —Je ne sais pas **ce qu'**elle chante.

> **Qu'est-ce qui** vous frappe? —**Ce qui** me frappe, c'est la beauté des vitraux.

> **De quoi** ont-ils envie? —Il est difficile de comprendre **ce dont** ils ont envie.

Ce que, ce qui et **ce dont** se placent au milieu d'une phrase:

> Je ne comprends pas **ce que** tu dis.

Ils peuvent se placer au début de la phrase, pour insister sur la proposition principale:

Ce qui me plaît, c'est ton enthousiasme!

A la lettre

A. Une pièce peu intéressante? Jean-Pierre est un spectateur assez inattentif. Que répond-il aux amis qui lui posent des questions sur la pièce qu'il a vue hier soir? Suivez le modèle.

> MODÈLE: A: Qu'est-ce qui est arrivé dans la première scène? (*ou* Sais-tu
> ce qui est arrivé dans la première scène?)
> B: Je ne sais pas ce qui est arrivé.

1. Qu'est-ce qui s'est passé dans le deuxième acte?
2. Qu'est-ce que l'actrice principale portait comme costume?
3. Qu'est-ce que le héros a dit à l'héroïne sur leur tragédie?
4. Qu'est-ce que l'héroïne lui a répondu?
5. Qu'est-ce qui s'est passé à la fin?
6. Qu'est-ce que les critiques ont dit au sujet de la pièce?

B. Interview d'une célébrité. Vous essayez d'interviewer un(e) artiste célèbre. Il y a beaucoup de monde dans la salle et l'artiste ne vous entend pas très bien. Un autre reporter doit répéter vos questions. Avec deux camarades, jouez les rôles selon le modèle.

> MODÈLE: A: Qu'est-ce qui vous intéresse? (*tous les arts*)
> B: On vous demande ce qui vous intéresse.
> C: Ce qui m'intéresse? Ah… tous les arts m'intéressent!

Voici vos questions:

1. Qu'est-ce que vous aimez faire? (*voyager*)
2. Qu'est-ce qui vous ennuie? (*l'argent*)
3. Qu'est-ce qui vous inquiète? (*un public hostile*)
4. De quoi avez-vous envie? (*de gagner des prix*)
5. Qu'est-ce que vous admirez? (*l'art africain*)
6. Qu'est-ce qui vous passionne? (*mon travail*)
7. De quoi est-ce que vous ne pouvez pas vous passer? (*mes séjours à l'étranger*)

A votre tour

Une interview. Posez des questions à un(e) camarade (ou à votre professeur) pour mieux le/la connaître. Ensuite, faites un résumé oral ou écrit de ses réponses.

MODÈLES: les choses qu'il/elle aime faire →
Dis-nous (Dites-nous) ce que tu aimes (vous aimez) faire.
les choses qu'il/elle trouve passionnantes →
Dis-nous (Dites-nous) ce que tu trouves (vous trouvez)
passionnant.

1. les choses qui l'intéressent
2. les choses qui l'ennuient
3. les choses qu'il/elle admire
4. les choses qu'il/elle veut faire
5. les choses qu'il/elle trouve choquantes
6. la chose dont il/elle a le plus besoin

Animation

• Dialogue

L'art vivant Michel et Claudine regardent ensemble des photos dans une revue d'art
moderne.

MICHEL: Peux-tu m'expliquer ce que c'est que cette «composition»?

CLAUDINE: C'est l'œuvre de Jean Vérame, l'artiste belge qui a peint le
désert du Sinaï en bleu et noir.

MICHEL: *Je trouve ça scandaleux.* De quel droit se permet-il de toucher à
un site si illustre°?

CLAUDINE: *Je n'ai que de l'admiration* pour la décision du président Sadat de
l'avoir autorisé à créer cette œuvre.

MICHEL: *C'est vraiment intolérable* de t'entendre appeler ça une œuvre
d'art!

CLAUDINE: Moi, *je trouve que c'est prodigieux:* il a resculpté, redessiné un
paysage unique.

MICHEL: *Je ne sais pas!* Ce n'est pas tant que *ça me déplaît...* mais *ça me
dépasse.°* Je ne comprends pas.

CLAUDINE: Le pourquoi est secondaire. *Ce qui me séduit* dans l'art, c'est la
suggestion d'autres valeurs, d'autres mondes. Tiens, regarde
cette photo-là, ça, c'est une des compressions automobiles de
César.

MICHEL: *Quelle horreur!* Toi, tu me provoques!

°*illustre* = célèbre, connu
ça me dépasse = cela m'est incompréhensible

Comment exprimer l'admiration ou l'indignation

Voici quelques façons d'exprimer un sentiment tel que l'admiration ou l'indignation:

Verbes:

J'aime (admire, adore)…   Je n'aime pas (je réprouve, déteste)…

Constructions verbales:

Ça me plaît.   Ça me déplaît.
Ça me séduit.   Ça me dépasse.
Ce qui me plaît, c'est que…   Ce qui me déplaît, c'est que…

Constructions suivies d'adjectifs:

C'est merveilleux.   C'est scandaleux.
Je trouve… merveilleux.   Je trouve… scandaleux.
Je trouve que c'est merveilleux.   Je trouve que c'est scandaleux.

Exclamations avec **quel:**

Quelle beauté!   Quelle horreur!

Réagissez!

A. Connaissez-vous Christo? Cet artiste américain d'origine bulgare est connu pour ses interventions artistiques sur les paysages du monde entier. Que pensez-vous de son œuvre?

Californie du Nord (1976): l'une des célèbres constructions de Christo, «Running Fence».

Paris (1966): une crèche de Noël originale créée par César. Une représentation de l'artiste (à la moustache) se trouve à droite. Reconnaissez-vous d'autres personnalités dans cette construction?

B. Quelle est votre réaction devant cette œuvre d'art? Discutez-en avec des camarades. Utilisez les expressions présentées ci-dessus.

• Lecture

Une cathédrale des arts modernes

Sept ans après son ouverture, où en est le Centre Beaubourg° à Paris? Cette construction résolument avant-gardiste de verre et de métal, aux escaliers et tuyauteries[2] apparents, est toujours la source de nombreuses controverses. Et la population de saltimbanques,° de jongleurs, de mimes, de cracheurs de feu,° de musiciens et autres petits «commerçants» qui exercent leur métier devant ses portes n'échappe pas à la controverse non plus.

Ce Musée national d'Art moderne reçoit aujourd'hui 4 500 visiteurs par jour. Il est devenu le plus grand musée d'art moderne du monde, avec celui de New York. Le musée de Beaubourg fait l'acquisition d'environ 800 000 œuvres nouvelles—peintures et œuvres graphiques—chaque année!

---

[2]*les tuyauteries* = l'ensemble des tubes en métal; dans la construction du Centre Beaubourg, les tuyaux de chauffage, d'eau, etc. sont visibles.

°*le Centre Beaubourg* = le Centre Culturel Georges-Pompidou, situé dans le quartier Beaubourg

des saltimbanques = des clowns, des acrobates

un cracheur de feu = une personne qui peut mettre du feu dans la bouche pour ensuite le projeter

Ses expositions ont été jusqu'à présent le médium essentiel du Centre.
Mais ses autres sections sont également en plein développement: une
Bibliothèque d'Informations gigantesque qui est aussi une «médiathèque»,
un institut de création musicale et de recherche acoustique, ainsi qu'un
Centre de Création industrielle dédié à l'étude des implications sociales de
la création industrielle, architecturale et urbaine. Il faut mentionner aussi
d'autres éléments tels que la Mission audiovisuelle, l'Atelier et la
Bibliothèque pour enfants et la Cinémathèque. L'ensemble du Centre reçoit
quotidiennement° vingt-six mille visiteurs. Plus de cinq cents expositions
par an sont présentées à Beaubourg. Et plus de la moitié° des visiteurs ont
moins de vingt-cinq ans.

Vers quoi s'oriente cette immense institution culturelle? Tout d'abord,
vers la création audiovisuelle, vers la création de programmes pour les futurs
réseaux° télématisés.° Ensuite vers le développement des créations pluri-
disciplinaires et le mélange° des genres: par exemple, faire jouer du jazz parmi
les œuvres d'Alexander Calder, faire jouer de la musique contemporaine
parmi les peintures de Jackson Pollock.

Le Centre Beaubourg, souvent comparé à une cathédrale des temps
modernes, continue à préparer la culture de demain.

Le Centre national d'Art et de Culture Georges Pompidou (Centre Beaubourg), ouvert en 1977.

°*quotidiennement* = tous les jours
la moitié = 50 pour cent
un réseau = l'ensemble de chaînes (à la télévision, à la radio)
télématisé = transmis électroniquement
le mélange = la combinaison

Comprenez-vous?

Les affirmations suivantes sont-elles vraies ou fausses, selon le texte?
Rectifiez celles qui sont fausses.

1. L'architecture du Centre Beaubourg est tout à fait classique.
2. Beaubourg est un petit musée d'art impressionniste.
3. Il n'y a qu'une bibliothèque d'information à Beaubourg, à part les salles
   d'exposition.
4. Plus de la moitié des visiteurs de Beaubourg ont moins de 25 ans.
5. Beaubourg ne s'intéresse qu'aux arts conventionnels.

Et vous?

Avec des camarades, faites établir un musée—ou un centre culturel—
imaginaire idéal (sans limite de budget!).

1. Où se situerait votre musée?
2. Qu'est-ce que vous y mettriez?
3. Quelles autres activités y prendraient place? Pourquoi?

• Activités

A. Êtes-vous amateur d'art? Répondez aux questions suivantes et discutez
   des réponses avec un(e) camarade ou avec votre professeur.

   1. Vas-tu de temps en temps voir des expositions? Vas-tu dans des
      galeries? à des expositions organisées par ton université? Quelles
      œuvres as-tu vues récemment? Lesquelles as-tu aimées?
   2. Et la musique? L'aimes-tu? En as-tu écouté aujourd'hui? Où préfères-
      tu écouter de la musique? Quelle sorte de musique préfères-tu? As-tu
      assisté à un concert ces dernières semaines? De quelle sorte? L'as-tu
      aimé? Qu'est-ce qu'on y a joué?

B. Nous sommes tous artistes! Interviewez un(e) camarade.

   1. Participes-tu ou as-tu participé à des activités artistiques?
   2. Joues-tu d'un instrument de musique? Duquel?
   3. Joues-tu parfois dans des pièces de théâtre? Fais-tu (ou as-tu fait)
      partie d'une compagnie théâtrale?

C. La pyramide en verre. Voici le commentaire du grand humoriste français
   Jean-Jacques Sempé au sujet de la pyramide dans la cour du Grand Louvre.
   (Voir aussi en page 538.) Répondez aux questions suivantes.

   1. Où sont les formes géométriques dans le premier dessin? Où sont les
      arbres? Où sont les formes géométriques dans le deuxième dessin? Où
      sont les arbres?
   2. Quels sont d'après vous les commentaires de l'humoriste?

Mots à retenir

Verbes	accomplir	influencer	peindre
	avoir l'occasion de	faire + *inf.*	plaindre
	craindre (de)	frapper	se plaindre de
	dessiner	se joindre à	rejoindre

Noms	l'acteur/l'actrice	la cour	l'ouvrage (*m.*)
	l'architecture (*f.*)	le dessin	la peinture (à l'huile)
	l'artiste (*m., f.*)	l'exposition (*f.*)	le sculpteur/
	la bande dessinée,	la galerie	la femme sculpteur
	la «B.D.»	le médium	la sculpture
	la cathédrale (*f.*)	le mélange	le sous-titre
	le chanteur/la chanteuse	la moitié	la tapisserie
	le compositeur/	l'œuvre (*f.*)	le vitrail (les vitraux)
	la compositrice		

| **Adjectifs** | choquant(e) | émerveillé(e) | scandaleux (-euse) |
| | doué(e) | médiéval(e) | |

Expressions de communication	Ça me dépasse.	en version originale	Je trouve (que)…
	Ça me plaît./		
	Ça me déplaît.		

Exercices de récapitulation

A. Réactions. Un(e) ami(e) vous décrit certains aspects de sa vie. Réagissez à ce qu'il/elle dit selon le modèle.

MODÈLE: A: Je suis un cours de musique. (*je suis content[e] que*)
B: Je suis content(e) que tu suives un cours de musique.

Réactions suggérées: je suis furieux (-euse) que / je ne suis pas content(e) que / je suis surpris(e) que / il est dommage que / je suis heureux (-euse) que / je suis désolé(e) que / je regrette que / j'ai peur que...

Voici les déclarations de votre ami(e):

1. Je vais à la réunion politique ce soir.
2. Je ne suis pas content(e) de ma vie.
3. Je vais devenir acteur/actrice.
4. Mes parents ne sont pas contents de mes activités politiques.
5. Il y a souvent des conflits dans ma famille.
6. J'ai abandonné mes études de médecine.

Maintenant, expliquez à votre camarade certains aspects réels de votre propre vie. Votre camarade répondra en utilisant une expression de sentiment sur le modèle de l'exercice.

B. Des expatriés. De nombreux artistes étrangers ont vécu et travaillé en

Gertrude Stein (1874–1946). C'était une extraordinaire femme de lettres américaine... de Californie. Stein a vécu en France pendant plus de quarante ans, où elle a créé son propre œuvre et aidé d'autres écrivains et artistes, parmi eux Henri Matisse et Pablo Picasso.

France pendant une grande partie de leur vie. La liste suivante rassemble quelques-uns de ces artistes.

Nom	Dates	Pays d'origine	Activité principale
Léonard de Vinci	1452–1519	Italie	peintre; homme de science; *La Joconde*
Vincent Van Gogh	1853–1890	Pays-Bas	peintre; *Les Tournesols*
James Joyce	1882–1941	Irlande	écrivain, poète; *Ulysse*
Gertrude Stein	1874–1946	États-Unis	écrivain, poète; «Une rose est une rose.»
Pablo Picasso	1881–1973	Espagne	peintre, sculpteur; *Guernica*
Henry Miller	1891–1980	États-Unis	écrivain, romancier; *Tropique du Cancer*
Salvador Dali	1904–	Espagne	peintre; le surréalisme; *La Persistance de la mémoire*
Eugène Ionesco	1912–	Roumanie	auteur dramatique, le théâtre de l'«absurde»; *La Cantatrice chauve*

Maintenant, regardez les deux colonnes suivantes. D'après le tableau ci-dessus et votre discussion en classe, associez un ou des élément(s) numéroté(s) avec une personne.

_____Dali
_____Miller
_____Stein
_____Ionesco
_____De Vinci
_____Picasso
_____Joyce
_____Van Gogh

1. le surréalisme
2. *Ulysse*
3. le théâtre de l'absurde
4. *La Joconde*
5. des romans «scandaleux»
6. la Renaissance
7. «Une rose est une rose.»
8. des paysages frappants
9. *La Cantatrice chauve*
10. la poésie moderne
11. *Guernica*
12. l'Espagne

Finalement, avec des camarades de classe et votre professeur, discutez des réponses aux questions suivantes.

1. Pourquoi un(e) artiste choisit-il/elle de quitter son pays pour vivre à l'étranger? pour vivre en France? Est-ce pour des raisons personnelles? culturelles? économiques? historiques?
2. Connaissez-vous des artistes étrangers qui ont choisi d'émigrer aux États-Unis? Qu'est-ce qui les ont fait émigrer?
3. Et vous? Êtes-vous attiré(e) par la vie dans un continent autre que l'Amérique du Nord? Est-ce que votre carrière vous permettra de vivre à l'étranger? Voulez-vous le faire si possible?

Aperçu littéraire

Pour faciliter la vie en société, il existe des conventions sociales. Nous savons bien qu'il faut être poli avec les gens, avec les êtres humains. Mais nous partageons ce monde avec d'autres êtres encore. Si nous ne sommes pas polis avec eux, quelles en seront les conséquences?

Soyez polis

JACQUES PRÉVERT

...

Soyez polis
Crie l'homme
Soyez polis avec les aliments
Soyez polis
Avec les éléments avec les éléphants
Soyez polis avec les femmes
Et avec les enfants
Soyez polis
Avec les gars du bâtiment°   *gars...* ouvriers
Soyez polis
Avec le monde vivant.

...

Il faut aussi être très poli avec la terre
Et avec le soleil
Il faut les remercier le matin en se réveillant

Il faut les remercier
Pour la chaleur
Pour les arbres
Pour les fruits
Pour tout ce qui est bon à manger
Pour tout ce qui est beau à regarder
A toucher
Il faut les remercier
Il ne faut pas les embêter°... les critiquer   ennuyer
Ils savent ce qu'ils ont à faire
Le soleil et la terre
Alors il faut les laisser faire°   *les...* les laisser libres

Ou bien ils sont capables de se fâcher
Et puis après
On est changé
En courge°   gourde (*légume*)
En melon d'eau
Ou en pierre à briquet°   *pierre...* pour faire du feu
Et on est bien avancé°...   *on...* on n'a pas fait de progrès

        ...

En somme pour résumer
Deux points° ouvrez les guillemets:°   : (*deux points*) / « » (*guillemets*)
«Il faut que tout le monde soit poli avec
le monde ou alors il y a des
guerres... des épidémies des tremblements
de terre des paquets de mer° des   *paquets...* tempêtes en mer
coups de fusil°...   *coups...* décharges d'une arme à feu
Et de grosses méchantes° fourmis° rouges   cruelles / insectes qui aiment les pique-niques
qui viennent vous dévorer les pieds
pendant qu'on dort la nuit.»

Comprenez-vous?

A. Mots nouveaux. Complétez les phrases suivantes par un ou des mots
   nouveaux trouvés dans le texte.

   Choix: la chaleur / se fâcher / la fourmi / laisser faire / méchant(e) /
   remercier / embêter / la terre

1. Nous vous _______ pour tous vos efforts.
2. Notre planète s'appelle _______.
3. _______ a la réputation d'être très travailleuse.
4. Denis et Véronique ne s'entendent plus très bien: ils _______ souvent.
5. Les parents de Marie sont très tolérants, la plupart du temps ils la _______.
6. Il est impossible de vivre sur la planète Mercure; _______ y est trop intense.

B. **Idées.** Trouvez dans le poème les réponses aux questions suivantes.

1. Dans ce monde, avec quoi et avec qui doit-on être poli? De quelle façon devons-nous manifester cette politesse?
2. Quelle est la punition des gens qui n'ont pas été polis avec la terre?
3. Selon le poète, quelle est la source des maux° dont souffre l'humanité? Comment pourrait-on les éviter?

C. **Réaction personnelle.** Répondez personnellement aux questions suivantes.

1. Est-ce que les choses de la nature ont des qualités «humaines»? Sont-elles sensibles°? Vous sentez-vous lié(e) aux choses naturelles?
2. Est-ce que le poète utilise des images exagérées pour établir son point de vue? Quelles sont les images que vous considérez les plus drôles ou les plus bizarres?
3. A votre avis, notre indifférence envers la nature est-elle la cause de certains problèmes humains? Desquels?

°*le mal* (*les maux*) ≠ le bien (les biens)
sensible = capable de sentir

Appendices

1. A la voix passive, c'est le *sujet* de la phrase qui subit l'action du verbe. Dans les exemples suivants, le sujet de chaque phrase est souligné.

   VOIX ACTIVE   **Les Cartier** ont vendu leur Renault.
   Robert m'a invité(e).

   VOIX PASSIVE   **La Renault** des Cartier a été vendue.
   J'ai été invité(e) par Robert.

   La voix passive consiste en une forme conjuguée du verbe **être** + un *participe passé* qui s'accorde en genre et en nombre avec le *sujet* de la phrase: **La chambre sera nettoyée** cet après-midi.

   Si l'agent (= la cause) de l'action est exprimé, il est introduit par la préposition **par:** La chambre sera nettoyée **par M. Leroux.**

   Notez que le temps de la construction passive est indiqué par le temps du verbe **être.**

   VOIX ACTIVE   Paul **traduit** ce discours. Paul **traduira** ce discours.

   VOIX PASSIVE   Ce discours **est traduit** par Paul. Ce discours **sera traduit** par Paul.

2. Dans la langue parlée, les Français ont tendance à utiliser d'autres constructions qui expriment le sens de la voix passive. On utilise le pronom sujet **on** ou **ils,** ou bien un verbe *pronominal* à la troisième personne.

   VOIX PASSIVE

   Ces articles de revue sont écrits rapidement.

VOIX ACTIVE

avec **on: On écrit** rapidement ces articles de revue.

avec **ils: Ils écrivent** rapidement ces articles de revue.

verbe pronominal (troisième personne): Ces articles de revue s'**écrivent** rapidement.

Appendice B   Le futur antérieur

1. Le *futur antérieur* désigne une action complétée avant une autre action future.

   Nous pourrons sortir quand **j'aurai terminé** ce travail.

2. Pour former le futur antérieur, ajoutez le participe passé du verbe au futur de l'auxiliaire. Faites attention à l'accord du participe passé.

   j'aurai parlé   **elle sera partie**   **nous nous serons installé(e)s**

3. Dans la proposition subordonnée de la phrase, le futur antérieur suit immédiatement les conjonctions **quand, lorsque, aussitôt que** ou **dès que.**

   Quand elle aura terminé ses études, elle cherchera du travail.
   Je m'occuperai de toi, **dès qu'ils seront partis.**

   Notez que le verbe de la proposition principale est au futur simple. Si le contexte temporel est indiqué, la phrase au futur antérieur n'a pas toujours deux propositions.

   Ce soir, **je serai rentrée** avant toi.

Appendice C   Le passé simple

1. Le *passé simple* est un temps du passé utilisé dans les journaux et revues et dans les livres d'histoire et de fiction. Il joue pratiquement le même rôle que le *passé composé* dans la narration écrite. Pour lire des textes français, vous allez devoir reconnaître les formes des verbes au passé simple.

   Pour former le passé simple des verbes en **-er,** on ajoute au radical du verbe les terminaisons **-ai, -as, -a, -âmes, -âtes** et **-èrent.** Pour les verbes en **-ir** et en **-re,** on ajoute les terminaisons **-is, -is, -it, -îmes, -îtes** et **-irent.**

parler	finir	perdre
je parl**ai**	je fin**is**	je perd**is**
tu parl**as**	tu fin**is**	tu perd**is**
il/elle/on parl**a**	il/elle/on fin**it**	il/elle/on perd**it**
nous parl**âmes**	nous fin**îmes**	nous perd**îmes**
vous parl**âtes**	vous fin**îtes**	vous perd**îtes**
ils/elles parl**èrent**	ils/elles fin**irent**	ils/elles perd**irent**

2. Voici les formes de la troisième personne (**il/elle/on; ils/elles**) des verbes irréguliers au passé simple. Remarquez que le radical irrégulier ressemble très souvent au participe passé du verbe. Les exceptions sont indiquées en caractères gras.

INFINITIF	PARTICIPE PASSÉ	PASSÉ SIMPLE
avoir	eu	il eut, ils eurent
boire	bu	il but, ils burent
conduire	conduit	**il conduisit, ils conduisirent**
connaître	connu	il connut, ils connurent
courir	couru	il courut, ils coururent
craindre	craint	**il craignit, ils craignirent**
croire	cru	il crut, ils crurent
devoir	dû	il dut, ils durent
dire	dit	il dit, ils dirent
écrire	écrit	**il écrivit, ils écrivirent**
être	été	**il fut, ils furent**
faire	fait	**il fit, ils firent**
falloir	fallu	il fallut
lire	lu	il lut, ils lurent
mettre	mis	il mit, ils mirent
mourir	mort	**il mourut, ils moururent**
naître	né	**il naquit, ils naquirent**
ouvrir	ouvert	**il ouvrit, ils ouvrirent**
plaire	plu	il plut, ils plurent
pleuvoir	plu	il plut
pouvoir	pu	il put, ils purent
prendre	pris	il prit, ils prirent
rire	ri	il rit, ils rirent
savoir	su	il sut, ils surent
suivre	suivi	il suivit, ils suivirent
tenir	tenu	**il tint, ils tinrent**
valoir	valu	il valut
venir	venu	**il vint, ils vinrent**
vivre	vécu	il vécut, ils vécurent
voir	vu	**il vit, ils virent**
vouloir	voulu	il voulut, ils voulurent

Ils **prirent** leur avion à Orly.
Elle **suivit** quatre cours cette année-là.
Il **fallut** lui parler très fort parce qu'il ne pouvait pas nous entendre.[2]
Ils **firent** de beaux voyages.
Émile Zola **écrivit** une longue série de romans.
Napoléon **naquit** en Corse; il **mourut** à l'île Sainte-Hélène.

Appendice D   Résumé des constructions *verbe + verbe*

1. Certains verbes introduisent l'infinitif directement, sans préposition (**J'aime danser**).

aimer	espérer	pouvoir	venir[3]
aller	faire	préférer	vouloir
désirer	falloir (*il faut*)	savoir	
détester	laisser	souhaiter	
devoir	penser	valoir (*il vaut mieux*)	

2. Voici des verbes utilisés avec la préposition **à** et suivis de l'infinitif (**Il commence à parler**).

aider à	commencer à	s'habituer à	se préparer à
s'amuser à	continuer à	hésiter à	réussir à
apprendre à	se décider à	s'intéresser à	servir à
arriver à	demander à	inviter à	tenir à
chercher à	encourager à	se mettre à	

3. Voici des verbes utilisés avec la préposition **de** et suivis de l'infinitif (**Nous essayons de travailler**).

accepter de	demander de	interdire de	proposer de
s'arrêter de	dire de	offrir de	refuser de
avoir peur de	empêcher de	oublier de	regretter de
cesser de	essayer de	parler de	remercier de
choisir de	éviter de	permettre de	rêver de
conseiller de	s'excuser de	persuader de	risquer de
décider de	finir de	promettre de	venir de[3]

---

[2]Notez que l'*imparfait* s'utilise avec le passé simple comme il s'utilise avec le passé composé.
[3]Utilisé comme verbe de mouvement, **venir** ne demande pas de préposition devant l'infinitif: **Je viens vous aider.** Mais il faut utiliser **de** entre **venir** et l'infinitif pour exprimer un *passé récent*: **Je viens d'arriver. Je viens de l'aider.**

Appendice E Conjugaison des verbes

A. Verbes auxiliaires (*avoir* et *être*)

VERBE	INDICATIF				CONDITIONNEL	SUBJONCTIF	IMPÉRATIF
	PRÉSENT	IMPARFAIT	PASSÉ SIMPLE	FUTUR	CONDITIONNEL PRÉSENT	PRÉSENT DU SUBJONCTIF	
avoir[1]	ai	avais	eus	aurai	aurais	aie	
ayant	as	avais	eus	auras	aurais	aies	aie
eu	a	avait	eut	aura	aurait	ait	
	avons	avions	eûmes	aurons	aurions	ayons	ayons
	avez	aviez	eûtes	aurez	auriez	ayez	ayez
	ont	avaient	eurent	auront	auraient	aient	
	PASSÉ COMPOSÉ	PLUS-QUE-PARFAIT	FUTUR ANTÉRIEUR		CONDITIONNEL PASSÉ	PASSÉ DU SUBJONCTIF	
	ai eu	avais eu	aurai eu		aurais eu	aie eu	
	as eu	avais eu	auras eu		aurais eu	aies eu	
	a eu	avait eu	aura eu		aurait eu	ait eu	
	avons eu	avions eu	aurons eu		aurions eu	ayons eu	
	avez eu	aviez eu	aurez eu		auriez eu	ayez eu	
	ont eu	avaient eu	auront eu		auraient eu	aient eu	

VERBE	INDICATIF				CONDITIONNEL	SUBJONCTIF	IMPÉRATIF
	PRÉSENT	IMPARFAIT	PASSÉ SIMPLE	FUTUR	CONDITIONNEL PRÉSENT	PRÉSENT DU SUBJONCTIF	
être	suis	étais	fus	serai	serais	sois	
étant	es	étais	fus	seras	serais	sois	sois
été	est	était	fut	sera	serait	soit	
	sommes	étions	fûmes	serons	serions	soyons	soyons
	êtes	étiez	fûtes	serez	seriez	soyez	soyez
	sont	étaient	furent	seront	seraient	soient	
	PASSÉ COMPOSÉ	PLUS-QUE-PARFAIT	FUTUR ANTÉRIEUR		CONDITIONNEL PASSÉ	PASSÉ DU SUBJONCTIF	
	ait été	avais été	aurai été		aurais été	aie été	
	as été	avais été	auras été		aurais été	aies été	
	a été	avait été	aura été		aurait été	ait été	
	avons été	avions été	aurons été		aurions été	ayons été	
	avez été	aviez été	aurez été		auriez été	ayez été	
	ont été	avaient été	auront été		auraient été	aient été	

[1]La colonne de gauche contient, pour chaque verbe, la forme de l'infinitif, du participe présent et du participe passé. Notez que les formes verbales conjuguées ont été imprimées sans pronoms sujets.

568

B. Verbes réguliers

VERBES	INDICATIF				CONDITIONNEL	SUBJONCTIF	IMPÉRATIF
	PRÉSENT	IMPARFAIT	PASSÉ SIMPLE	FUTUR	CONDITIONNEL PRÉSENT	PRÉSENT DU SUBJONCTIF	
en -er	parle	parlais	parlai	parlerai	parlerais	parle	
parler	parles	parlais	parlas	parleras	parlerais	parles	parle
parlant	parle	parlait	parla	parlera	parlerait	parle	
parlé	parlons	parlions	parlâmes	parlerons	parlerions	parlions	parlons
	parlez	parliez	parlâtes	parlerez	parleriez	parliez	parlez
	parlent	parlaient	parlèrent	parleront	parleraient	parlent	
	PASSÉ COMPOSÉ	PLUS-QUE-PARFAIT	FUTUR ANTÉRIEUR		CONDITIONNEL PASSÉ	PASSÉ DU SUBJONCTIF	
	ai parlé	avais parlé	aurai parlé		aurais parlé	aie parlé	
	as parlé	avais parlé	auras parlé		aurais parlé	aies parlé	
	a parlé	avait parlé	aura parlé		aurait parlé	ait parlé	
	avons parlé	avions parlé	aurons parlé		aurions parlé	ayons parlé	
	avez parlé	aviez parlé	aurez parlé		auriez parlé	ayez parlé	
	ont parlé	avaient parlé	auront parlé		auraient parlé	aient parlé	
	PRÉSENT	IMPARFAIT	PASSÉ SIMPLE	FUTUR	CONDITIONNEL PRÉSENT	PRÉSENT DU SUBJONCTIF	
en -ir	finis	finissais	finis	finirai	finirais	finisse	
finir	finis	finissais	finis	finiras	finirais	finisses	finis
finissant	finit	finissait	finit	finira	finirait	finisse	
fini	finissons	finissions	finîmes	finirons	finirions	finissions	finissons
	finissez	finissiez	finîtes	finirez	finiriez	finissiez	finissez
	finissent	finissaient	finirent	finiront	finiraient	finissent	
	PASSÉ COMPOSÉ	PLUS-QUE-PARFAIT	FUTUR ANTÉRIEUR		CONDITIONNEL PASSÉ	PASSÉ DU SUBJONCTIF	
	ai fini	avais fini	aurai fini		aurais fini	aie fini	
	as fini	avais fini	auras fini		aurais fini	aies fini	
	a fini	avait fini	aura fini		aurait fini	ait fini	
	avons fini	avions fini	aurons fini		aurions fini	ayons fini	
	avez fini	aviez fini	aurez fini		auriez fini	ayez fini	
	ont fini	avaient fini	auront fini		auraient fini	aient fini	

VERBES	INDICATIF				CONDITIONNEL	SUBJONCTIF	IMPÉRATIF
en **-re**	PRÉSENT	IMPARFAIT	PASSÉ SIMPLE	FUTUR	CONDITIONNEL PRÉSENT	PRÉSENT DU SUBJONCTIF	
perdre	perds	perdais	perdis	perdrai	perdrais	perde	
perdant	perds	perdais	perdis	perdras	perdrais	perdes	perds
perdu	perd	perdait	perdit	perdra	perdrait	perde	
	perdons	perdions	perdîmes	perdrons	perdrions	perdions	perdons
	perdez	perdiez	perdîtes	perdrez	perdriez	perdiez	perdez
	perdent	perdaient	perdirent	perdront	perdraient	perdent	
	PASSÉ COMPOSÉ	PLUS-QUE-PARFAIT		FUTUR ANTÉRIEUR	CONDITIONNEL PASSÉ	PASSÉ DU SUBJONCTIF	
	ai perdu	avais perdu		aurai perdu	aurais perdu	aie perdu	
	as perdu	avais perdu		auras perdu	aurais perdu	aies perdu	
	a perdu	avait perdu		aura perdu	aurait perdu	ait perdu	
	avons perdu	avions perdu		aurons perdu	aurions perdu	ayons perdu	
	avez perdu	aviez perdu		aurez perdu	auriez perdu	ayez perdu	
	ont perdu	avaient perdu		auront perdu	auraient perdu	aient perdu	
en **-ir**[2] (irréguliers)	PRÉSENT	IMPARFAIT	PASSÉ SIMPLE	FUTUR	CONDITIONNEL PRÉSENT	PRÉSENT DU SUBJONCTIF	
	dors	dormais	dormis	dormirai	dormirais	dorme	
dormir	dors	dormais	dormis	dormiras	dormirais	dormes	dors
dormant	dort	dormait	dormit	dormira	dormirait	dorme	
dormi	dormons	dormions	dormîmes	dormirons	dormirions	dormions	dormons
	dormez	dormiez	dormîtes	dormirez	dormiriez	dormiez	dormez
	dorment	dormaient	dormirent	dormiront	dormiraient	dorment	
	PASSÉ COMPOSÉ	PLUS-QUE-PARFAIT		FUTUR ANTÉRIEUR	CONDITIONNEL PASSÉ	PASSÉ DU SUBJONCTIF	
	ai dormi	avais dormi		aurai dormi	aurais dormi	aie dormi	
	as dormi	avais dormi		auras dormi	aurais dormi	aies dormi	
	a dormi	avait dormi		aura dormi	aurait dormi	ait dormi	
	avons dormi	avions dormi		aurons dormi	aurions dormi	ayons dormi	
	avez dormi	aviez dormi		aurez dormi	auriez dormi	ayez dormi	
	ont dormi	avaient dormi		auront dormi	auraient dormi	aient dormi	

[2]Comme **dormir: mentir, partir, repartir, sentir, servir, sortir** (**partir, repartir** et **sortir** sont conjugués avec **être**)

570

C. Verbes simples conjugués avec *être* (aux temps composés)

VERBE	INDICATIF				CONDITIONNEL	SUBJONCTIF	IMPÉRATIF
	PRÉSENT	IMPARFAIT	PASSÉ SIMPLE	FUTUR	CONDITIONNEL PRÉSENT	PRÉSENT DU SUBJONCTIF	
entrer	entre	entrais	entrai	entrerai	entrerais	entre	
entrant	entres	entrais	entras	entreras	entrerais	entres	entre
entré	entre	entrait	entra	entrera	entrerait	entre	
	entrons	entrions	entrâmes	entrerons	entrerions	entrions	entrons
	entrez	entriez	entrâtes	entrerez	entreriez	entriez	entrez
	entrent	entraient	entrèrent	entreront	entreraient	entrent	
	PASSÉ COMPOSÉ	PLUS-QUE-PARFAIT	FUTUR ANTÉRIEUR		CONDITIONNEL PASSÉ	PASSÉ DU SUBJONCTIF	
	suis entré(e)	étais entré(e)	serai entré(e)		serais entré(e)	sois entré(e)	
	es entré(e)	étais entré(e)	seras entré(e)		serais entré(e)	sois entré(e)	
	est entré(e)	était entré(e)	sera entré(e)		serait entré(e)	soit entré(e)	
	sommes entré(e)s	étions entré(e)s	serons entré(e)s		serions entré(e)s	soyons entré(e)s	
	êtes entré(e)(s)	étiez entré(e)(s)	serez entré(e)(s)		seriez entré(e)(s)	soyez entré(e)(s)	
	sont entré(e)s	étaient entré(e)s	seront entré(e)s		seraient entré(e)s	soient entré(e)s	

D. Verbes pronominaux

VERBE	INDICATIF				CONDITIONNEL	SUBJONCTIF	IMPÉRATIF
	PRÉSENT	IMPARFAIT	PASSÉ SIMPLE	FUTUR	CONDITIONNEL PRÉSENT	PRÉSENT DU SUBJONCTIF	
se laver	me lave	me lavais	me lavai	me laverai	me laverais	me lave	
se lavant	te laves	te lavais	te lavas	te laveras	te laverais	te laves	lave-toi
lavé	se lave	se lavait	se lava	se lavera	se laverait	se lave	
	nous lavons	nous lavions	nous lavâmes	nous laverons	nous laverions	nous lavions	lavons-nous
	vous lavez	vous laviez	vous lavâtes	vous laverez	vous laveriez	vous laviez	lavez-vous
	se lavent	se lavaient	se lavèrent	se laveront	se laveraient	se lavent	
	PASSÉ COMPOSÉ	PLUS-QUE-PARFAIT	FUTUR ANTÉRIEUR		CONDITIONNEL PASSÉ	PASSÉ DU SUBJONCTIF	
	me suis lavé(e)	m'étais lavé(e)	me serai lavé(e)		me serais lavé(e)	me sois lavé(e)	
	t'es lavé(e)	t'étais lavé(e)	te seras lavé(e)		te serais lavé(e)	te sois lavé(e)	
	s'est lavé(e)	s'était lavé(e)	se sera lavé(e)		se serait lavé(e)	se soit lavé(e)	
	nous sommes lavé(e)s	nous étions lavé(e)s	nous serons lavé(e)s		nous serions lavé(e)s	nous soyons lavé(e)s	
	vous êtes lavé(e)(s)	vous étiez lavé(e)(s)	vous serez lavé(e)(s)		vous seriez lavé(e)(s)	vous soyez lavé(e)(s)	
	se sont lavé(e)s	s'étaient lavé(e)s	se seront lavé(e)s		se seraient lavé(e)s	se soient lavé(e)s	

E. Verbes à changements orthographiques

VERBE	PRÉSENT	IMPARFAIT	PASSÉ COMPOSÉ	PASSÉ SIMPLE	FUTUR	CONDITIONNEL	PRÉSENT DU SUBJONCTIF	IMPÉRATIF
commencer[1]	commence	commençais	ai commencé	commençai	commencerai	commencerais	commence	
commençant	commences	commençais	as commencé	commenças	commenceras	commencerais	commences	commence
commencé	commence	commençait	a commencé	commença	commencera	commencerait	commence	
	commençons	commencions	avons commencé	commençâmes	commencerons	commencerions	commencions	commençons
	commencez	commenciez	avez commencé	commençâtes	commencerez	commenceriez	commenciez	commencez
	commencent	commençaient	ont commencé	commencèrent	commenceront	commenceraient	commencent	
manger[2]	mange	mangeais	ai mangé	mangeai	mangerai	mangerais	mange	
mangeant	manges	mangeais	as mangé	mangeas	mangeras	mangerais	manges	mange
mangé	mange	mangeait	a mangé	mangea	mangera	mangerait	mange	
	mangeons	mangions	avons mangé	mangeâmes	mangerons	mangerions	mangions	mangeons
	mangez	mangiez	avez mangé	mangeâtes	mangerez	mangeriez	mangiez	mangez
	mangent	mangeaient	ont mangé	mangèrent	mangeront	mangeraient	mangent	
appeler[3]	appelle	appelais	ai appelé	appelai	appellerai	appellerais	appelle	
appelant	appelles	appelais	as appelé	appelas	appelleras	appellerais	appelles	appelle
appelé	appelle	appelait	a appelé	appela	appellera	appellerait	appelle	
	appelons	appelions	avons appelé	appelâmes	appellerons	appellerions	appelions	appelons
	appelez	appeliez	avez appelé	appelâtes	appellerez	appelleriez	appeliez	appelez
	appellent	appelaient	ont appelé	appelèrent	appelleront	appelleraient	appellent	
essayer[4]	essaie	essayais	ai essayé	essayai	essaierai	essaierais	essaie	
essayant	essaies	essayais	as essayé	essayas	essaieras	essaierais	essaies	essaie
essayé	essaie	essayait	a essayé	essaya	essaiera	essaierait	essaie	
	essayons	essayions	avons essayé	essayâmes	essaierons	essaierions	essayions	essayons
	essayez	essayiez	avez essayé	essayâtes	essaierez	essaieriez	essayiez	essayez
	essaient	essayaient	ont essayé	essayèrent	essaieront	essaieraient	essaient	
acheter[5]	achète	achetais	ai acheté	achetai	achèterai	achèterais	achète	
achetant	achètes	achetais	as acheté	achetas	achèteras	achèterais	achètes	achète
acheté	achète	achetait	a acheté	acheta	achètera	achèterait	achète	
	achetons	achetions	avons acheté	achetâmes	achèterons	achèterions	achetions	achetons
	achetez	achetiez	avez acheté	achetâtes	achèterez	achèteriez	achetiez	achetez
	achètent	achetaient	ont acheté	achetèrent	achèteront	achèteraient	achètent	

[1]Comme **commencer**: dénoncer, divorcer, menacer, placer, prononcer, remplacer, tracer

[2]Comme **manger**: bouger, changer, corriger, déménager, diriger, encourager, engager, exiger, juger, loger, mélanger, nager, obliger, partager, protéger, voyager

[3]Comme **appeler**: épeler, jeter, (se) rappeler

[4]Comme **essayer**: employer, (s')ennuyer, envoyer (*présent*), nettoyer, payer

[5]Comme **acheter**: achever, amener, emmener, (se) lever, mener, (se) promener

VERBE	PRÉSENT	IMPARFAIT	PASSÉ COMPOSÉ	PASSÉ SIMPLE	FUTUR	CONDITIONNEL	PRÉSENT DU SUBJONCTIF	IMPÉRATIF
préférer[6]	préfère	préférais	ai préféré	préférai	préférerai	préférerais	préfère	
préférant	préfères	préférais	as préféré	préféras	préféreras	préférerais	préfères	préfère
préféré	préfère	préférait	a préféré	préféra	préférera	préférerait	préfère	
	préférons	préférions	avons préféré	préférâmes	préférerons	préférerions	préférions	préférons
	préférez	préfériez	avez préféré	préférâtes	préférerez	préféreriez	préfériez	préférez
	préfèrent	préféraient	ont préféré	préférèrent	préféreront	préféreraient	préfèrent	

F. Verbes irréguliers

VERBE	PRÉSENT	IMPARFAIT	PASSÉ COMPOSÉ	PASSÉ SIMPLE	FUTUR	CONDITIONNEL	PRÉSENT DU SUBJONCTIF	IMPÉRATIF
aller	vais	allais	suis allé(e)	allai	irai	irais	aille	
allant	vas	allais	es allé(e)	allas	iras	irais	ailles	va
allé	va	allait	est allé(e)	alla	ira	irait	aille	
	allons	allions	sommes allé(e)s	allâmes	irons	irions	allions	allons
	allez	alliez	êtes allé(e)(s)	allâtes	irez	iriez	alliez	allez
	vont	allaient	sont allé(e)s	allèrent	iront	iraient	aillent	
asseoir	assieds	asseyais	me suis assis(e)	assis	assiérai	assiérais	asseye	
asseyant	assieds	asseyais	t'es assis(e)	assis	assiéras	assiérais	asseyes	assieds-toi
assis	assied	asseyait	s'est assis(e)	assit	assiéra	assiérait	asseye	
	asseyons	asseyions	nous sommes assis(es)	assîmes	assiérons	assiérions	asseyions	asseyons-nous
	asseyez	asseyiez	vous êtes assis(e)(s)	assîtes	assiérez	assiériez	asseyiez	asseyez-vous
	asseyent	asseyaient	se sont assis(es)	assirent	assiéront	assiéraient	asseyent	
battre	bats	battais	ai battu	battis	battrai	battrais	batte	
battant	bats	battais	as battu	battis	battras	battrais	battes	bats
battu	bat	battait	a battu	battit	battra	battrait	batte	
	battons	battions	avons battu	battîmes	battrons	battrions	battions	battons
	battez	battiez	avez battu	battîtes	battrez	battriez	battiez	battez
	battent	battaient	ont battu	battirent	battront	battraient	battent	
boire	bois	buvais	ai bu	bus	boirai	boirais	boive	
buvant	bois	buvais	as bu	bus	boiras	boirais	boives	bois
bu	boit	buvait	a bu	but	boira	boirait	boive	
	buvons	buvions	avons bu	bûmes	boirons	boirions	buvions	buvons
	buvez	buviez	avez bu	bûtes	boirez	boiriez	buviez	buvez
	boivent	buvaient	ont bu	burent	boiront	boiraient	boivent	

[6]Comme **préférer**: célébrer, considérer, espérer, (s')inquiéter, pénétrer, posséder, protéger, répéter, révéler, suggérer

573

VERBE	PRÉSENT	IMPARFAIT	PASSÉ COMPOSÉ	PASSÉ SIMPLE	FUTUR	CONDITIONNEL	PRÉSENT DU SUBJONCTIF	IMPÉRATIF
connaître[1]	connais	connaissais	ai connu	connus	connaîtrai	connaîtrais	connaisse	
connaissant	connais	connaissais	as connu	connus	connaîtras	connaîtrais	connaisses	connais
connu	connaît	connaissait	a connu	connut	connaîtra	connaîtrait	connaisse	
	connaissons	connaissions	avons connu	connûmes	connaîtrons	connaîtrions	connaissions	connaissons
	connaissez	connaissiez	avez connu	connûtes	connaîtrez	connaîtriez	connaissiez	connaissez
	connaissent	connaissaient	ont connu	connurent	connaîtront	connaîtraient	connaissent	
craindre[2]	crains	craignais	ai craint	craignis	craindrai	craindrais	craigne	
craignant	crains	craignais	as craint	craignis	craindras	craindrais	craignes	crains
craint	craint	craignait	a craint	craignit	craindra	craindrait	craigne	
	craignons	craignions	avons craint	craignîmes	craindrons	craindrions	craignions	craignons
	craignez	craigniez	avez craint	craignîtes	craindrez	craindriez	craigniez	craignez
	craignent	craignaient	ont craint	craignirent	craindront	craindraient	craignent	
croire	crois	croyais	ai cru	crus	croirai	croirait	croie	
croyant	crois	croyais	as cru	crus	croiras	croirais	croies	crois
cru	croit	croyait	a cru	crut	croira	croirait	croie	
	croyons	croyions	avons cru	crûmes	croirons	croirions	croyions	croyons
	croyez	croyiez	avez cru	crûtes	croirez	croiriez	croyiez	croyez
	croient	croyaient	ont cru	crurent	croiront	croiraient	croient	
devoir	dois	devais	ai dû	dus	devrai	devrais	doive	
devant	dois	devais	as dû	dus	devras	devrais	doives	dois
dû	doit	devait	a dû	dut	devra	devrait	doive	
	devons	devions	avons dû	dûmes	devrons	devrions	devions	devons
	devez	deviez	avez dû	dûtes	devrez	devriez	deviez	devez
	doivent	devaient	ont dû	durent	devront	devraient	doivent	
dire[3]	dis	disais	ai dit	dis	dirai	dirais	dise	
disant	dis	disais	as dit	dis	diras	dirais	dises	dis
dit	dit	disait	a dit	dit	dira	dirait	dise	
	disons	disions	avons dit	dîmes	dirons	dirions	disions	disons
	dites	disiez	avez dit	dîtes	direz	diriez	disiez	dites
	disent	disaient	ont dit	dirent	diront	diraient	disent	

[1]Comme **connaître**: apparaître (elle est apparue), disparaître (elle a disparu), paraître (elle a paru), reconnaître
[2]Comme **craindre**: peindre, plaindre, se plaindre (de)
[3]Comme **dire**: interdire (vous interdisez), prédire (vous prédisez)

VERBE	PRÉSENT	IMPARFAIT	PASSÉ COMPOSÉ	PASSÉ SIMPLE	FUTUR	CONDITIONNEL	PRÉSENT DU SUBJONCTIF	IMPÉRATIF
écrire[4]	écris	écrivais	ai écrit	écrivis	écrirai	écrirais	écrive	
écrivant	écris	écrivais	as écrit	écrivis	écriras	écrirais	écrives	écris
écrit	écrit	écrivait	a écrit	écrivit	écrira	écrirait	écrive	
	écrivons	écrivions	avons écrit	écrivîmes	écrirons	écririons	écrivions	écrivons
	écrivez	écriviez	avez écrit	écrivîtes	écrirez	écririez	écriviez	écrivez
	écrivent	écrivaient	ont écrit	écrivirent	écriront	écriraient	écrivent	
envoyer	envoie	envoyais	ai envoyé	envoyai	enverrai	enverrais	envoie	
envoyant	envoies	envoyais	as envoyé	envoyas	enverras	enverrais	envoies	envoie
envoyé	envoie	envoyait	a envoyé	envoya	enverra	enverrait	envoie	
	envoyons	envoyions	avons envoyé	envoyâmes	enverrons	enverrions	envoyions	envoyons
	envoyez	envoyiez	avez envoyé	envoyâtes	enverrez	enverriez	envoyiez	envoyez
	envoient	envoyaient	ont envoyé	envoyèrent	enverront	enverraient	envoient	
faire	fais	faisais	ai fait	fis	ferai	ferais	fasse	
faisant	fais	faisais	as fait	fis	feras	ferais	fasses	fais
fait	fait	faisait	a fait	fit	fera	ferait	fasse	
	faisons	faisions	avons fait	fîmes	ferons	ferions	fassions	faisons
	faites	faisiez	avez fait	fîtes	ferez	feriez	fassiez	faites
	font	faisaient	ont fait	firent	feront	feraient	fassent	
falloir	il faut	il fallait	il a fallu	il fallut	il faudra	il faudrait	il faille	
fallu								
lire[5]	lis	lisais	ai lu	lus	lirai	lirais	lise	
lisant	lis	lisais	as lu	lus	liras	lirais	lises	lis
lu	lit	lisait	a lu	lut	lira	lirait	lise	
	lisons	lisions	avons lu	lûmes	lirons	lirions	lisions	lisons
	lisez	lisiez	avez lu	lûtes	lirez	liriez	lisiez	lisez
	lisent	lisaient	ont lu	lurent	liront	liraient	lisent	
mettre[6]	mets	mettais	ai mis	mis	mettrai	mettrais	mette	
mettant	mets	mettais	as mis	mis	mettras	mettrais	mettes	mets
mis	met	mettait	a mis	mit	mettra	mettrait	mette	
	mettons	mettions	avons mis	mîmes	mettrons	mettrions	mettions	mettons
	mettez	mettiez	avez mis	mîtes	mettrez	mettriez	mettiez	mettez
	mettent	mettaient	ont mis	mirent	mettront	mettraient	mettent	

[4]Comme **écrire**: **décrire**
[5]Comme **lire**: **élire**
[6]Comme **mettre**: **permettre, promettre**

VERBES	PRÉSENT	IMPARFAIT	PASSÉ COMPOSÉ	PASSÉ SIMPLE	FUTUR	CONDITIONNEL	PRÉSENT DU SUBJONCTIF	IMPÉRATIF
mourir	meurs	mourais	suis mort(e)	mourus	mourrai	mourrais	meure	
mourant	meurs	mourais	es mort(e)	mourus	mourras	mourrais	meures	meurs
mort	meurt	mourait	est mort(e)	mourut	mourra	mourrait	meure	
	mourons	mourions	sommes mort(e)s	mourûmes	mourrons	mourrions	mourions	mourons
	mourez	mouriez	êtes mort(e)(s)	mourûtes	mourrez	mourriez	mouriez	mourez
	meurent	mouraient	sont mort(e)s	moururent	mourront	mourraient	meurent	
naître	nais	naissais	suis né(e)	naquis	naîtrai	naîtrais	naisse	
naissant	nais	naissais	es né(e)	naquis	naîtras	naîtrais	naisses	nais
né	naît	naissait	est né(e)	naquit	naîtra	naîtrait	naisse	
	naissons	naissions	sommes né(e)s	naquîmes	naîtrons	naîtrions	naissions	naissons
	naissez	naissiez	êtes né(e)(s)	naquîtes	naîtrez	naîtriez	naissiez	naissez
	naissent	naissaient	sont né(e)s	naquirent	naîtront	naîtraient	naissent	
ouvrir[7]	ouvre	ouvrais	ai ouvert	ouvris	ouvrirai	ouvrirais	ouvre	
ouvrant	ouvres	ouvrais	as ouvert	ouvris	ouvriras	ouvrirais	ouvres	ouvre
ouvert	ouvre	ouvrait	a ouvert	ouvrit	ouvrira	ouvrirait	ouvre	
	ouvrons	ouvrions	avons ouvert	ouvrîmes	ouvrirons	ouvririons	ouvrions	ouvrons
	ouvrez	ouvriez	avez ouvert	ouvrîtes	ouvrirez	ouvririez	ouvriez	ouvrez
	ouvrent	ouvraient	ont ouvert	ouvrirent	ouvriront	ouvriraient	ouvrent	
plaire	plais	plaisais	ai plu	plus	plairai	plairais	plaise	
plaisant	plais	plaisais	as plu	plus	plairas	plairais	plaises	plais
plu	plaît	plaisait	a plu	plut	plaira	plairait	plaise	
	plaisons	plaisions	avons plu	plûmes	plairons	plairions	plaisions	plaisons
	plaisez	plaisiez	avez plu	plûtes	plairez	plairiez	plaisiez	plaisez
	plaisent	plaisaient	ont plu	plurent	plairont	plairaient	plaisent	
pleuvoir	il pleut	il pleuvait	il a plu	il plut	il pleuvra	il pleuvrait	il pleuve	
pleuvant								
plu								
pouvoir	peux (puis)	pouvais	ai pu	pus	pourrai	pourrais	puisse	
pouvant	peux	pouvais	as pu	pus	pourras	pourrais	puisses	
pu	peut	pouvait	a pu	put	pourra	pourrait	puisse	
	pouvons	pouvions	avons pu	pûmes	pourrons	pourrions	puissions	
	pouvez	pouviez	avez pu	pûtes	pourrez	pourriez	puissiez	
	peuvent	pouvaient	ont pu	purent	pourront	pourraient	puissent	

[7]Comme **ouvrir: couvrir, découvrir, offrir, souffrir**

VERBE	PRÉSENT	IMPARFAIT	PASSÉ COMPOSÉ	PASSÉ SIMPLE	FUTUR	CONDITIONNEL	PRÉSENT DU SUBJONCTIF	IMPÉRATIF
prendre[8]	prends	prenais	ai pris	pris	prendrai	prendrais	prenne	
prenant	prends	prenais	as pris	pris	prendras	prendrais	prennes	prends
pris	prend	prenait	a pris	prit	prendra	prendrait	prenne	
	prenons	prenions	avons pris	prîmes	prendrons	prendrions	prenions	prenons
	prenez	preniez	avez pris	prîtes	prendrez	prendriez	preniez	prenez
	prennent	prenaient	ont pris	prirent	prendront	prendraient	prennent	
recevoir[9]	reçois	recevais	ai reçu	reçus	recevrai	recevrais	reçoive	
recevant	reçois	recevais	as reçu	reçus	recevras	recevrais	reçoives	reçois
reçu	reçoit	recevait	a reçu	reçut	recevra	recevrait	reçoive	
	recevons	recevions	avons reçu	reçûmes	recevrons	recevrions	recevions	recevons
	recevez	receviez	avez reçu	reçûtes	recevrez	recevriez	receviez	recevez
	reçoivent	recevaient	ont reçu	reçurent	recevront	recevraient	reçoivent	
rire	ris	riais	ai ri	ris	rirai	rirais	rie	
riant	ris	riais	as ri	ris	riras	rirais	ries	ris
ri	rit	riait	a ri	rit	rira	rirait	rie	
	rions	riions	avons ri	rîmes	rirons	ririons	riions	rions
	riez	riiez	avez ri	rîtes	rirez	ririez	riiez	riez
	rient	riaient	ont ri	rirent	riront	riraient	rient	
savoir	sais	savais	ai su	sus	saurai	saurais	sache	
sachant	sais	savais	as su	sus	sauras	saurais	saches	sache
su	sait	savait	a su	sut	saura	saurait	sache	
	savons	savions	avons su	sûmes	saurons	saurions	sachions	sachons
	savez	saviez	avez su	sûtes	saurez	sauriez	sachiez	sachez
	savent	savaient	ont su	surent	sauront	sauraient	sachent	
suivre	suis	suivais	ai suivi	suivis	suivrai	suivrais	suive	
suivant	suis	suivais	as suivi	suivis	suivras	suivrais	suives	suis
suivi	suit	suivait	a suivi	suivit	suivra	suivrait	suive	
	suivons	suivions	avons suivi	suivîmes	suivrons	suivrions	suivions	suivons
	suivez	suiviez	avez suivi	suivîtes	suivrez	suivriez	suiviez	suivez
	suivent	suivaient	ont suivi	suivirent	suivront	suivraient	suivent	
tenir	tiens	tenais	ai tenu	tins	tiendrai	tiendrais	tienne	
tenant	tiens	tenais	as tenu	tins	tiendras	tiendrais	tiennes	tiens
tenu	tient	tenait	a tenu	tint	tiendra	tiendrait	tienne	
	tenons	tenions	avons tenu	tînmes	tiendrons	tiendrions	tenions	tenons
	tenez	teniez	avez tenu	tîntes	tiendrez	tiendriez	teniez	tenez
	tiennent	tenaient	ont tenu	tinrent	tiendront	tiendraient	tiennent	

[8]Comme **prendre**: apprendre, comprendre, reprendre
[9]Comme **recevoir**: apercevoir, s'apercevoir de

VERBE	PRÉSENT	IMPARFAIT	PASSÉ COMPOSÉ	PASSÉ SIMPLE	FUTUR	CONDITIONNEL	PRÉSENT DU SUBJONCTIF	IMPÉRATIF
valoir	vaux	valais	ai valu	valus	vaudrai	vaudrais	vaille	
valant	vaux	valais	as valu	valus	vaudras	vaudrais	vailles	vaux
valu	vaut	valait	a valu	valut	vaudra	vaudrait	vaille	
	valons	valions	avons valu	valûmes	vaudrons	vaudrions	valions	valons
	valez	valiez	avez valu	valûtes	vaudrez	vaudriez	valiez	valez
	valent	valaient	ont valu	valurent	vaudront	vaudraient	vaillent	
venir[10]	viens	venais	suis venu(e)	vins	viendrai	viendrais	vienne	
venant	viens	venais	es venu(e)	vins	viendras	viendrais	viennes	viens
venu	vient	venait	est venu(e)	vint	viendra	viendrait	vienne	
	venons	venions	sommes venu(e)s	vînmes	viendrons	viendrions	venions	venons
	venez	veniez	êtes venu(e)(s)	vîntes	viendrez	viendriez	veniez	venez
	viennent	venaient	sont venu(e)s	vinrent	viendront	viendraient	viennent	
vivre	vis	vivais	ai vécu	vécus	vivrai	vivrais	vive	
vivant	vis	vivais	as vécu	vécus	vivras	vivrais	vives	vis
vécu	vit	vivait	a vécu	vécut	vivra	vivrait	vive	
	vivons	vivions	avons vécu	vécûmes	vivrons	vivrions	vivions	vivons
	vivez	viviez	avez vécu	vécûtes	vivrez	vivriez	viviez	vivez
	vivent	vivaient	ont vécu	vécurent	vivront	vivraient	vivent	
voir	vois	voyais	ai vu	vis	verrai	verrais	voie	
voyant	vois	voyais	as vu	vis	verras	verrais	voies	vois
vu	voit	voyait	a vu	vit	verra	verrait	voie	
	voyons	voyions	avons vu	vîmes	verrons	verrions	voyions	voyons
	voyez	voyiez	avez vu	vîtes	verrez	verriez	voyiez	voyez
	voient	voyaient	ont vu	virent	verront	verraient	voient	
vouloir	veux	voulais	ai voulu	voulus	voudrai	voudrais	veuille	
voulant	veux	voulais	as voulu	voulus	voudras	voudrais	veuilles	veuille
voulu	veut	voulait	a voulu	voulut	voudra	voudrait	veuille	
	voulons	voulions	avons voulu	voulûmes	voudrons	voudrions	voulions	veuillons
	voulez	vouliez	avez voulu	voulûtes	voudrez	voudriez	vouliez	veuillez
	veulent	voulaient	ont voulu	voulurent	voudront	voudraient	veuillent	

[10]Comme **venir**: devenir (elle est devenue), revenir (elle est revenue), maintenir (elle a maintenu), obtenir (elle a obtenu), se souvenir (elle s'est souvenue)

Lexique français-anglais

This end vocabulary provides contextual meanings of French words used in this text. It does not include exact cognates when gender is immediately distinguishable, nor does it list past participles of **-er** and regular **-ir** verbs whose infinitives are listed. Adjectives are listed in the masculine singular form, with only *irregular* feminine forms included in parentheses. Most regular adverbs *not* listed as active vocabulary do not appear here. An asterisk (*) indicates words beginning with an aspirate **h**. Active vocabulary is indicated parenthetically by the number of the chapter in which it is first listed or explained. The number 0 refers to the *Chapitre préliminaire*.

Abbreviations

adj. adjective	*ind.* indicative	*pl.* plural
adv. adverb	*indef.* indefinite	*p.p.* past participle
conj. conjunction	*inf.* infinitive	*prep.* preposition
contr. contraction	*int.* interjection	*pron.* pronoun
fam. familiar	*inv.* invariable	*Q.* Quebec usage
f. feminine noun	*m.* masculine noun	*subj.* subjunctive
gram. grammar term	*phon.* phonetics term	

A

à *prep.* to; at; in; with (0); **à qui est-ce?** whose is it? (4)

abandonner to leave; to abandon, give up

Abidjan Abidjan (*capital of the Ivory Coast*)

abondance *f.* abundance, a great deal

abondant *adj.* abundant, plentiful

abord: d'abord *adv.* first, first of all (7)

abréviation *f.* abbreviation

abricot *m.* apricot

abriter to shelter; to contain

absent *adj.* absent (0)

absentéisme *m.* absenteeism

absolu *adj.* absolute

absolument *adv.* absolutely; completely (12)

absorbé *adj.* absorbed, taken up by

abstrait *adj.* abstract

absurde *adj.* absurd; *m.* the absurd; nonsense

académie *f.* academy

académique *adj.* academic

Acadie *f.* Acadia (*Nova Scotia*)

acadien(ne) *adj.* Acadian (21); **Acadien(ne)** *m.*, *f.* Acadian person

accent *m.* accent; accent mark; emphasis

accentué *adj.* accentuated, emphasized; accented

accepter (de) to accept; to agree to

accès *m.* access

accessoire *m.* accessory

accidentellement *adv.* accidentally

accompagner to accompany (11)

accomplir to carry out, effect, accomplish (23)

accord *m.* agreement, treaty; **d'accord** *int.* O.K.; **être d'accord** to agree, be in agreement (1)

accordéon *m.* accordion

accorder to cause to agree; to tune; **s'accorder (avec)** to be in agreement with, to agree with, correspond to

accroché *adj.* hung up (*on hook*); attached to

accueil *m.* welcome; **faire un accueil (chaleureux)** to welcome (warmly)

accueillir to welcome, receive

achat *m.* purchase; **faire des achats** to go shopping (9)

acheter to buy (3)

achever to finish, complete; to achieve

acier *m.* steel
acoustique *adj.* acoustical
acquérir to obtain, acquire; *p.p.* **acquis**
acrobate *m., f.* acrobat, tumbler
acte *m.* act; action
acteur *m.* (**actrice** *f.*) actor (actress) (23)
actif (**active**) *adj.* active; energetic (2)
actualité *f.* current event; reality (20)
actuel(le) *adj.* current, present, present-day (9); **à l'heure actuelle** at the present time (15)
actuellement *adv.* currently, presently (10)
adapter: s'adapter (à) to adapt to (22)
addition *f.* bill; check (4); addition
additionner to add up
adieu *int.* good-bye
adjectif *m. gram.* adjective
admettre to admit; to accept
administrateur *m.* (**administratrice** *f.*) administrator, manager
administratif (**administrative**) *adj.* administrative
administration *f.* government; management
administrer to manage, administrate
admirablement *adv.* admirably; wonderfully
admirer to admire; to wonder at
adolescent(e) *adj.* adolescent; *m., f.* teenager, adolescent
adopter to adopt
adorer to adore; to love (3)
adoucir: s'adoucir to soften, calm down
adresse *f.* address (6)
adresser: s'adresser (à) to address, turn to; to appeal to (22)
adulte *m., f.* adult
adverbe *m. gram.* adverb
aérien(ne) *adj.* aerial, above ground; **ligne** *f.* (**compagnie** *f.*) **aérienne** airline
aéroglisseur *m.* hovercraft
aéronautique *adj.* aeronautic; *f.* aeronautics
aéroport *m.* airport (10)
aérostier *m.* balloonist
aérotrain *m.* aerotrain; hovertrain
affaire *f.* business; affair; bargain (10); *pl.* personal effects (5); business; **ce n'est pas mon affaire** it's not my business (5); **femme (homme) d'affaires** businesswoman, businessman
affecter to assign; to pretend; to affect
affiche *f.* poster; placard (5)
affiché *adj.* displayed, announced
afficher to hang, display (*posters*); to make a show of; **défense d'afficher** post no bills

affirmatif (**affirmative**) *adj.* affirmative, positive
affirmer to affirm; **s'affirmer** to grow stronger
affluence *f.* crowd; **heure** *f.* **d'affluence** rush hour
affreux (**affreuse**) *adj.* awful, horrible
affronter to face, confront; **s'affronter** to confront one another
afin *conj.* so that; **afin de** (+ *inf.*) in order to (*do something*); **afin que** (+ *subj.*) so that (*something be done*) (21)
africain *adj.* African (22); **Africain(e)** *m., f.* an African
Afrique *f.* Africa (11); **Afrique de l'Ouest** West Africa (22); **Afrique du Nord** North Africa (22)
âge *m.* age; **quel âge avez-vous (as-tu)?** how old are you? (4); **d'un certain âge** middle-aged, older
âgé *adj.* old
agence *f.* agency; bureau
agenda *m.* pocket calendar, memo book
agent *m.* agent; **agent de police** police officer
agir to act (6); **s'agir de: il s'agit de** it is a question of (19)
agité *adj.* agitated, excited
agrandir: s'agrandir to get bigger, expand
agréable *adj.* agreeable; pleasant
agrégation *f.* aggregation (*competitive exam for French teaching posts*)
agressif (**agressive**) *adj.* aggressive
agressivité *f.* aggressivity
agricole *adj.* agricultural (18)
agriculteur *m.* farmer; farm worker (18)
agronomie *f.* (study of) agricultural science
ahurissant *adj. fam.* astonishing, dumbfounding
aide *f.* support; relief; **à l'aide de** with the help of, by means of (17)
aider to help
aigu *adj.* acute, sharp; **accent** *m.* **aigu** acute accent (é)
ail *m.* garlic
aile *f.* wing
ailleurs *adv.* elsewhere (13); **d'ailleurs** besides, moreover
aimable *adj.* kind; likeable
aimer to love (3); **aimer mieux** to prefer (3)
aîné(e) *adj.* older (*sibling*); *m., f.* older brother or sister
ainsi *adv.* thus; so; **ainsi que** *conj.* as well as
air *m.* air; atmosphere (19); **avoir l'air** (+ *adj. or inf.*) to look, seem (4);

bol *m.* **d'air** *fam.* fresh air; **en plein air** in the open air, outdoors, outdoor (13); **hôtesse** *f.* **de l'air** flight attendant, stewardess (11)
aise: à l'aise *adv.* comfortable; at ease
ajouter to add
alarme *f.* alarm
album *m.* (photo) album; children's picture book
alcoolisme *m.* alcoholism
alerte *adj.* alert, lively
alerter to alert, warn
Alger Algiers (*capital of Algeria*)
Algérie *f.* Algeria (11)
algérien(ne) *adj.* Algerian (22); **Algérien(ne)** *m., f.* Algerian person
aliment *m.* food, foodstuff
alimentation *f.* nourishment, food
allée *f.* path, alley
Allemagne *f.* Germany (11)
allemand(e) *adj.* German (1); **Allemand(e)** *m., f.* German person; *m.* German language
aller to go (7); **aller** (+ *inf.*) to be going (*to do something*); **aller (bien, mieux, mal)** to go (well, better, badly); to be in (good, better, poor) health (7); **aller-retour** *adj. inv.* round-trip; **allez-y (allons-y, vas-y)** *fam.* go to it, go for it; **comment allez-vous?** how are you? **s'en aller** to go away
allergique *adj.* allergic
alliance *f.* union; wedding ring; **par alliance** by marriage
Alliés *m. pl.* Allies, Allied countries of World War II
allô *int.* hello (*telephone*) (2)
allocation *f.* (government) allowance (20)
allumer to light; to turn on (*radio, TV*)
alors *adv.* then; in that case (1); at that time (14); **alors que** *conj.* while, whereas; **ça alors!** *int.* no kidding! wow!
Alpes *f. pl.* the Alps
alphabet *m.* alphabet
alpinisme *m.* mountaineering
Alsace *f.* Alsace (*French province*)
alsacien(ne) *adj.* Alsatian, from Alsace; **Alsacien(ne)** *m., f.* Alsatian person
altercation *f.* argument, quarrel
alternatif (**alternative**) *adj.* alternate; *f.* alternative, option
altruiste *adj.* altruistic; *m., f.* altruist
aluminium *m.* aluminum
amateur *m.* amateur; connoisseur; **amateur d'art** art lover
Amazone *m.* Amazon River
ambassadeur *m.* (**ambassadrice** *f.*) ambassador
ambiance *f.* ambience, atmosphere

ambiguïté *f.* ambiguity
ambitieux (ambitieuse) *adj.* ambitious
amélioration *f.* improvement (19)
améliorer to improve, ameliorate
aménagement *m.* distribution, organization
amener to bring (*along a person*)
américain(e) *adj.* American (1); **Américain(e)** *m., f.* American person
Amérique *f.* America; **Amérique du Nord** North America; **Amérique du Sud** South America
ami(e) *m., f.* friend (1); **amie de fille** *Q.* girl friend
amitié *f.* friendship, affection (4)
amour *m.* love
amoureux (amoureuse) *adj.* in love; **tomber amoureux (de)** to fall in love (with) (13)
amphithéâtre *m.* lecture hall, amphitheater (1)
amuser to entertain; **s'amuser** to have a good time (12)
an *m.* year (3); **Jour** *m.* **de l'An** New Year's Day; **avoir (vingt) ans** to be (twenty) years old (4)
analyse *f.* analysis
analytique *adj.* analytical
ancêtre *m., f.* ancestor (21)
ancien(ne) *adj.* former; old; ancient (5)
anecdote *f.* anecdote, story
ange *m.* angel
anglais(e) *adj.* English, British (1); **Anglais(e)** *m., f.* English (British) person; *m.* English language
Angleterre *f.* England (11); **Nouvelle-Angleterre** New England
anglophone *adj.* English-speaking (21)
angoissant *adj.* distressing, painful
animal *m.* (**animaux** *pl.*) animal, beast
animation *f.* (act of) bringing to life; animation
animé *adj.* animated; **dessin** *m.* **animé** cartoon (*film*)
année *f.* year (3); **année scolaire** school year
annexer to annex, attach
anniversaire *m.* birthday; anniversary (4)
annonce *f.* advertisement, sign (18); **petites annonces** want ads
annoncer to announce
annuel(le) *adj.* annual, yearly
annuler to cancel, annul
anonyme *adj.* anonymous
antécédent *m.* antecedent
antenne *f.* antenna, aerial
antérieur *adj.* previous; **futur** *m.* **antérieur** *gram.* future perfect (tense)
anticonformisme *m.* nonconformity
anticonformiste *m., f.* nonconformist

antillais(e) *adj.* West Indian (22); **Antillaise(e)** *m., f.* West Indian person
Antilles *f. pl.* West Indies (22)
antinucléaire *adj.* antinuclear
antiquaire *m., f.* antique dealer
antiquité *f.* antique; antiquity
Anvers Antwerp (*Belgium*)
août August (1)
apaiser: s'apaiser to calm down, quiet down
apathique *adj.* apathetic
apercevoir to perceive; **s'apercevoir de** to become aware of (16)
aperçu *m.* glimpse, view; *p.p. of* **apercevoir**
apéritif *m.* before-dinner drink, aperitif
apostrophe *f.* apostrophe
apparaître to appear (15)
appareil *m.* telephone; equipment (17); **appareil-photo** camera; **qui est à l'appareil?** who's speaking? (12)
apparence *f.* appearance
apparent *adj.* visible; evident
appartement *m.* apartment (1)
appartenir à to belong to (22)
apparu *p.p. of* **apparaître**
appel *m.* call; appeal
appeler to call; to name (3); **comment vous appelez-vous?** what's your name? (0); **je m'appelle...** my name is . . . (0); **s'appeler** to be called (12)
appendice *m.* appendix
appétit *m.* appetite; **bon appétit** *int.* enjoy your meal
appliquer to apply; to impose; **s'appliquer à** to be applicable to
apporter to bring; to supply (8)
appréciation *f.* estimate; estimation; appreciation
apprécier to appreciate; to understand
apprendre to learn; to teach (8)
apprenti(e) *m., f.* apprentice (18)
apprentissage *m.* apprenticeship; learning
appris *p.p. of* **apprendre**
approbation *f.* approval, approbation
approcher to bring closer; **s'approcher de** to approach, come closer (17)
approfondir to deepen
approprié *adj.* suitable, appropriate
approuver to sanction; to approve of (20)
approximatif (approximative) *adj.* approximate
appuyer: s'appuyer sur to lean against, rest against
après *prep.* after (2); **d'après** according to; **après que** *conj.* after (21)
après-guerre *m.* postwar period
après-midi *m.* afternoon (3)

aptitude *f.* aptitude, capacity
aqueduc *m.* aqueduct
Arabie Séoudite *f.* Saudi Arabia
arbre *m.* tree (6)
arc *m.* arch
archéologie *f.* archeology
archéologique *adj.* archeological
archéologue *m., f.* archeologist
archiduc *m.* archduke
architecte *m., f.* architect (18)
ardeur *f.* ardor, fervor
argent *m.* money; silver (4)
Argentine *f.* Argentina
aristocrate *m., f.* aristocrat
aristocratie *f.* aristocracy
Aristote Aristotle
arme *f.* weapon
armée *f.* army
armement *m.* armaments, arms; war buildup
Armistice *m.* Armistice, termination of war
armoire *f.* closet, cupboard (5)
arranger to arrange
arrêt *m.* stop; bus stop
arrêté *adj.* settled, decided
arrêter to stop (*someone, something*); **s'arrêter (de)** to stop (oneself) (12)
arrière: en arrière *adv.* behind; **arrière-grand-mère** *f.* great-grandmother
arrivée *f.* arrival; landing (4)
arriver to arrive, reach (4); **arriver à** to manage to
arrondissement *m.* district, ward (*of Paris*) (10)
art *m.* art; **beaux-arts** fine arts
arthrite *f.* arthritis
article *m.* article, item; *gram.* article
articulation *f.* articulation, enunciation; joint
artisan(e) *m., f.* craftsperson; skilled worker (18)
artisanal *adj.* relating to crafts; skilled
artisanat *m.* trades; handicrafts
artiste *m., f.* artist (23)
artistique *adj.* artistic
ascendant *adj.* ascending, going up
ascenseur *m.* elevator
ascension *f.* ascent; climb; rising
Asie *f.* Asia
aspect *m.* aspect; appearance; sight
aspirateur *m.* vacuum cleaner; **passer l'aspirateur** to vacuum (5)
aspiré *adj. phon.* aspirate
aspirine *f.* aspirin
assassinat *m.* assassination, murder
assassiner to murder, assassinate
assemblée *f.* assembly, meeting (20); **l'Assemblée nationale** one of the two houses of the French parliament (20)

asseoir to seat; **s'asseoir** to sit down

assez *adv.* enough; rather (2); **assez de** (+ *n.*) enough (8); **en avoir assez** to be bored with, sick of

assiette *f.* plate; soup bowl (8)

assis: être assis to be seated (2); *p.p. of* **asseoir**

assistant(e) *m., f.* assistant; instructor; **assistant(e) social(e)** social worker

assister à to attend, look on (12)

associer to associate

assurance *f.* insurance; assurance

assuré *adj.* sure, firm, assured

assurer to assure; to guarantee

astérisque *m.* asterisk

Astérix French cartoon character

asteure *Q.* now, at present (= **à cette heure**)

astronaute *m., f.* astronaut, space traveler

astronef *f.* spaceship

atelier *m.* studio, workshop (13)

athlète *m., f.* athlete

athlétique *adj.* athletic

Atlantique *m.* Atlantic Ocean

atlas *m.* atlas

atmosphère *f.* atmosphere, air (19)

atomique *adj.* atomic

attachement *m.* attachment, affection

attacher to attach, fasten

attaque *f.* attack

attendre to wait (for) (7); **attendez voir** *int.* let's see (14)

attente *f.* waiting; **liste** *f.* **d'attente** waiting list; **salle** *f.* **d'attente** waiting room

attention *f.* attention; *int.* look out! (0)

attentivement *adv.* attentively, carefully

atténuation *f.* attenuation, reduction

atténuer to lessen, reduce

atterrir to land (*airplane*) (11)

attirer to attract, draw (16)

attitude *f.* attitude; posture

attraction *f.* attraction; ride; event; **parc** *m.* **d'attractions** amusement park

attrait *m.* attractiveness, inducement

attraper to catch

au *contr. of* **à le**

auberge *f.* inn; **auberge de jeunesse** youth hostel

aucun: ne... aucun(e) *adj., pron.* no; no one; not any (21)

au-delà (de) *adv., prep.* beyond

audiovisuel(le) *adj.* audiovisual

augmentation *f.* expansion; raise (*salary*); rise

augmenter to raise, augment (18)

aujourd'hui *adv.* today (1)

auparavant *adv.* earlier, before, in the past (14)

auprès de *prep.* close to; with (*people*)

auquel *contr. of* **à lequel; auxquel(le)s** *contr. of* **à lesquel(le)s**

aussi *adv.* also (0); **aussi... que** as . . . as (9)

aussitôt *adv.* immediately; **aussitôt que** as soon as (15)

Australie *f.* Australia

autant *adv.* much, many; **autant de** as much (many) (9); **autant que** as much (many) as (9)

auteur *m.* author; creator

authentique *adj.* genuine

auto *f.* car, automobile

auto-analyse *f.* self-analysis

autobus *m.* bus (11)

autocar *m.* interurban bus (11)

automatique *adj.* automatic

automne *m.* autumn, fall (7)

automobile *f.* auto, car (19)

automobiliste *m., f.* motorist, driver

autonomiste *adj.* autonomist, separatist; *m., f.* autonomist

autoportrait *m.* self-portrait

autorisé *adj.* authorized, permitted

autoritaire *adj.* authoritarian; *m., f.* authoritarian person

autorité *f.* authority

autoroute *f.* highway, freeway (11)

auto-stop *m.*: **faire de l'auto-stop** to hitchhike (11)

autour de *prep.* around (10)

autre *adj.* other, another (0); **d'autre part** on the other hand; **autrement dit** in other words (17)

autrefois *adv.* formerly, in other times (13)

Autriche *f.* Austria

auvergnat(e) *adj.* from Auvergne (*French province*); **Auvergnat(e)** *m., f.* person from Auvergne

Auvergne *f.* Auvergne (*French province*)

aux *pl. of* **au**; *contr. of* **à les; aux environs de** in the vicinity of

auxiliaire *adj.* auxiliary

avaler to swallow

avance: à l'avance in advance; **en avance** early, beforehand (2)

avancé *adj.* advanced, progressed

avancer: s'avancer to advance, move forward

avant *prep.* before (3); **avant de** (+ *inf.*) before (14); **avant que** (+ *subj.*) before (21); **avant tout** first of all

avantage *m.* advantage (9)

avant-garde *f.* vanguard, avant-garde

avant-gardiste *adj.* progressive, ahead of (its) time

avant-guerre *m.* prewar period

avec *prep.* with; by means of (0)

avènement *m.* advent, arrival

avenir *m.* the future (15)

avenue *f.* avenue, broad street

aviateur *m.* (**aviatrice** *f.*) aviator

avion *m.* airplane (11)

aviron *m.* sculling, rowing; oar

avis *m.* opinion; advice; **à mon avis** in my opinion (5)

avocat(e) *m., f.* lawyer, counsel (18)

avoir to have (4); **avoir besoin de** to need (4); **avoir chaud** to be hot (4); **avoir de la chance** to be lucky (4); **avoir du mal à** to have trouble, difficulty (*in doing something*) (16); **avoir envie de** to want to (4); **avoir faim** to be hungry (4); **avoir froid** to be cold (4); **avoir honte** to be embarrassed, ashamed (20); **avoir l'air de** to look, appear (4); **avoir le droit de** to have the right to (16); **avoir lieu** to take place (14); **avoir l'occasion de** to have a chance, occasion to (23); **avoir mal (à)** to have a pain; to hurt (12); **avoir peur** to be afraid (14); **avoir raison** to be right (4); **avoir soif** to be thirsty (4); **avoir sommeil** to be sleepy (4); **avoir tort** to be wrong (4); **avoir (vingt) ans** to be (twenty) years old (4); **en avoir assez** to be bored with, sick of; **qu'est-ce que vous avez (tu as)?** what's the matter? (4)

avouer to confess, admit

avril April (1)

azur: Côte d'Azur *f.* French Riviera

B

baccalauréat *m.* French secondary school diploma (15)

bachelier *m.* (**bachelière** *f.*) holder of the French baccalaureat

bachot, bac *m. fam.* slang for secondary school diploma (15)

bagages *m. pl.* baggage (11)

baguette *f.* thin loaf of French bread (8)

baigner to bathe; **se baigner** to go swimming (12)

bain *m.* bath; **maillot** *m.* **de bain** swimsuit (7); **salle** *f.* **de bains** bathroom (6)

baiser *m.* kiss

baisser to lower, diminish

baladeur *m.* portable stereo, Walkman

balancer: se balancer to swing, sway

balcon *m.* balcony

baleine *f.* whale

balle *f.* ball; bullet

ballet *m.* ballet, classical dance

ballon *m.* balloon; football; soccer ball (11); **ballon à air chaud** hot-air balloon

banaliser to make commonplace, cheapen
banane *f.* banana
banc *m.* bench
bancaire *adj.* pertaining to banking
bande *f.* band; group of friends; **bande dessinée, la «B.D.»** comics, comic strip; **bande magnétique** (magnetic) tape
banlieue *f.* suburbs (10)
banque *f.* bank (9)
banquet *m.* banquet, grand dinner
banquier *m.* (**banquière** *f.*) banker (18)
baptisé *adj.* baptized; named
barbe *f.* beard; **barbe à papa** cotton candy
bar-tabac *m.* bar-tobacconist (10)
bas *adj.* low; *adv.* **en bas** downstairs; underneath; **là-bas** over there; *int.* **à bas** down with (0); **parler bas** to whisper
base *f.* base, basis, foundation
baser to base
basket *m. fam.* basketball; *pl.* running shoes, tennis shoes
basket-ball *m.* basketball (*game*)
basque *adj.* Basque, from the Basque provinces; *m., f.* Basque person
bassin *m.* basin; pond
bataille *f.* battle
bateau *m.* boat (10); **bateau à voile** sailboat; **bateau-mouche** tourist boat (*on the Seine*); **faire du bateau** to go boating
bâtiment *m.* building (10)
bâtir to build
batterie *f.* (set of) drums
battre to beat, hit; to win; **se battre** to hit one another, fight
bavard *adj.* talkative
bavardage *m.* chatter, meaningless talk
bavarder to gossip, chatter
beau (bel, belle) *adj.* beautiful; good (5); **beaux-arts** *m. pl.* fine arts; **faire beau** to be good weather (7)
beaucoup *adv.* many; much (3); **beaucoup de** a lot of (8)
bébé *m.* baby, infant
belge *adj.* Belgian; **Belge** *m., f.* Belgian person
Belgique *f.* Belgium (11)
belle-famille *f.* family by marriage; stepfamily
belle-mère *f.* mother-in-law; stepmother
belle-sœur *f.* sister-in-law; stepsister
bénéfice *m.* benefit; profit
bénéficier to benefit, profit from
bénévole *adj.* charitable, benevolent
Bénin *m.* Benin (*formerly called Dahomey*) (22)
béret *m.* (soft woolen) cap, beret

berge *f.* bank, shore
berger *m.* (**bergère** *f.*) shepherd, shepherdess
Bermudes *f. pl.* the Bermudas
besoin *m.* need; **avoir besoin de** to need, want (4)
bête *adj.* stupid; *f.* animal, beast
beurre *m.* butter (8)
beurré *adj.* buttered
Bible *f.* Bible
bibliothèque *f.* library (1)
bicentenaire *adj.* bicentennial; *m.* bicentennial year
bicyclette *f.* bicycle; **faire de la bicyclette** to cycle (12)
bien *m.* property; *adv.* well; very; completely (0); **bien connu** *adj.* well-known; **bien que** (+ *subj.*) *conj.* although (21); **bien sûr** *int.* of course (3); **bien sûr que oui (que non)!** certainly (not)! (3); **c'est bien...?** is it really . . . ? is this . . . ? **eh bien!** well! **être bien** to be comfortable; **ou bien** or else; **vouloir bien** to be willing (9)
bien-être *m.* well-being, comfort
biens *m. pl.* goods
bientôt *adv.* soon; **à bientôt** *int.* see you soon! (0)
bienvenu *adj.* welcome; **souhaiter la bienvenue** to welcome; **soyez le/la bienvenu(e)** *int.* welcome!
bière *f.* beer (8)
bifteck *m.* steak (8)
bilinguisme *m.* bilingualism
billard *m.* billiards
billet *m.* ticket (6); bank bill, paper money (9); **billet aller-retour** round-trip ticket; **billet simple** one-way ticket (11)
biochimie *f.* biochemistry
biologique *adj.* biological
biologiste *m., f.* biologist
blanc (blanche) *adj.* white (2)
blasé *adj.* blasé, jaded
bleu *adj.* blue (2)
bloc *m.* block, lump
blouson *m.* short jacket, windbreaker (2)
bœuf *m.* beef (8)
bof! *int.* (*slightly sarcastic*)
boire to drink (8); **boire un coup** to have a drink
bois *m.* forest; wood (10)
boiser to reforest, plant trees
boisson *f.* drink, beverage (8)
boîte *f.* box; *fam.* workplace; **boîte aux lettres** mail box; **boîte de conserves** can of food (8); **boîte (de nuit)** nightclub
bol *m.* (wide) coffee cup; **bol d'air** *fam.* fresh air
bombe *f.* bomb

bon(ne) *adj.* good (5); **bon courage** *int.* keep your chin up; **bon, d'accord!** all right! **bon marché** *adj. inv.* inexpensive (9)
bonbon *m.* candy
bonheur *m.* happiness; prosperity
bonhomme: bonhomme de neige *m.* snowman
bonjour *int.* hello, good day (0)
bonsoir *int.* good evening; good night (0)
bord *m.* edge; shore; **au bord de la mer** at the seashore
botanique *adj.* botanical; *f.* (study of) botany
botte *f.* boot
bouche *f.* mouth (12); exit of metro station
boucher *m.* butcher
boucherie *f.* butcher's shop (8)
boucler to buckle; **boucler son budget** to balance one's budget
bouger to stir, move, budge (17)
bouillon *m.* broth, bouillon
boulangerie *f.* bakery (8)
boule *f.* ball; bead; **les boules** bocce ball, bowling
boulevard *m.* boulevard, wide street; **Boul'Mich** *fam.* **Boulevard Saint-Michel**
boulot *m. fam.* job, work
bouquiniste *m., f.* second-hand book dealer
bourgeois *adj.* middle-class, bourgeois
bourgeoisie *f.* middle class, bourgeoisie
Bourgogne *f.* Burgundy (*French province*)
bourguignon(ne) *adj.* Burgundian, from Burgundy; **Bourguignon(ne)** *m., f.* person from Burgundy
bourse *f.* scholarship (9); stock exchange
bout *m.* end, tip; **au bout de** *prep.* at the end of, the limit of
bouteille *f.* bottle (8)
boutique *f.* shop, store (7)
boxe *f.* boxing (12)
bracelet *m.* bracelet
branche *f.* branch; division
bras *m.* arm (12)
bref (brève) *adj.* brief, short; *adv.* in a word
Brésil *m.* Brazil (11)
brésilien(ne) *adj.* Brazilian; **Brésilien(ne)** *m., f.* Brazilian
Bretagne *f.* Brittany (*French province*) (16)
breton(ne) *adj.* Breton, from Brittany; **Breton(ne)** *m., f.* person from Brittany
brevet *m.* patent
bricolage *m.* do-it-yourself work, puttering around (13)

bricoler to putter around (13)
brie *m.* Brie (*cheese*)
brièvement *adv.* briefly
brillant *adj.* brilliant, bright
briquet *m.* cigarette lighter
brocanteur *m.* (**brocanteuse** *f.*) second-hand dealer
bronzer to tan, get a suntan
brosser to brush; **se brosser (les cheveux, les dents)** to brush (one's hair, teeth)
brouillard *m.* fog; **faire du brouillard** to be foggy (7)
bruit *m.* noise (10)
brun *adj.* brown; **faire brun** *Q.* to get dark
brunir to brown, become brown
brusquement *adv.* abruptly, suddenly
Bruxelles Brussels
bu *p.p. of* **boire**
buffet *m.* buffet; **buffet de la gare** refreshment room (*train station*)
bulgare *adj.* Bulgarian; **Bulgare** *m., f.* Bulgarian
bulletin météorologique *m.* weather report
bureau *m.* desk (0); office; **bureau de poste** post office (10); **bureau de tabac** (government licensed) tobacconist, tobacco store (10); **employé(e)** *m., f.* **de bureau** white-collar worker
but *m.* goal, objective (22)
butte *f.* knoll, hillock

C

ça (= **cela**) *pron.* it; that (1); **ça alors!** *int.* no kidding! wow! (11); **ça, par exemple!** goodness! who'd have thought it? I don't think (so)! **ça suffit** that's enough; **ça va?** how's it going? (0); **ça va bien** fine, just fine (0); **ce n'est pas ça** *int.* that's not it (at all) (11); **comme ci, comme ça** so-so (0)
cabine *f.* cabin; **cabine téléphonique** telephone booth
cabinet *m.* small room; study; professional office
câble *m.* cable, rope
cacasser *Q.* to chat, discuss
caché *adj.* hidden
cacher (**cachère**) *adj.* kosher
cacher: se cacher to hide
cachette: en cachette *adv.* secretly
cadeau *m.* gift (4)
cadre *m.* manager (18); frame; *pl.* management; **cadre moyen** middle manager; **cadre supérieur** executive; **dans le cadre de** within, relative to

café *m.* coffee; café (1)
cafétéria *f.* cafeteria
cafetier *m.* (**cafetière** *f.*) café owner
cage *f.* cage
cahier *m.* notebook (0)
caisse *f.* cash register; crate
calcul: faire des calculs to calculate, compute (17)
calculer to calculate
calendrier *m.* calendar (15)
Californie *f.* California
calme *adj.* calm, quiet; *m.* calm, tranquillity
calmer: se calmer to calm down
camarade *m., f.* friend, companion (0); **camarade de chambre** roommate; **camarade de classe** classmate (0)
Cambodge *m.* Cambodia
camembert *m.* Camembert (*cheese*)
Cameroun *m.* Cameroon (22)
camion *m.* truck (11); **camion-citerne** tank truck
camp *m.* party, faction
campagne *f.* countryside, the country (6); (political) campaign; **à la campagne** in the country; **pâté** *m.* **de campagne** country-style pâté
camper to camp
campeur *m.* (**campeuse** *f.*) camper
camping *m.* camping; campground (13); **camping-car** *m.* camper van, motor home; **faire du camping** to go camping
Canada *m.* Canada (11)
canadien(ne) *adj.* Canadian (1); **Canadien(ne)** *m., f.* Canadian person
canadien(ne)-français(e) *adj.* French Canadian; *m., f.* French Canadian person
canal *m.* canal
cancre *m. fam.* dunce
candidat(e) *m., f.* candidate; applicant (20)
caniche *m., f.* poodle
canoë *m.* canoe
canotage *m.* rowing; canoeing
cantatrice *f.* singer (*classical music*)
capitaine *m.* captain
capitale *f.* capital (city) (11)
capitaliste *adj.* capitalist(ic) (20); *m., f.* capitalist
capteur *m.* (solar) collector
car *conj.* for, because (11); *m. fam.* interurban bus (= **autocar**)
caractère *m.* character; **en caractères gras** in boldface type or print
caractériser: se caractériser to be characterized by
caractéristique *adj.* typical; *f.* characteristic

cardinal *adj.* cardinal (*numbers*)
caresser to stroke, caress
Carnaval *m.* Carnival, Mardi Gras
carotte *f.* carrot
carrefour *m.* crossroads
carrière *f.* career (18)
carriole *f.* (horse-drawn) cart
carte *f.* map; card (4); menu (8); **carte postale** postcard (10); **jouer aux cartes** to play cards (4)
carton *m.* carton, box; cardboard
cas *m.* case, instance; **en tout cas** in any case; however
cassette *f.* cassette (tape); **vidéocassette** videocassette
catalogue *m.* catalog
catastrophe *f.* catastrophe
catastrophique *adj.* catastrophic
catégorie *f.* category
cathédrale *f.* cathedral (23)
catholique *adj.* Catholic; *m., f.* Catholic person
cauchemar *m.* nightmare
causatif (causative) *adj. gram.* causative
cause *f.* cause; **à cause de** *prep.* because of
causer to cause; to chat
ce *pron.* it
ce (cet, cette) *adj.* this; that
ceci *pron.* this
cédé *adj.* ceded, given over
cédille *f.* cedilla (ç)
cela *pron.* that
célèbre *adj.* famous
célébrer to celebrate
célébrité *f.* celebrity; famous person
célibataire *adj.* unmarried, single
celui (celle) *pron.* the one; **celui-ci** this one; **celui-là** that one
censure *f.* censorship
cent *m.* one hundred; **pour cent** percent
centaine *f.* (amount equal to) about a hundred
centenaire *m., f.* centenarian, hundred-year-old
centième *adj.* hundredth
centime *m.* centime (1/100 of a franc) (4)
centrafricaine: République Centrafricaine *f.* Central African Republic
centrale *f.* power plant (19); **centrale nucléaire** nuclear power plant (19)
centralisé *adj.* centralized
centre *m.* center (1); **centre commercial** *m.* shopping center; **centre-ville** *m.* downtown (10)
cependant *adv.* meanwhile (6); *conj.* yet, nevertheless, still

céramique *f.* ceramics
cercle *m.* circle
céréales *f. pl.* cereal
certain *adj.* positive; certain (5); *pron. pl.* certain persons; **d'un certain âge** middle-aged, older
certificat *m.* certificate
certitude *f.* certainty
ces *adj.* these; those
cesse: sans cesse *adv.* ceaselessly, without stopping
cesser (de) to cease, stop
c'est-à-dire (que) that is to say, in other words
ceux (celles) *pron.* those; these; **ceux (celles)-ci** the latter; **ceux (celles)-là** the former
chacun(e) *pron.* each; each one (21)
chaîne *f.* channel; chain; **chaîne stéréo** stereo system
chaise *f.* chair (0)
chalet *m.* chalet, mountain house
chaleur *f.* heat, warmth (17)
chambre *f.* bedroom, (private) room (4); **camarade** *m., f.* **de chambre** roommate
champ *m.* field
Champagne *f.* Champagne (*French province*) (16)
champagne *m.* champagne, sparkling wine
champion *m.* **(championne** *f.)* champion
championnat *m.* championship (12)
chance *f.* luck, fortune (4); **avoir de la chance** to be lucky (4)
chandail *m.* sweater (7)
change *m.* foreign exchange (9); **bureau** *m.* **de change** exchange office (9); **cours** *m.* **du change** rate of exchange
changement *m.* variation; change
changer (de) to change (5); **changer de l'argent** to exchange currency (9)
chanson *f.* song; **chanson de variété** popular song (13)
chansonnier *m.* **(chansonnière** *f.)* singer and songwriter
chant *m.* song, melody
chanter to sing
chanteur *m.* **(chanteuse** *f.)* singer (23)
chapeau *m.* hat (7)
chapelle *f.* chapel
chapellerie *f.* hat store, hatter
chaperon *m.* hood; **le Petit Chaperon Rouge** Little Red Riding Hood
chapiteau *m.* capital (*of a column*)
chapitre *m.* chapter
chaque *adj.* each, every (1)
char *m. Q.* car, auto; wagon
charbon *m.* coal, charcoal

charcuterie *f.* pork butcher's shop; cold cuts (8)
chargé (de) *adj.* charged (with), burdened (with)
charger: se charger de to take on (*responsibility*)
charmant *adj.* charming; delightful
charme *m.* charm
charpentier *m.* carpenter
chasse *f.* hunting; **aller à la chasse** to go hunting (12)
chasser to chase, drive out
chasseur *m.* **(chasseuse** *f.)* hunter
chat *m.* **(chatte** *f.)* cat (2)
château *m.* castle, mansion, palace (10)
chateaubriand *m.* (fine cut of) steak
chaud *adj.* hot; warm; **avoir chaud** to be hot (4); **faire chaud** to be hot (*weather*) (7)
chauffage *m.* heating; furnace
chauffard *m. fam.* bad driver, road hog
chauffer to heat; **chauffer le char** *Q.* to drive the car
chauffeur *m.* driver
chaussure *f.* shoe (2)
chauve *adj.* bald
chef *m.* leader, head (15); **chef de cuisine** chef; **chef-d'œuvre** masterpiece (10)
chemin *m.* road; way (10); **chemin de fer** railroad
cheminée *f.* fireplace; chimney
chemise *f.* shirt (7)
chemisier *m.* blouse, (woman's) shirt (7)
chèque *m.* check; **chèque de voyage** traveler's check; **toucher un chèque** to cash a check (9)
chéquier *m.* checkbook
cher (chère) *adj.* expensive; dear (2)
chercher to look for (4); **chercher à** (+ *inf.*) to try (*to do something*)
chercheur *m.* **(chercheuse** *f.)* researcher
chéri *adj.* cherished, dear; *m., f.* darling
cheval *m.* **(chevaux** *pl.)* horse; **course** *f.* **de chevaux** horse race (12)
chevalier *m.* knight
cheveux *m. pl.* hair (12)
chez *prep.* at the house of; with; about (3); **chez vous** your place
chic *adj. inv.* smart, stylish; fine
chicorée *f.* chicory
chien *m.* **(chienne** *f.)* dog (5)
chiffre *m.* number, figure (4)
chimie *f.* chemistry (3)
chimique *adj.* chemical
chimiste *m., f.* chemist
Chine *f.* China (11)

chinois(e) *adj.* Chinese (1); **Chinois(e)** *m., f.* Chinese person; *m.* Chinese language
chocolat *m.* chocolate (8)
choisir (de) to choose (6)
choix *m.* choice (1)
chômage *m.* unemployment (18)
chômeur *m.* **(chômeuse** *f.)* unemployed person
choquant *adj.* shocking, offensive (23)
choquer to shock
chorégraphe *m., f.* choreographer
chose *f.* thing (4); **quelque chose** *pron. indef.* something (9)
chouette *adj. inv.* super, terrific
chrétien(ne) *adj.* Christian; *m., f.* Christian person
ci-contre *adv.* facing, on the facing page
ci-dessous *adv.* below (10)
ci-dessus *adv.* above (10)
ciel *m.* sky; heaven (14)
cigare *m.* cigar
cigarette *f.* cigarette
cinéaste *m., f.* film producer, moviemaker
cinéma *m.* cinema, movies (3)
cinémathèque *f.* film archive and theater
ciné-parc *m.* drive-in movie
cinquième *adj.* fifth (6)
circonflexe *adj., m.* circumflex (*accent*) (ê)
circonstance *f.* circumstance
circuit *m.* tour; lap; circuit; **circuit intégré** integrated circuit
circulation *f.* traffic (10)
circuler to get around; to ride
citadin(e) *m., f.* city person, city dweller
cité *f.* city; **cité universitaire** university living quarters, dormitory (1); **la Cité, l'Île de la Cité** historical center of Paris (10)
citer to cite; to quote
citoyen(ne) *m., f.* citizen (20)
citron *m.* lemon
civil *adj.* civil, civilian; **génie** *m.* **civil** civil engineering (15)
civilisation *f.* civilization
civilisé *adj.* civilized
clair *adj.* clear; light; **est-ce que c'est clair?** do you understand? (0)
clandestin *adj.* secret, clandestine
clarinette *f.* clarinet (4)
classe *f.* class (0); **salle** *f.* **de classe** classroom (0)
classer to classify; to sort
classique *adj.* classic; classical
clavecin *m.* harpsichord
clavier *m.* keyboard (17)

clef *f.* key (*music, door*) (7); clue
client(e) *m., f.* customer; guest; client
clientèle *f.* clientele
climat *m.* climate
clochard(e) *m., f.* hobo, tramp
cocon *m.* cocoon
cocotier *m.* coconut palm
cœur *m.* heart
coexister to coexist
coiffeur *m.* (**coiffeuse** *f.*) hairdresser
coiffure *f.* hairstyle; hairdressing
coin *m.* corner
coïncidence *f.* coincidence
coïncider to coincide
colère *f.* anger; **se mettre en colère** to
    get angry
Colisée (le) *m.* the Colosseum (*Rome*)
collaborateur *m.* (**collaboratrice** *f.*)
    coworker, collaborator
collaborer to collaborate, work
    together
collage *m.* collage; gluing, pasting
collectif (collective) *adj.* collective
collectionneur *m.* (**collectionneuse** *f.*)
    collector
collège *m.* secondary school; (= **lycée**)
    (15)
collègue *m., f.* colleague
collier *m.* necklace
colline *f.* hill
colon *m.* colonist, settler (21)
colonie *f.* colony; **colonie de vacances**
    summer camp (13)
colonisation *f.* colonization
coloniser to colonize
colonne *f.* column; row
combat *m.* fight, battle
combien *adv.* how much; how many
    (0); **combien font (quatre fois
    deux)?** how much is (four times
    two)? (0)
combinaison *f.* combination
combustible *m.* fuel
comédie *f.* comedy; (work of) theater
comète *f.* comet
comique *adj.* comical
commande *f.* order
commandement *m.* order, command
commander to order (*restaurant*) (8); to
    command
comme *adv.* as; like (0) how; *conj.*
    because; **comme ci, comme ça** so-so
    (0); **comme d'habitude** as usual
commémorer to commemorate, mark
commencement *m.* beginning
commencer to begin (4)
comment *adv.* how (0); **comment?**
    what? (2); **comment allez-vous?** how
    are you? (0); **comment est
    (Richard)?** what's (Richard) like?
    (2); **comment vous appelez-vous?**

what's your name? (0); **et comment!**
and how! definitely! (2)
commentaire *m.* commentary, remark
commenter to comment, remark upon
commerçant(e) *m., f.* merchant,
    storekeeper
commerce *m.* store; business
commercialiser to commercialize
commode *f.* chest of drawers (5)
commun *adj.* common; **Marché** *m.*
    commun Common Market
communautaire *adj.* collective,
    communal
communauté *f.* community (21)
commune *f.* commune
communicatif (communicative) *adj.*
    communicative
communiquer (avec) to communicate
    (with) (17)
communiste *adj.* Communist (20); *m.,*
    f. Communist
compagnie *f.* company
compagnon *m.* (**compagne** *f.*)
    companion
comparaison *f.* comparison
comparatif (comparative) *adj.*
    comparative
comparer to compare
compartiment *m.* compartment (11)
compétence *f.* competence, ability
compétent *adj.* competent, qualified
compétition *f.* competition
complément *m. gram.* object;
    complement
complémentaire *adj.* complementary,
    additional
complet (complète) *adj.* full, complete;
    m. suit (7); **complet-veston** suit with
    coat
compléter to complete, finish
complexe *adj.* complex
compliqué *adj.* complicated
comportement *m.* behavior,
    comportment
comporter to include; **se comporter** to
    behave, conduct oneself (13)
composé *adj.* compound; **être composé
    de** to be made up of; **passé composé**
    m. gram. past perfect tense
composer to compose, make up;
    composer un numéro to dial a
    number; **se composer de** to be made
    up of, composed of (22)
compositeur *m.* (**compositrice** *f.*)
    composer (23)
compréhension *f.* comprehension,
    understanding
comprendre to understand (8); **est-ce
    que vous comprenez?** do you
    understand? (0)
compression *f.* compression, crushing

compris *adj.* included (8); *p.p. of*
    comprendre
comptabilité *f.* accounting,
    bookkeeping (17)
comptable *m., f.* accountant (18)
comptant: acheter au comptant to pay
    cash; **argent comptant** *m.* cash
compte *m.* account (9); **se rendre
    compte de** to realize (16)
compter to count; **compter sur** to
    count on
comptoir *m.* counter
comte *m.* count (*noble*)
concept *m.* concept
conception *f.* design, idea, conception
concerner to concern, regard, interest
concert *m.* concert
concevoir to conceive; to imagine,
    design
concierge *m., f.* caretaker, concierge
Concorde *m.* supersonic plane that flies
    between Europe and New York
concours *m. sing.* contest; competitive
    examination (15)
concret (concrète) *adj.* concrete, real
conçu *p.p. of* **concevoir**
concurrence *f.* competition
condition *f.* condition; **à condition
    de/que** on condition that (21)
conditionnel(le) *adj. gram.* conditional;
    m. conditional mode
conducteur *m.* (**conductrice** *f.*)
    conductor, driver (2)
conduire to drive (11); **permis** *m.* **de
    conduire** driver's license; *p.p.* **conduit**
confection *f.* ready-made clothing
conférence *f.* conference; lecture (15)
conférencier *m.* (**conférencière** *f.*)
    lecturer
confesseur *m.* confessor, priest
confiance *f.* confidence, trust; **faire
    confiance (à)** to trust (20)
confirmer to confirm, corroborate
confiture *f.* preserve(s), jam (8)
conflit *m.* conflict
confluent *m.* confluence, junction
conformer: se conformer (à) to
    conform to
conformisme *m.* conformity
conformiste *adj.* conforming; *m., f.*
    conformist
confort *m.* comfort
confortable *adj.* comfortable
congé *m.* leave, vacation
congélateur *m.* freezer
Congo *m.* People's Republic of the
    Congo (22)
congolais(e) *adj.* Congolese (22);
    Congolais(e) *m., f.* Congolese
    person
congrès *m.* conference, meeting

conjonction *f. gram.* conjunction
conjugaison *f. gram.* conjugation
conjuguer *gram.* to conjugate
connaissance *f.* acquaintance; knowledge (15); **faire la connaissance de** to make the acquaintance of (5); **je suis heureux (-euse) de faire votre connaissance** (I am) pleased to meet you (5)
connaître to know, understand, be familiar with (15); *p.p.* **connu**
conquérant *m.* conqueror
consacrer to dedicate; **se consacrer à** to devote oneself to
conscience *f.* consciousness, awareness; **prise** *f.* **de conscience** realization, understanding
consciencieux (consciencieuse) *adj.* conscientious
conscient *adj.* conscious
conseil *m.* advice, counsel; council (11); **Conseil de l'Europe** the European Council (*meets in Strasbourg*)
conseiller to advise (11); *m.* (**conseillère** *f.*) counselor; **conseiller d'orientation** guidance counselor
conséquence *f.* consequence, result
conséquent *adj.* rational; **par conséquent** *adv.* consequently
conservateur (conservatrice) *adj.* conservative
conservatoire *m.* conservatory
conserve *f.* preserve(s); canned food; **boîte** *f.* **de conserves** can
conserver to preserve, conserve, retain (19)
considérable *adj.* considerable, large
considérer to consider
consister (en) to consist (of)
consommateur *m.* (**consommatrice** *f.*) consumer (16)
consommation *f.* consumption
consommer to consume; to eat, drink
consonne *f. phon.* consonant
constamment *adv.* constantly; steadily
constater to establish; to state; to find out
consterné *adj.* dismayed, alarmed
constituer to constitute
construire to construct, build; *p.p.* **construit**
consultation *f.* session; consulting
consulter to consult
consumer to consume, destroy
contact *m.* contact
contemporain *adj.* contemporary (19)
contenir to contain; to consist of
content *adj.* content, pleased (5)
contexte *m.* context
continuer (à) to continue (15)

contourner to go around, bypass
contracté *adj.* contracted; drawn together
contradictoire *adj.* contradictory, opposing
contrainte *f.* constraint; restraint
contraire *m.* opposite; **au contraire** *adv., int.* on the contrary (2)
contrairement (à) *adv.* contrary to
contraste *m.* contrast
contravention *f.* minor infraction (*traffic*)
contre *prep.* against (11); **par contre** *adv.* on the other hand (9); **pour ou contre** for or against (11)
contribuer to contribute
contrôle *m.* control; inspection; checking
contrôler to inspect, check; to control, regulate
contrôleur *m.* (**contrôleuse** *f.*) superintendent, inspector
controverse *f.* controversy
controversé *adj.* controversial
convenable *adj.* proper, correct; expedient
convenir to suit, be suitable, fit
conventionnel(le) *adj.* conventional
coopératif (coopérative) *adj.* cooperative
coopération *f.* cooperation; French public service corps
copain *m.* (**copine** *f.*) pal, buddy (4)
copieur *m.* photocopy machine
coq *m.* cock, rooster
cordonnier *m.* (**cordonnière** *f.*) shoemaker
cornet *m.* cone; paper sack
corporation *f.* trade guild (*historical*)
corps *m.* body
correctement *adv.* correctly
correspondre to correspond
corriger to correct (0)
corse *adj.* Corsican; **Corse** *m., f.* Corsican person; *f.* Corsica (16); *m.* Corsican language
costume *m.* suit; outfit; costume
côte *f.* coast (22); **Côte-d'Ivoire** *f.* Ivory Coast (22)
côté *m.* side; **à côté** *adv.* next door; **à côté de** *prep.* next to (0); near; **de l'autre côté de** on the other side of (10)
côtelette *f.* cutlet
coton *m.* cotton; **en coton** (made of) cotton
cou *m.* neck (12)
coucher: se coucher to go to bed (12)
couchette *f.* sleeping berth (*train*)
couleur *f.* color; **de quelle couleur est...?** what color is . . . ? (2)

couloir *m.* corridor, hall, hallway (6)
coup *m.* blow; stroke; **coup de foudre** thunderbolt; love at first sight; **coup d'œil** glance; **coup de téléphone** telephone call; **donner un coup de main** to lend a hand; **tout à coup** *adv.* suddenly, all at once (14); **tout d'un coup** *adv.* suddenly (14)
Coupe de France *f.* the French Cup (*soccer*)
couper to cut, cut off
couple *m.* couple
cour *f.* yard, courtyard (23); court (*royal*)
courage *m.* courage; **bon courage** *int.* keep your chin up
courageux (courageuse) *adj.* brave, courageous; spirited (2)
couramment *adv.* fluently (12); easily
courant *adj.* current; common, usual; **au courant (de)** informed (about)
courge *f.* squash, gourd
courir to run (12); *p.p.* **couru**
couronnement *m.* coronation
cours *m. sing.* course (*school*) (1); rate; **au cours de** *prep.* during; **cours du change** rate of exchange (9); **en cours** in class; **suivre un cours** to take a course (14)
course *f.* race (12); **course automobile** car race; **course de chevaux** horse race; **faire les courses** to go shopping, do errands (5)
court *adj.* short (10); **être à court de** to be short of
cousin(e) *m., f.* cousin (6); **cousin germain** first cousin
coussin *m.* cushion, pillow
coût *m.* cost, expense
couteau *m.* knife (8)
coûter to cost (9); **coûter cher** to be expensive; **coûter gros d'argent** *Q.* to cost a lot
coutume *f.* custom, habit (16)
couture *f.* sewing; fashion; **haute couture** high fashion (22)
couturier *m.* (**couturière** *f.*) clothing designer
couvert *adj.* covered; *m.* table setting; **mettre le couvert** to set the table (8)
couverture *f.* cover; blanket
couvrir to cover; **se couvrir** to darken (*sky*); *p.p.* **couvert**
cracheur *m.* (**cracheuse** *f.*) spitter; **cracheur de feu** fire-eater
craie *f.* chalk (4)
craindre (de) to fear (23)
cravate *f.* tie (7)
crayon *m.* pencil (0)
créatif (créative) *adj.* creative
création *f.* creation; establishment

créativité *f.* creativity
crèche *f.* day-care center (*for infants*); nativity scene
crédit *m.* credit
créer to create (19)
crème *f.* cream; custard (8)
créole *adj.* Creole
crêpe *f.* pancake; crêpe
cri *m.* cry, shout
crier to cry out, shout
crime *m.* crime
criminel(le) *adj.* criminal; *m.*, *f.* criminal
crise *f.* crisis; (economic) depression, recession (14)
critique *adj.* critical; *m.* critic; *f.* evaluation
critiquer to criticize; make a critique
croire to believe (7); *p.p.* **cru; se croire** (+ *adj.*) to believe oneself (+ *adj.*)
croisement *m.* crossing, intersection
croisière *f.* cruise
croissant *m.* croissant, crescent roll (8)
croquet *m.* (game of) croquet
croyable *adj.* believable; **ce n'est pas croyable** it's unbelievable, I don't believe it (11)
croyance *f.* belief
cru *adj.* raw, uncooked
cubiste *adj.* cubist
cueillir to gather
cuillère *f.* spoon (8); **cuillère à soupe** soupspoon, tablespoon; **petite cuillère** teaspoon
cuir *m.* leather; **en cuir** (made of) leather
cuire to cook; **faire cuire** to cook
cuit *adj.* cooked; *p.p.* of **cuire**
cuisine *f.* kitchen (6); cooking, cuisine; **chef** *m.* **de cuisine** chef; **cuisine minceur** low-calorie cooking; **faire la cuisine** to cook (5); **grande (haute) cuisine** gourmet cooking
cuisinier *m.* (**cuisinière** *f.*) cook; *f.* stove
cultiver to cultivate, grow
culture *f.* culture; cultivation
culturel(le) *adj.* cultural (16)
curieux (curieuse) *adj.* curious
curiosité *f.* curiosity; sight
cyclisme *m.* cycling
cycliste *m.*, *f.* cyclist
cyclope *m.* Cyclops

D

d'abord *adv.* first (of all) (7)
d'accord *int.* O.K. (3); **être d'accord** to agree (1)

d'après *prep.* according to (1)
Dakar Dakar (*capital city of Senegal*)
dame *f.* lady; *pl.* checkers
dancing *m.* dance hall
Danemark *m.* Denmark
danger *m.* danger
dangereux (dangereuse) *adj.* dangerous (11)
dans *prep.* in, inside (0)
danse *f.* dance
danser to dance (3)
danseur *m.* (**danseuse** *f.*) dancer
date *f.* date; **quelle est la date d'aujourd'hui?** what's today's date? (1)
davantage *adv.* more
de *prep.* from; of; about (0)
débarquement *m.* landing
débat *m.* debate
débit *m.* debit
déboisement *m.* deforestation, clearing
déboiser to deforest, clear
débouché *m.* career opportunity, job possibility (15)
debout: être debout *inv.* to be standing, stand (up) (2)
début *m.* beginning
décembre December (1)
décentralisation *f.* decentralization
décentraliser to decentralize
décharge *f.* unloading; discharge
déchets *m. pl.* (industrial) waste, debris (19)
déchiffrer to decode, make out
décider to decide, determine; **se décider (à)** to decide (on) (16)
décimal *adj.* decimal (*number*)
décision *f.* decision
déclaratif (déclarative) *adj.* declarative
déclaration *f.* declaration
déclarer to declare; to proclaim
décoller to take off (*airplane*) (11)
décomposé *adj.* fallen, distorted
décontracté *adj.* relaxed
décor *m.* decoration, decor
décoratif (décorative) *adj.* decorative
découragé *adj.* discouraged
découverte *f.* discovery (17)
découvrir to uncover; to discover; to find out (12); *p.p.* **découvert**
décrire to describe (5); *p.p.* **décrit**
dedans *adv.* within
dédié (à) *adj.* dedicated (to)
défendre to defend, protect; to forbid
défendu *p.p.* of **défendre; il est défendu de** it is forbidden to (16)
défense *f.* defense; prohibition; **défense de fumer (d'afficher)** smoking (posting of bills) prohibited
défilé *m.* parade; showing
défiler to march in a parade or procession

défini *adj.* definite
définitif (définitive) *adj.* definitive; eventual
définition *f.* definition
définitivement *adv.* definitively; for good
dégager to open up; to show; to clear
degré *m.* degree
dehors *adv.* outside (13)
déjà *adv.* already; previously (2)
déjeuner *m.* lunch (8); to (have) lunch; **petit déjeuner** breakfast (8)
delà: au-delà (de) *adv.*, *prep.* beyond
délégué(e) *f.* delegate (20)
délicieux (délicieuse) *adj.* delicious
deltaplane *m.* hang-glider
déluge *m.* flood, deluge
demain *adv.* tomorrow (1)
demande *f.* request; demand
demander to ask, demand (4); to call for; **se demander** to wonder
démarrer to start a car; to start up
déménagement *m.* moving (*to new home*)
déménager to move (*house*) (5)
demi *adj.* half; **demi-heure** *f.* half hour; **demi-kilo** *m.* half a kilo (*500 grams*); **il est (deux) heures et demie** it's half past (two) (3)
démocratie *f.* democracy (20)
démocratique *adj.* democratic (20)
démodé *adj.* outmoded, old-fashioned
démographie *f.* demography, population study
démolir to demolish, destroy
démon *m.* demon, devil
démonstratif (démonstrative) *adj.* demonstrative
démonstration *f.* proof, demonstration
dénoncer to denounce; to betray
dense *adj.* complex; dense
dent *f.* tooth (12)
dentiste *m.*, *f.* dentist
départ *m.* departure
département *m.* (French administrative) department (16)
dépasser to pass, go around; to go, be beyond; **ça me dépasse** it's beyond me, I don't understand (23)
dépaysement *m.* change of scene; uprooting
dépayser: se dépayser to leave one's usual surroundings; to uproot oneself
dépêcher: se dépêcher (de) to hurry (up)
dépendre de to depend on
dépens: aux dépens de *prep.* at the expense of
dépense *f.* expenditure; expense (9)
dépenser to spend (9)
dépensier *m.* (**dépensière** *f.*) one who spends easily, spendthrift (9)

dépit: en dépit de *prep.* in spite of
déplacement *m.* moving, change of place; travel
déplacer to move, displace; **se déplacer** to change one's place
déplaire to displease; **ça me déplaît** I don't like it; it displeases, offends me (23)
déportation *f.* deportation
déporté *adj.* deported
déposer to deposit; to put, place
dépossédé *adj.* dispossessed
dépôt *m.* deposit; depository
déprimé *adj.* depressed, unhappy (4)
depuis *prep.* since; for (15); **depuis longtemps** for a long time; **depuis lors** since then; **depuis quand** since when; **depuis que** *conj.* since (15)
député *m.* member of Parliament; representative (20)
déraisonnable *adj.* unreasonable (2)
déranger to disturb, bother
dérision *f.* mockery, ridicule
dériver (de) to derive (from)
dernier (dernière) *adj.* last; past (5)
déroulement *m.* evolution, unfolding
derrière *prep.* behind (0)
des *contr. of* **de les**
dès *prep.* from (then on); **dès que** *conj.* as soon as (15)
désaccord *m.* disagreement; discord
désagréable *adj.* disagreeable, offensive
désastre *m.* disaster
descendre to descend; to get off (7); *p.p.* **descendu**
descente *f.* descent, coming down
descriptif (descriptive) *adj.* descriptive
désert *m.* desert; *adj.* deserted
désespéré *adj.* desperate
déshabiller to undress; **se déshabiller** to get undressed
désigner to designate, indicate
désir *m.* desire, wish
désirer to want, wish, desire
désolé *adj.* sorry; grieved (8); **je suis désolé** I'm sorry
désordre *m.* disorder; **être en désordre** to be in disorder, to be a mess (5)
desquel(le)s *contr. of* **de lesquel(le)s**
dessert *m.* dessert
dessin *m.* drawing (23)
dessiner to sketch, draw (23); **bande** *f.* **dessinée, la «B.D.»** comic strip, comics
dessous *adv.* under; **ci-dessous** below; **en dessous** underneath
dessus *adv.* upon; **au dessus de** above, over; **ci-dessus** above
destin *m.* fate, destiny
détail (détails *pl.)* *m.* detail
détective *m.* detective
détendre: se détendre to relax (12)

détendu *adj.* relaxed; *p.p. of* **détendre**
détenir to hold, have possession of
détente *f.* relaxation (3); détente
déterminer to determine
détester to detest, hate (3); **se détester** to hate one another
détour *m.* detour, bypass
détruire to destroy (19); *p.p.* **détruit**
dette *f.* debt
deux: tous (toutes) les deux both
deuxième *adj.* second (6); **deuxième guerre mondiale** World War II
devant *prep.* in front of, before (0)
dévasté *adj.* devastated, ravaged
développement *m.* development; growth (19)
développer: se développer to develop, expand (19)
devenir to become (10); *p.p.* **devenu**
deviner to guess (4)
devoir to have to; to be about to; to be obliged to (9); *m.* duty; homework
dévorer to devour
dévoué *adj.* devoted
diable *m.* devil
dialogue *m.* dialogue
dialoguer to communicate, have a dialogue
diamant *m.* diamond
dictée *f.* dictation
dictionnaire *m.* dictionary (0)
dieu *m.* god; **mon Dieu!** *int.* good heavens! my God!
différence *f.* difference (1)
différencier to differentiate
différent *adj.* different
différer to differ, be different; to put off
difficile *adj.* difficult, hard (2); **c'est difficile à dire** it's hard to say (7)
difficulté *f.* difficulty
digérer to digest
dilemme *m.* dilemma
dimanche *m.* Sunday (0)
diminuer to diminish
diminution *f.* reduction, lessening
dîner to dine, have dinner (4); *m.* dinner (8)
diphtongaison *f. phon.* pronunciation as a diphthong
diphtongue *f. phon.* diphthong
diplomate *m.* diplomat
diplomatie *f.* diplomacy (22)
diplomatique *adj.* diplomatic, tactful
diplôme *m.* diploma (15)
diplômé(e) *m., f.* graduate; qualified person (15)
dire to say, tell (5); **à vrai dire** *adv.* truthfully, seriously; **c'est-à-dire** that is to say (6); **comment dit-on...?** how do you say . . . ? (0); **dis-moi (dites-moi)** *int.* hey; say; tell me (1); **vouloir dire** to mean (9)

directeur *m.* (**directrice** *f.*) director, manager (18)
direction *f.* address; direction
directive *f.* order, instruction
diriger to direct; to govern, control (20); **se diriger vers** to go toward, make one's way toward
discipline *f.* subject (15); discipline
disco *f. fam.* **discothèque**
discothèque *f.* discotheque (4)
discours *m.* speech, discourse
discret (discrète) *adj.* discreet
discrétion *f.* discretion, tact
discuter (de) to discuss (3)
disjoint *adj. gram.* stressed, tonic
disparaître to disappear (15); *p.p.* **disparu**
disparition *f.* disappearance, extinction
disponible *adj.* available
dispute *f.* quarrel, dispute
disputer to argue, dispute; **se disputer (avec)** to quarrel (with) (16)
disque *m.* record (3)
disquette *f.* diskette (17)
dissertation *f.* term paper
dissimulé *adj.* hidden, dissimulated
distance *f.* distance
distinct *adj.* distinct, separate
distingué *adj.* distinguished
distinguer to distinguish; **se distinguer** to be distinguishable; to distinguish oneself
distraction *f.* recreation, diversion, amusement (3)
distrait *adj.* distracted, inattentive
distribuer to distribute
distributeur *m.* automatic bank teller
divan *m.* sofa, divan
divers *adj.* diverse, miscellaneous
diviser to divide
divorce *m.* divorce
divorcer (avec) to divorce (16)
dixième *adj.* tenth (6)
dizaine *f.* (amount equal to) about ten
docteur *m.* doctor
doctorat *m.* Ph.D.; doctorate (15)
documentaire *m.* documentary
dodo *m. fam.* sleep; bed
doigt *m.* finger (12)
domaine *m.* area (*of interest*); domain (15); estate
dôme *m.* dome, cupola
domestique *adj.* domestic
dominer to dominate, rule
dommage *m.* harm; **il est dommage de/que** it's too bad (18)
donc *conj.* therefore; then (2); **dis donc!** *int.* say! hey!
donjon *m.* keep (of castle)
donné: étant donné *conj.* given (that)
donnée *f.* data, information; **banque** *f.* **de données** data bank (17)

donner to give; to show (3); to produce; **donner un coup de main** to lend a hand; **étant donné** given, considering

dont *pron.* whose; of which; of whom (16)

dormir to sleep (6)

dortoir *m.* dormitory

dos *m.* back (12); **sac** *m.* **à dos** backpack

dossier *m.* record, dossier

douane *f.* customs

douanier *m.* (**douanière** *f.*) customs officer (18)

doucement *adv.* sweetly, softly, gently (12)

doué *adj.* gifted, talented (23)

doute *m.* doubt; **sans doute** doubtless

douter to doubt, question (20)

douteux (douteuse) *adj.* doubtful

doux (douce) *adj.* sweet; gentle; soft

douzaine *f.* dozen

douzième *adj.* twelfth (6)

dragon *m.* dragon

drapeau *m.* flag (2)

drogue *f.* drug(s)

droit *m.* right; (study of) law; **tout droit** *adv.* straight ahead (10); **avoir le droit de** to have the right to

droite *f.* right; **à droite** *adv.* to the right (10)

drôle *adj.* funny, comical (2)

drôlement *adv.* funnily; *fam.* excessively

du *contr.* of **de le**

dû *p.p.* of **devoir**

duc *m.* duke

duel *m.* duel

duo *m.* duet

duquel *contr.* of **de lequel**

durant *prep.* during

durée *f.* duration

durer to last

dynamique *adj.* dynamic

E

eau *f.* water (8); **eau minérale** mineral water (8)

éblouissant *adj.* dazzling, amazing

échange *m.* exchange

échanger to exchange

échapper to escape

échec *m.* failure; check (*at chess*); *pl.* chess (*game*)

échelle *f.* ladder

échouer (à) to fail (15)

éclair *m.* chocolate pastry, eclair; lightning bolt

éclairant *adj.* lighting

école *f.* school (1); **Grandes Écoles** French professional schools (*independent of university system*) (15)

écologie *f.* ecology; environmentalism (19)

écologique *adj.* ecological (19)

écologiste *m., f.* ecologist; environmentalist (19)

économe *adj.* economical, thrifty (*person*) (9)

économie *f.* economy, economics (20); *pl.* savings; **économie politique** (study of) economics (3); **faire des économies** to save money (9)

économique *adj.* economic, economical (11)

économiser to economize, save

économiste *m., f.* economist

écouter to listen to (3)

écran *m.* screen (17)

écrire to write (5); **machine** *f.* **à écrire** typewriter

écriture *f.* writing; handwriting

écrivain *m.* (**femme écrivain** *f.*) writer (18)

éducatif (éducative) *adj.* educational

éducation *f.* education; upbringing

éduqué *adj.* educated

effacer to erase

effectuer to effect, carry out, accomplish (17)

effet *m.* effect; **en effet** *int., adv.* indeed (17)

efficace *adj.* efficient

effort *m.* effort, attempt

égal *adj.* equal; **cela m'est égal** it's all the same to me (5)

également *adv.* equally, also

égaler to equal, be equal to

égaliser to equalize, adjust

égalité *f.* equality (20)

église *f.* church (*Catholic*; cf. **temple**) (10)

égoïste *adj.* egotistical, selfish

Égypte *f.* Egypt

élaboration *f.* elaboration, design

élaborer to elaborate; to design (22)

élan *m.* impulse, momentum

électeur *m.* (**électrice** *f.*) voter, elector (20)

élection *f.* election

électoral *adj.* electoral

électorat *m.* electorate

électricité *f.* electricity

électrique *adj.* electric

électronique *adj.* electronic (17); *f.* (study of) electronics (15)

élégance *f.* elegance

élégant *adj.* elegant

élément *m.* element, factor

élémentaire *adj.* elementary

éléphant *m.* elephant

élève *m., f.* student, pupil (15)

élevé *adj.* high, elevated (18); raised, brought up

élever: s'élever to rise, get up; to work one's way up

élire to elect (14); *p.p.* **élu**

élision *f. phon.* elision, eliding (*vowels*)

elliptique *adj.* elliptical

éloigné *adj.* distant, removed (6)

éloignement *m.* distance (*from*)

éloquence *f.* eloquence

élu(e) *m., f.* the chosen or elected one

Élysée: palais *m.* **de l'Élysée** French presidential palace

embarquement *m.* embarkation

embarrassant *adj.* embarrassing; perplexing

embêter *fam.* to bother, annoy

embouteillage *m.* traffic jam, bottleneck (13)

embrasser to embrace, kiss

émergé *adj.* emerged, in view

émerveillé *adj.* amazed, wonderstruck (23)

émigré *m., f.* exile, émigré

émigrer to emigrate (22)

émission *f.* broadcast, emission (radio, TV)

emmener to take along (*person*) (13)

émotif (émotive) *adj.* emotional

émotion *f.* emotion

empêcher (de) to prevent

empereur *m.* (**impératrice** *f.*) emperor, empress

empire *m.* empire

emploi *m.* job, employment (18); use, usage; **emploi du temps** schedule, weekly calendar

employé(e) *m., f.* employee (18); **employé(e) de bureau** white-collar worker

employer to use, utilize, employ (4)

emporter to take along or away (*thing*) (8)

emprisonnement *m.* imprisonment

emprisonner to imprison

emprunter (à) to borrow (9)

en *prep.* in; to; on; of (1); *pron.* of him; of her; of it; some (10); **de temps en temps** *adv.* from time to time (13); **en avance** early (2); **en avoir assez** *fam.* to be bored with, sick of; **en-dessous** underneath; **en retard** late (2); **s'en aller** to go away, depart

enchaînement *m. phon.* sequence; linking

enchanté *adj.* enchanted, delighted

encombré *adj.* congested

encore *adv.* still, yet; again; more (8); **encore une fois** once again, once

more; **ne... pas encore** not yet (9)
encourager to encourage (4)
encyclopédie *f.* encyclopedia
endommager to damage
endormir: s'endormir to fall asleep (12)
endroit *m.* place, spot (6)
énergétique *adj.* energizing
énergie *f.* energy (19); strength
énergique *adj.* energetic, strong
énervé *adj.* irritable; excited
enfance *f.* childhood
enfant *m.* child (1)
enfermer to shut in, close in
enfin *adv.* finally; at last (2); *int.* still, well
engagé *adj.* (politically) involved, engaged (22); hired
engagement *m.* involvement, enlistment
engager: s'engager to get involved; to join (16)
énigme *f.* riddle, enigma
enlever to take off; to take away
ennemi(e) *adj.* enemy; *m., f.* enemy
ennui *m.* boredom, lassitude
ennuyer to bore; **s'ennuyer (de)** to be (get) bored (12); to have a bad time; to miss
ennuyeux (ennuyeuse) *adj.* boring (3)
énoncer to pronounce, enunciate
énorme *adj.* enormous
énormément *adv.* enormously, greatly; **pas énormément** not much
enquête *f.* inquiry; investigation
enregistrer to record, make records of (17)
enrichir to enrich
enseignant(e) *m., f.* teacher
enseigne *f.* sign, street sign
enseignement *m.* teaching, education (15)
enseigner to teach (14)
ensemble *adv.* together (5); *m.* whole; **vue** *f.* **d'ensemble** general view
ensuite *adv.* after; then; next (2)
entendre to hear (7); **entendre parler de** to hear about (16); **se faire entendre** to make oneself heard, express oneself; **s'entendre (bien/mal) (avec)** to get along (well/badly) (with) (16)
entendu: c'est entendu! *int.* agreed! (12); *p.p. of* **entendre**
enthousiasme *m.* enthusiasm
enthousiasmer: s'enthousiasmer (pour) to become enthusiastic (about)
enthousiaste *adj.* enthusiastic (2)
entier (entière) *adj.* entire
entité *f.* entity, being
entourer to surround

entracte *m.* intermission, entr'acte
entraîné *adj.* carried along
entraîner (à) to carry along, compel; **s'entraîner** to train (athlete) (12)
entre *prep.* between; among (3)
entrée *f.* entry; entryway; entrance; first course (8)
entreprendre to undertake
entrepreneur *m.* (**entrepreneuse** *f.*) entrepreneur; contractor
entreprise *f.* enterprise; business (18)
entrer (dans) to enter, step in (13)
entretenir to maintain, keep up; to converse with; **s'entretenir de** to talk about
entretien *m.* conversation, discussion; maintenance
envahir to invade, take over (14)
enveloppe *f.* envelope
envers *m.* wrong side, back; *prep.* toward, with; **envers et contre tous** against all comers
envie *f.* desire; **avoir envie de** to want (4)
envier to envy, be jealous
environ *prep., adv.* about, approximately, around (5); **aux environs de** in the vicinity of
environnement *m.* environment (19)
envoyé(e) spécial(e) *m., f.* foreign correspondent
envoyer to send (4)
épaule *f.* shoulder (12)
épeler to spell (0)
épicerie *f.* grocery store (8)
épidémie *f.* epidemic
épisode *m.* episode
époque *f.* epoch, era; **à cette époque-là** at that time, in that era (14)
épouser to marry
épouvantable *adj.* dreadful, appalling
épouvante *f.* horror, fear; **film** *m.* **d'épouvante** horror movie
éprouver to feel; to meet with; to test
épuisement *m.* exhaustion; using up
équation *f.* equation
équilibre *m.* equilibrium, balance
équilibrer to balance
équipage *m.* crew (*of a boat*)
équipe *f.* team (12)
équipé *adj.* outfitted; manned
équipement *m.* equipment; gear
équitable *adj.* just, equitable
équitation *f.* horseback riding (12)
équivalent *adj.* equivalent
ère *f.* era, epoch
erreur *f.* error, mistake
éruption *f.* eruption
escale *f.* stop(over); **faire escale** to make a stop (*boat, plane*) (11); **sans escale** nonstop

escalier *m.* stairs, staircase (6); **escalier roulant** escalator, moving stairway
escargot *m.* snail (8)
espace *m.* space (19)
Espagne *f.* Spain (11)
espagnol(e) *adj.* Spanish (1); **Espagnol(e)** *m., f.* Spaniard; *m.* Spanish language
espèce *f.* species, kind
espérer to hope, expect (3)
espoir *m.* hope
esprit *m.* spirit; mind
essai *m.* attempt, trial; essay; **mariage** *m.* **à l'essai** trial marriage
essayer (de) to try; to try out (4)
essence *f.* gasoline (11); essence; **poste** *m.* **d'essence** gas station, gas pump
essentiel(le) *adj.* essential
est *m.* east (10)
estimable *adj.* admirable
estimer to think, have an opinion
estomac *m.* stomach
et *conj.* and (0); **et comment!** *int.* and how! definitely! (2); **et vous?** and you? how are you? (0)
établir to set up, establish (14)
établissement *m.* establishment, setting up (14)
étage *m.* story (*of a building*) (6); **premier étage** second story
étagère *f.* set of shelves, bookshelves (5)
étant donné *conj.* given, considering
étape *f.* phase, stage; lap
état *m.* state, government (11); condition, situation
États-Unis *m. pl.* United States (11)
été *m.* summer (7); *p.p. of* **être**
éteindre to put out (*light*); to extinguish
étendre to extend; to stretch (out)
étendu *adj.* extended, stretched; *p.p. of* **étendre**
éternel *adj.* immortal, eternal
ethnique *adj.* ethnic
étoile *f.* star
étonnant *adj.* surprising
étonner to surprise, astonish; **s'étonner (de)** to be astonished (at) (12)
étrange *adj.* strange, odd
étranger *m.* (**étrangère** *f.*) foreigner, newcomer (9); **à l'étranger** abroad (13)
être to be (1); *m.* being; **être à** to belong to (22); **être assis** to be seated (2); **être d'accord** to agree (1); **être debout** (*inv.*) to be standing (2); **être d'origine (française)** to be of (French) origin (1); **être en train de** (+ *inf.*) to be in the midst of
étroit *adj.* narrow, small

étroitement *adv.* closely, tightly
étude *f.* study (3); **faire des études de** to study; **programme** *m.* **d'études** curriculum; course load
étudiant(e) *m., f.* student (0)
étudier to study (3)
étymologique *adj.* etymological
eu *p.p. of* avoir
Europe *f.* Europe
européen(ne) *adj.* European; **Européen(ne)** *m., f.* European person; *f. pl.* European elections
eux *pron.* they; them; **eux-mêmes** themselves
évacuer to evacuate; to empty
évaluer to appraise
évasion *f.* escape
événement *m.* event; occurrence (14)
éventualité *f.* possibility, contingency
éventuel(le) *adj.* possible
évidemment *adv.* evidently, obviously
évident *adj.* obvious
éviter to avoid
évoluer to evolve, develop
évolution *f.* evolution
évoquer to evoke, call to mind
exact *adj.* correct
exagération *f.* exaggeration
exagérer to exaggerate
exaltant *adj.* exciting, stirring
examen *m.* examination; test (1)
examiner to examine
exaspéré *adj.* aggravated; infuriated
excellent *adj.* fine, excellent; *int.* great! excellent!
exceller to excel
excentricité *f.* eccentricity
excentrique *adj.* eccentric
excepté *prep.* except
exception: à l'exception de *prep.* with the exception of
exceptionel(le) *adj.* exceptional
excessif (excessive) *adj.* excessive
exciter to excite, stir up
exclusivement *adv.* exclusively, uniquely
excuser to excuse; **s'excuser** to apologize; **excusez-moi** excuse me, pardon me (0)
exemplaire *adj.* exemplary; *m.* copy
exemple *m.* example; **par exemple** for example; *int.* my word!
exercer to exercise; to practice (*profession*) (18)
exercice *m.* exercise (1)
exiger to require, demand (20)
existentialiste *adj.* existentialist; *m., f.* existentialist
exister to exist
exotique *adj.* exotic, foreign; **poisson** *m.* **exotique** tropical fish

expatrié(e) *adj.* expatriate; *m., f.* expatriate
expérience *f.* experience; experiment
expérimenter to try out
explication *f.* explanation
expliquer to explain
exploiter to exploit, make use of
explorateur *m.* (**exploratrice** *f.*) explorer
explorer to explore
exportation *f.* export
exporter to export
exposé *adj.* exposed, on view; *m.* presentation
exposer to expose, show, set forth
exposition *f.* exhibition, show (23)
expression *f.* expression; word, phrase; language
exprimer to express
expulsé *adj.* expelled
extérieur *adj.* outside; *m., f.* outside, exterior; **à l'extérieur** *adv.* outside
extrait *m.* extract
extraordinaire *adj.* extraordinary, unusual (2)
extraterrestre *adj.* extraterrestrial; *m.* extraterrestrial (being)
extrême *adj.* extreme, intense
extrémiste *m., f.* extremist

F

fable *f.* fable
fabrication *f.* manufacture
fabrique *f.* factory
fabriquer to make, manufacture
fabuleux (fabuleuse) *adj.* fabulous, marvelous
fac *f. fam.* faculté
façade *f.* façade, front
face *f.* front; face; **en face de** *prep.* facing, across from
facette *f.* facet
fâcher: se fâcher (contre) to be angry (with)
facile *adj.* easy (4)
faciliter to facilitate
façon *f.* manner, way (14); **de cette façon** *adv.* in this (that) way; **de quelle façon** how, in what way
facteur *m.* mailman (18); agent, factor
facture *f.* bill
faculté *f.* branch (*university*); college (3); **faculté des lettres** college of liberal arts
faillite *f.* failure; bankruptcy
faim *f.* hunger; **avoir faim** to be hungry (4); **avoir une faim de loup** to be ravenous
faire to make; to do (5); **comment se**

fait-il que (+ *subj.*) how does it happen that; **faire attention (à)** to watch out; **faire beau** to be good weather (7); **faire brun** *Q.* to get dark; **faire chaud** to be hot (*weather*) (7); **faire confiance à** to trust (20); **faire de la bicyclette** to go biking (12); **faire de l'auto-stop** to hitchhike (11); **faire de son mieux** to do one's best (18); **faire des achats** to go shopping (9); **faire des calculs** to calculate, compute (17); **faire des économies** to save (*money*) (9); **faire des recherches** to do research (17); **faire du bateau** to go boating; **faire du bricolage** to do "do-it-yourself" work (13); **faire du brouillard** to be foggy (7); **faire du camping** to go camping (13); **faire du lèche-vitrines** to go window-shopping; **faire du mal à** to hurt, injure; **faire du ski** to go skiing (13); **faire du soleil** to be sunny (7); **faire du vent** to be windy (7); **faire escale** to make a stop (*boat, plane*) (11); **faire faire** to have something done, cause something to be done (23); **faire frais** to be cool (*weather*) (7); **faire froid** to be cold (*weather*) (7); **faire fureur** to be all the rage; **faire la connaissance de** to meet; to make the acquaintance of (5); **faire la cuisine** to cook (5); **faire la grève** to go on strike (20); **faire la queue** to wait, stand in line (9); **faire la sieste** to take a nap; **faire la vaisselle** to do the dishes (5); **faire le lit** to make the bed (5); **faire le marché** to go to the market (5); **faire le ménage** to clean house (5); **faire les courses** to do errands (5); **faire mauvais** to be bad weather (7); **faire nuit** to get dark; **faire partie (de)** to belong (to) (12); **faire peur (à)** to frighten; **faire semblant de** to pretend, feign; **faire ses devoirs** to do one's homework (5); **faire un pique-nique** to go on a picnic (7); **faire un reportage** to make a report; **faire un stage** to participate in a workshop (13); to do an internship; **faire un tour** to go about (11); **faire un voyage** to take a trip (5); **faire une promenade** to take a walk (5); **faire une trompe** *Q.* to make a mistake; **faites comme chez vous** make yourself at home
fait *p.p. of* faire; *m.* fact; **ça fait (deux ans) que je...** I've been . . . for (two years) (15); **en fait** *adv.* indeed, in fact; **tout à fait** entirely, absolutely

falloir to be necessary; **il faut** it is necessary (18); *p.p.* **fallu**
fameux (fameuse) *adj.* famous
familial *adj.* of the family, familial (6)
familier (familière) *adj.* familiar; domestic
famille *f.* family (6); **en famille** with the family
fanatique *adj.* fanatic
fantastique *adj.* fantastic
farine *f.* flour
farouche *adj.* unsociable, shy (2)
fatigant *adj.* tiring, wearisome
fatigué *adj.* tired, fatigued
fatiguer to tire (out); **se fatiguer** to get tired
faubourg *m.* suburb, outlying part (of town)
fauché *adj. fam.* (to be) broke, out of cash (9)
faute *f.* error; fault
faux (fausse) *adj.* false
faveur *f.* favor
favori (favorite) *adj.* favorite (4)
favoriser to favor; to promote
fédération *f.* federation; organization
féerique *adj.* fairylike, enchanting
félicitations *int.* congratulations! (11)
féminin *adj.* feminine
femme *f.* woman (1); wife (6); **femme d'affaires** businesswoman; **femme écrivain** woman writer (18); **femme médecin** woman doctor (18)
fenêtre *f.* window (0)
fer *m.* iron; **chemin** *m.* **de fer** railroad
ferme *f.* farm (19); *adj.* firm, solid
fermer to shut, close (2)
fermeture *f.* closing
fermier *m.* **(fermière** *f.*) farmer
fervent *adj.* enthusiastic, fervent
fête *f.* holiday, festival (1); **Fête des Mères** Mother's Day; **Fête des Pères** Father's Day; **Fête du Travail** Labor Day; **fête foraine** amusement park, carnival; **jour de fête** holiday
fêter to celebrate
feu *m.* fire; traffic light; **cracheur** *m.* **de feu** fire-eater
feuille *f.* leaf; sheet of paper; form
février February (1)
fiancé(e) *adj.* engaged; *m., f.* fiancé, fiancée
fiancer: se fiancer to become engaged (16)
fibre *f.* fiber, filament
fidèle *adj.* faithful
fidélité *f.* fidelity, loyalty
fier (fière) *adj.* proud (2)
fiévreux (fiévreuse) *adj.* feverish
figurer to represent, appear; **se figurer** to imagine; **figure-toi que** would you believe that
file *f.* file, line
filet *m.* net; net bag
fille *f.* daughter (6); girl; **amie de fille** *Q.* girl friend; **jeune fille** girl; **petite-fille** granddaughter
film *m.* film, movie (3); (camera) film; **film d'aventure** adventure movie
fils *m.* son (6); **petit-fils** grandson
filtre *m.* filter
fin *f.* end (7); *adj.* acute, sharp; **fin de semaine** weekend; **prendre fin** to (come to an) end (14)
finalement *adv.* finally
finance *f.* finance
financier (financière) *adj.* financial
finesse *f.* delicacy, nicety
finir (de) to finish, end (6)
firme *f.* (business) firm
fixe *adj.* fixed, set
fixer to fix, fasten; to settle on
flamand(e) *adj.* from Flanders, Flemish; **Flamand(e)** *m., f.* Flemish person; *m.* Flemish language
Flandre *f.* Flanders
flâner to stroll
flâneur *m.* **(flâneuse** *f.*) stroller, walker
fleur *f.* flower (5)
fleuve *m.* river (10)
Floride *f.* Florida
flûte *f.* flute; small, narrow loaf of French bread
foi *f.* faith
foie *m.* liver; **pâté** *m.* **de foie gras** goose liver pâté
foire *f.* fair
fois *f.* time (15); times (*in multiplication*) (0); **à la fois** at the same time; **encore une fois** once again, once more; **pour une fois** for once (13); **une fois que** once
fol *see* **fou**
folie *f.* madness; distraction
folklorique *adj.* folkloric, folk
fonction *f.* function
fonctionnaire *m., f.* official; civil servant (18)
fonctionner to function, work (*machine*)
fond *m.* bottom; **au fond** ultimately, deep down; in the background, at the back
fondamental *adj.* fundamental, essential
fondateur *m.* **(fondatrice** *f.*) founder
fondation *f.* foundation
fonder to found, establish (14)
fonds *m. pl.* funds, money
fondu *adj.* melted
fontaine *f.* fountain (1); spring
foot *m. fam.* soccer (3)
football *m.* soccer (3)
footballeur *m.* soccer player
forain *adj.* itinerant, traveling; **fête** *f.* **foraine** carnival, traveling fair
force *f.* force, strength
forestier (forestière) *adj.* pertaining to forests
forêt *f.* forest (13)
forgé *adj.* forged; **fer** *m.* **forgé** wrought iron
formation *f.* education, training
forme *f.* form; shape, physical condition; **garder la forme** to stay in shape (12)
formellement *adv.* formally; absolutely
former to form, shape
formidable *adj.* terrific, great
formule *f.* formula, formality
formuler to formulate, define
fort *adj.* strong; energetic; loud (2); *adv.* very; *m.* fort
fortuné *adj.* well-off, rich
fou (fol, folle) *adj.* mad, crazy; *m., f.* crazy person; **un monde fou** a big crowd
foudre *f.* lightning; **coup** *m.* **de foudre** thunderbolt; love at first sight
fougue *f.* ardor, spirit
four *m.* oven
fourchette *f.* fork (8)
fourmi *f.* insect
fournir to furnish, supply
fournitures *f. pl.* supplies
fourrure *f.* fur
foyer *m.* hearth; home; dormitory
fraîcheur *f.* coolness
frais (fraîche) *adj.* fresh; cool (8); *m. pl.* expenses, costs; **faire frais** to be cool (*weather*) (7); **frais d'inscription** registration fees, tuition
fraise *f.* strawberry (8)
franc *m.* franc (*French, Belgian, or Swiss monetary unit*) (4)
franc (franche) *adj.* frank, honest
français(e) *adj.* French (1); **Français(e)** *m., f.* French person; *m.* French language
France *f.* France
franchement *adv.* frankly, openly
franco-américain(e) *adj.* French-American; **Franco-Américain(e)** *m., f.* French-American person; **franco-canadien(ne)** *adj.* French-Canadian; **Franco-Canadien(ne)** *m., f.* French-Canadian person; **franco-indien** *adj.* French and Indian (War)
francophone *adj.* French-speaking (21)
francophonie *f.* French-speaking regions

franglais *m.* French marked by borrowings from English

frappant *adj.* striking, remarkable

frapper to strike; to hit (23)

fraternité *f.* fraternity, brotherhood (20)

fréquent *adj.* frequent

fréquenter to frequent, attend

frère *m.* brother (6)

frisé *adj.* curly (*hair*) (12)

frit *adj.* fried; **pommes** *f. pl.* **frites** french fries (8)

froid *adj.* cold; **avoir froid** to be cold (*person*) (4); **faire froid** to be cold (*weather*) (7)

fromage *m.* cheese (8)

frontière *f.* border, frontier

fruit *m.* fruit (8); **jus** *m.* **de fruit** fruit juice (8)

frustré *adj.* frustrated

fuir to flee, escape; *p.p.* **fui**

fumée *f.* smoke

fumer to smoke (4)

fureur *f.* fury; **faire fureur** to be all the rage

furieux (furieuse) *adj.* furious

fusée *f.* rocket

fusil *m.* rifle

futur *adj.* future; *m. gram.* future; **futur antérieur** future perfect (tense)

G

Gabon *m.* Gabon (*country in Africa*)

gagner to earn; to gain (9); to win

galerie *f.* gallery (23)

garage *m.* garage

garantie *f.* guarantee

garçon *m.* boy (2); waiter (*somewhat pejorative*)

garde *f.* guard; protection

garder to keep (5); **garder la forme** to stay in shape (12)

gare *f.* (train) station (10)

garer (la voiture) to park (the car)

gars *m. fam.* (young) fellow, lad

gaspillage *m.* waste, squandering (19)

gaspiller to waste (19)

gastronomique *adj.* gastronomical

gâteau *m.* cake (8)

gauche *adj.* left; *f.* the (political) left; **à gauche** *adv.* to the left (8)

gaulois *adj.* Gallic

gaz *m.* (natural) gas

gazette *f. Q.* newspaper

géant(e) *m., f.* giant

généalogique *adj.* genealogical

général *adj.* general, universal; *m.* general; **en général** *adv.* generally; **en règle générale** generally speaking (13)

généralement *adv.* generally, generally speaking (1)

généralisation *f.* generalization

généralisé *adj.* generalized, widespread

généreux (généreuse) *adj.* generous, liberal

générosité *f.* generosity

Genève Geneva

génial *adj.* inspired, brilliant

génie *m.* genius; genie; **génie civil** civil engineering (15)

genre *m.* kind, sort; gender

gens *m. pl.* people (5); **jeunes gens** young people; young men (5)

gentil(le) *adj.* nice, pleasant (2)

gentiment *adv.* nicely, kindly

géographie *f.* geography

géographique *adj.* geographic

géologie *f.* geology

géométrique *adj.* geometrical

Géorgie *f.* Georgia

germain: cousin germain *adj.* first cousin

geste *m.* gesture

gestion *f.* (business) administration (18)

gigantesque *adj.* gigantic

girafe *f.* giraffe

glace *f.* ice; ice cream (8)

glossaire *m.* glossary, lexicon

golfe *m.* gulf, bay

gorge *f.* throat, neck; gorge

gosse *m., f. fam.* kid

gothique *adj.* Gothic

gourde *f.* gourd; *fam.* fool

gourmand *adj.* gluttonous, greedy (8)

gourmet *m.* gourmet, epicure

goût *m.* taste; flavor (3)

goûter to taste (8); *m.* afternoon snack (8)

gouvernement *m.* government (20)

gouverner to govern

gouverneur *m.* governor

grâce *f.* grace; **grâce à** thanks to

graduellement *adv.* gradually

grammaire *f.* grammar

grand *adj.* great; tall; large (5); **Grande-Bretagne** *f.* Great Britain; **Grandes Écoles** French professional schools (*independent of university system*); **grandes vacances** summer vacation; **grand magasin** department store (7); **grand-mère** *f.* grandmother (6); **grand-oncle** *m.* great-uncle; **grand-père** *m.* grandfather; **grand-tante** *f.* great-aunt (6); **grands-parents** *m. pl.* grandparents (6); **pas grand-chose** not much

grandeur *f.* size; greatness

grandiose *adj.* grand, imposing

grandir to grow (up) (14)

grandissant *adj.* increasing, growing

granit *m.* granite

graphique *adj.* graphic

gras(se) *adj.* fat; **en caractères gras** in boldface type; **Mardi Gras** Shrove Tuesday

grave *adj.* serious (19); **accent** *m.* **grave** grave (accent) (è)

gravure *f.* engraving; print

grec (grecque) *adj.* Greek; **Grec** *m.* **(Grecque** *f.)* Greek person; *m.* Greek language

Grèce *f.* Greece

gréé *adj.* rigged (*ship*)

grégorien(ne) *adj.* Gregorian

grenier *m.* attic

grève *f.* strike (20); **faire la grève** to go on strike

griffe *f.* claw; trademark

gris *adj.* gray (2)

gros (grosse) *adj.* big; fat; great (5); **coûter gros d'argent** *Q.* to cost a lot

grossir to gain weight

groupe *m.* group (1)

Guadeloupe *f.* Guadeloupe

guadeloupéen(ne) *adj.* from Guadeloupe; **Guadeloupéen(ne)** *m., f.* person from Guadeloupe

guerre *f.* war; **après-guerre** *m.* postwar period; **avant-guerre** *m.* prewar period; **deuxième guerre mondiale** World War II

guerrier (guerrière) *adj.* warlike; *m., f.* warrior

guide *m.* guide; guidebook

guider to guide

guillemet *m.* quotation mark (« »)

Guinée *f.* Guinea

guitare *f.* guitar (4)

guitariste *m., f.* guitarist

guyanais(e) *adj.* Guianese, from French Guiana (22); **Guyanais(e)** *m., f.* person from French Guiana

Guyane française *f.* French Guiana (22)

gymnastique *f.* gymnastics, aerobics

H

habilement *adv.* cleverly

habiller: s'habiller to dress, get dressed (12)

habit *m.* dress, costume

habitant(e) *m., f.* inhabitant; owner (16)

habitation *f.* housing

habiter to live in, inhabit (3)

habitude *f.* habit, custom; **d'habitude** *adv.* usually (13)

habituel(le) *adj.* usual, ordinary

habituer: s'habituer à to get used to

Haïti Haiti (22)

halte f. stop, halt
haricot m. bean (8)
harpe f. harp
hasard m. chance; **par hasard** *adv.* accidentally
haut adj. high; superior; **de haut** *adv.* from above; **en haut** upstairs; **en haut de** at the top of; **haute couture** *f.* high fashion (22)
Haute-Savoie f. region in the French Alps
Haute-Volta f. Upper Volta (22)
hauteur f. height, altitude
hégémonie *f.* hegemony, domination
hein int. what?
hélicoptère *m.* helicopter
herbe *f.* grass; herb
héritage *m.* heritage (21); inheritance
héritier *m.* (**héritière** *f.*) beneficiary, inheritor
héroïne *f.* heroine
héros m. hero
hésitation *f.* hesitation
hésiter to hesitate
hétérogène *adj.* heterogeneous
heu int. uh
heure *f.* hour (3); o'clock; *adv.* **à l'heure** on time (2); **à l'heure actuelle** at the present time; **heure d'affluence (de pointe)** rush hour (11); **il est (deux) heures** it's (two) o'clock (3); **quelle heure est-il?** what time is it? (3); **tout à l'heure** just now, in a little while
heureux (heureuse) *adj.* happy; fortunate (5); **je suis heureux (-euse) de faire votre connaissance** (I am) pleased to meet you
hier *adv.* yesterday (1); **hier soir** last night
hispano-américain(e) *adj.* Spanish-American; **Hispano-Américain(e)** *m., f.* Spanish-American person
histoire *f.* story; history (1)
historien(ne) *m., f.* historian
historique *adj.* historic
hiver *m.* winter (7)
hollandais adj. Dutch
Hollande f. Holland, the Netherlands
hommage *m.* homage
homme *m.* man (1); **homme d'affaires** businessman; **homme politique** political figure; **jeune homme** young man (2)
Honduras m. Honduras
hongrois adj. Hungarian; *m.* Hungarian language
honnête *adj.* honest
honnêteté *f.* honesty
honneur *m.* honor; **en l'honneur de** in honor of
honorer to honor
honte f. shame; **avoir honte** to be ashamed, embarrassed (20)
hôpital *m.* hospital (1)
horaire *m.* schedule (15)
horizon *m.* horizon
horloge *f.* (large) clock
horreur *f.* horror; **quelle horreur** *int.* that's atrocious, horrid! (23)
hors prep. out of; **hors de prix** outrageously expensive; **hors-taxe** *adj.* duty-free
hors-d'œuvre m. pl. appetizers, hors d'oeuvres (8)
hôte *m.* (**hôtesse** *f.*) host; hostess (4)
hôtel *m.* hotel (10); **Hôtel de Ville** City Hall
hôtesse de l'air *f.* airline stewardess (11)
huée f. booing, hooting
huguenot(e) m., f. Huguenot (*French Protestant*)
huile *f.* oil (8); **peinture** *f.* **à l'huile** oil painting
huitième adj. eighth (6)
huître *f.* oyster (8)
humain *adj.* human; humane; **les sciences** *f. pl.* **humaines** social sciences (3)
humanitaire *adj.* humanitarian, charitable
humeur *f.* mood, temperament
humoriste *m., f.* humorist, comic writer
humoristique: dessin *m.* **humoristique** cartoon
humour *m.* humor (22)
hygiène *f.* hygiene, health (15)
hymne *m.* hymn; anthem
hypermarché *m.* giant supermarket
hypocalorique *adj.* low in calories
hypocrite *adj.* hypocritical
hypothèse *f.* hypothesis
hypothétique *adj.* hypothetical

I

ici *adv.* here; now (0); **d'ici là** until then, until that time
idéal *adj.* ideal; *m.* ideal (**idéals** *pl.*)
idéalisme *m.* idealism
idéaliste *adj.* idealistic; *m., f.* idealist
idée *f.* idea (1)
identifier to identify; **s'identifier avec** to identify with
identique *adj.* identical
identité *f.* identity (21)
idiomatique *adj.* idiomatic
idiot *adv. fam.* in an idiotic way
idole *f.* idol
île *f.* island (11)
Île-de-France *f.* Ile-de-France (*French province*) (16)
illimité *adj.* unlimited
illogique *adj.* illogical
illuminé *adj.* illuminated
illustre *adj.* famous, illustrious
illustrer to illustrate
il y a there is; there are (0); ago (15); **est-ce qu'il y a…?** is there, are there . . . ?; **qu'est-ce qu'il y a?** what's the matter? (2)
image *f.* picture; image
imaginaire *adj.* imaginary
imaginer to imagine, suppose
imiter to imitate
immédiat *adj.* immediate
immeuble *m.* office or apartment building (6); real estate
immigré(e) *m., f.* immigrant
immobiliser: s'immobiliser to freeze, come to a standstill
immortel(le) *adj.* immortal; *m., f.* immortal
imparfait *m. gram.* imperfect (past) tense
impatienter: s'impatienter to get impatient
imper *m. fam.* imperméable
impératif (impérative) *adj.* imperative; *m. gram.* imperative (mood)
imperceptiblement *adv.* imperceptibly
imperméable *m.* raincoat (7)
impersonnel(le) *adj.* impersonal
impétueux (impétueuse) *adj.* impetuous
importance *f.* importance
important *adj.* important, large, big; **il est important de/que** it's important to (18)
importer to import; to be important
imposer to impose
impossible *adj.* impossible; **il est impossible de/que** it's impossible to (18)
impôt *m.* tax, duty (20)
impressionnant *adj.* impressive
impressionner to impress
impressionniste *adj.* impressionist; *m., f.* impressionist (painter)
imprimante *f.* printer, automatic typewriter (17)
imprimer to print
imprimerie *f.* print shop; printing press
impulsif (impulsive) *adj.* impulsive
impulsion *f.* impulse
inattendu *adj.* unexpected
inattentif (inattentive) *adj.* inattentive, careless
inaugurer to inaugurate
incertitude *f.* uncertainty
inchangeable *adj.* unchangeable

inclure to include
inclus *adj.* included, enclosed
incompétent *adj.* incompetent
incompréhensible *adj.* incomprehensible
incompréhension *f.* lack of understanding
inconnu(e) *adj.* unknown, strange; *m., f.* stranger
inconvénient *m.* drawback, disadvantage (9)
incroyable *adj.* incredible
Inde *f.* India
indécis *adj.* undecided, hesitating
indéfini *adj.* indefinite
indépendance *f.* independence (14)
indépendant *adj.* independent (14)
indéterminé *adj.* undetermined; indeterminate
indicatif (indicative) *adj.* indicative; *m. gram.* indicative (mood)
indien(ne) *adj.* Indian
indifférence *f.* indifference; heedlessness
indifférent *adj.* indifferent; uncaring
indigène *adj.* indigenous, native; *m., f.* native
indiquer to indicate, show
indiscret (indiscrète) *adj.* indiscreet (4)
indispensable *adj.* indispensable; **il est indispensable de/que** it's necessary, required that (18)
individu *m.* individual
individualiste *adj.* individualistic
individuel(le) *adj.* individual, personal
Indochine *f.* Indochina (22)
industrialisé *adj.* industrialized
industriel(le) *adj.* industrial (19)
inégalité *f.* inequality
inévitable *adj.* inevitable
infect *adj.* awful, foul
infiniment *adv.* infinitely, much more
infinitif *m. gram.* infinitive
infirmier *m.* **(infirmière** *f.***)** nurse (18)
infixe *m. gram.* infix (*derivational or inflectional affix in middle of word; e.g.,* **-iss-**)
influencer to influence (23)
informations *f. pl.* news; information, data (17)
informatique *f.* data processing; computer science (2)
informer to inform
infraction *f.* offense, misdemeanor
ingénieur *m.* engineer (18)
ingrédient *m.* ingredient
inhabituel(le) *adj.* unusual
inintéressant *adj.* uninteresting
initiale *f.* initial (*letter*)
initier to initiate; **s'initier à** to learn, get to know

injuste *adj.* unfair; **il est injuste de/que** it's unfair to (18)
injustice *f.* injustice
innombrable *adj.* countless
innovatif (innovative) *adj.* innovative, clever
inoubliable *adj.* unforgettable
inquiet (inquiète) *adj.* uneasy, worried
inquiétant *adj.* disquieting, worrisome
inquiéter: s'inquiéter (de) to worry, be anxious (about) (19)
inquiétude *f.* worry, unease
inscription *f.* registration, matriculation; inscription; **frais** *m.* **d'inscription** registration fees, tuition
inscrire: s'inscrire (à) to register (in) (15)
inscrit *adj.* registered; inscribed; **être inscrit à** to be registered in (20)
insecte *m.* insect
insécurité *f.* insecurity
inséparable *adj.* inseparable
insistance *f.* insistence; emphasis
insister (sur) to insist (on); to emphasize
insociable *adj.* unsociable
insolite *adj.* unusual
inspecteur *m.* **(inspectrice** *f.***)** inspector; superintendent
inspirer to inspire
installation *f.* installation; moving in
installer to install; **s'installer** to settle down; to move in (12)
instance: tribunal *m.* **de grande instance** French county court
instantanément *adv.* instantaneously
instituer to institute
institut *m.* institute; institution
instituteur *m.* **(institutrice** *f.***)** teacher (elementary school) (18)
instructif (instructive) *adj.* instructive
instrument *m.* instrument, tool; **instrument de musique** musical instrument (4)
insuccès *m.* failure
insuffisant *adj.* insufficient
insulte *f.* insult
insulter to insult
insupportable *adj.* unbearable
intégration *f.* integration
intégrer to integrate; **circuit** *m.* **intégré** integrated circuit
intellectuel(le) *adj.* intellectual; *m., f.* intellectual person, thinker
intelligemment *adv.* intelligently
intenable *adj.* uncontrollable; untenable
intensifier to intensify
interdiction *f.* prohibition
interdire to forbid (11)
interdit *adj.* forbidden (7)

intéressant *adj.* interesting; attractive (2)
intéresser to interest; **s'intéresser à** to take an interest in
intérêt *m.* interest
intérieur *adj.* inside, interior; *m.* interior
interprétation *f.* interpretation
interprète *m., f.* interpreter (18); phrase book
interrogatif (interrogative) *adj.* interrogative
interroger to question, interrogate
interrompre to interrupt; *p.p.* **interrompu**
intervenir to intervene
interview *f.* interview
interviewer to interview
intolérable *adj.* intolerable
intransitif (intransitive) *adj. gram.* intransitive (*verb*)
introduire to introduce; *p.p.* **introduit**
inutile *adj.* useless
inventer to invent, create
inventeur *m.* **(inventrice** *f.***)** inventor
inventionner *Q.* to imagine
inversé *adj.* inverted
investir to invest
invité(e) *m., f.* guest
inviter to invite (4)
Iran *m.* Iran (11)
irlandais(e) *adj.* Irish; **Irlandais(e)** *m., f.* Irish person
Irlande *f.* Ireland
ironique *adj.* ironic, ironical
irréel(le) *adj.* unreal, enchanting
irrégularité *f.* irregularity
irrégulier (irrégulière) *adj.* irregular
irremplaçable *adj.* irreplacable
irrépressible *adj.* irrepressible
irrésistible *adj.* irresistible
irriter to irritate; **s'irriter** to get annoyed
isolé *adj.* isolated, solitary
Israël Israel (11)
issu *adj.* descended (from), born (of)
Italie *f.* Italy (11)
italien(ne) *adj.* Italian (1); **Italien(ne)** *m., f.* Italian person; *m.* Italian language
italique *adj.* italic; **en italique** in italics
itinéraire *m.* itinerary (11)
ivoire *m.* ivory; **Côte-d'Ivoire** *f.* Ivory Coast (22)
ivoirien(ne) *adj.* from the Ivory Coast (22)

J

jamais *adv.* ever; never; **ne... jamais** never, not ever (9)

jambe *f.* leg (12)
jambon *m.* ham (8)
janvier January (1)
Japon *m.* Japan (11)
japonais(e) *adj.* Japanese (1); **Japonais(e)** *m.*, *f.* Japanese person; *m.* Japanese language
jardin *m.* garden (1)
jardinage *m.* gardening (13)
jardinier *m.* (**jardinière** *f.*) gardener
jargon *m.* jargon; slang
jaune *adj.* yellow (2)
jean *m.* (pair of) blue jeans
jeter to throw (3)
jeu *m.* game (4); play; **jeu de hasard** game of chance (13); **jeu de société** parlor game, group game (13); **Jeux olympiques** Olympics, Olympic Games; **vieux jeu** *adj. inv. fam.* outmoded, old-fashioned
jeudi *m.* Thursday (0)
jeune *adj.* young (5); **jeune fille** girl (2); **jeunes (gens)** *m. pl.* young people; young men (4); **jeune homme** young man (2)
jeunesse *f.* youth; **auberge** *f.* **de jeunesse** youth hostel
job *m. fam.* temporary job, odd job
Joconde (la) *f.* Mona Lisa
joie *f.* joy
joindre to join, attach; **se joindre à** to join, become a member of (23)
joli *adj.* pretty (5)
jongler to juggle; **jongler avec** to juggle with
jongleur *m.* (**jongleuse** *f.*) juggler
joual *m.* Joual (*French-Canadian dialect*)
jouer to play; to perform (4); **jouer un rôle** to play a role (21)
joueur *m.* (**joueuse** *f.*) player (12)
jour *m.* day (0); **de nos jours** these days; **Jour de l'An** New Year's Day; **plat** *m.* **du jour** special of the day; **quel jour sommes-nous?** what day is it? (1); **tous les jours** every day
journal *m.* newspaper (5); diary
journaliste *m.*, *f.* journalist
journée *f.* day; daytime (9)
joyeux (joyeuse) *adj.* joyous, elated
juge *m.* judge
jugement *m.* judgment, verdict
juger to judge
juillet July (1)
juin June (1)
juif (juive) *adj.* Jewish; *m.*, *f.* Jewish person
jupe *f.* skirt (2)
jus *m.* juice (8); **jus de fruit** fruit juice (8)
jusque *prep.* until; as far as; up to (11); **jusqu'à ce que** (+ *subj.*) until (21);

jusqu'ici up to now, up to here
juste *adj.* just; rightful; *adv.* exactly; **au juste** exactly, actually; **il est juste de/que** it's fair, right to (18)
justement *adv.* exactly
justice *f.* justice
justifier to justify

K

kilo *m.* kilogram
kilomètre *m.* kilometer
kiosque *m.* kiosk; newsstand

L

la *pron. f.* it, her
là *adv.* there (1); **d'ici là** until then, until that time; **là-bas** over there (1); **là-haut** up there
labo *m. fam.* laboratory
laboratoire *m.* laboratory
lac *m.* lake (13)
laine *f.* wool; **en laine** woolen (2)
laïque *adj.* lay, secular
laisser to leave (8); **laisser** (+ *inf.*) to let, allow (21)
lait *m.* milk (8)
lampe *f.* lamp (1); **lampe de poche** flashlight
lancement *m.* launching
lancer to throw, project, launch
lanceur *m.* launcher
langue *f.* language; tongue (1)
Languedoc *m.* Languedoc (*southern French region*)
laps *m.* lapse, time period
large *adj.* wide
latin *adj.* Latin; *m.* Latin language
Laurentides *f. pl.* Laurentian Mountains (*Quebec*)
lavabo *m.* bathroom sink, wash basin (5); *pl.* (public) toilet
laver: se laver to wash (oneself) (12)
lave-vaisselle *m.* (automatic) dishwasher
le *pron. m.* it, him
lèche-vitrines: faire du lèche-vitrines to go window-shopping
leçon *f.* lesson (3)
lecteur *m.* (**lectrice** *f.*) reader
lecture *f.* reading
légal *adj.* legal
légaliser to legalize
légendaire *adj.* legendary
légende *f.* legend; caption
léger (légère) *adj.* light; **ultra-léger-motorisé (ULM)** ultralight (plane)
légèrement *adv.* lightly, slightly

législateur *m.* (**législatrice** *f.*) legislator, lawmaker
législatif (législative) *adj.* legislative (20)
législation *f.* legislation
légume *m.* vegetable (8)
lendemain *m.* the next day, the following day
lent *adj.* slow; sluggish (12)
lequel (laquelle, lesquelles) *pron.* which; who; whom; that (16)
les *pron. pl.* them
lettre *f.* letter; *pl.* liberal arts; humanities (3); **faculté** *f.* **des lettres** college of liberal arts
leur (le/la) *pron.* theirs; to them (*indirect object*); *adj.* their
lever: se lever to get up (12)
lexique *m.* lexicon, glossary
liaison *f.* liaison, linking
Liban *m.* Lebanon
libération *f.* liberation; **Libération** liberation from German occupation by the Allies (*World War II*) (14)
libérer to liberate, free
librairie *f.* bookstore (1)
libre *adj.* free, unencumbered (11); **union** *f.* **libre** living together, cohabitation
licence *f.* bachelor's degree (*in France*) (15)
lier to link, tie
lieu *m.* place, location (1); **au lieu de** instead of; **avoir lieu** to take place (14); **en premier lieu** in the first place
lièvre *m.* hare
ligne *f.* line; **ligne aérienne** airline
lilas *m.* lilac (*flower*)
limite *f.* limit, limitation; **vitesse** *f.* **limite** speed limit (11)
limiter to limit
limonade *f.* soda (pop)
Limousin *m.* Limousin (*French province*)
limousin(e) *adj.* from Limousin; **Limousin(e)** *m.*, *f.* person from Limousin
linguistique *adj.* linguistic; *f.* linguistics
lion *m.* lion
liquide *adj.* liquid; *m.* liquid
lire to read (5)
lis: fleur *f.* **de lis** fleur-de-lis (*pattern*)
Lisbonne Lisbon
liste *f.* list; **liste d'attente** waiting list
lit *m.* bed; **faire le lit** to make the bed (5); **wagon-lit** *m.* (train) sleeping car (11)
littéraire *adj.* literary
littérature *f.* literature (3)
livraison *f.* delivery

livre *m.* book (0); **livre de poche** pocketbook, paperback
living *m.* living room
locataire *m., f.* tenant
location *f.* rental
logement *m.* housing; dwelling (5)
loger to live (somewhere); to lodge, give a room (*to someone*)
logiciel *m.* software (17)
logique *adj.* logical
loi *f.* law (9)
loin (de) *adv., prep.* far (from) (4)
lointain *adj.* distant
loisir *m.* leisure; *pl.* spare-time activities (9)
Londres London
long (longue) *adj.* long; drawn out (5); **le long de** *prep.* along, alongside
longer to go along, pass next to
longtemps *adv.* long; a long while; **depuis longtemps** for a long time
longuement *adv.* at length
longueur *f.* length
Lorraine *f.* Lorraine (*eastern French province*)
lors de *adv.* at the time of; **depuis lors** since then
lorsque *conj.* when (14)
loterie *f.* lottery (13)
louable *adj.* praiseworthy
louer to rent; to rent out (5); to praise
louisianais(e) *adj.* from Louisiana; **Louisianais(e)** *m., f.* person from Louisiana
Louisiane *f.* Louisiana (21)
loup *m.* wolf; **avoir une faim de loup** to be ravenous
lourd *adj.* heavy
loyer *m.* rent
lu *p.p. of* lire
lui *pron.* he; it; to him; to her; to it; **lui-même** himself
lumière *f.* light; lamp
lumineux (lumineuse) *adj.* luminous; bright
lundi *m.* Monday (0)
lune *f.* moon
lunettes *f. pl.* glasses, spectacles; **lunettes de soleil** sunglasses
lutte *f.* struggle, fight (19); wrestling
lutter to struggle, fight, strive for
luxe *m.* luxury, luxury item (7); **de luxe** *adj. inv.* deluxe, luxurious
Luxembourg *m.* Luxembourg (22)
lycée *m.* French high school, secondary school (15)
lycéen(ne) *m., f.* French secondary school student
lyonnais(e) *adj.* from Lyons; **Lyonnais(e)** *m., f.* person from Lyons

M

ma *adj. f.* my
machine *f.* machine; **machine à écrire** typewriter
Madame (Mme) *f.* madam; Mrs. (0)
Mademoiselle (Mlle) *f.* Miss (0)
magasin *m.* store (7); **grand magasin** department store
magazine *m.* (glossy) magazine
magie *f.* magic
magistral: cours *m.* **magistral** lecture course
magnétophone *m.* tape recorder
magnétoscope *m.* video recorder
magnifique *adj.* magnificent
mai May (1)
maigre *adj.* thin, skinny (17)
maigrir to get thin, lose weight
maillot de bain *m.* swimsuit (7)
main *f.* hand (12); **à la main** by hand; **donner un coup de main** to lend a hand; **serrer la main à** to shake hands with (13)
maintenant *adv.* now, at present (1)
maintenir to maintain, uphold (21); *p.p.* **maintenu**
maire *m.* mayor
mairie *f.* town hall (10)
mais *conj.* but (1); **mais alors** *int.* what? well then! (5); **mais non! mais oui (si)!** *int.* no, of course not! yes, of course! (3)
maison *f.* house (3); firm, company; **à la maison** at home (3)
maître *m.* (**maîtresse** *f.*) master, mistress; **maître d'hôtel** head waiter, maître d'
maîtrise *f.* French master's degree (15); mastery
majestueux (majestueuse) *adj.* majestic
majoritaire *adj.* majority (*age or number*) (20)
majorité *f.* majority (20); adulthood
mal *adv.* poorly; badly; *m.* (**maux** *pl.*) evil; pain; **avoir du mal à** to have trouble (*doing something*); **avoir mal (à)** to have a pain, hurt; **avoir mal à la tête** to have a headache; **faire du mal à** to hurt, injure; **mal du pays** homesickness (22); **pas mal de** quite a bit, quite a few
malade *adj.* sick
maladie *f.* illness
maladroit *adj.* awkward
malgache *adj.* from the Malagasy Republic (22); **Malgache** *m., f.* Madagascan; **République Malgache** *f.* Malagasy Republic (Madagascar)
malgré *prep.* in spite of
malheur *m.* misfortune, unhappiness

malheureux (malheureuse) *adj.* unfortunate, unhappy
malheureusement *adv.* unfortunately (5)
Mali *m.* Mali (22)
maman *f. fam.* mama, mom
mamie *f. fam.* grandmother
Manche (la) *f.* the English Channel
manger to eat (4); **salle** *f.* **à manger** dining room (6)
maniabilité *f.* maneuverability
manière *f.* manner, way
manif *f. fam.* **manifestation**
manifestation *f.* (political) demonstration (3); **manifestation sportive** sports event (12)
manifester to demonstrate (*politically*) (20); to show, display
mannequin *m.* fashion model
manœuvrabilité *f.* maneuverability
manœuvré *adj.* handled, guided
manque *m.* lack
manquer (à) to miss; to lack (19)
manteau *m.* overcoat (7)
manuel(le) *adj.* manual; *m.* manual, textbook
maquette *f.* scale model
marathon *m.* marathon
marchand(e) *m., f.* merchant; trader (10)
marchander to bargain
marchandise *f.* merchandise
marche (à pied) *f.* walk(ing) (12)
marché *m.* market (5); *adj. inv.* **bon marché** inexpensive, cheap (9); **faire le marché** to go shopping (5); **Marché commun** Common Market
marcher to walk; to go (*well*)
mardi *m.* Tuesday (0); **Mardi Gras** Shrove Tuesday (*day before Lent*); pre-Lenten carnival
maréchal *m.* field marshal
marée *f.* tide; **marée noire** oil spill (19)
mari *m.* husband (6)
mariage *m.* marriage; **mariage à l'essai** trial marriage
marié(e) *m., f.* married person; bridegroom; bride
marier: se marier (avec) to marry (16)
marin *adj.* marine; *m.* sailor
Maroc *m.* Morocco (11)
marocain(e) *adj.* Moroccan (22); **Marocain(e)** *m., f.* Moroccan person
marque *f.* mark; brand
marquer to mark
marraine *f.* godmother
marron *adj. inv.* (chestnut) brown (2); *m.* chestnut
marronnier *m.* chestnut tree
mars March (1)
marteau *m.* hammer

martiaux: arts *m. pl.* **martiaux** martial arts
Martinique *f.* Martinique
masculin *adj.* masculine
masque *m.* mask
massivement *adv.* massively; heavily
match *m.* (sports) match, game (3)
matériel(le) *adj.* material, physical; *m.* equipment, materials; hardware
maternel(le) *adj.* maternal; native (21); *f.* French preschool, nursery school (15)
mathématiques *f. pl.* mathematics (3)
maths *f. pl. fam.* **mathématiques** (3)
matière *f.* subject; field (of study) (15)
matin *m.* morning (3); **du matin** A.M. (3)
matinée *f.* morning; matinée
Mauritanie *f.* Mauritania (22)
mauvais *adj.* bad, poor (5)
maximum *adj. inv.* maximum; *m.* maximum
me *pron.* me; to me
mécanicien(ne) *m., f.* mechanic; engineer (*train*)
mécanique *adj.* mechanical; *f.* mechanics
méchant *adj.* naughty; wicked; wretched
mécontent *adj.* unhappy, displeased
Mecque (la) Mecca (*in Saudi Arabia*)
médaille *f.* medal; **médaille d'or** gold medal
médecin *m.* doctor (18)
médecine *f.* (study of) medicine (15)
médias *m. pl.* media
médiathèque *f.* media library
médical *adj.* medical
médicament *m.* medicine, medication
médiéval *adj.* medieval, from the Middle Ages
Méditerranée *f.* the Mediterranean (Sea)
méditerranéen(ne) *adj.* Mediterranean
médium *m.* (artistic) medium
meeting *m.* political meeting
meilleur *adj.* better (9); **le (la, les) meilleur(e)(s)** the best (9)
mélancolie *f.* melancholy, sadness
mélange *m.* mixture (23)
mélanger to mix; to stir in
melon *m.* melon
membre *m.* member
même *adj.* same (2); *adv.* even (2); **eux-mêmes** themselves; **lui-même** himself; **moi-même** myself; **quand même** even though; nevertheless; **tout de même** anyway
mémoire *f.* memory (*mental capacity*) (17); *pl.* memoirs, journal
mémorable *adj.* memorable
mémoriser to memorize

menace *f.* threat, menace
menacer to threaten
ménage *m.* household; married couple; housekeeping; **faire le ménage** to clean house (5)
ménager (ménagère) *adj.* pertaining to the house; **travaux** *m. pl.* **ménagers** housework
mener to lead; **mener une campagne** to lead, direct a campaign (19)
mentalité *f.* social habits; mentality
mentionner to mention, comment
mentir to lie (6)
menu *m.* menu (of the day)
mer *f.* sea (13); **au bord de la mer** at the seashore; **d'outre-mer** overseas (22)
merci *int.* thanks, thank you (0)
mercredi *m.* Wednesday (0)
mère *f.* mother (6); **belle-mère** mother-in-law; stepmother; **Fête des Mères** Mother's Day; **grand-mère** grandmother
mérite *m.* merit, worth
merveille *f.* marvel, wonder
merveilleux (merveilleuse) *adj.* wonderful
mes *adj. pl.* my
Mesdames: Mesdames et Messieurs ladies and gentlemen
message *m.* message
Messieurs: Mesdames et Messieurs ladies and gentlemen
mesuré *adj.* measured; reasonable
mesurer to measure
métal *m.* metal
métallique *adj.* metallic; made of metal
météo *f. fam.* **bulletin** *m.* **météorologique**
météorologique: bulletin *m.* **météorologique** weather report
métier *m.* trade; profession; job (18); **de métier** professional
mètre *m.* meter (*length*)
métro *m. fam.* **métropolitain** (11)
Métropole (la) *f.* continental France
métropolitain *adj.* metropolitan; *m.* subway, underground
mettre to put (on); to place (7); **mettre en marche** to start (*engine*); **mettre le couvert** to set the table (8); **se mettre à** to begin to (13); **se mettre en colère** to get angry; **se mettre en route** to start out
meuble *m.* piece of furniture (5)
meubler to furnish
Mexico Mexico City
Mexique *m.* Mexico (11)
microprocesseur *m.* microprocessor
midi *m.* noon (3); **après-midi** *m.* afternoon (3)

mien(ne) (le/la) *pron.* mine
mieux *adv.* better (9); **aimer mieux** to prefer (3); **de mieux en mieux** better and better; **faire de son mieux** to do one's best (18); **il vaut mieux (que)** it's better to/that (18); **le mieux** the best (9); **mieux que** better than (9); **tant mieux** so much the better
milieu *m.* middle; environment, community (22); **au milieu (de)** in the midst, middle (of)
militaire *adj.* military; *m.* military man, soldier
militantisme *m.* militancy
militer to militate
mille *adj.* thousand (4); *m.* mile
millier *m.* a thousand
million *m.* million
minable *adj.* shabby; pitiable
minceur *f.* slenderness, thinness; **cuisine** *f.* **minceur** low-calorie cooking
minéral *adj.* mineral; **eau** *f.* **minérale** mineral water (8)
minimum *adj. inv.* minimum; *m.* minimum
ministère *m.* ministry, government agency
ministériel(le) *adj.* ministerial, pertaining to the cabinet
ministre *m., f.* (government) minister, cabinet member (20); **Premier ministre** Prime Minister
minoritaire *adj.* of a (in the) minority (20)
minuit *m.* midnight (3)
minuscule *adj.* tiny, small; lowercase (letter)
minute *f.* minute
miracle *m.* miracle
miroir *m.* mirror (5)
mis *p.p. of* mettre
misérable *adj.* miserable; poor
misère *f.* poverty, misery
missionnaire *m.* missionary (21)
mi-temps: à mi-temps *adv.* part-time, half-time
mixte *adj.* mixed; coed
mobilisation *f.* mobilization
mobylette *f.* scooter, moped
mode *m.* mode, manner (of behavior); *gram.* mood; *f.* fashion, style, "look" (7); **à la mode** fashionable
modèle *m.* model, pattern
modération *f.* moderation
modéré *adj.* moderate
moderne *adj.* modern
modeste *adj.* modest; simple
modifier to modify
moi *pron.* I; me; **à moi** to me; *m.* ego; **moi-même** myself

moindre *adj.* least; **je n'ai pas la moindre idée** I don't have any idea

moins *adv.* less, minus (0); fewer (9); **à moins de/que** unless (21); **au moins** at least (6); **il est (deux) heures moins le quart** it's a quarter to (two) (3); **le moins** the least (9); **moins (de)... que** less than (9)

mois *m.* month (1); **quel mois sommes-nous?** what month is it? (1)

moitié *f.* half (23); **à moitié** *adv.* half

moment *m.* moment; instant (15); **à ce moment-là** at that time (14); **au moment de** just as; **en ce moment** at the present time, now

mon *adj. m.* my

monarchie *f.* monarchy (20)

monarque *m.* monarch, king

monde *m.* world (7); **le Nouveau Monde** the New World; **le Tiers Monde** the Third World; **tout le monde** everyone; **un monde fou** a big crowd

mondial *adj.* worldwide (14); **première (deuxième) guerre mondiale** World War I (II)

moniteur *m.* **(monitrice** *f.)* (sports) coach; monitor

monnaie *f.* change; coin; currency (9)

monologue *m.* monologue

monorail *m.* monorail

monsieur (M.) *m.* sir; mister (0); man

monstre *m.* monster

mont *m.* hill; mountain

montagne *f.* mountain (7)

montée *f.* ascent, going up

monter to climb (up, in); to get in (6)

montgolfière *f.* hot-air balloon

montre *f.* watch

Montréal Montreal

montrer to show (0)

moquer: se moquer de to make fun of

morceau *m.* morsel, piece

mort *adj.* dead; *f.* death (14)

mortel(le) *adj.* mortal

Moscou Moscow

mot *m.* word (0)

moteur *m.* motor

moto *f. fam.* motocyclette (11)

motocyclette *f.* motorcycle (11)

motorisé: ultra-léger-motorisé *adj., m.* ultralight (plane)

mouche *f.* (house) fly; **bateau-mouche** *m.* tourist boat (*on the Seine*)

mourir to die (13); *p.p.* **mort**

mousquetaire *m.* musketeer

mousse *f.* foam, suds; **mousse au chocolat** rich chocolate pudding

moustache *f.* mustache

moutarde *f.* mustard

mouton *m.* sheep

mouvement *m.* movement; political movement; **mouvement écologiste** environmentalist movement (19)

mouvementé *adj.* animated; action-packed

moyen(ne) *adj.* middle; average (12); *m.* means; way; *f.* average; **moyen de transport** means of transportation (11); **le moyen âge** *m.* the Middle Ages

muet(te) *adj.* mute, silent

multiplier to multiply

multitude *f.* multitude, a great many

municipal *adj.* municipal; *f. pl.* municipal elections

mur *m.* wall (5)

mûr *adj.* ripe

muraille *f.* high wall

murmurer to whisper, murmur

musée *m.* museum (10)

musicien(ne) *m., f.* musician

musique *f.* music (3)

mutuel(le) *adj.* mutual, reciprocal

mystère *m.* mystery

mystérieux (mystérieuse) *adj.* mysterious

mythique *adj.* mythical

N

nager to swim (13)

nageur *m.* **(nageuse** *f.)* swimmer

naïf (naïve) *adj.* naive, simple (2)

naissance *f.* birth (4); **année** *f.* **(date** *f.)* **de naissance** year of birth, birthdate

naître to be born (13)

natal *adj.* native; pertaining to where one was born

natation *f.* swimming (12); **faire de la natation** to go swimming

nation *f.* nation, country; **Organisation** *f.* **des Nations Unies (ONU)** United Nations (22)

national *adj.* national; **Assemblée** *f.* **nationale** one of the two houses of the French parliament (20); **route** *f.* **nationale** (two-lane) roadway (11)

nationaliser to nationalize

nationaliste *adj.* nationalist(ic)

naturel(le) *adj.* natural (19)

naturellement *adv.* naturally (12)

nautique *adj.* nautical; **ski** *m.* **nautique** waterskiing

navette *f.* shuttle; space shuttle

navigateur *m.* **(navigatrice** *f.)* navigator

navire *m.* ship, vessel

ne *adv.* no; not (2); **ne... aucun(e)** none, not one (21); **n'est-ce pas?** isn't it (so)? isn't that right? (3);

ne... jamais never, not ever (9); **ne... ni... ni** neither . . . nor (21); **ne... pas** no; not (2); **ne... pas du tout** not at all (2); **ne... pas encore** not yet (9); **ne... personne** no one (9); **ne... plus** no longer, any longer (9); **ne... que** only (9); **ne... rien** nothing (9)

né *adj.* born; *p.p. of* **naître**

nécessaire *adj.* necessary

nécessité *f.* necessity

négatif (négative) *adj.* negative

négation *f.* negation

neige *f.* snow; **tempête** *f.* **de neige** snowstorm

neiger to snow; **il neige** it is snowing (7)

Népal *m.* Nepal

nerveux (nerveuse) *adj.* nervous; energetic

nervosité *f.* irritability, state of nerves

nettoyage *m.* cleaning

nettoyer to clean (19)

neuf (neuve) *adj.* new (7)

neuvième *adj.* ninth (6)

neveu *m.* nephew (6)

nez *m.* nose (12)

ni *conj.* nor; **ne... ni... ni** neither . . . nor (21)

nièce *f.* niece (6)

Niger *m.* Niger (22)

nigérien(ne) *adj.* from Niger (22); **Nigérien(ne)** *m., f.* person from Niger

niveau *m.* level

noce *f.* wedding; **voyage** *m.* **de noces** honeymoon, wedding trip

nocturne *adj.* nocturnal

Noé Noah

Noël *m.* Christmas

noir *adj.* black (2); *m.* darkness; **marée** *f.* **noire** oil spill (19); **tableau** *m.* **noir** blackboard (0)

noix *f.* nut; **noix de coco** coconut

nom *m.* name; noun (0)

nombre *m.* number (0)

nombreux (nombreuse) *adj.* numerous

nommer to name; to name to a post (20)

non *adv.* no; not; non- (0); **non plus** neither (9)

nord *m.* north (10); **Afrique** *f.* **du Nord** North Africa; **le Nord** the North (*region of France*) (16); **nord-est** *m.* northeast

nord-américain(e) *adj.* North American; **Nord-Américain(e)** *m., f.* North American person

normal *adj.* normal, expected; **il est normal de/que** it's normal, expected that (18)

normand(e) *adj.* Norman, from Normandy; **Normand(e)** *m., f.* person from Normandy
Normandie *f.* Normandy (16)
Norvège *f.* Norway
norvégien(ne) *adj.* Norwegian; **Norvégien(ne)** *m., f.* person from Norway; *m.* Norwegian language
nos *adj. pl.* our; **de nos jours** these days
nostalgie *f.* nostalgia
notamment *adv.* namely, in particular
note *f.* grade; mark; bill
noter to note; to notice
notre *adj.* our
nôtre (le/la) *pron.* ours
nourrir to feed; **se nourrir** to eat, nourish oneself (12)
nourriture *f.* food
nous *pron.* us; to us; ourselves
nouveau (nouvel, nouvelle) *adj.* new (5); **de nouveau** *adv.* again; **Nouveau Monde** the New World
nouvelle *f.* (*often pl.*) news
Nouvelle-Angleterre *f.* New England
Nouvelle-Calédonie *f.* New Caledonia
Nouvelle-Écosse *f.* Nova Scotia
Nouvelle-Orléans (La) New Orleans
nouvellement *adv.* newly, recently
novembre November (1)
nucléaire *adj.* nuclear (19); **centrale** *f.* **nucléaire** nuclear power plant
nuit *f.* night (3); **boîte** *f.* **de nuit** nightclub; **faire nuit** to get dark
numéro *m.* number, address; **composer un numéro** to dial a number
numéroté *adj.* numbered

O

obéir to obey
obésité *f.* obesity
objecteur de conscience *m.* conscientious objector
objectif *m.* objective, aim
objet *m.* object, thing (0)
obligatoire *adj.* obligatory
obligé: être obligé de to be obliged to (5)
obliger to oblige, constrain
obscur *adj.* dark; obscure
obscurcir to darken; **s'obscurcir** to grow dark, darken
observateur (observatrice) *adj.* observant; *m., f.* observer
observer to observe
obstiné *adj.* obstinate
obtenir to obtain; to get (10); *p.p.* **obtenu**
occasion *f.* opportunity; occasion; bargain; **avoir l'occasion de** to have a chance to

occidental *adj.* western, occidental (22)
Occupation *f.* occupation of France by Germany (*World War II*) (14)
occupé *adj.* busy; occupied; taken (11)
occuper to occupy (14); **s'occuper de** to look after; to occupy oneself (13)
océan *m.* ocean
octobre October (1)
odeur *f.* odor, scent; *Q.* perfume
œil *m.* (**yeux** *pl.*) eye (12)
œuf *m.* egg (8)
œuvre *f.* work; creation (23); *m.* body of work; **chef-d'œuvre** *m.* masterpiece (10); **hors-d'œuvre** *m. pl.* appetizers, hors-d'oeuvres (8)
officiel(le) *adj.* official (21)
offre *f.* offer
offrir to offer (12); *p.p.* **offert**
oignon *m.* onion
oiseau *m.* bird (19)
olfactif (olfactive) *adj.* olfactory, pertaining to sense of smell
olympique *adj.* Olympic; **Jeux** *m. pl.* **olympiques** Olympics, Olympic Games
omelette *f.* omelet (8)
omettre to omit; *p.p.* **omis**
oncle *m.* uncle (6)
onzième *adj.* eleventh (6)
opéra *m.* opera
opposer to oppose; **s'opposer à** to be opposed to
optimiste *adj.* optimistic
optique *f.* point of view
or *conj.* but; well; *m.* gold; **médaille** *f.* **d'or** gold medal
oralement *adv.* orally
orange *adj. inv.* orange (2); *f.* orange
orchestre *m.* orchestra; band
ordinaire *adj.* ordinary
ordinal *adj.* ordinal (*number*)
ordinateur *m.* computer (3); **micro-ordinateur, ordinateur personnel** personal comuputer (17)
ordre *m.* order; command; **être en ordre** to be in order
oreille *f.* ear (12)
organisation *f.* organization; **Organisation des Nations Unies (ONU)** United Nations (22)
organiser to organize
organisme *m.* organization, body
orgue *m.* organ
oriental *adj.* east, eastern (22)
orientation *f.* direction; orientation; **conseiller** *m.* **(conseillère** *f.*) **d'orientation** guidance counselor
orienter: s'orienter (vers) to find one's bearings; to move toward
originaire (de) *adj.* originally from, native of

originale: en version originale original version (*not dubbed*)
origine *f.* origin (21); **à l'origine** originally; **être d'origine (française)** to be of (French) nationality (1)
ornithologue *m., f.* ornithologist
orthographe *f.* spelling
orthographique *adj.* orthographic, spelling
ou *conj.* or; either (0); **ou bien** or else (11)
où *adv.* where (0); *relative pron.* where, in which (7)
oubli *m.* forgetfulness; oversight
oublier (de) to forget (to) (8); **n'oubliez pas** don't forget (5)
ouest *m.* west (10); **Afrique** *f.* **de l'Ouest** West Africa; **ouest-africain** West African
oui *adv.* yes (0)
ours *m.* (**ourse** *f.*) bear
outil *m.* tool
outre-atlantique *adv.* across the Atlantic
outre-mer: d'outre-mer *adv.* overseas (22)
ouvert *adj.* open (2)
ouverture *f.* opening
ouvrage *m.* work; author's work (23)
ouvrier *m.* (**ouvrière** *f.*) (unskilled) worker, laborer (18)
ouvrir to open; to expand (12); *p.p.* **ouvert**

P

pacifique *adj.* pacific; *m.* Pacific Ocean
page *f.* page
paie *f.* wages
paiement *m.* payment
pain *m.* bread (8); **petits pains** rolls
pair: au pair (pertaining to) a student employed in a home
paire *f.* pair, couple
paix *f.* peace
palais *m.* palace
pâlir to grow pale
palme *f.* palm; palm branch
pancarte *f.* poster, placard
panier *m.* basket; picnic basket
panneau *m.* sign
panorama *m.* panorama, view
pantalon *m.* trousers, pants (7)
papa *m.* papa, daddy; **barbe** *f.* **à papa** cotton candy
papier *m.* paper
papillon *m.* butterfly
Pâque *f.* Passover; **Pâques** *pl.* Easter
paquet *m.* package; bundle

par *prep.* by; through; out of; from; for (0); **par conséquent** *adv.* consequently; **par contre** on the other hand (9); **par exemple** *adv.* for example; *int.* well really! my word! **par hasard** by chance; **par rapport à** relative to; **par terre** on the ground, on the floor (5)

paradis *m.* paradise

paradisiaque *adj.* ideal, paradisiac

paragraphe *m.* paragraph

paraître to appear, seem (15)

parallèle *adj.* parallel; *m.* parallel

paralysé *adj.* paralyzed

parapluie *m.* umbrella (7)

parc *m.* park (10); **parc d'attractions** amusement park

parce que *conj.* because; as (3)

parcourir to traverse, travel through

pardon *int.* pardon me, excuse me (0); *m.* forgiveness, pardon

parent *m.* relative; parent (6); **grands-parents** grandparents; **proches parents** close relatives (6)

parenthèse *f.* parenthesis

paresseux (paresseuse) *adj.* lazy; idle (2); *m., f.* lazy person

parfait *adj.* perfect; *m. gram.* perfect tense

parfois *adv.* sometimes, occasionally

parfum *m.* perfume

parfumerie *f.* perfume factory; cosmetics shop

parisien(ne) *adj.* Parisian (2); **Parisien(ne)** *m., f.* resident of Paris

parking *m.* parking place; parking lot

Parlement *m.* Parliament (20)

parler (à) to speak (to) (3); **entendre parler de** to hear (talk) of (16); **parler de** to speak of

parmi *prep.* among (12)

parole *f.* (spoken) word; *pl.* words of a song

parrain *m.* godfather

part *f.* part; portion; **à part** private; **c'est de la part de X** X is calling (12); **d'une part... d'autre part** on the one hand . . . on the other hand; **pour ma part** as for me (20); **quelque part** somewhere

partage *m.* sharing; division

partager to share; to divide (5)

parti *m.* (political) party (20)

participe *m. gram.* participle

participer (à) to participate (in) (12)

particulier (particulière) *adj.* personal, private; particular, specific (4)

partie *f.* part; party; game; **faire partie (de)** to belong (to) (12); **surprise-partie** *f.* student get-together, party

partiel(le) *adj.* partial; part

partir to leave, set out (6); **à partir de** *prep.* from (then on)

partitif (partitive) *adj. gram.* partitive

partout *adv.* everywhere (7)

paru *p.p. of* **paraître**

pas *adv.* no; not; not any; *m.* step; **pas du tout** not at all (2); **pas grand-chose** not much, nothing much (14); **pas mal** not bad(ly) (0); **pas mal de** quite a few, quite a bit; **pas toi (vous)?** (and why) not you? you aren't? (3)

passage *m.* passage

passager (passagère) *adj.* passing, short-lived; *m., f.* passenger (11)

passant(e) *m., f.* passerby

passé *m.* past; *adj.* last; past; **passé composé** *gram.* past perfect

passeport *m.* passport (11)

passer to spend (*time*) (4); to play (*a record, etc.*) (12); to take (*a test*) (15); to pass, drop in (13); **je vous passe X** here's X (12); **passer l'aspirateur** to vacuum (5); **se passer** to happen (13); **se passer de** to do, live without (16)

passe-temps *m. inv.* pastime (13)

passif (passive) *adj.* passive; **voix** *f.* **passive** *gram.* passive voice

passionnant *adj.* exciting; fascinating (3)

passionné *adj.* passionate (*about*)

passionnel(le) *adj.* pertaining to passion

passionner to fascinate, excite; **se passionner pour** to be very interested in

pâté *m.:* **pâté de campagne** country-style pâté (8); **pâté de foie gras** goose liver pâté

pâtisserie *f.* cakes, pastry; pastry shop (8)

pâtissier *m.* **(pâtissière** *f.*) pastry chef

patrie *f.* homeland

patron(ne) *m., f.* boss; patron; owner (18)

patte *f.* paw

pause *f.* pause, break

pauser *Q.* to rest

pauvre *adj.* poor; unfortunate (5)

pauvreté *f.* poverty

payant *adj.* paying; charged for, subject to a fee

payer to pay (for) (4)

pays *m.* country; native region (11); **mal** *m.* **du pays** homesickness (22); **vin** *m.* **du pays** local wine

paysage *m.* countryside; landscape (22)

pêche *f.* fishing; peach; **aller à la pêche** to go fishing (12)

pêcheur *m.* **(pêcheuse** *f.*) fisherman, fisherwoman

pédagogique *adj.* pedagogical

peindre to paint (23); *p.p.* **peint**

peintre *m.* **(femme peintre** *f.*) painter; artist (18)

peinture *f.* painting; paint (13); **faire de la peinture** to paint; **peinture à l'huile** oil painting (23)

Pékin Peking (Beijing)

pèlerin *m.* **(pèlerine** *f.*) pilgrim

pelouse *f.* lawn

pendant *prep.* during; for (13); **pendant que** *conj.* while, during the time that (15)

pénétrer to penetrate

pénible *adj.* painful

péniche *f.* barge

péninsule *f.* peninsula

Pennsylvanie *f.* Pennsylvania

pensée *f.* thought

penser to think; to expect to (4)

penseur *m.* **(penseuse** *f.*) thinker, philosopher

pension *f.* room and board; boarding house

Pentecôte *f.* Pentecost

percée *f.* opening, breakthrough

percevoir to see, perceive

perche *f.* pole; **saut** *m.* **à la perche** pole-vaulting

perdre to lose (7); **perdre patience** to get impatient (7); **perdre son/du temps** to waste, lose time (7); *p.p.* **perdu**

père *m.* father (6); **Fête** *f.* **des Pères** Father's Day; **grand-père** grandfather (6)

perfectionner to perfect (22)

période *f.* (time) period (14)

périodique *m.* periodical

perle *f.* pearl; bead

permettre (de) to permit, allow (7)

permis *adj.* permitted; *m.* license; **permis de conduire** driver's license

perplexe *adj.* perplexed

perroquet *m.* parrot

persécution *f.* persecution

persévérant *adj.* persevering

persévérer to persevere, push on

persistance *f.* persistence

personnage *m.* character; person

personnalité *f.* personality

personne *f.* person (0); **(ne)... personne** *indef. pron.* no one, not anyone (9)

personnel(le) *adj.* personal

perspective *f.* perspective; outlook

persuader to convince

pertinent *adj.* relevant; pertinent

pessimiste *adj.* pessimistic

pétanque *f.* European bowling game (12)

petit *adj.* small; little (5); **le Petit Chaperon Rouge** Little Red Riding Hood; **petit déjeuner** *m.* breakfast (8); **petit-fils** grandson (6); **petite annonce** *f.* classified ad, want ad; **petite cuillère** *f.* teaspoon (8); **petite-fille** granddaughter (6); **petits-enfants** *m. pl.* grandchildren (6); **petits pains** *m. pl.* rolls; **petits pois** *m. pl.* green peas

pétrole *m.* petroleum, oil

pétrolier (pétrolière) *adj.* pertaining to oil; *m.* supertanker

peu *adv.* a little; few; not very (4); **tant soit peu** somewhat, a little; **un peu de** a (little) bit of (8)

peuple *m.* people, population; nation (21)

peur *f.* fear; **avoir peur (de)** to be afraid (of) (14); **faire peur (à)** to frighten

peut-être *adv.* perhaps (4)

phare *m.* lighthouse; (car) headlight

pharmacie *f.* pharmacy, drugstore (10); pharmacology (15)

phase *f.* phase, stage

phénomène *m.* phenomenon

philanthrope *adj.* philanthropical; *m., f.* philanthropist

philo *f. fam.* philosophie (3)

philosophe *m., f.* philosopher, thinker

phonétique *adj.* phonetic; *f.* (study of) phonetics

photo *f.* photo, photograph (13)

photographie *f.* photography, photograph (13)

phrase *f.* sentence

physicien(ne) *m., f.* physicist

physique *adj.* physical; *f.* (study of) physics (3)

pianiste *m., f.* pianist

piano *m.* piano (4); **jouer du piano** to play the piano

pic *m.* pick; summit

pièce *f.* room (6); play (13); piece, coin (9); **pièce d'identité** identification; **pièce de théâtre** play (13)

pied *m.* foot (12); **à pied** on foot (11); **marche** *f.* **à pied** walking (12)

piédestal *m.* pedestal

piège *m.* trap

piéton(ne) *m., f.* pedestrian (10)

piétonnier (piétonnière) *adj.* pedestrian

pilote *m., f.* pilot; guide (11)

piloter to pilot

pionnier *m.* **(pionnière** *f.)* pioneer

pipe *f.* pipe

pique-nique *m.* picnic (5); **faire un pique-nique** to go on a picnic (7)

pique-niquer to picnic

piquer to arouse; to sting

pire *adj.* worse; *m.* the worst (9)

piscine *f.* swimming pool (6)

piste *f.* track; runway

pitié *f.* pity; **avoir pitié de** to take pity on

pittoresque *adj.* picturesque

place *f.* place; position; seat; (town) square (10)

placer to place, put

plage *f.* beach (7)

plaindre to pity (23); **se plaindre de** to complain of (23)

plaire to please; **ça me plaît** I like it, that pleases me (23); **s'il vous plaît** please (0); *p.p.* **plu**

plaisir *m.* pleasure; **avec plaisir** *adv.* with pleasure, gladly

plan *m.* map (10); plan *(drawings)*; **sur le plan de** *prep.* on the level (plane) of

planche *f.* board; **planche à voile** windsurfing; **planche à roulettes** skateboarding

plancher *m.* floor (4)

planète *f.* planet

planification *f.* planning; city planning

plante *f.* plant

planter to plant

plastique *adj.* of plastic; *m.* plastic

plat *m.* dish (8); **plat du jour** special of the day (8)

plateau *m.* tray; plate

plate-forme *f.* platform; party platform

plein *adj.* full; complete (1); **en/de plein air** in the open air, outdoors, outdoor (13)

pleurer to cry, weep

pleuvoir to rain; **il pleut** it is raining (7); *p.p.* **plu**

plombier *m.* **(plombière** *f.)* plumber

plongée *f.* diving; deep-sea diving

plosif (plosive) *adj.* plosive; *m. phon.* plosive (consonant)

pluie *f.* rain

plume *f.* pen; feather

plupart: la plupart (de) *f.* most (of); the majority (of) (3)

pluridisciplinaire *adj.* multidisciplinary

pluriel(le) *adj.* plural; *m. gram.* plural

plus *adv.* plus (0), more, most (9); *m.* the most (9); **au plus** at (the) most; **de plus** besides; moreover; **de plus en plus** more and more; **en plus de** in addition to; **ne... plus** no longer (9); **non plus** either (9); **plus (de)... que** more . . . than (9)

plusieurs *adj.* several; some (3)

plus-que-parfait *m. gram.* pluperfect

plutôt *adv.* rather; sooner (2); **plutôt que** rather than

poche *f.* pocket (7); **lampe** *f.* **de poche** flashlight; **livre** *m.* **de poche** pocket book, paperback

poème *m.* poem

poésie *f.* poetry (22)

poète *m.* poet (22)

poétique *adj.* poetic; *f.* poetics

point *m.* point; **deux points** colon; **point d'exclamation** exclamation mark; **point d'interrogation** question mark; **point-virgule** *m.* semicolon; **être sur le point de** (+ *inf.*) to be about to, to be on the point of

pointe *f.* point; **de pointe** the most advanced; **heure** *f.* **de pointe** rush hour

poire *f.* pear (8)

pois *m. pl.* peas; **petits pois** green peas

poisson *m.* fish (8)

poissonnerie *f.* fish market (8)

poivre *m.* pepper (8)

pôle *m.* (geographical, magnetic) pole

poli *adj.* polite (4)

police *f.* police; **agent** *m.* **de police** police officer; **poste** *m.* **de police** police station (10)

policier (policière) *adj.* pertaining to the police; *m.* police officer; **film** *m.* **policier** detective film

politesse *f.* politeness

politique *adj.* political; *f.* policy; **économie** *f.* **politique** (study of) economics (3); **homme politique** politician

politisé *adj.* with a political aspect

pollué *adj.* polluted (19)

polluer to pollute (19)

Polynésie *f.* Polynesia

polytechnique *adj.* polytechnic; *m. fam.* École polytechnique

pomme *f.* apple (8); **pomme de terre** potato (8); **pommes frites** french fries (8)

pompiste *m., f.* gas station attendant

ponctuation *f.* punctuation

pont *m.* bridge (10)

populaire *adj.* popular; of the people (20)

porc *m.* pork (8)

porcelaine *f.* porcelain

port *m.* port; harbor; (act of) carrying or wearing

porte *f.* door (0)

porter to wear; to carry, bear (7)

porteur *m.* **(porteuse** *f.)* bearer; **gros porteur** jumbo jet

portière *f.* car door

portrait *m.* portrait

portugais(e) *adj.* Portuguese; **Portugais(e)** *m., f.* Portuguese person; *m.* Portuguese language

Portugal *m.* Portugal (11)
poser to place; **poser une question (à)** to ask a question (of) (10); **se poser** to arise
positif (positive) *adj.* positive
posséder to possess (21)
possesseur *m.* owner
possessif (possessive) *adj.* possessive
possible *adj.* possible; **il est possible de/que** it is possible that (18)
postal *adj.* postal; **carte** *f.* **postale** postcard
poste *m.* position; station; *f.* post office (10); **poste d'essence** gas station; gas pump; **poste de police** police station (10); **poste de télévision** TV set (3); **bureau** *m.* **de poste** post office (10)
poster to mail
pot: prendre un pot to have a drink (beer)
potager *m.* vegetable garden
poterie *f.* pottery
poulet *m.* chicken (8)
pour *prep.* for; in order; on account of (3); **pour être plus précis** more exactly, more precisely (17); **pour ma part** as for me (20); **pour ou contre** for or against (11); **pour que** (+ *subj.*) in order that (21); **pour une fois** for (just) once (13)
pourboire *m.* tip (8)
pour cent *m. inv.* percent
pourcentage *m.* percentage
pourquoi *adv., conj.* why (3)
poursuivre to pursue (15); to carry through; **se poursuivre** to continue; *p.p.* **poursuivi**
pourtant *adv.* however (7)
pourvu que (+ *subj.*) *conj.* provided that (21)
pousser (à) to push; to urge, compel; to grow
pouvoir to be able to (9); to be allowed to; *m.* power; authority (14); **il se peut que** (+ *subj.*) it's possible that (18); **prise** *f.* **du pouvoir** (political) takeover (14)
praticable *adj.* feasible
pratique *adj.* practical; *f.* practice (12); **travaux** *m. pl.* **pratiques** labs, exercise sessions (15)
pratiquement *adv.* practically; almost
pratiquer to practice (*sport*) (12)
précédent *adj.* former, preceding (14)
précéder to precede
précieux (précieuse) *adj.* precious
précis (précise) *adj.* precise
préciser to specify, make precise
précision *f.* detail, precision
prédiction *f.* prediction
prédire to predict

prédominer to predominate
préfecture *f.* prefecture; police headquarters
préférable *adj.* preferable
préférence *f.* preference
préférer to prefer (3)
préhistorique *adj.* prehistoric
préliminaire *adj.* preliminary
premier (première) *adj.* first (5); **en premier lieu** in the first place; **premier étage** second floor (6); **Premier ministre** Prime Minister (20)
premièrement *adv.* first(ly), first of all
prénatal *adj.* prenatal
prendre to take (8); to choose; **prendre des photos** *f. pl.* to take photos; **prendre fin** to end, come to an end; **prendre la retraite** to retire on a pension; **prendre le soleil** to sunbathe; **qu'est-ce que vous prenez comme...?** what are you having for . . . ? (8)
prénom *m.* first name, given name (21)
préoccupation *f.* preoccupation
préoccuper to preoccupy; to concern
préparatifs *m. pl.* preparation(s)
préparation *f.* preparation; (process of) preparing (*for exams*)
préparer to prepare (for) (15); **préparer un examen** to study for a test (15); **se préparer (à)** to get ready (12)
préposé: préposé(e) des postes *m., f.* mail carrier
préposition *f. gram.* preposition
près *adv., prep.* near; by; **près de** near; about, around (4)
présence *f.* presence
présent *adj.* present, in attendance (0); *m. gram.* present (tense)
présentation *f.* presentation; introduction
présenter to present, introduce; **se présenter** to run for office
préservation *f.* preservation, conservation
préserver to preserve; to defend
présidence *f.* presidency
président(e) *m., f.* president (20)
présidentiel(le) *adj.* presidential (20)
présider to preside (over)
presque *adv.* almost; nearly; hardly (4)
presse *f.* press (*newspapers*)
pressé *adj.* pressed; hurried (13)
pression *f.* pressure
prestige *m.* prestige, status
prestigieux (prestigieuse) *adj.* prestigious
prêt *adj.* ready (1); *m.* loan; **prêt-à-porter** *m.* ready-to-wear (clothing)

prétendre to claim
prétentieux (prétentieuse) *adj.* pretentious
prêter (à) to lend (9)
prévision *f.* forecast, prediction
prévoir to foresee, predict
prévoyant *adj.* provident; with foresight
prier to pray; to beg, ask
primaire *adj.* primary (15); **école** *f.* **primaire** elementary school (15)
principalement *adv.* mainly
principe *m.* principle; **en principe** as a rule
printemps *m.* spring (*season*) (7)
pris *p.p.* of **prendre**
prise *f.* taking hold; **prise de conscience** realization, understanding; **prise du pouvoir** (political) takeover (14)
prison *f.* prison, jail
privé *adj.* private; deprived
privilège *m.* privilege
privilégié *adj.* privileged
prix *m.* price; prize (4); **hors de prix** outrageously expensive
probable *adj.* probable; **il est peu probable que** (+ *subj.*) it's unlikely that (18); **il est probable que** (+ *ind.*) it's likely that (18)
problème *m.* problem (0)
prochain *adj.* next (7)
proche *adj., adv.* near; close; **proches parents** *m. pl.* close relatives
procurer: se procurer to get, obtain
prodige *m.* prodigy; wonder
prodigieux (prodigieuse) *adj.* stupendous, prodigious
produire to produce (11); *p.p.* **produit**
produit *m.* product
prof *m. fam.* professeur
professeur *m.* professor; instructor (0)
professionnel(le) *adj.* professional
profiter (de) to profit (from)
profond *adj.* deep, profound
programme *m.* program (17); **programme d'études** curriculum, study plan (3)
programmer to program (17)
programmeur *m.* **(programmeuse** *f.*) programmer (17)
progrès *m.* progress (17)
progressiste *adj.* progressive
prohibé *adj.* prohibited, forbidden
projet *m.* project; plan
projeter to project; to plan
prolongé *adj.* prolonged
promenade *f.* walk; excursion; **faire une promenade** to take a walk (5)
promener to take out walking (5); **se promener** to (take a) walk (12)
promesse *f.* promise

promettre (de) to promise (to) (7);
  p.p. **promis**
pronom *m. gram.* pronoun
pronominal *adj. gram.* pronominal;
  reflexive
prononcé *adj.* marked, pronounced
prononcer to pronounce, enunciate
  (0)
prononciation *f.* pronunciation
propos *m.* purpose; *pl.* remarks; **à
  propos de** with respect to, about
  (16)
proposer to propose
proposition *f.* proposition; *gram.* clause
propre *adj.* clean; own (5)
proprement *adv.* properly; in fact;
  neatly
propriétaire *m., f.* owner; proprietor
  (5)
prospérer to prosper, thrive
prospérité *f.* prosperity
protéger to protect (4)
protester to protest; to declare
prouver to prove
provençal(e) *adj.* Provençal, of
  Provence; **Provençal(e)** *m., f.* person
  from Provence
Provence *f.* Provence (*southern French
  province*)
provenir to result from; to originate
province *f.* province, region (16)
provincial *adj.* from the provinces;
  provincial
provisions *f. pl.* groceries, provisions
  (5)
provoquer to provoke, bring on
proximité: à proximité de *prep.* near,
  in the vicinity of
prudemment *adv.* prudently, with care
psychédélique *adj.* psychedelic
psychiatre *m., f.* psychiatrist
psychodrame *m.* psychodrama
psychologique *adj.* psychological
psychologue *m., f.* psychologist
pu *p.p. of* **pouvoir**
public (publique) *adj.* public; *m.* public
publicitaire *adj.* pertaining to
  advertising
publicité *f.* advertising
publier to publish (14)
puce *f.* flea; **marché** *m.* **aux puces** flea
  market
puis *adv.* then; next; besides (3)
puisque *conj.* since, because
puissance *f.* power; influence
pull *m. fam.* pullover, sweater (2)
pulvériser to pulverize, smash
punition *f.* punishment
pur *adj.* pure (19)
pyramide *f.* pyramid
Pyrénées *f. pl.* Pyrenees (*mountains*)

Q

quai *m.* quay; embankment; platform
  (11)
qualifié *adj.* qualified; modified
qualifier to qualify; *gram.* to modify
quand *adv.* when (6); since when;
  quand même nevertheless (4)
quart *m.* quarter; quarter hour; **il est
  (deux) heures et quart** it's (two)
  fifteen (3); **il est (deux) heures
  moins le quart** it's a quarter to (two)
  (3)
quartier *m.* quarter; neighborhood;
  district (1)
quatorzième *adj.* fourteenth (6)
quatre-vingt-dix *adj.* ninety (4)
quatre-vingtième *adj.* eightieth (6)
quatre-vingts *adj.* eighty (4)
quatrième *adj.* fourth (6)
que *adv.* how; why; how much; *conj.*
  that; than; *pron.* whom; that; which;
  what; **ne... que** only (9); **qu'est-ce
  que c'est?** what is it? (0); **qu'est-ce
  que c'est que (ça)?** what (in the
  world) is (that, it)? (4); **qu'il fait
  beau!** what a beautiful day! (7)
Québec *m.* province of Quebec;
  Quebec City (21)
québécois(e) *adj.* Quebecois, of Quebec
  (21); **Québécois(e)** person from
  Quebec, Quebecer
quel(le) *adj.* what; which (4); **quel
  désordre!** what a mess! (5); **quelle
  heure est-il?** what time is it? (3);
  quelle sorte de...? what type
  of . . . ? (4)
quelque(s) *adj.* some; a few (2);
  quelque chose something (9);
  quelque part somewhere
quelquefois *adv.* sometimes, once in a
  while (2)
quelques-un(e)s *pron. pl.* some (of)(21)
quelqu'un *pron. sing. inv.* someone (9)
questionnaire *m.* questionnaire
questionner to question, interrogate
queue *f.* tail; **faire la queue** to wait in
  line (9)
qui *pron.* who; whom
quiche *f.* quiche; cheese-and-onion pie
quitter to leave (3); **ne quittez pas**
  don't hang up (the phone) (12); **se
  quitter** to separate
quoi *pron.* (*after prep.*) which; what
  (2); **avoir de quoi (manger)** to have
  enough (money), the wherewithal
  (to eat); **quoi de neuf?** what's new?
quoique *conj.* although; even though (21)
quotidien(ne) *adj.* daily (12); *m.* daily
  newspaper
quotidiennement *adv.* daily

R

Rabat Rabat (*capital of Morocco*)
racine *f.* root; origin (21)
raconter to tell, relate (9)
radical *adj.* radical; *m. gram.* radical,
  root
radio *f.* radio (1)
radium *m.* radium
raide *adj.* straight (*hair*) (12)
rail *m.* rail
raisin *m.* grapes
raison *f.* reason (9); **avoir raison** to be
  right (4)
raisonnable *adj.* reasonable (2)
rajouter to add (more)
ralliement *m.* rallying, assembly
rallier to rally; to rejoin
rallye *m.* prerace meeting; rally (*car race*)
ramener to bring back
randonnée *f.* hike (13)
rangé *adj.* arranged; well-behaved
ranger to arrange, straighten up (5)
rapide *adj.* fast, rapid (11)
rappel *m.* recall
rappeler to remind, recall; **se rappeler**
  to remember, recall (16)
rapport *m.* report; relationship; **par
  rapport à** relative to
rapporter to report
rapprochement *m.* bringing together;
  rapprochement
rapprocher: se rapprocher (de) to draw
  closer (to)
raquette *f.* (tennis) racket
rarement *adv.* rarely (2)
rassembler to assemble, get together
rat *m.* rat
rater *fam.* to miss; to fail
rattacher to fasten, connect; **se
  rattacher à** to be connected to
rattraper to catch up; to overtake
ravi *adj.* delighted (10)
rayon *m.* ray; (store) department
réaction *f.* reaction
réagir to react (6)
réalisateur *m.* (**réalisatrice** *f.*) producer
réalisation *f.* realization; production
réaliser to realize; to produce
réaliste *adj.* realistic
réalité *f.* reality; **en réalité** actually,
  really (13)
rebaptiser to name again; to baptize
  again
récapitulation *f.* review, recapitulation
récemment *adv.* recently
récent *adj.* recent; new
recette *f.* receipt; recipe
recevoir to receive (9)
recherche *f.* research; search; **faire des
  recherches** to do research (17)

rechercher to search for, inquire into
réciproque *adj.* reciprocal, mutual
réclamation *f.* demand
réclamer to demand
recommandation *f.* recommendation
recommander to recommend
recommencer to start over
réconcilier to reconcile
reconnaissable *adj.* recognizable
reconnaître to recognize; *p.p.* **reconnu**
reconquérir to conquer again
reconstituer to reconstitute
reconstruire to reconstruct
recoucher: se recoucher to go back to bed
recouvrir to recover, cover; *p.p.* **recouvert**
récréation *f.* recreation; recess
recréer to recreate
rectifier to correct, rectify
reçu: être reçu to pass an exam (15); *p.p. of* **recevoir**
recyclage *m.* recycling (19)
recycler to recycle; to retrain
redécouvrir to rediscover
redessiner to redesign
redistribuer to redistribute
redonner to give again; to restore
réduction *f.* reduction
réduire to reduce, lower (11); *p.p.* **réduit**
réel(le) *adj.* real
refaire to remake, redo; to remodel
référence *f.* reference
référer to refer; **se référer à** to refer (back) to
réfléchir (à) to reflect (upon), consider (6)
refléter to reflect
réforme *f.* reform (20)
réformer to reform
réfrigérateur *m.* refrigerator
refuser to refuse; to deny
regagner to regain
regarder to look at, watch (3); **se regarder** to look at each other, oneself (12)
régime *m.* diet; regime
région *f.* region, territory (16)
régional *adj.* local, regional (16)
régionaliste *adj.* regionalist
registre *m.* register; account book
règle *f.* rule; **en règle générale** generally speaking (13)
règlement *m.* regulations; settlement
régler to regulate; to settle; to adjust
regret *m.* regret
regretter to regret; to miss; **je regrette** I'm sorry (2)
regrouper to regroup; to consolidate
régulier (régulière) *adj.* regular

reine *f.* queen (20)
rejoindre to join, meet (23)
relater to relate, tell
relatif (relative) *adj.* relative; **relativement à** *adv.* relative to
relever to raise; **se relever** to get up again
relier to connect, link (17)
religieux (religieuse) *adj.* religious
relire to reread
remarquable *adj.* remarkable
remarque *f.* remark, comment
remarquer to notice
rembourser to repay, reimburse
remède *m.* remedy
remerciement *m.* thanks
remercier to thank
remettre to put back; to postpone (7)
réminiscence *f.* memory, reminiscence
remonter to climb (up again); to go back
remplacer to replace, substitute
remporter to carry away; to win
rémunéré *adj.* paid for; remunerated
renaissance *f.* rebirth, renaissance
rencontre *f.* meeting, encounter
rencontrer to meet, get to know (5); **se rencontrer** to meet each other (12)
rendez-vous *m.* rendezvous; appointment; meeting place (7)
rendre to give back (7); to make (+ *adj.*); **rendre visite à** to visit, pay a visit (7); **se rendre à** to go (*to an appointment*) (18); **se rendre compte de/que** to realize, be aware (of, that) (16)
renforcer to reinforce, strengthen
rénovation *f.* renovation, reconstruction
rénover to renovate
renseignement *m.* information (17)
rentrée *f.* return (*from vacation*), school opening (13)
rentrer to return (*home*) (13)
répandu *adj.* general, widespread (16)
réparer to repair
reparler to speak again
repartir to set out again
répartition *f.* division, distribution
repas *m.* meal (8)
repeindre to repaint
repenser to think over
répéter to repeat (0)
répétitif (répétitive) *adj.* repetitive, repetitious (17)
répétition *f.* repetition; rehearsal
replacer to put back
répondre to reply, answer (7); *p.p.* **répondu**
réponse *f.* reply (0)

reportage *m.* reporting; **faire un reportage** make a report
repos *m.* rest
reposer: se reposer to rest (12)
reprendre to continue, take up again; to recover (15); *p.p.* **repris**
représentant(e) *m., f.* representative
représentation *f.* performance
représenter to represent
reprise *f.* continuation; reprise; recovery
reproche *m.* reproach, blame
reproduire to reproduce; *p.p.* **reproduit**
réprouver to disapprove of
république *f.* republic (20); **République Centrafricaine** Central African Republic; **République Malgache** Malagasy Republic (Madagascar) (22)
réputation *f.* reputation
réputé *adj.* well-known; reputed
resculpter to recarve, resculpt
réseau *m.* network; system (17)
réservation *f.* reservation
réserver to reserve; to make a reservation
résidence *f.* residence
résident(e) *m., f.* resident
résidentiel(le) *adj.* residential
résider to reside, dwell
résistance *f.* resistance; French Resistance movement (*World War II*)
résolu *adj.* resolved; determined
résolument *adv.* resolutely
résoudre to resolve; to solve
respect *m.* respect
respecter to respect
respectivement *adv.* respectively
respectueux (respectueuse) *adj.* respectful
responsabilité *f.* responsibility
responsable *adj.* responsible; accountable
ressemblance *f.* resemblence
ressembler (à) to be like, resemble (6)
ressource *f.* resource (19)
restaurant *m.* restaurant (1)
restauration *f.* restoration
restaurer to restore
restau-U *m. fam.* **restaurant universitaire**
reste *m.* rest; remainder
rester to remain, stay (behind) (7); **il reste...** there remain(s) . . .
résultat *m.* result
résumé *m.* summary, résumé
résumer to summarize
rétablir to reestablish
retard *m.* delay; **en retard** late (2)
retarder to delay, hold back
retenir to retain

retirer to withdraw

retour *m.* return (11); **à mon retour** upon my return, when I return; **billet** *m.* **aller-retour** round-trip ticket

retourner to return, go back (13)

retracer to retrace

retraite *f.* pension; retirement; **prendre sa retraite** to retire (on a pension)

rétrograde *adj.* backward; retrograde

retrouver to recover, find again; to recognize; **se retrouver** to find one's way again

réunion *f.* meeting; reunion (6)

réunir to unite; **se réunir** to get together, meet (20)

réussir (à) to succeed in (6); to pass (a test) (15)

réussite *f.* success (9)

revanche: en revanche *adv.* on the other hand

rêve *m.* dream (6)

réveiller to awaken; **se réveiller** to wake up (12)

révéler to reveal

revendication *f.* demand; claim (20)

revendiquer to demand, claim

revenir to return, come back (10); **je n'en reviens pas** I can't believe it (11); *p.p.* **revenu**

revenus *m. pl.* income (20)

rêver (de) to dream (of) (7)

réviser to review (15)

révision *f.* revision; review

revoir to see again (7); **au revoir** *int.* good-bye (0); *p.p.* **revu**

révolte *f.* revolt

révolution *f.* revolution

révolutionnaire *adj.* revolutionary

revue *f.* review; magazine (5)

rez-de-chaussée *m.* ground floor (6)

Rhône *m.* Rhone (*river*)

rhume *m.* (head) cold

riche *adj.* rich

richesse *f.* wealth

rideau *m.* curtain (5)

ridicule *adj.* ridiculous

ridiculiser to mock

rien *indef. pron.* nothing (9); **de rien** *int.* you're welcome; **ne... rien** nothing (9); **rien de tel** nothing else equals

rigoler *fam.* to laugh, joke around

rigolo (rigolote) *adj. fam.* funny, comical

rire (de) to laugh (at) (12); *m.* laughter

risque *m.* risk

risquer to risk

rivaliser (avec) to be in competition (with)

rive *f.* bank, shore (10); **rive gauche (droite)** left (right) bank (*of river*)

rivière *f.* river (*tributary*)

robe *f.* dress (7)

robot *m.* robot

roc *m.* rock

rocher *m.* rock; crag

roi *m.* king (20)

rôle *m.* role, part; **à tour de rôle** one after another, in order; **jouer un rôle** to play a part

romain(e) *adj.* Roman; **Romain(e)** *m., f.* Roman person

roman *adj.* Romanesque; *m.* novel (5)

romancier *m.* (**romancière** *f.*) novelist

romantique *adj.* romantic

rond *adj.* round

rosace *f.* rose window (*church*)

rosbif *m.* roastbeef

rose *adj.* pink (2); *f.* rose

rosé *adj.* pinkish; **vin** *m.* **rosé** rosé wine

rôti *adj.* roasted; *m.* roast (8); **rôti de bœuf** roast beef

rouge *adj.* red (2); **feu** *m.* **rouge** traffic light; **le Petit Chaperon Rouge** Little Red Riding Hood

rougir to blush; to grow red

roulant *adj.* rolling, moving; **escalier** *m.* **roulant** escalator, moving staircase

rouler to roll (along); to drive

roulette *f.* roller; **jouer à la roulette** to play roulette; **planche** *f.* **à roulettes** skateboarding

route *f.* road (11); route; **route nationale** (two-lane) roadway (11); **se mettre en route** to set out

routier *m.* (**routière** *f.*) truck driver; **restaurant** *m.* **des routiers** truck stop

routine *f.* routine; daily grind

roux (rousse) *adj.* reddish; red (*hair*)

rue *f.* street (1)

ruine *f.* ruin

russe *adj.* Russian (1); **Russe** *m., f.* Russian person; *m.* Russian language

Russie *f.* Russia (11)

rustique *adj.* rustic

rythme *m.* rhythm

rythmé *adj.* rhythmic

rythmique *adj.* rhythmic

S

sa *adj. f.* his; her; its; one's

sable *m.* sand

sac *m.* bag; handbag (2); **sac à dos** backpack

sacré *adj.* sacred

sacrifier to sacrifice

sage *adj.* wise; well-behaved (*child*) (8)

sagesse *f.* wisdom; good behavior

saint *adj.* holy; **la Saint-Valentin** Saint Valentine's Day

Saint-Pierre-et-Miquelon Saint-Pierre-et-Miquelon (*French islands near Nova Scotia*) (21)

saison *f.* season (7)

salade *f.* salad; lettuce (8)

salaire *m.* salary, wages (9)

salarié *adj.* salaried; *m., f.* salaried employee (18)

salé *adj.* salted; salty (8)

salle *f.* room; theater (0); **salle à manger** dining room (6); **salle d'attente** waiting room; **salle de bains** bathroom (6); **salle de classe** classroom (0); **salle de séjour** living room (6); **salle de sport** gym, gymnasium

salon *m.* salon; living room

saltimbanque *m., f.* clown, tumbler

saluer to greet, salute

salut *int. fam.* hello, hi (0)

samedi *m.* Saturday (0)

sans *prep.* without; but for (2); **sans doute** doubtless; **sans que** (+ *subj.*) without; unless (21)

santé *f.* health (12); **à votre (ta) santé** cheers; to your health (0)

Saône *f.* Saone (*river*)

sardine *f.* sardine

satellite *adj.* pertaining to satellite(s); *m.* satellite

satirique *adj.* satirical

satisfaire (à) to satisfy

satisfaisant *adj.* satisfying

satisfait *adj.* content; pleased

sauce *f.* sauce; dressing

saucisse *f.* sausage

saucisson *m.* salami; sausage (8)

sauf *prep.* except for, save

saut *m.* jump, hop; **saut à la perche** pole-vaulting

sauter to jump; to skip

sauver to save (*a life*) (19)

savant(e) *m., f.* scientist; savant

Savoie *f.* Savoy (*eastern French province*)

savoir to know (how) (15); **savoir-faire** *m.* tact, ability; **tu sais** *int.* you know (2)

savoyard(e) *adj.* Savoyard, from Savoy; *m., f.* person from Savoy

saxophone *m.* saxophone

scandaleux (scandaleuse) *adj.* scandalous (23)

scénario *m.* scenario; script

scène *f.* scene

sceptique *adj.* skeptical

science *f.* science; **les sciences humaines** social sciences (3)

scientifique *adj.* scientific; *m., f.* scientist

scolaire *adj.* pertaining to school(s) (15); **année** *f.* **scolaire** school year
sculpter to sculpt
sculpteur *m.* sculptor (23)
sculpture *f.* sculpture, statue (23)
se *pron.* oneself; himself; herself; itself; themselves; to oneself, etc.; each other
séance *f.* session; showing; seance
sec (sèche) *adj.* dry
secondaire *adj.* secondary (15)
secouer to shake
secours *m. sing.* help
secret (secrète) *adj.* secret; *m.* secret
secrétaire *m., f.* secretary (18); *m.* writing desk
secteur *m.* sector; district
sécurité *f.* security; confidence; safety
séduire to seduce; to attract; *p.p.* **séduit**
segmenté *adj.* segmented
sein *m.* breast; heart; **au sein de** in the heart of
Seine *f.* Seine (*river*)
seizième *adj.* sixteenth (6)
séjour *m.* stay (14); **salle** *f.* **de séjour** living room (6)
sel *m.* salt (8)
sélection *f.* selection, choice
selon *prep.* according to; depending on (0)
semaine *f.* week (0); **fin** *f.* **de semaine** weekend
semblable *adj.* similar (12)
semblant: faire semblant de to pretend, feign
sembler to seem, appear; **il semble que** (+ *subj.*) it seems that (18)
semestre *m.* semester
séminaire *m.* seminar; seminary
semi-voyelle *f. phon.* semivowel
sénat *m.* senate (20)
sénateur *m.* senator (20)
Sénégal *m.* Senegal (22)
sénégalais(e) *adj.* Senegalese (22); *m., f.* person from Senegal
sens *m. sing.* meaning; direction
sensationnel(le) *adj.* sensational; great
sensibiliser to make sensitive; to sensitize
sensible *adj.* sensitive
sensiblement *adv.* appreciably, perceptibly
sentiment *m.* feeling; sentiment
sentir to sense; to smell (6); **se sentir** to feel (14)
séoudite: Arabie Séoudite *f.* Saudi Arabia
séparation *f.* separation
séparément *adv.* separately
séparer to separate

septembre September (1)
septième *adj.* seventh (6)
série *f.* series
sérieux (sérieuse) *adj.* serious; sincere (2)
serpent *m.* snake; serpent
serré *adj.* tight
serrer to tighten; **(se) serrer la main (à)** to shake hands with
serveur *m.* **(serveuse** *f.*) waiter; waitress (8)
serviable *adj.* helpful
service *m.* department (*company*) (18)
serviette *f.* napkin (8); briefcase (7)
servir to serve; to help (6); **servir à** to be of use; **servir de** to serve as, be used as; **se servir de** to use, utilize
ses *adj. pl.* his; her; its; one's
seul *adj.* alone; sole; only (3)
seulement *adv.* only; solely (5)
sévère *adj.* severe; strict
shampooing *m.* shampoo
short *m.* shorts (2)
si *adv.* so; so much; yes (*response to negative*); *conj.* if; whether (2)
siècle *m.* century (10)
siège *m.* seat; headquarters (11)
siéger to meet; to sit (*public body*)
sien(ne) (le/la) *pron.* his; hers; its
sieste *f.* siesta, nap; **faire la sieste** to take a nap
sigle *m.* acronym, initials (20)
signaler to point out
signe *m.* mark, sign
significatif (significative) *adj.* meaningful
signifier to mean, signify
silence *m.* silence
silencieux (silencieuse) *adj.* silent (13)
similaire *adj.* similar
simple *adj.* simple; **billet** *m.* **simple** one-way ticket
simplifier to simplify
simultanéité *f.* simultaneity
sincère *adj.* sincere; frank
sincérité *f.* sincerity
singulier (singulière) *adj.* singular; strange
sino-américain(e) *adj.* Chinese-American; **Sino-Américain(e)** *m., f.* Chinese-American person
sinon *conj.* otherwise, if not
site *m.* site; location
situer to place, situate
sixième *adj.* sixth (6)
ski *m.* skiing; **faire du ski** to go skiing
skier to ski (3)
skieur *m.* **(skieuse** *f.*) skier
S.N.C.F. (Société Nationale des Chemins de Fer) French National Railroad

snob *adj. inv.* snobbish, pretentious
social *adj.* social; **assistant(e) social(e)** *m., f.* social worker
socialiste *adj.* socialist; *m., f.* a socialist (20)
société *f.* society; association; corporation (18); **jeu** *m.* **de société** parlor game (13)
sœur *f.* sister (6); **belle-sœur** stepsister; sister-in-law
soi *pron.* oneself; **soi-même** oneself
soif *f.* thirst; **avoir soif** to be thirsty (4)
soigner to care for, treat (*medically*) (17)
soigneusement *adv.* carefully
soin *m.* care
soir *m.* evening; night (3); **hier soir** last night; **tous les soirs** every night
soirée *f.* evening (*duration*); party (4)
soit... soit... *conj.* either . . . or (9); **tant soit peu** somewhat, a little
soixante-dix *adj.* seventy (4)
solaire *adj.* solar (19)
soldat *m.* soldier
solde *m.* balance; sale; *f.* soldier's pay
sole *f.* sole (*fish*)
soleil *m.* sun (2); **faire du soleil** to be sunny (7); **prendre le soleil** to sunbathe
solide *adj.* solid; strong
solitaire *adj.* solitary; **en solitaire** *adv.* solo
solitude *f.* solitude
solliciter to solicit, request
sombre *adj.* dark; gloomy
somme *f.* sum, amount
sommeil *m.* sleep; **avoir sommeil** to be sleepy (4)
sommet *m.* summit
somnambule *m., f.* sleepwalker
somptueux (somptueuse) *adj.* sumptuous, luxurious
son *adj.* his; her; its; one's; *m.* sound (0)
sondage *m.* survey, questionnaire
sonner to ring (6)
sorte *f.* sort, kind; **quelle sorte de...?** what type of . . . ? (4)
sortie *f.* exit; outing (4)
sortir to go out, leave (6)
souci *m.* care; worry
soucieux (soucieuse) *adj.* concerned, anxious
soudain *adj.* sudden; *adv.* suddenly (14)
souffrir to suffer (12)
souhaiter to wish, desire (20); **souhaiter la bienvenue** to welcome
souligné *adj.* underlined
soupe *f.* soup (8); **cuillère** *f.* **à soupe** soupspoon, tablespoon (8)

soupir *m.* sigh
souple *adj.* flexible
source *f.* source; origin; spring
sourire to smile (12); *m.* smile; *p.p.* **souri**
sous *prep.* under; below (0); **sous terre** *adv.* underground
sous-chef *m.* assistant manager
souscription *f.* fund; contribution
sous-entendu *adj.* understood, implied
sous-marin *adj.* underwater; *m.* submarine
soutenir to sustain, support (20)
souterrain *adj.* underground
sous-titre *m.* subtitle (23)
soustraction *f.* subtraction
souvenir *m.* memory, reminiscence (14); **se souvenir de/que** to remember (16)
souvent *adv.* often, frequently (2)
spacieux (spacieuse) *adj.* spacious
spatial *adj.* of space; **vaisseau** *m.* **spatial** spaceship
speaker *m.* **(speakerine** *f.*) announcer (radio, TV)
spécial *adj.* special
spécialisation *f.* major (area of study) (18)
spécialiser: se spécialiser to specialize, to major
spécialité *f.* (food) specialty
spécifier to specify
spécifique *adj.* specific
spécimen *m.* specimen
spectacle *m.* show, performance (13)
spectateur *m.* **(spectatrice** *f.*) spectator (12)
sphérique *adj.* spherical
splendeur *f.* splendor
splendide *adj.* splendid
sport *m.* sports; **salle** *f.* **de sport** gymnasium
sportif (sportive) *adj.* athletic; sportsminded (2)
stade *m.* stadium (12)
stage *m.* workshop; internship; **faire un stage** to do a workshop or internship (13)
standardiste *m., f.* (telephone) operator
station *f.* station; (vacation) resort
station-service *f.* service station
stationner to park
statistique *f.* statistic(s)
statue *f.* statue
stéréo *adj.*: **chaîne** *f.* **stéréo** stereo system (3)
stéréotype *m.* stereotype
stimuler to stimulate
stocker to store
studio *m.* studio; studio apartment

stupéfiant *adj.* stupefying
style *m.* style
stylicien(ne) *m., f.* designer
stylistique *f.* stylistics
stylo *m.* pen (5)
su *p.p.* of **savoir**
subir to undergo; to suffer
subjonctif *m. gram.* subjunctive
subordonné *adj. gram.* subordinate; **proposition** *f.* **subordonnée** *gram.* subordinate clause
substituer to substitute
succès *m.* success
successif (successive) *adj.* successive
sucre *m.* sugar (8)
sucré *adj.* sugary; sugared (8)
sud *m.* south (10); **sud-ouest** southwest
Suède *f.* Sweden
suffire to suffice; **ça suffit** that's enough
suffisamment *adv.* enough, sufficiently
suffisant *adj.* sufficient, enough
suggérer to suggest
suisse *adj.* Swiss; **Suisse** *m., f.* Swiss person
Suisse *f.* Switzerland (11)
suite *f.* rest; continuation; **à la suite de** after, following; **tout de suite** immediately, right away (11)
suivant *adj.* following; subsequent (0)
suivre to follow; to take (*course*) (14); *p.p.* **suivi**
sujet *m.* subject; **au sujet de** *prep.* about
superficie *f.* surface area
superflu *adj.* superfluous
supérieur *adj.* superior; upper (15); **cadre** *m.* **supérieur** executive
supériorité *f.* superiority
superlatif (superlative) *adj.* superlative
supermarché *m.* supermarket
supplément *m.* supplement; addition
supporter to support; to bear
supprimer to suppress; to abolish
suprême *adj.* supreme, highest
sur *prep.* on; upon; out of (0)
sûr *adj.* certain; sure; safe (11); **bien sûr** of course; **bien sûr que oui (que non)!** *int.* of course (not)! (3)
surface *f.* surface
surgelé *adj.* frozen (*food*)
surpopulation *f.* overpopulation
surprenant *adj.* surprising
surpris *adj.* surprised (4)
surprise-partie *f.* student get-together, party (4)
surréalisme *m.* surrealism
surréaliste *adj.* surrealist, surrealistic; *m., f.* surrealist
surtout *adv.* above all, especially (10)
survécu *p.p.* of **survivre**
surveiller to supervise, watch over

suspect(e) *adj.* suspicious, suspect; *m., f.* suspect
suspendu *adj.* suspended, hung up
syllabe *f.* syllable
symbole *m.* symbol
symboliser to symbolize
sympa *adj. fam.* **sympathique**
sympathique *adj.* congenial, likeable, nice (2)
syndicat *m.* (trade) union
syndiqué *adj.* union (*workers*); unionized
synonyme *m.* synonym
synthétique *adj.* synthetic
système *m.* system; plan (20)

T

ta *adj. f.* your
tabac *m.* tobacco; tobacco counter; **bar-tabac** *m.* bar-tobacconist; **bureau** *m.* **de tabac** (government-licensed) tobacconist
table *f.* table (0)
tableau *m.* picture; painting (5); **tableau noir** blackboard (0)
tabou *m.* taboo
tact *m.* tact
taille *f.* height; size; waist
tamponneuse: autos *f.* **tamponneuses** electric cars, "dodg'ems"
Tananarive Tananarive (*capital of the Malagasy Republic*)
tandis que *conj.* while, whereas
tant *adv.* so much; **en tant que** as, in the position of; **tant de** so much, so many (8); **tant mieux** so much the better; **tant soit peu** somewhat, a little
tante *f.* aunt (6)
taper to hit, strike; **taper à la machine** to type (17)
tapis *m.* carpet; rug (5)
tapisserie *f.* tapestry (23)
tard *adv.* late (6); **plus tard** later
tarder to delay; to put off
tarif *m.* price; tariff
tarte *f.* pie (8)
tartine *f.* bread-and-butter sandwich
tas *m.* pile; **un tas de** (+ *pl. noun*) a pile of, a lot of (13)
tasse *f.* cup (8)
taux *m.* rate; **taux de change** rate of exchange
taxe *f.* tax
Tchad *m.* Chad (*African republic*)
te *pron.* yourself; you; to you
technique *adj.* technical; *f.* technique
tel(le) *adj.* such; like; **rien de tel** nothing else equals
télé *f. fam.* **télévision**

télégramme *m.* telegram

télégraphe *m.* telegraph

télématisé *adj.* pertaining to electronic communication

téléphone *m.* telephone; **coup** *m.* **de téléphone** telephone call

téléphoner (à) to telephone, call (3)

téléphonique *adj.*: **cabine** *f.* **téléphonique** phone booth

téléphoniste *m., f.* telephone operator

téléspectateur *m.* (**téléspectatrice** *f.*) TV viewer

télévisé *adj.* televised

télévision *f.* television

tellement *adv.* so; so much (3); **pas tellement** not much, not a lot

témoigner (de) to show; to testify to

témoin *m.* witness

tempérament *m.* temperament, character

température *f.* temperature

tempête *f.* storm; **tempête de neige** snowstorm

temple *m.* church (*Protestant*)

temporaire *adj.* temporary

temporel(le) *adj.* temporal

temps *m.* time; weather (7); tense; **à mi-temps** part-time, half-time; **de temps en temps** from time to time; **emploi** *m.* **du temps** schedule; **il est temps de/que** it is time that (18); **tout le temps** always

tendance *f.* tendency

tendre to extend; to tender; *adj.* tender

tendu *adj.* tense; nervous

tenir to hold; to have (10); **se tenir** to be held; to stand; **tenir à** to hold dear; to be eager to, anticipate (10); *p.p.* **tenu**

tennis *m.* tennis; *pl.* running shoes

tente *f.* tent

tenté *adj.* tempted

terme *m.* term; end

terminaison *f.* ending

terminal *m.* (computer) terminal (17)

terminer to end; **se terminer** to come to an end (13)

terrain *m.* ground; field (12)

terrasse *f.* terrace, patio (6)

terre *f.* earth; land; property (19); **par terre** *adv.* on the ground, on the floor (5); **pomme** *f.* **de terre** potato (8); **sous terre** *adv.* underground

Terre-Neuve Newfoundland

terrifiant *adj.* terrifying

terrifié *adj.* terrified

territoire *m.* territory

tes *adj. pl.* your

tête *f.* head (12); **avoir mal à la tête** to have a headache

texte *m.* text; passage; **traitement** *m.* **de texte** word processing

TGV *voir* **train**

thé *m.* tea (8)

théâtral *adj.* theatrical

théâtre *m.* theater; **pièce** *f.* **de théâtre** play (13)

théologie *f.* theology

théologien(ne) *m., f.* theologian

théologique *adj.* theological

théorique *adj.* theoretical

thèse *f.* thesis, dissertation (15)

tien(ne) (le/la) *pron.* yours

tiens *int.* well, what do you know! my, my! (6)

tiers *adj.* third; *m.* one third

tigre *m.* tiger

timbre *m.* stamp (5); **timbre-poste** *m.* stamp

timide *adj.* timid, shy

timidement *adv.* timidly

Tintin French cartoon character

tiré de *adj.* taken from, derived from

tirer to pull, draw; to shoot; **tirer des conclusions** to draw conclusions (18)

tiret *m.* dash (—)

tissu *m.* cloth

titre *m.* title

toi *pron.* you; **à toi** to you; **toi-même** *pron.* yourself

toile *f.* canvas; heavy cloth

toilette *f.* washing up; lavatory; **faire sa toilette** to dress, wash up

toit *m.* roof

tolérable *adj.* tolerable, bearable

tolérance *f.* tolerance

tolérant *adj.* tolerant

tomate *f.* tomato

tombeau *m.* tomb; grave

tombée *f.* (night)fall

tomber to fall (13); **laisser tomber** to drop; **tomber amoureux (amoureuse) (de)** to fall in love (with) (13)

Tombouctou Timbuktu (*city in Mali*)

ton *adj.* your

tonique *adj. gram.* stressed; pertaining to muscle tone

tonne *f.* ton

tonus *m. sing.* energy; good physical condition

torche *f.* torch, lamp

tort *m.* wrong; **avoir tort** to be wrong (4)

tortue *f.* tortoise

tôt *adv.* soon; early (6)

touche *f.* touch; key (*on keyboard*)

toujours *adv.* always; still (1)

tour *m.* turn; tour (11); *f.* tower (10); **à tour de rôle** one after another, in order; **jouer son tour** to take one's turn; **la Tour Eiffel** Eiffel Tower

Touraine *f.* Touraine (*central French province*)

touriste *m., f.* tourist (1)

touristique *adj.* touristic, tourist

tournage *m.* (film)making

tourner to turn (10); **se tourner vers** to turn towards (12); **tourner un film** to make a movie

Toussaint (La) *f.* All Saints' Day

tout (tous) *adj.* all; every; each (4); **avant tout** first of all; **en tout cas** in any case; however; **tous (toutes) les deux** both (4); *adv.* entirely; quite, very; **tout à coup** suddenly (14); **tout à fait** completely, absolutely (3); **tout à l'heure** just now, in a little while; **tout de même** anyway, all the same; **tout de suite** immediately, right away (11); **tout droit** straight ahead (10); **tout d'un coup** all at once (14); **tout en** (+ *gerund*) while; at the same time; *pron.* all; everything; **tout le monde** everyone (0); **tout le temps** all the time

toxique *adj.* toxic

trace *f.* footsteps; trace

tracer to trace; to outline

traditionnel(le) *adj.* traditional (16)

traducteur *m.* (**traductrice** *f.*) translator

traduire to translate (11); *p.p.* **traduit**

tragédie *f.* tragedy

train: **être en train de** (+ *inf.*) to be in the course of, in the midst of (*doing something*) (14); *m.* train (11); **train à grande vitesse (TGV)** high-speed train

traîner to drag, pull along; to straggle

training *m.* sweatsuit, jogging suit

trait *m.* characteristic, trait; **trait d'union** hyphen (-)

traité *m.* treaty

traitement *m.* treatment; **traitement de texte** word processing (17)

traiter to treat

trajet *m.* trip; distance; commute (14)

tranche *f.* slice

tranquille *adj.* quiet; calm

transatlantique *adj.* transatlantic

transformer to transform, change (17)

transit: **en transit de** *prep.* in transit from

transitif (transitive) *adj. gram.* transitive (*verb*)

transmettre to transmit, send; *p.p.* **transmis**

transport *m.* transport; transportation; **transports** *pl.* **publics** public transportation (11)

trappeur *m.* (fur) trapper

travail *m.* work (1); industry; **Fête** *f.* **du Travail** Labor Day; **travaux** *pl.* **pratiques** labs, exercise sessions

travailler to work (3)

travailleur *adj.* hardworking (2); *m.*

(**travailleuse** *f.*) worker, laborer (18)
travers: à travers *prep.* across, through
traversée *f.* crossing
traverser to cross
treizième *adj.* thirteenth (6)
tréma *m.* dieresis; umlaut (ë)
tremblement *m.* shaking; **tremblement de terre** earthquake
trentaine *f.* (amount equal to) about thirty
trentième *adj.* thirtieth (6)
très *adv.* very; most; very much (0); **très bien** *int.* very good, very well (0)
trésor *m.* treasure
trésorier *m.* (**trésorière** *f.*) treasurer
tribunal *m.* court (of law); **Tribunal de grande instance** French county court
tributaire *adj., m.* tributary
trimestre *m.* quarter (*three months*); trimester
triomphal *adj.* triumphant, triumphal
triomphe *m.* triumph
triste *adj.* sad
tristesse *f.* sadness, melancholy
troisième *adj.* third (6)
trombone *m.* trombone
trompe: faire une trompe *Q.* to make a mistake
trompe-l'œil *m.* artistic illusion, trompe-l'oeil
tromper: se tromper (de) to be mistaken (about) (16)
trompette *f.* trumpet
trop *adv.* too much; too; over; **trop de** too many (8)
trottoir *m.* sidewalk (10)
troupe *f.* troop
troupeau *m.* flock
trouver to find; to think, have an opinion (4); **se trouver** to exist; to be located (12)
tube *m.* tube, pipe
tuer to kill; **tuer la lampe** *Q.* to put out the light
tulipe *f.* tulip
Tunis Tunis (*capital of Tunisia*)
Tunisie *f.* Tunisia (22)
tunisien(ne) *adj.* Tunisian (22); **Tunisien(ne)** *m., f.* Tunisian person
tuyau *m.* pipe, tube
tuyauterie *f.* system of pipes
type *m.* type; *fam.* guy
typique *adj.* typical

U

ULM *voir* **ultra-léger-motorisé**
ultra-léger-motorisé *adj., m.* ultralight (plane)
un *adj.* a; an; any (0); **la «Une»** *f.* front page

uni *adj.* united; **États-Unis** *m. pl.* United States (11); **Organisation** *f.* **des Nations Unies (ONU)** United Nations (22)
uniforme *m.* uniform
union *f.* union, alliance; **union libre** living together, cohabitation; **trait** *m.* **d'union** hyphen (-)
uniquement *adv.* uniquely
unir to unite
unité *f.* unity; (course) credit
univers *m.* universe
universel(le) *adj.* universal
universitaire *adj.* academic; university (1); **cité** *f.* **universitaire** university living quarters, dormitory
urbain *adj.* urban (10)
urbanisé *adj.* urbanized
usage *m.* use; usage
usine *f.* factory (17)
usuel(le) *adj.* usual, ordinary
utile *adj.* useful (17); **il est utile de/que...** it is useful to/that . . . (18)
utilisateur *m.* (**utilisatrice** *f.*) user, one who uses (17)
utilisation *f.* utilization
utiliser to use, employ (0)

V

vacances *f. pl.* vacation (11); **colonie** *f.* **de vacances** summer camp (13); **grandes vacances** summer vacation (*school*)
vacancier *m.* (**vacancière** *f.*) vacationer
vache *f.* cow
vagabonder to roam
vague *adj.* vague; *f.* wave (*ocean*)
vaillant *adj.* valiant
vaisseau *m.* ship, vessel; **vaisseau spatial** spaceship
vaisselle *f.* dishes; **faire la vaisselle** to do the dishes (5)
valable *adj.* valuable; valid
Valentin: la Saint-Valentin Valentine's Day
valeur *f.* worth; value
valise *f.* suitcase (7)
vallée *f.* valley
valoir to be worth; **il vaut mieux** it is better (18); **valoir mieux** to be better; *p.p.* **valu**
vampire *m.* vampire
vanille *f.* vanilla; **glace** *f.* **à la vanille** vanilla ice cream
vapeur *f.* steam; vapor
varier to vary
variété *f.* variety; **chanson** *f.* **de variété** popular song
vaste *adj.* vast, broad
vaudou *adj.* voodoo

veau *m.* veal (8)
vécu *p.p. of* **vivre**
vedette *f.* star, celebrity
végétarien(ne) *adj.* vegetarian
véhicule *m.* vehicle (11)
veille *f.* the day before, the evening before (7)
veiller (sur) to watch over, care for
vélo *m.* bike; **en vélo** *adv.* by bike
vélomoteur *m.* motorbike
vendeur *m.* (**vendeuse** *f.*) salesclerk (9)
vendre to sell (7); *p.p.* **vendu**
vendredi *m.* Friday (0)
vengeance *f.* vengeance
venger: se venger to take revenge
venir to come (from), arrive (10); **venir de** (+ *inf.*) to have just (*done something*) (10); *p.p.* **venu**
vent *m.* wind; **être dans le vent** to be fashionable, up-to-date; **faire du vent** to be windy (7)
vente *f.* sale
verbe *m. gram.* verb
vérification *f.* verification, check
vérifier to verify
véritable *adj.* genuine; true
vérité *f.* truth
verre *m.* glass (8)
vers *prep.* toward; to; about
verser to pour; to spill
version: en version originale original version (*not dubbed*) (23)
vert *adj.* green; hearty (2); *m.* Green (*environmentalist*)
vertu *f.* virtue
veste *f.* jacket (7)
vêtement *m.* garment; *pl.* clothes (2)
vêtu (de) *adj.* dressed (in)
viande *f.* meat (8)
victime *f.* victim
victoire *f.* victory
vide *adj.* empty; **être à vide** to be out of gas
vidéocassette *f.* videocassette
vie *f.* life (1)
vieillesse *f.* old age
vieillir to grow old(er)
Vietnam *m.* Vietnam (22)
vieux (vieil, vieille) *adj.* old; aged (5); *m.* **mon vieux** old friend, old chap; **vieux jeu** *adj. inv. fam.* outmoded, old-fashioned
villa *f.* (detached) house
village *m.* village
ville *f.* city (1); **centre-ville** *m.* downtown (10); **Hôtel** *m.* **de Ville** City Hall; **vieille ville** old town; the old city
vin *m.* wine (8); **vin du pays** local wine (8)
vingtaine *f.* (amount equal to) about twenty

vingtième *adj.* twentieth (6)
vinicole *adj.* wine(growing)
violet(te) *adj.* violet (2); *f.* violet (*flower*)
violon *m.* violin (4)
violoncelle *m.* cello
Virginie *f.* Virginia
virgule *f.* comma; **point-virgule** *m.* semicolon
visa *m.* visa; signature
visage *m.* face (12)
vis-à-vis *adv.* opposite, facing, towards
visite *f.* visit; **rendre visite à** to visit (*a person*) (7)
visiter to visit (*a place*) (3)
visiteur *m.* (**visiteuse** *f.*) visitor
vite *adv.* quickly, fast (12)
vitesse *f.* speed; gear; **partir en vitesse** to leave in a hurry; **train** *m.* **à grande vitesse (TGV)** high-speed train; **vitesse limite** speed limit (11)
vitrail (vitraux *pl.***)** *m.* stained-glass window (23)
vitrine *f.* shop window; **faire du lèche-vitrines** to go window-shopping
vive *int.* long live (0)
vivre to live (14)
vocabulaire *m.* vocabulary
vogue *f.* vogue, fashion
voici *prep.* there is (are) (0); this is; these are
voie *f.* way; passage; lane (11)
voilà *prep.* there; there is (are); that is (0); **voilà... que** it's been . . . since, for (15)

voile *f.* sail; sailing (12); **bateau** *m.* **à voile** sailboat; **planche** *f.* **à voile** windsurfing; surfboard
voilier *m.* sailboat
voir to see (7); **attendez voir** *int.* let's see (14); **se voir** to see each other (oneself) (12)
voisin(e) *m.*, *f.* neighbor (4)
voiture *f.* car, vehicle (0); **garer la voiture** to park the car (10)
voix *f.* voice (21); vote
vol *m.* flight (11); robbery
volcan *m.* volcano
voler to steal, rob
voleur *m.* (**voleuse** *f.*) thief; robber
volontaire *adj.* voluntary
volonté *f.* will; **à volonté** *adv.* at will, at pleasure
volontiers *int.* gladly, certainly (8)
volume *m.* volume, tome
vos *adj. pl.* your
vote *f.* vote
voter to vote (20)
votre *adj.* your (0)
vôtre (le/la) *pron.* yours; your own
vouloir to want, desire (9); **vouloir bien** to be willing (9); **vouloir dire** to mean, signify (9); *p.p.* **voulu**
vous *pron.* yourself; to you; **chez vous** where you live; **s'il vous plaît** please (0); **vous-même** *pron.* yourself
voyage *m.* trip (3); **chèque** *m.* **de voyage** traveler's check; **faire un voyage** to take a trip (5)
voyager to travel (4)
voyageur *m.* (**voyageuse** *f.*) traveler;

passenger
voyelle *f. phon.* vowel
voyons *int.* let's see (5); **voyons voir** *int.* let's see about that (14)
vrai *adj.* true, genuine, real (1); **à vrai dire** to tell the truth, actually (11)
vraiment *adv.* really; truly (12)
vraisemblable *adj.* probable, credible
vu *p.p. of* **voir**
vue *f.* view; sight; **en vue de** with a view toward, for; **point** *m.* **de vue** viewpoint

W

wagon *m.* train car (11)
wagon-lit *m.* (train) sleeping car (11)
wagon-restaurant *m.* (train) dining car (11)

Y

y *adv., pron.* there; here; within (11); **il y a** there is (are) (0)
yeux *m. pl.* eyes (12)
Yougoslavie *f.* Yugoslavia

Z

Zaïre *m.* Zaire (22)
zaïrois(e) *adj.* from Zaire (22); **Zaïrois(e)** *m.*, *f.* person from Zaire
zèbre *m.* zebra
zéro *m.* zero
zone *f.* zone, area

*I*ndex

(*Continued from page iv*)

Realia   *page 48* Université Internationale d'été Versailles; *98 Salut! 176* Levi-Strauss International; *198* All trademarks and advertising slogans used in this illustration are owned by McDonald's Corporation, McDonald's Corporation 1985; *215* Michelin et Cie; *220* Banque Nationale de Paris; *232* American Express; *234* Crédit Agricole; *246* Centre Municipal d'Activités Culturelles; *316 Punch; 390 Marie-France; 403* Blue Bell, Inc.; *430* Radio-École de France; Institut des petites et moyennes enterprises; Écoles Pigier; *450* Espaces pour demain; *475* Sempé, *Le petit Nicolas et les copains,* Editions Denoël; *478* Jacques Faizant, © I.M.P.; *498* Bonaparte's Fried Chicken; *557* Sempé, *L'Express*

Literary credits
"Le chouette bol d'air," from *Le petit Nicolas et les copains,* by J. J. Sempé and R. Goscinny, © Editions Denoël.
"Le cancre" (*Paroles*), "Maintenant j'ai grandi" (*La pluie et le beau temps*), and "Soyez poli" (*Histoires*), by Jacques Prévert; and
   "Bonne justice" (*Choix de poèmes*), by Paul Éluard, © Editions Gallimard.
Dialogue (Chapter 19), adapted from *En vert et contre tous,* Brice Lalonde, 1981.
Lecture (Chapter 19), *Profession de foi,* Brice Lalonde, 1981.
Dialogue (Chapter 21), adapted from an interview by Marie Galanti, "Antonine Maillet—Profession: écrivain; Profession de foi: acadienne," *Le Journal Français d'Amérique,* 23, juin 1983.

PACIFIQUE
AMERIQUE DU NORD
Ontario
Québec
Terre-Neuve
Nouvelle-Écosse
ATLANTIQUE
EUROPE
France
Maroc
Algérie
Afrique
Haïti
Guadeloupe
Martinique
Guyane
AMERIQUE DU SUD
Îles Marquises
Polynésie française
Tahiti
Archipel Tuamotu